Die Fachkraft im Fahrbetrieb

Die Fachkraft im Fahrbetrieb

Lehrbuch und Nachschlagewerk für die betriebliche und schulische Ausbildung

VOGEL
VERLAG HEINRICH VOGEL

Autoren

Dr. Till Ackermann (Kapitel 5 und 11)
Dr. Thomas Hilpert-Janßen (Kapitel 6.7 und 6.8)
Jürgen Kunzendorf (Kapitel 13)
Anja Lehmann (Abschnitt 6.1 – 6.6, 6.9 – 6.12)
Markus Modlmeir (Kapitel 3 und Abschnitte 12.1 – 12.6 und 12.8 – 12.13)
Ursula Reimering, i. A. der KVB AG (Kapitel 9)
Martina Rust, i. A. der KVB AG (Kapitel 4)
Bärbel Schneider (Kapitel 2, 7, 10 und Abschnitt 12.7)
Michael Weber-Wernz (Kapitel 1 und 8)

ISBN 978-3-574-60414-0

6. Auflage 2021
Stand: Februar 2021
Umschlaggestaltung: Bloom Project
Titelbilder: © Gregor Fischer/dpa/picture alliance (oben), Dresdner Verkehrsbetriebe AG, contrastwerkstatt/Fotolia, Freiburger Verkehrs AG (von links)
Lektorat: Ulrike Hurst
Herstellung: Markus Tröger
Satz & Layout: Datagroup Int., Timisoara
Druck: Wilco B. V., Vanadiumweg 9, NL-3800 BL Amersfoot

Aus Gründen der Lesbarkeit wurde im Folgenden an einigen Stellen die männliche Form (z.B. Fahrer) verwendet. Alle personenbezogenen Aussagen gelten jedoch stets für Männer und Frauen gleichermaßen.

Vorwort und Einführung

Liebe Leserin, lieber Leser,

Verlag und Herausgeber freuen sich, dass das Lehrbuch zum Berufsbild Fachkraft im Fahrbetrieb nun bereits in der sechsten Auflage erscheint.

Das Berufsbild «Die Fachkraft im Fahrbetrieb» existiert seit dem Jahr 2002. Die Qualifizierung erfolgt im Rahmen der dualen Berufsausbildung. Sie dauert drei Jahre. In den Unternehmen wird entlang der Ausbildungsordnung ausgebildet, die Ausbildung in den Berufsschulen wird auf Grundlage des Rahmenlehrplans durchgeführt. Die Zwischen- und Abschlussprüfung legen die Auszubildenden vor der örtlichen Industrie- und Handelskammer (IHK) ab.

Die Verkehrsunternehmen in Deutschland benötigen qualifiziertes Personal. Fachkräfte im Fahrbetrieb stehen für eine Servicequalität, die in den Fahrdiensten Bus und Bahn, in den Servicebereichen, in den Werkstätten und für die kaufmännischen Dienstleistungen gewünscht und gefordert ist. Gutes und fundiertes Lehrmaterial trägt zu einer qualitativ hochwertigen Ausbildung bei. Diese ist Grundlage für gute Arbeit und guten Service am Kunden.

Das Buch richtet sich an Lernende und Lehrende gleichermaßen. Es unterstützt Ausbilder und Berufsschullehrer darin, die Ausbildungsinhalte im betrieblichen Unterricht und in der Berufsschule zu vermitteln. Den Auszubildenden dient es als Lernlektüre, als Nachschlagewerk und als Vorbereitung auf ihre Prüfungen.

Das Buch enthält 13 Kapitel, die sich an Aufbau und Struktur des Rahmenlehrplans orientieren. Jedes Kapitel beinhaltet das geforderte Grundlagenwissen. Viele erklärende Grafiken und Schaubilder, Lernsituationen für die Auszubildenden sowie die reiche Bebilderung und die spannenden Inhalte machen Lust aufs Lesen, auf das Lernen und den Beruf. Lernziele, Merksätze und Hinweise auf weiterführende Literatur runden jedes Kapitel ab. Der Umfang der Kapitel ist an den vorgeschriebenen Stundenplan angepasst. Das Buch eignet sich auch als Basislektüre für all diejenigen Beschäftigten, die nach Jahren der Berufspraxis den Entschluss gefasst haben, den Beruf Fachkraft im Fahrbetrieb im Rahmen einer Prüfung vor der Industrie- und Handelskammer (IHK) nachzuholen.

Die Autorinnen und Autoren des Buches sind alle in der betrieblichen Praxis als Ausbilder, Fahrlehrer, Personalexperten sowie technische Fachleute tätig und zum Teil selbst in der Berufsausbildung engagiert. Auch Berufsschullehrer und Experten aus dem Verband Deutscher Verkehrsunternehmen und der VDV-Akademie gehören zu den Verfassern. Allen sei für ihr großes Engagement bei der Erarbeitung der Publikation herzlich gedankt. Der Herausgeber dankt auch den vielen Kolleginnen und Kollegen aus den Verkehrsunternehmen in Dresden, Osnabrück, Nürnberg, Hannover und anderen Städten, die dem Buchprojekt beratend zur Seite standen.

Viele Verkehrsunternehmen und Institutionen haben Fotos und Abbildungen zur Verfügung gestellt und damit zum Gelingen des Buches beigetragen. Ihnen sei ebenfalls herzlich gedankt.

Wir wünschen allen, die mit diesem Buch arbeiten, eine spannende Lektüre und eine erfolgreiche Berufsausbildung.

Köln, im Februar 2021
Gisbert Schlotzhauer
Vorstandsvorsitzender
der VDV-Akademie

München, im Februar 2021
Verlag Heinrich Vogel

In Deutschland nutzen jedes Jahr über zehn Milliarden Fahrgäste den Öffentlichen Personenverkehr (ÖPV). Täglich fahren 28 Millionen Menschen mit Bussen und Bahnen. Der ÖPV als Dienstleister repräsentiert wichtige Lebensadern städtischer und regionaler Mobilität. Er ist ein zentrales Element kommunaler Daseinsvorsorge.

Der ÖPV, im Besonderen der Personennahverkehr (ÖPNV) ist eine komplexe Dienstleistung, die hochwertige, auf die verschiedenen Kundengruppen zugeschnittene Produkte in ihrem Angebots-Portfolio bereithält. Die Ansprüche der ÖPNV-Nutzer, aber auch der städtischen und kommunalen Aufgabenträger, die die Leistungen der Unternehmen nutzen und bestellen, wachsen und entwickeln sich ständig weiter. Die Verkehrsunternehmen tun gut daran, diese Anforderungen zu berücksichtigen, um die Wertschätzung, die ihnen entgegengebracht wird, erhalten und ausbauen zu können.

Eine wichtige Aufgabe ist es, dafür einen geeigneten finanziellen und rechtlichen Rahmen zu schaffen. Die notwendigen Investitionen in Betrieb und Infrastruktur der Unternehmen sind zu gewährleisten; die politisch-strategischen Handlungsspielräume der ÖPNV-Branche müssen sichergestellt sein. Vor allem aber sind personelle Konzepte zu verwirklichen, deren Ziel es ist, gut ausgebildete Beschäftigte in allen Unternehmens-Funktionen zu platzieren.

Die Fachkraft im Fahrbetrieb gehört zu den zwischenzeitlich etablierten Berufen in der Mobilitätsbranche. Dieser Beruf bietet seit dem Jahr 2002 Absolventinnen und Absolventen von Hauptschulen,

Realschulen, Gesamtschulen und Gymnasien eine breite betriebliche Ausbildung in wichtigen Tätigkeitsfeldern der Verkehrsunternehmen. Die Ausbildung bereitet junge Menschen auf vielseitige, spannende und herausfordernde Berufe in einer innovativen Branche vor. Der Fahrdienst steht dabei im Zentrum des Berufsbilds. Darüber hinaus gibt es weitere Einsatzfelder wie die Kundenberatung in den Fahrgastzentren, die Entwicklung von neuen Verkehrsangeboten im Marketing oder die Fahrzeug- und Personaldisposition auf den Betriebshöfen.

Fachkräfte im Fahrbetrieb erhalten in ihrer Ausbildung ein umfangreiches Theorie- und Praxiswissen. Sie lernen, Kundenanforderungen zu erkennen, selbständig zu bearbeiten, Angebote und Lösungen zu entwickeln. Sie kennen die wesentlichen betrieblichen Aufgaben und Funktionen; sie wissen um die Schnittstellen zu anderen Aufgabenbereichen im Unternehmen und wenden die notwendigen Sachmittel und Informationen zur Aufgabenerledigung an. Kurzum: Fachkräfte im Fahrbetrieb können mehr als Fahren und Fahrgäste befördern. Sie sind Expertinnen und Experten für erfolgreiches Kunden- und Dienstleistungsmanagement. Sie sind die Mobilitätsmanager von morgen.

Fachkräfte im Fahrbetrieb werden in kommunalen und privaten, in großen und kleinen Personenverkehrsunternehmen ausgebildet. Das dynamische Wachstum der Mobilitätsbranche in den kommenden Jahren und die Auswirkungen des demografischen Wandels führen zu einem großen Bedarf an neuen Mitarbeiterinnern und Mitarbeitern. Die beruflichen Aussichten der Fachkräfte im Fahrbetrieb sind exzellent.

Hinzu kommt, dass ihr breites Qualifikationsprofil vielfältige Einsatzmöglichkeiten, und somit auch Aufstiegschancen im Unternehmen eröffnet. Ob Fachkräfte diese Möglichkeiten und Chancen ergreifen können, hängt von der Struktur, der Größe und den personal- und arbeitsorganisatorischen Vorstellungen des Unternehmens ab. Genauso wichtig sind aber auch der Leistungsstand, die persönlichen Einstellungen und die Flexibilität der jungen Menschen. Erst wenn das fachliche Können mit dem persönlichen Wollen eine produktive Verbindung eingeht, sind die individuellen Voraussetzungen gegeben, um interessante Laufbahnen einschlagen und betriebliche Karrieren machen zu können.

Der ÖPNV braucht die jungen, gut ausgebildeten und engagierten Beschäftigten mit ihren eigenen, manchmal auch unkonventionellen Ideen. Als «Allrounder» sind die Fachkräfte im Fahrbetrieb in gewisser Weise die «Dienstleistungs-Joker» in den Unternehmen.

Insbesondere in ihrer Fahrdienstfunktion tragen sie eine hohe Verantwortung. Fachkräfte im Fahrbetrieb dürfen, unter bestimmten Voraussetzungen, bereits mit 18 Jahren mit Bussen und Straßenbahnen im Linienverkehr gewerblich befördern. Diese Regelungen gelten auch schon während der Berufsausbildung. Somit können sie sehr früh produktiv für das Unternehmen tätig sein und zeigen, welche Motivation und welches Engagement in ihnen steckt. Fahren ab dem 18. Lebensjahr bedeutet für die Fachkraft, sehr früh die Verantwortung für Fahrgäste und Fahrzeug zu übernehmen und beide sicher ans Ziel zu bringen. Aber keine Angst: das wird während der Berufsausbildung in der Theorie und vor allem in der Praxis gelernt.

Die Ausbildung zur Fachkraft im Fahrbetrieb dauert drei Jahre. Die Qualifizierung erfolgt im Rahmen der dualen Berufsausbildung. In den Unternehmen wird die Ausbildung entlang der Ausbildungsordnung vorgenommen, die Ausbildung in den Berufsschulen wird auf Grundlage des Rahmenlehrplans durchgeführt. Zwischen- und die Abschlussprüfung legen die Auszubildenden vor der örtlichen Industrie- und Handelskammer (IHK) ab.

Mit der vorliegenden Publikation legen die Akademie des Verbandes Deutscher Verkehrsunternehmen (VDV-Akademie) und der Verlag Heinrich Vogel ein Lehrbuch und Nachschlagewerk für den Ausbildungsberuf Fachkraft im Fahrbetrieb vor. Es erscheint mittlerweile in der 6. Auflage. Es richtet sich in erster Linie an die Auszubildenden des Lehrberufs, an deren betriebliche Ausbilder und an Berufsschullehrer. Es enthält 13 Kapitel, die sich an der Lernfeld-Gliederung des Rahmenlehrplans orientieren. Jedes Kapitel vermittelt die aktuellen thematischen Sachstände und Entwicklungen und beinhaltet mehrere Lernsituationen für die Auszubildenden. Der Umfang der einzelnen Kapitel ist an den vorgeschriebenen Stundenplan angepasst.

Die Orientierung des Buches am Aufbau des offiziellen Rahmenlehrplans hat dazu geführt, dass thematische Wiederholungen nicht immer zu vermeiden waren. Wo diese auftreten, haben die Autorinnen und Autoren stets versucht, zusätzliche Sichtweisen und neue Blickwinkel aufzunehmen.

Herausgeber und Verlag wünschen sich, dass das Buch dazu beiträgt, die anspruchsvolle Berufsausbildung zur Fachkraft im Fahrbetrieb leichter und einfacher zu gestalten, vor allem auch leichter zu managen. Das Werk deckt alle Themen ab, die für die Ausbildung verpflichtend vorgegeben sind. Die vorliegende Publikation ist der Wunsch vieler betrieblicher Ausbilder und Berufsschullehrer gewesen. Also: nutzen Sie es!

Wir wünschen allen Auszubildenden, Ausbildern und Lehrern eine spannende und interessante Lektüre. Teilen Sie uns mit, wenn Ihnen das Buch gefällt. Und sagen Sie uns auch, was Ihnen nicht gefällt, was womöglich nicht oder zu wenig berücksichtigt worden ist. Sparen Sie nicht an Lob und an konstruktiver Kritik.

Köln, im Februar 2021
Michael Weber-Wernz
Geschäftsführer der VDV-Akademie

Inhaltverzeichnis

Das eigene Verkehrsunternehmen repräsentieren

Zusammenfassung
In diesem Lernfeld erkennen Sie Ihren Beruf als kundenorientierten Dienstleistungsberuf. Sie begreifen, dass Sie Ihr Unternehmen repräsentieren. Sie ordnen die Stellung und das Leistungsangebot Ihres Unternehmens in den Verkehrsmarkt ein und stellen sich den Herausforderungen Ihres Berufes.

1.1 Mensch und Verkehr – Eine sehr kurze Geschichte des Verkehrs

Verkehr entsteht, wenn Personen (oder auch Güter) ihren Standort wechseln. Hierzu bewegen sie sich entweder selbst, oder sie werden befördert. Das Bedürfnis nach Fortbewegung ist im Verlaufe der Menschheitsgeschichte gewachsen. Besonders rasant in den letzten 100 Jahren.

Während Menschen früher überwiegend zu Fuß, in der eigenen Umgebung und eher langsam unterwegs waren, haben sich die Reiseweiten und Reisegeschwindigkeiten im Verlaufe der Zeit ständig erhöht. Dies wurde möglich, weil der Mensch technische, aber auch planerische Fortschritte machte. Die Erfindung des Rades konnte ihre volle Wirkung erst entfalten, als Straßen geplant und gebaut wurden. Reisen war lange Zeit gefährlich, weil die Staaten und Fürstentümer nicht für die Sicherheit der Reisenden garantieren konnten. Händler und Reisende waren zu früheren Zeiten eher Abenteurer als Touristen.

Größere Siedlungen entstanden überwiegend an Flüssen oder Seen. Dies hängt damit zusammen, dass bis in das 18. Jahrhundert hinein die wirtschaftlichste (und effektivste) Methode zur Beförderung schwerer Güter der Wasserweg war. Und große Siedlungen benötigen viele Waren.

Schienen ermöglichten den Menschen im 19. Jahrhundert die ersten schweren Transporte mit vergleichsweise hoher Geschwindigkeit. Der eigentliche Durchbruch im Verkehr kam mit der Erfindung und Einführung der Dampfmaschine und der Entwicklung von ersten Motoren.

Während Reisen oder auch nur Ausflüge in das Umland früher ein Privileg der Reichen und Begüterten waren, die sich Pferd oder Kutsche leisten konnten, hat sich Mobilität heute zu einem zentralen Bedürfnis der Menschen entwickelt. Reisen ist uns so selbstverständlich geworden, dass wir irritiert sind, wenn Vulkanausbrüche den Flugverkehr lahmlegen oder Staus den gewohnten Verkehrsfluss behindern. Dann zeigt sich, dass Mobilität nicht nur zu einem wichtigen Bedürfnis der Menschen geworden ist, sondern Verkehr zu einem zentralen Faktor eines globalisierten Wirtschaftssystems.

Mit zunehmender Arbeitsteilung und entsprechendem Warenaustausch ist unser Wirtschaftssystem mehr und mehr von einer effektiven Verkehrsorganisation abhängig geworden. In dem Maße, wie die Wirtschaftsleistung stieg, wuchs die Notwendigkeit, den Verkehr zu regeln und zu überwachen.

Durch die höheren Reisegeschwindigkeiten und den wachsenden Verkehr stieg das Risiko von Unfällen. Von neuen Maschinen und Technologien gingen Gefährdungen für die Reisenden aus. Schließlich führten das Verkehrsaufkommen und die längeren Reiseweiten dazu, dass Verkehrsangebote verknüpft und Zugänge reglementiert werden mussten, damit Überlastungen vermieden werden konnten.

Für solche Regelungen und Steuerungsprozesse ist der Staat verantwortlich. Er versteht es als seine Aufgabe, die Einwohner vor Gefahren zu schützen, aber auch die Nutzung öffentlicher (allen zugänglichen) Flächen und Systeme auszugestalten. Je umfangreicher die Verkehrsträger (Bahnen, Busse, Schiffe) und deren Infrastruktur (Straßen, Schienen, Flüsse) ausgebaut wurden, umso größer wurde die Notwendigkeit, mit Gesetzen und Verordnungen deren Zugang und Nutzung zu regeln (heute z. B. Straßenverkehrsordnungen). Zusätzlich entstanden so genannte «Technische Aufsichtsbehörden» und «Technische Überwachungsvereine», die die Sicherheit von Verkehrsträgern und Infrastruktur gewährleisten sollten.

1.1.1 Wie öffentlicher Personenverkehr «erfunden» wurde

Weil Reisen über Jahrhunderte unbequem und beschwerlich war, begab sich nur der auf Reisen, der unbedingt musste, also ein Reiseziel hatte, und entsprechend belastbar war. Und je bequemer die Ausstattung war, desto teurer war natürlich die Reise. Die Mitfahrt in einer Kutsche etwa konnte sich ein «Normalbürger» kaum leisten – auch die preisgünstigere Kategorie auf dem Kutschendach war oft noch viel zu teuer.

Quelle: üstra Hannoversche Verkehrsbetriebe AG

Pferdekutsche

Die Reisenden der Neuzeit waren über lange Zeiten überwiegend Kaufleute und Handwerker, Gelehrte, Politiker oder Militärs. Den meisten kam es weniger auf Komfort oder Bequemlichkeit an als auf den Preis, Geschwindigkeit und Zuverlässigkeit. Erst Ende des 19. Jahrhunderts entstanden mit den Eisenbahnen technische Lösungen, die Reisen vergleichsweise günstig ermöglichten und dabei auch recht komfortabel waren. (Kurz)Reisen wurde für mehr und mehr Menschen erschwinglich und so investierten zunächst private Unternehmen in den Ausbau der Verkehrssysteme – vornehmlich auf der Schiene.

Im Nahverkehr war die bevorzugte Fortbewegungsart lange Zeit das Gehen oder – viel seltener – das Mitfahren in Kutsche oder Karren. In manchen Städten – wie Dresden und Leipzig – wurden erste öffentliche Beförderungsleistungen überwiegend durch Sänften erbracht. Fiaker oder Droschken waren in den Städten erste öffentliche Personenbeförderungsmittel mit Tieren als Zugmitteln. Aber – bedingt durch die geringen Beförderungskapazitäten – waren auch sie sehr teuer und wenig rentabel.

Der öffentliche Nahverkehr gewann erst Ende des 19. Jahrhunderts an Bedeutung, als in den wachsenden Städten Pferdebusse, später auch schienengebundene Pferdewagen aufkamen. Diese waren in der Lage, eine größere Anzahl von Menschen zu einigermaßen komfortablen Reisebedingungen unter effizienterem Personaleinsatz zu befördern. Es entwickelten sich erste «Linienverkehre», die in der Anfangszeit häufig zunächst eher die Innenstädte mit den Außenbezirken verbanden, um den «Städtern» an den Wochenenden einen «Ausflug ins Grüne» zu ermöglichen. Da der Bau von Schienen in den öffentlichen Verkehrsraum eingriff und dieser Raum nicht beliebig zur Verfügung stand, war der Bau derartiger Pferdebahnen an die Erteilung städtischer Genehmigungen, «Konzessionen», gebunden, wobei das Kapital für den Bau zunächst von privaten Investoren aufgebracht wurde.

Erster Benzin-Omnibus der Welt

Mit Industrialisierung, Landflucht und dem Wachstum der Städte ab Mitte des 19. Jahrhunderts, stieg auch der Verkehr an. Stadtmauern fielen. Vororte wurden eingemeindet. Das Verkehrsaufkommen stieg. In vielen Städten wie Paris, Genf, Wien, aber auch Berlin, Hamburg oder

Stuttgart wurden bereits früh städtische Konzessionen für Pferdestraßenbahnen auch im innerstädtischen Verkehr vergeben. Andere Städte wie London verhängten aus grundsätzlichen Überlegungen ein Schienenverbot in der Innenstadt, das bis heute gilt. So enden alle Schienenverbindungen in den Außenbezirken der Stadt, während das Stadtinnere durch die «Tube», also eine U-Bahn angebunden wird (die in der Anfangszeit noch mit Dampf betrieben wurde).

Quelle: üstra Hannoversche Verkehrsbetriebe AG

Elektrifizierte Straßenbahn

Mit dem weiteren technischen Fortschritt entwickelten sich Anfang des 20. Jahrhunderts die ehemaligen Pferdebahnen durch Elektrifizierung zu Straßenbahnen weiter oder wurden durch motorgetriebene Busse ersetzt. Parallel dazu fielen Arbeits- und Wohnort der Menschen mehr und mehr auseinander und es entwickelte sich eine völlig neue Verkehrsart: der Berufsverkehr.

Um den steigenden (Stoß-)Verkehr bewältigen zu können, wurden die Infrastruktur ausgebaut und die Straßenbahnen elektrifiziert. Hierfür waren umfangreiche Investitionen notwendig. Viele private Anbieter waren nicht mehr in der Lage, die erforderlichen finanziellen Mittel aufzubringen. Denn die steigenden Kosten konnten immer seltener durch die Erträge der Fahrgäste gedeckt werden. Sukzessive kam es so zu einer Übernahme der zuvor privat betriebenen Pferdestraßenbahnen durch die Städte. Der städtische Personennahverkehr wurde nun mehr und mehr durch kommunale Verkehrsunternehmen erbracht.

1.1.2 Bedeutung des Öffentlichen Personenverkehrs mit Bus und Bahn

Heute ist öffentlicher Personenverkehr in Deutschland ein fester Bestandteil unseres Lebens. Ohne ihn wäre es in seiner heutigen Form schwer vorstellbar. Öffentlicher Personenverkehr ist ein wichtiges Element der staatlichen Daseinsvorsorge.

Öffentlicher Personenverkehr ist dabei definiert als Sektor, der für jedermann nach Maßgabe der Beförderungsbedingungen zugänglich ist und mit öffentlichen Verkehrsmitteln durchgeführt wird: Omnibussen, Straßen-, Stadt- und U-Bahnen, Eisenbahnen, Schiffen, Flugzeugen, Taxen.

Jährlich nutzen über **11 Mrd. Fahrgäste** den Öffentlichen Personenverkehr mit Bussen, Straßen- und U-Bahnen sowie Eisenbahnen (Quelle: VDV Die Verkehrsunternehmen, Statistik 2019, S. 26).

Daten zum Öffentlichen Personenverkehr	
Anzahl Omnibusse:	24.234
Anzahl Straßenbahn, Stadtbahn, U-Bahn:	7.257
Eisenbahnfahrzeuge (Lokomotiven, Triebwagen, Reisezugwagen):	18.923
Beschäftigte (ÖPV):	160.024
Quelle: VDV, Statistik 2019	

Eine detaillierte Betrachtung des Fahrgastaufkommens ergibt für das Jahr 2019 folgendes Bild:

Fahrgäste (in Mio.)	
Busliniennahverkehr	4.507
Straßen-/Stadtbahn/U-Bahn	4.300
Eisenbahnfernverkehr/Eisenbahnnahverkehr	2.500
Quelle: VDV, Statistik 2019	

Die Beförderungsleistungen, die die Verkehrsträger erbringen, werden in «Personenkilometern» (Pkm) gemessen. Damit wird das Ergebnis aus beförderten Personen und der Fahrweite dargestellt. Im Jahr 2019 erbrachte der Sektor des Öffentlichen Personenverkehrs in Deutschland insgesamt rund 150 Mrd. Pkm. Werden die geleisteten Pkm im Motorisierten Individualverkehr und im Luftverkehr über Deutschland hinzuaddiert, dann erreichten die Beförderungsleistungen rund 1.000 Mrd. Pkm. Damit entsprechen die **jährlichen Pkm-Verkehrsleistungen in Deutschland rund 30 Mio. Erdumrundungen** – eine unglaubliche Dimension.

Eine spezifische Form des Linienverkehrs ist der **Öffentliche Personennahverkehr (ÖPNV)**. Er kennzeichnet die Personenbeförderung mit Bussen und Bahnen in Stadt-, Vorort- und Regionalbereichen. Die Reichweite beträgt hier i.d.R. nicht mehr als 50 km, die Reisezeit übersteigt i.d.R. eine Stunde nicht. Alle anderen Personenbeförderungen sind dem Fernverkehr zuzurechnen.

Der Linienverkehr im ÖPNV wird durch kommunale Verkehrsunternehmen mit Bus- und Straßenbahn-, Stadtbahn- und U-Bahn-Betrieb sowie durch private Omnibusunternehmer und regionale Eisenbahnverkehrsunternehmen erbracht.

Der Omnibus deckt rund 40 % der ÖPNV-Leistungen ab, die Eisenbahnen (auch S-Bahnen) rund 43 %, 17 % tragen Straßen-, Stadt- und U-Bahnen zur Leistungserbringung im ÖPNV bei.[1]

1.2 Die wachsende Bedeutung des öffentlichen Personenverkehrs

Der ÖPNV in Deutschland steht vor großen Herausforderungen. Was sind die Herausforderungen?

Der Personenverkehr mit Bussen und Bahnen wird in den kommenden zehn Jahren einen **absoluten Bedeutungszuwachs** erfahren. Was sind die Chancen und Herausforderungen, denen sich die öffentlichen Personenverkehrsunternehmen – und damit auch Sie als künftiger «Teil davon» – stellen müssen?

1.2.1 Der ÖPNV reduziert die innerstädtische Verbrauchsfläche

Die Verkehrsinfrastruktur in den Städten wird eine weitere Belastung durch den motorisierten Individualverkehr (MIV) mit Pkws nur in eng definierten Rahmen zulassen können. Die Städte stoßen an natürliche Grenzen für einen weiteren Ausbau der Verkehrsflächen. Sie müssen bestehende Flächen so effizient als möglich nutzen. Dies wird zu einem weiteren Ausbau von Park & Ride-Plätzen, separaten Busspuren oder Vorrangschaltungen für den ÖPNV in den Innenstädten führen. Einige große Städte im europäischen Ausland haben bereits so genannte «City-Maut-Systeme» für den Pkw-Verkehr eingeführt. All dies verschafft dem ÖPNV Vorteile gegenüber dem Individualverkehr. Vorteile, die genutzt werden, um mehr und mehr Menschen vom ÖPNV zu überzeugen.

Quelle: Bremer Straßenbahnen AG

Park & Ride

1 Quelle: Statistisches Bundesamt

1.2.2 Der ÖPNV ist mit seinen Bussen und Bahnen der «Umweltengel» des motorisierten Personenverkehrs

Busse (und natürlich auch Bahnen) haben heute beim Ressourcenverbrauch ganz klar «die Nase vorn». Neue Umwelttechnologien wie der sogenannte EEV-Standard für emissionsarme Fahrzeuge werden die Umweltbilanz des ÖPNV weiter verbessern. Hybridfahrzeuge können den Dieselverbrauch weiter absenken. Pro Bus und Jahr können 4.000 Liter Diesel eingespart werden, wenn – wie bei U-Bahnen schon üblich – die beim Bremsen freiwerdende Energie gespeichert und beim Anfahren wieder eingesetzt wird. Hybrid-Systeme, eine Kombination aus Dieselmotor und Elektroantrieb, werden in zunehmendem Maß von Verkehrsunternehmen in Deutschland eingesetzt.

Eisen- und Straßenbahnen und bald auch vollelektrische Busse beziehen mehr und mehr Strom aus nachhaltiger Energiegewinnung. All dies hilft unserer Umwelt. Und es trägt dazu bei, Mobilität auch bei abnehmenden Rohstoffreserven zu erhalten. Grundsätzlich gilt: die Verlagerung von einem Prozent des MIV auf den Öffentlichen Verkehr spart jedes Jahr über eine Mio. Tonne Kohlendioxid ein.

Einige weitere interessante Fakten, die den Umweltvorteil des ÖPNV eindrucksvoll belegen:

- In einer Öko-Bilanz für die Stadt Heidelberg wurde bereits in den 90er Jahren festgestellt, dass Busfahren knapp 80 % weniger CO^2-Emission im Vergleich zum Pkw bei gleicher Verkehrsleistung verursacht.[2]
- Die durchschnittlichen Klimakosten liegen für den Pkw bei 1,65 Cent pro Pkm, für den Bus bei 0,72 Cent.[3]
- Die spezifischen Diesel-Partikel-Emissionen im Personenverkehr mit Bussen sind zwischen 1995 und 2008 von 0,04 g/PKM auf unter 0,01 g/PKM gesenkt worden.[4]
- Ein mit 16 Fahrgästen besetzter 12-Meter-Niederflurbus verbraucht durchschnittlich zwei Liter Kraftstoff je Fahrgast auf 100 km. Ein mit zwei Personen besetzter Pkw verbraucht mit vier Litern doppelt so viel Kraftstoff. Die Entwicklung «sauberer» Kraftstoffe (schwefelfrei und synthetische Dieselkraftstoffe bis hin zum lokal und global emissionsfreien Wasserstoff), ihr Einsatz in Omnibussen als auch die Entwicklung entsprechender Antriebstechniken werden die Spielräume für eine weitere Verbesserung der Ökobilanz des Personenverkehrs mit Bussen vergrößern.

Nicht die Technik wird sich weiterentwickeln. Durch intensivere Aus- und Weiterbildungssysteme werden den Beschäftigten des ÖPNV und speziell Ihnen als Fachkräften im Fahrbetrieb eine umweltschonende und fahrgastfreundliche Fahrweise vermittelt. Als «Profi» im Verkehrsgewerbe sind Sie in der Lage, ein Vorbild für andere Verkehrsteilnehmer zu sein.

Als Beschäftigte eines Verkehrsbetriebes werden Sie das Thema «Umweltschutz» aber auch an vielen anderen Stellen in Ihrem Unternehmen finden. Mülltrennung, Ressourcenschonung oder die Einhaltung von Umweltvorschriften im Umgang mit gefährlichen Stoffen werden für Sie zum selbstverständlichen Alltag gehören. Nahezu alle Verkehrsunternehmen haben auch so genannte «Umweltmanagementsysteme» eingeführt oder sich entsprechend zertifizieren lassen. Die Unternehmen setzen sich konkrete Umweltziele und wollen dort besser werden, auch um ihre so genannte «Ökobilanz» und damit die «Nachhaltigkeit» zu verbessern.

---

2 Quelle: UPI-Bericht 34, Öko-Bilanz des ÖPNV in Heidelberg, März 1995.

3 Quelle: Gericke, Becker, Mehr Kostenwahrheit im Verkehr, Nahverkehr 1-2/2007, S. 9

4 Quelle: VDV, Busse und Bahnen für eine nachhaltige Mobilität, Köln 2010, S. 21.

1.2.3 ÖPNV ist kostengünstig

Busse und Bahnen spielen ihre Vorteile gegenüber dem Pkw auch in einer **günstigeren Kostenbilanz für den Nutzer** aus. Eine Musterrechnung der Berliner Verkehrsbetriebe aus dem Jahr 2004 kommt zu einem eindeutigen Ergebnis – unter Berücksichtigung der «versteckten» Kosten (Betriebskosten, Fixkosten, Werkstattkosten, Wertverlust) ist die Nutzung des städtischen Bussystems um ein Vielfaches günstiger: während ein Mittelklassewagen monatliche Betriebs-, Fix- und Werkstattkosten (inkl. des Wertverlustes) von 455,– € verursacht, liegen die Kosten bei konsequenter Nutzung des ÖPNV mit einer Monatskarte bei durchschnittlich 64,- €5

Der Verkehrs- und Tarifverbund Stuttgart (VVS) kommt zu einem ähnlichen Ergebnis: Mit einem VVS-Jahresticket lassen sich im Vergleich zur Pkw-Nutzung jährlich fast 1.750,– € einsparen.[6]

Eine innerstädtische Fahrt mit dem Bus oder der Straßenbahn kostet oftmals nicht mehr als zwei Kugeln Eis, ein Espresso oder ein aus dem Internet heruntergeladener Klingelton für das Handy.

1.2.4 Der ÖPNV reduziert die Lärmbelastung

Quelle: Dresdner Verkehrsbetriebe AG

«Grünes Gleis»

Verkehr erzeugt Lärm. Die Bevölkerung (gerade in den Ballungsgebieten) reagiert darauf mit steigender Sensibilität. Auch von den Fahrzeugen des ÖPNV geht Lärm aus; auch wenn diese Fahrzeuge natürlich nur einen Bruchteil des Verkehrsaufkommens ausmachen. Dennoch ist das Thema «Reduktion von Geräuschemissionen», also Lärmreduzierung, ein wichtiges Thema.

Im ÖPNV und seinen Unternehmen arbeiten viele Menschen daran. So gehören im Straßenbahnbereich etwa die regelmäßige Spurkranzschmierung, der Einsatz von Wassersprühanlagen im Gleis bei engen Kurvenradien oder das regelmäßige Schleifen der Schienen und die «grünen Gleise» heute zu Selbstverständlichkeiten. Auch im Fahrdienst tragen die Beschäftigten durch vernünftiges Anfahren dazu bei, die Lärmbelästigung zu reduzieren. Und an Endhaltestellen – besonders in Wohngebieten – achten sie idealerweise darauf, den Omnibusmotor nur solange laufen zu laufen, wie es wirklich notwendig ist. All dies fördert die Akzeptanz des ÖPNV und unserer Dienstleistung bei den Menschen.

1.2.5 Der ÖPNV ist sicher

Auch wenn die Zahl der Verkehrstoten glücklicherweise rückläufig ist: Bewegung (also Verkehr) ist gefährlich. Besonders gefährdet sind natürlich die «schwächsten», weil weitgehend ungeschützten Verkehrsteilnehmer, also Fußgänger, Radfahrer, Kinder; aber auch Motorradfahrer. Busse und Bahnen im ÖPNV gehören zu den sichersten Fortbewegungsmitteln. Die wenigsten Unfälle mit gravierenden Folgen passieren in den Fahrzeugen des ÖPNV. Mehr, auch vereinzelt schwerwiegende Unfälle sind im Reisebusverkehr festzustellen. Und leider ist es nicht immer zu vermeiden, dass gerade ältere Menschen und Kinder beim Überqueren der Fahrbahnen oder an Haltestellen unaufmerksam sind und es zu Unfällen kommt.

Damit dies möglichst wenig vorkommt und der ÖPNV noch sicherer wird, werden die Fahrer

5 Quelle: Markt und Image, EU-Berufskraftfahrer, Weiterbildung Bus, S. 24
6 Quelle: www.vvs.de/rundummobil/preisvergleichsrechner

und Fahrerinnen im Personenverkehr sorgfältig auf ihre Aufgaben vorbereitet. Sie lernen u.a. das Fahrzeug sicher zu bedienen oder vorausschauend zu fahren. Sie lernen ferner eine Reihe von Sicherheits-, Arbeitszeit- und Verhaltensvorschriften kennen, die alle dieselbe Zielsetzung verfolgen: Das Risiko von Unfällen für Fahrgäste, Fahrer und andere Verkehrsbeteiligte möglichst niedrig zu halten. Und falls doch einmal etwas passiert, sind Beschäftigte der Verkehrsunternehmen auch auf diese Situationen vorbereitet.

Im öffentlichen Busverkehr haben die im Rahmen des Berufskraftfahrer-Qualifikationsgesetzes festgelegten jährlichen Weiterbildungen von Fahrerinnen und Fahrern zur Verkehrssicherheit beitragen können.

1.2.6 Der ÖPNV ist volkswirtschaftlich nützlich

Der ÖPNV sichert nicht nur die Mobilität der Menschen, sondern gibt wesentliche Impulse für die Entwicklung von Wirtschaft und Arbeitsmarkt in Deutschland.

Der gesamtwirtschaftliche Nutzen des ÖPNV übersteigt die Höhe der für seinen Betrieb eingesetzten finanziellen Mittel durchschnittlich um den Faktor 3,8. Jeder in den ÖPNV investierte Euro kommt somit drei- bis vierfach zurück.[7]

Die Verkehrs-Aktiengesellschaft VAG Nürnberg hat die Bedeutung ihres ÖPNV-Angebots für die Metropolregion Nürnberg im Jahr 2009 untersuchen lassen. Demnach bringt jeder investierte Euro einen Nutzen von fünf Euro für die Stadt Nürnberg. Jeder bei der VAG geschaffene Arbeitsplatz führt zu einem zusätzlichen Arbeitsplatz in der Region Nürnberg.

Die deutschen Verkehrsunternehmen sind attraktive Arbeitgeber. Sie bieten sehr gute Beschäftigungsperspektiven, gute Aufstiegschancen, interessante Tätigkeitsfelder und viele Möglichkeiten der beruflichen Weiterbildung. Insbesondere junge Menschen finden dort viele tolle und unterschiedliche Ausbildungsmöglichkeiten. Das Karriere-Portal www.vdv-karriere.de bietet viele Informationen rund um den ÖPNV, die Berufsausbildung, Weiterbildung und Beschäftigung in der Branche.

1.3 Die Mobilitätsmanager: Warum Dienstleistung im öffentlichen Personenverkehr immer wichtiger wird

Zukunftsweisende Mobilität ist ohne den Öffentlichen Personenverkehr nicht denkbar. Aber die Gesellschaft verändert sich. Und damit wird sich auch die Verkehrsbranche weiter verändern. Einige Entwicklungen haben wir bereits beleuchtet. Aber es gibt noch andere Aspekte zu berücksichtigen. Und sie haben eines gemeinsam: Mobilität ist Dienstleistung. Fachkräfte im Fahrbetrieb sind Mobilitätsdienstleister.

Der Auf- und Ausbau des Personenverkehrs und seine Erfolgsgeschichte im letzten Jahrhundert erfolgten im Wesentlichen unter folgenden zwei Aspekten, bzw. Fragestellungen:

- **Verkehrsplanerisch**
  Wo sollen welche Verkehre angeboten werden, um eine ausreichende Verkehrsbedienung der Bevölkerung zu erreichen und die Angebote zu vernetzen (welche Linien, welche Fahrzeuge ...)?

- **Betriebstechnisch**
  Wie muss der Betriebsablauf gestaltet werden, um den zuverlässigen, sicheren und störungsfreien Ablauf zu gewährleisten?

Die Entscheidung der Kunden, den öffentlichen Verkehr mit Bussen und Bahnen zu nutzen, hängt von vielen objektiven und subjektiven Faktoren ab. Es sind letztlich nicht die Interessen und Bedürfnisse des Verkehrsunternehmens und seiner Beschäftigten, die über die Art, den

7 Quelle: VDV, Busse und Bahnen für eine nachhaltige Mobilität, Köln 2010, S. 26

Umfang und die Qualität der Dienstleistung bestimmen. Es ist der Kunde, der Fahrgast, der durch Zustimmung bzw. Ablehnung der Dienstleistung quasi die «Macht» ausübt.

Kundenzufriedenheit herzustellen ist zentrale Handlungsmaxime der Verkehrsunternehmen und ihrer Beschäftigten. Es ist schließlich der Kunde, der die Dienstleistung ÖPNV maßgeblich finanziert und die Arbeitsplätze der Beschäftigten sichert.

1.3.1 Kundenwünsche wahrnehmen

Grundsätzlich fällt es in die Verantwortung des Unternehmers, Strategien zu den wesentlichen Leistungsmerkmalen seiner Verkehrsdienstleistung zu entwickeln. Zu den strategischen Entscheidungen gehören beispielsweise Aussagen,

- in welchen Märkten der Unternehmer tätig werden möchte,
- welche konkreten Angebote entwickelt werden,
- inwieweit Leistungen oder Leistungsbestandteile selbst erbracht oder fremd vergeben werden sollen,
- welche Kundengruppen angesprochen werden sollen,
- welche Qualitäts- und Servicequalität verfolgt wird,
- wie die Preise gestaltet werden.

Quelle: Mainzer Verkehrsgesellschaft mbH

Fahrgäste an der Haltestelle

Die Entscheidungen, die Unternehmen in diesen Themenfeldern treffen, sind grundlegend für ihre strategische Ausrichtung. Sie bilden die Basis, auf der Mobilitätsdienstleistungen kommuniziert und erbracht werden und für die Kunden gewonnen werden müssen.

Um herauszufinden, was den Fahrgästen vor Ort wichtig ist, werden häufig Meinungsforschungsinstitute damit beauftragt, Kundenbefragungen durchzuführen. Diese sollen herausfinden, welche Verkehrsleistungen die Fahrgäste möchten und wie zufrieden sie mit wahrgenommenen Beförderungsleistungen sind. Die Ergebnisse solcher Umfragen liefern den Verkehrsunternehmen wichtige Hinweise, um die eigenen Leistungen zu überprüfen, zu verbessern und mögliche Qualitätslücken in ihrem Angebot, ihrem Erscheinungsbild, Serviceangebot oder beim Verhalten ihrer Beschäftigten zu schließen.

Ein Großteil der Personenbeförderung findet mit Bussen und Straßenbahnen im **Linienverkehr** statt. Öffentliche, insbesondere kommunale Verkehrsunternehmen sind dort überwiegend tätig. Für die Genehmigung des Linienverkehres gibt es besondere Vorschriften (siehe ▶ Kapitel 6). Hier werden oft zusätzliche Verkehre oder bestimmte Standards vom so genannten Aufgabenträger, also der für die Verkehrsorganisation zuständigen Gebietskörperschaft (Stadt, Gemeinde) bestellt.

Die reale Nachfrage nach ÖPNV-Leistungen ist von vielen Faktoren abhängig, die regional sehr unterschiedlich sein können, die teilweise vom Unternehmen beeinflussbar sind, teilweise aber nicht.

1.3.2 Gesellschaftliche Entwicklungen berücksichtigen

Unabhängig von der Situation vor Ort gibt es verschiedene gesellschaftliche Entwicklungen, die Kundenwünsche und Kundenanforderungen prägen und somit die Entwicklung im Personen-

verkehr nachhaltig beeinflussen. Einige haben wir schon kennen gelernt. Andere sollen hier ergänzt werden:

Die Komfortansprüche steigen

Die Komfortansprüche im Verkehr steigen. Parallel zu den verbesserten Ausstattungen im Individualverkehr gilt dies auch im Personenverkehr. Diese Entwicklung lässt sich am Beispiel der Busausstattung verfolgen: ihre Inneneinrichtungen werden immer einladender, freundlicher und designorientierter gestaltet. Sie bieten Raum für kollektives und individuelles Wohlfühlen («Kommunikationsecken»). Klimaanlagen – obwohl teuer und wartungsintensiv – finden immer weiter Verbreitung. Auch in Bussen und Bahnen des Linienverkehrs. Als Fachkraft im Fahrbetrieb profitieren natürlich auch Sie von diesen Entwicklungen (z. B. Entwicklung Fahrerarbeitsplatz). Aber natürlich ist es im Alltag auch schwieriger mit den gestiegenen Ansprüchen der Fahrgäste umzugehen.

Quelle: Offenbacher Verkehrsbetriebe GmbH

Moderne Buseinrichtung

Der Anteil mobilitätseingeschränkter und älterer Fahrgäste wird steigen

Unsere Gesellschaft wird immer älter. Dies bedeutet: Auch unsere Fahrgäste werden durchschnitt-

Quelle: Stadtwerke Bonn GmbH

Ältere Fahrgäste

lich immer älter. Häufig bedeutet dies auch: Die Bewegungsfähigkeit wird eingeschränkt. Viele Verkehrsunternehmen haben damit begonnen, ihre Beschäftigten für diesen Prozess zu sensibilisieren. Mit Hilfsmitteln kann im Unterricht simuliert werden, wie sich das Leben durch das Altern verändern kann. Die Sehkraft lässt nach. Treppen können zum Hindernis werden. Das Festhalten und Greifen wird schwerer. Diese Entwicklungen haben Auswirkungen auf unser Dienstleistungsangebot: Auf der einen Seite wird der Bedarf an Hilfestellungen auf dem Fahrzeug zunehmen. Der Fahrgastwechsel kann u.U. nicht so schnell durchgeführt werden und die Fahrer und Fahrerinnen werden mit größerer Sorgfalt anfahren müssen. Andererseits können neue Serviceangebote entstehen. So gibt es in deutschen Städten mehr und mehr Fahrgastbegleiter, die mit öffentlicher Unterstützung mobilitätseingeschränkte Fahrgäste von zu Hause abholen und mit Bussen und Bahnen an ihr Ziel bringen.

Das Personenbeförderungsgesetz schreibt in § 8 vor, dass bis zum 1.1.2022 alle im öffentlichen Verkehr genutzten Busse und Bahnen und die gesamte Infrastruktur, z. B. Bahnsteige, barrierefrei gestaltet sein müssen, um mobilitätseingeschränkten Personen den ungehinderten Zugang zum ÖPNV zu ermöglichen.

Kommunikations- und Informationswege verändern sich

Aber auch bei den jungen Menschen verändern sich die Gewohnheiten. Viele Informationen werden mobil bzw. über das Internet abgerufen. Handy-Tickets, Apps mit speziellen Informationstools und Echtzeitinformationen dominieren hier. Der ÖPNV beginnt gerade erst, die neuen Möglichkeiten der Informationsgesellschaft für sich zu nutzen. Hier werden sich die Angebote und Prozesse in den Unternehmen des ÖPNV in den nächsten Jahren weiterentwickeln. Und Sie werden als Fachkräfte im Fahrbetrieb an diesen Entwicklungen teilnehmen und sie sogar mit beeinflussen. Aber von Ihnen wird auch abhängen, ob das «Produkt Personenverkehr» lediglich als technisches Produkt wahrgenommen wird oder als das, was es eigentlich ist: eine Dienstleistung! Erfahrungen in den Unternehmen zeigen, dass neue Kunden nicht in erster Linie über Technik gewonnen werden. Stattdessen werden individuelle Mobilitätsberatungen mehr und mehr nachgefragt. **Auch in den Fahrzeugen ist zu beobachten, dass der schönste Technikeinsatz eines nicht ersetzen kann: den Wunsch der Menschen nach einem Ansprechpartner vor Ort!**

Quelle: Münchner Verkehrsgesellschaft mbH

Serviceberatung im ÖPNV

1

1.3.3 Partnerschaftliche Lösungen umsetzen

Eine europaweite Studie im Auftrag der EU-Kommission erforschte bereits Ende des 20. Jahrhunderts die wesentlichen Faktoren für erfolgreichen Nahverkehr aus Sicht der Kunden. Nach Vorschlägen der Studie sollen lokale Nahverkehrsangebote insbesondere folgende Merkmale aufweisen:

- **Integriertes Netzangebot:** Der Kunde hat einen Überblick über das Gesamtliniennetz. Die Linienführungen sind aufeinander abgestimmt.
- **Tarifintegration:** Der Kunde muss nicht bei jedem Umsteigen oder Änderung der Verkehrsmittelwahl einen neuen Fahrschein erwerben.
- **Gute Zugänglichkeit zum System:** Das Verkehrsangebot muss berücksichtigen, dass auch ältere Personen, Mobilitätsbeeinträchtigte oder Frauen mit Kinderwagen problemlosen Zugang zu Fahrzeugen und Infrastruktur haben.
- **Gute Informations- bzw. Kommunikationspolitik:** Es reicht nicht aus, ein gutes Angebot zu haben, sondern die Kunden müssen auch in angemessener Weise auf das Angebot hingewiesen werden. Dies gilt sowohl für den Zugang oder die Aufbereitung der Information. Aber auch für die Aktualität etwa im Hinblick auf Störungen oder Veränderungen aufgrund von Baustellen oder anderen Beeinträchtigungen.
- **Abstimmung der Anschlüsse:** Es sollten nicht nur die Linienführungen aufeinander abgestimmt werden, sondern auch die Fahrpläne bzw. Taktzeiten um einen reibungslosen Übergang für die Fahrgäste zu erreichen.

Einzelne Verkehrsunternehmen alleine sind nicht in der Lage, all dies zu gewährleisten. Deswegen haben sich im Personenverkehr über die Jahre zahlreiche Netzwerke und Kooperationen im Personenverkehr entwickelt. Eine herausragende Bedeutung haben dabei sicher die **Verkehrsverbünde**, (siehe ▪ Abb. 1.1) die es in dieser Form eigentlich nur in Deutschland gibt. Sie ziehen aber mehr und mehr Nachahmer auf der ganzen Welt an. In solchen Verbünden arbeiten die verschiedenen Verkehrsunternehmen mit den zuständigen Behörden (Aufgabenträgern) zusammen, um dem Kunden ein möglichst einfach zu nutzendes Mobilitätsangebot zu unterbreiten und den Zugang zum System zu erleichtern.

Die Kooperation umfasst aber nicht nur die Unternehmen. In zahlreichen Verkehrsverbünden werden so genannte «Fahrgastbeiräte» eingerichtet, in denen die Unternehmen sich direkt mit den Wünschen der Fahrgäste auseinandersetzen und diese in ihre Planungen sogar mit einbeziehen.

Darüber hinaus gibt es viele – oft von den Beschäftigten selbst erarbeitete – Ansätze, in denen Vertreter der Verkehrsunternehmen Jugendhäuser, Kindergärten, Altenheimen oder sonstige Einrichtungen aufsuchen, um auf ihr Angebot aufmerksam zu machen und Zugangshindernisse zu beseitigen.

Schülerbegleiter

Dabei gewinnen auch Initiativen für ein «gutes Miteinander» auf dem Fahrzeug zunehmend an Bedeutung. «Schülerbegleiter», «Cool-Rider», «Nachtschwärmer» oder andere Projekte sind nur einige von vielen, mit denen die Verkehrsunternehmen versuchen, gemeinsam mit gesellschaftlichen Gruppen, Eltern, Schülern oder Organisationen Präsenz im öffentlichen Raum zu organisieren. Die Botschaft muss klar sein: Öffentliche Personenverkehrsunternehmen und ihre Beschäftigten bewegen sich im öffentlichen Raum und sind auf ein gutes Miteinander angewiesen.

1.3.4 Sich zum flexiblen Mobilitätsdienstleister weiterentwickeln

Öffentlicher Personenverkehr auf der einen Seite, Individualverkehr auf der anderen Seite – diese beiden Seiten standen sich in der Vergangenheit oft «unversöhnlich» gegenüber. Und wir haben ja bereits erkannt, dass es Interessenkonflikte geben kann. Wenn es beispielsweise um Vorrangschaltungen oder eigene Fahrspuren für den ÖPNV geht, wird hierdurch naturgemäß der Individualverkehr eingeschränkt.

Dennoch ist die Zeit des gegenseitigen «Verteufelns» vorüber. Das ist gut so, denn es gibt insbesondere zwei gute Gründe, die für ein vernünftiges Miteinander sprechen.

Der erste Grund bezieht sich auf die Angebotsplanung. In vielen, insbesondere ländlichen Gebieten lohnt sich öffentlicher Personenverkehr schlicht nicht. Dies hängt in erster Linie mit der fehlenden bzw. sehr schwankenden Nachfrage zusammen. Eine der größten Herausforderungen für das wirtschaftliche Betreiben von Nahverkehr ist die richtige Berechnung der Fahrzeugauslastungen. Hierfür sind die «Gefäßgrößen», die notwendigen Kapazitäten der Busse oder Bahnen ausschlaggebend. Da die Nachfrage der Kunden nach ÖPNV-Leistungen nicht über den gesamten Tag identisch ist, sondern schwankt, sind flexible «Gefäß»-Angebote wichtig. Verkehrsunternehmen gehen seit einigen Jahren dazu über, solche Angebote zu organisieren. In Abendstunden werden Busverkehre durch Sammeltaxen ersetzt, in Spitzen fahren Busse mit Anhänger, teilweise werden Verkehrsangebote ganz aufgegeben und etwa durch ehrenamtliche Bürgerbusse ersetzt.

Bus mit Anhänger

In Deutschland sind Bus- und Taxiunternehmen in der Regel getrennt, so dass solche Angebote häufig in Form von Kooperationen organisiert werden. In anderen Ländern (etwa Niederlande) hingegen haben Busunternehmen damit begonnen, auch Taxi-Lizenzen zu übernehmen, um noch flexibler auf solche Schwankungen reagieren zu können.

Der zweite Grund für eine sinnvolle Ergänzung und Kooperation von ÖPNV und Individualverkehr bezieht sich auf die Sicht des Kunden. Der Kunde nutzt Bahnen und Busse, um sein Ziel zu erreichen. Der ÖPNV ist ja nicht in jedem Fall der komfortabelste, schnellste, geeignetste oder preiswerteste Verkehrsträger. Folglich erwartet der Kunde Möglichkeiten, unter unterschiedlichen Verkehrsträgern auszuwählen. Er möchte die Freiheit haben, das für seine aktuellen und individuellen Anforderungen geeignetste Fortbewegungsmittel zu nutzen.

Die Berücksichtigung von Mobilitätsketten spielt hierbei eine herausgehobene Rolle. Hierbei wird der gesamte Reiseweg des Fahrgastes von A nach B mit den unterschiedlichen Verkehrsträgern betrachtet.

Verkehrsunternehmen bieten neben Bussen und Bahnen die Fahrzeuge, die Mobilitätsketten realisieren, entweder selbst an – oder organi-

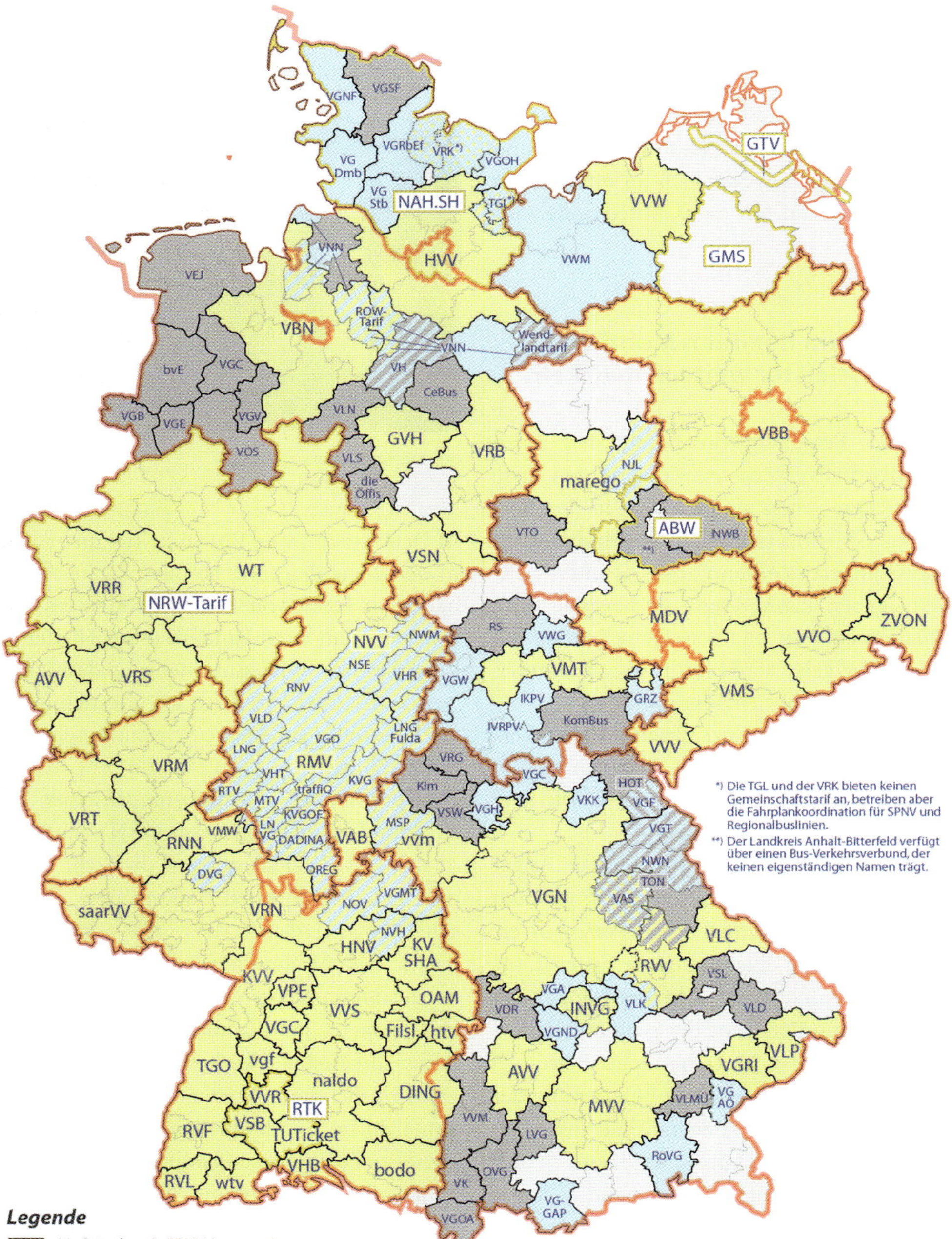

Legende

- Verbünde mit SPNV-Integration
- Verbünde ohne SPNV-Integration
- Teilgebiete eines Verbunds mit SPNV-Integration, in denen ein weiterer Verbund mit eigenständigem Tarif für die Regionalbuslinien operiert
- Teilgebiete eines Verbunds mit SPNV-Integration, in denen einem weiteren Verbund die Fahrplankoordination der Regionalbuslinien obliegt
- Verbünde ohne Gemeinschaftstarif, die nur Fahrplankoordination betreiben
- Gebiete, in denen die Zuständigkeiten für Gemeinschaftstarif und Fahrplankoordination bei unterschiedlichen Verbünden liegen
- Dachtarife mit SPNV-Integration
- Verbundfreie Gebiete

Abb. 1.1 Verkehrs- und Tarifverbünde in Deutschland

Quelle: Maximilian Dörrbecker (Chumwa), Wikipedia, cc-by-sa 2.5

sieren entsprechende Angebote gemeinsam mit anderen. Seit vielen Jahren kooperieren Verkehrsunternehmen mit Mietwagenverleihern, Car- und Bike-Sharing-Anbietern – oder bauen entsprechende Angebote in Eigenregie auf- um ihren Kunden ein umfassenderes Mobilitätsangebot zu unterbreiten – etwa für Zeiten, in denen keine Busse und Bahnen mehr fahren.

Auch die in den Diskussionen um neue Mobilitätsangebote diskutierten sog. On-Demand-Angebote werden in den kommenden Jahren die Angebotspalette der Verkehrsunternehmen erweitern. Solche Angebote dienen dazu, Fahrgäste on-demand, also auf Abruf an dem von ihnen gewünschten Ort abzuholen und zu einem individuell festgelegten Zielort zu befördern.

Im Vordergrund künftiger Mobilitäts- und Verkehrsplanung steht das Ziel, überall dort und immer dann vielfältige Kooperation zwischen öffentlichem Personenverkehr und Individualverkehr zu organisieren, wo es sinnvoll und notwendig ist. Kooperationen mit Taxiunternehmen, Parkhäusern, Luftfahrtgesellschaften, Auto- und Fahrradverleihern u.v.m. gehören damit zum «normalen» Anforderungsbild eines modernen Mobilitätsunternehmens.

In diesem Zusammenhang sind auch die verschiedenen Angebote der Automobilhersteller zu nennen, die mit Smart-Flotten in den Car-Sharing-Markt einsteigen und hier als urbane Mobilitätsdienstleister ein attraktives Geschäftsfeld sehen.

1.4 Der Beitrag des Fahrpersonals zu Kundenorientierung, Kostensenkungen und Wettbewerbsfähigkeit

Jeder Beschäftigtengruppe in den Verkehrsunternehmen kommt ihr jeweils spezieller Beitrag als Mobilitätsdienstleister zu. Die Kunden im Öffentlichen Personenverkehr sind die Fahrgäste. Fahrer sind die Beschäftigten des Unternehmens mit dem engsten Fahrgastkontakt. Ihre vornehmliche Aufgabe und Leistung besteht darin, die Zufriedenheit der Fahrgäste immer wieder sicherzustellen. Fahrer sind Fahrgast-«Fischer», sie sind die ersten Kundenbindungs-Manager des Unternehmens. Das ist ihre Berufung als Mobilitätsdienstleister.

Fachkräfte im Fahrbetrieb übernehmen aufgrund ihrer «Schnittstellen» zum Kunden viele Funktionen und Rollen. Sie sind zum Beispiel:

- verantwortlicher Fahrzeugführer, der Fahrgäste sicher von A nach B befördert
- Berater für den Fahrgast bei Fragen zum Tarif und zur Strecke
- Störungsmanager, der bei Unfällen oder Verkehrsstaus die notwendigen Informationen an die Fahrgäste in Bus und Bahn weitergibt
- Unterstützer und Helfer für mobilitätseingeschränkte Fahrgäste, für ältere Kunden und Fahrgäste mit Kinderwagen
- Konfliktmanager, wenn es Streit zwischen Fahrgästen gibt
- Beschwerdeempfänger, wenn Kunden mit der Beförderungsleistung oder einer anderen Unternehmensleistung nicht zufrieden gewesen sind
- Reinigungsaufsicht für das eigene Fahrzeug
- Fahrausweisprüfer
- Fahr- und Dienstplangestalter
- Fahrzeugbereitsteller
- Kontrolleur, der sich vor Fahrtantritt vom ordnungsgemäßen und sicheren Zustand des eigenen Fahrzeugs überzeugt
- Repräsentant des Unternehmens gegenüber dem Fahrgast

Quelle: üstra Hannoversche Verkehrsbetriebe AG

Quelle: üstra Hannoversche Verkehrsbetriebe AG

Daneben haben die Fachkräfte im Fahrbetrieb weitere Aspekte im Blick. Sie wissen, dass sie durch die Art ihrer Leistungserbringung auch die Kostenseite ihres Unternehmens beeinflussen und damit maßgeblich zur Wettbewerbsfähigkeit und Arbeitsplatzsicherheit beitragen. Als Fahrer und Fahrerinnen können Fachkräfte im Fahrbetrieb etwa:

- Kosteneinsparungen durch Kraftstoff sparendes Fahren erzielen
- eigene Fehlzeiten durch ein gesundheitsorientiertes Handeln und Verhalten reduzieren
- durch Hinweise auf «Kostenfresser» im Betriebsablauf aufmerksam machen und eigene Vorschläge für Verbesserungen ausarbeiten

Quelle: Mainzer Verkehrsgesellschaft mbH

Kundencenter

Quelle: Bremer Straßenbahn AG

Das alles sind hohe Anforderungen an den Beruf. Deshalb setzt das Unternehmen auf eine qualifizierte Ausbildung. Im Gegenzug arbeiten Fachkräfte im Fahrbetrieb in einem Umfeld, das sie immer wieder vor neue Herausforderungen stellt. Dabei bleibt ein Faktor als Konstante: Kundenzufriedenheit herzustellen ist oberste Handlungsmaxime der Tätigkeit von Fachkräften.

1.5 Die Entwicklungen im Verkehrsmarkt richtig einschätzen und nutzen

Seit Erscheinen der ersten Auflage dieses Buches im Jahr 2010 hat es eine Reihe von Veränderungen im Verkehrs- und Mobilitätsmarkt gegeben. Die Auslöser hierfür sind unterschiedlicher Natur: politische Entscheidungen, technische Entwicklungen oder Veränderungen im Mobilitätsverhalten der Menschen. Als Fachkraft im Fahrbetrieb ist es wichtig, ein Verständnis für die

Zusammenhänge zu entwickeln. So können Auswirkungen auf das berufliche Umfeld erkannt und Chancen genutzt werden.

Ein gutes Beispiel für einschneidende Veränderungen sind stets erfolgte oder bevorstehende Novellierungen des Personenbeförderungsgesetzes (PBefG). Im Jahr 2013 ging es darum, die Vergabe von Linienrechten im Nahverkehr in Einklang mit europäischem Recht vergeben zu können.

In der aktuellen Novellierungsdiskussion 2020/2021 geht es insbesondere darum, die künftigen Pflichten und Rechte von privaten on-demand-Anbietern wie Uber zu regeln.

1.5.1 Die Liberalisierung des Fernbuslinienverkehrs

Innerdeutsche Fernlinien im Busverkehr waren bis 2013 in Deutschland weitgehend verboten. Warum, zeigen die Argumente, die in der Debatte um die Reform vorgebracht wurden. Während die Befürworter des Verbotes befürchteten, dass die Fernbuslinien zu Lasten der Eisenbahn gehen und damit teure Investitionen in Infrastruktur gefährden, nannten die Gegner des Verbotes andere Argumente: Für sie war die Bahn für viele Kunden schlichtweg zu teuer.

Aus Sicht der Betreiber der Fernbuslinien ist die Liberalisierung ein Erfolgsmodell: So hat sich die Zahl der Fahrgäste zwischen 2013 und 2019 von 8,2 auf 21 Millionen erhöht. (Quelle: Statista 2021)

Getragen wurde der Wachstumskurs im Fernbuslinienverkehr in den ersten Jahren durch eine Reihe von neuen Unternehmen. Allerdings rechneten die Marktbeobachter mit einer Konsolidierung des Marktes. So ist es dann auch gekommen. In einem Konzentrationsprozess sondergleichen ist mit Flixbus lediglich ein erstzunehmender Player übriggeblieben. Woher kommen die Kunden im Fernbuslinienverkehr? Die Allensbacher Markt- und Werbeträgeranalyse 2015 kommt zu dem Ergebnis, dass für 46 % der Bevölkerung eine Fahrt mit Fernbussen in Frage kommt. Genutzt wird das Verkehrsmittel insbesondere von der jüngeren Generation. Nach Angaben ausgewählter Betreiber liegt der Anteil der unter 35-jährigen bei 45 – 60 % der Reisenden. Eine Herausforderung für die Bahn! Auch, weil ein Teil des Kundenzuwachses im Busfernlinienverkehr nicht nur Neukunden oder Wechsler vom Auto oder von Mitfahrzentralen sind. Für das Jahr 2014 geht die Studie des Bundesamtes für Güterverkehr davon aus, dass etwa 30 – 40 % der Buskunden als Wechsler vom Bahnverkehr kamen. Es ist eine offene Frage, wie sich dieser Bereich weiterentwickeln wird. Die Entwicklung hat jedenfalls bei der Deutschen Bahn im Fernverkehr zu neuen und attraktiven Preismodellen geführt.

1.5.2 Herausforderung Elektromobilität

Spätestens seit dem Bericht der Enquete-Kommission zum Schutz der Erdatmosphäre 1990 stehen die Themen «Klimaschutz» und «Reduktion der CO2-Emissionen» in Deutschland auf der politischen Agenda. Ziel ist es, die CO2-Emmissionen bis zum Jahr 2050 zu halbieren. Energieverbrauch ist dabei ein wichtiger Faktor. Deshalb hatte das Parlament in einem Erneuerbaren-Energie-Gesetz (EEG) beschlossen, den Anteil an erneuerbaren Energien an der Stromversorgung bis 2020 auf mindestens 30 % zu erhöhen. Diese Zielmarke konnte übertroffen werden.

Ein wichtiger Faktor ist dabei der Verkehr. Hier soll eine Umsteuerung in Richtung «Elektromobilität» erfolgen. Deutschland hat sich zum Ziel gesetzt, durch Innovationen im Bereich der Fahrzeuge, Antriebe und Komponenten, sowie durch Einbindung dieser Fahrzeuge in die Strom- und Verkehrsnetze «Leitanbieter für Elektromobilität» zu werden.

Seit dem Jahr 2010 gibt es eine «Nationale Plattform Elektromobilität», um den Umstellungsprozess zu begleiten. Das Ziel der Bundesregierung, bis 2020 eine Million Elektrofahrzeuge in Deutschland zuzulassen, ist verfehlt worden. Die Gründe sind vielfältig. Zum einen fehlt es an einer lückenlosen öffentlichen Ladeinfrastruktur für das gesamte Bundesgebiet. In Kombination damit sind zweitens die Batteriekapazitäten nicht dazu geeignet, vernünftige Reisereichweiten zu garantieren. Drittens sind die finanziellen Anreize wenig lukrativ gewesen, um Menschen von einem Autokauf mit alternativen Antrieben zu überzeugen. An den drei Aspekten wird zurzeit gearbeitet.

Elektrofahrzeuge sind aber nur dann ein ökologischer Fortschritt, wenn der Strom «nachhaltig», also dauerhaft umweltverträglich, gewonnen wird. Deutschland setzt dabei auch auf den Ausbau der Solar- und der Windenergie. Da diese ihre Energie nicht kontinuierlich erzeugen, spielen Speichermedien eine zentrale Rolle in der Energiepolitik in Deutschland.

© Angelo Caragiuli

Aber auch die Verkehrsunternehmen selbst sind gefragt. Ihr «ökologischer Vorteil» gegenüber dem Individualverkehr schwindet, wenn sie in Konkurrenz mit «sauberen» Autos tritt. Deshalb beteiligen sich mehr und mehr Verkehrsunternehmen (insbesondere aus dem Nahverkehr) an Projekten zum Ausbau von Elektroantrieben auch für Busse. In vielen Städten werden seit Jahren Busse mit E-Antrieb im Linienverkehr erfolgreich eingesetzt. Für Sie als Fachkraft im Fahrbetrieb bedeutet dies die Notwendigkeit mit der Auseinandersetzung neuer Fahrzeugtechniken. Denn ein Elektrobus hat ganz andere Anforderungen an das Fahr- und Bedienungsverhalten als «normale» Busse.

Aktuell gewinnt auch die Erprobung von Wasserstoff als alternative, regenerative Antriebstechnologie, sowohl im öffentlichen als auch im Individualverkehr, an Bedeutung. Als Stichwort sei hier die „Nationale Wasserstoffstrategie" genannt.

1.5.3 Herausforderung Multimodalität

Verschiedene aktuelle Studien behaupten: Der Wunsch nach einem eigenen Auto nimmt in der jüngeren Bevölkerung ab. So bewegt sich der Führerscheinanteil der 18-20-jährigen seit 2004 kontinuierlich von ca. 45 auf heute ca. 38 % nach unten. Insgesamt ist die Zahl der Menschen, die in Deutschland einen Führerschein machen seit Jahren rückläufig. Mittlerweile besitzen «nur» noch rund 70 % der über 18-jährigen einen Führerschein.

Seit einigen Jahren zeichnet sich zudem ein Wandel in Bezug auf das Bedürfnis junger Fahrer ab, ein eigenes Auto zu besitzen (Henkel/Tomczak/Henkel/Hauner 2015, S. 17). Das eigene Auto büßt seine Bedeutung als Statussymbol anscheinend ein. Die damit verbundenen Kosten werden immer kritischer gesehen und verschiedene Studien zeigen, dass etwa Investitionen in Smartphones und andere mobile Endgeräte einen höheren Stellenwert bei jungen Menschen einnehmen. Diese ermöglichen eine neue «Mobilität der Kommunikation» und helfen zudem durch eine zunehmende Anzahl neuer Apps sich Mobilität auch ohne eigenes Auto zu organisieren.

Heute ist in Deutschland der Neuwagenkäufer im Schnitt 52 Jahre alt (Center Automotive Research an der Universität Duisburg-Essen), während in der Altersspanne zwischen 25 bis 30 Jahren nur noch jeder fünfte ein eigenes Auto besitzt.

Dies ist eine große Chance für die Anbieter des öffentlichen Verkehrs. Aber sie führt nicht zwangsläufig zu mehr Kunden. Denn der Trend zum Verzicht auf ein eigenes Auto bedeutet nicht zwangsläufig den Verzicht auf das Autofahren. Aber die «Motivationslage» ändert sich.

Als wichtigstes Motiv für das Festhalten am Auto nennen die Gesprächspartner der Studie von Henkel u.a. (2015) nicht zeitliche Flexibilität und Statusdenken, sondern die mit der Autonutzung verbundene Privatsphäre: Man ist für sich und bei sich.

Die Autonutzung garantiert Komfort und Flexibilität – unabhängig davon, ob sich das Fahrzeug im eigenen Besitz befindet oder nicht. Im Gegenteil: Es ist für zahlreiche Nutzer sogar ein positives Symbol des Selbstausdrucks, kein eigenes Auto zu besitzen. Man ist smart und flexibel. Wer heute noch eines besitzt ist «old school», so der Tenor insbesondere bei jüngeren Interviewpartnern.

Die Automobilhersteller reagieren auf diese Entwicklungen. Sie versuchen sich als Serviceanbieter mit Konzepten wie quicar, car2go, Multicity oder Share-Your-Fleet zu etablieren. Einige Forscher sagen gar komplette Geschäftsmodellwechsel voraus. Sie gehen davon aus, dass in Zukunft automobile Mobilität durch die Kunden primär bei Bedarf genutzt und nicht mehr persönlich vorgehalten wird: Ein Wechsel zur sogenannten «Mobility on Demand». Durch den Ausbau der neuen Kommunikationsmöglichkeiten wird dieser Trend erleichtert. Neue Angebote wie das umstrittene Mitfahrunternehmen Uber drängen auf den Markt. Mitfahrangebote, Car-Sharing-Angebote oder Mietwagen sind heute leicht und mobil abrufbar.

Vorreiter dieser Entwicklung sind momentan die Ballungsgebiete, wo es bereits ein gut verfügbares System von Autoverleihern, Angeboten von Automobilherstellern und Car-Sharing-Angeboten gibt. Noch erscheinen die Angebote manchen Kunden zu kompliziert oder wenig verfügbar. Aber Automobilherstellern, Verleihfirmen und Car-Sharing-Firmen arbeiten an neuen Modellen, um dieses Segment für Kunden attraktiver zu machen.

So zeigt die vom Bundesverband CarSharing veröffentlichte Jahresbilanz 2014 abermals einen deutlichen Wachstumsschub für das Prinzip «nutzen statt besitzen». Mehr als eine Million Fahrberechtigte in Deutschland setzen mittlerweile auf CarSharing. CarSharing ist jetzt in über 500 deutschen Städten und Gemeinden präsent.

Allerdings stoßen auch hier die Bäume nicht in den Himmel. Denn zum Aufbau flächendeckender Angebote bedarf es auch hier größerer Investitionen. Und ein «Mentalitätswechsel» setzt sich nur langsam am Markt durch. So prognostiziert eine Studie des TÜV Rheinland u.a., dass selbst unter Idealbedingungen die Zahl der Nutzer in Deutschland in den kommenden fünf Jahren «lediglich» auf drei Millionen steige.

Wichtig ist aber, die Herausforderungen und Beweggründe zu verstehen. Kein Verkehrsträger allein wird in Zukunft in der Lage sein, den wachsenden Verkehr zu bewältigen. Das gilt zumal für städtische Ballungsräume. Besonders dort wird daher momentan an neuen Konzepten für Mobilität gearbeitet. Um die Wünsche nach individueller Mobilität zu erfüllen, arbeiten sie an einer intelligenteren Nutzung des Fahrzeugbestands und einer Vernetzung der Verkehrsträger.

Mittlerweile sind viele Verkehrsunternehmen zu Vorreitern und Gestaltern solcher Vernetzungen geworden.

© Angelo Caragiuli

1.5.4 Herausforderung Neue Mobilität

Technisch unterfüttert wird das Konzept der «Mobility on Demand» von zwei Entwicklungen, die durch den digitalen Wandel in der Mobilitätswelt möglich geworden sind.

Erstens die Entwicklung sog. «Mobilitätsplattformen», die als Apps auf jedem digitalen Endgerät funktionieren. Sie ermöglichen es dem Kunden Informationen zu Reisewegen und Verbindungen abzurufen, Buchungen von Tickets und Reservierungen vorzunehmen und deren Bezahlung zu veranlassen. Erst mit solchen Plattformen wird die Grundlage für «Mobility on Demand»-Lösungen geschaffen.

Als zweiter mächtiger Trend sind die Bestrebungen, insbesondere der Automobilhersteller sowie der IT-und Kommunikationskonzerne wie Google, Uber und Tesla, zur Entwicklung vollautomatisiert fahrender Pkw zu nennen.

Vor diesem Hintergrund haben die öffentlichen Verkehrsunternehmen ein gesteigertes Interesse, den Anschluss an diese neue Technologie nicht zu verlieren. Es geht um Wege, die Bus- und Bahnflotten in entsprechende Strategien des autonomen Fahrens einzubeziehen. Insbesondere die mannigfaltigen Fahrerassistenzsysteme gelten hierbei als sog. «Brückentechnologien». Hier werden aktuell bereits in einer Reihe von Projekten viele Ansätze autonomen Fahrens modellartig in Unternehmen des ÖPNV getestet und ausprobiert.

Es stellen sich viele Fragen, auf die in den kommenden Jahren Antworten gefunden werden müssen:

1. Wird die automatisierte Mobilität in den Ballungsgebieten öffentlich oder privat verfasst sein? Der Verband Deutscher Verkehrsunternehmen (VDV) hat in einem Strategiepapier die vielen Vorteile einer multimodalen, alle Verkehrsträger umfassenden, elektrisch angetriebenen und zunehmend autonom realisierten Mobilität vorgestellt – in Regie der öffentlichen Verkehrsunternehmen.
2. Sind autonom bewegte Fahrzeuge Voraussetzung, um «Mobility on Demand» vollumfänglich verwirklichen zu können? Kleine, selbstfahrende Fahrzeuge, sog. «Robo-Vehicles», können eine solche individualisierte Mobilität realisieren. Standard- und Gelenkbusse in ihrer heutigen Form werden dies kaum schaffen, insbesondere in den ländlichen Gebieten nicht.
3. In welche Richtung werden sich in den nächsten beiden Dekaden die Tätigkeiten und Berufe in den Unternehmen verändern? Digitale technische Lösungen rufen einen Wandel der Arbeit und ihrer Prozesse hervor. Damit einher gehen neue Aufgaben mit neuen Kompetenzanforderungen. Auch hierzu sind tragfähige Lösungen zu entwickeln.

Eines dürfte klar sein: Arbeit, insbesondere die Arbeit in der Mobilitätsbranche, ist so spannend wie selten zuvor. Und sie wird noch spannender, herausfordernder und anspruchsvoller. Auch für Fachkräfte im Fahrbetrieb.

Hinweis

Unter www.prima-wettbewerb.de finden Sie eine Reihe interessanter Beispiele für Unternehmensinitiativen nach innen und außen.

1.6 Aufgaben

1.6.1 Leistungen

Aufgabe 1

Welche Strategien und Angebote verfolgen Unternehmen, um den ÖPNV für die Kunden attraktiv zu machen?

Aufgabe 2

Recherchieren Sie im Internet und versuchen Sie solche Beispiele zu finden.

Aufgabe 3

Erstellen Sie eine Übersicht über die verschiedenen Tätigkeitsfelder.

Fahrzeuge pflegen und warten

Zusammenfassung
In diesem Lernfeld lernen Sie die Struktur und den Aufbau von Fahrzeugen zu beurteilen und Pflege- und Wartungsaufgaben selbständig und verantwortungsbewusst durchzuführen.

2

2.1 Fahrzeugarten

Noch nie waren die Arten der Fahrzeuge, die es auf der ganzen Welt gibt, so vielfältig wie heute. Fahrzeuge sollen die Menschen möglichst schnell von A nach B bringen, dabei umweltfreundlich, schadstoffarm und bequem sein. Zurzeit spielt die Weiterentwicklung von Elektrofahrzeugen eine große Rolle. Parallel dazu werden auch die umweltfreundlichen Wasserstoffantriebe getestet. Diese globale Entwicklung geht auch am ÖPNV nicht vorbei. Immer mehr Unternehmen ersetzen im städtischen Linienverkehr ihre Dieselbusse Stück für Stück durch Elektrobusse oder zum Teil auch durch Busse mit Wasserstoffantrieb.

Im Fernverkehr werden uns die Dieselbusse noch lange erhalten bleiben. Sie sind preiswerter in der Anschaffung und unabhängiger im Einsatz als Elektro- oder Wasserstoffbusse. Hier sind die Reichweiten noch nicht optimal und es fehlen die flächendeckende Ladeinfrastruktur bzw. Wasserstofftankstellen. Je mehr Elektrofahrzeuge betrieben werden, desto leistungsfähiger müssen auch unsere Kraftwerke werden. Auch dies ist ein wichtiger Faktor. Wenn man von heute auf morgen alle Dieselfahrzeuge durch Elektrofahrzeuge ersetzen würde, würden unsere Kraftwerke und Stromleitungen völlig zusammenbrechen. Eine Umstellung von Dieselbussen auf Elektrobusse ist auch für die ÖPNV Unternehmen ein nicht zu vernachlässigender Kostenfaktor. Es müssen in den Betriebshöfen und im Netz Lademöglichkeiten gebaut werden und das Werkstattpersonal muss komplett umgeschult werden, denn die Wartung eines Elektrobusses ist nicht mit der Wartung eines Dieselbusses zu vergleichen. Wir sind mit dieser Entwicklung erst am Anfang. Es bleibt spannend, was die Zukunft noch alles bringt.

Man unterscheidet im ÖPNV Schienenfahrzeuge und Kraftfahrzeuge. Zu den Schienenfahrzeugen gehören Straßenbahnen, die vorwiegend in straßenbündigen, besonderen oder auch abschnittsweise unabhängigen Bahnkörpern fahren. Ein Hauptmerkmal ist das Fahren auf Sicht. Stadtbahnen, die in Teilen (meistens innerstädtischer Bereich) unterirdisch auf Zugsicherung

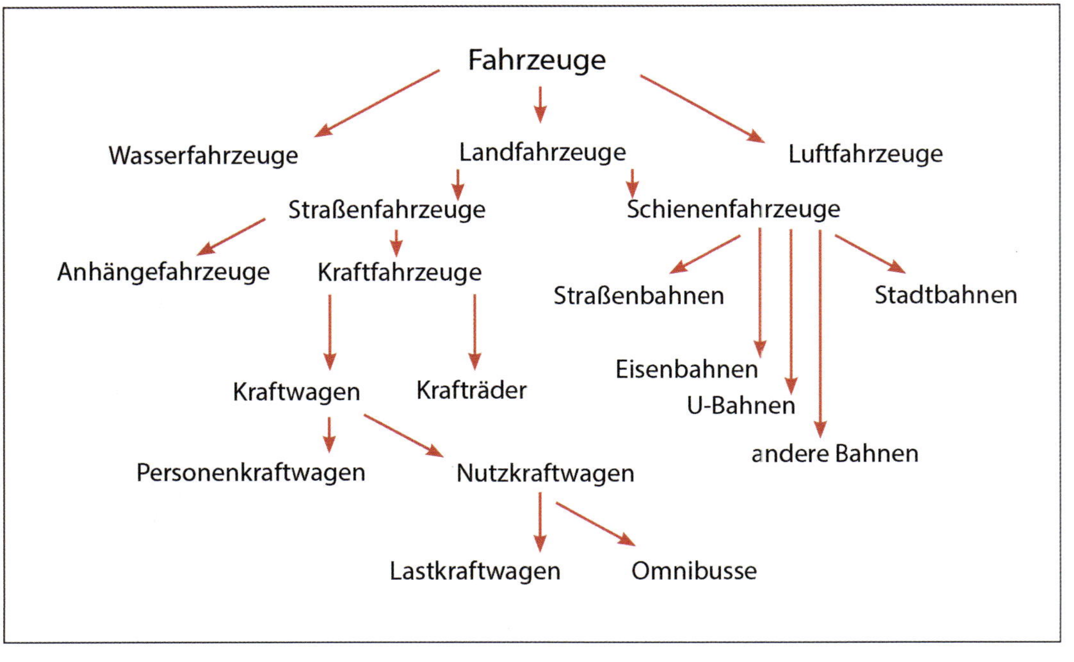

Unterschiedliche Fahrzeugarten

(§22 BOStrab) und an den Stadträndern als Straßenbahn auf Sicht fahren. Die dritte Art von Bahnen sind U-Bahnen, die immer vom übrigen Verkehr völlig getrennt in einem geschlossenen System im Raumabstand mit Zugsicherung fahren (siehe Kapitel 10). Doch auch die Wuppertaler Schwebebahn, die Stuttgarter «Zacke» (eine Zahnradbahn) oder auch Peoplemover gehören zu den Straßenbahnen gemäß BOStrab. Während Schienenbahnen von jedem Unternehmen individuell gestaltet werden (Design, Anordnung der Bedienelemente, Gestaltung Fahrgastraum etc.), waren zumindest Dieselomnibusse im Nahverkehr von den Armaturen und der Technik sehr ähnlich. Da in Hybridbussen und Elektrobussen bzw. auch Bussen mit Wasserstoffantrieb völlig andere Komponenten verbaut sind, gelten hier auch andere Anforderungen an Armaturen und Gestaltung. Egal um welche Art von Bus es sich handelt, muss der Busfahrer ausreichend Kenntnisse über das Fahrzeug besitzen, das er gerade fährt. In größeren Verkehrsunternehmen werden die Busfahrer auf einem neuen Fahrzeugtyp meistens durch die betriebseigene Fahrschule eingewiesen. In kleinen Privatunternehmen müssen sich oft die Fahrer mit der Betriebsanleitung/Bedienungsanleitung des Fahrzeugherstellers vertraut machen. Wichtig ist, dass der Fahrer Höhe, Breite und auch Länge seines Fahrzeuges immer im Kopf hat. Ist dies nicht der Fall, kann es nicht nur im Fernverkehr böse Überraschungen geben. Es reicht schon aus, wenn im Stadtverkehr eine operative Umleitung auf der Strecke gefahren werden muss. Kennt ein Fahrer nicht die Maße seines Fahrzeuges, bleibt er zum Beispiel mit seinem Doppelstockbus unter einer zu niedrigen Brücke hängen und macht dadurch Schaden an Bus und Brücke, oder der Fahrer fährt in eine zu schmale Straße und fährt sich dort fest. Das hätte peinliche Folgen und der Spott der Kollegen ist dem Fahrer gewiss. Außerdem muss ein guter Busfahrer auch die Technik seines Fahrzeuges kennen, um stets zu wissen, ob das Fahrzeug noch betriebs- und verkehrssicher ist.

2.1.1 Fahrzeugmaße nach § 32 StVZO

Länge über alles

Die StVZO regelt im § 32 die zulässigen Fahrzeugmaße für Kraftfahrzeuge. Die maximale Länge über alles darf bei Omnibussen 18,75 m nicht überschreiten. Ausnahmen gibt es allerdings auch: Wenn die Hinterachsen mitgelenkt sind und dadurch die Schleppkurve im Bereich eines normalen Gelenkbusses bleibt, dürfen die Fahrzeuge auch länger sein. Beispiel hierfür sind Doppelgelenkbusse, die bis ca. 25 m lang sind.

Breite über alles

Die maximale Breite über alles nach der ISO-Norm 612-1978 beträgt 2,55m. Bei der Messung der Fahrzeugbreite sind die folgenden Einrichtungen **nicht** zu berücksichtigen:

- lichttechnische Einrichtungen (Blinker, Begrenzungsleuchten)
- Spiegel, Systeme für indirekte Sicht
- Reifenschadenanzeiger
- Reifendruckanzeiger
- ausziehbare oder ausklappbare Stufen in Fahrtstellung
- die über dem Aufstandspunkt befindliche Ausbauchung der Reifenwände

Gemessen wird bei geschlossenen Türen und Fenstern und bei Geradeausstellung der Räder.

© Joachim Müllerchen

Doppelgelenkbus der Firma van Hool in Hamburg

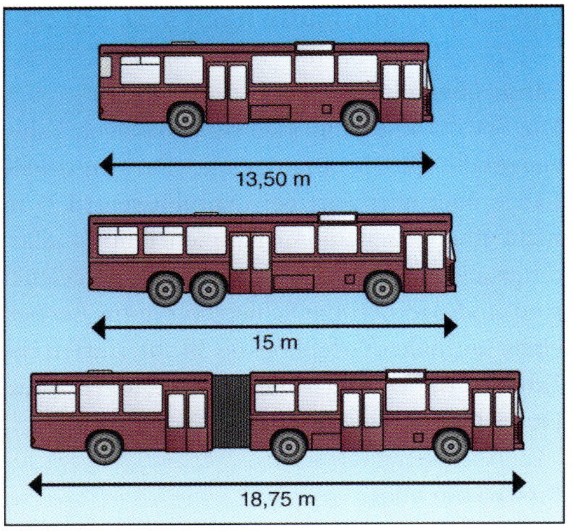

Zulässige Fahrzeuglängen von Omnibussen

Höhe über alles

Höhe von Kraftfahrzeugen und Anhängern: 4,00 m.

Höhe des betriebsfertigen Fahrzeugs über alles einschließlich Verdeck, Gepäckträger usw. Die Fahrzeughöhe wird bei Leergewicht und Reifenluftdruck für volle Beladung ermittelt.

Radstand bei Omnibussen

Abstand zwischen der Radmitte der Vorderräder und der Radmitte der Hinterräder parallel zur Fahrzeuglängsachse. Bei drei- oder mehrachsigen Fahrzeugen werden die einzelnen Radstände nacheinander von vorn nach hinten angegeben. Bei Sattelanhängern tritt an die Stelle der Radmitte der Vorderräder die Achse des Zugsattelzapfens.

Spurweite

Abstand der Räder einer Achse von Reifenmitte zu Reifenmitte auf der Standebene quer zur Fahrzeuglängsachse gemessen. Bei Zwillingsreifen ist die Spurweite der auf der Standebene gemessene Abstand der Mitten der Zwillingsreifen.

Überhanglänge

Vordere Überhanglänge: Abstand des äußeren vorderen Punktes des Fahrzeuges von der Radmitte der Vorderachse.

Hintere Überhanglänge: Abstand des äußeren hinteren Punktes des Fahrzeuges von der Radmitte der letzten Achse.

2.1.2 Kurvenlaufeigenschaften

Omnibusse

Durch die Festlegung der Kurvenlaufeigenschaften soll sichergestellt werden, dass Kraftfahrzeuge und Fahrzeugkombinationen Kurven im normalen Straßennetz befahren können, ohne dabei andere Verkehrsteilnehmer zu gefährden oder Einrichtungen neben den Fahrbahnen zu beschädigen.

Bei einer Kreisfahrt von 360° darf die Ringfläche mit einem äußeren Radius von 12,50 m keine größere Breite als 7,20 m haben.

Auszug aus der StVZO:

§ 32 (4a) Bei Fahrzeugkombinationen, die aus einem Kraftomnibus und einem Anhänger bestehen, beträgt die höchstzulässige Länge, unter Beachtung der Vorschriften in Absatz 3 nur 18,75 m.

§ 32d (1) Kraftfahrzeuge und Fahrzeugkombinationen müssen so gebaut und eingerichtet sein, dass einschließlich mitgeführter austauschbarer Ladungsträger (§ 42 Abs. 3) die bei einer Kreisfahrt von 360 Grad überstrichene Ringfläche mit einem äußeren Radius von 12,50 m keine größere Breite als 7,20 m hat. Dabei muss die vordere – bei hinterradgelenkten Fahrzeugen die hintere – äußerste Begrenzung des Kraftfahrzeugs auf dem Kreis von 12,50 m Radius geführt werden können.

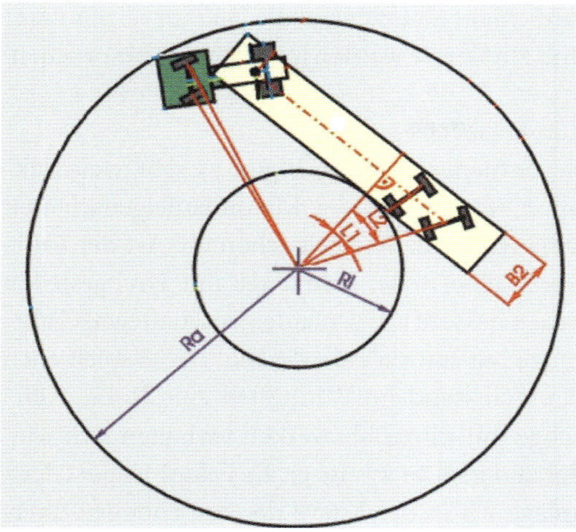

Schienenfahrzeuge

Bei Schienenfahrzeugen gibt es, wie im Kapitel 10 (10.4.2) beschrieben, unterschiedliche Spurweiten. Die häufigste Spurweite im ÖPNV in Europa ist jedoch 1435 mm (Regelspur). Diese Spurweite wird auch bei der Eisenbahn verwendet. Auf die Fahrzeugmaße gemäß BOStrab, wird im Kapitel 7 (7.1.1) eingegangen.

Das Spurmaß wird generell an der Spurmaßflanke gemessen. Spurmaß nennt man den Abstand zwischen den beiden Spurmaßflanken eines Radsatzes. Bei Losrädern nimmt man das Spurmaß ebenfalls an den Spurmaßflanken der parallel gegenüberliegenden Räder. Gemessen wird das Spurmaß 10 mm über dem Laufkreis.

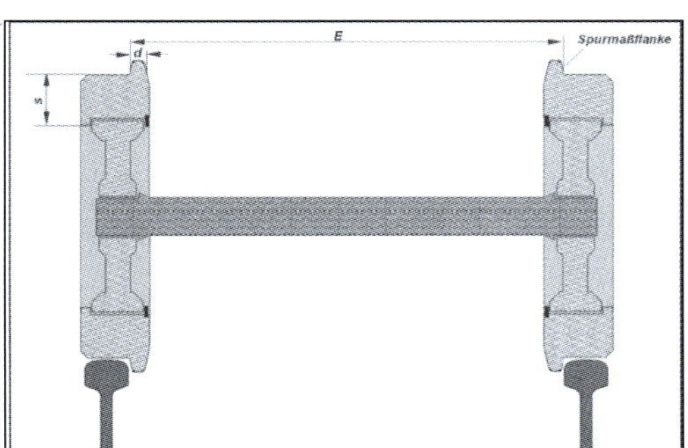

Messen des Spurmaßes an der Spurmaßflanke (E = Spur, d = Spurkranzstärke, s = Bandagenhöhe)

Spurmaß und Radsätze

Zwischen Spurmaß und Spurweite besteht folgender Zusammenhang: Spurweite = Spurmaß + 1 mm Spurspiel. Die Differenz von einem Millimeter ergibt sich, weil das Spurmaß und die Spurweite nicht auf gleicher Höhe gemessen werden können.

Doch Radsätze und Spurmaß müssen auch von Seiten der Sicherheit betrachtet werden. Genauso wie es für Reifen von Kraftfahrzeugen eine mindeste Profiltiefe gibt (1,6 mm), unterliegen die Spurkranzhöhen, Bandagenhöhe und Laufflächenwinkel von Schienenfahrzeugen entsprechenden Normmaßen. Um diese Vorgaben zu gewährleisten, werden die Räder regelmäßig mit einer Radsatzdrehmaschine auf die entsprechenden Maße abgedreht. Ist das Minimum der Bandagenhöhe erreicht, muss der Radreifen gewechselt werden. Dies erfolgt häufig durch Aufschrumpfen oder durch ein spezielles Pressverfahren.

Beim Aufschrumpfen wird zuerst der alte Radreifen gelöst. Dies geschieht, indem man den alten Radreifen gleichmäßig erhitzt und den mittleren Radkörper kühlt, bis sich der Radreifen soweit ausgedehnt hat, dass der Radkörper entfernt werden kann. Anschließend wird der neue Radreifen erhitzt und dann der Radkörper genau eingepasst. Nun muss nur noch der Radreifen auskühlen. Dabei zieht sich das Material wieder zusammen und der Radkörper ist mit dem Radreifen zu einem untrennbaren, einheitlichen Körper zusammengefügt.

Sie werden auch Monoblockräder genannt. Da sie nach dem Aufschrumpfen aus einem Stück bestehen, können sie sich besser wechselnden thermischen Belastungen anpassen. Um eine erste Federung zu erreichen, werden beidseitig am Radkörper (Radfelge) des Monoblocks Gummidruckplatten verbaut.

Ein weiterer oft verwendeter Radtyp ist das Bochumer Rad, welches aus Radfelge, Radbandage (Radreifen) und Gummifederung zwischen Bandage und Felge besteht. Je nachdem für welche Fahrzeuge bzw. Geschwindigkeiten das Rad gebaut wird, werden Radfelge und Radbandage mit Felgenringen und Sicherungsschrauben verbunden oder mit einem speziellen Verfahren aufgepresst.

Die Gummielemente sind verdrehsicher zwischen Radbandage und Radkörper (Felge) platziert. Sie sind die erste Federung im Fahrzeug und reduzieren die Geräuschentwicklung.

Moderne Oberflächenbehandlung macht es möglich, den relativ weichen, zähen Radkörper und die harte, verschleißfeste Lauffläche aus dem gleichen Grundmaterial zu gestalten.

Nach aktuellem Stand der Technik werden sowohl bei Monoblockrädern als auch Bochumer Rädern am häufigsten Stahlgussreifen verwendet.

Radlasten

Bei Straßenbahnen/Stadtbahnen liegen die Radlasten durchschnittlich zwischen 4 t und 7 t. Dadurch wird vor allem der Spurkranz an seiner Stirnflanke und an der Kuppe beansprucht. Da Straßenbahnen manchmal sogar Radien unter 20 m befahren müssen, entsteht vor allem seitlich an den Rädern ein Verschleiß. So müssen durchschnittlich zwischen 20.000 bis 60.000 km (je nach Gleisnetz) die Radsätze abgedreht werden. Die Werkstätten untersuchen regelmäßig die Räder auch auf Haarrisse und festen Sitz. Besonders wichtig sind Kontrollen der Räder nach einer Entgleisung. Selbst wenn auch nur eine Achse am ganzen Zug entgleist war, muss das Fahrzeug erst in der Werkstatt neu vermessen werden (Spurkränze, Laufflächen, Spur usw.).

Fahrwerke

Fahrwerke von Schienenfahrzeugen führen auch bei einer absolut geraden und ebenen Strecke seitliche Translationsbewegungen und Drehbewegungen aus. Diese werden als sinusartige Bewegung bezeichnet. Auch der Überhang des Fahrzeuges macht sich auf den Sinuslauf des Fahrzeuges bemerkbar. Wenn man bei Omnibussen von der Schleppkurve spricht, so gibt es bei Schienenfahrzeugen die Hüllkurve. Sinuslauf und Hüllkurve werden im Kapitel 12 besprochen.

Kurvenlauf

Bei Schienenfahrzeugen gibt es sehr viele Faktoren, von denen die Kurvenlaufeigenschaften abhängig sind. So spielt schon die Art der Fahrwerke eine Rolle. Fahrzeuge mit Drehgestellen haben bessere Kurvenlaufeigenschaften als Fahrzeuge mit starren Fahrwerken. Dabei spielt auch der Achsstand im Fahrgestell eine Rolle. Fahrzeuge mit Einzelfahrwerken verhalten sich wieder anders. Der zweite große Faktor ist die Gleisanlage. Ist in der Kurve der Außenbogen überhöht, läuft die Bahn besser. Außerdem spielt der Kurvenradius eine wichtige Rolle. Bei sehr kleinen Radien „drängeln" die Räder in der Schiene, weil Räder und Achse starr verbunden sind. Das kann zum Quietschen führen, wenn nicht, wie heute üblich, Kurvenschmieranlagen oder Spurkranzschmieranlagen eingesetzt werden.

2.1.3 Achslast und Gesamtgewicht

Omnibusse

Die Achslast ist die Gesamtlast, die von den Rädern einer Achse oder einer Achsgruppe auf die Fahrbahn übertragen wird. Die zulässige Achslast ist die Achslast, die unter Berücksichtigung der Werkstoffbeanspruchung und gesetzlicher Vorschriften über Achslast, Bremsen und Bereifung nicht überschritten werden darf.

Das Leergewicht (§ 42 StVZO) ist das Gewicht des betriebsfertigen, vollgetankten Fahrzeugs einschließlich aller im Betrieb mitgeführten Ausrüstungsgegenstände (z. B. Ersatzrad, Werkzeug, Feuerlöscher).

Das zulässige Gesamtgewicht ist das Gewicht, das unter Berücksichtigung der Werkstoffbeanspruchung und der Vorschriften über Achslasten, Gesamtgewichte, Mindestmotorleistung und Bremsen nicht überschritten werden darf.

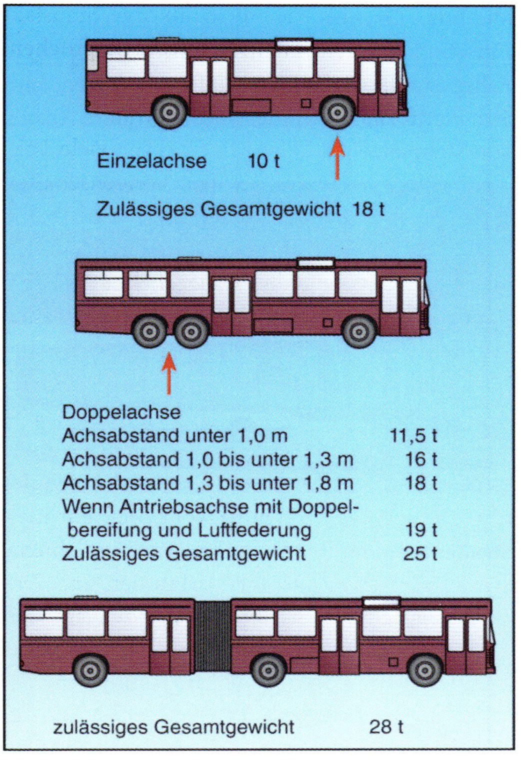

Schienenfahrzeuge

Auch bei Bahnen wird das Leergewicht angegeben. Ein Maximalgewicht bei voller Besetzung, auf Basis der maximalen Zuladung wie bei Kraftfahrzeugen, wird hier nicht angegeben. Man rechnet hier Anzahl der Sitzplätze und die Stehplätze pro m². Dabei werden vom Hersteller zwischen 6 und 8 Fahrgäste pro m² angegeben. Dass dies unrealistisch ist, dürfte jedem einleuchten, weil es ja auf Körpermaße und Gewicht der Personen ankommt. Bei einer Auslastung von 100 %, wären die Fahrgäste eingepfercht, aneinandergepresst und könnten sich nicht bewegen. Kinderwagen, Rollator oder auch nur einfach eine Tasche hätte da keinen Platz mehr. Deshalb legen viele Verkehrsbetriebe 65 % als durchschnittliche Zielauslastung fest. Der Verband Deutscher Verkehrsunternehmen (VDV) hat in seiner *„Richtlinie zur Bestimmung des Fassungsvermögens von Fahrzeugen des Personenverkehrs“* eine Berechnungsmethode für Fahrgastkapazitäten festgelegt. So legt der VDV zur Ermittlung der Stehplätze folgendes fest:

„Die Zahl der Stehplätze für Fahrgäste unter Berücksichtigung von 0,25 m² Stehplatz, unabhängig von der jeweils zugelassenen Platzzahl gemäß StVZO und BOStrab, ergibt sich aus der Division: Stehplatzfläche (m²) / 0,25 m²“.

2.1.4 Aufbauten von Kraftomnibussen

Das Wort «Omnibus» kommt aus dem Lateinischen und bedeutet «für alle».

Pferdeomnibus am Anfang des 20. Jahrhunderts

Linienverkehr

Busse im Linienverkehr sind im Allgemeinen so gestaltet, dass sie eine größtmögliche Anzahl von Fahrgästen aufnehmen können. Durch die Anzahl und Art der Türen wird ein schneller Ein- und Ausstieg gewährleistet. Allerdings besteht ein erheblicher Unterschied zwischen Stadtbussen und Überlandbussen. Während bei den ersteren die Anzahl der Stehplätze recht erheblich ist, sind diese bei Überland- und Reisebussen nicht vorhanden.

Für einen KOM gilt auf Landstraßen eine Höchstgeschwindigkeit von 80 km/h und auf Autobahnen von 100 km/h. Busse mit Fahrgästen, für die **keine Sitzplätze** zur Verfügung stehen, unterliegen einer Geschwindigkeitsbeschränkung von **max. 60 km/h** auf allen Straßen außerorts.

Linienbusse und Straßenbahnen für den Stadtverkehr

Normalausführung oder als Niederflurbus (Höhe des Ein- und Ausstiegs und der Gänge ca. 320 mm).

Quelle: Stadtwerke Baden-Baden (Baden-Baden Linie)

Midibus – Citybus

Einsatz im Nachtlinienverkehr, bei geringem Fahrgastaufkommen, weit öffnende Türen, hintere Plattform für Kinderwagen, größere Anzahl von Stehplätzen

Gelenkbus – Linienbus

Besteht aus zwei starren Fahrzeugteilen, die durch ein Gelenk miteinander verbunden sind; freier Durchgang im Innenraum.

Quelle: Märkische Verkehrsgesellschaft GmbH

Doppeldecker-Linienbus

Beförderung einer großen Anzahl von Fahrgästen, im oberen Bereich keine Stehplätze.

Quelle: MAN

Straßenbahnen

© Georgringler

Vierachsiger Tatrawagen als Doppeltraktion in Prag

© Manni Schneiderbauer

Multigelenkfahrzeug in Innsbruck

Gelegenheitsverkehr

Busse im Gelegenheitsverkehr dürfen keine stehenden Fahrgäste befördern. Der Freiraum im Gang muss daher nicht die Größe haben, die im Linienverkehr vorgeschrieben ist. Alle Sitzplätze müssen mit einem Sicherheitsgurt ausgerüstet sein, der während der Fahrt zwingend anzulegen ist. Die Gepäckräume sind in ihrer Größe so bemessen, dass normales Reisegepäck für alle Fahrgäste Platz findet. Anhänger für Fahrräder, Skiausrüstung oder für andere Zwecke sind zulässig.

Doppeldecker mit zwei Fahrgastebenen
Max. zulässige Höhe 4 m, kann mit 3 oder 4 Achsen gebaut werden, bis zu 83 Sitzplätze.

Quelle: Verband Deutscher Verkehrsunternehmen

Hochdecker mit einer Fahrgastebene
Erhöht über der Fahrerebene, im Durchschnitt 50 – 55 Sitzplätze; hoher Komfort.

Quelle: Verband Deutscher Verkehrsunternehmen

Midibus (Clubbus)
20 – 38 Sitzplätze, hoher Komfort.

Minibus
bis zu 21 Sitzplätze.

© Micha L. Rieser

Doppelgelenkbus der Firma Hess in Zürich

2.1.5 Antriebsarten für Kraftwagen

Für Kraftwagen gibt es grundsätzlich 3 verschiedene Antriebskonzeptionen:
- Vorderachsantrieb
- Hinterachsantrieb
- Allradantrieb

Diese unterscheiden sich durch die Einbaulage von Fahrzeugmotor und Antriebsachsen.

Die Baugruppen des Antriebsstranges sind: Motor (M), Kupplung (K), Wechselgetriebe (W),

Gelenkwellen (G), Achsgetriebe mit Achsantrieb und Ausgleichsgetriebe (A) und Verteilergetriebe (V).

2.1.6 Antriebsarten für Kraftomnibusse

Bei Kraftomnibussen unterscheidet man folgende Antriebsarten:

- Dieselantrieb
- Hybridantrieb
- Elektroantrieb
- Erdgasantrieb
- Wasserstoffantrieb

Über die Antriebsarten von Straßenbahnen wird in ► Kapitel 7 berichtet.

2.2 Ausrüstungsgegenstände und Zubehör

Für die Fahrzeuge, die eine Fachkraft im Fahrbetrieb führen darf, sind eine Vielzahl von Ausrüstungsgegenständen vorgeschrieben, die mitzuführen sind. Für das Vorhandensein und die Funktionstüchtigkeit ist auch der Fahrzeugführer verantwortlich.

2.2.1 Omnibusse

- Unterlegkeile
  1 Keil bei Kleinbussen
  - zweiachsigen Anhängern > 750 kg
- 2 Keile bei
  - drei- und mehrachsigen Omnibussen
- Feuerlöscher mit Prüfplakette
  - Füllmasse mindestens 6 kg
    - für die Brandklassen
      A (brennbare feste Stoffe)
      B (brennbare flüssige Stoffe)
      C (brennbare gasförmige Stoffe)
- Verbandskästen
  - bei ≤ 26 Fahrgastplätzen:
    Ein Verbandskasten
  - bei ≥ 26 Fahrgastplätzen:
    Zwei Verbandskästen
  - Unterbringungsstelle Kennzeichnen
- Warndreieck und Warnleuchte
- Warnweste (Berufsgenossenschaft-Vorschrift)
- Nothämmer
  Je Notfenster ein Nothammer
- Windsichere Handlampe

Sollte ein ÖPNV-Unternehmen auch Reisebusse betreiben, sollten entsprechend der zu befahrenden Gegend und den zu erwartenden Witterungsverhältnissen gegebenenfalls noch ein paar mehr Ausrüstungsgegenstände mitgeführt werden:

- Schneeketten/Streusand
- Spaten/Schaufel
- Wagenheber
- Werkzeug
- Abschleppstange

Ausschlaggebend bei allen Überlegungen des Fahrers sind betriebliche Anweisungen und Regelungen, die einzuhalten sind.

2.2.2 Straßenbahnen

- Sanitätskasten
- Feuerlöscher (A, B, C für alle Brände)
- Weichenstelleisen
- Weichenkratzbesen
- Nothämmer
- Warnweste (meistens persönliche Ausrüstung)
- Warndreieck (nicht in allen Verkehrsunternehmen)
- Fahrzeugtypisches Sonderzubehör
- Kehrset (nicht in allen Verkehrsunternehmen)

Empfohlenes Zubehör (Starthilfekabel) auf weiten Strecken

2.3 Betriebsanleitungen

Betriebsanleitungen zählen neben den Papieren, die ein Fahrzeugführer im Reise- und Fernverkehr per Gesetz mitführen muss, zu den wichtigsten Unterlagen. Sie können auch aus mehreren Dokumenten bestehen. Zu der Betriebsanleitung gehören:

- die Bedienungsanleitung
- das Wartungsheft
- der sogenannte «On-Road-Service»

Im Linienverkehr ist es nicht üblich, dass der Fahrer Wartungsheft und On-Road-Service-Daten mitführt, weil im ÖPNV die Wartung und Pflege der Fahrzeuge, zumindest in städtischen Verkehrsunternehmen, der meistens betriebseigenen Werkstatt obliegt.

2.3.1 Bedienungsanleitung

Eine Bedienungsanleitung informiert den Fahrer über die Handhabung des Fahrzeuges, gibt Hinweise zur Pflege und Wartung und hilft bei der Beseitigung von kleinen Fehlern.

Bedienungsanleitungen geben also über folgende Bereiche Auskunft:

- Bedienung des Fahrzeuges
- Fahrsysteme
- Regelsysteme
- Komfortsysteme

Übernimmt ein Fahrer eines Privatunternehmens ein neues, unbekanntes Fahrzeug, so muss er sich unbedingt anhand der Bedienungsanleitung über das Fahrzeug kundig machen.

Die umfangreichen Bedienungsanleitungen zu lesen erfordert viel Zeit. Deshalb ist eine zentrale praktische Einweisung in das neue Fahrzeug, an der auch mehrere Fahrer des Privatunternehmens gleichzeitig teilnehmen können, sinnvoller und kostengünstiger. Die Bedienungsanleitung können die Fahrer als Nachschlagewerk bei eventuell auftretenden Problemen des Fahrzeuges nutzen, wie z. B.:

- Aufleuchten einer Kontrollleuchte, deren Bedeutung dem Fahrer noch nicht bekannt ist
- Auffinden und Auswechseln einer defekten Sicherung
- Information über die Bedeutung selten genutzter Schalter
- Ablauf kleinerer Wartungsarbeiten
- Behebung von kleineren Schäden während einer großen Tour
- Information über Füllmengen und Füllstände

In größeren kommunalen Verkehrsunternehmen erfolgt die Einweisung in ein neues Fahrzeug meistens in kleinen Gruppen, im Rahmen einer Schulung durch kompetente Personen, wie Fahrlehrer oder Verkehrsmeister. Das Fahrpersonal erhält oft eine Kurzfassung der Bedienungsanleitung mit den wichtigsten Informationen, als Ergänzung zur DFBus des Verkehrsunternehmens, ausgehändigt.

Während in manchen kleinen Busunternehmen die Fahrer sich bei Pannen und Störungen selbst helfen müssen, ist dies in größeren Verkehrsunternehmen nicht erforderlich, manchmal sogar verboten. Im Linienverkehr bis zu einem Umkreis von etwa 50 km ist es üblich, über Funk die Verkehrsleitstelle zu verständigen und den Werkstattwagen mit betriebseigenem Servicepersonal anzufordern.

Garantieleistungen an den Hersteller werden in den Verkehrsunternehmen vom Beauftragten des Fahrzeugmanagements oder der Werkstatt geltend gemacht.

Das Fahrpersonal hat im Linienverkehr keine Wartungsaufgaben durchzuführen. Es hat lediglich darauf zu achten, dass während der Einsatzzeit des Fahrzeuges die Betriebs- und Verkehrssicherheit erhalten bleibt. Durch den Dienstplan gibt es in größeren Unternehmen auch keine Fahrzeugbindung, so dass der Fahrer vor seiner planmäßigen Esspause (Ruhepause nach Lenk- und Ruhezeitengesetz) einen anderen Bus fährt als danach. Fahrer und Fahrzeuge wechseln ständig.

Da aber eine Fachkraft im Fahrbetrieb auch in der Werkstatt eingesetzt werden kann, muss sie sich natürlich ein sehr gutes technisches Wissen aneignen und mit der Pannenhilfe auskennen.

Auszug aus der DFBus Leipzig

§ 14 Fahren auf Betriebshöfen

1. *Auf den Betriebshöfen gelten die Verkehrsregeln der StVO, soweit nichts anderes angeordnet ist.*
2. *Die zulässige Höchstgeschwindigkeit und weitere Besonderheiten werden durch örtliche Anordnung geregelt.*
   Vor Tordurchfahrten ist zu halten, sie sind besonders langsam und vorsichtig zu befahren. Gruben dürfen nur mit Schrittgeschwindigkeit und nur dann befahren werden, wenn sichergestellt ist, dass sich niemand dort aufhält.
3. *Rückwärtsfahrten dürfen nur erfolgen, wenn sichergestellt ist, dass niemand gefährdet wird; erforderlichenfalls hat sich der Fahrer einweisen zu lassen.*

Gleiches gilt für Straßenbahnen. Bei Einsatz von neuen Fahrzeugen erhält das Fahrpersonal durch die Fahrschule eine Einweisung in Theorie und Praxis und eine Bedienungsanleitung für das Fahrzeug als Anlage zur DFStrab ausgehändigt. Schäden am Fahrzeug hat der Triebwagenführer zu erkennen und soweit zu beheben, dass möglichst die Strecke nicht gestört ist. Im Idealfall kann er bis zum Fahrzeugwechsel mit Fahrgästen fahren.

2.3.2 Wartungsheft

In einem Wartungsheft sind im Allgemeinen Wartungsarbeiten, regelmäßige Kontrollen und sicherheitsrelevante Arbeiten beschrieben. Ein Wartungsheft dient also als Informationsquelle, was alles für die Sicherheit, die Wirtschaftlichkeit und die Werterhaltung des Fahrzeuges zu tun ist.

Darüber hinaus ist das Wartungsheft auch ein Dokument, das einen Nachweis über erfolgte Arbeiten einer Servicewerkstatt gibt. Der Vorteil einer ordnungsgemäßen regelmäßigen Wartung und deren Nachweis liegen in der Erhaltung der Garantie über einen langen Zeitraum und möglicherweise in der Erzielung eines hohen Wiederverkaufswertes des Fahrzeugs.

In vielen Punkten unterscheiden sich die Modalitäten von Privatunternehmen erheblich von denen kommunaler Unternehmen im ÖPNV.

In den Verkehrsunternehmen wird die Wartung von der betriebseigenen Werkstatt durchgeführt, die auch die Einträge im Wartungsheft vornimmt, oder über interne Dateien oder Datenbanken über Wartungsarbeiten «Buch» führt.

Omnibusnummer: L-NV 118						Datum 18.07. 2010		
	Kurs	Zeit von – bis	Tacho Anfang	Tacho Ende	km	alle Wagendurchsichten durchgeführt	Dst.-Nr.	Fz. o. unbek. Karosserieschäden übernommen
1	7232	5^{16} – 13^{34}	360110	360289	179	[illegible]	983001	[illegible]
2								
3								
4								
5								
6								
7								
8								
9								
10								
11								
Übergabe letzter Fahrer:						Übernahme Werkstatt:		

Mängel und Beschädigungen:	Dienst-Nr.
Bitte Düsen der Scheibenwaschanlage einstellen	983001

Beispiel eines Fahrzeugscheins Leipzig

Für Mängel am Fahrzeug gibt es so genannte Fahrzeugbegleitscheine oder Fahrzeugscheine, die täglich morgens auf das Fahrzeug mitgegeben werden. Jeder Fahrer trägt dort seine festgestellten Mängel ein und beim «Einrücken» bekommt meistens das Original die Werkstatt als Arbeitsauftrag und der Durchschlag verbleibt als Kontrolldokument beim Verkehrsservice bzw. Fahrzeugmanagement oder Ähnlichem als Auftraggeber.

Im Zuge der Digitalisierung stellen viele Unternehmen bereits auf papierlose Übermittlung von Fahrzeugschäden um. Dabei bekommt das Fahrpersonal ein Tablet oder Smartphone vom Unternehmen mit entsprechender Software. Damit können nicht nur Fahrzeugschäden übermittelt werden, sondern auch von der Dienstzuteilung Dienste eingestellt werden. Weiterhin sind laufende Anweisungen zu finden. Selbst das Melden zum Dienst sowie das Anzeigen von Fahrzeug und Stellplatz kann über das Tablet erfolgen.

2.3.3 On-Road-Service

In unserer durch Verkehr und Kommunikation geprägten Zeit ist es für ein Klein- oder Kleinstunternehmen von immenser Bedeutung, dass Fahrzeugausfälle selten sind. Fahrzeugausfälle bedeuten immer Kosten und Imageverlust beim Kunden und damit eine Verringerung von Einnahmen.

Die vielen Nutzer des ÖPNV sind auf ordnungsgemäß funktionierende Fahrzeuge angewiesen. Fällt auch nur ein Fahrzeug aus, ist der Ärger mit den Fahrgästen vorprogrammiert.

Deshalb versuchen Fahrzeughersteller ihre Dienstleistungen stark auf die Bedürfnisse der Unternehmen abzustimmen. Sie bieten einen Rund-um-die-Uhr-Service an, um Fahrzeuge, die ausgefallen sind, sofort vor Ort wieder instand zu setzen, um somit den Verlust für den Kunden und das Unternehmen möglichst gering zu halten. Gelingt die zeitnahe Instandsetzung nicht, wird ein Ersatzfahrzeug bereitgestellt.

In größeren Verkehrsunternehmen wird von der Werkstatt ein Ersatzfahrzeug auf die Strecke gebracht und der schadhafte Bus in die Werkstatt überführt, welche das Fahrzeug repariert. Bestehen noch Ansprüche gegen den Hersteller, regelt das auch die Werkstatt.

2.4 Betriebliche Regelungen zur Fahrzeugpflege und Wartung

Betriebliche Regelungen dienen zur Unterstützung bzw. zum Verständnis der gesetzlichen Regelungen zur Fahrzeugpflege und Wartung:

- Straßenverkehrszulassungsordnung (StVZO)
- Personenbeförderungsgesetz (PBefG)
- Verordnung über den Betrieb von Kraftfahrtunternehmen im Personenverkehr (BOKraft)
- Verordnung über den Bau und Betrieb der Straßenbahnen (Straßenbahn Bau- und Betriebsordnung – BOStrab)
- Unfallverhütungsvorschriften

Die betrieblichen Regelungen für den Fahrdienst mit Omnibussen ist die Dienstanweisung für den Fahrdienst mit Bussen (DFBus) des VDV. Aus ihr gehen die betrieblichen DFBus der einzelnen Verkehrsunternehmen hervor. Grundlage der DFBus des VDV ist das Personenbeförderungsgesetz.

(Vergleiche ► Kapitel 10 Regelwerke für Straßenbahn, Stadtbahn und U-Bahn → BOStrab → DFStrab des VDV → betriebliche DFStrab).

Zusätzlich gelten die Betriebsanweisungen der Berufsgenossenschaft in den UVV (Unfallverhütungsvorschriften).

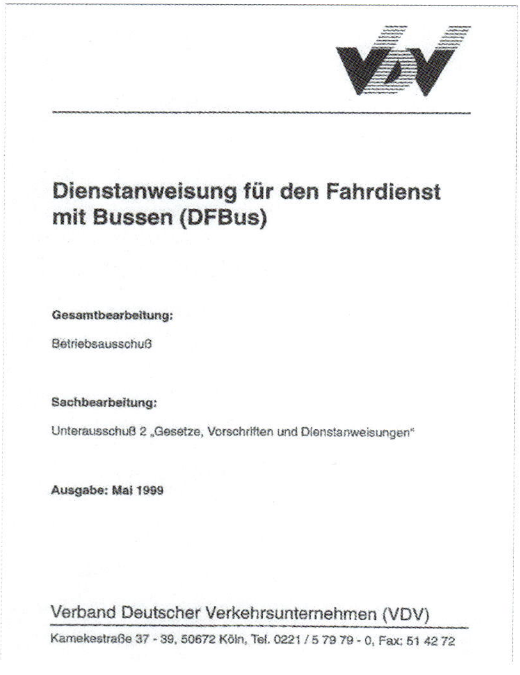

VDV

Dienstanweisung für den Fahrdienst mit Bussen (DFBus)

Gesamtbearbeitung:

Betriebsausschuß

Sachbearbeitung:

Unterausschuß 2 „Gesetze, Vorschriften und Dienstanweisungen"

Ausgabe: Mai 1999

Verband Deutscher Verkehrsunternehmen (VDV)

Kamekestraße 37 - 39, 50672 Köln, Tel. 0221 / 5 79 79 - 0, Fax: 51 42 72

Titelseite der DFBus des VDV

Die Berufsgenossenschaft hat den Begriff «Betriebsanweisung» so definiert:

«Die Betriebsanweisung ist vom Unternehmer an den Versicherten gerichtet. Sie regelt das Verhalten im Betrieb zur Vermeidung von Unfall- und Gesundheitsgefahren und dient als Grundlage von Unterweisungen. »

Die Unfallverhütungsvorschriften für Bus und Bahn sind generell in einen der ersten Paragraphen der DFBus und DFStrab und auch der EBO (Eisenbahn- Bau und Betriebsordnung für Schienenfahrzeuge, die auf den Strecken der Eisenbahn fahren) festgeschrieben. Die betrieblichen Dienstvorschriften für den Fahrdienst sind für jedermann verständlich und eindeutig geschrieben.

Dieses betriebliche Regelwerk ist vom jeweiligen Betriebsleiter BOKraft oder BOStrab zu erlassen. Beauftragt dieser eine andere Person oder Personengruppe (z. B. die Fahrlehrer), so ist die entsprechende DF von dem jeweiligen Betriebsleiter zu genehmigen, weil er als Vertreter der übergeordneten Behörde die Verantwortung trägt.

In der DFBus und DFStrab sind alle für den Fahrdienst relevanten

- Verhaltensweisen,
- allgemeine Bestimmungen,
- Pflichten des Fahrpersonals,
- Besuch von Dienstunterrichten,
- Kundendienst,
- Anforderungen an Mitarbeiter im Fahrdienst,
- Betriebsdurchführung allgemein,
- Betriebsdurchführung des Linienbetriebs,
- Verhalten im Störungsfall,
- besondere Anweisungen,
- örtliche Anweisungen sowie
- bestehende gesetzliche Grundlagen

enthalten. Die DFBus und die DFStrab sind neben der StVO das Grundrüstzeug für jeden Fahrbediensteten im ÖPNV.

Die Unfallverhütungsvorschriften sind regelmäßig zu schulen. In den größeren Verkehrsunternehmen geschieht dies meist über den Dienstunterricht, eine regelmäßige Schulung für Fahrbedienstete.

Was bei kommunalen Unternehmen oft so selbstverständlich ist, sieht bei Privatunternehmen oft anders aus, obwohl alle den gleichen Bestimmungen unterliegen.

§ 34, Abs. 2 der BGV D29 Fahrzeuge fordert zudem: «*Müssen zur Verhütung von Unfällen beim Betrieb von Fahrzeugen besondere Regeln beachtet werden, hat der Unternehmer Betriebsanweisungen in verständlicher Form und Sprache aufzustellen. Diese sind den Versicherten zur Kenntnis zu bringen.* »

Der private Unternehmer ist also verpflichtet Betriebsanweisungen zu erstellen. Bei der inhaltlichen Gestaltung besteht ein Mitbestimmungsrecht des Betriebsrates (§ 87 Abs.1 Ziff. 7 Betriebsverfassungsgesetz)

Betriebsanweisungen sollen in verständlicher Form abgefasst sein, die Sprache der Beschäftigten ist zu berücksichtigen. Es soll in ihnen alles zusammengefasst sein, was ein Mitarbeiter für das Erreichen des Arbeitsergebnisses und die sichere Durchführung seiner Arbeit wissen muss. Insbesondere sollten folgende Punkte berücksichtigt sein:

- Anwendungsbereich
- Gefahren für Mensch und Umwelt
- Schutzmaßnahmen und Verhaltensregeln
- Verhalten bei Unfällen
- Erste Hilfe
- Instandhaltung
- Folgen der Nichtbeachtung

Betriebsanweisungen müssen für den Einzelfall konkret angepasst werden, damit sie unmittelbar in praktisches Verhalten oder Handeln umgesetzt werden können.

Merksatz

Die im Fahr- und Betriebsdienst Beschäftigten des Verkehrsunternehmens sind verpflichtet, den Inhalt der DFStrab, der DFBus sowie der UVV zu kennen und einzuhalten. Sie müssen sich selbst immer auf dem Laufenden halten und haben nach längerer Abwesenheit, wie zum Beispiel Urlaub, unaufgefordert und selbständig vor Dienstbeginn von allen örtlichen Anweisungen Kenntnis zu nehmen!

Unwissenheit schützt nicht vor Strafe!

- **Anweisung 9 zu § 14 der DFBus Leipzig (Beispiel)**

Verhalten in Betriebshöfen

1. Im Betriebsgelände gilt die StVO.
   Die Höchstgeschwindigkeit beträgt 10 km/h.
   Es ist ständig auf Fußgänger zu achten. Von der Straße einfahrenden Fahrzeugen ist der Vorrang zu gewähren.
   Im Bereich der Tankstelle und in den Fahrzeughallen, außer an dafür vorgesehenen Stellen, besteht Rauchverbot.
2. Vor dem Ausrücken aus dem Betriebshof sind zu prüfen:
   Sauberkeit des Wageninneren,
   Mängel und Beschädigungen am Fahrzeug,
   Betriebsfähigkeit der Entwerter,
   Vollständigkeit des Fahrzeugzubehörs (Feuerlöscher, Verbandskasten, Vorlegeklötze, Funkgerät, Mikrofon),
   Türbetätigungseinrichtung,
   Betriebszustand des Kontrollgerätes,
   Sichtfeld der Spiegel.
   Feststellung über Mängel sind auf dem Wagenlaufzettel zu vermerken und dem Betriebshofaufseher zu melden.
3. Das Betanken der Fahrzeuge sowie das Füllen der Heizung erfolgen durch das Rangierpersonal.
   Während das Fahrzeug getankt wird, erfolgt die Datenübertragung für das RBL.
   Es darf erst von der Tankstelle weggefahren werden, wenn die Ampel grünes Licht zeigt und somit die Datenübertragung vom und zum Rechner abgeschlossen ist.
   Die Sirokkoheizung und die Vorwärmanlage sind 15 Minuten vor Einfahrt in den Betriebshof auszuschalten.
4. Das Fahrzeug ist auf der dafür vorgesehenen Fläche abzustellen.
   Die Feststellbremse ist einzulegen, auf ordnungsgemäßes Einrasten ist zu achten.

Vor dem Abstellen des Motors ist das ITCS-Gerät (Intermodal Traffic Controll System) abzumelden.
Es sind alle Fenster, Türen und Dachklappen zu schließen.

Nach Abstellen des Fahrzeuges hat der Fahrer die Fahrzeugpapiere, Kursunterlagen und Zündschlüssel an dafür vorgesehener Stelle abzugeben.

2.5 Reinigung

Während im Gelegenheits- oder Reiseverkehr erfahrungsgemäß die Busse im Innenraum nicht so stark durch Fahrgäste verschmutzt werden, sieht es im Stadtverkehr in den Straßenbahnen und Bussen leider nicht so gut aus. Hier sind die Verschmutzungen oft extrem. Einige, zum Glück wenige Fahrgäste, steigen trotz Verbot mit Burger, Eis, Pommes oder anderen Lebensmitteln in die Bahn oder den Bus ein. Während im Bus der Fahrer noch relativ gut überschauen kann, ob jemand mit verbotenen Lebensmitteln einsteigt, ist das in wesentlich längeren Schienenbahnen nicht überschaubar. Dann wird gekleckert, die Reste werden zwischen die Sitze gedrückt, frei nach dem Motto einiger Fahrgäste: «Ich bezahle ja für die Fahrt, da kann ich mich auch benehmen, wie ich will ». Auch Kaugummi, der irgendwo festgeklebt wird und Schmierereien an Scheiben und auf Sitzen mit wasserfesten Stiften oder Spray sind ein Problem, ganz zu schweigen von den irgendwo hin geklemmten benutzten Zellstofftaschentüchern. Weggeworfene Fahrscheine oder Zeitungen sind dabei das kleinste Übel. Wenn auch die allermeisten Fahrgäste wissen, wie man sich in öffentlichen Verkehrsmitteln benimmt, gibt es die unangenehmen Ausnahmen, die den ÖPNV- Unternehmen große Sorge bereiten und deren Image schädigen. Durch diese liederlichen Zeitgenossen, die in den Fahrzeugen Unrat hinterlassen, fühlen sich auch andere Fahrgäste unangenehm berührt, denn ein schmutziges Fahrzeug trägt nicht zur Kundenzufriedenheit bei.

In der Nacht werden täglich die Fahrzeuge gereinigt. Für die Innenreinigung sind in größeren Unternehmen ebenfalls eine eigene Abteilung oder eine Vertragsfirma verantwortlich. Diese Mitarbeiter reinigen die Böden durch Kehren oder Saugen und teilweise auch durch Wischen. Außerdem entfernen sie den Müll und alle anderen Verschmutzungen, was nicht immer einfach ist. Während für die Reinigung von Haltestangen, Fensterscheiben und Armaturen normale handelsübliche Putzmittel ausreichen, müssen für Schmierereien und Graffiti aggressive Reiniger verwendet werden. Auch die Sitze im Fahrgastraum müssen gereinigt werden, was bei Holz oder Kunststoffsitzen schnell und einfach geht. Polstersitze machen dagegen mehr Arbeit.

Die Reinigung des Fahrerarbeitsplatzes ist einfach und geht schnell, weil auch das Fahrpersonal, egal ob Bahn oder Bus, ein großes Interesse daran hat (...oder haben sollte), an einem sauberen, ordentlichen Platz seinen Dienst zu verrichten. Deshalb ist es für die meisten selbstverständlich, dass auch das Fahrpersonal mal mit dem Staubtuch über die Armaturen wischt und sowohl den Sollwertgeber der Bahn als auch Lenkrad beim Bus sauber hält. In regelmäßigen größeren Abständen werden im Innenraum der Fahrzeuge sogenannte Grundreinigungen durchgeführt. Dabei werden Innenverkleidungen, Lampenabdeckungen, etc. gründlich gereinigt.

Die Außenreinigung erfolgt für Busse und Bahnen mittels umweltgerechter Waschanlagen, die natürlich für die Fahrzeuggrößen ausgelegt sind. In ihren Funktionen entsprechen sie aber den Waschanlagen wie wir sie vom privaten Pkw kennen. Größere ÖPNV Unternehmen besitzen solche Anlagen für Bahnen und für Busse auf ihrem Betriebsgelände. Kleinere ÖPNV-Busunternehmen regeln dies häufig über Vertragspartner. Welche Gruppe von Betriebsbediensteten die Fahrzeuge in die Waschanlage fährt, die Anlage einschaltet und dann das Fahrzeug zum

Abstellort fährt, ist in den einzelnen Unternehmen unterschiedlich geregelt.

In kleinen und mittelständigen Busunternehmen, die vielleicht auch Reisebusse im Gelegenheits- oder Reiseverkehr einsetzen, kann die Reinigung auch dem Fahrpersonal übertragen werden. Meistens besteht in solchen Unternehmen eine sogenannte Wagenbindung. Das heißt, der Bus wird immer vom selben Personal gefahren (meist 2 Mitarbeiter), die dann bei größeren Touren auch gemeinsam unterwegs sind, damit die Lenk- und Ruhezeiten eingehalten werden können. So eine Wagenbindung hat den Vorteil, dass sich die Mitarbeiter in jeder Hinsicht für „IHR" Fahrzeug verantwortlich fühlen. Dann ist es für sie selbstverständlich, dass auch noch die Toilette des Busses in vorgeschriebener Weise gereinigt werden muss und andere Dinge zu putzen und zu überprüfen sind. In großen ÖPNV-Unternehmen ist im Linienbetrieb weder bei Bus noch Bahn eine Wagenbindung möglich. Dafür gibt es die bereits genannten Reinigungsfirmen. Ein sauberes Fahrzeug trägt erheblich zur Kundenzufriedenheit und damit zum guten Image des Verkehrsunternehmens bei.

2.6 Betriebs- und Verkehrssicherheit (Busse)

In allen Verkehrsunternehmen, egal ob privat oder kommunal, hat die Verantwortung für die Betriebs- und Verkehrssicherheit bei der Bereitstellung des Fahrzeuges in erster Linie der Unternehmer. Er ist verantwortlich, dass die gesetzlichen Prüfintervalle (Hauptuntersuchung und Sicherheitsprüfung) eingehalten werden.

2.6.1 Auszug aus der BOkraft

§ 41 Hauptuntersuchungen

(1) Bei den Hauptuntersuchungen der Fahrzeuge nach § 29 StVZO ist auch festzustellen, ob die Fahrzeuge den Vorschriften dieser Verordnung entsprechen.

(2) Nach Hauptuntersuchungen hat der Unternehmer eine Ausfertigung des Untersuchungsberichts, bei Kraftomnibussen das Prüfbuch, unverzüglich der Genehmigungsbehörde oder der von der Landesregierung bestimmten Behörde vorzulegen.

§ 42 Außerordentliche Hauptuntersuchungen

(1) Vor der ersten Inbetriebnahme in einem Unternehmen hat der Unternehmer auf seine Kosten eine außerordentliche Hauptuntersuchung des Fahrzeugs zu veranlassen und der Genehmigungsbehörde darüber unverzüglich den Untersuchungsbericht, bei Kraftomnibussen das Prüfbuch, vorzulegen.

(2) Besteht für ein fabrikneues Fahrzeug eine Allgemeine Betriebserlaubnis, so kann die außerordentliche Hauptuntersuchung nach Absatz 1 auf die Feststellung beschränkt werden, ob die Vorschriften dieser Verordnung erfüllt sind. Ist für einen Kraftomnibus die Übereinstimmung mit dieser Verordnung bei Erteilung der Allgemeinen Betriebserlaubnis festgestellt worden und bestätigt deren Inhaber dies durch Vermerk im Prüfbuch, kann die außerordentliche Hauptuntersuchung unterbleiben.

Trotz der Pflichten des Unternehmers hat der Fahrzeugführer vor Antritt der Fahrt sein Fahrzeug zu überprüfen. Die Deutsche Gesetzliche Unfallversicherung hat dazu sogar eine Broschüre herausgegeben, was bei welchem Fahrzeug zu überprüfen ist.

Vereinfacht kann gesagt werden, dass das Fahrzeug auf **Betriebs- und Verkehrssicherheit** zu überprüfen ist. Zur Betriebssicherheit gehören alle Betriebsstoffe, die ein Kraftfahrzeug zum sicheren Betrieb benötigt.

2.6.2 Betriebssicherheit

Als Eselsbrücke zur **Betriebssicherheit** kann man sich das Wort **WOLKEN** merken:

- **W**asser
  Kühlwasser für den Motor. Im Winter Frostschutz nicht vergessen.
- **O**el
  Motoröl und Getriebeöl. Stand des Motoröls (im warmen Zustand) mit abgewischtem Ölmessstab prüfen.
- **L**uft
  Prüfen des Innendrucks am kalten Reifen.
- **K**raftstoff
  Rechtzeitig zum Tanken fahren.
- **E**nergie
  Regelmäßig Batterie kontrollieren (Kabelanschlüsse müssen fest, Kontakte sauber sein).
- **N**otfallmittel
  Verbandskasten und Warndreieck.

2.6.3 Verkehrssicherheit

Die Eselsbrücke zur **Verkehrssicherheit:**
3 x B - 2 x S – 1 x L

- **B**remsen prüfen
  Bremsprobe durchführen. Bei Druckluftbremse Druckluftwarneinrichtung und Manometer prüfen. Bei hydraulischer Bremse Stand der Bremsflüssigkeit prüfen.
- **B**ereifung
  Profiltiefe mindestens 1,6 mm und die Reifen dürfen keine Seitenrisse oder Beulen haben.
- **B**eleuchtung
  Alle Lampen auf Funktionstüchtigkeit prüfen. Defekte Blinker erkennt man an veränderter Blinkfrequenz.
- **S**icht
  Saubere Scheiben, funktionstüchtige Scheibenwischer und gut eingestellte Spiegel sind wichtig.
- **S**ignaleinrichtungen
  Hupe, Lichthupe, Blinker, Bremslicht und Rückfahrscheinwerfer müssen funktionieren.
- **L**enkung
  Lenkradspiel nicht mehr als zwei Finger (Servolenkung mit laufendem Motor prüfen).

Hat der Fahrer Mängel festgestellt, sind diese durch die zuständige Betriebswerkstatt (ggf. auch Vertragswerkstatt) zu beseitigen. In kleinen Privatunternehmen kann auch der Fahrer selbst verantwortlich sein, Betriebsstoffe aufzufüllen oder den Reifendruck zu prüfen. In größeren ÖPNV-Unternehmen schreibt der Fahrer am Dienstende einen im Laufe des Tages aufgetretenen Mangel in den Fahrzeugschein (siehe Punkt 2.3.2) oder in eine elektronische Datenbank ein und die Werkstatt repariert das Fahrzeug bis zum nächsten Einsatz. Der Unternehmer hat sicherzustellen, dass das zum Dienstanfang bereitgestellte Fahrzeug ohne Mängel, betriebs- und verkehrssicher ist. Tritt jedoch während der Fahrt ein Mangel auf, hat der Fahrer die Verantwortung für die Betriebs- und Verkehrssicherheit. Er muss einschätzen, ob er mit Fahrgästen weiterfahren kann oder nicht. In größeren Unternehmen muss sich der Fahrer bei Fahrzeugschäden in der Verkehrsleitstelle melden, die weitere Schritte veranlasst. So kann der Werkstattwagen des Unternehmens geschickt oder ein Fahrzeugtausch veranlasst werden. Handelt es sich nur um einen geringfügigen Mangel, der die Weiterfahrt nicht beeinträchtigt, ist bei Wechsel des Fahrzeugführers auch dem ablösenden Fahrer dieser Mangel mitzuteilen.

Merksatz

Für die Betriebs- und Verkehrssicherheit des bereit gestellten Fahrzeuges ist das Verkehrsunternehmen verantwortlich. Während der Einsatzzeit geht diese Verantwortung auf den Fahrer über.

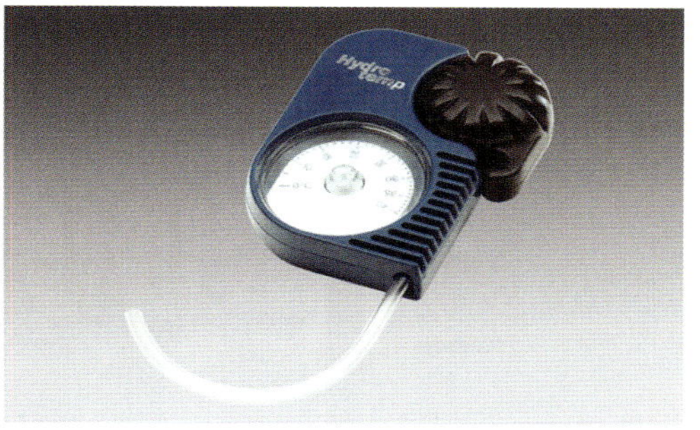

Quelle: A.T.U Auto-Teile Unger/Compaselect

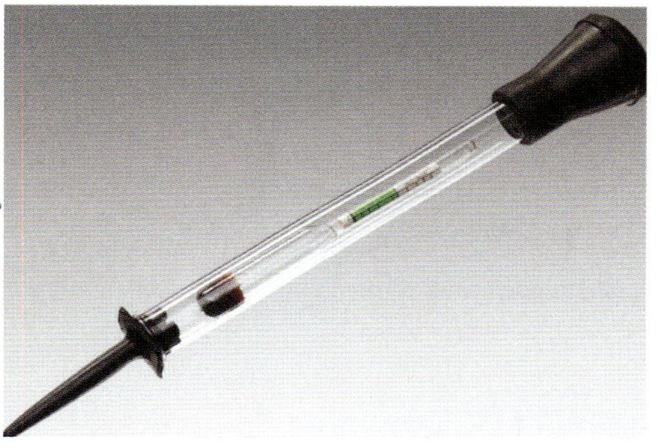

Quelle: A.T.U Auto-Teile Unger

Messgeräte zum «Spindeln»

2.6.4 Fachwissen über einzelne Hilfsstoffe und Komponenten bei Bussen

Eine Fachkraft im Fahrbetrieb muss auch ein Grundwissen über einzelne Komponenten besitzen. Dazu gehören auch der grundlegende Aufbau und die Arbeitsweise eines Dieselmotors. Weiterhin arbeiten die Fachkräfte im Fahrbetrieb auch zum Teil in den Werkstätten und müssen Überprüfungen vornehmen.

Überprüfen der Betriebsstoffe

Wasser

Im Winter das Kühlwasser mit einem Frostschutzmittel versetzt werden, damit das Kühlsystem nicht einfriert. Die richtige Menge an Frostschutzmittel kann „gespindelt“ werden.

Das Frostschutzmittel hat auch noch weitere Aufgaben:

- Schutz vor Korrosion
- Schmierung der im Kühlkreislauf bewegten Teile
- Reduzierung von Kalkablagerungen

Motoröle

Motoröle sind Schmieröle, die dazu dienen bewegliche Teile in einem Verbrennungsmotor zu schmieren. **Motoröle für Kraftfahrzeuge** wurden früher in Sommer- und Winteröle unterteilt und mussten je nach Jahreszeit gewechselt werden. Heute gibt es Mehrbereichsöle. Diese vereinen die Eigenschaften vom sogenannten Sommer- und Winteröl. Es kann zu allen Jahreszeiten verwendet werden. Unter **Viskosität** versteht man die Schmierfähigkeit, also wie „zähflüssig“ das Motoröl bei einer bestimmten Temperatur ist. Welche Viskosität erforderlich ist, richtet sich

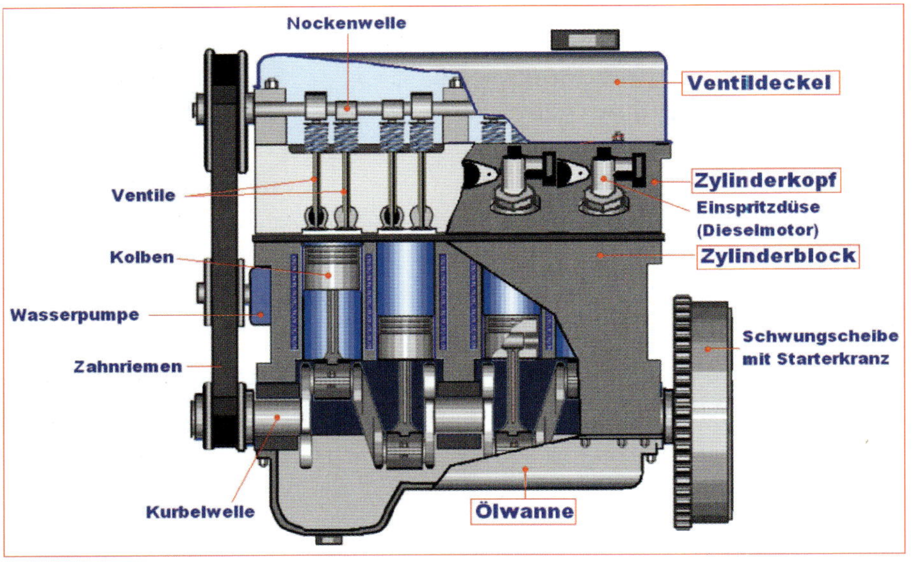

Baugruppen eines Verbrennungsmotors (vereinfachte Darstellung)

unter anderem nach der Bauart des Motors. Ist der Ölfilm zu dünn, kann er reißen und es erfolgt keine ausreichende Schmierung.

Geringe Viskosität = geringer Widerstand „dünnflüssig" (wie Wasser)

Hohe Viskosität = hoher Widerstand „dickflüssig" (wie Honig)

Motoröl mit geringer Viskosität fließt leichter und wird leichter durch den Motor transportiert. Motoröl mit hoher Viskosität fließt zäh, weist, wenn es noch kalt ist, einen höheren Widerstand auf die Teile des Motors auf, kann aber höheren mechanischen Belastungen standhalten. Der **HTHS-Wert** (HTHS englisch: «High Temperature High Shear») bezeichnet die Viskosität (Zähflüssigkeit) des Öls bei hoher Temperatur. Diese ist besonders wichtig, wenn sich Bauteile schnell bewegen (u.a. Zylinderlaufbahn, Kurbelwelle, Ventile) ihre Extremwerte bei hoher Motordrehzahl erreichen, beispielsweise also bei schneller Autobahnfahrt. Dabei ist das Motoröl sehr starken Belastungen ausgesetzt und der Ölfilm darf nicht reißen. Ein Motoröl mit hoher HTHS-Viskosität ist ein Schutz vor Abnutzung des Motors. Andererseits kann man mit Motorölen mit abgesenktem HTHS-Wert wegen der geringeren Reibung im Motor Sprit sparen.

Fazit: Es muss ein guter Kompromiss zwischen gutem Motorschutz und geringem Kraftstoffverbrauch gefunden werden.

Luftdruck und Bereifung

Die Räder und Reifen müssen regelmäßig überprüft werden. Die Überprüfung des Luftdruckes in den Reifen ist einfach. In den Werkstätten der Unternehmen gibt es meistens Geräte, mit denen der Reifendruck geprüft werden kann. Gibt es kein solches Gerät im Unternehmen, findet man es für Lkw und Busse an manchen Tankstellen. Natürlich muss der Fahrer auch wissen, mit wieviel Bar der Reifen befüllt werden muss. Dies findet man in der Bedienungsanleitung. Bei manchen Fahrzeugen steht dies auch im Tankdeckel oder am Reifen selbst. Die regelmäßige Überprüfung ist wichtig, denn ein zu niedriger Reifendruck führt zu höherem Kraftstoffverbrauch, weil der Rollwiderstand erhöht ist. Außerdem wird der Reifenverschleiß höher, denn durch die stärkere Erwärmung und Verformung kann der Reifen beschädigt werden. Doch auch zu hoher Reifendruck kann gefährlich sein. Bei zu hohem Reifendruck verringert sich die Bodenhaftung und die Rutschgefahr steigt. Das Profil des Reifen wird schneller und stärker abgefahren, so dass er früher gewechselt werden muss. Auf Straßen mit Kopfsteinpflaster oder mit Schlaglöchern und Bodenwellen „hüpft" das Fahrzeug. Die Reifen sollten beim Prüfen des Luftdruckes kalt sein. Wenn der Luftdruck an der Tankstelle oder in der Werkstatt kontrolliert werden soll, sollte diese nicht weiter als 3 km entfernt sein. Dann sollte man nur mit niedriger Geschwindigkeit dort hinfahren. Ist man eine weitere Strecke gefahren, sollte man das Fahrzeug erst mal 2 Stunden stehen lassen, bevor man prüft. Warme Reifen geben falsche Werte. Muss man am warmen Reifen messen, gilt die Faustregel 0,3 bar dazu zu zählen. Früher konnten alte Hasen die Reifen prüfen, indem sie mit einem Reifenhammer gegen den Reifen schlugen. Am Klang konnten sie den richtigen Luftdruck und die Füllung und Stabilität des Reifens „hören". Diese Methode ist heutzutage „out". Viele Fahrzeuge haben elektronische Bordsysteme, die zu hohen oder zu niedrigen Reifendruck anzeigen. Dies kann mittels Kontrolllampe oder an einem Display sein. Bei letzterem wird sogar gezeigt, um welche Reifen es sich handelt und ob der Reifendruck zu hoch oder zu niedrig ist. Ist so eine Technik noch nicht vorhanden, muss der Reifendruck regelmäßig überprüft werden. Um Unterwegs nur mal schnell zu prüfen, ob der Druck noch stimmt, kann man im Baumarkt einen kleinen handlichen Reifendruckprüfer kaufen. Doch es muss noch mehr am gesamten Reifen überprüft werden. Zuerst ist da die Profiltiefe. Sie muss mindestens 1,6 mm betragen. Die Reifen dürfen keine Seitenrisse oder Beulen (auch nicht am inneren Zwillingsreifen) aufweisen. Es dürfen sich keine Fremdkörper im Profil oder zwischen den Zwillingsreifen befinden und keine Profilblöcke ausgebrochen sein. Es darf keine von der Karkasse gelösten Stellen geben und es ist zu prüfen, dass keine Stahlcordeinlagen durch die Laufflächen stoßen. Auch Felgen und Radmuttern müssen augenscheinlich überprüft werden. Bei Beulen und Rostnarben oder Rissen an den Felgen oder wenn sich an Radmuttern Metallspuren oder gar schon Federringe zeigen, muss das Fahrzeug dringend zum Reifendienst oder in die Betriebswerkstatt. Im Fern- und Reiseverkehr muss natürlich auch das Ersatzrad regelmäßig mit überprüft werden. Busse, die nur Stadtverkehr fahren, führen ja in der Regel gar kein Ersatzrad mit.

Welche Kräfte wirken am Rad?

Die Kraft, die immer senkrecht auf die Räder wirkt, egal ob das Fahrzeug steht oder fährt, ist die **Gewichtskraft**, die sich aus der Fahrzeugmasse ergibt.

Beim Anfahren, Beschleunigen und gleichmäßigen Fahren sind es die **Antriebskräfte**, die von der Bereifung auf die Fahrbahn übertragen werden müssen. Beim Bremsen sind es die **Bremskräfte**. Wird eine Kurve durchfahren oder bläst der Wind von der Seite auf das Fahrzeug, muss der Reifen die nötigen **Seitenführungskräfte** aufbringen. Eine weitere Kraft, die am drehenden Reifen entsteht, ist die **Fliehkraft** oder auch Zentrifugalkraft. Diese wirkt vom Drehzentrum nach außen am Reifen. Sind die Massen am Reifen ungleichmäßig verteilt, entsteht eine Unwucht.

Zusammengefasst sind die an der Bereifung wirkenden Kräfte:

F_G =	Gewichtskraft senkrecht auf den Reifen
F_A =	Antriebskräfte in Längsrichtung des Fahrzeuges
F_B =	Bremskräfte in Längsrichtung des Fahrzeuges
F_S =	Seitenführungskräfte in Querrichtung des Fahrzeuges
F_Z =	Fliehkräfte am Reifen nach außen wirkend

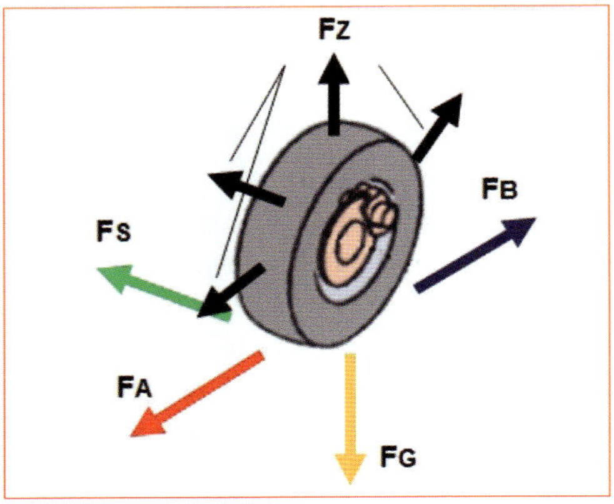

© Detlef Schulz

Kräfte am Rad

Wenn man ein geleastes oder „fremdes“ Fahrzeug fahren soll, muss auch überprüft werden, dass nur Bereifung am Fahrzeug montiert ist, die in der Fahrzeugzulassung eingetragen ist. Dies wird häufig viel zu selten oder gar nicht kontrolliert. Aber im privaten Bereich, nach dem Kauf von einem gebrauchten Pkw oder Wohnmobil von Privatleuten, haben schon manche Fahrzeughalter bei zufälligen Verkehrskontrollen böse Überraschungen erlebt.

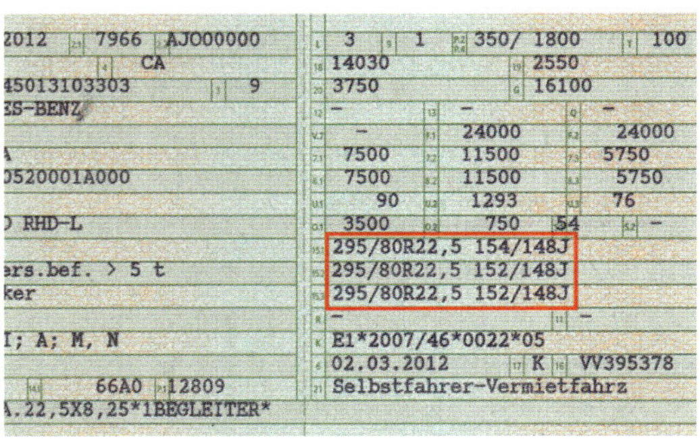
2012 7966 AJO00000
CA
45013103303 9
ES-BENZ
A
0520001A000
D RHD-L
ers.bef. > 5 t
ker
I; A; M, N
66A0 12809
A.22,5X8,25*1BEGLEITER*
3 1 350/ 1800 100
14030 2550
3750 16100
– – –
– 24000 24000
7500 11500 5750
7500 11500 5750
90 1293 76
3500 750 54 –
295/80R22,5 154/148J
295/80R22,5 152/148J
295/80R22,5 152/148J
– –
E1*2007/46*0022*05
02.03.2012 K VV395378
Selbstfahrer-Vermietfahrz

Fahrzeugzulassung – Eintrag Bereifung

Die genauen Bezeichnungen auf dem Reifen sind Thema im Abschnitt 3.7.6.

Der übliche Füllstoff von Reifen ist normale Luft. Luft besteht zu 78 % aus Stickstoff und zu 22 % aus Sauerstoff. Doch manche Reifendienste bieten auch reine Stickstofffüllung an. Bekannt ist, dass die Reifen von Verkehrsflugzeugen, von Formel 1-Autos und vom Space Shuttle mit Stickstoff gefüllt sind. Stickstoff hat einen größeren Atomdurchmesser als Sauerstoff. Aus diesem Grund soll der Druckverlust über die Zeit geringer sein als bei einer reinen Luftfüllung. Des Weiteren sind Stickstoffatome leichter als Sauerstoffatome und damit wird das Rad leichter. Doch bringt das etwas beim Pkw?

Erst einmal ein Beispiel von den Verkehrsflugzeugen:

Bei der Landung muss das Flugzeug sehr stark abgebremst werden. Dabei werden die in der Felge angebrachten Bremsen bis 1000° C heiß. Der Reifengummi würde theoretisch schmelzen. Der in den Reifen entstehende Überdruck wird nun durch spezielle temperaturabhängige Schmelzventile abgeblasen und kühlt den Reifen und die Bremsen. Der Reifen gerät nicht in Brand, weil Stickstoff die Eigenschaft hat Feuer zu ersticken. Mit einer Luftfüllung würden die Räder Feuer fangen. Die Räder von Formel 1-Wagen unterliegen ähnlichen Belastungen. In den letzten Jahren werden auch die Reifen von Gefahrguttransportern häufig mit Stickstoff statt Luft gefüllt, um die Brandgefahr zu minimieren, wenn ein Reifen Feuer fängt. Damit gleich von jedem erkannt werden kann, dass es sich bei dem Reifen um Stickstofffüllung handelt, sind die Ventilkappen grün.

Nun kann jeder Autofahrer entscheiden, ob er das Geld ausgibt und in seine Reifen Stickstoff füllen lässt, denn Luft an der Tankstelle ist kostenlos und Stickstoff ist relativ teuer.

Merksatz

Seit dem 1. Juli 2020 brauchen Lkw und Busse nicht nur auf den Antriebsachsen Winterreifen, sondern auch auf den Lenkachsen. Winterbereifung muss zwingend das Symbol „Berg mit Schneeflocke“ aufweisen.

Kraftstoff

Hier hat jedes Fahrzeug ein Anzeigeinstrument, welches sowohl vom Fahrer als auch von der Werkstatt beachtet werden muss. Nichts ist peinlicher, als ein Bus, der mit leerem Tank auf der Linie liegen bleibt.

Elektrizität

Die Batterie muss regelmäßig gewartet und gepflegt werden. Die Anschlüsse sollen sauber und leicht gefettet sein. Sofern es sich nicht um eine sogenannte wartungsfreie Batterie handelt, ist auch die Batteriesäure ab und zu mit einem Aräometer zu prüfen. Außerdem muss der Ladezustand mittels Anzeige auf der Armaturentafel überprüft werden.

Prüfung der Teile zur Verkehrssicherheit

Bremsen

Dieselbusse besitzen eine Druckluftbremsanlage mit einer Druckwarneinrichtung. Diese spricht an, wenn zu wenig Druckluft zum Bremsen vorhanden ist. Diese Druckwarneinrichtung prüft man wie folgt: Zündung einschalten und Bremse so lange intervallweise betätigen, bis Druckwarneinrichtung (Warnton) ertönt und rote Warnlampe leuchtet. Manometer beobachten. Danach Bus starten und Manometer beobachten, bis wieder der benötigte Luftdruck erreicht ist. Kleine Busse zwischen 3,5 t und 7,5 t können eine hydraulische oder eine kombinierte Hydraulik- Druckluftbremsanlage besitzen. Hier ist zusätzlich, wie bei Bussen mit reiner hydraulischer Bremse, der Stand der Bremsflüssigkeit zu prüfen.

Beleuchtung

Die gesamte Beleuchtung: Innenbeleuchtung, Außenbeleuchtung (Standlicht, Abblendlicht, Fernlicht), Begrenzungsleuchten, Nummernschildbeleuchtung, Blinker, Warnblinkanlage auf Funktionstüchtigkeit prüfen. Defekte Blinker erkennt man an veränderter Blinkfrequenz.

Sicht

Scheiben müssen ohne Steinschlag im Sichtfeld und sauber sein. Der Bus muss funktionstüchtige Scheibenwischer haben und die Spiegel müssen sauber und ohne Schäden, sowie gut einstellbar sein. Auch die Scheibenwaschanlage muss funktionieren und auf ihren Füllstand überprüft werden.

Signaleinrichtungen

Die Funktion von Hupe, Lichthupe, Blinker, Bremslicht und Rückfahrscheinwerfer müssen geprüft werden.

Lenkung

Lenkradspiel nicht mehr als zwei Finger (Servolenkung mit laufendem Motor prüfen). Auch der Behälter für das Hydrauliköl der Servolenkung muss regelmäßig auf den richtigen Füllstand überprüft werden.

Wechselgetriebe, Achsgetriebe

Ein weiteres Bauteil, was noch Erwähnung finden muss, ist das Getriebe.

Das Getriebeöl im Wechselgetriebe und im Achsgetriebe sind Füllungen, die ein Getriebeleben überdauern sollten. Nur bei Verdacht auf Verlust von Getriebeöl (Öllache unter dem Fahrzeug im Bereich der Getriebe) sollte der Fahrer die Werkstatt darüber in Kenntnis setzen. Sollte die Getriebeölmenge doch kontrolliert werden, erfolgt das in den meisten Fällen über ein Schauglas oder über eine Kontrollbohrung, die mit einer Schraube verschlossen ist.

Verliert ein Fahrzeug Motor- oder Getriebeöl auf der Straße, darf der Fahrer nicht weiterfahren. Jeder Ölfleck auf der Straße ist eine Gefahr für andere Verkehrsteilnehmer. Vor allem Motorradfahrer können schnell wegrutschen. Der Ölfleck muss sofort abgedeckt werden. Dies macht bei größeren Öllachen, zum Beispiel bei einem Verkehrsunfall, die Feuerwehr. Doch für kleinere Ölflecke führt auch der Werkstattwagen Bindemittel, welches das Öl bindet und ungefährlich macht, mit. Nach einer Notreparatur vor Ort wird das Schadfahrzeug der Werkstatt zugeführt.

2

Merksatz

Alle Fahrpersonale und Werkstattmitarbeiter, die für die Betriebs- und Verkehrssicherheit von Omnibussen oder Straßenbahnen Verantwortung tragen, müssen regelmäßig über ihre Kontrollaufgaben und den Umgang mit Hilfsstoffen gemäß Unfallverhütungsvorschriften aktenkundig belehrt werden. Dafür hat das Unternehmen zu sorgen.

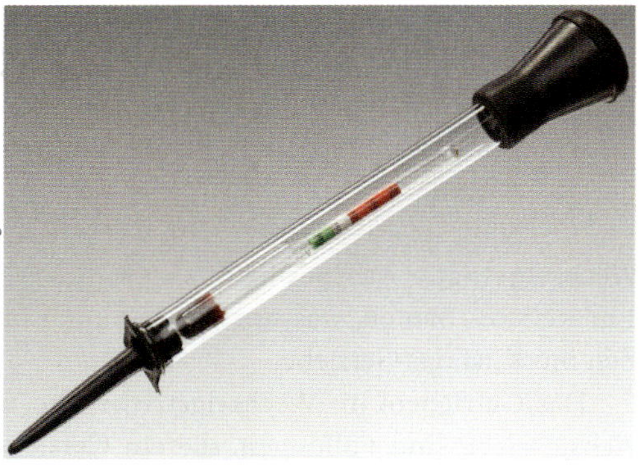
Quelle: A.T.U Auto-Teile Unger

Aräometer

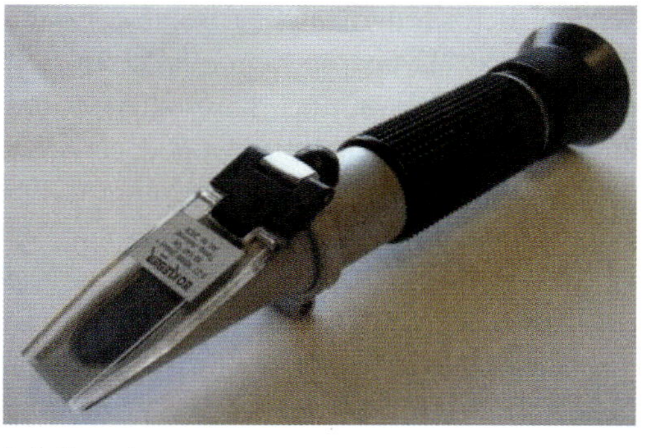
Quelle: Leo Kuebler GmbH

Refraktometer

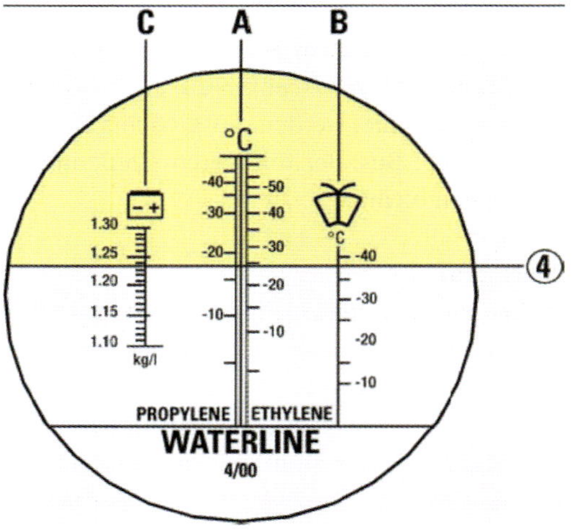

Skala A → Kühlwasserprüfung
Skala B → Frostschutzprüfung für Scheibenwischwasser
Skala C → Batteriesäureprüfung
Blick durch ein Refraktometer

2.6.5 Baugruppen, die Betriebsstoffe benötigen

In diesem Kapitel wird nur auf die Baugruppen eingegangen, zu denen Betriebsstoffe dazu gehören.

Das sind im Einzelnen die

- Bremsanlage
- Bereifung
- Lenkanlage
- Kupplung
- Wechselgetriebe
- Achsgetriebe
- Scheibenwaschanlage

Die Kontrolle der Betriebsstoffe dieser Baugruppen verläuft nach den gleichen Prinzipien wie bei den Baugruppen, die zur Betriebssicherheit gehören.

Bremsanlage

Hier ist als erstes die Kenntnis wichtig, ob das Fahrzeug eine hydraulische Bremsanlage, eine kombinierte hydraulisch/pneumatische Bremsanlage oder eine Druckluftbremsanlage hat.

Hier gilt folgendes: Kleinbusse bis 3,5 t haben wie Pkws eine hydraulische Bremsanlage. Etwas größere Mini- und Midibusse zwischen 3,5 und 7,5 t haben entweder eine kombinierte Druckluft-Hydraulikbremsanlage oder schon eine Druckluftbremsanlage, je nach Hersteller. In «richtigen» Omnibussen über 7,5 t werden nur noch Druckluftbremsanlagen verwendet.

Hydraulische Bremsanlage

Die Mengenüberprüfung erfolgt über Minimum-Maximum- Markierungen am Ausgleichsbehälter oder über eine Kontrollleuchte in den Armaturenanzeigen.

Die Überprüfung der Zusammensetzung der Bremsflüssigkeit bezieht sich auf die Kontrolle des Nasssiedepunktes (siehe auch Kapitel 3).

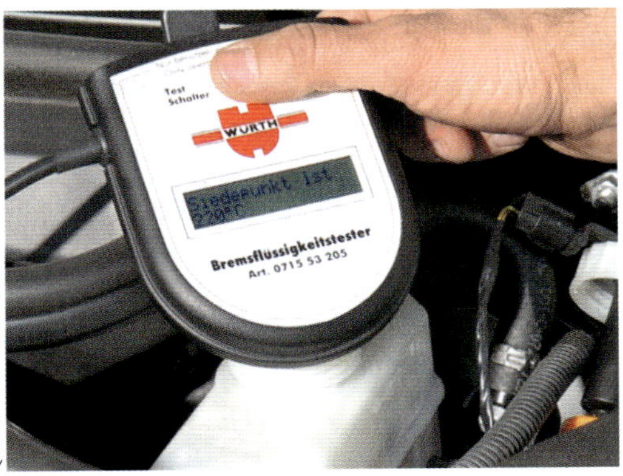

Quelle: Adolf Würth GmbH & Co. KG

Gerät zur Messung des Nasssiedepunktes

Eine Kontrolle des Nasssiedepunktes ist nur mit Hilfe von geeigneten Messgeräten möglich.

Doch auch hier kann man sich auf das Fachwissen der Werkstattmitarbeiter verlassen.

Druckluftbremsanlage

Eine Druckluftbremsanlage verwendet aufgrund ihres Funktionsprinzips keine Flüssigkeiten (zur Arbeitsweise einer Druckluftbremsanlage siehe ► Kapitel 3). Druckluft hat die Eigenschaft Feuchtigkeit zu binden, die nach dem Ansaugen durch den Kompressor in der Anlage kondensiert und dann bei entsprechenden Außentemperaturen gefrieren kann. Es müssen also auch hier einige Kontrollen durchgeführt werden.

Alle Druckluftbremsanlagen besitzen Einrichtungen, die das Einfrieren des in der Bremsanlage angesammelten Wassers verhindern sollen. Die einfachste Einrichtung ist das Entwässerungsventil am untersten Ende eines jeden Druckluftbehälters.

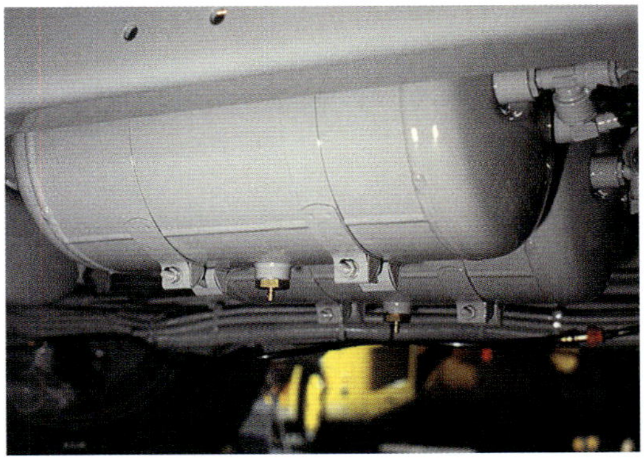

Luftvorratsbehälter

Das regelmäßige Ablassen des angesammelten Wassers, manuell bei älteren oder alten (historischen) Fahrzeugen, ist die sicherste Gewähr um das Einfrieren der Anlage zu verhindern. Bei Fahrzeugen, die automatische Entwässerungsventile besitzen, entfällt diese Arbeit. Weitere Einrichtungen zur Verhinderung des Einfrierens von vom Kompressor in die Bremsanlage gelangtes Wasser sind Frostschutzpumpen und Lufttrockner. Lufttrockner arbeiten weitestgehend wartungsfrei. Die Lufttrocknerpatrone wird in der Werkstatt regelmäßig kontrolliert und ggf. gewechselt.

Frostschutzpumpen besitzen einen Vorratsbehälter, der kontrolliert und bei zu geringem Füllstand mit neuem Frostschutzmittel aufgefüllt werden muss. Dies geschieht bei den regelmäßigen Kurzdurchsichten der Werkstatt.

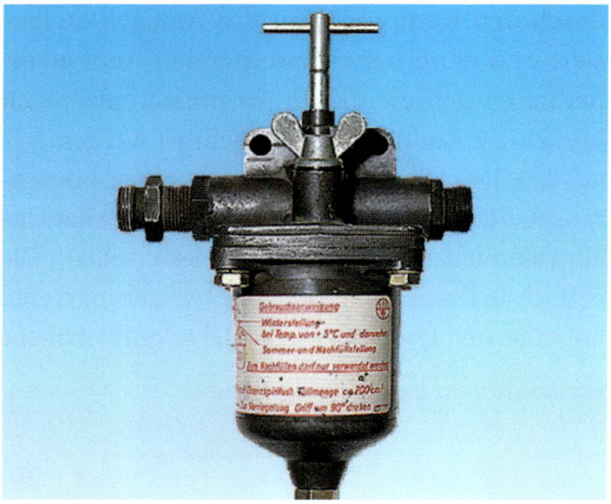

Frostschutzpumpe

Wasser in den Druckluftbehältern stellt nicht nur wegen der Gefahr des Einfrierens eine Einschränkung der Verkehrssicherheit dar. Es reduziert auch stark das gespeicherte Luftvolumen. Die dadurch entstehenden Auswirkungen werden im Kapitel 3 näher erläutert.

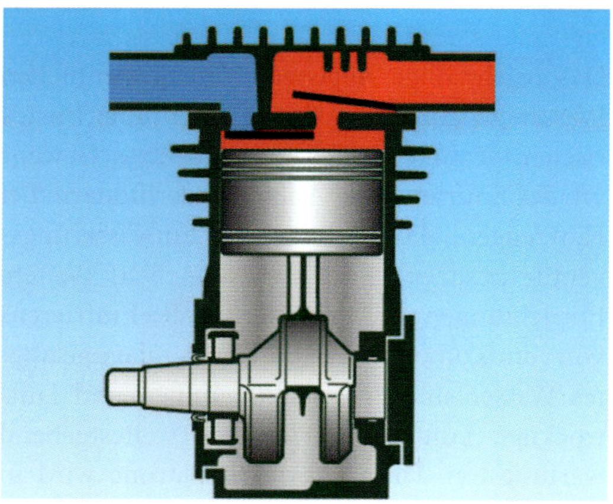

Luftpresser

Zur Druckluftbremsanlage zählt ferner der Luftpresser (Kompressor). Es gibt Luftpresser, die an das Motorschmiersystem angeschlossen sind und Luftpresser, die ein eigenes Schmiersystem besitzen. Letzteres wird dann in den Durchsichten dann mit kontrolliert.

Kupplung

Die Kupplung benötigt als Betriebsstoff nur Flüssigkeit, wenn es sich um eine hydraulische Kupplung handelt. Da dies im Allgemeinen Bremsflüssigkeit ist, gilt beim Überprüfen die gleiche Vorgehensweise wie bei der hydraulischen Bremse.

Lenkung

Auch das Hydrauliköl einer hydraulischen Lenkhilfe wird auf die ausreichende Menge überprüft. Mit Hilfe von Minimum- Maximum-Markierungen oder eines Messstabes ist die Sichtkontrolle kein Problem.

Scheiben

Scheibenwaschanlagen benötigt jedes Fahrzeug. Hier ist es wichtig, dass die richtige Konzentration von Frostschutzmittel vorhanden ist. Wird dies zu spät kontrolliert, friert bei Minusgraden das Scheibenwaschwasser ein. Dies kann bei entsprechender Witterung zu echten Sichtbeeinträchtigungen führen.

Vorsicht ist auch bei der Nutzung von Scheibenenteisungsspray geboten. Hier ist unbedingt darauf zu achten, dass man ein Pumpspray verwendet und nicht die Luft mit dem umweltschädlichen FCKW verpestet. Eine große Pappe oder Alufolie (wie beim eigenen Pkw) unter die Scheibenwischer geklemmt, verhindert weitestgehend ein zu starkes Vereisen der Scheiben.

Mittel zur Wartung und Pflege

Nun sind noch die Hilfsstoffe zur Wartung und Pflege zu betrachten. Dazu zählen unter anderem:

- Reinigungsmittel für
  - Fahrzeugboden
  - Polsterung
  - Scheiben
  - Außenflächen
  - Motorraum
- Gummi- und Lackpflegemittel

- Lösemittel, Verdünner
- evtl. Desinfektionsmittel
- technische Gase und Sprays
- Klebemittel
- Korrosionsschutzmittel
- Wasser für die Bordküche (nur bei Reisebussen)
- Wasser für das Bord-WC (nur bei Reisebussen)

2.6.6 Betriebs- und Hilfsstoffe in Schienenfahrzeugen

Natürlich benötigt auch ein Schienenfahrzeug des ÖPNV Betriebs- und Hilfsstoffe. Doch nicht in dieser Menge wie ein Omnibus.

Bei Straßenbahnen gibt es zwar auch getriebelose Radnabenmotoren (Kapitel 7), doch die meisten Schienenfahrzeuge besitzen noch Getriebe, um die Drehzahl des Motors zu untersetzen. Die herkömmlichen Getriebe benötigen, wie auch ein Kraftfahrzeug, Getriebeöl um eine Überhitzung zu vermeiden und die Reibung der einzelnen Bauteile (Zahnräder, Kegelzahnräder usw.) zu verringern. Auch hier kontrolliert die Werkstatt regelmäßig, ob die Verschlussschraube am Getriebe fest ist und nirgendwo Öl austritt. In letztem Fall wird der Ölstand kontrolliert, gegebenenfalls eine Reparatur ausgeführt und dann Getriebeöl nachgefüllt.

Wie jedes Kraftfahrzeug benötigen auch Straßenbahnen, Stadtbahnen und U-Bahnen eine Scheibenwaschanlage. Bei den meisten Schienenfahrzeugen sind die Düsen, wie auch bei Bussen, direkt am Scheibenwischer angebracht. Das mittig auf die Scheibe gesprühte, mit Scheibenwaschmittel versetzte Wasser erhöht die Reinigungswirkung der Scheibenwischer. Im Winter verwendet man Scheibenwaschmittel mit Frostschutz. Eine elektrisch betriebene Pumpe sorgt für den nötigen Druck.

Hydraulische Bremsen

Straßenbahnen mit hydraulischen Feststellbremsen brauchen natürlich Hydrauliköl. Hydrauliköl ist das Gleiche wie Bremsflüssigkeit. Der Fahrer hat nur die Möglichkeit der Kontrolle, wenn es ein, für ihn ohne Probleme zugängliches Schauglas gibt. Ist das nicht der Fall, obliegt die Kontrolle der Werkstatt.

Ein weiterer Hilfsstoff, den ein Omnibus nicht benötigt, ist das graphithaltige Schmiermittel für die Spurkranzschmierung. Dadurch wird das Quietschen in engen Kurven gemildert und die Reibung von Spurkranz und Schiene verringert.

Für Schienenfahrzeuge gibt es einen Wartungsturnus, an den die Verkehrsunternehmen gebunden sind. Art und Umfang der Wartung richtet sich nach der Bauart und Belastung des jeweiligen Fahrzeuges. Diese kleinen Kurzdurchsichten und Wartungsdurchsichten finden regelmäßig, in kurzen Abständen (je nach Fahrzeug von wöchentlich bis monatlich) statt. Überdies gibt es die in der BOStrab vorgeschriebene Hauptuntersuchung (HU). Diese hat entweder bei einer Laufleistung von 500.000 km oder wenn diese Kilometer noch nicht erreicht sind, spätestens nach 8 Jahren zu erfolgen. Außerdem ist jedes Fahrzeug nach einem Unfall einer Inspektion zu unterziehen. Über die Wartung der Fahrzeuge wird durch die Werkstätten Buch geführt, was in unserer Zeit jedoch immer mehr und rationeller über Datenbanken geschieht.

ÖPNV und Umwelt

Auch der elektrische Strom ist im gewissen Sinn ein Betriebsstoff. Vom Umweltaspekt aus sind natürlich die Schienenfahrzeuge des ÖPNV die umweltfreundlichsten und saubersten Verkehrsmittel überhaupt. Denn sie werden mit Strom betrieben.

Die Eisenbahn (DB) muss hier ausgeklammert werden, denn 1. gehört sie nicht zum ÖPNV und 2. verkehren bei der Bahn noch viele Diesellokomotiven.

Die Luftverschmutzung durch die Abgase der Kraftfahrzeuge belastet die Luft hauptsächlich mit Stickoxiden, Ruß und anderen Partikeln. Zwar werden immer strengere Abgasnormen eingeführt, doch durch die ständige Zunahme von Kraftfahrzeugen trat noch nicht der erhoffte Erfolg ein. Nicht selten gibt es in einer Familie mit erwachsenen Kindern 3 bis 4 Pkw.

Die Menschen müssen zu der Einsicht kommen, dass der ÖPNV für sie selbst und die Umwelt die bessere und preiswertere Alternative zum Pkw ist. Und dazu muss der ÖPNV noch attraktiver gemacht werden.

Schienenfahrzeuge sind vor Ort sauber. Bei ihnen ist nur teilweise die Stromerzeugung, wenn sie durch herkömmliche Kohlekraftwerke erfolgt, noch eine Belastung für die Umwelt. Doch auch bei der Stromerzeugung sucht man nach «sauberen Strom» und hat auch schon einige Alternativen zu den Kohlekraftwerken gefunden. Man macht sich die gewaltigen Kräfte der Natur oder Abfälle zunutze, um Strom ohne Schadstoffe, z. B. mit Biogasanlagen, Wasserkraftwerken, Windkraftwerken, Gezeitenkraftwerken, Thermikkraftwerken und Solarkraftwerken zu erzeugen. Auch die Möglichkeiten geothermischer Stromerzeugung werden geprüft.

Auch an Elektroautos wird weiter geforscht. Im Kleinformat gibt es Elektroautos schon lange. Schon vor dem zweiten Weltkrieg wurden Elektroautos gebaut.

Nach der Ölkrise in der 1990er Jahren erlebte das Elektroauto wieder eine Renaissance. Denn Elektromotoren sind dem Antrieb mit Verbrennungsmotoren in vielen Eigenschaften überlegen. Sie haben einen höheren Wirkungsgrad, ein gut regelbares Drehmoment und sind vollständig Emissionsfrei. Dazu sind sie gegenüber Verbrennungsmotoren ausgesprochen leise.

Leider verfügen Elektrofahrzeuge auch heute noch über relativ geringe Reichweiten. Die Energiemengen, die das Fahrzeug mitführen kann, sind auch heute noch, trotz der enormen Entwicklung im Bereich der Batterietechnik immer noch zu gering. Für den elektrischen Antrieb eines Omnibusses reicht die Energie über einen ganzen Betriebstag noch nicht aus. Hier ist die Lösung, Schnellladestationen an den Endpunkten zu schaffen (siehe auch ▶ Kapitel 3.4.). Im Bereich der Personenkraftwagen ist die Entwicklung mittlerweile soweit, dass rein elektrische Antriebe verwendet werden können. Doch auch hier sind zur Zeit noch zu wenig Ladestationen vorhanden. Da allerdings die Herstellungskosten noch sehr hoch sind, schlägt sich dies auf den Fahrzeugpreis nieder.

Um Diesel einzusparen und die Schadstoffe zu reduzieren, setzt man im Omnibusbereich auch auf den Hybridantrieb, der den herkömmlichen Verbrennungsmotor und den Elektromotor vereint. Es gibt zwei Grundformen des Hybridantriebes, den seriellen Antrieb und den parallelen Antrieb, der je nach Einsatzgebiet unterschiedlich aufgebaut ist.

Alle Hybridbusse verfügen über einen Dieselmotor, einen Generator, Elektromotoren, einen speziellen Energiespeicher oder Akkumulator.

Beim parallelen Hybridantrieb werden beide Antriebsarten gleichzeitig eingesetzt. Der Elektromotor unterstützt nur den Verbrennungsmotor, der zwar dauerhaft, aber sparsamer läuft. Bei mittleren Durchschnittsgeschwindigkeiten und einem längeren Haltestellenabstand sparen diese Antriebe Diesel ein.

Beim seriellen Hybridbus treibt der Verbrennungsmotor einen Generator an, der den Strom erzeugt und in einer Batterie oder Energiespeicher zwischenspeichert. Mit dem Strom aus der Batterie oder dem Energiespeicher werden die Elektromotoren angetrieben. Hier werden oft Radnabenmotoren verwendet. Das Anfahren erfolgt rein elektrisch. Der beim Bremsen mit dem Elektromotor erzeugte Strom wird ebenfalls in die Batterie, bzw. den Energiespeicher gegeben und zum Fahren verwendet. Erst dann wird wieder der Dieselmotor zum Antrieb für den Generator als Stromerzeuger zugeschaltet. Diese

Technik rentiert sich bei Stadtbussen mit kurzem Haltestellenabstand. Eine Haltestelle kann so abgasfrei angefahren werden, weil der Elektromotor bremst und ebenfalls abgasfrei verlassen werden, weil beim Anfahren der Strom aus dem Energiespeicher entnommen wird.

Die Akkumulatoren bzw. die Energiespeicher sind auch nicht mehr bleihaltig. Heutzutage werden Lithiumbatterien eingesetzt. Diese sind für uns umweltfreundlich. Allerdings sollte nicht verschwiegen werden, dass der Abbau von Lithium in Südamerika im „Lithiumdreieck" zwischen Bolivien, Chile und Argentinien dort Umweltschäden verursacht und auch die dort heimische Tierwelt vertreibt, weil deren Lebensraum zerstört wird. Denn um das Lithium aus dem Boden auszuschwemmen und dann in der Sonne trocknen zu lassen, werden für die Herstellung von einer Tonne Lithiumsalz je nach Konzentration bis zu zwei Millionen Liter Wasser benötigt. Dadurch wird der Grundwasserspiegel gesenkt. Dies zerstört auch die Lebensgrundlage der indigenen Bevölkerung, denn die großen Süßwasserverluste könnten das Leben in dieser Region schon bald unmöglich machen. Das Lithiumdreieck liegt in einer der trockensten Gegenden der Erde, was dort das Grundwasser für alle Lebewesen sehr kostbar macht.

Auch die alternativen Wasserstoffantriebe mit Brennstoffzelle werden ständig weiter entwickelt. Sie haben schon eine Reichweite von rund 500 Kilometern. Diese Fahrzeuge sind leise und das Tanken geht so schnell wie beim Dieselfahrzeug. Allerdings gibt es auch viel zu wenig Tankstellen für Wasserstoff. Eine konsequente Weiterentwicklung dieses Antriebes ist vielversprechend.

Auch im Straßenbahnbereich werden immer häufiger neue Energiespeicher eingesetzt, um die Bremsenergie zu nutzen und damit den Stromverbrauch zu senken. Die beim Bremsen freiwerdende Bewegungsenergie wird von den als Generatoren arbeitenden Fahrmotoren in elektrische Energie umgewandelt. Der so erzeugte Strom kann dann ins Netz zurück gespeist werden. Dies nennt man **Rekuperation**. Dies funktioniert aber nur, wenn sich ein aufnahmefähiges Fahrzeug im gleichen Streckenabschnitt befindet. Der restliche Strom wurde bisher in den Bremswiderständen vernichtet. Heute hat man in einigen deutschen Städten begonnen, die Bahnen mit Stromspeichern (Lithium-Ionen-Akkumulatoren oder Supercaps) auszurüsten. Hier wird der Bremsstrom, der nicht in das Netz zurück gespeist werden kann, gespeichert und weiter genutzt. Dies senkt weiter den Stromverbrauch. Wenn die Bahnen weniger Strom benötigen, muss weniger erzeugt werden, was ein Beitrag zum Umweltschutz ist. Die Forschung hat in Sachen Elektroenergie in den letzten Jahren gewaltige Fortschritte gemacht. Im ÖPNV wirkt sich das sehr positiv aus. Nun muss nur noch das gesamte Fahrpersonal auf eine ressourcenschonende Fahrweise mit Bussen und Bahnen achten.

2.7 Gesetzliche und betriebliche Vorschriften zum Umgang mit Betriebs- und Hilfsstoffen

Betriebs- und Hilfsstoffe können auf vielfältige Art und Weise gesundheitsschädigende Wirkungen auf den Menschen haben. Diese Wirkungen treten direkt zu Tage bei unsachgemäßem Umgang mit diesen Stoffen und auch indirekt über den Luftweg oder über das Grundwasser.

Merksatz

Jeder Mitarbeiter muss sich vor der Nutzung über die Eigenschaften und die Gefährlichkeit der Betriebs- und Hilfsstoffe informieren und alle Maßnahmen ergreifen, um die schädigenden Wirkungen für sich und die Umwelt auszuschließen.

Die gesundheitsschädlichen Wirkungen können im Einzelnen sein:
- Vergiftungen
- Verätzungen
- Verbrennungen
- Allergien
- Wirkung durch Explosion

Aus diesem Grund hat der Gesetzgeber viele Rechtsvorschriften erlassen, die den Umgang mit gefährlichen Stoffen regeln. Auf der Grundlage dieser Vorschriften werden entsprechend der Notwendigkeiten zusätzlich betriebliche Regelungen erlassen, die den Umgang mit den Betriebs- und Hilfsstoffen in den speziellen Fällen erfassen.

2.8 Elektrizität

Wie bereits beschrieben, ist auch die Elektrizität eine Art Betriebsstoff, da ohne sie weder Bus noch Bahn betriebsfähig ist. Doch die Energie kommt nicht nur vom Netz. Unverzichtbar ist auch der Strom von der Batterie oder besser gesagt, von einem Akkumulator. Darin befinden sich echte Hilfsstoffe zur Stromspeicherung.

Ein Akku ist ein Speicher für elektrische Energie, die mit Hilfe von elektrochemischen Vorgängen erzeugt wird. Ein Akku ist wieder aufladbar. Er besteht aus mehreren Zellen. Die Nennspannung einer Akku-Zelle hängt von eingesetzten Materialien ab. Um die benötigte Kleinspannung (24 V) zu erreichen, werden entsprechend viele Zellen in Reihe geschaltet. Beim Ladevorgang wird in einem Akku die elektrische Energie in chemische Energie umgewandelt. Wenn dann ein Verbraucher den Strom abnimmt, zum Beispiel beim Starten des Busses oder beim Einschalten der Steuerung in der Straßenbahn, kehrt sich der Vorgang um und die chemische Energie wird wieder in elektrische Energie umgewandelt.

Der Fahrer prüft nur an Hand seines Voltmeters oder der LED-Anzeige den Ladezustand der Batterie. Die Werkstatt hat bei den Wartungsdurchsichten die Batterie und deren Nachladung zu prüfen. Dazu gehört:
- Kontrolle Ladezustand der Batterie
- Kontrolle Festsitz der Batterie und Batterieklemmen
- Säuberung der Anschlüsse und Pflege mit Polfett
- Kontrolle der Funktion des Bordnetzumformers (BNU) bei Straßenbahnen
- Kontrolle Festsitz des Keilriemens der Lichtmaschine bei Bussen

▪ Was ist unter dem Begriff «Elektrizität» zu verstehen?

Mit **Elektrizität**[1] bezeichnet man in der Physik ein auf der Anziehung bzw. Abstoßung elektrisch geladener Teilchen beruhendes Grundphänomen der Natur, das in Gestalt der elektrischen Ladung und des elektrischen Stroms auftritt.

Die wichtigsten Größen der Elektrizität sind:
- die elektrische Spannung
- der elektrische Strom
- der elektrische Widerstand

2.8.1 Elektrische Spannung

Die elektrische Spannung ist eine physikalische Größe der Elektrotechnik. Das Formelzeichen ist U und die Maßeinheit Volt (V), nach dem italienischen Physiker Alessandro Volta benannt. Die Spannung ist die «Stärke» einer Spannungsquelle und ist die Ursache, dass ein elektrischer Strom fließen kann. Wenn zum Beispiel die beiden Pole einer Batterie durch einen elektrischen Leiter (Kupferdraht mit einer Glühlampe) miteinander verbunden werden, fließt ein Strom. Wie groß der elektrische Strom ist, hängt von der Spannung und der Leitfähigkeit des Drahtes

1 v. griech. *Elektron* = Bernstein; die Reibungselektrizität wurde zuerst am Bernstein beobachtet.

ab. Dieser Draht und die Glühlampe sind in dem genannten Fall ein Widerstand. Die elektrische Spannung zwischen zwei Punkten hat die Fähigkeit Ladungen zu verschieben, sodass durch den angeschlossenen Verbraucher ein Strom fließt, der eine Arbeit verrichtet. In der Natur entsteht elektrische Spannung zum Beispiel bei der Bildung von Gewittern. Zur Nutzung in der Technik werden Spannungen meistens durch Elektromagnetische Induktion oder Chemische Prozesse (Batterie) erzeugt.

2.8.2 Elektrische Stromstärke

Die elektrische Stromstärke ist eine physikalische Größe der Elektrotechnik. Das Formelzeichen ist I und die Maßeinheit Ampere (A), nach dem französischen Mathematiker und Physiker André-Marie Ampere benannt. Wir unterscheiden Wechselstrom (AC englisch alternating current) und Gleichstrom (DC für direct current). Diese internationalen Begriffe werden auch für Wechselspannung und Gleichspannung verwendet. Entsprechend der Polarität der Spannung, kann der Strom seine Flussrichtung ständig beibehalten (Gleichstrom) oder ständig ändern (Wechselstrom). Das Messen der elektrischen Stromstärke in Ampere gibt an, wie viele freie Elektronen in einer Sekunde durch einen Leiter fließen.

Merksatz

Der elektrische Strom in metallischen Leitern ist die gerichtete Bewegung von freien Elektronen. Die Voraussetzung für die Bewegung der Elektronen ist das Anliegen einer elektrischen Spannung.

2.8.3 Der elektrische Widerstand

Auf dem Weg durch den elektrischen Leiter müssen die freien Elektronen zwischen den Atomen hindurch, stoßen hier und da an und werden so in ihrer Bewegung behindert. In jedem noch so guten Leiter werden die Elektronen abgebremst.

Merksatz

Die Eigenschaft der Stoffe, hemmend auf den Stromfluss zu wirken, wird als elektrischer Widerstand bezeichnet.

Der elektrische Widerstand wird in Ohm[2] gemessen. Er hat das Formelzeichen R, das Zeichen der Maßeinheit ist Ω.

Der elektrische Widerstand bestimmt bei einer festgelegten Spannung wie hoch der Stromfluss ist. Je höher der Widerstand umso geringer der Stromfluss und umgekehrt.

Die Größe des elektrischen Widerstandes ist abhängig von:

- dem Werkstoff
- der Querschnittsfläche
- der Länge und
- der Temperatur des Leiters

Der spezifische elektrische Widerstand ist der Widerstand eines Leiters von 1 m Länge und 1 mm^2 Querschnittsfläche bei 20° C.

Merksatz

Jeder stromdurchflossene Leiter bildet in seiner Umgebung ein Magnetfeld und jeder elektrische Leiter oder Verbraucher ist auch ein elektrischer Widerstand.

In Abhängigkeit ihres elektrischen Widerstandes werden die Werkstoffe eingeteilt in:

- Leiter, z. B. alle Metalle

2 Georg Simon Ohm, dt. Physiker, 1789 bis 1854

- Nichtleiter (Isolatoren), z. B. Porzellan, Gummi
- Halbleiter, z. B. Germanium, Silizium

Die drei elektrischen Größen, Spannung, Strom und Widerstand lassen sich am besten an einem einfachen Stromkreis betrachten.

2.8.4 Der einfache Stromkreis

Der einfache Stromkreis besteht aus einer Spannungsquelle, einem oder mehreren Verbrauchern (z. B. einer oder mehreren Glühlampen) und Verbindungskabeln (z. B. Draht). Wenn der Verbraucher nicht permanent mit Strom versorgt werden soll, ist ein Schalter notwendig, an dem die Spannungsquelle zu- und abgeschaltet werden kann. Ist der Stromkreis geschlossen, fließt Strom und die Lampe leuchtet. Sowohl der Draht als auch die Lampe sind ein elektrischer Widerstand. Wie hoch der Widerstand ist, liegt am Material und Länge des Drahtes, als auch das Material des Verbrauchers. Die Spannung und die Stromstärke werden bei mehreren Verbrauchern durch die Schaltung beeinflusst. Hier ist es wichtig, ob die Verbraucher in Reihe oder parallelgeschaltet sind. Bei einer Reihenschaltung teilt sich die Spannung durch die Anzahl der Verbraucher und die Stromstärke bleibt bei allen Verbrauchern gleich. Fällt in der Reihe ein Verbraucher aus, fallen auch die anderen Verbraucher mit aus. Bei einer Parallelschaltung teilt sich die Stromstärke durch die Anzahl der Verbraucher und die Spannung bleibt an allen Verbrauchern gleich. Fällt ein Verbraucher aus, arbeiten die anderen Verbraucher weiter. Für einen FiF sollte der dem Arbeitsschutz entsprechende Umgang mit Spannung, Stromstärke und Widerstand selbstverständlich sein. Sowohl in der Straßenbahnwerkstatt als auch zunehmend in der Buswerkstatt muss man mit Elektrizität umgehen. Selbst, wenn das Unternehmen nur Dieselbusse einsetzt, muss man beim Batteriewechsel wissen, welchen der beiden Pole man zuerst abklemmt.

Merksatz

Der **Minuspol** wird immer **zuerst abgeklemmt** und der **Minuspol** wird immer **zuletzt angeschlossen.** Nur so kann ein versehentlicher Kurzschluss verhindert werden. In allen Fahrzeugen ist der Minuspol immer mit dem Metallblech und der Karosserie verbunden.

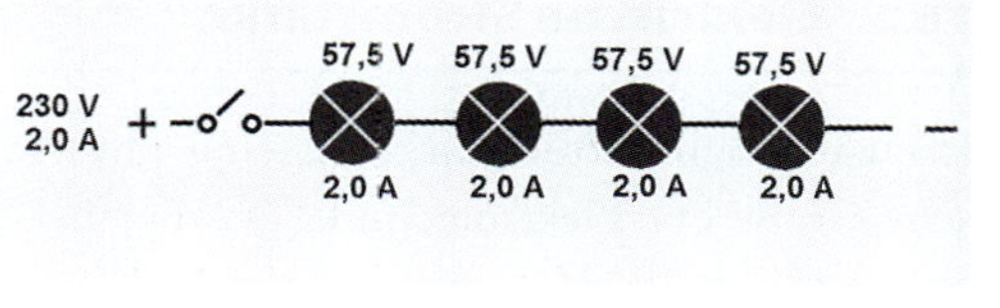

Reihenschaltung

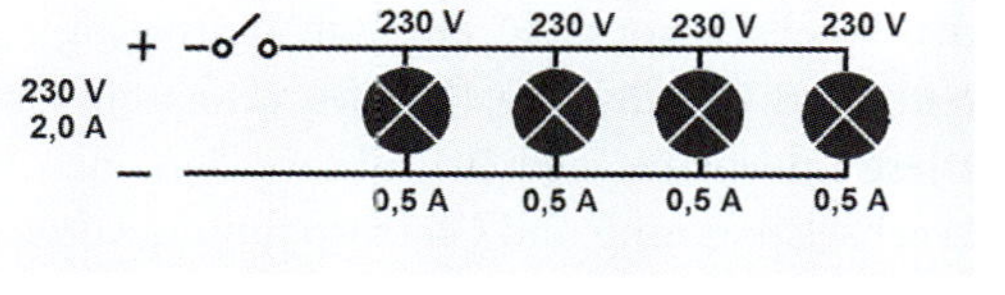

Parallelschaltung

Beim Messen der Spannung muss man folgendes beachten:

Das Voltmeter (Spannungsmessgerät) muss parallel angeordnet sein, damit der Strom komplett durch den Verbraucher fließt und nicht durch das Messgerät.

Misst man die Spannung parallel zur Spannungsquelle erhält man die tatsächlich anliegende Spannung. Misst man parallel zum Verbraucher kann man den Spannungsabfall ermitteln.

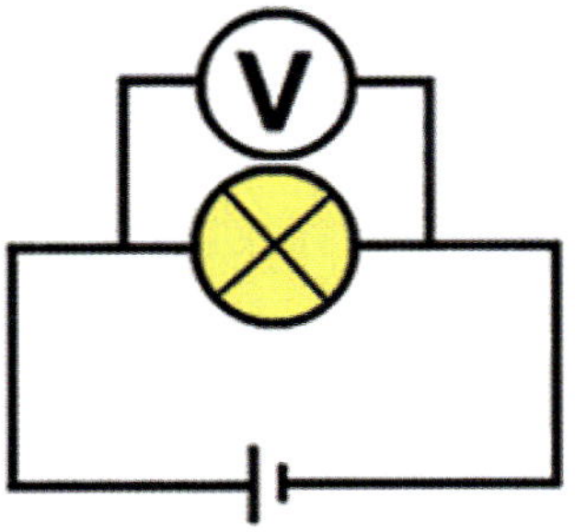

© Thomas Backmann

Voltmeter

Zum Messen der elektrischen Stromstärke sollte man als Amperemeter ein Vielfachmessgerät verwenden, um sowohl Gleichstrom als auch Wechselstrom messen zu können. Dabei ist folgendes zu beachten:

Zuerst stellt man am Messgerät die zu messende Stromart ein, also Gleichstrom oder Wechselstrom.

Dann stellt man den größten Messbereich für die Stromstärke am Messgerät ein. Das Messgerät muss in Reihe zum elektrischen Verbraucher in dem Stromkreis geschaltet werden.

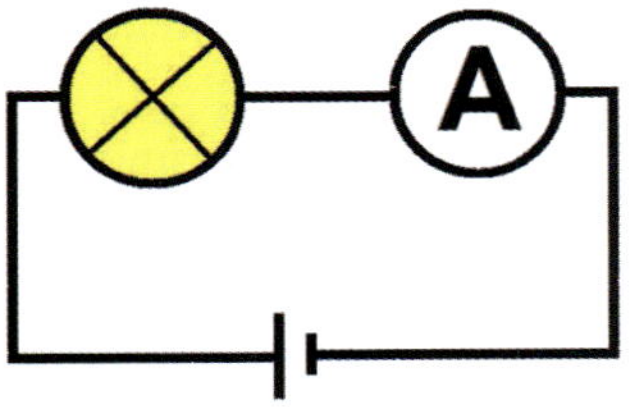

© Thomas Backmann

Amperemeter

Den Widerstand kann man direkt mit einem Ohmmeter (analoges Messgerät) messen oder einfach nach dem ohmschen Gesetz berechnen oder mit dem Multimeter messen. Das geht ganz einfach:

Man muss nur mit den Tastköpfen des Multimeters arbeiten. Einen Tastkopf hält man vor und den anderen hinter den Verbraucher, den man messen möchte oder an die Enden der Bauteile, die man messen möchte. Dann braucht man nur noch abzulesen

Quelle: Conrad

Multimeter (Mehrfachmessgerät)

2.8.5 Das Ohmsche Gesetz

Das Ohmsche Gesetz besagt, dass das Verhältnis der Spannung U zur Stromstärke I bei gleichbleibendem Widerstand R konstant ist.

$$\frac{U}{I} = R \; konstant$$

Daraus folgt, dass sich die Stromstärke in demselben Verhältnis wie die Spannung ändert. Verdoppelt sich z. B. die Spannung, so wird auch die Stromstärke verdoppelt.

Aus dem Ohmschen Gesetz ergeben sich drei Gleichungen:

$$R = \frac{U}{I} \qquad U = R \bullet I \qquad I = \frac{U}{R}$$

U: elektrische Spannung in V (Volt)
I: elektrische Stromstärke in A (Ampère)
R: elektrischer Widerstand in Ω (Ohm)

2.9 Melden und dokumentieren

Die Fachkraft im Fahrbetrieb, egal ob sie auf der Bahn oder im Busbereich eingesetzt ist, führt als Fahrer generell nur Kontrolltätigkeiten durch. Ist der Mitarbeiter auf einem Mischarbeitsplatz, zum Beispiel Fahrdienst und Werkstatt eingesetzt, muss er natürlich im Werkstattdienst auch Wartungs- und Pflegearbeiten ausführen. Es gibt auch Mischarbeitsplätze anderer Form, wie Fahrdienst und Verwaltung oder andere Bereiche. Allerdings wird der Fahrdienst, zumindest in den ersten Jahren, immer ein Teil des Arbeitsplatzes sein. Egal in welchem Bereich oder Bereichen man eingesetzt ist, es sollten immer die Betriebsstruktur und die entsprechenden Ansprechpartner bekannt sein. In den einzelnen Verkehrsunternehmen gibt es natürlich viele strukturelle Unterschiede, aber auch einige Parallelen. Diese sind zum Beispiel:

1. Geschäftsführung → leitet das Unternehmen.
2. Betriebsleiter BOStrab → verantwortlich für die gesetzlichen Bestimmungen für Schienenfahrzeuge des ÖPNV, für die Sicherheit der Durchführung des Personenverkehrs, Ausbildung und Prüfung des Personals sowie Beauftragter der Technischen Aufsichtsbehörde (TAB).
3. Betriebsleiter BOKraft → verantwortlich für die gesetzlichen Bestimmungen für Omnibusse des ÖPNV, für die Sicherheit der Durchführung des Personenverkehrs, Auswahl des Personals und Fahrzeugbedarfs sowie Beauftragter der Genehmigungsbehörde.
4. Verwaltung/Fahrplanbüro/Dienstplanbüro/Dienstbesetzung/ Dienstzuteilung → verantwortlich für die Erstellung von Fahrplänen unter Berücksichtigung des Nahverkehrsplanes, Erstellung von Dienstplänen, Zuteilung von Diensten an das Fahrpersonal, Koordinierung der Urlaubseingabe des Fahrpersonals. Für das Fahrpersonal ist die Dienstbesetzung/Dienstzuteilung der erste Ansprechpartner bei Wünschen zu Dienständerungen oder Urlaubseingabe, meistens auch Sitz des disziplinarbefugten Leiters für das Fahrpersonal.
5. Rangierdienst, Fahrzeugdisponent, Einsatzleiter → sorgt für den vorgegebenen Fahrzeugeinsatz und weist dem Fahrpersonal beim Ausrücken das entsprechende Fahrzeug zu, übergibt dem Fahrpersonal die zum Fahrzeug gehörenden Unterlagen, nimmt beim Einrücken Fahrzeug und Papiere in Empfang.
6. Werkstattmeister Schichtführer → Ansprechpartner bei technischen Schäden am Fahrzeug. Information erfolgt meistens über Fahrzeugschein.
7. Lohnrechnung/Buchhaltung → bearbeiten und buchen von internen und externen Rechnungen, Lohn und Gehaltsrechnung für das Personal.
8. Fahrschule → Durchführung von Schulungsmaßnahmen, wie z. B. Dienstunterricht, Berufskraftfahrerqualifizierungsgesetz, Einweisung auf neuen Fahrzeugen, meistens Kontaktstelle zum Betriebsleiter.

Alle genannten Betriebsteile und Abteilungen dokumentieren ihre erledigten Aufgaben. Jeder Werkstattmeister kann sofort Auskunft geben, wann welches Fahrzeug welchen Schaden hatte und wann dieser repariert wurde.

Jede Dienstzuteilung weiß sofort, welcher Fahrer von wann bis wann auf welchem Kurs fährt, die Fahrzeugdisponenten tragen den Wagen zum Kurs ein und die Fahrschule kann jederzeit Auskunft geben, ob die vorgeschriebene Weiterbildung besucht wurde oder nicht. Der Zugriff auf die gemeinsamen Datenbanken gehört in den meisten Verkehrsunternehmen schon Alltag und erleichtert die Arbeit. Dabei wird vom zuständigen Leiter bestimmt, wer nur Leseberechtigung und wer Schreibberechtigung besitzt, so sind die Verantwortungen klar aufgeteilt. Bei Prüfungen durch das Finanzamt (Buchhaltung) oder die Aufsichtsbehörden von Bus und Bahn, ist eine lückenlose Dokumentation aller Bereiche besonders wichtig.

Auch die Verkehrsleitstelle/Betriebsleitstelle muss jede Meldung des Fahrpersonals dokumentieren.

Im Zusammenhang mit der Fahrtätigkeit gibt es die verschiedensten Anlässe, die der Leitstelle gemeldet werden müssen, z. B.:

- Fahrgaststurz während des Fahrdienstes im Fahrzeug
- Behinderung der Fahrtätigkeit durch falsch parkende Fahrzeuge
- plötzliche eigene Fahruntüchtigkeit
- Behinderung der Weiterfahrt durch Stau oder anderweitige Blockierung der Fahrbahn
- alle Unfälle und Vorkommnisse
- Signalstörungen
- Defekte am Fahrzeug mit und ohne Beeinträchtigung für die Fahrgäste
- Vandalismus auf der Strecke oder im Fahrzeug
- Schäden an Betriebsanlagen
- defekte Weichen und vieles mehr

Die Leitstelle ist für die gesamte Dokumentation aller genannten Vorkommnisse verantwortlich.

Bei Schäden verschiedener Art, die zur Reparatur an andere Abteilungen weiter gemeldet werden müssen, ist der Zeitpunkt der Weitermeldung zu erfassen.

Merksatz

Jeder Mitarbeiter eines Verkehrsunternehmens hat sich an die vorgeschriebenen betrieblichen Arbeitsanweisungen, Vorschriften und Regelwerke zu halten. Sie müssen deshalb auch allen Personalen bekannt sein. Wichtige Telefonnummern findet das Fahrpersonal in den Kursunterlagen oder Fahrzeugunterlagen.

Ist zum Beispiel die Meldung eines Fahrers an die Leitstelle erfolgt, ist der Fahrbedienstete verpflichtet, anschließend das Vorkommnis zur weiteren Bearbeitung schriftlich zu dokumentieren. Bei einem Verkehrsunfall oder Vandalismus-Schaden im Fahrzeug, wird diese schriftliche Meldung von der Rechtsabteilung des Verkehrsunternehmens weiterbearbeitet. Durch sie werden Gespräche mit der Polizei und mit den verschiedenen Versicherungen geführt.

Zu jedem Vorgang wird eine Akte angelegt, in der sämtliche Dokumente, die im Zusammenhang mit dem Unfall oder Vorkommnis stehen, gesammelt und verwaltet werden.

Ist ein Unfall auf einen technischen Mangel am Fahrzeug zurückzuführen, geht die Dokumentation auch über die Unterlagen der Werkstatt. Diese hat dann zur Klärung sämtliche sicherheitsrelevanten Unterlagen und Daten zur Verfügung zu stellen.

Weiterhin müssen Dokumente, die von anderer Stelle für das Fahrzeug ausgestellt werden, so verwahrt werden, dass sie jederzeit auf Verlangen von Prüfern in der zuständigen Abteilung vorgezeigt werden können. So ist z. B. der Bericht zur Hauptuntersuchung, der Bericht zur Abgasuntersuchung oder der Bericht zur Sonderprüfung in der Werkstatt aufzubewahren.

Hauptuntersuchung

Bei Kraftomnibussen und anderen Fahrzeugen mit mehr als 8 Fahrgastplätzen und bei Fahrzeugen zur Güterbeförderung (Lkw) mit mehr als 3,5 t zul. Gesamtgewicht ist nach § 29 StVZO die Hauptuntersuchung jedes Jahr fällig (siehe Tab. 2.1). Verantwortlich für die Einhaltung ist der Fahrzeughalter.

Sicherheitsprüfung (Omnibusse)

Bei der Sicherheitsprüfung werden alle sicherheitsrelevanten und besonders verschleißanfälligen Baugruppen von Nutzfahrzeugen ab einem zul. Gesamtgewicht von 7,5 t einer zusätzlichen Kontrolle unterzogen. Verantwortlich für die

Einhaltung ist der Fahrzeughalter (das Verkehrsunternehmen).

- **Sicherheitsprüfung (Straßenbahnen)**

Neben den in der BOStrab vorgeschriebenen Hauptuntersuchungen nach 8 Jahren oder 500.000 Kilometern Laufleistung gibt es innerbetriebliche Wartungszyklen, die sich nahe den Angaben des Herstellers und den betrieblichen Reglungen richten. Dazu gibt der Betriebsleiter BOStrab häufig eine Dienstanweisung für die Instandhaltung, Wartung und Pflege von Schienenfahrzeugen als Arbeitsmittel für die Werkstätten heraus. Diese Wartungsarbeiten werden ebenfalls von den Werkstätten entsprechend dokumentiert.

- **Abgasuntersuchung**

Die Abgasuntersuchung dient der Überprüfung des Abgasverhaltens zugelassener Kraftfahrzeuge und hat bei Fahrzeugen über 3,5 t zul. Gesamtgewicht alle 12 Monate zu erfolgen. Verantwortlich für die Einhaltung ist der Fahrzeughalter, also das Verkehrsunternehmen. Nach abgeschlossener Abgasuntersuchung wird ein Protokoll ausgestellt, das aufzubewahren ist und welches man beim nächsten Termin zur Hauptuntersuchung nach § 29 StVZO dem zuständigen Sachverständigen vorlegen muss. Dieses Protokoll unterliegt einer Aufbewahrungspflicht, jedoch keiner Mitführungspflicht.

Es ist völlig egal, ob es sich um Omnibusse oder Bahnen handelt. Wartung, Pflege und Kontrolldurchsichten durch die Werkstätten und die regelmäßige Sichtkontrolle des Fahrpersonals sind die Grundvoraussetzungen, dass das Fahrzeug betriebs- und verkehrssicher unsere Fahrgäste befördern kann. Dies ist wiederum die Voraussetzung, um das Vertrauen der Fahrgäste zu gewinnen und damit auch die Fahrgastzahlen zu erhöhen.

Die Zeitabstände der Hauptuntersuchungen und der Sicherheitsprüfungen für andere überprüfungspflichtigen Fahrzeuge können in der entsprechenden Literatur nachgelesen werden.

© Samanasit

Volvo Bus in Vilnius

© Usien

Münchner Straßenbahn

2.10 Aufgaben

2.10.1 Betriebs- und Hilfsstoffe

Arbeitsauftrag 1

? Formulieren Sie in einer «Arbeitsanweisung für das Werkstattpersonal» Tätigkeiten, die der Überprüfung der Betriebs- und Verkehrssicherheit bei der Sicherheitsprüfung dienen. Gehen Sie dabei besonders auf die Tätigkeiten ein, die sich mit den Betriebs- und Hilfsstoffen befassen. Die Arbeitsanweisung soll in einer ansprechenden Form gestaltet sein (siehe als Beispiel Anweisung 9 Verhalten in Betriebshöfen in diesem Kapitel). Zwecks dauerhafter Verwendung wird diese Arbeitsanweisung laminiert.

Arbeitsauftrag 2

? Während der Überprüfung der Betriebs- und Verkehrssicherheit nach der DFBus vor Fahrtantritt stellt ein Fahrer Mängel fest, die es ihm nicht gestatten, das Fahrzeug in Betrieb zu setzen bzw. es im öffentlichen Straßenverkehr sicher zu führen. Das Display im Omnibus zeigt Mängel im Bereich der Betriebsstoffe an. Da er nun mit einem Ersatzfahrzeug ausrücken soll, wendet er sich an Sie und bittet Sie den Fahrzeugbegleitschein auszufüllen.
Schreiben Sie einen kurzen und knappen, aber aussagekräftigen Mängelbericht, der für Ihre Kollegen der Werkstatt dann eine Arbeitsgrundlage bzw. den Arbeitsauftrag bildet, auf das bei Ihnen im Betrieb gängige Formular (Fahrzeugbegleitschein).
Sie haben eine Idee, diese Formulare neu zu überarbeiten. Erstellen Sie dazu am Computer ein Formular, welches Sie als Vorschlag im Unternehmen einreichen wollen.

Arbeitsauftrag 3

? Formulieren Sie eine weitere betriebliche Anweisung, mit nach Ihrer Meinung wichtigen Hinweisen der Werkstatt an das Fahrpersonal, deren Beachtung für die Sicherheit der Fahrgäste und des Fahrzeugs während der Fahrt von großer Bedeutung sein können.

Arbeitsaufgabe 1

? Erarbeiten Sie die Unterschiede zwischen der «Betriebssicherheit» und der «Verkehrssicherheit» eines Fahrzeugs.
Ist es möglich, dass bei einem Fahrzeug die Betriebssicherheit gewährleistet ist, jedoch nicht die Verkehrssicherheit bzw. umgekehrt oder ist beides nur gleichzeitig «in Ordnung» bzw. «nicht in Ordnung»? Begründen Sie Ihre Entscheidung!

Arbeitsaufgabe 2

? Nennen Sie Vorschriften, Dokumente bzw. Anweisungen, in denen Regelungen zur Betriebs- und Verkehrssicherheit zu finden sind!
Beachten Sie dabei auch Vorschriften, die zum sicheren Arbeiten an Kraftfahrzeugen und Schienenfahrzeugen zwingend einzuhalten sind.

Arbeitsaufgabe 3

? Im Rahmen der Überprüfung der Betriebs- und Verkehrssicherheit nimmt die Kontrolle der Betriebsstoffe einen breiten Raum ein. Nehmen Sie eine Unterteilung der in einem Omnibus verwendeten Flüssigkeiten in Betriebs- und Hilfsstoffe vor.

Arbeitsaufgabe 4

? Beschreiben Sie in Form von Arbeitsschritten, wie eine Kontrolle der Betriebsstoffe in der Werkstatt von Ihnen durchzuführen ist.

Arbeitsaufgabe 5

? Der elektrische Strom kann auch als eine besondere Form eines Betriebsstoffes angesehen werden. Der falsche Umgang mit diesem «Betriebsstoff» kann lebensbedrohli-

che Folgen nach sich ziehen. Das heißt, dass Sie als «Fachkraft im Fahrbetrieb» grundlegende Kenntnisse auf dem Gebiet der Elektrizitätslehre haben sollten.
Erläutern Sie die elektrischen Größen «Spannung», «Strom» und «Widerstand»!
Erläutern Sie, warum das Berühren nicht isolierter elektrischer Leitungen gefährlich sein kann!
Welche elektrischen Bauteile kennzeichnen einen vollständigen elektrischen Stromkreis?

2.10.2 Fahrzeugarten

Arbeitsauftrag 1

? Erarbeiten Sie in Form einer Wandzeitung bzw. eines Projektordners einen Überblick über die in Ihrem Verkehrsunternehmen eingesetzten Fahrzeuge. Erweitern Sie diesen Überblick, wenn vorhanden, auf alle Schienenfahrzeuge, soweit Sie darüber schon Bescheid wissen. Ein Foto und die Typenbezeichnung sind hier auseichend.
Erarbeiten Sie folgende Informationen von den Omnibussen Ihres Unternehmens in diesen Überblick ein:

- Fahrzeugmarke
- Maße
- Massen
- Allgemeine technische Daten

Arbeitsaufgabe 1

? Erarbeiten Sie eine Zusammenstellung über die Rechtsvorschriften, die sich mit dem Aufbau und dem Betrieb von Omnibussen beschäftigen. Geben Sie dabei stichpunktartig die Inhalte wieder!

Arbeitsaufgabe 2

? Das System «Kraftfahrzeug (Omnibus)» besteht aus den Hauptbaugruppen:

- Motor
- Kraftübertragung
- Fahrwerk
- Karosserie/Aufbau
- Elektrische Anlage

Nennen Sie zu jeder Hauptbaugruppe 3 – 5 Baugruppen.

Arbeitsaufgabe 3

? Erläutern Sie die unterschiedliche Gestaltung des Fahrzeugaufbaus bei Omnibussen. Gehen Sie dabei auch auf den Zweck ein, den der Bus zu erfüllen hat.

Arbeitsaufgabe 4

? Erstellen Sie eine Liste (Tabelle) mit Zubehör und Ausrüstungsgegenständen, die Sie für eine Fahrt mit einem Kraftomnibus mit über 26 Fahrgastplätzen mitführen. Unterscheiden Sie zwischen vorgeschriebenem und sinnvollem Zubehör.

Betriebsbereitschaft des KOM prüfen

Zusammenfassung
In diesem Lernfeld lernen Sie, wie Sie mit einem trainierten Schema und unter Beachtung der betrieblichen und gesetzlichen Vorschriften ein Fahrzeug überprüfen können. Dazu müssen Sie alle Aggregate kennen und über deren Funktionsweise Bescheid wissen, wie auch über das Zusammenwirken ganzer Baugruppen, wie auch z. B. der Räder, Bremsen, Rahmen und der Federung. Sie müssen die Prüfmethoden kennen, die Betriebswerte wissen und je nach Ergebnis entsprechende Maßnahmen einleiten. Bei Störungen oder Fehlermeldungen können Sie die Fehlerquellen eingrenzen. Kleine Störungen lernen Sie zu beheben. Sie wissen, wann Sie Werkstattpersonal oder Vorgesetzte darüber zu informieren haben.

3.1 Der Antrieb/Kraftstrang

In der Regel sitzt der Motor immer im Heck des Omnibus und angetrieben wird die Hinterachse. Im Folgenden werden die unten aufgeführten Baugruppen erklärt. Ebenso werden neue Antriebskonzepte beschrieben, die von der herkömmlichen Bauweise abweichen können.

Der Antrieb eines Kraftomnibusses besteht vereinfacht dargestellt aus

- dem Motor,
- dem Getriebe,
- den Kardanwellen,
- dem Differentialgetriebe,
- dem Achsgetriebe und
- den Rädern.

3.1.1 Motor

Die Standardbauform ist allgemein der 4-Takt-Dieselmotor mit Turboaufladung.

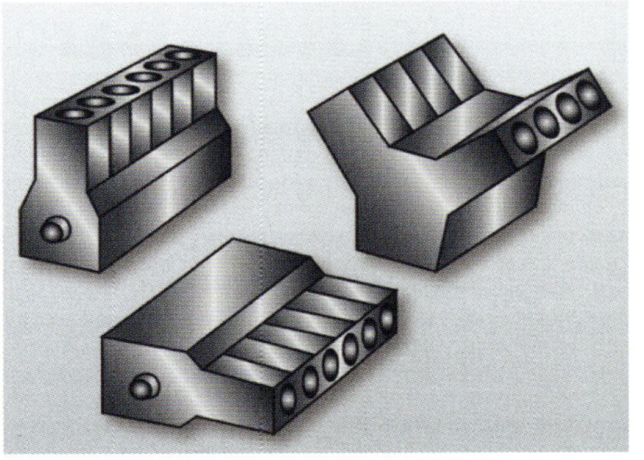

Bauformen des Motors

Er erfüllt die heute gängigen Abgasstandards. Gängige Motoren und Konzepte sind im Nutzfahrzeugbau der Dieselmotor mit Abgasturbolader. Im Lkw- und Busbereich werden 4-,5-, 6- und 8-Zylinder-Motoren je nach Nutzung und Größe des Fahrzeuges eingebaut. Die Anbringung der Zylinder bezeichnet man als V- oder Reihenmotoren. Je nach Platzbedarf und Antriebskonzept stehend, liegend oder geneigt.

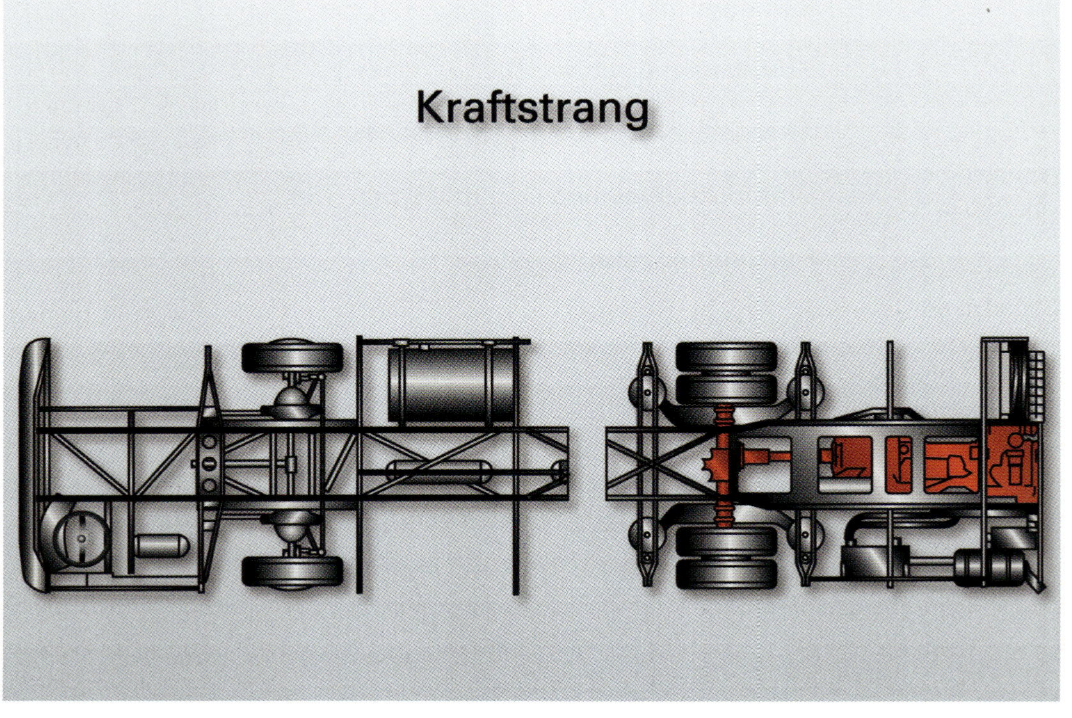

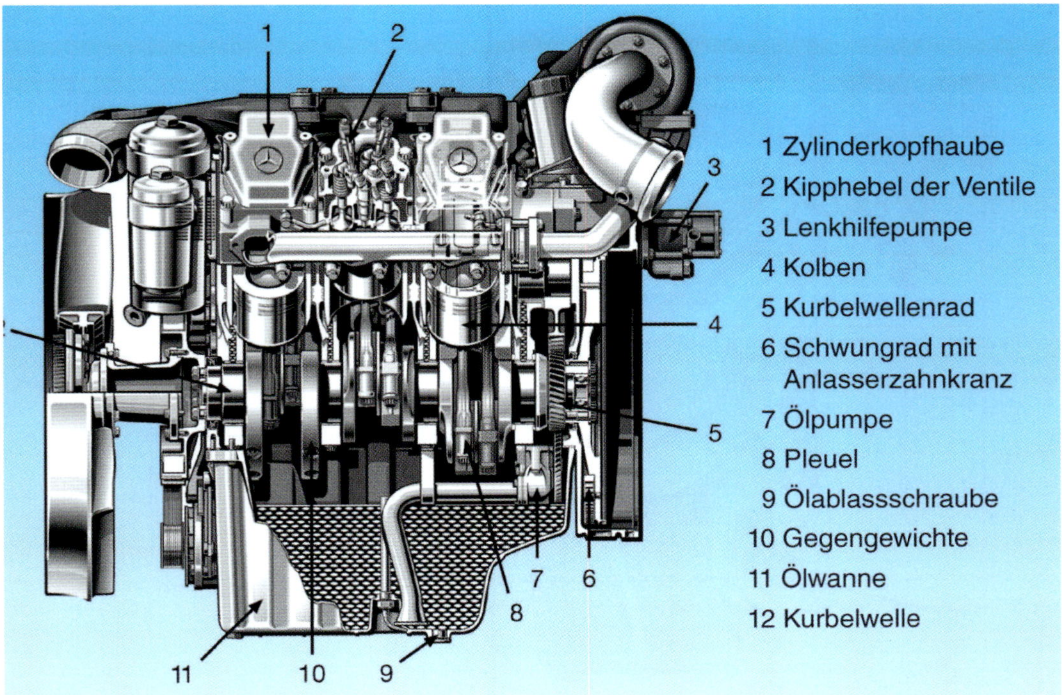

V-Motor im Längsschnitt

In modernen Linienbussen werden die Dieselmotoren in kompakter Bauweise stehend mit weniger Hubraum im Heck eingebaut. Um den Drehmomentverlust durch weniger Hubraum auszugleichen werden sie dafür mit Druckluft aufgeladen.

Aufbau des Hubkolbenmotors

Motorbauteile und Baugruppen sind:

- der Zylinderkopf
- der Zylinderblock
- das Kurbelgehäuse
- der Verbrennungsprozess
- die Ansaugteile
- die Kraftstoffversorgung
- der Ölkreislauf
- die Kühlung
- die Abgasführung und Turbolader
- die Motorsteuerung

Zylinderkopf

Im Zylinderkopf sitzen die Ventile. Sie sind für das Ein- und Ausströmen der Gase verantwortlich. Mit der Nockenwelle oder den Kipphebeln werden die Ventile auf- und mit den Ventilfedern wieder zugedrückt. Sie werden exakt von der Kurbelwelle angetrieben, damit sie abhängig von der Kolbenstellung genau im richtigen Augenblick öffnen oder schließen. Die Nockenwelle wird mit der halben Geschwindigkeit der Kurbelwelle angetrieben, bei schweren Nutzfahrzeugen über Zahnräder. Das Ventilspiel zwischen diesen beiden Bauteilen ist wichtig für die Funktion des Motors. Ist das Spiel zwischen Nocken und Ventil zu groß, sind die Öffnungszeiten der Ventile zu kurz und die Motorleistung verringert sich. Die Lebensdauer der Ventile wird stark verkürzt. Ist das Spiel zu klein, schließen die Ventile bei warmem Motor nicht und es entstehen Verdichtungsverluste. Die Zündflamme schlägt in das

3

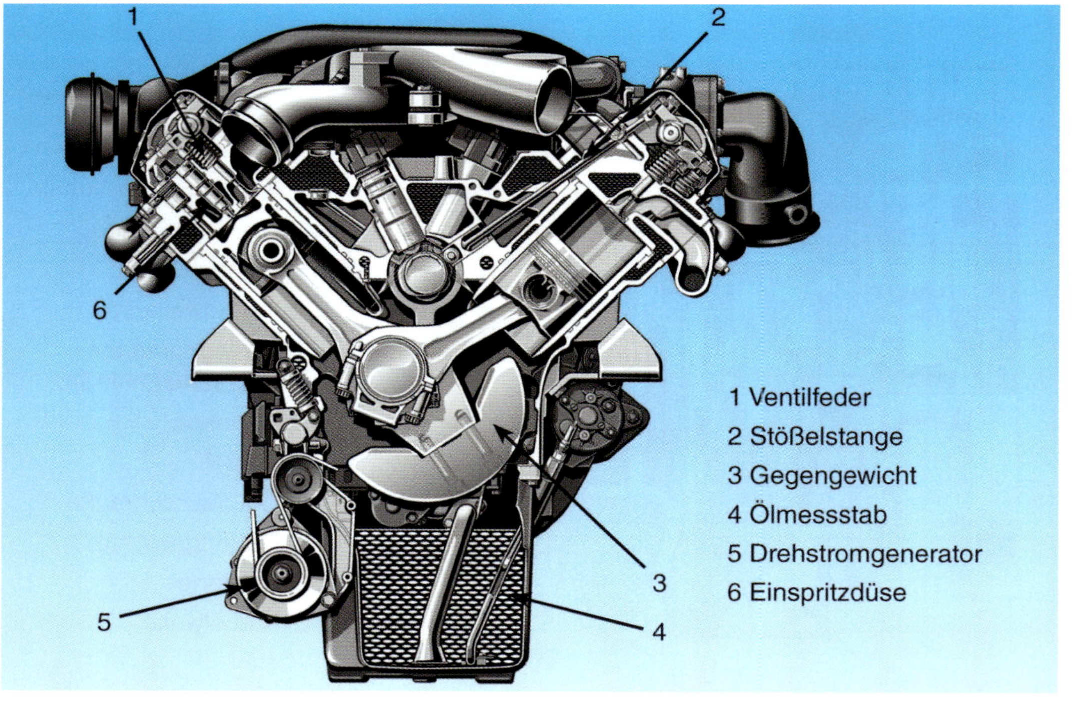

V-Motor im Querschnitt

Ansaugrohr zurück und die nicht schließenden Ventile verbrennen.

Zylinderblock

Im Zylinderblock bewegen sich die Kolben innerhalb der Zylinder. Häufig sind hier «nasse» Laufbuchsen eingesetzt, bei denen die Laufbahnen der Kolben direkt vom Kühlwasser umspült werden.

Bei den sehr teuren Nutzfahrzeugmotoren lohnt es sich, den Motor so zu konstruieren, dass die Laufbuchsen ausgetauscht werden können. Der Vorteil dieser Bauweise ist, dass nicht der ganze Motorblock getauscht werden muss, wenn sie verschlissen sind. So können Kosten gespart werden.

Die für den verschleißarmen Betrieb des Motors notwendige Schmierung der Kolben wird durch Schleuderöl von der Kurbelwelle oder Ölspritzdüsen sichergestellt. Zur Wärmeableitung an den Kolben wird durch die Pleuel gezielt Öl von unten an die Kolbenböden gespritzt. Dieses tropft anschließend in den Ölsumpf zurück. Bis zu drei Kolbenringe sind zur Abdichtung des Kurbelgehäuses gegen die Drücke im Brennraum nötig. Ein oder zwei Kolbenringe (Abstreifringe) verhindern, dass das Motoröl vom Kurbelgehäuse in den Brennraum gelangt und dort verbrennt. Die Abstreifringe lassen nur den zur Kolbenschmierung notwendigen Ölfilm an den Zylinderwänden zurück.

Durch die hohe Laufleistung und den hohen Verdichtungsdruck verschleißen die Kolbenringe und die Laufbuchsen. Wenn sie an der Verschleißgrenze sind, wird mehr Motoröl, als zur Schmierung nötig ist, im Brennraum verbrannt und führt zu erhöhtem Ölverbrauch.

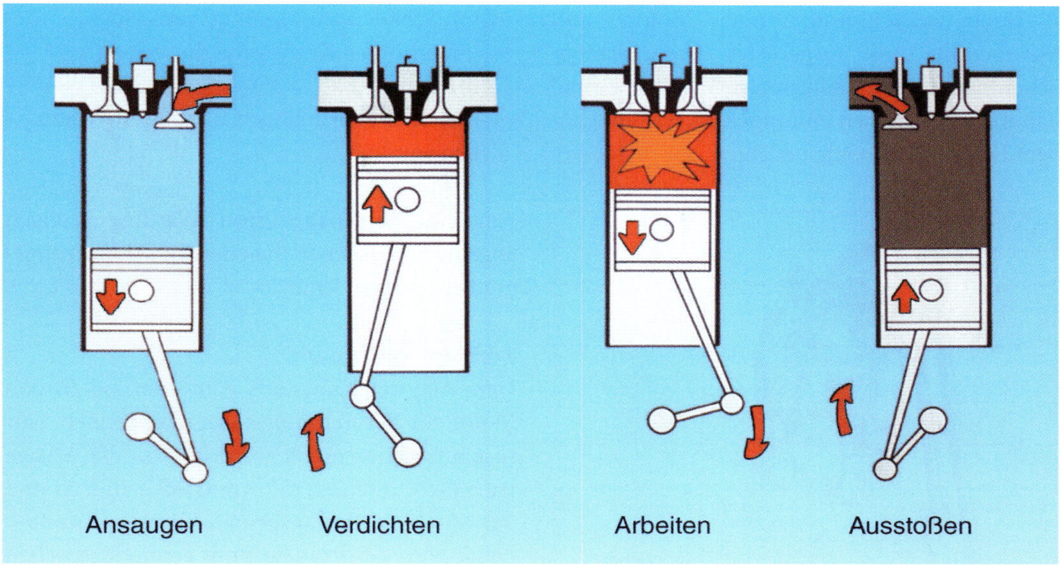

Das Viertaktprinzip

Kurbelgehäuse

Im Gehäuse mehrfach gelagert, dreht sich die Kurbelwelle. Sie setzt gemeinsam mit den Pleuelstangen und den Kolbenbolzen die Linearbewegung der Kolben in eine Drehbewegung um und macht die im Motor entstehende Kraft erst zum Fahren nutzbar. Hier entsteht das «Drehmoment» des Motors. Das Kurbelgehäuse nimmt auch den Ölvorrat oder den Ölsumpf auf.

Bedingt durch unsachgemäße Fahrweise oder bei hoher Laufleistung des Motors sind Lagerschäden an der Kurbelwelle oder den Pleuellagern die Folge. Sie äußern sich durch Vibrationen und/oder Klappergeräusche.

Verbrennungsprozess

Zum Verständnis der Abgasbehandlung der Turboaufladung und der Motorbremswirkung wird im Folgenden das **4-Takt-Dieselprinzip** erläutert:

Der 1. Takt ist der **Ansaugtakt**, der Kolben macht eine Abwärtsbewegung. Im immer größer werdenden Raum entsteht ein Unterdruck, durch den bei jetzt geöffnetem Einlassventil Luft in den Brennraum gesaugt wird. Der Kolben erreicht den unteren Totpunkt (UT).

Beim 2. Takt bewegt sich der Kolben wieder nach oben und verdichtet die jetzt von den Ventilen eingeschlossene Luft (**Verdichtungstakt**).

Kurz vor dem Erreichen des oberen Totpunkts wird Kraftstoff (Diesel) eingespritzt. Die eingeschlossene und durch die Verdichtung erhitzte Luft entzündet den fein zerstäubten Kraftstoff. Dieser beginnt zu verbrennen und erreicht, kurz nachdem der Kolben den oberen Totpunkt (OT) überschritten hat, seinen maximalen Verbrennungsdruck.

Im 3. Takt (**Arbeitstakt**) wirkt dieser Druck nun auf die Kolbenfläche (als einziges bewegliches Bauteil) und der Kolben gibt die aufgenommene Kraft an die Kurbelwelle weiter. Aus der im Kraftstoff enthaltenen Energie wurde Bewegungsenergie.

Im 4. Takt (**Ausstoßtakt**) werden die Abgase durch den wieder nach oben bewegten Kolben über das jetzt geöffnete Auslassventil in Richtung Abgasanlage gedrückt und der Zyklus beginnt von vorne.

Heute werden immer mehr Motoren mit Mehrventiltechnik ausgerüstet. Diese ermöglichen einen noch effektiveren Gaswechsel und damit einen besseren Füllungsgrad, was eine höhere Leistungsausbeute bedeutet.

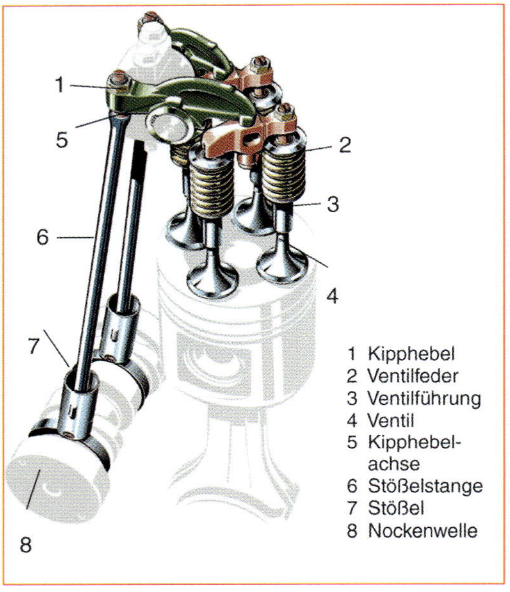

Motorsteuerung – Mehrventiltechnik

Ansaugteile/Luftfilter/Luftführung

Die angesaugte Luft für einen Verbrennungsmotor muss vollkommen sauber sein. Deshalb muss die Luft zuerst durch ein Grobsieb, welches an der Karosserie des Fahrzeuges angebracht ist, geleitet werden. Nun wird die Luft durch Kanäle zum Luftfilter geführt. Die Luft wird vom Motor oder Abgaslader angesaugt und an den Innenwänden des Luftfilters entlanggeführt. Dadurch werden kleine Schmutzrückstände im Luftfiltergehäuse zurückgehalten. Jetzt wird die Luft durch den Filter gesaugt und von kleinsten Schmutzpartikeln gereinigt. Dadurch wird gewährleistet, dass nur absolut reine Luft über den Ansaugkrümmer in den Verbrennungsraum des Motors gelangt. Das regelmäßige Wechseln des Luftfilters ist in Wartungsplänen vorgeschrieben

- um Schäden am Motor zu vermeiden,
- um erhöhten Kraftstoffverbrauch zu vermeiden und
- um einer übermäßigen Rußbildung vorzubeugen.

Am Luftfiltergehäuse sind Wartungsanzeigen angebracht, an denen man den Verschmutzungsgrad abschätzen kann.

Kraftstoffversorgung

Den Weg des Kraftstoffs vom Tank bis in den Motor zur Verbrennung sollte man kennen. Nur so kann sichergestellt werden, dass die Anlage nach dem Entlüften mit Kraftstoff gefüllt ist und der Motor wieder anspringt. Vom Kraftstoffbehälter wird der Kraftstoff mit einer elektrischen Pumpe durch die Kraftstoffleitungen bis zum Kraftstofffilter gepumpt. Am Kraftstofffilter sind Entlüftungsschrauben mit speziellen Bohrungen. Die Luft kann aus diesem Teil der Anlage mit einer Handpumpe entlüftet werden. Von hier aus strömt der Kraftstoff weiter zur Einspritzpumpe, an der sich meist noch eine Entlüftungsschraube befindet. Nach der Einspritzpumpe wird der Kraftstoff mit Hochdruck und mehreren hundert Bar in die Einspritzdüse gedrückt und gelangt in den Brennraum des Motors zur Verbrennung. Rücklaufleitungen befördern den überschüssigen Kraftstoff wieder zurück in den Tank.

Merksatz

Achtung Verletzungsgefahr! Fassen Sie austretenden Kraftstoff an Hochdruckleitungen nicht an! Der feine Sprühstrahl dringt durch die Haut bis in die Blutbahn.

Ölkreislauf

Die vielen beweglichen Teile im Motor oder Getriebe müssen im Ölbad laufen oder mit einem Ölfilm überzogen sein. Wenn der Schmierfilm

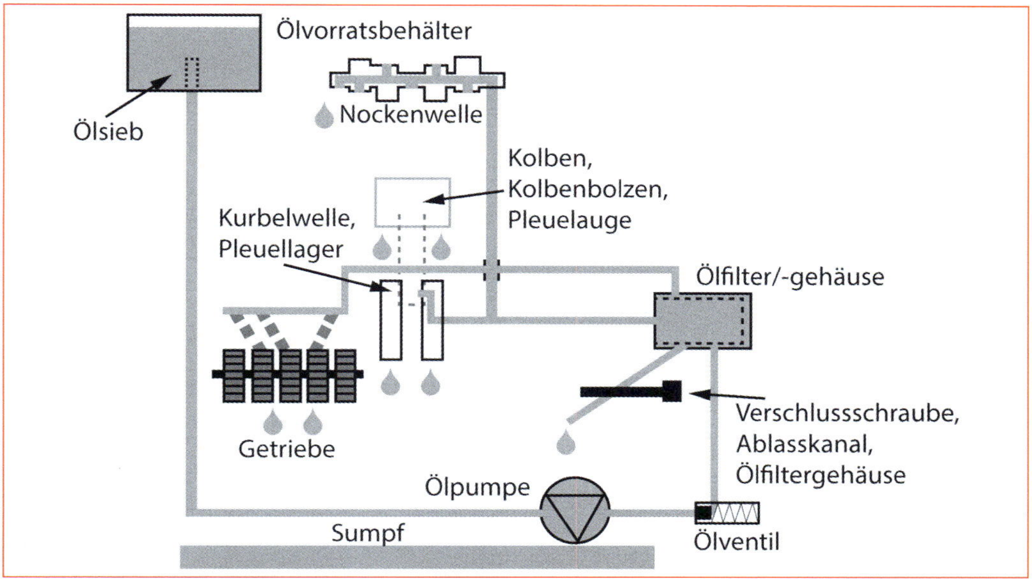

Trockensumpfschmierung

reißt oder nicht mehr ausreichend ist, laufen die Teile «trocken». Sie werden durch die Reibungswärme heiß und nehmen Schaden. Beim Kolben spricht man von einem «Kolbenfresser».

Die wichtigsten Aufgaben von Schmiermitteln sind:

- Reibung vermindern
- Drücke übertragen
- Korrosionsschutz
- Stöße dämpfen
- abdichten
- Wärme abführen
- mechanischen Abrieb abführen
- Geräusche dämpfen

Die zwei häufigsten Arten der Motorschmierung sind die Druckumlauf- und die Trockensumpfschmierung.

Die Druckumlaufschmierung ist in den meisten Pkw und Lkw verbaut. Das Öl sammelt sich in einer Ölwanne, wird von dort mittels Ölpumpe angesaugt und durch einen Filter gedrückt, um dann die Schmierstellen zu versorgen.

Die Trockensumpfschmierung wird in Fahrzeugen verbaut, die eine niedrige Bauhöhe haben. Nicht nur Rennwägen brauchen Motoren mit einer solchen Motorschmierung, auch Linienbusse haben Motoren mit einer Trockensumpfschmierung, obwohl sie um ein vielfaches höher sind als ein Rennwagen. Der Grund dafür ist, dass der Motor eines Niederflur-Linienbusses unter der Fahrgastbühne Platz haben muss und für die Fahrgäste der Einstieg möglichst niedrig sein soll.

Die Trockensumpfschmierung hat wegen der niedrigen Bauhöhe des Motors eine kleine, flache Ölwanne. Um einen permanenten Öldruck zu gewährleisten, wird das abtropfende Öl abgesaugt und in einen Ölbehälter gepumpt. Der Ölbehälter kann an einem beliebigen Ort angebracht sein. So kann mehr Öl gespeichert werden, ohne die Ölwanne vergrößern zu müssen. Um das Öl an die Schmierstellen zu bringen, braucht es eine zweite Ölpumpe. Die zweite Pumpe saugt das Öl aus dem Ölbehälter und drückt es durch die Ölbohrungen an die Schmierstellen der

- Kurbelwelle
- Nockenwelle
- Ventile
- Ölfilter
- Abgasturbolader
- Spritzdüsen
- Kolbenkühlung

Um eine Beschädigung der Motorteile zu vermeiden, dürfen keine Verbrennungsrückstände oder Abrieb von Metallteilen im Öl sein. Das Öl wird durch den Ölfilter gepumpt, bevor es an die Schmierstellen gelangt. Im Ölfilter werden alle Rückstände gesammelt. Der Filter muss je nach Wartungsintervall getauscht werden.

Ölfilter

Kühlung

Im Brennraum eines Dieselmotors entstehen Temperaturen um die 2000 C°. Ein Ottomotor hat ungefähr 500 C° mehr. Damit sich der Motor wegen der Hitze nicht selbst zerstört, muss er gekühlt werden. In den meisten Nutzfahrzeugen hat sich die **Flüssigkeitskühlung (Pumpenumlaufkühlung)** durchgesetzt.

Wenn der Motor das erste Mal gestartet wird, ist er in der Regel kalt. Er muss also zunächst nicht gekühlt werden, sondern möglichst schnell auf «Betriebstemperatur» gebracht werden. Deshalb gibt es im Kühlsystem einen kleinen und einen großen Wasserkreislauf. Die Wasserpumpe wird über einen Keilriemen angetrieben und pumpt das Kühlmittel nun im kleinen Kreislauf um den Motor. Jetzt kann sich die Flüssigkeit schnell an den Zylindern und an den Zylinderköpfen erwärmen. Wenn eine Temperatur von ca. 78 – 83 C° erreicht ist, öffnet ein Thermostat und das Kühlmittel vermischt sich nun mit der Kühlflüssigkeit im großen Kreis und wird bei einer Betriebstemperatur von ca. 80 – 90 C° gehalten. Um diese Temperatur auch bei hohen Motorbelastungen nicht zu überschreiten, brauchen wir zunächst noch einen Kühler und ein Lüfterrad. Auch Wärmetauscher werden in Kühlsystemen verbaut (siehe auch ▸ Kapitel 3.2).

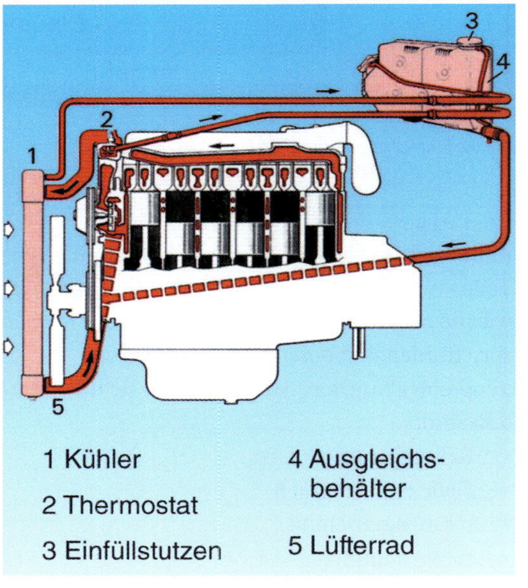

Kühlsystem

Die Wasserpumpe wird von Flach- oder Keilriemen angetrieben. Diese Riemenantriebe müssen vor der Fahrt kontrolliert werden auf
- Spannung
- Risse und Beschädigungen
- Sitz des Riemens auf den Laufrollen
- Zustand der Laufrollen

Wärmetauscher

Mit einem Wärmetauscher wird verhindert, dass der Motor durch seine Verbrennungshitze sich selber zerstört. Je eine Leitung des Öl- und des Kühlwasserkreislaufes tauschen ihre Wärme aus. Durch den Wärmeaustausch der beiden Kreisläufe erwärmt zunächst das Kühlwasser in der Warmlaufphase das Öl. Weil das Öl durch die Verbrennung des Kraftstoffs immer heißer werden würde, kühlt das Wasser das Öl auf die Motortemperatur von ca. 80 ° Celsius ab.

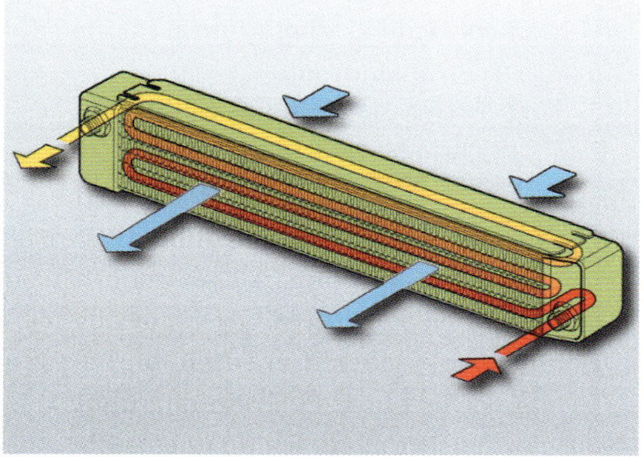

Wärmetauscher

Kühler

Der Kühler sitzt bei Motoren, die vorne im Fahrzeug eingebaut sind, im Fahrtwind. Omnibusse haben aber einen Heckmotor, was das Kühlen etwas aufwendiger macht. Die Lamellen des Kühlers müssen frei sein, damit die angesaugte Luft hindurchströmen kann. Und er muss regelmäßig auf Dichtheit überprüft werden. Der Kühler hat im Verschlussdeckel einen Thermostat. Er schützt das ganze Kühlsystem vor Über- oder Unterdruck. Überdruck entsteht, wenn das Kühlwasser zu heiß wird und zu kochen anfängt. Unterdruck bildet sich im Kühlsystem, wenn die Kühlflüssigkeit wieder abkühlt. Um die Kühlleistung des Kühlers noch zu erhöhen, wird dahinter ein Lüfterrad angebracht, das einen Luftstrom durch den Kühler erzeugt.

Lüfter

In älteren Fahrzeugen wurden noch feststehende Lüfter verbaut. Sie hatten den Nachteil, dass sie sich permanent mit der Motordrehzahl schneller oder langsamer gedreht haben. Bei niedriger Drehzahl und niedriger Geschwindigkeit ist die Kühlleistung schlechter. Ein starrer Lüfterantrieb verbraucht mehr Motorleistung als moderne Lüfter. Viskose Lüfter haben den Vorteil, dass sie sich unabhängig von der Motordrehzahl drehen. Sie verbrauchen weniger Motorleistung und müssen in der Warmlaufphase nur eine geringe Kühlleistung erbringen. Durch die Temperatur vom Kühler wird die Lüfterkupplung im Lüfterflügel zu- oder abgeschaltet.

Hydrostatische Lüfterantriebe sind in Omnibussen Standard. Sie können unabhängig vom Einbau des Motors angebracht werden und sind hydraulisch angetrieben. Wie bei der Servolenkung fördert die Ölpumpe ständig Öl. Durch das Proportionalventil wird der Druck gesteuert. Bei kaltem Motor ist das Ventil geöffnet und das Öl strömt durch den Filter in einen separaten Tank ohne den Lüfter anzutreiben. Somit kommt der

Motor schneller auf Betriebstemperatur. Ist die Einschalttemperatur erreicht, wird das Proportionalventil geschlossen, der Lüfter wird angetrieben und das Kühlwasser bzw. Motor- und Getriebeöl werden gekühlt.

Abgasführung und Turbolader

Die Abgasanlage ist nach dem Turbolader eine Kombination aus Vor- und Nachschalldämpfer mit einem Auspuffrohr, das die Abgase vom Fahrzeug wegleitet.

Die komplette Abgasanlage besteht aus den Schalldämpfern, die stoßartig austretende Abgase mit ihren Schallwellen beruhigen und der Abgasnachbehandlung, den Katalysatoren und dem Partikelfilter. Die Schalldämpfer arbeiten nach dem Absorptions- oder dem Reflexionsprinzip. Auch Kombinationen sind möglich. Das Absorptionsprinzip «schluckt» die Schallwellen höherer Frequenzbereiche in einem Mantel aus Metall- oder Mineralgewebe. Die Reflexionskammern arbeiten mit sich gegenseitig löschenden Schallwellen und sind besonders bei tiefen Frequenzen («Brummen») wirksam.

Abgasturbolader

Heute gibt es fast keine Dieselmotoren mehr ohne Abgasturbine. Der einzelne oder auch die zwei verschieden großen Lader sorgen in weiten Teilen des möglichen Drehzahlbereichs des Motors für eine ausreichende Luftmenge zur Verbrennung. Je besser der Füllungsgrad, umso mehr Leistung und Drehmoment hat der Motor.

Der Turbolader ist direkt nach dem Abgaskrümmer des Motors eingesetzt und besteht aus der Abgasturbine und dem Verdichterrad; beide sind gemeinsam auf einer Welle schwimmend im Ladergehäuse gelagert. Die Schmierung der Welle wird durch eine Verbindung des Gehäuses mit dem Motorölkreislauf erreicht.

Treffen die Abgase aller Zylinder (Stauaufladung) oder bestimmter Zylindergruppen nacheinander (Stoßaufladung) auf das Turbinenrad, wird sie von der Abgasenergie beschleunigt. Das Verdichterrad auf der anderen Seite der Welle saugt Frischluft an und verdichtet diese im Ansaugtrakt. Öffnen nun die jeweiligen Einlassventile der Zylinder, strömt die verdichtete Luft in den Brennraum und sorgt so für eine erheblich größere Verbrennungsluftmenge, als es durch den einfachen Ansaugunterdruck des Kolbens möglich ist.

Ein Ladeluftkühler kann den Sauerstoffanteil in der Luft noch einmal erhöhen und für mehr Drehmoment und Leistung sorgen.

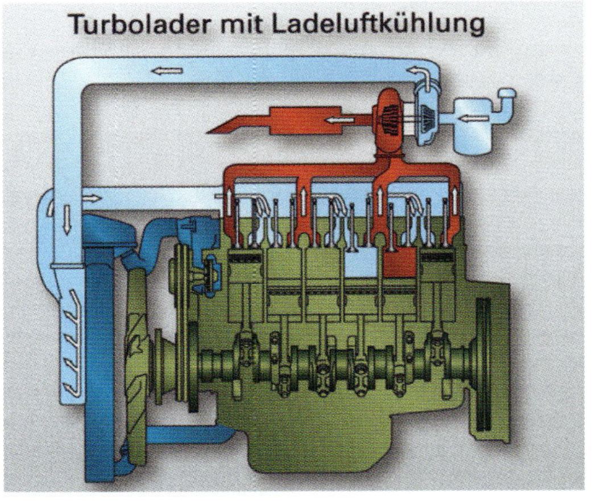

Einspritzsysteme

Heutige Dieselmotoren besitzen Hochdruckeinspritzsysteme, die eine möglichst feine Zerstäubung des Kraftstoffs und damit eine optimale Verbrennung ermöglichen. Die Mehrzahl der Hersteller verwendet das sog. Common-Rail-System, bei dem eine von der Nockenwelle des Motors oder elektrisch angetriebene Hochdruckpumpe den Einspritzdruck in einer gemeinsamen Verteilerleiste erzeugt. Durch das Druckeinstellventil wird dort der erforderliche Kraftstoffdruck eingestellt. Dieser liegt z.Zt. mit diesen Anlagen bei ca. 1500 – 2100 bar. Über ein zu jedem Zylinder gehörendes Magnetventil wird jeweils rechtzeitig zum Arbeitstakt die vom Motorsteuergerät berechnete Menge Kraftstoff über einen Injektor eingespritzt.

Die einfachen Reiheneinspritzpumpen und die nicht druckstabilen Einspritzleitungen der

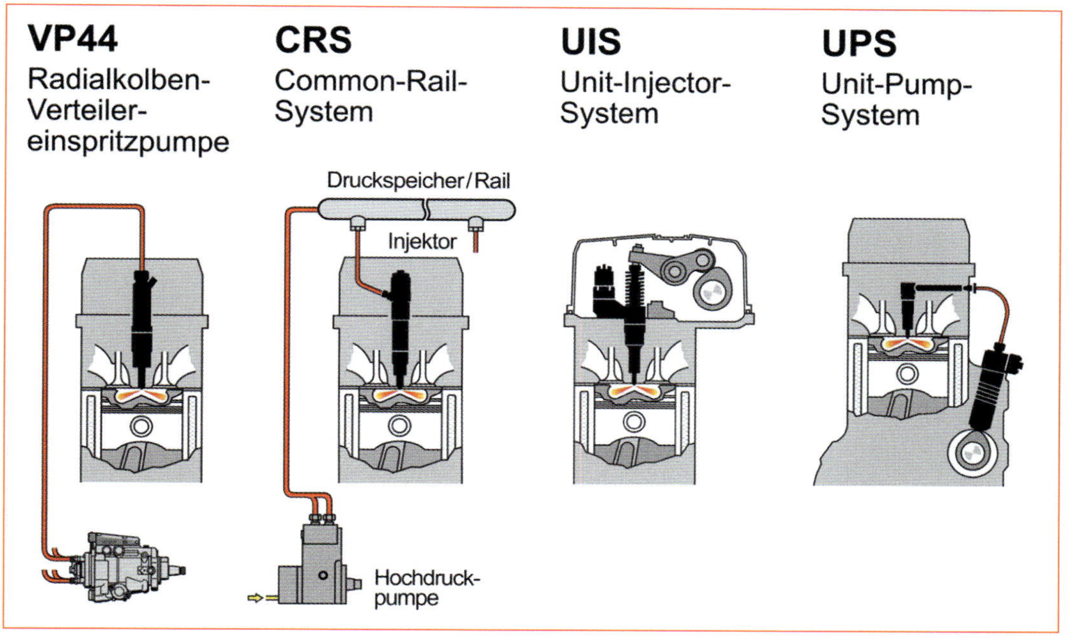

Einspritzsysteme

Einspritzdüsen konnten die heute geforderten Abgasnormen nicht mehr erreichen.

Andere Systeme haben einzelne von der Nockenwelle angetriebene Einspritzeinheiten für jeden Zylinder (Pumpe-Düse-System) mit elektronischer Regelung an den Injektoren. Eine Abwandlung davon ist das System Scania, bei dem am Injektor selbst keine Elektronik vorhanden ist und was bei Ausfall einer Steuereinheit lediglich einen Leistungsverlust anstatt des sonst üblichen Notbetriebes zur Folge hat.

Elektronische Dieselregelung (EDC)

Die Einspritzsysteme sind heute nicht mehr nur eine Sache der Gaspedalstellung. Neue Umweltgesetze machen es erforderlich, dass alle Komponenten des Antriebs jeweils mit ihrem optimalen Nutzungsgrad betrieben werden müssen. Dies wird erreicht durch die Vernetzung der Komponenten über ein sog. CAN-Bus-System. Hier kommuniziert das Fahrzeugsteuergerät (FR-Regelung) mit seinen Kenngrößen wie z. B. Fahrgeschwindigkeit, Fahrpedalstellung, Motorbremse, ABS-Sensoren und Retarder mit dem Motorsteuergerät (MR-Regelung), das den Motorlauf, den Notlaufbetrieb und die Motorüberwachung kontrolliert.

Störungen werden automatisch erkannt. Die Steuerelektronik entscheidet selbständig über z. B. eine Leistungsreduktion oder eine Drehzahlbegrenzung. Die Störung wird dann an das Fahrzeugdisplay gemeldet, zusammen mit einer Anweisung für das weitere Verhalten, z. B. «Sofort Stopp», «Werkstatt aufsuchen» (siehe ▶ Kapitel 3.9).

Die Vorteile der elektronischen Steuerung der Einspritzanlage sind:

- bestehende und zukünftige Abgasgrenzwerte können erfüllt werden
- sparsamer Kraftstoffverbrauch
- bessere Leistung und Drehmoment
- geringere Geräuschemission
- Optimierung der Laufruhe
- besseres Ansprechverhalten
- Tempomat und Einspritzanlage können besser aufeinander abgestimmt werden

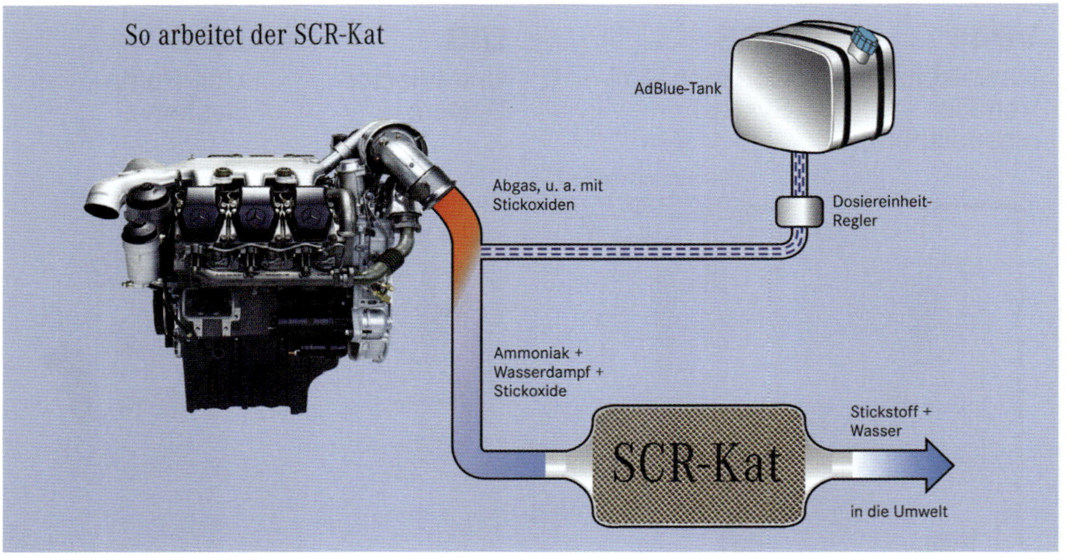

SCR-Prinzip

Abgaszusammensetzung/ Abgasnachbehandlung

Zunächst werden die in den Dieselabgasen vorhandenen Stickoxide mit Hilfe der Abgasrückführung (AGR) reduziert. Dazu wird ein Teil der Abgase erneut der Verbrennungsluft zugeführt, was die Verbrennungstemperatur senkt und die Entstehung neuer Stickoxide reduziert. Im zweiten Schritt werden die Abgase in einen Dieselpartikelfilter mit Oxidationskatalysator geleitet. Die Rußpartikel werden im Filterelement zurückgehalten und verbrennen durch die hohe Temperatur selbständig oder auch unter Benutzung eines Heizelements:

$NO_2 + C \rightarrow NO + CO_2$

Im Katalysator laufen folgende Prozesse ab:

Oxidation von CO zu CO_2, von HC zu CO_2 und Wasser von NO zu NO_2.

Jetzt wird in das Verbindungsrohr zum SCR-Katalysator Harnstofflösung (AdBlue®) eingespritzt. Die Flüssigkeit wird hydrolysiert, es entstehen Ammoniak und Wasser.

Das Ammoniak reagiert im SCR mit den Stickoxiden in mehreren Schritten zu Wasser und Stickstoff.

Schadstoffminderung in den Abgasen

Um die geltenden Abgasnormen zu erfüllen, gibt es z. B. BlueTec. Dafür benötigt man Harnstoff oder auch AdBlue genannt, der aus einem separaten Tank zugeführt wird. Harnstoff ist eine wässrige Lösung, sie ist chemisch ungiftig und hilft Stickoxide in harmlose Substanzen zu verwandeln. Die Basis für Bluetec bildet der weiterentwickelte Motor. Er sorgt für eine saubere Verbrennung, weniger Partikelmasse und je nach Motorvariante für mehr Leistung. Verlässt das Abgas den Motor, kommt AdBlue zum Einsatz. Es wird aus dem AdBlue-Tank mittels Versorgungseinheit der Dosiereinheit zugeführt und in den heißen Abgasstrom eingedüst, wo es zu Ammoniak reagiert. SCR-Katalysator und Ammoniak verwandeln die Stickoxide in harmlose Substanzen: Stickstoff und Wasser.[1]

Alternativ dazu wird die sog. «innermotorische» Vermeidung von schädlichen Abgasen und Feinstaub von einigen Herstellern durch sehr hohe Abgastemperaturen verwirklicht.

1 Quelle: Mercedes-Benz

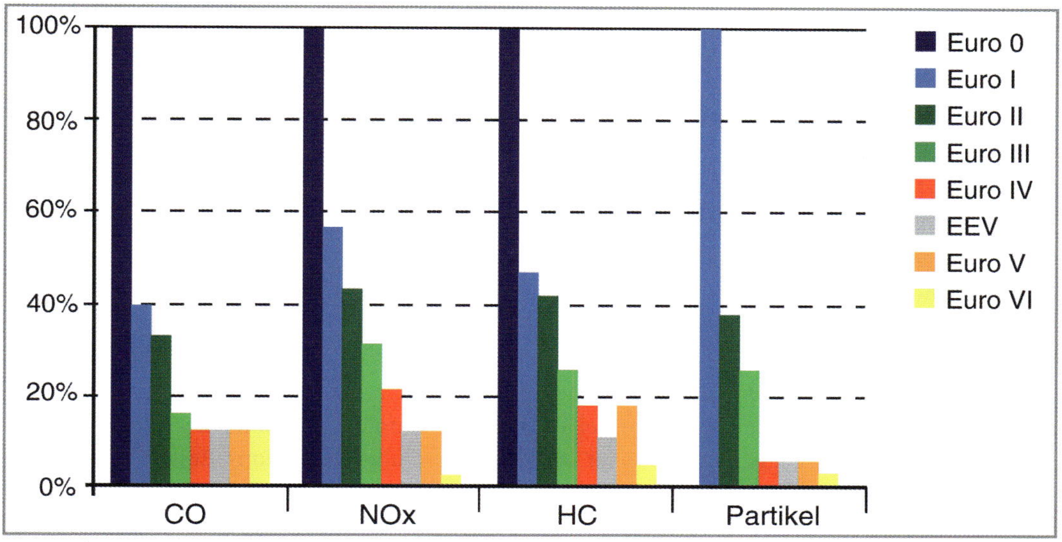

	gültig ab*	CO	NOx	HC	Partikel
		in g/kWh			
Euro 0	1990	12,3	15,8	2,6	–
Euro I	1992	4,9	9	1,23	0,4
Euro II	1995	4	7	1,1	0,15
Euro III	2000	2,1	5	0,66	0,1
Euro IV	2006	1,5	3,5	0,46	0,02
EEV	2000	1,5	2,0	0,25	0,02
Euro V	2009	1,5	2	0,46	0,02
Euro VI	2014	1,5	0,4	0,13	0,01

Abb. 3.1 Abgasgrenzwerte in der EG für Fahrzeuge über 3,5 t zGM (in g/kWh)

3.1.2 Die europäischen Abgasnormen

In Europa gelten seit 1998 europaweite Abgasnormen, die auch in Deutschland umgesetzt werden müssen. Unterschieden wird für Pkw/Motorräder und Lkw/Bus. Außerdem wird zwischen Benzin- und Dieselmotoren unterschieden.

Für Pkw und Motorräder sind streckenbezogene Grenzwerte (g/km) vorgeschrieben. Lkw und Omnibusse werden in leistungsbezogene Grenzwerte (g/kWh) eingestuft. Die nachfolgend beschriebenen Stoffe werden reglementiert:

NOx = Stickoxide

CO = Kohlenmonoxid

HC = Kohlenwasserstoffe (z.T. gemeinsamer Grenzwert zusammen mit Nox)

Part. = Partikel (Feinstaub, PM10)

EEV Standard (Enhand Enviromentally Friendly Vehicle) ist der gegenwärtig anspruchsvollste europäische Abgasstandard für Busse und Lkw. Diese besonders umweltschonenden Fahrzeuge übertreffen die Abgasqualität der ab Oktober 2008 bei Lkw und Bussen für alle neuen Fahrzeugtypen gültige Norm Euro 5.[2]

Die Grenzwerte und Fristen (siehe Abb. 3.1) können regional verschärft und schon früher als

2 Quelle: EG Richtlinie 88/77EWG, 91/542 EWG und 1999/96 EG

angegeben, eingeführt werden. Zum Beispiel Durchfahrtsverbote für Kfz mit roter oder ohne Plakette.

3.1.3 Getriebe

Wechselgetriebe (Schaltgetriebe)

In Reise- und Überlandbussen sind hauptsächlich - automatisiert - Schaltgetriebe eingebaut. Passend zur Geschwindigkeit des Fahrzeuges und der Drehzahl des Motors kann damit der richtige Gang gewählt werden. Ein Wechselgetriebe hat im Nutzfahrzeugbereich 6, 8 oder bei Lkw bis zu 16 Vorwärtsgänge und in der Regel einen, manchmal auch zwei Rückwärtsgänge. Die konventionellen Schaltgetriebe werden immer mehr von automatisierten Schaltgetrieben verdrängt. Was den Vorteil hat, dass der Fahrer sich nicht zu sehr auf das Schalten konzentrieren muss und seine Aufmerksamkeit mehr auf den Verkehr richten kann.

Manuelle Schaltgetriebe

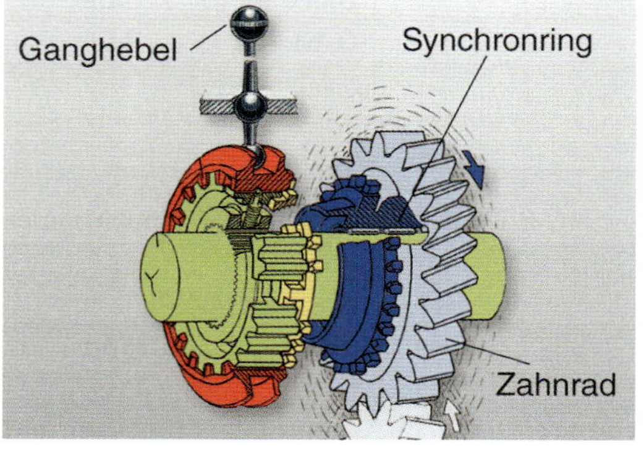

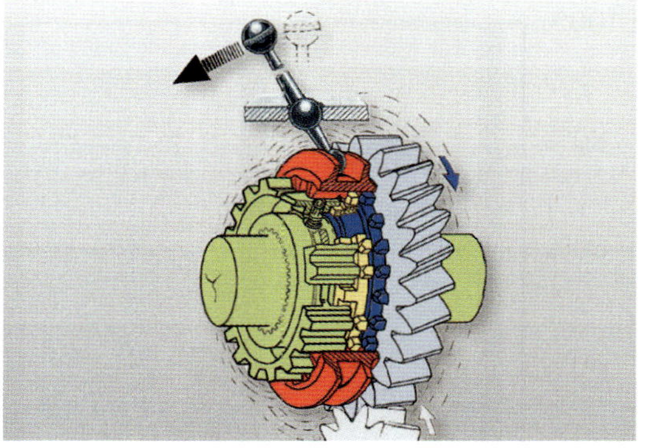

Heute kommen ausschließlich synchronisierte Klauenschaltgetriebe zum Einsatz. Bei diesen Getrieben stehen die Zahnräder der Vorgelegewelle und der Hauptwelle im ständigen Eingriff. Die Schiebemuffe, die immer die Drehzahl der Hauptwelle hat, ist mit einem Synchronring versehen. Das Gangrad hat eine Reibfläche. Wird beim Schalten die Schiebemuffe mit dem Synchronring gegen die Reibfläche des Gangrades gedrückt, wird dadurch der Gleichlauf des Gangrades auf der Vorgelegewelle mit der Hauptwelle erreicht. Erst bei Gleichlauf lässt sich die Schiebemuffe vollständig über die Verzahnung am Gangrad schieben und der Gang ist eingelegt. Eine Druckluftunterstützung am Getriebe erleichtert dem Fahrer den Schaltvorgang. Den gleichen Effekt hat der Übergang vom konventionellen Schaltgestänge mit Schaltrohr bis zum Getriebe zur Seilzugschaltung, wie sie bereits aus dem Pkw-Bau bekannt ist. Ein gewollter Nebeneffekt ist dabei auch, dass Vibrationen und damit Geräusche nicht mehr über den ganzen Fahrzeugboden übertragen werden.

Merksatz

In aktuellen KOM werden keine unsynchronisierten Getriebe mehr eingebaut. Das mit dem Schalten verbundene Zwischenkuppeln und Zwischengas ist nicht mehr erforderlich, es erhöht den Kraftstoffverbrauch und macht den Gangwechsel langsam.

Automatisierte Schaltgetriebe

Sie verdrängen in Reisebussen und Lkw immer mehr die manuellen Schaltgetriebe. Sie verbinden die Vorteile des Schaltgetriebes mit der Entlastung des Fahrpersonals. Während der Fahrt übernimmt die Getriebesteuerung das Kuppeln und das Wechseln der Gänge immer in Abhängigkeit der Drehzahl, der Geschwindigkeit und der Gaspedalstellung.

3.1.4 Kupplung

Die Reibungskupplung ist eine trennbare Verbindung vom Motor zum Getriebe.

Dabei erfolgt die Drehzahlangleichung durch Reibung. Die Kupplung überträgt das Drehmoment des Motors, ermöglicht ein sanftes Anfahren und trennt den Kraftfluss wieder, damit ein Gangwechsel und Anhalten möglich wird.

Es kommen je nach Motordrehmoment 1- oder 2-Scheibenkupplungen zum Einsatz, entweder als Membranfeder- oder (selten) Schraubenfederkupplungen.

Die Membranfederkupplung ist die häufigste verwendete Bauart. Sie ermöglicht kleinste Bauhöhen, größtmöglichen Anpressdruck und geringe Betätigungskräfte.

Wirkung «eingekuppelt» (Kupplungspedal NICHT getreten, kraftschlüssige Verbindung Motor-Getriebe):

Die Membranfedern drücken die Kupplungsdruckplatte gegen die Mitnehmerscheibe (Kupplungsscheibe). Sie ist auf der Längsverzahnung der Kupplungswelle längs (axial) verschiebbar. Durch die Kupplungsdruckplatte wird sie gegen die Reibfläche des Schwungrades gedrückt und befindet sich am Ende der Kurbelwelle, auf der kraftabgebenden Seite des Motors.

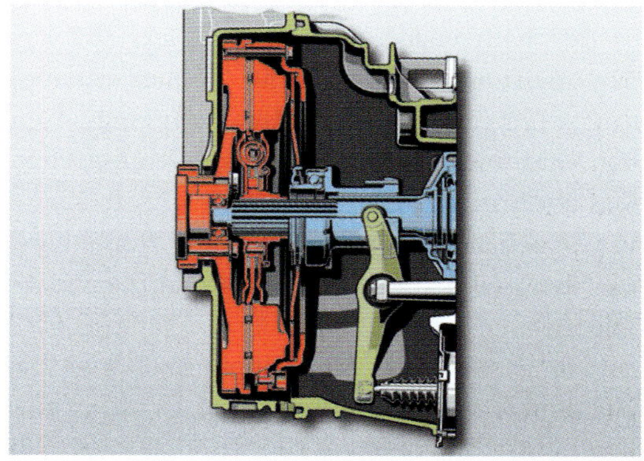

Einscheiben-Membranfederkupplung

Die Schwungscheibe, die Kupplungswelle und die Antriebswelle haben jetzt Kraftschluss. Druckplatte und Schwungrad drücken von beiden Seiten gegen die Reibscheibe. Sie dreht sich mit einer geradverzahnten Getriebewelle und gibt die Kraft des Motors an das Getriebe weiter.

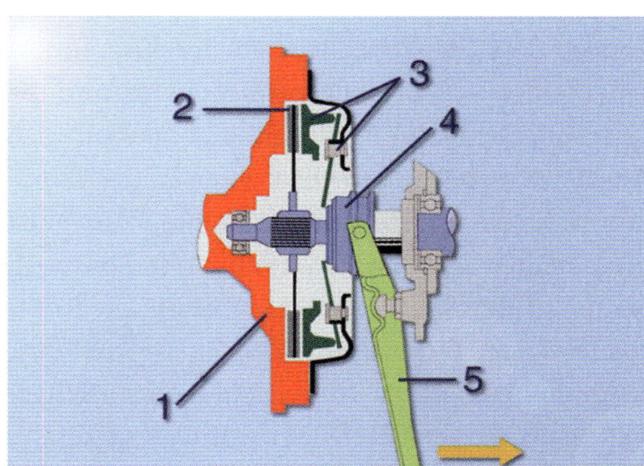

1 Schwungscheibe – 2 Mitnehmerscheibe (Kupplungsscheibe) – 3 Kupplungsdruckplatte mit Druckfedern – 4 Ausrücklager – 5 Kupplungshebel

Kupplungspedal getreten: Beim Treten der Kupplung wird das Ausrücklager gegen die Ausrückplatte gedrückt. Diese drückt ihrerseits auf die Zungen der Membranfedern, diese werden entlastet und die Druckplatte hebt sich von der Kupplung ab. Die Kupplung dreht nun frei und der Kraftschluss ist unterbrochen. Das Fahrzeug kann mit laufendem Motor zum Stillstand kommen oder das Getriebe kann geschalten werden.

Bei Fahrzeugen mit mehr als ca. 280 kW Motorleistung werden häufig 2-Scheibenkupplungen eingebaut. Die beiden Kupplungsscheiben sind durch eine Zwischenscheibe getrennt. Das übertragbare Drehmoment des Motors wird verdoppelt, die vier Reibflächen der Kupplungsscheiben werden zusätzlich von der Zwischenscheibe angetrieben.

Die Betätigung der Kupplung erfolgt bei Nutzfahrzeugen hydraulisch und ist druckluftunterstützt. Unabhängig von den Seil- oder Gestängeführungen ist eine einfache Verlegung der Leitungen möglich.

Das Auskuppeln wird hier durch Verschieben von Hydraulikflüssigkeit vom Geber- in den Nehmerzylinder vollzogen. Der Nehmerzylinder drückt über den Ausrückhebel auf das Ausrücklager. Die weitere Funktion ist wie unter «Kupplungspedal getreten» beschrieben.

Zu beachten ist bei dieser Kupplungsbetätigung, dass bei Verschleiß an der Kupplungsscheibe der Ausrückweg geringer wird und die dann überschüssige Hydraulikflüssigkeit in den Ausgleichsbehälter gedrückt wird. Ist die Kupplungsscheibe verschlissen, steht die Flüssigkeit im Behälter also am Maximum oder darüber, bei neuer Reibscheibe am Minimum. Die Kontrolle ist hier sehr wichtig. Wird Flüssigkeit ohne festgestellten Verlust (durch ein Leck) nachgefüllt, läuft der Behälter über und die aggressive Flüssigkeit greift die Oberflächen in der Umgebung an. Verschleiß an der Kupplung kann also am Flüssigkeitsstand, an einer rutschenden Kupplung oder bei mechanischen Schäden am «Rupfen», einer stoßartigen Wirkung, festgestellt werden.

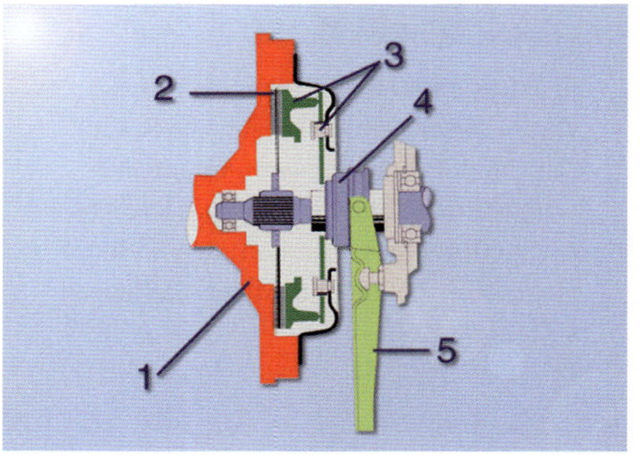

1 Schwungscheibe – 2 Mitnehmerscheibe (Kupplungsscheibe) – 3 Kupplungsdruckplatte mit Druckfedern – 4 Ausrücklager – 5 Kupplungshebel

Hydraulische Kupplungsbetätigung

3.1.5 Automatikgetriebe

Diese Getriebeart wird fast ausschließlich in Stadt/-Linienbussen eingebaut. Sie entlastet das Fahrpersonal durch die vollständig automatischen Gangwechsel und sorgt für einen geringen Verschleiß. Gängige Getriebe bestehen aus einem hydrodynamischen Drehmomentwandler mit Überbrückungskupplung und einem nachgeschalteten Planetengetriebe mit 5 – 7 Gängen. Die Schaltung im Planetengetriebe erfolgt automatisch und ohne Zugkraftunterbrechung. Auslöser für die Schaltvorgänge sind die Motorleistung (über die Gaspedalstellung), die Fahrgeschwindigkeit und die Stellung der Gangwahleinrichtung. Die Steuerung übernimmt eine Elektronik, die in Abhängigkeit o.g. Komponenten die entsprechenden Lamellenbremsen und -kupplungen über elektrohydraulische Ventile schaltet. Im Getriebe ist eine Strömungsbremse (hydrodynamischer Retarder) integriert. Dadurch ist eine platzsparende Konstruktion des Getriebegehäuses möglich. Die Nutzung dieses Retarders ist verschleißfrei und somit für einen Dauerbremseinsatz geeignet. Die Betätigung («Schaltung») des Getriebes von Hand ist selten nötig und nur zum gezielten Anwählen eines niedrigeren Ganges bei Bergabfahrten sinnvoll. In Linienbussen mit ZF-EcoLife-Getriebe gibt es z. B. nur noch die Neutralstellung («N») zum Abstellen und Starten des Busses, die «D»-Stellung für den Fahrbetrieb und das «R» für die Rückwärtsfahrt.

3.1.6 Planetengetriebe

Planetengetriebe sind fast verschleißfreie und unter Last schaltbare «Gangeinheiten», die im KOM in Automatikgetrieben (hintereinandergeschaltet) und als einzelne Planetensätze in der Nachschaltgruppe oder im Achsgetriebe zum Einsatz kommen. Ein Planetensatz besteht aus dem Planetenradträger mit den Planetenrädern, dem Hohlrad und dem Sonnenrad. Das Hintereinanderschalte von verschiedenen Planetensätzen ermöglicht eine beliebige Anzahl von Übersetzungsmöglichkeiten und bietet gleichzeitig eine sehr kompakte Bauform. Die Schaltvorgänge im Automatikgetriebe werden elektrohydraulisch gesteuert und sind in die MR- und FR-Regelung integriert. In der Nachschaltgruppe wird eine Druckluftschaltung eingesetzt, während das Achsgetriebe eine einfache Übersetzung darstellt.

3.1.7 Untersetzungs-Planeten-Achsgetriebe

Planetengetriebe werden auch in den Radnaben der Antriebsachse(n) eingesetzt, wenn große Motorleistung und hohes Antriebsdrehmoment übertragen werden muss. Es können dann einfach dimensionierte Kardan- und Achswellen verbaut werden, die mit hoher Drehzahl und wenig Drehmoment rotieren. Die eigentliche Antriebskraft entsteht dabei erst im Rad selbst. Auch das Gehäuse des Ausgleichsgetriebes der Achse kann wegen des kleineren Tellerraddurchmessers kompakter ausfallen, das kommt der Bodenfreiheit zugute. Die durch die kleineren Bauteile eingesparte Masse wird dabei jedoch durch die zusätzlichen Radgetriebe wieder benötigt.

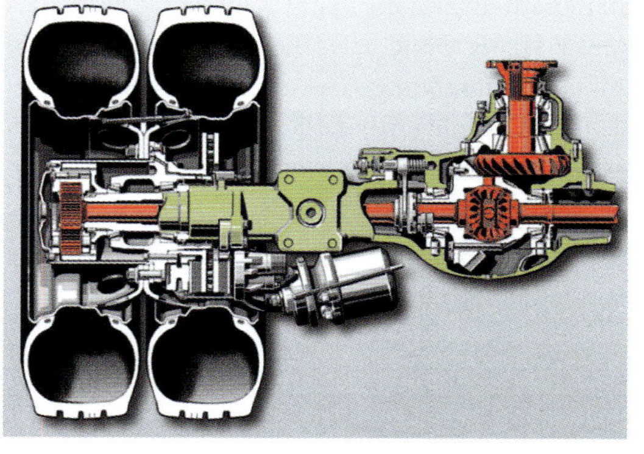

Querschnitt einer Antriebsachse

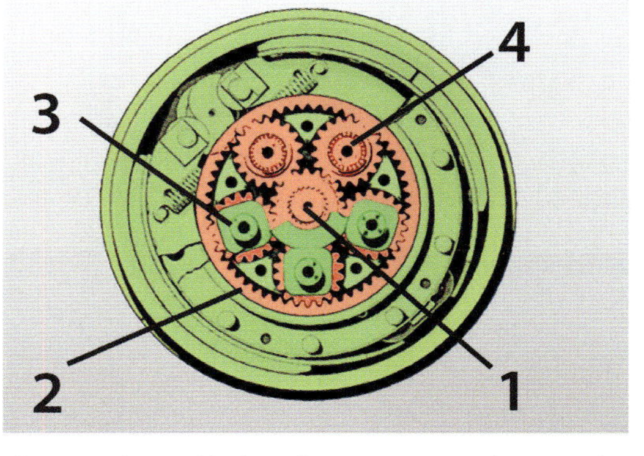

1 Sonnenrad – 2 Hohlrad – 3 Planetenträger – 4 Planetenrad

3.1.8 Differentialgetriebe

Vom Motor über das Wechselgetriebe und der Kardanwelle wird das Differentialgetriebe angetrieben. Das Drehmoment wird nun an die Achswellen umgelenkt und an die Räder weitergegeben. Das Differentialgetriebe brauchen wir um einen Längenausgleich zwischen dem Kurveninneren und dem Kurvenäußeren Rad beim Kurvenfahren herzustellen (siehe hierzu auch Kap. Lenkung).

Bei Geradeausfahrt ist die Kraftverteilung 50 : 50. Steht das Fahrzeug mit einer Seite auf eisglatter Fahrbahn und ein Rad dreht durch, bleibt das andere stehen. Die Kraftverteilung ist dann 100 : 0. Mit Antriebs-Schlupf-Regelung oder Sperrdifferential wird das Durchdrehen der Räder in modernen Fahrzeugen vermieden. In Schienenfahrzeugen kann aufgrund der niedrigeren Haftreibung zwischen Rad und Schiene auf ein Differentialgetriebe verzichtet werden.

Die Vorteile eines Differentialgetriebes sind:

- weniger Schlupf
- weniger Reifenverschleiß
- weniger Spannungen im Antriebsstrang

Differentialgetriebe

3.1.9 Antriebswellen

Die Gelenk- oder Kardanwelle dient der Verbindung zwischen Getriebe und Antriebsachse. Da das Getriebe fest im Rahmen verbaut ist und die Achse jedoch ein- und ausfedern soll, ist zum Längenausgleich während der Federbewegung der Antriebsachse ein innen längsverzahntes Schiebestück integriert. Es muss regelmäßig geschmiert werden, um es vor Spritzwasser und Schmutz zu schützen.

Merksatz

Bei Abschleppfahrten muss manchmal die Kardanwelle abgeflanscht werden, um Getriebeschäden durch mangelnde Schmierung zu vermeiden. Beachten Sie die Betriebsanleitung bzw. Herstellerangaben!

Gelenkwelle mit Schiebestück

3.2 Betriebsstoffe

3.2.1 Motoröle

Im Kfz-Bereich sind mineralische und synthetische Öle am meisten verbreitet. In der Regel sind es Mehrbereichsöle. Die Motoröle sind in SAE-Klassen eingeteilt. Grundlage für diese Einteilung sind die SAE-Viskositätsklassen der Society of Automotive Engineers Inc. New York für Motoren- und Getriebeöle.

Anhand der SAE-Klasse kann man den Temperaturbereich des Öls ermitteln. Die Betriebsanleitung des Fahrzeuges bzw. die Herstellerangabe sind in jedem Fall bindend. Wie bereits bei den Schmiermitteln beschrieben, werden an Öle noch zusätzliche Anforderungen gestellt:

- lange Ölwechselintervalle
- geringer Ölverbrauch
- geringe Schaumbildung
- verminderter Kraftstoffverbrauch
- Kraftstoffverträglichkeit
- Umweltverträglichkeit

Folgende Klassifikationen definieren Mindestanforderungen:

- API-Klassifikationen (American Petroleum Institute) und
- ACEA-Klassifikation (Association des Constructeurs Européens d'Automobiles).

Die ACEA-Klassifikation gibt folgende vier Motoröl-Spezifikationen vor:

A = Otto-Motoren

B = kleinvolumige Dieselmotoren in Pkw, Vans und Kleintransportern

C = Pkw Dieselmotoren mit Partikelfilter

E = Lkw Dieselmotoren

Und zusätzlich geben einige Kfz-Hersteller ihre eigenen Leistungsklassen vor, nach denen sie Öle für ihre Motoren freigeben und vor allem, wann sie gewechselt werden müssen, um Garantie-Ansprüche zu erhalten.

Getriebeöle

Grundsätzlich werden drei Getriebeöl-Arten unterschieden:

- Schaltgetriebeöl
- Automatikgetriebeöl
- Differentialgetriebeöl

Die drei Getriebearten haben verschiedene Funktionen und benötigen deshalb auch verschiedene Öle. Für Getriebeöle werden sowohl SAE-Klassifizierungen verwendet, als auch Bezeichnungen mit dem Kürzel GL (gear lubricant). Sie werden mit den Ziffern 1 bis 5 beschrieben. Je höher die Belastbarkeit des Öls, umso höher die Ziffer:

- GL-1 für Getriebe mit niedrigen Belastungen
- GL-4 für manuelle Schaltgetriebe in Nutzfahrzeugen
- GL-5 für Hypoid- und Hinterachsgetriebe

Das Schaltgetriebe, bei dem noch mechanisch oder elektropneumatisch geschaltet wird, braucht ein Öl, das die Zahnräder mit einem Schmierfilm überzieht, um die mechanische Belastung speziell an den Zahnflanken zu minimieren. Bei diesem Öl ist es wichtig, eine Schaumbildung zu verhindern.

Differentialgetriebe müssen sehr hohe Drucke an den Zahnradflanken aushalten. In der Regel sind sie schrägverzahnt. Dadurch ist es leiser und kann bei einer kompakten Bauweise höhere Drucke auf den Zahnradflanken aufnehmen. Das Öl muss den Drucken widerstehen können, damit die Zahnräder nicht trocken laufen.

Kühlmittel

Die Kühlflüssigkeit ist ein Gemisch aus Wasser und Frostschutzmittel. Meistens werden Glycerin oder Glykol verwendet. Zusätzlich zum Frostschutz ist es auch ein Rostschutzmittel. Vor der Kälteperiode muss der Frostschutzgehalt gemessen werden. Beachten Sie auch die Betriebsanleitungen. Kühlmittel mit zu wenig Frostschutz kann bei extremer Kälte den Motor zerstören.

Achtung!

Um den Siedepunkt im Kühlsystem zu erhöhen, wird die Druckumlaufkühlung mit einem Überdruck von ca. 1 bar betrieben. Aus diesem Grund ist das Öffnen bei warmem Motor sehr gefährlich. Es besteht Verbrennungsgefahr. Displays im Armaturenbrett warnen den Kraftfahrer heute, wenn die Kühlflüssigkeit oder die Wassertemperatur zu gering ist. Hinweise im Display sind unbedingt zu beachten.

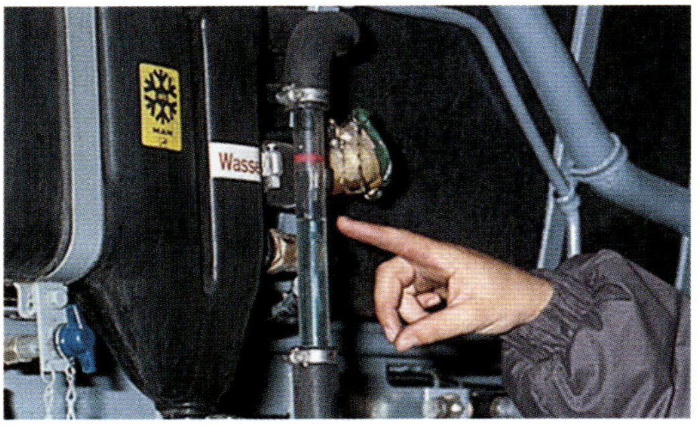

3.2.2 Fette

Schmierfette sind Kombinationen von Schmierölen mit Verdickungsmitteln. Fett wird auch dort verwendet, wo Schmieröle wegen der Schwerkraft davon fließen würden. Das Universalschmierfett ist ein vielseitig einsetzbares Fett für Wälz-, Kugel- und Gleitlager. Es ist ebenso geeignet für Teile von Fahrgestellen. Das Mehrzweckfett muss aufgrund seiner speziellen Additive auch bei hohen Anforderungen wie Druck, Temperatur oder Feuchtigkeit ideale Gleit- und Laufeigenschaften aufweisen. Es muss einen geringeren Verschleiß der Metalloberflächen und Rostschutz gewährleisten. Stark anhaftende Schmierfette werden besonders an Fahrgestellteilen verwendet, die Spritz-, Salz- und Schmutzwasser ausgesetzt sind. Folgend eine Reihe von Spezialfetten und Verwendungsbeispiele:

- **Silikonfett:**

Dichtungen, Gummi- und Kunststoffteile.

- **Haftfett:**

Antriebs- und Förderketten, Schlösser, Feinmechanismen, Federn, Scharniere.

- **Kontaktfett:**

Konservierung von elektrischen Kontakten. Reduziert Reibung und Verschleiß von Schleifkontakten. Erhöhung der Leitfähigkeit in Motoren und Generatoren.

Säurebeständiges Fett ist beständig gegenüber Mineralölen, Benzin, Gas, Petroleum, Wasser und Säuren (siehe ► Abschnitt 2.6).

3.3 Grundlagen Elektrik

Die elektrische Anlage in Kraftfahrzeugen besteht im Wesentlichen aus den vier Bauteilen:

- Akkumulator (Batterie)
- Generator (Lichtmaschine)
- Starter (Anlasser)
- Verbraucher

Der Akkumulator, fälschlicherweise oft auch Batterie genannt, ist für die Speicherung der Energie verantwortlich. Der Generator wandelt mechanische in elektrische Energie um. Der Starter ist im Prinzip ein Elektromotor, der den Omnibusmotor startet. Er ist somit auch einer der vielen Verbraucher, die Strom benötigen, um ihre Funktionen ausüben zu können.

Merksatz

Für das Verständnis einer elektrischen Anlage ist es von Vorteil, einen Schaltplan lesen zu können.

3.3.1 Akkumulator/Batterie

Die Hauptaufgabe des Akkumulators ist, beim stehenden Motor elektrische Verbraucher mit Strom zu versorgen und insbesondere für den Anlasser Energie zu liefern, um den Motor zu starten. Daher muss er einen hohen Wirkungsgrad haben, darf nicht zu schwer sein und muss nach dem Starten durch den Generator wieder geladen werden. Eine Kfz-Batterie besteht aus 6 Zellen. Sie sind hintereinandergeschaltet und haben je ca. 2 Volt. Geladen wird die Batterie mit ca. 14 Volt, eine Bordspannung in Pkw beträgt 12 Volt. Jede Zelle ist mit zwei Plattensätzen bestückt, einem Plus- und einem Minus-Plattensatz. Sie sind durch Separatoren voneinander getrennt. Alle Platten sind in ein 37%-Schwefelsäurebad getaucht. Je nach Ladezustand erhöht oder verringert sich die Säuredichte und stellt somit auch den Ladezustand dar. Der Flüssigkeitsstand der Batterie muss nach Herstellerangaben regelmäßig kontrolliert werden. Ist der Flüssigkeitsstand abgesunken, muss mit destilliertem Wasser nachgefüllt werden. Die Bleiplatten müssen immer vollständig im Säurebad stehen.

In Nutzfahrzeugen reicht eine Spannung von 12 Volt nicht aus. Daher werden **zwei** 12 Volt-Batterien in Reihe hintereinandergeschaltet, um die Spannung zu erhöhen.

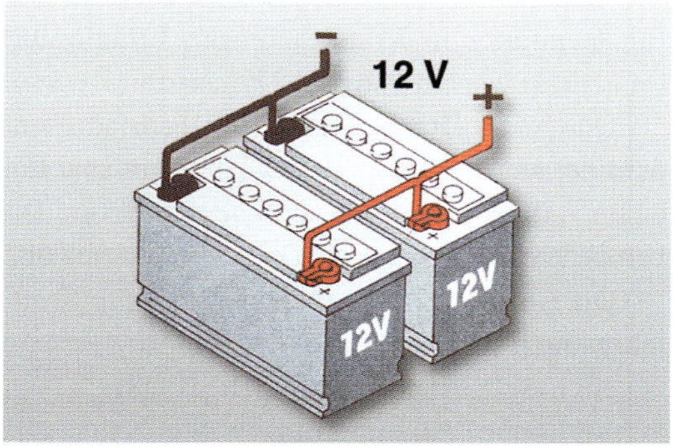

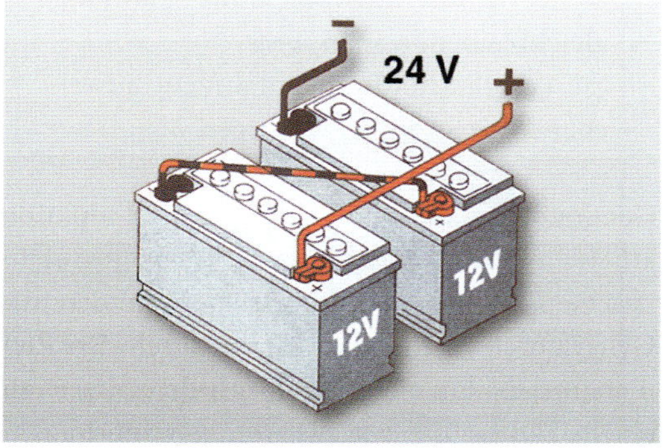

Achtung!
Folgende Sicherheitsmaßnahmen im Umgang mit Batterien sind zu beachten:

- In Batteriefächern von Fahrzeugen oder in Laderäumen nie mit Feuer, offener Flamme oder Zigaretten herantreten. Es besteht Explosionsgefahr!
- Batterien nie am Körper tragen!
- Batterie zu zweit tragen oder mit einer Handkarre transportieren.
- Batterien dürfen wegen der Gefahr von Säurespritzer nicht mit Kleidung und nicht mit der Haut in Berührung kommen.
- Wenn Sie trotzdem mit Säure in Kontakt gekommen sind, sofort mit klarem Wasser ausspülen.
- Säurespritzer im Auge sofort mit einer Augendusche gründlich ausspülen!
- Werkzeug nicht auf der Batterie ablegen, beim Verbinden der Plus- und Minus-Pole besteht Kurzschlussgefahr.
- Die Batterie muss immer fest mit dem Fahrzeug verbunden sein.
- Die Pol-Klemmen müssen immer fest auf den Polen angeschraubt sein.
- Der +-Pol muss abgedeckt sein.

Im Winter stoßen die Kapazität und damit die Leistungsfähigkeit der Batterie schnell an ihre Grenzen, da der Stromverbrauch für Licht und Heizung höher ist als im Sommer. Die Batterien sind in modernen Linienbussen bereits an ihrer Belastungsgrenze, da immer mehr elektrische Verbraucher auch mehr Strom benötigen. Die Außentemperaturen im Winter sind niedriger, dadurch nimmt die Kapazität des Akkumulators ab und das Öl im Motor ist zäher. Dies belastet die Batterie beim Starten zusätzlich. Deshalb zieht der Anlasser noch mehr Strom als bei einem Warmstart. Dann kann es vorkommen, dass Starthilfe benötigt wird.

Reihenfolge für die Starthilfe:

1. An beiden Fahrzeugen: Zündung aus. Besser: Batteriehauptschalter auf «Aus».
2. Auf besondere Bedienungshinweise des Herstellers achten. Im Empfänger-Fahrzeug alle Verbraucher ausschalten.

3. Zuerst am Empfänger rote Plusklemme verbinden.
4. Dann rote Plusklemme am Spender-Fahrzeug.
5. Schwarze Minusklemme an Spender-Fahrzeug.
6. Dann schwarze Minusklemme an gut leitende Fahrzeugmasse des Empfängers.
7. Beim Spender-Fahrzeug Motor starten.
8. Startversuch des Empfänger-Fahrzeugs.

Achtung!
Vor dem Abklemmen starke oder mehrere Verbraucher im Empfänger-Fahrzeug einschalten, um vor dem Abklemmen Spannungsspitzen und Schäden an der Elektronik zu vermeiden.

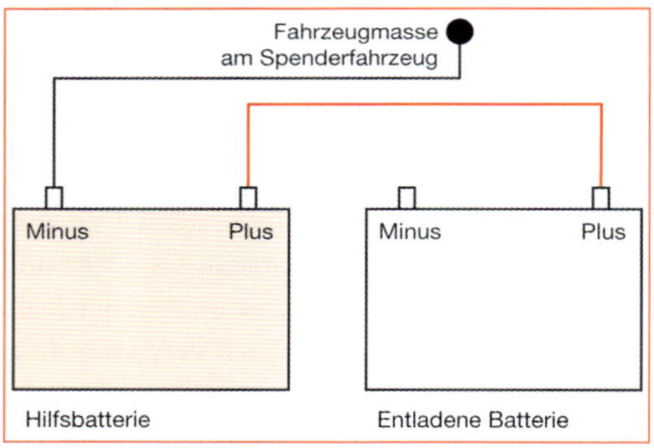

Reihenfolge für das Abklemmen
Das Abklemmen geschieht in genau umgekehrter Reihenfolge:
1. Schwarze Polklemme an Fahrzeugmasse entfernen.
2. Schwarze Polklemme am Spender-Fahrzeug entfernen.
3. Rote Plusklemme am Spender-Fahrzeug entfernen.
4. Rote Plusklemme am Empfänger entfernen.
   Auf einer Batterie finden Sie diese Angaben:

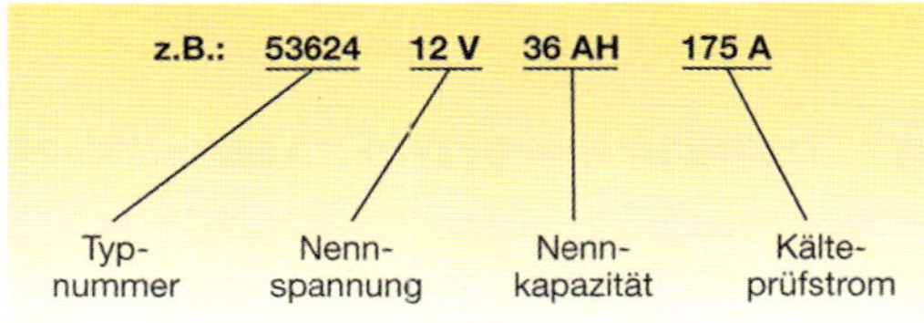

In der Typnummer sind Angaben über die Form und Befestigung der Batterie festgelegt. Die Nennkapazität ist das Maß für die in der Batterie gespeicherte elektrische Energie. Mit der Angabe des Kälteprüfstroms kann man die Kaltstartfähigkeit der Batterie beurteilen.

3.3.2 Generator

Ein Generator in Kraftfahrzeugen funktioniert im Prinzip wie ein Fahrrad-Dynamo.

Durch die Drehbewegung des Fahrradreifens wird der angelegte Kopf des Dynamos in eine Rotation versetzt und produziert dadurch Strom. Die Lampe leuchtet, solange die Drehbewegung anhält.

Die Anforderungen an Generatoren in Kraftfahrzeugen sind:
- ein möglichst geringes Eigengewicht
- ein hoher Wirkungsgrad
- ab Leerlaufdrehzahl eine hohe Spannung
- gleichbleibende Spannung
- die Verbraucher im Kraftfahrzeug ausreichend mit Strom zu versorgen

Generatoren, die mit elektrischer Induktion arbeiten, wandeln mechanische Leistung in elektrische Leistung um. Angetrieben werden die Generatoren in Kfz vom Motor durch den Riemenantrieb. Ein magnetisches Feld rotiert mit einem Läufer mit je sechs wechselseitig folgenden Nord- und Südpolen durch eine Wicklung. Sie ist über zwei Schleifringe und Kohlebürsten mit dem Minuspol bzw. Spannungsregler verbunden. Der Spannungsaufbau wird in drei Wicklungen, die jeweils um 120° versetzt im Gehäuse (Stator) angeordnet sind, gesteuert. An je einem Ende werden die Wicklungen miteinander verbunden. An den anderen Enden entsteht ein dreiphasiger Drehstrom. An jedem Ende ist eine Plus- und eine Minus-Diode angebracht. Es kann ein möglichst wenig pulsierender Gleichstrom erzeugt werden. Der Spannungsregler begrenzt die Spannung, um eine Überspannung des Bordnetzes zu verhindern.

Generatoren in KOM sind zusätzlich durch ihre Anbringung am Motor großer Hitze ausgesetzt. Daher müssen sie zusätzlich durch Lüfter gekühlt werden, damit sie nicht überhitzen.

Merksatz

Bei laufendem Motor darf die Batterie nicht abgeklemmt werden. Der Generator und die Verbraucher können Schaden nehmen.

Der Spannungsregler

Der Spannungsregler fällt als einzelnes Bauteil nicht auf. Er hilft, die Betriebsspannung schon bei der Leerlaufdrehzahl zu erreichen und verhindert, dass sie auch bei hohen Drehzahlen des Motors nicht überschritten wird. Ein trägheitsloses Ein-/Ausschalten des Erregerstroms ermöglicht eine gleich bleibend hohe Spannung von ca. 14 Volt bei Pkw und 28 Volt bei KOM/Lkw. Das Schalten hoher Erregerströme produziert Wärme.

3.3.3 Starter/Anlasser

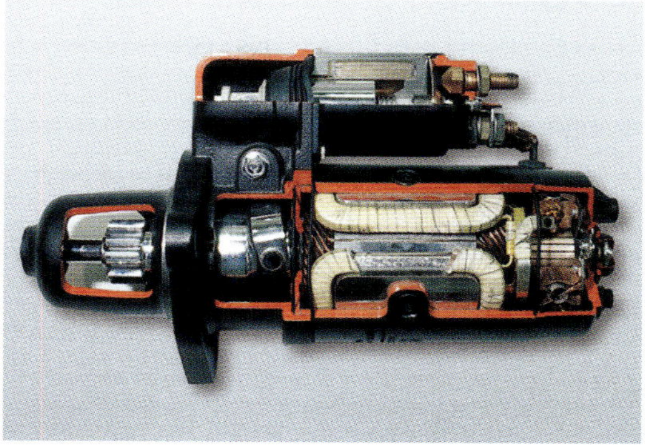

Der Starter oder Anlasser ist ein kleiner und sehr starker Elektromotor. Seine Aufgabe ist, den Motor in Kraftfahrzeugen zu starten. Beim Betätigen des Zündschlüssels oder Startknopfs wird zunächst das Anlasserzahnrad mit einem Magnetschalter in den Zahnkranz der Schwungscheibe eingespurt. Durch die große Übersetzung der Schwungscheibe hat der Anlasser ein enormes Drehmoment und kann auch Omnibus- und Lkw-Motoren starten. Wenn der Kfz-Motor angesprungen ist und nun selbstständig läuft, ist die Leerlaufdrehzahl für den Anlasser zu hoch, nimmt aber durch den Freilauf keinen Schaden, selbst wenn zu lange auf dem Starterknopf gedrückt wird.

Die Leistungsaufnahme eines Starters ist sehr hoch. Deshalb dürfen die Startversuche nicht zu lange sein, um die Batterien nicht zu entleeren.

Damit der Anlasser durch Fehlbedienung nicht beschädigt werden kann, sind verschiedene Sicherheitseinrichtungen eingebaut:

- Startsperrrelais lassen ein Starten bei laufendem Motor nicht zu.
- Der Zündschlüssel muss nach missglücktem Startversuch in die Ausgangsstellung zurückgedreht werden, bevor erneut gestartet werden kann.

Merksatz

Schalten Sie vor dem Startvorgang alle Verbraucher aus. Besser ist es, noch vor dem Abstellen des Fahrzeuges alle Verbraucher auszuschalten.

3.3.4 Verbraucher

Beleuchtung

Die am häufigsten verbauten Lampen im Scheinwerfer sind Halogenlampen. Bei einer sehr hohen Leuchtkraft haben sie eine Lebensdauer von ca. 150 Betriebsstunden. Ihr Vorteil ist: Sie schwärzen den Glaskolben nicht. Halogenlampen sind mit einem Gasgemisch aus Jod- und Bromzusätzen gefüllt. Der Glaskolben wird deshalb sehr heiß und hat durch das Gasgemisch eine sehr hohe Leuchtdichte.

Die **Glühwendel** für das Abblendlicht wirft nur Licht auf den oberen Teil des Reflektors. Die **Fernlichtwendel** leuchtet den ganzen Reflektor aus.

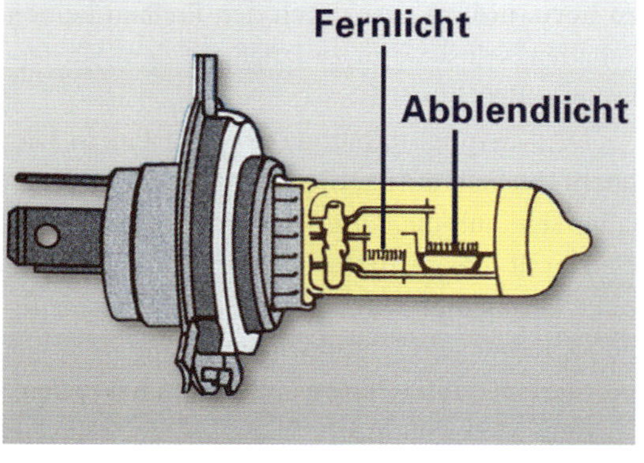

Schematische Darstellung einer Zweifaden-Halogenlampe

H1, H2, H3 und H7 sind Lampen mit nur einem Faden. H4, H5 und H6 sind Zweifadenlampen. Die H7-Lampe wird in modernen Vier-Scheinwerfer-Systemen eingebaut.

Standlicht ist als Tagfahrlicht nicht geeignet und ist auch in vielen Ländern verboten. Für Tagfahrlicht werden meistens Leuchtdioden verwendet, die ein diffuses Licht ausstrahlen. Es wird als Fläche wahrgenommen und wird bei Tag besser als Abblendlicht erkannt. Verschiedene Hersteller nutzen es auch aus Image-Gründen als Marken-Erkennungszeichen. Der Stromverbrauch von Tagfahrlicht ist außerdem geringer als der von Abblendlicht.

Sicherheitsrelevante Verbraucher/ Signalanlagen

Sicherheitsrelevante Verbraucher und Signalanlagen müssen Sie vor der Abfahrt überprüfen. Sie bestehen aus optischen oder akustischen Warneinrichtungen, um die anderen Verkehrsteilnehmer im Gefahrenfall zu warnen.

Folgende Signalanlagen hat ein Omnibus an Bord:

- die Hupe
- das Horn (nur außerhalb geschlossener Ortschaften verwenden)
- die Lichthupe
- die Blinker
- die Warnblinkanlage
- die Bremslichter

Die Warnblinkanlage und die Bremslichter sind an der Rückseite auch an den oberen Ecken des Busses angebracht. Dadurch kann auch das zweite oder dritte Fahrzeug hinter einem Bus erkennen, wenn der Busfahrer bremsen muss und sich frühzeitig darauf einstellen. Im § 16 StVO können Sie die gesetzlichen Bestimmungen nachlesen, wann Sie Schall- und Leuchtzeichen verwenden dürfen.

3.3.5 Schaltplan

Schaltpläne sind grafische Darstellungen einer Schaltung. Sie berücksichtigen nicht die tatsächlichen Formen und Plätze der Bauteile, sondern sind abstrakte Darstellungen der elektrischen

1 Zündspule, Niederspannung **4** Zündspule, Hochspannung **7** Steuerung des Zündgeräts **15** Plus nach Zündschloss **30** Batterie Plus **31** Batterie Minus	**B+** Batterie Plus am Generator **B-** Batterie Minus am Generator **D+** (Dynamo) Generator Plus, Ausgang für Regler **DF** (Dynamo) Generator Feld, Steuerung der Feldwicklung **D** (Dynamo) Generator Minus **61** Ladekontrollleuchte W - Drehzahlabgriff Generator	**49** Blinkgeber Eingang **49a** Blinkgeber (getakteter) Ausgang **L** Blinker linke Seite **R** Blinker rechte Seite **c1** Blinkerkontrolle (Zugfahrzeug) **c2** Blinkerkontrolle (Anhänger)

50 Steuerung des Starters	**81** Eingang (Schalter – Öffner)
53 Eingang (Wischermotor)	**81a** Ausgang 1 (Schalter – Öffner)
53a Endabschaltung	**81b** Ausgang 2 (Schalter – Öffner)
53b Nebenschlusswicklung	**82** Eingang (Schalter – Schließer)
53c Scheibenwascher	**82a** Ausgang 1 (Schalter – Schließer)
53e Bremswicklung	**82b** Ausgang 2 (Schalter – Schließer)
53i Schnellgang (Zusatzbürste)	**83** Eingang (Mehrstellerschalter)
54 Bremslicht	**83a** Ausgang (Stellung 1)
55 Nebellicht	**83b** Ausgang (Stellung 2)
56a Fernlicht **56b** Abblendlicht **56c** Lichthupe	**85** Ausgang (Schaltrelais – Steuerstromkreis)
58 Stand-, Kennzeichen-, Begrenzungslicht	**86** Eingang (Schaltrelais – Steuerstromkreis)
58L Stand-, Begrenzungs-, Schlusslicht links	**87** Eingang (Öffner, Wechsler – Arbeitsstrom)
58R Stand-, Begrenzungs-, Schlusslicht rechts	**87a** Ausgang (Öffner, Wechsler – Arbeitsstrom)
58d Instrumentenbeleuchtung (Regelung)	**88** Eingang (Schließer – Arbeitsstrom)
	88a Ausgang (Schließer – Arbeitsstrom)

Funktionen und der Stromverläufe (Beispiele für einen einfachen Schaltplan siehe ▶ Kapitel 2).

Die Symbole der Schaltpläne sind genormt. Für jedes Bauteil gibt es eine Klemmenbezeichnung:

3.4 Alternative Antriebe und Kraftstoffe

Verkehrsbetriebe sind in Zukunft in der Pflicht, alternative Antriebe wie zum Beispiel Elektrobusse oder Hybridtechnologie einzusetzen. Nicht nur wegen der Feinstaubdiskussion und den Stickoxiden ist es immer wichtiger sich damit zu befassen. Auch der Lärm und die Geruchsbelästigungen werden speziell in Großstädten immer weniger toleriert. Insbesondere haben EU-Bürger ein Recht auf saubere Luft, das sie inzwischen auch einklagen können.

Das Fahren mit Hybrid oder Elektrobussen macht Spaß. Durch den Wegfall des Automatikgetriebes fährt das Hybridfahrzeug ohne Last-

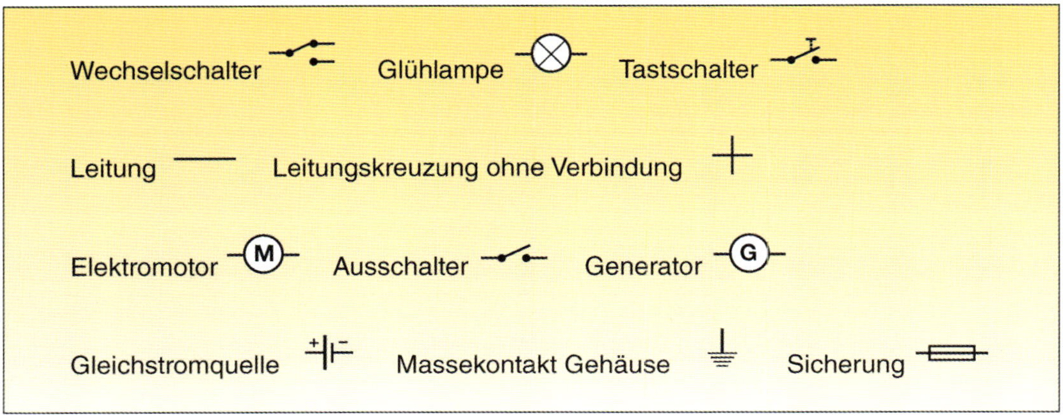

Auswahl der Symbole eines Schaltplanes

wechsel. Das Beschleunigen und Bremsen geschieht völlig frei von Schaltstößen, insbesondere das Ein- und Ausfahren von Haltestellen. Die Fahrgäste bemerken ebenso die angenehme und ruhige Fahrweise. Schauen wir uns doch einmal die verschiedenen Antriebssysteme etwas genauer an.

3.4.1 Elektroantrieb

Der reine Elektroantrieb ist relativ simpel. Entweder eine Stromquelle wie in einem Oberleitungsbus (siehe Esslingen, Eberswalde oder Solingen) oder ein Lithium-Ionen-Akkumulator mit einem oder mehreren Elektromotoren und los geht's – theoretisch. Praktisch ist es etwas komplizierter.

Momentan haben mit Batterie angetriebene Omnibusse eine geringe Reichweite. Das hängt mit der Kapazität der Akkumulatoren zusammen und den besonders energiefressenden Einsatzbedingungen eines Linienbusses. Um die Reichweite zu erhöhen oder mindestens so weit zu verlängern, dass sie in den regulären Betriebsablauf integriert werden können, setzt man auch sogenannte «Range Extender» («Reichweitenverlängerer») ein. Das sind in der Praxis Hybridfahrzeuge.

Hinweis

In mehreren deutschen Städten wird der Einsatz von ÖPNV-Bussen mit batterieelektrischen Antrieben getestet (z. B. Bremen, Leipzig, München). Solche Projekte, die mit Hilfe öffentlicher Förderung finanziert werden, sind nötig, um Fahrzeuge mit alternativen Antrieben, die heute weniger wirtschaftlich zu betreiben sind als klassische Fahrzeuge und bei denen die Wartung neue Konzepte erfordert, weiterzuentwickeln und für den Alltagsbetrieb im Nahverkehr wirtschaftlich und betrieblich nutzbar zu machen.

Quelle: VDV

3.4.2 Brennstoffzellen-Antriebe

Brennstoffzellen-Technologie ist vom Militär und der Raumfahrt seit langer Zeit bekannt. In Linienomnibussen ist sie in Kleinserien und Versuchsfahrzeugen im Einsatz. Die Brennstoffzelle wird in seriellen Hybridfahrzeugen als Ersatz zum Diesel eingebaut.

Brennstoffzellen gewinnen aus der Reaktion von Wasserstoff und Sauerstoff elektrische Ener-

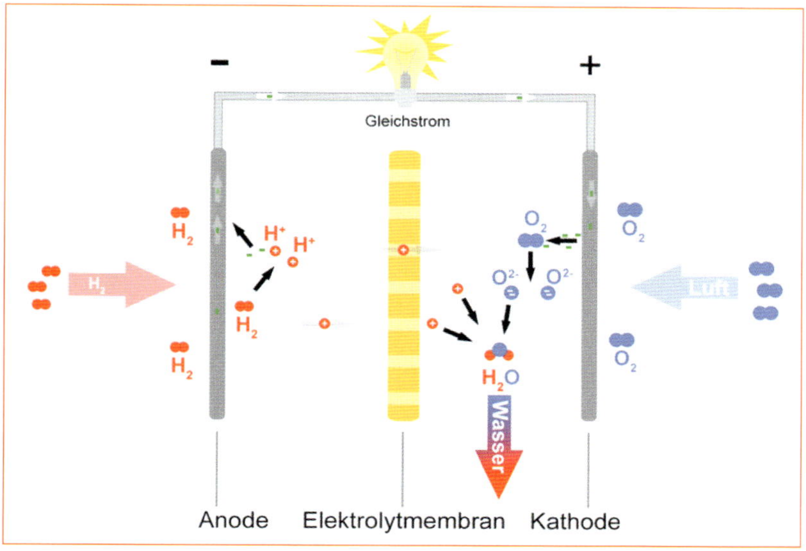

Funktion einer Brennstoffzelle

gie. Sie arbeiten mit einem hohen Wirkungsgrad und geben in die Luft lediglich reinen Wasserdampf ab.

Das Brennstoffzellen-System sowie die Druck-Gas-Flaschen mit dem auf 350 bar komprimierten Wasserstoff sind bei Niederflur-Linienbussen auf dem Dach der Fahrzeuge untergebracht. Hier wird aus dem Wasserstoff Strom gewonnen, der die Radnabenmotoren und die Nebenaggregate beliefert. Die Radnabenmotoren befinden sich an der Antriebsachse, die Nebenaggregate sind im Heckbereich des Busses angeordnet.

Fahrer und auch Mechatroniker benötigen eine zusätzliche Schulung um solch ein Fahrzeug gewerblich zu fahren. In diesen Schulungen müssen die Besonderheiten wie

- Fahrweise,
- besondere Bedienungshinweise und
- Sicherheitsbestimmungen

erklärt werden.

Die Nebenaggregate (Luftkompressor, Klimakompressor, Lenkhilfepumpe etc.) werden nicht mehr mechanisch über Riemenscheiben angetrieben, sondern durch einen Elektromotor.

3.4.3 Dieselhybridbus

Bei Dieselhybridfahrzeugen ist der Dieselmotor ein «Stromerzeuger». Er speist Strom in einen Lithium-Ionen-Akkumulator. Der Akku ist wassergekühlt und erreicht damit eine längere Lebensdauer. Er wird auch Hochvolt-Batterie genannt und ist mit ca. 700 V Starkstrom. Alle

3.4.4 Serieller Hybridantrieb

Der Dieselmotor hat keine mechanische Verbindung mehr zum Antriebsstrang. Er kann kleiner gebaut werden als ein herkömmlicher Antriebsmotor. Er läuft nur, wenn die Spannung im Akku unter einen definierten Wert absinkt. Dann springt er wieder an und lädt den Akku wieder auf. Somit kann der Dieselmotor ausbleiben, wenn das Fahrzeug zum Beispiel an Haltestellen oder an roten Ampeln steht und schaltet erst nach einigen Metern wieder ein, nachdem wir losgefahren sind.

Serielle Hybridantriebe haben den Vorteil, dass der Dieselmotor immer im optimalen Drehzahl- und Drehmomentbereich läuft. Dadurch werden Emissions- und Kraftstoffeinsparungen je nach Einsatzbedingungen von bis zu 18 % erreicht. Für den nächsten Entwicklungsschritt denkt man bereits darüber nach, den Dieselmotor durch einen Gasgenerator oder eine Brennstoffzelle zu ersetzen.

Für den Antrieb sind in den Rädern der Antriebsachsen «Radnabenmotoren» eingebaut. Sie sind sehr kompakt gebaut und haben den optimalen Drehmoment schon beim Anfahren und brauchen kein Schalt- oder Automatikgetriebe. Im Schiebebetrieb, z. B. bei Talfahrten, können die Radnabenmotoren Strom in die Hochvolt-Batterie zurückspeisen. Auch wenn wir mit dem Bremspedal oder mit einem E-Bremshebel an der Lenksäule bremsen, kann Strom zurückgespeist («rekuperiert») werden. Die Antriebsmotoren werden zu Generatoren und verlängern dadurch die Reichweite. Wir können somit während dem Bremsen «tanken».

Merksatz

Rekuperation ist die Rückspeisung von Energie in einen Energiespeicher im Fahrzeug.

3.4.5 Parallel-Hybridantrieb

Bei einem Parallel-Hybridantrieb können der Diesel- und der Elektromotor zusammen oder unabhängig voneinander betrieben werden. Parallelbetrieb macht beim Anfahren Sinn, um mehr Leistung zu haben. Beim reinen Elektroantrieb fahren wir nicht nur emissionsfrei, sondern auch wesentlich geräuschärmer durch die Innenstädte. Der Dieselmotor kann auch alleine den Antrieb übernehmen, wenn der Akku leer ist.

3.5 Omnibusaufbau und Omnibustypen

3.5.1 Der Rahmen

Moderne Omnibusse werden heute ausschließlich in «Gitterrohrrahmen»-Bauweise produziert. Diese Art der Konstruktion wird auch «selbsttragende Karosserie» genannt. Sie hat den Vorteil, dass auf einen separaten Rahmen, wie er beispielsweise in Lkw üblich ist, verzichtet werden kann. Die Fahrwerksbaugruppen, z. B. Achsen und Federung, können direkt an die Karosserie angebaut werden. Vorteile sind ein geringeres Gewicht und dadurch eine höhere Nutzlast des Fahrzeugs.

Die Fensterscheiben in einem Omnibus sind heute alle verklebt und als mittragende Teile konzipiert. Dadurch wird der Bus stabiler und die passive Sicherheit für die Insassen verbessert. Früher wurden die Beplankungen genietet; heute werden die kompletten Seitenteile mit modernen Klebstoffen angebracht. Beim Fahrzeugbau und bei anfallenden Reparaturen werden dadurch Zeit und Geld gespart.

3.5.2 Niederflurbus / Stadtlinienbus

Quelle: Stuttgarter Straßenbahnen AG

Quelle: Stuttgarter Straßenbahnen AG

Im Linienverkehr werden heute überwiegend Niederflurbusse eingesetzt. Die Vorteile liegen auf der Hand. Durch die Niederflurtechnik können die Fahrgäste bequem ein- und aussteigen. Bei der Beförderung im Stadtbus liegt der Schwerpunkt auf schnellem Fahrgastwechsel und kurzer Verweildauer an den Haltestellen. Niederflurbusse sind dafür sehr geeignet.

Der Schwerpunkt bei Niederflurbussen liegt relativ niedrig und ihre Getriebeabstufungen sind kurz übersetzt. Dies erlaubt ein zügiges Anfahren; die Kurvenneigung bleibt gering. Der niedrige Schwerpunkt bedingt allerdings, dass die Federung des Fahrzeugs vergleichsweise hart ist. Niederflurbusse verfügen fast ausschließlich über Automatikgetriebe.

3.5.3 Überlandlinienbus

Der Überlandlinienbus ist eine Kombination aus Linien- und Reisebus. Er ist in der Regel als Hochbodenfahrzeug konstruiert. Dadurch verfügt er über einen höheren Schwerpunkt. Überlandlinienbusse verfügen in der Regel über Schaltgetriebe bzw. automatisierte Schaltgetriebe.

Die Bestuhlung solcher Busse ist aufgrund der längeren Reisezeiten komfortabler als im Linienbus. Solch ein Fahrzeug kann auch im Reise- und Mietwagenverkehr für Tagesfahrten eingesetzt werden.

Oftmals wird der Überlandlinienbus aufgrund seiner vielfältigen Einsatzmöglichkeiten im Linien- und Gelegenheitsverkehr auch als Kombi- oder Universalbus bezeichnet.

Quelle: Stuttgarter Straßenbahnen AG

3.5.4 Reisebus

Für längere Fahrten ist der Reisebus konzipiert. Reisebusse sind als sog. «Hochdecker» mit mindestens 3,60 Meter und bis zu 4,00 Meter Höhe konstruiert. Sie haben ein komfortables Fahrwerk, meist aufwendige Designs und verfügen über Ausstattungen wie z. B.:

- Toilette
- Entertainmentanlage
- Bordküche
- Klimaanlage
- Navigationsanzeige und Routenverlauf für die Fahrgäste

- Liegesitze
- Kofferraum
- getönte Scheiben/Vorhänge/Teppichboden
- Getränkehalter

Die Fahrgäste haben in einem modernen Reisebus oft mehr Platz als in manchem «Billigflieger». Das Fahren mit und in solchen Fahrzeugen ist komfortabel. Hier steht für die Fahrgäste nicht die Pünktlichkeit im Vordergrund, sondern der Komfort. Bei einem vollbesetzten Doppeldecker ist die Neigung in Kurven zu beachten (siehe ▶ Kapitel 12.6).

Quelle: Stuttgarter Straßenbahnen AG

3.5.5 Anhängervorrichtungen

Fahrradanhänger kommen im Linienverkehr in vielen Betrieben immer mehr zum Einsatz. Der Vorteil von Anhängern liegt auf der Hand: Die Unternehmen können mit ihnen auf schwankende Fahrgastnachfragen im Tagesverlauf entsprechend reagieren. Im Reiseverkehr dienen Anhänger in der Regel zum Transport von sperrigen Gegenständen wie z. B. Fahrrädern, Skiern, o. ä.

An Omnibussen werden zumeist selbsttätige Anhängekupplungen verbaut. Nicht selbsttätige Anhängekupplungen sind insbesondere bei Pkw oder Traktoren verbaut; solche Kupplungen werden auch als Rangier- und Abschleppkupplung bezeichnet.

Die **Anhängekupplung** ist eine **selbsttätig** arbeitende Bolzenkupplung. Sie besteht aus den folgenden Bauelementen:

- Fangmaul
- Kontrollanzeige
- Handhebel
- Lösehebel
- Bolzen

Was ist beim An- und Abkuppeln zu beachten?

Vor dem Ankuppeln

Sie müssen prüfen, ob der Anhänger mit der Feststellbremse und mit Unterlegkeilen gegen Wegrollen gesichert ist. Die Zugöse des Anhängers muss mit der Höheneinstellvorrichtung der Anhängekupplung auf die Höhe der Anhängekupplung eingestellt werden.

Beim Ankuppeln

Es ist sinnvoll, die Membranzylinder des Anhängers zu entlüften. Dann können Sie die Zugdeichsel seitlich hin und her bewegen und die Zugöse genau auf das Fangmaul ausrichten. Jetzt fahren Sie mit dem Zugfahrzeug zurück, bis die Zugöse des Anhängers in das Kupplungsmaul einschnappt. Wenn Sie den Handhebel hochdrücken, wird der Bolzen nach oben bewegt und gleichzeitig das Fangmaul verriegelt.

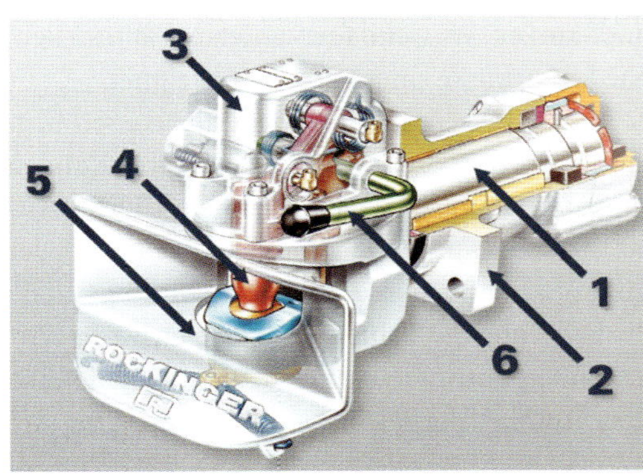

1 Zugstange – 2 Befestigungsmöglichkeit an der Traverse – 3 Kupplungsmechanismus – 4 Bolzen (neu= Durchmesser 38 mm) – 5 Kupplungsmaul – 6 Handhebel (damit wird die Kupplung betätigt)

Die doppelte Sicherung verhindert, dass der Bolzen während der Fahrt nach oben gedrückt werden kann. Es gibt zwei Möglichkeiten zu kontrollieren, ob das Kupplungsmaul richtig verriegelt ist: über den Kontrollstift an der Anhängerkupplung oder, bei modernen Omnibussen üblich, über eine Kontrollleuchte an der Armaturentafel. Beide zeigen dem Fahrer an, ob der Bolzen eingerastet und gesichert ist.

Nach dem Ankuppeln

Die Feststellbremse des Anhängers muss gelöst werden, die Unterlegkeile werden entfernt und die Verbindungen für Bremse und elektrische Anlage werden wiederhergestellt. Zum Schluss dürfen Sie nicht vergessen, die Funktion der Bremse und die Beleuchtungsanlage zu überprüfen.

Während des An- und Abkuppelns dürfen sich zwischen einem Zugfahrzeug und dem Anhänger keine Personen aufhalten.

Abkuppeln

Beim Abkuppeln gehen Sie in der umgekehrten Reihenfolge vor. Vor dem Abkuppeln sichern Sie den Anhänger gegen Wegrollen und stellen die Höheneinstellvorrichtung des Anhängers fest. Dann wird der Handhebel hochgedrückt, die Vorrats- und die Bremsleitung abgetrennt und in die dafür vorgesehenen Aufnahmen verstaut. Dann kann der Omnibus vorgefahren werden. Nicht vergessen: Die Deichsel des Anhängers ablassen.

Merke

Führerscheinklasse "DE" beachten!

3.6 Fahrzeuginnenraum

Der Fahrzeuginnenraum muss je nach Einsatzart verschiedene Anforderungen erfüllen.

Im Reisebus kommt es wegen der längeren Reisezeiten in erster Linie auf den Komfort an. Klimaanlagen und Standheizungen sind Standard. Im modernen Reisebus sind Glasdächer oder abgeschrägte Seitenscheiben sehr beliebt um den Fahrgästen mehr Aussicht zu bieten.

Der Innenraum eines Linienbusses hat mehr Stehplätze um mehr Fahrgäste zu befördern und um schneller Ein- und Aussteigen zu können. Stellflächen für Kinderwagen, Rollstühle, Fahrräder oder E-Scooter werden immer wichtiger.

Für alle Omnibusse gilt: Der Innenraum darf keine scharfen Kanten oder Stolperfallen aufweisen, muss einfach zu reinigen sein, der Fußboden darf sich in der Windschutzscheibe nicht zu sehr spiegeln und es müssen ausreichende Haltegriffe oder Stangen vorhanden sein.

3.6.1 Der Fahrerarbeitsplatz

Der Fahrerarbeitsplatz eines Linienbusses besteht aus einer Vielzahl moderner technischer Komponenten, die nicht nur das Fahren unterstützen, sondern als Peripheriegeräte dem Fahrpersonal umfangreiche Informationen zur Verfügung stellen und es bei der Fahrgastbetreuung unterstützen (siehe ▶ Kap. 6 und 8). In Reisebussen sind darüber hinaus komplette Entertainment-Anlagen im Cockpit verbaut.

3

Der Fahrerarbeitsplatz besteht aus verschiedenen Teilelementen und ist als Gesamtkonzept zu verstehen. Sitz, Kabinengröße, Sitzverstellwagen, Instrumententräger, Pedale etc. müssen aufeinander abgestimmt sein, um dem Fahrpersonal eine ergonomische Sitzhaltung zu ermöglichen.

Grundlegende Anforderungen an den Fahrersitz sind in der VDV-Schrift 234 «Fahrerarbeitsplatz im Niederflur-Linienbus» zusammengefasst; auch verschiedene Lastenhefte der zuständigen Berufsgenossenschaft haben Kriterien für richtiges Sitzen formuliert. Ein moderner, ergonomischer Fahrersitz weist demnach einerseits Verstellfunktionen wie Längs- und Höhenverstellung und verstellbare Rückenlehne auf; andererseits sind Verstellmöglichkeiten für die Sitzflächenneigung und Sitzflächentiefe vorgesehen. Weiterhin sind Lendenwirbelstützen, die in Höhe und Vorwölbung verstellbar sein müssen, vorgesehen. Zum Schutz der Halswirbelsäule dient eine in Höhe und Neigung verstellbare Kopfstütze.

Vor Antritt der Fahrt ist es zwingend erforderlich, den Sitz richtig einzustellen. Da die Fachkraft im Fahrbetrieb in der Funktion als Fahrdienstbeschäftigter den wesentlichen Teil seiner Arbeitszeit hinter dem Lenkrad verbringt, ist die richtige Sitzposition entscheidend. Um gesundheitlichen Beeinträchtigungen wie Muskel-Skelett-Erkrankungen vorzubeugen, werden Sitze eingebaut, die den verschiedenen Körpergrößen der Fahrer gerecht werden müssen und das individuelle richtige Einstellen des Sitzes ermöglichen. Verschiedene Bedieneinrichtungen erlauben die optimale Sitzeinstellung.

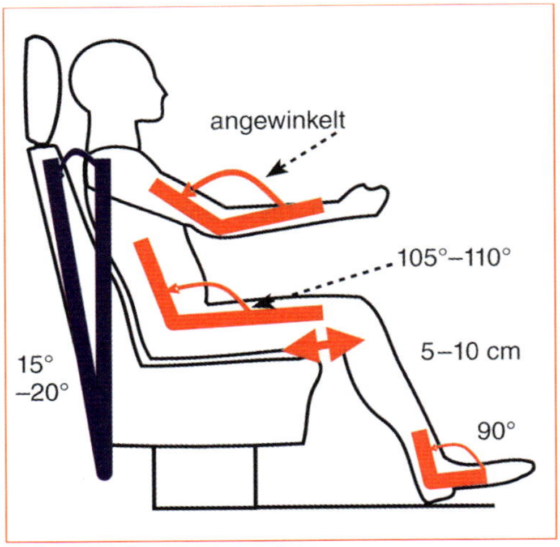

Quelle: BG Verkehr

Die zum Teil komplexen Sitzfunktionen und die oft knappe Zeit, die dem Fahrpersonal bei der Übernahme des Busses zur Verfügung steht, erschweren das richtige Einstellen des Sitzes bzw. das Wiederfinden der früheren Sitzeinstellung. Hersteller, Verkehrsbetriebe und die zuständigen Berufsgenossenschaften arbeiten daran, auch für Omnibusse Fahrersitze mit Positionsspeicherfunktion, sog. Memory-Funktionen, zu entwickeln. In Lkw und Pkw sind diese bereits seit längerem erhältlich. So soll auf einem externen Datenspeicher die einmal eingestellte individuelle Sitzposition des Fahrers gespeichert werden. Bei Übernahme des Busses würde der Fahrer seinen Speicherchip in die entsprechende Lesevorrichtung einführen; der Sitz würde sich dann automatisch auf die gespeicherte Position einfahren.

Hinweis

Fit im Fahrdienst bleiben Sie dann, wenn Sie neben der idealen Sitzhaltung auch regelmäßig einen Wechsel der Körperhaltung vornehmen. Nutzen Sie jede sich bietende Gelegenheit, z. B. in Pausen und Wendezeiten, um Ihren Arbeitsplatz zu verlassen und sich Bewegung zu verschaffen.

3.6.2 Ein- und Ausstiege/Türen

Die Türen bei Linienbussen, insbesondere bei Niederflurfahrzeugen und bei Bussen mit Kneeling-Technik, weisen eine geringe Ein- und Ausstiegshöhe auf. Das erleichtert den Fahrgästen das Aus- und Einsteigen und beschleunigt den Fahrgastwechsel. Am vorderen Einstieg befindet sich in der Regel ein sog. «Haarnadel»-Geländer, das den Fahrgastfluss kanalisieren soll. Links ist der Zugang für Mehrfahrten- und Zeitkartenbesitzer, rechts der Zugang für Fahrgäste, die ihren Fahrschein beim Fahrer erwerben müssen. In Linienbussen werden die Türen meist mit zwei Türblättern verbaut, damit die Fahrgäste mehr Platz zum Aus- und Einsteigen haben und der Fahrgastwechsel schneller erfolgen kann.

Rampen für Rollstühle werden meist an der zweiten Tür verbaut. Zusätzlich ist der Innenraum hinter der zweiten Tür auch mit einer größeren Steh- und Stellfläche versehen, um mehr Platz zur Verfügung zu stellen.

Sinn macht es außerdem, die Fahrgäste an Tür 1 einsteigen und an den Türen 2 und 3 wieder aussteigen zu lassen. So kann der Fahrgaststrom besser kanalisiert und der Fahrgastwechsel zusätzlich beschleunigt werden.

Bei Reisebussen steht der Komfort im Vordergrund, nicht die Geschwindigkeit. Das merkt man beim Öffnen und Schließen der Türen. Reisebusse sind Hochboden-Fahrzeuge (außer Doppeldecker mit unterer Fahrgastbühne); sie verfügen über Treppen, um in den Innenraum zu gelangen. Die Fahrgäste müssen sich beim Auf- oder Absteigen festhalten können. Deshalb müssen Geländer oder Haltestangen verbaut sein. An dem vorderen Einstieg sind meistens noch zusätzlich Reiseleitersitze eingebaut. Sie können weggeklappt werden, um das Aus- und Einsteigen zu erleichtern. Meist sind Reisebusse mit Teppichboden ausgelegt. Diese müssen fest verklebt oder anderweitig befestigt sein, um die Stolpergefahr zu vermeiden.

Quelle: Verband Deutscher Verkehrsunternehmen

Im Linienbus bestehen Fahrgasttüren meist aus durchsichtigem Glas. Dadurch gibt es weniger tote Winkel, in denen vor allem kleinere Personen beim Öffnen und Schließen der Türen übersehen werden könnten.

Besondere Vorsicht ist beim Öffnen von Innenschwenktüren an Hochboden-Fahrzeugen geboten. Die Hohlräume zwischen den Türen und den Trittstufen können nicht optimal eingesehen werden und müssen deshalb noch sorgfältiger beobachtet werden.

Quelle: Stuttgarter Straßenbahnen AG

Moderne Linienbusse werden nur noch mit Reversiereinrichtungen in den Türen ausgeliefert. Diese Sicherungen sollen verhindern, dass Fahrgäste eingeklemmt werden. **Reversiereinrichtungen** sind so konstruiert, dass die Tür sich wieder öffnet, wenn sich ein Hindernis in dem Schwenkbereich der Tür befindet. Sie sind nur aktiv beim Öffnungs- oder Schließvorgang der Türen. Es gibt verschiedene Arten der Reversierung an Linienbussen. Am häufigsten eingebaut werden:

- Die Türblatt-Reversierung: Sie reagiert, wenn Druck von innen oder außen ausgeübt wird.
- Die Türkanten-Reversierung: über kleine Luftschläuche im Türgummi wird Druck auf die Türkante ausgeübt, ein Drucksensor spricht an und die Tür öffnet sich wieder.
- Die Lichtschranke: Sie sendet einen Infrarotstrahl. Die Tür öffnet sich wieder, wenn er unterbrochen wird.
- Die Trittstufen-Reversierung: Sie kann aus einer Gummimatte oder Riffelblech konstruiert sein. Wird der Türbereich während des Öffnens oder Schließens betreten, wird der Vorgang gestoppt.

Merksatz

Reversierungseinrichtungen sind «Versicherungen». In erster Linie für den Fahrgast, aber natürlich auch für das Fahrpersonal. Deshalb vor Fahrtantritt unbedingt ihre Funktion überprüfen!

Hinter den Türen im Innenraum des Reisebusses ist viel weniger Platz als in Linienbussen. Deshalb sind in Reisebussen in der Regel Außenschwenk-Türen verbaut. Eine Reisebustür ist nicht nur isoliert gegen klimatische Einflüsse. Sie hat auch eine aufwendige Verriegelungsmechanik. Mit einer Zentralverriegelung kann der Fahrer auf Knopfdruck an der Fernbedienung alle Türen und Kofferräume verschließen und gleichzeitig die Alarmanlage einschalten.

Der **Vierkant** ist in der Regel in Linienbustüren eingebaut. Mit dem Vierkant kann eine Tür entweder zusätzlich mechanisch verschlossen oder bei einer Störung aufgeschlossen werden.

Der **Nothahn** an Omnibustüren ist dazu da, bei einer Panne oder einem Notfall die Türen öffnen zu können. Es gibt ihn nicht nur im Fahrgastraum, sondern auch außerhalb des Busses. Die missbräuchliche Benutzung durch Fahrgäste ist untersagt. Durch die Betätigung des Nothahns werden alle Sicherungseinrichtungen der Tür außer Kraft gesetzt. Am Fahrerarbeitsplatz ertönt bei Betätigung des Nothahns ein Warnton; außerdem wird die Nutzung mit einer Warnlampe angezeigt.

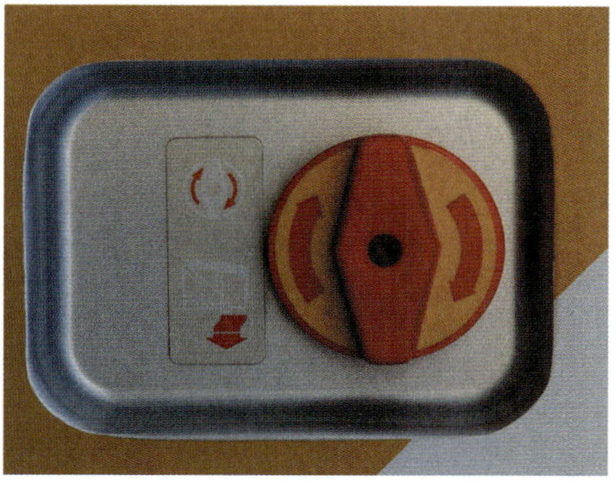

3.6.3 Innenbeleuchtung

Die Innenbeleuchtung in Omnibussen dient dazu, den Fahrgästen einen angenehmen Innenraum mit ausreichend Licht zu bieten. Wenn die Türen bei eingeschalteter Innenbeleuchtung geöffnet sind, werden automatisch zusätzliche Lampen im Türbereich eingeschaltet. Beim stehenden Fahrzeug sind zusätzliche Lichtquellen zum Ein- und Aussteigen nötig. Während des Fahrens werden sie auf ein Minimum reduziert, damit der Fahrer nicht geblendet wird. Intelligente Schaltungen in Omnibussen leuchten den vorderen Innenraum des Omnibusses weniger aus als den hinteren. Dadurch werden die Lichtreflexe in der Windschutzscheibe reduziert. In modernen Reisebussen haben die Reisenden zusätzlich noch Leseleuchten über jedem Fahrgastplatz, die separat aus- und eingeschaltet werden können.

§ 54 a StVZO besagt:

(1) Kraftomnibusse müssen eine Innenbeleuchtung haben; diese darf die Sicht des Fahrzeugführers nicht beeinträchtigen.

(2) Die für Fahrgäste bestimmten Ein- und Ausstiege müssen ausreichend ausgeleuchtet sein, solange die jeweilige Fahrgasttür nicht geschlossen ist.

3.6.4 Lüftung/Heizung/Klimaanlage

Moderne Linien- und Reisebusse verfügen neben Lüftung und Heizung oftmals auch über eine Klimaanlage. Die Frischluftklappen sind in der Regel vorn am Bug des Fahrzeugs eingebaut. Das hat den Vorteil, dass durch den Fahrtwind Frischluft in den Fahrgastinnenraum gedrückt wird. Zum Befördern der Luft sind mehrere Gebläse im Bus eingebaut; zum Verteilen können Lüftungsklappen geöffnet und geschlossen werden.

Grundsätzlich gilt: Im Winter nicht zu viel heizen und im Sommer nicht zu viel kühlen.

Klimaanlagen haben übrigens auch eine Trocknungsfunktion, mit der feuchte Luft aus dem Innenraum des Fahrzeugs herausgezogen werden kann. Dies ist insbesondere bei Regenwetter für den Fahrer von Interesse. Hier kann mit einer Kombination von eingeschalteter Heizung und Klimaanlage die Bildung von Wasserdampf auf den Fenstern verhindert werden.

Bei älteren Fahrzeugen sind im Fahrgast-Innenraum Heizgebläse eingebaut; in moderneren Fahrzeugen sind Konvektoren-Heizungen eingebaut.

Konvektoren-Heizungen haben den Vorteil einer gleichmäßigen Erwärmung des Omnibusses.

3.7 Das Fahrwerk

An ein modernes Fahrwerk werden heute hohe Anforderungen gestellt. Es muss sowohl die Fahrzeugsicherheit sicherstellen als auch den Komfort gewährleisten. Bei Nutzfahrzeugen wie einem Omnibus darf es wegen der Nutzlast nicht zu schwer sein. Außerdem darf es sich nicht zu sehr verwinden, damit der Fahrzeugaufbau geschont wird.

Das Fahrwerk besteht aus den folgenden Baugruppen:

- Lenkung
- Radaufhängung

- Federung
- Dämpfung/Stoßdämpfer
- Achse
- Betriebsbremse
- Rädern

3.7.1 Die Lenkung

Die einfachste Konstruktion einer Lenkung ist die Gabellenkung, wie z. B. beim Fahrrad oder Moped. Einspurige Fahrzeuge haben das Problem der unterschiedlichen Kurvenradien nicht. Mehrspurige Kraftfahrzeuge müssen den Längenausgleich kompensieren. Dies wird nachfolgend anhand der Achsschenkellenkung erläutert.

Die **Achsschenkellenkung** ist in allen mehrspurigen Kraftfahrzeugen verbaut. Die Anforderungen an diese Lenkung sind:

- eine hohe Spurtreue
- geringe Lenkkräfte
- Nachlauf/Rückstellung und ein stabiler Geradeauslauf
- die Dämpfung von Fahrbahnunebenheiten
- der Kontakt zur Fahrbahn
- die Verhinderung einer Verletzung bei einem Auffahrunfall
- geringes Gewicht und wenig Verschleiß
- kein merkliches Spiel

Eines der Bauteile der Achsschenkellenkung ist das Lenkgetriebe. Die Hauptaufgabe des Lenkgetriebes besteht darin, die Drehbewegung am Lenkrad in eine Rechts-, Links- oder auch Hin- und Herbewegung umzusetzen.

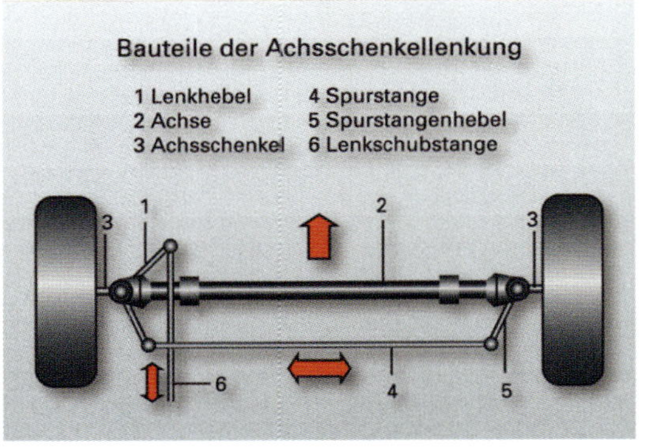

Bei der Achsschenkellenkung entstehen bei der Kurvenfahrt an den Vorderrädern verschiedene Kurvenradien. Das kurveninnere Rad muss einen kleineren Kreis fahren als das kurvenäußere. Jedes Rad muss auf einer eigenen Kreisbahn um den Kurvenmittelpunkt abrollen. Das gelingt durch das Lenktrapez mit einem schematisch dargestellten Lenkdreieck (Spurdifferenzwinkel). Mit der Spurstange wird dieser Effekt erzielt und so wird trotz unterschiedlicher Belastungen der Reifenverschleiß geringgehalten.

Moderne Vorderachskonstruktionen werden in Nutzfahrzeugen als Einzelradaufhängung verbaut. Bei unebenen Fahrbahnen und beim Befahren von Kurven verfügt das Fahrzeug über eine bessere Straßenlage und einen besseren Fahrkomfort. Einzelradaufhängungen haben geteilte Spurstangen, damit jedes Rad unterschiedlich weit aus- oder einfedern kann.

Ein weiterer Vorteil der Achsschenkellenkung ist die Kurvenstabilität.

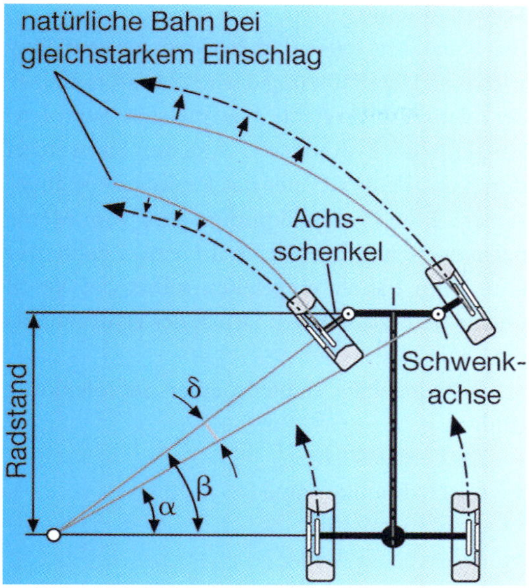

Spurdifferenzwinkel

3.7.2 Die Achse

Die Achsgeometrie ist mit dafür verantwortlich, dass die Räder gleichmäßig abrollen und wenig Verschleiß verursachen. Durch hartes Anfahren an einen Bordstein kann sich eine der nachfolgenden Einstellungen der Achsgeometrie verändern. Bemerkbar macht sich das z. B. durch:

- Lenkradflattern
- Schrägstellung des Lenkrades bei der Geradeausfahrt
- zu viel «Spiel»
- Fahrzeugziehen auf eine Seite

Anhand des «Profilbilds» eines Reifens kann erkannt werden, was an der Achsgeometrie nicht in Ordnung ist (siehe Räder Reifen).

Als **Sturz** bezeichnet man in der Fahrwerksgeometrie ein Rad, das zu einer gedachten senkrechten Linie nach innen oder außen geneigt ist. Ist das Rad nach innen geneigt, spricht man von einem negativen Sturz.

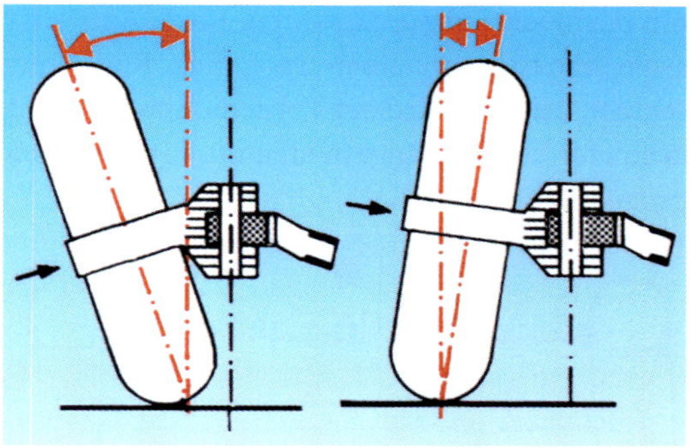

Positiver und Negativer Sturz

Mit **Spur** bezeichnet man die Stellung der Räder einer Achse, wenn man sie von oben betrachtet. Bei einer **positiven** Vorspur sind die Räder vor

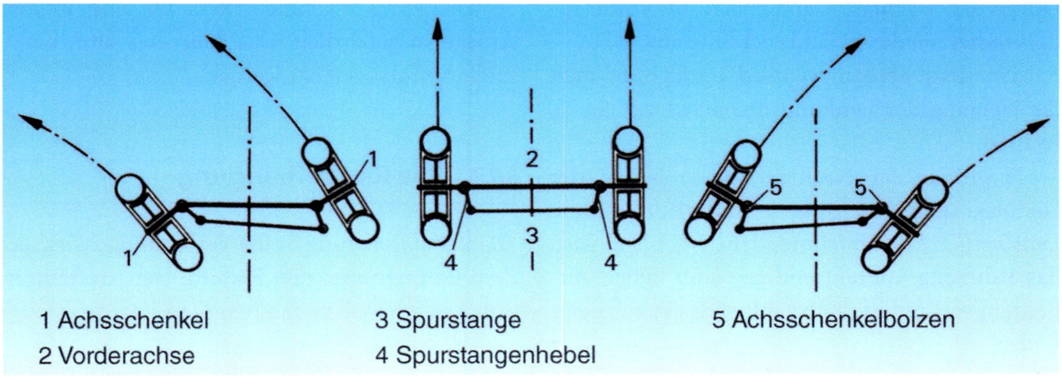

Das Lenktrapez und seine Bestandteile

dem Achsmittelpunkt näher zusammen als hinter dem Achsmittelpunkt.

Bei Fahrzeugen mit Heckantrieb wird die Vorderachse geschoben. Durch den Rollwiderstand der Vorderräder haben sie die Neigung, nach hinten gedrückt zu werden, also mit negativer Vorspur zu fahren. Deshalb brauchen die Räder in der Grundeinstellung eine positive Vorspur, damit sie während der Fahrt neutral, also mit 0°, auf der Fahrbahn fahren.

Bei frontgetriebenen Fahrzeugen ist es gegenteilig: die Vorderachse wird gezogen. Deshalb haben die Antriebsräder die Neigung, sich über den Achsmittelpunkt nach vorne zu drehen, also mit positiver Vorspur zu fahren. Beide Antriebsarten hätten dann einen zu hohen Reifenverschleiß. Deshalb wird ein Vorderachsantrieb mit negativer Vorspur eingestellt, um im Fahrbetrieb genau 0° zu haben.

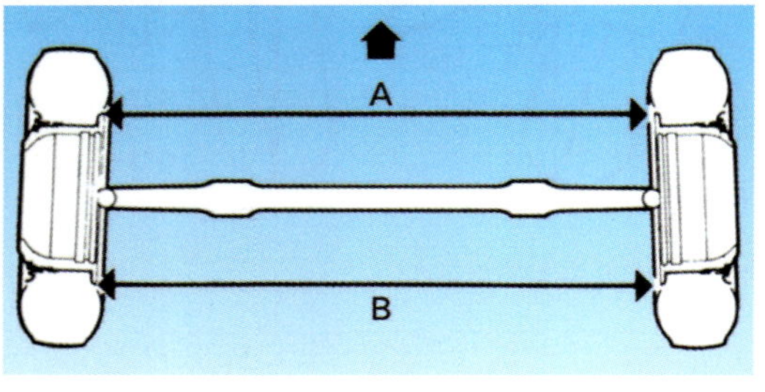

Vorspur (Blick von oben)

Nachlauf

Durch den Nachlauf richten sich die Vorderräder immer wieder in Fahrtrichtung aus.

Mit dem Lenkungswinkel bezeichnet man die Neigung der Lenkungsdrehachse zur Senkrechten.

Je größer der Nachlauf, desto besser der Geradeauslauf. Allerdings erfordert er stärkere Lenkkräfte. Mit abnehmendem Nachlauf wird das Fahrzeug kurvenfreudiger oder agiler. Außerdem verhindert der Nachlauf das Flattern der Räder.

Servolenkung

Bei Nutzfahrzeugen und bei den meisten Pkw wird eine Unterstützung der Lenkkraft mit einer Servolenkung erreicht. Die meisten Servolenkungen sind hydraulische Systeme. Sie werden durch das Lenkrad über das Lenkgetriebe angesteuert. Eine Hydraulikpumpe wird vom Motor permanent angetrieben. Wird eine Lenkbewegung vom Fahrer eingeleitet, öffnet ein Ventil und verstärkt durch den Druck des Hydrauliköls die Lenkkräfte.

Die einzelnen Bauteile einer Servolenkung sind:

- das Lenkgetriebe
- die Hydraulikpumpe
- die Steuerventile
- der Arbeitszylinder
- der Ausgleichsbehälter
- das Hydrauliköl

Mit zunehmender Geschwindigkeit nimmt bei hochwertigen Servolenkungen die Servounterstützung ab. Dies wird jedoch durch den abnehmenden Rollwiderstand ausgeglichen. Bei einem Ausfall der Servounterstützung muss die Lenkung trotzdem lenkfähig bleiben. Dies ist gesetzlich vorgeschrieben.

Bei einer Servolenkung muss der Ölstand regelmäßig kontrolliert werden. Bei zu niedrigem Ölstand muss vor dem Auffüllen unbedingt geklärt sein, an welcher Stelle das Leck sitzt. Eine Servolenkung verbraucht kein Öl. Luft in der Anlage ist gefährlich. Das Fahrzeug kann nicht mehr optimal gelenkt werden.

3.7.3 Die Radaufhängung

Die Radaufhängung ist die Verbindung zwischen dem Rahmen und den Rädern. Der Kraftfahrer erwartet von der Radaufhängung:

- ein stabiles Fahrverhalten
- einen guten Kontakt zur Fahrbahn

- ein frühzeitiges Ankündigen des «Grenzbereiches»
- dass Lenkbewegungen exakt umgesetzt werden können
- einen hohen Fahrkomfort
- geringe Schwingungen

Die Werkstatt erwartet von der Radaufhängung, dass:
- sie wartungsarm ist
- sie eine lange Lebensdauer hat
- sie ein geringes Gewicht aufweist
- die Aufhängung stabil gebaut ist
- sie korrosionsfest und robust ist
- die Bauweise möglichst klein ist
- sie aus möglichst wenigen Einzelteilen besteht

Konstrukteure einer Radaufhängung streben folgende Lösungen an:
- Die Radaufhängung muss exakt geführt werden.
- Sie soll elastisch in alle Richtungen federn können.
- Sie darf sich nicht verdrehen oder verwinden.
- Sie soll einen möglichst langen Federweg haben.
- Sie muss kostengünstig produziert werden können.

Die wichtigsten Bauteile der Radaufhängung sind:
- die Achsträger
- die Stabilisatoren
- der Schräg-, Längs- und Querlenker
- Radlager, -nabe
- die Feder
- der Stoßdämpfer

3.7.4 Die Federung

Die Federung des Fahrzeugs fängt Fahrbahn-Unebenheiten auf und wandelt sie in Schwingungen um. Die Federung und die Dämpfung gemeinsam ermöglichen so einen ununterbrochenen Fahrbahnkontakt der Räder auf der Fahrbahn. Und das bei allen Fahrmanövern wie z. B. beim Beschleunigen, beim Bremsen, bei Fahrbahn-Unebenheiten und bei der Kurvenfahrt. Die Dämpfung der Reifen spielt ebenso eine Rolle und kann vom Fahrer mit einem «Komfort-Luftdruck» oder einem «Eco-Luftdruck» beeinflusst werden. Je weniger ungefederte Massen in einem Fahrwerk verbaut sind, umso besser wirkt sich dies auf das Fahrverhalten des ganzen Fahrzeuges aus. Selbst im Nutzfahrzeugbereich werden extra leichte Materialien wie zum Beispiel Alufelgen verbaut, um so wenig wie möglich Gewicht abfedern zu müssen.

Drei Federungsarten werden heute hauptsächlich in Nutzfahrzeugen eingebaut:

Luftfederung

Die Luftfederung ist in Linien- und in Reisebussen Standard. Auch die Mehrzahl der schweren Lastzüge im Nah- und Fernverkehr sowie Schienenfahrzeuge verfügen über eine Luftfederung. Die Luftfederung ist wesentlich leichter als beispielsweise Blattfedern. Bei der Luftfederung ist die progressive Federkennung durch den Luftdruck gegeben. Außerdem kann eine Luftfederung durch eine Niveauregulierung ihre Höhe anpassen und auch beim Kurvenfahren automatisch nachregulieren. Die Einstiegshöhe kann für die Fahrgäste reguliert werden, um an Bordsteinen immer das gleiche Niveau zu halten. Für das Ein- und Aussteigen mit Rollstühlen kann aus den Federbälgen einer Fahrzeugseite die Luft abgelassen werden (Kneeling).

Der Federbalg ist das wichtigste Bauteil in einer Luftfederung. Er muss regelmäßig bei der Sicherheitsüberprüfung auf Risse untersucht werden. Er ist an der oberen Seite mit dem Rahmen und an der unteren Seite mit der Achse verbunden. Durch das Höhensteuerventil wird die Luft in den Federbalg je nach Beladezustand eingesteuert. Die Luftfederung kann Längs- und Querkräfte nicht aufnehmen. Deshalb müssen Stabilisatoren die Achsen führen. Wenn ein Federbalg undicht wird, sinkt der Rahmen auf die mechanischen Notlauffedern. Der Wagenkasten ist dann schräg, aber man kann vorsichtig und mit reduzierter Geschwindigkeit weiterfahren.

Luftfederung

Schraubenfedern

Sie sind hauptsächlich im Kleinbussen, Pkw und in Lieferwagen eingebaut. Sie sind wartungsarm, benötigen wenig Platz und sind sehr robust. Deshalb eignen sie sich hervorragend für den Einsatz in Geländewagen.

Schraubenfeder

Blattfedern

Für mittlere bis schwere Lkw sind Blattfedern im Einsatz. Speziell im harten Baustellen-Alltag haben sie sich bewährt. Die Blattfeder besteht aus mehreren Metallbändern. Durch ihre Vorspannung wird die Federwirkung erzielt. Beim Aus- und Einfedern verändert sich die Länge der Blattfedern. Sie ist an einer Seite fixiert und an der gegenüberliegenden in einer Führung, die den Längenausgleich gewährleistet. Die Enden der Blattfeder sind mit dem Rahmen und die Mitte der Feder mit der Achse verbunden. Bei schweren Lkw werden zwei Blattfeder-Pakete übereinander angebracht. Mit zunehmender Nutzlast wird erst die längste durchgedrückt und nacheinander die immer kürzeren. Somit haben auch Blattfedern eine progressive Kennlinie. Blattfedern sind wartungsfrei, aber sie müssen regelmäßig auf Risse und Brüche untersucht werden.

Blattfeder

3.7.5 Die Dämpfung

Die Dämpfung der Stöße übernimmt der **Schwingungsdämpfer, auch Stoßdämpfer** genannt. Er lässt die Schwingungen der gefederten Massen schnell abklingen, hält die Räder davon ab zu springen und den Fahrbahnkontakt zu verlieren. Die meisten Dämpfer sind hydraulische Zweirohrstoßdämpfer, die im Gegensatz zum Einrohrdämpfer zusätzlich zum Zylinderrohr ein Behälterrohr besitzen.

Die Kolbenstange ist am Rahmen befestigt und das Gehäuse an der Achse. Durch das Ein- und Ausfedern des Fahrzeugs wird das Öl im Dämpfer durch das Kolbenventil gedrückt. Das Ventil oder auch die Bohrungen reduzieren die Strömungsgeschwindigkeit des Öls und dämpfen die Auf- und die Abwärtsbewegung.

Der Stoßdämpfer dient nicht dazu, durch Fahrbahnunebenheiten ins Fahrzeug eingeleitete Stöße abzufangen. Dafür ist die Federung zuständig. Defekte Schwingungsdämpfer verschlechtern die Fahreigenschaften und verlängern den Bremsweg.

3.7.6 Die Räder, Felgen und Reifen

Räder

In den Rädern moderner Omnibusse steckt jede Menge High Tech. Nutzfahrzeugräder bestehen nicht nur aus Felge und Reifen. Genauer betrachtet gehören zum «Rad» auch die um die Achse sich drehende Einheit, bestehend aus: Reifen, Felge, Radkörper mit Nabe, das Rollenlager und die Bremseinheit. Letztere ist mit einer Bremsscheibe oder einer Bremstrommel bestückt. In Räder werden mittlerweile auch Antriebe wie der Radnabemotor verbaut. Wenn der «Volksmund» vom Rad spricht, meint er meistens nur die zusammenmontierte Einheit von Reifen mit Felge.

Der Fahrer erwartet von den Rädern an seinem Bus:

- ein gutes Bremsverhalten auf nasser Fahrbahn
- gute Kurvenlauf-Eigenschaften auch auf nasser Fahrbahn
- einen stabilen Geradeauslauf
- einen hohen Federungskomfort
- eine geringe Unwucht
- geringe bis keine Vibrationen am Lenkrad
- einen einfachen/gefahrlosen Reifenwechsel

Aus Sicht der Mechaniker und Werkstattexperten sollten Räder ein geringes Systemgewicht aufweisen, einen großen Einbauraum für Bremsen besitzen, über eine hohe Rundlaufpräzision verfügen und aus wenigen, standardisierten Teilen bestehen.

Die Forderungen der Unternehmer und Fahrzeughalter an die Räder sind:

- niedriger Preis
- hohe Laufleistung
- geringer Rollwiderstand
- niedrige Kraftstoffkosten
- niedrige Wartungskosten
- kurze Standzeiten der Fahrzeuge

Die Umwelt und die Volkswirtschaft wünschen sich:

- umweltfreundliche Produkte
- geringe Fahrgeräusche
- geringe Verschmutzung
- umweltfreundliche Herstellungstechnologien
- sparsamen Umgang mit Rohstoffressourcen
- sparsamer Umgang mit Energieressourcen
- Recyclingfähigkeit

Diese verschiedenen Sichtweisen und Ansprüche zeigen, welch hohen und unterschiedliche Anforderungen heute an moderne Nutzfahrzeugräder gestellt werden.

Felgen/Felgenbezeichnung

Für Nutzfahrzeuge haben sich in den vergangenen 20 Jahren Steilschulter-Tiefbettfelgen für schlauchlose Radialreifen durchgesetzt. Im Folgenden werden exemplarisch die drei häufigsten Felgenarten beschrieben.

- **Tiefbettfelge:**
Hier spricht man von einer einteiligen Tiefbettfelge. Mit 5 Grad Schulterneigung und geringer Felgenhornhöhe. Sicherheitsschultern (oder Hump) müssen bei schlauchlosen Reifen verwendet werden. Bei schneller Kurvenfahrt kann der Reifen sonst von der Felge gedrückt werden.

- **Steilschulterfelgen:**
Es sind einteilige Tiefbettfelgen für Lkw- und Busreifen. Die Felgenschulter ist um 15 Grad geneigt. Somit ist eine gute Zentrierung und Abdichtung der Reifen auf der Felge möglich.

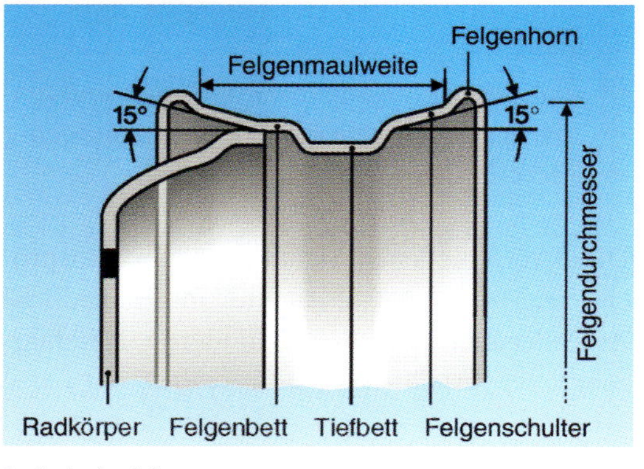

Steilschulterfelge

- **Flachbettfelge:**
Die Flachbettfelge besteht aus mehreren Teilen, die für die Montage des Reifens auseinander- und zusammengebaut werden kann:
  - Seitenring
  - Verschlussring
  - Radscheibe

Flachbettfelgen haben in der Regel einen Schlauch im Reifen und sind für Nutzfahrzeuge mit einer hohen Tragfähigkeit interessant.

Reifen

Schlauchlose Reifen sind heute Standard. Die Vorteile von schlauchlosen Reifen liegen in der Gewichtseinsparung und der schnellen Montage.

Einsatzarten und Charakteristika von Reifen sind den Bezeichnungen auf den Reifenaußenflächen zu entnehmen.

Für die Geschwindigkeitskennzeichnung (Speed-Symbol) stehen für Schwerfahrzeuge folgende Werte zur Verfügung:

Symbol	F	G	J	K	L	M	N
Geschwindigkeit km/h	80	90	100	110	120	130	140

Tragfähigkeitskennzahl (Load-Index):

Tragfähigkeit	144	145	146	145
Gewicht in kg je Reifen	2800	2900	3000	3075

Profiltiefen

Luftreifen an Kfz und Anhängern müssen umfänglich und auf der ganzen Breite der Lauffläche mit Profilrillen oder Einschnitten versehen sein. In Deutschland ist für alle Kraftfahrzeuge eine Mindestprofiltiefe von 1,6 Millimeter gesetzlich vorgeschrieben. Die Tiefe des Profils muss in den Rillen oder Einschnitten gemessen werden. Reifen mit Abnutzungsindikatoren (TWI = Tread Wear Indikator) müssen in den Rillen gemessen werden, in denen sich diese In-

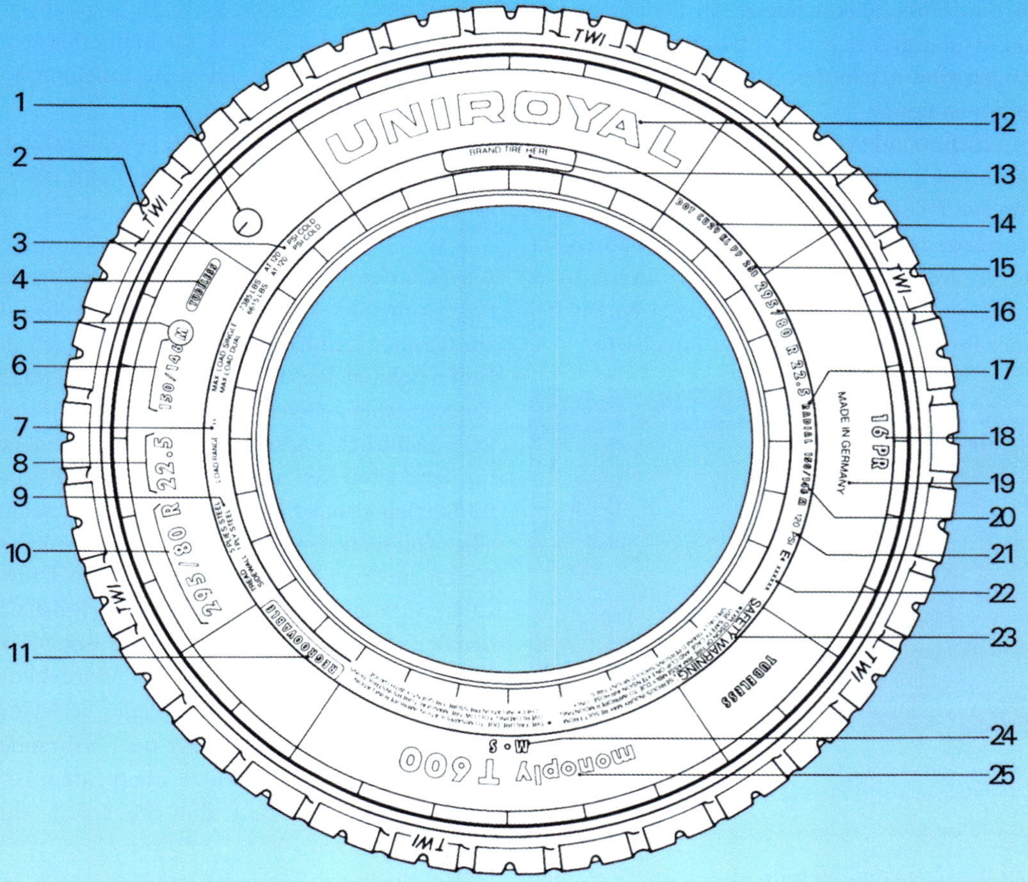

1 Zusatz-Betriebskennung
2 Abriebsindikatoren (6 x)
3 Tragfähigkeit + Luftdruck (USA)
4 Schlauchlos
5 Geschwindigkeits-kennung
6 Tragfähigkeit
7 Tragfähigkeitsklasse (USA)
8 Felgendurchmesser in Zoll
9 Lagenzahl/Material
10 Reifengröße + Art
11 Nachschneidbar
12 Markenname
13 Kundenkennzeichnung
14 DOT-Symbol (USA)
15 Identifikationsnummer
16 Reifengröße
17 Bauart
18 Ply Rating
19 Herstellungsland
20 Betriebskennung
21 Psi-Index
22 ECE-Genehmigungs-zeichen
23 Sicherheitshinweise
24 M + S (Eignung)
25 Produktname

Reifenbezeichnungen

dikatoren befinden. Abnutzungsindikatoren bei NFZ-Reifen sind stegähnliche Erhöhungen von 1,6 mm Höhe, die anzeigen, ob der Reifen die Abnutzungsgrenze erreicht hat. Profiltiefenmessungen sind neben den Abnutzungsindikatoren vorzunehmen.

Pfützen und Wasserlachen in Fahrbahnoberflächen weisen meist eine Tiefe von mehr als 1,6 mm auf. Diese Masse an Wasser muss der Reifen verdrängen, um den Kontakt zur Fahrbahn nicht zu verlieren. Vor diesem Hintergrund macht es Sinn, die Reifen an Kraftfahrzeugen bereits bei einer Profiltiefe von ca. 3 mm zu wechseln.

Sommer- und Winterreifen

Reifenverschleiß und Reifenschäden

Reifenschäden und vorzeitiger Reifenverschleiß können mehrere Ursachen haben:

- Zu niedriger Luftdruck, der eine zu starke Durchwalkung des Reifens verursacht.
- Überhitzung, die zur Ablösung der Lauffläche und Lösungen im Unterbau führt.
- Defekte Stoßdämpfer, die Profilauswaschungen verursachen.
- Schnittverletzungen, die durch einen scharfkantigen Fremdkörper verursacht wurden und zur Folge haben, dass Wasser in die Karkasse eindringt und zu Korrosion und Bruch der Karkasse führen können.
- Anprallverletzungen, hervorgerufen zum Beispiel durch einen harten Anprall vorne rechts beim Heranfahren an die Haltestelle mit der Folge einer Beschädigung der Stahlkarkasse.
- Hitzeschäden am Wulst, die in überhitzten Bremsscheiben oder Bremstrommeln ihre Ursache haben.
- Fehlerhafte Einstellung und Funktionsfähigkeit der Lenkgeometrie mit der Folge eines einseitigen Ablaufens der Reifen.

Als einer der wichtigsten Ursachen von übermäßigen Reifendefekten und Reifenverschleißes gilt ein falscher Luftdruck. Betriebsanleitungen der Fahrzeughersteller und technische Unterlagen der Reifenhersteller informieren über den richtigen Fülldruck. Diese Werte gelten ausnahmslos für den kalten Reifen, da der Reifeninnendruck im Betrieb ansteigt. Fülldruckkontrollen sollten alle zwei, spätestens alle vier Wochen am kalten Reifen durchgeführt werden. Minderdruck führt zu verstärkten Walkbewegungen, durch die sich der Reifen übermäßig erwärmt und unter Umständen sogar platzt. Im Zuge der Fülldruckkontrolle sind die Reifen auf äußerliche Verletzungen (z. B. eingefahrene Nägel oder Schrauben etc.) oder Beschädigungen zu überprüfen. Fehlende Ventilkappen und undichte Ventile sind sofort zu ersetzen.

Bei niedrigen Temperaturen nimmt das Volumen der im Reifen eingeschlossenen Luft ab, deshalb ist besonders bei Winterreifen auf korrekten Luftdruck zu achten.

Der Verschleiß bei Linienbusreifen ist an den Seitenflanken höher als an der Lauffläche. Durch den harten Linieneinsatz lässt es sich nicht immer vermeiden, dass mit dem Reifen an den Bordstein angefahren wird.

Undichte Ventile stellen eine ernste Gefahr dar (schleichender Plattfuß). Die Dichtheit der Ventile am Fahrzeug können Sie testen, indem Sie darauf spucken! Wenn sich Blasen bilden, so schnell wie möglich den Ventileinsatz nachziehen oder wechseln.

Einige Abbildungen von abgefahrenen und defekten Reifen veranschaulichen die damit zusammenhängenden Risiken.

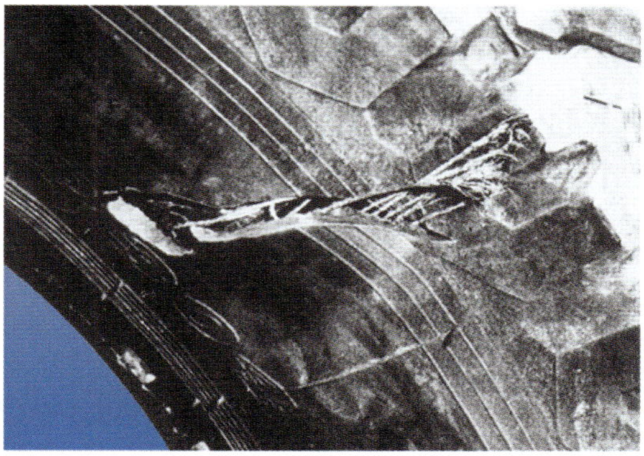

3.8 Bremsen

3.8.1 Aufbau der Bremsanlagen

Moderne Bremsanlagen für Kraftomnibusse sind heute sogenannte «Elektronisch geregelte Bremssysteme» (EBS). Das EBS ist eine Zweikreis-Druckluftbremsanlage mit einer zusätzlichen überlagernden elektropneumatischen Anlage. Aus den folgenden Bauteilen besteht der elektropneumatische Anlagenteil der EBS:

- elektronisches Steuergerät (Zentralmodul)
- Achsmodulator mit integrierter Elektrik für die Hinterachse
- einem Bremswertgeber mit zwei integrierten Sollwertsensoren und Bremsschaltern
- Proportionalrelaisventil
- zwei ABS-Ventilen für die Vorderachse

Der Anlagenteil mit der zweikreisigen Druckluftbremsanlage entspricht einer herkömmlichen Bremsanlage wie sie in älteren Nutzfahrzeugen eingebaut ist. Die Druckluftbremsanlage dient als Redundanz (Reserve), wenn das EBS ausfällt. Bei einem Ausfall der EBS kann ABS und ASR in seiner Funktion gestört sein aber es kann mit der Druckluftbremse immer noch gebremst werden.

Wie funktioniert der elektropneumatische Teil der Anlage?

Über den Bremswertgeber (Bremspedal) wird ein elektrisches Signal an das Steuergerät

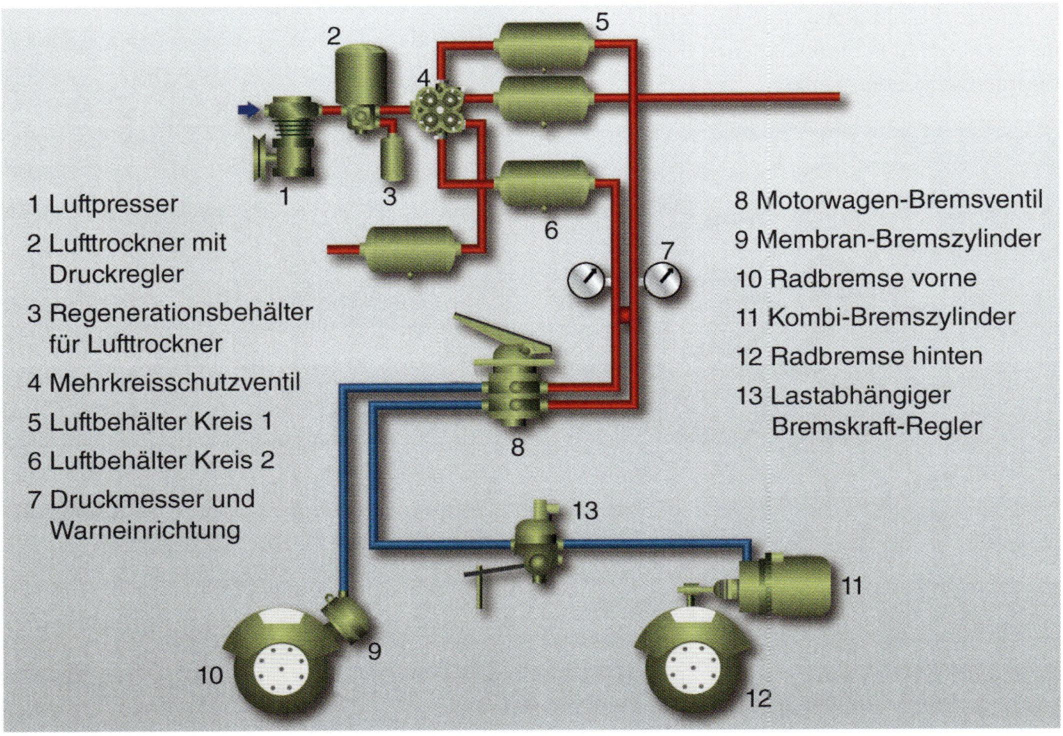

Aufbau einer Zweikreis-Druckluftbeschaffungsanlage

weitergeleitet. Das Steuergerät errechnet aus dem Eingangssignal für jede Achse den optimalen Bremsdruck. Das Signal wird an das Proportionalventil der Vorderachse, sowie an den Hinterachsmodulator weitergeleitet. Das Proportionalventil und der Hinterachsmodulator steuern dann die gewünschten Bremsdrücke in die Bremszylinder ein. Das Anhängersteuermodul erhält ebenfalls ein Signal aus dem Steuergerät. Und errechnet daraus den entsprechenden Druck am Anhänger-Kupplungskopf. Ist der Anhänger ebenfalls mit einer EBS-Bremse ausgestattet, bekommt er über die Anhänger-Steckdose ISO 7638 ein Signal, welches dann ausgewertet werden kann.

3.8.2 Radbremsen

Scheibenbremsen

Scheibenbremsen sind mittlerweile auch in Nutzfahrzeugen Standard. Die Bremskraft kann sehr gut dosiert werden, die erzeugte Reibungswärme wird schnell abgeleitet. Ein weiterer Vorteil ist die annähernd konstante Bremsleistung bei kalten oder warmen Bremsen und die Beläge können schneller gewechselt werden. Der Bremsenkennwert ist der Quotient (Verhältnis) aus der in der Bremse entstehenden Umfangskraft und der zur Erzeugung dieser Kraft nötigen Spannkraft, mit der die Bremsbeläge auf die Bremsscheibe gepresst werden. Da diese Werte allerdings innerhalb der Bremse auftreten, kann man sie nicht direkt messen, sie müssen aus Bremsdruck und Bremsmoment errechnet werden.

Die Scheibenbremse besteht im Wesentlichen aus folgenden Bauteilen:

- Bremsscheibe
- Bremssattel
- Bremsträger
- Bremsbelägen
- Bremskolben

Funktion der Scheibenbremsen

Meistens sind es mehrere Bremsbeläge, die gegen die Scheibenbremse gedrückt werden. Im Bremssattel werden die Bremsbeläge gehalten und geführt. Die Kolbendichtringe ziehen die Bremsbeläge wieder zurück, damit sich die Scheibe wieder abkühlen kann. Vorteil: die Bremsbeläge brauchen nicht nachgestellt werden. Deshalb ist es wichtig den Verschleiß der Beläge regelmäßig zu kontrollieren.

Es gibt mehrere Arten von Scheibenbremsen:

Festsattel-Scheibenbremsen

Der Bremssattel ist festmontiert und je ein Kolben presst von beiden Seiten die Bremsbeläge gegen die Bremsscheibe.

Faustsattelbremse

Die Faustsattelbremse ist so konstruiert, dass sie nur einen Kolben benötigt. Der Kolben presst einen Belag gegen die Bremsscheibe. Der Bremssattel ist beweglich gelagert. Dadurch kann sich der Bremssattel verschieben und der zweite Belag wird ebenfalls gegen die Bremsscheibe gedrückt.

In Sport- oder Rennwagen sind **innen belüftete Scheibenbremsen** erstmals eingesetzt worden um die thermischen Beanspruchungen in den Griff zu bekommen. Inzwischen hat diese Art der Scheibenbremsen so überzeugt, dass sie auch in Nutzfahrzeugen zum Einsatz kommt. Dann gibt es auch noch **gelochte Scheibenbremsen.** Die Löcher in der Scheibe dienen dazu, Spritzwasser auf den Scheibenbremsen schneller zu verdrängen und somit die Ansprechzeit der Bremse zu verkürzen und nicht, wie oft fälschlicherweise angenommen, um Gewicht zu sparen.

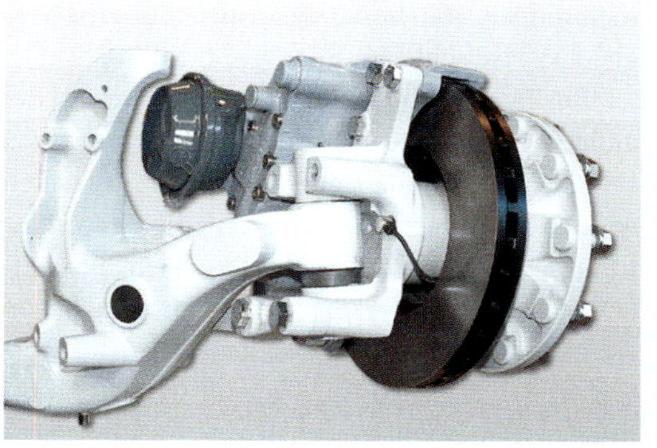

Trommelbremsen

Der Vorteil ist, dass sie relativ billig und mit wenig Aufwand zu produzieren sind. In einigen Bussen oder Baustellen-Lkws sind sie noch eingebaut.

Ein weiterer Vorteile der Trommelbremse ist, dass die blanken Bremsflächen und die Bremsbacken durch das geschlossene Gehäuse den Witterungseinflüssen weniger ausgesetzt, wie z. B.

- Wasser
- Salze
- Korrosion
- Staub
- Schmutz
- Sand
- Steine
- Schlamm
- Fahrten im Gelände

Die Nachteile der Trommelbremsen sind, dass sie sich bei hohen thermischen Belastungen verziehen können (unrund). Scheibenbremsen können die Hitze aufgrund ihrer Bauweise besser abführen. Eine Trommelbremse, die eine annähernd gleiche Bremsleistung wie eine Scheibenbremse bringt, muss größer dimensioniert werden und ist damit schwerer als eine entsprechende Scheibenbremse. Bei hoher thermischer Belastung entsteht «Fading». Der Begriff «Fading» kommt aus dem Englischen und bedeutet dahinschwinden. Die Wärmeabfuhr bei Trommelbremsen mit hoher Beanspruchung ist vergleichsweise schlecht.

Bei Trommelbremsen ist der Unterschied der auflaufenden und der ablaufenden Bremsbacken sehr wichtig. Je mehr auflaufende Bremsbacken wirken können, desto besser ist die Bremsleistung der jeweiligen Trommelbremsen. Bei auflaufenden Bremsbacken spricht man auch von «selbstverstärkend». Eine so genannte selbstverstärkender Bremsbacke wird mit der Drehrichtung in die Bremstrommel hineingedreht und verstärkt seine Bremsleistung selbst noch zusätzlich zu dem aufgewendeten Betätigungsdruck. Die Bremsbacken werden durch Radzylinder auseinandergedrückt. Der kann mechanisch, hydraulisch oder, wie meistens in Nutzfahrzeugen, pneumatisch angesteuert werden.

Simplex-Bremse

Die Simplex-Bremse ist sehr einfach konstruiert. Egal in welcher Drehrichtung, sie hat die gleiche Bremsleistung, aber nur einen auflaufenden Bremsbacken. Sie nützt am wenigsten das Potential ihrer Bremsbacken. Auf der gegenüber

liegenden Seite werden die Bremsbacken über einen Drehpunkt gelagert.

Duplex-Bremse

Die Duplex-Bremse hat für jeden Bremsbacken einen Bremszylinder. Im Vergleich zur Simplex-Bremse hat sie zwei auflaufende Bremsbacken und dadurch beim Vorwärtsfahren eine 50% höhere Bremswirkung. Nachteil: In umgekehrter Drehrichtung der Bremstrommel, also bei der Rückwärtsfahrt, ist die Bremswirkung deutlich geringer, weil nun nur noch ablaufende Bremsbacken bremsen müssen.

Duo-Duplex-Bremse

Die Duo-Duplex-Bremse hat zwei Radzylinder. Sie vereint die Vorteile der Simplex- und der Duplex- Bremse. Sie hat in beiden Drehrichtungen der Bremstrommel immer zwei auflaufende Bremsbacken. Dadurch ist die Bremsleistung bei der Vorwärts- und Rückwärtsfahrt gleich stark. Diese Bauart ist relativ aufwändig und teuer.

Duo-Servo-Bremse

Die Duo-Servo-Bremse hat nur einen Bremszylinder, dafür aber an der gegenüberliegenden Seite ein bewegliches Schiebestück. Das Schiebestück drückt je nach Drehrichtung auf die gegenüberliegende Bremsbacke. Damit sind immer zwei auflaufende Bremsbacken in beiden Drehrichtungen im Eingriff. Der Vorteil der Duo-Servo-Bremse liegt darin, dass nur ein Bremszylinder benötigt wird und trotzdem die gleiche Bremswirkung wie bei einer Duo-Duplex-Bremse erzielt wird.

3.8.3 Druckluftbremsanlagen

Druckluftbremsen sind in Omnibussen, Lkw und Straßenbahnen eingebaut, weil die Fußkraft des Bremspedals nicht mehr ausreicht, um solch ein schweres Kraftfahrzeug abzubremsen. Bei einer Druckluftbremse spricht man auch von einer «Fremdkraftbremse» Die Druckluft ist noch einmal eine zusätzliche Kraft zur Pedalkraft.

Luftpresser

Die Energie für alle pneumatischen Bremssysteme ist komprimierte Luft. Ebenso für die Luftfederungsanlagen und Kupplungen in Nutzfahrzeugen. Der Kompressor ist verantwortlich für die Luftbeschaffung. In der Regel vom Motor angetrieben, erzeugt er die benötigte Druckluft für alle Druckluftsysteme. Im Schnitt dargestellt sieht er aus wie ein kleiner Motor mit Kolben und Zylinder. Über den Luftfilter saugt er gereinigte Luft an. Und drückt sie mit dem Kolben in das Bremssystem. Direkt angeflanscht wird er von dem Ölhaushalt des Motors mitversorgt. In Gelenkomnibussen mit drei oder mehr Türen werden auch 2-Zylinder-Kompressoren eingebaut.

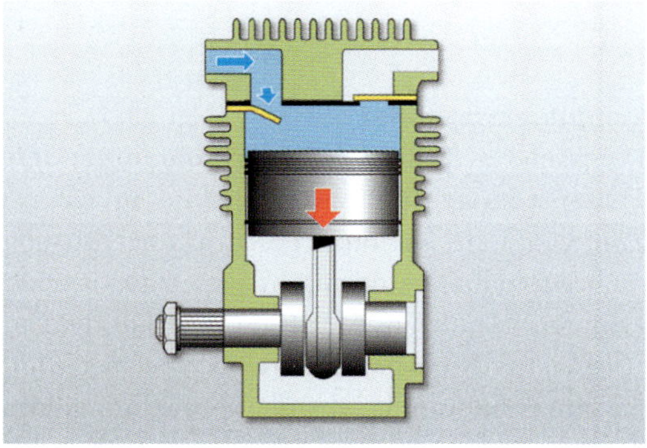

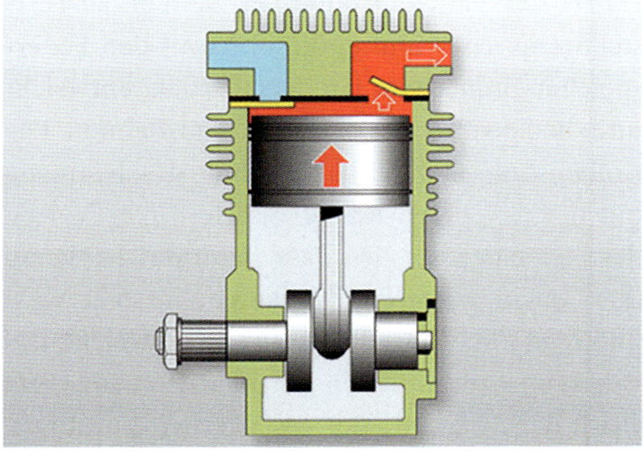

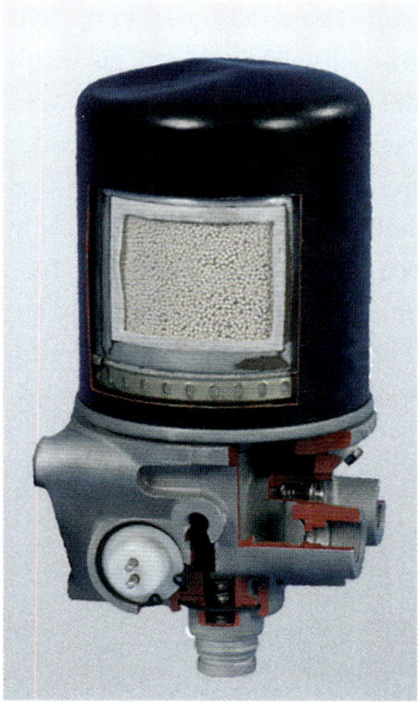

Lufttrocknung

Die vom Kompressor zur Verfügung gestellte Druckluft muss getrocknet und gereinigt werden, bevor sie in der Bremsanlage zum Einsatz kommen kann. Das Trockenmittel befindet sich in einer Kartusche, die in größeren Abständen gewechselt werden muss. In einigen Fahrzeugen kommen Lufttrockner zum Einsatz, die sich selbst regenerieren können. Dazu wird das Granulat mit Hilfe des Kompressors getrocknet.

Die Lufttrockner-Patrone trocknet die benötigte Druckluft. Diese Aufbereitung ist notwendig, um das gesamte Druckluftsystem vor dem Einfrieren und vor innerer Korrosion zu schützen und die Lebensdauer des Systems zu verlängern.

Druckregler

Der Druckregler ist im Prinzip ein Ventil, das die geförderte Luft vom Luftpresser entweder in die Bremsanlage fördert oder, wenn der Abschaltdruck erreicht ist, die geförderte Luft ins Freie abbläst. Je nach Angabe des Herstellers arbeiten die Anlagen mit einem Nenndruck von 8 – 12 bar. Nach dem Abblasen arbeitet der Kompressor dann im Leerlauf. Dieses Abblasen kann sehr laut sein. Um Geräuschbelästigungen zu minimieren, werden die Auslassöffnungen mit speziellen Filtern versehen. Wenn im System oder an den Filtern eine Verstopfung vorliegt, öffnet das Ventil von alleine, um einen Überdruck in der Bremsanlage zu verhindern. Wird der Reifenfüllanschluss benutzt, so öffnet ebenfalls ein Rückschlagventil und verschließt gleichzeitig den Weg zum Vierkreisschutzventil.

Druckregler

Membran-Bremszylinder

Der Membran-Bremszylinder wandelt die pneumatische Kraft in eine mechanische Bewegung um. Die Membrane ist fest mit dem Gehäuse verbunden. Deshalb entsteht keine Reibung und wenig Verschleiß an der Membrane. Sie hat einen geringen Hub, und dadurch eine schnelle Ansprechzeit. Die Membranbremszylinder müssen deshalb öfters nachgestellt werden, was die Verwendung von automatischen Gestängestellern erforderlich macht.

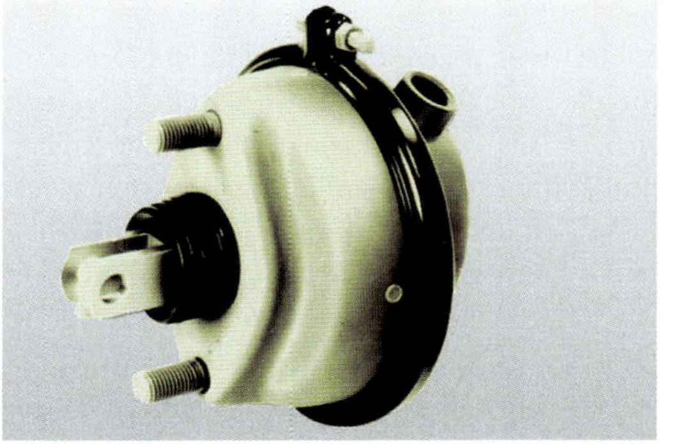

Membran-Bremszylinder

Kombibremszylinder

Kombinierte Federspeicher-Membranzylinder/ Tristopzylinder sind zwei Bauteile in einem. Zum einen ein wie oben beschriebener Membranbremszylinder und ein Federspeicher-Bremszylinder. Wie der Name schon sagt, hat der Federspeicher-Bremszylinder eine Speicherfeder, die im Fahrzustand von der Druckluft in der Bremsanlage zusammengedrückt wird. Will der Fahrer sein Fahrzeug abstellen, zieht er das Feststellbremsventil und entlüftet damit den Federspeicher-Bremszylinder. Der Druck entweicht und die Speicherfeder kann sich ausdehnen. Die Kolbenstange fährt aus und hält das Fahrzeug mit der jeweiligen Radbremse fest. Der Vorteil des Federspeichers ist, dass wenn das Fahrzeug über einen längeren Zeitraum abgestellt wird und die Luft aus der Bremsanlage entweicht, das Fahrzeug immer noch festgehalten wird. Erst wenn der Motor wieder gestartet wird und Luft in die Bremsanlage gefördert wird, kann der Federspeicher gelöst werden. Wenn bei einer Panne das Fahrzeug abgeschleppt werden muss und keine Luft ins System gepumpt werden kann, muss auf der Rückseite des Kombibremszylinders mit einer Mutter an einer Gewindestange die Speicherfeder von Hand zusammengedrückt werden. Das Fahrzeug muss vorher mit Unterlegkeilen gegen Wegrollen gesichert werden.

Oder am besten gleich an das abschleppende Fahrzeug angehängt werden.

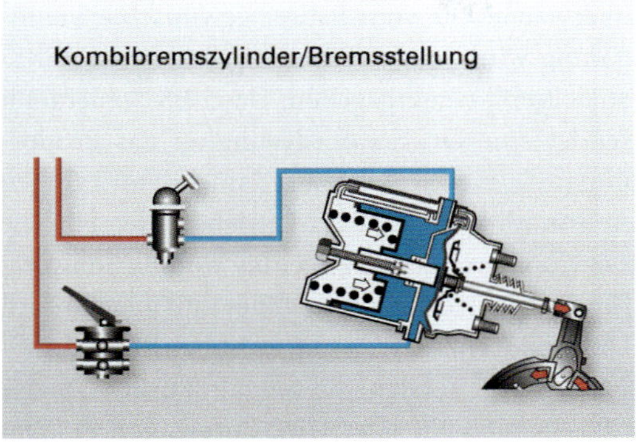

Feststellbremsventil

Feststellbremsventil

Das betätigte Feststellbremsventil entlüftet den Federspeicher-Bremszylinder und sichert das Fahrzeug im Stand gegen Wegrollen. In Fahrstellung ist das Feststellbremsventil belüftet, der Federspeicherzylinder unter Druck. Die Prüfstellung dient dazu zu prüfen, ob Fahrzeuge mit Anhängerbetrieb im Gefälle nur durch den Federspeicher gehalten werden können. Dazu wird die Steuerleitung zum Anhängerbremsventil belüftet, somit die Anhängerbremse gelöst und der Federspeicherzylinder entlüftet. Die Feststellbremse dient gleichzeitig als Hilfs- Bremsanlage. Das Feststellbremsventil kann stufenlos entlüftet werden und somit im Notfall bei Ausfall der Betriebsbremse als «Notbremse» eingesetzt werden.

Luftkessel

Der Luftkessel oder auch Luftbehälter dient zur Bevorratung der geförderten Luft vom Luftpresser. Damit bei mehreren Bremsungen hintereinander nicht sofort der Luftvorrat erschöpft ist, müssen die Luftkessel auf die Einsatzbedingungen des Fahrzeugs abgestimmt sein. Die Größe der Bremsanlage und die Förderleistung des Luftpressers sind für die Berechnung der Füllmenge der Kessel ebenfalls wichtig. Mehrkreis-Bremsanlagen haben für jeden Vorratskreis mindestens einen Kessel. Eine der Gefahren von Druckluftbremsanlagen ist die Ansammlung von Kondenswasser oder Öl im Luftkessel. Dadurch verringert sich nicht nur das Luftvolumen. Es führt auch zu einem schnelleren Druckabfall in der Bremsanlage beim Bremsen. Kondenswasser führt im Winter zum Einfrieren der Ventile und fördert die Korrosion in der Anlage. Öl dringt in die Anlage durch schadhafte Kompressoren, die die Ventile der Bremsanlage verschmutzen und zu Fehlfunktionen führen können. Alte Luftkessel haben noch an ihrer Unterseite Rückschlagventile mit großen Ringen. Sie mussten regelmäßig manuell entwässert werden.

Durch die Einführung der automatischen Entwässerungsventile wird mit jedem Druckanstieg bzw. Druckabfall, vorhandenes Wasser aus dem System entfernt. In den automatischen Entwässerungsventilen ist eine Membrane eingebaut. Sie funktioniert wie ein Ventil mit zwei Funktionen. Beim Druckanstieg strömt Luft aus dem Kessel in die äußere Kammer des Entwässerungsventils. Wenn der maximale Druck erreicht ist, sperrt sie die Kammer zum Kessel und nach außen ab. Der Druck sinkt im Kessel durch einen Bremsvorgang wieder ab. Die Membran öffnet sich, jetzt kann die Luft nach außen und reißt Wasser oder andere Flüssigkeiten mit nach draußen.

3.8.4 EBS (Elektronisches Bremssystem)[3]

Das Elektronische Bremssystem integriert die Grundfunktionen der Bremssteuerung, des ABS und ASR in einem elektronischen System. Die Vorteile einer elektronischen Steuerung gegenüber einer rein pneumatischen Bremsanlage sind schnellere Ansprechzeiten und somit kürzere Bremswege. Das elektronische Bremssystem EBS verfügt über zusätzliche Funktionen, wie die Verzögerungsregelung, Bremsbelag-Verschleißregelung, Bremskraftverteilung und Dauerbremsintegration. Über das Bremsenmanagement im EBS-Steuergerät wird durch Betätigung des Bremspedals die Dauerbremse (Strömungsbremse, Wirbelstrombremse) optimal zur Verzögerung des Fahrzeugs mit einbezogen.

EBS Bremswertgeber

Die Schalter und Wegsensoren im Bremswertgeber werden über das Bremspedal aktiviert und senden elektrische Signale an das EBS-Steuergerät. Dieses wechselt in den Betriebsmodus und regelt die vom Fahrer angeforderte Verzögerung.

Bei jeder Bremspedalbetätigung wird zum elektrischen Teil auch die Pneumatik mit geregelt. Aus den beiden Druckluftvorratsbehältern, Bremskreise 1 + 2, werden in Abhängigkeit der Pedalbetätigungen Steuerdrücke zu den Ventilen an den Achsen durch gesteuert. Hierbei bestehen pneumatische Verbindungen vom Bremswertgeber zum Proportionalrelaisventil an der Vorderachse und zum Achsmodulator an der Antriebsachse.

EBS Steuergerät

Das Bremssystem wird durch das EBS-Steuergerät, auch Zentralmodul genannt, gesteuert und überwacht. Die vom Fahrer gewünschte Verzögerung wird vom Bremswertgeber an das EBS-Steuergerät weitergegeben. Das EBS-Steuergerät sendet eine Druckanforderung an das Proportionalrelaisventil an der Vorderachse und an den Achsmodulator an der Antriebsachse. Für die elektropneumatische Regelung werden Sollwerte für die Bremsdrücke berechnet und angefordert. Die Raddrehzahlsensoren ermitteln die Verzögerung und senden die Signale zurück an das EBS-Steuergerät. Hier wird korrigierend eingegriffen und der notwendige Bremsdruck für die gewünschte Verzögerung eingesteuert.

Wenn ein oder mehrere Räder über die Haftgrenze hinaus abgebremst werden und zum Blockieren neigen, findet eine ABS-Regelung an den entsprechenden Rädern statt.

Übertragen werden die Signale über einen so genannten Fahrzeugdatenbus. Aber auch andere Systeme wie die Motorregelung, die Dauerbremse oder das Display werden von ihm angesteuert.

EBS-Proportional-Relaisventil

Das Proportionalrelaisventil dient zur Druckaussteuerung an der Vorderachse. Zum einen wird die elektrische Druckanforderung vom EBS-Steuergerät als auch der pneumatische Steuerdruck zur Bremsdruckregelung an der Vorderachse umgesetzt. Hier sprechen wir von der Additionsredundanz. Der eingebaute Drucksensor gibt eine Rückmeldung an das EBS-Steuergerät über den ausgesteuerten Istbremsdruck. Bei Ausfall der Elektrik wird rein pneumatisch der Bremsdruck geregelt.

EBS-Redundanzventil

Das Redundanzventil befindet sich vor dem Achsmodulator an der Antriebsachse in der Steuerleitung vom Bremswertgeber kommend. Es dient zur schnellen Be- und Entlüftung der Bremszylinder an der Antriebsachse im Redun-

3 Quelle: Evo-Bus

danzfall und besteht aus mehreren Ventileinheiten. Diese haben die Aufgaben bei Ausfall der Elektrik den Steuerdruck vom Bremswertgeber in einen Bremsdruck umzuwandeln und auf die Bremszylinder durch zusteuern.

Bei funktionierender Elektrik wird der Steuerdruck vom Bremswertgeber im Redundanzventil zurückgehalten, indem der elektrisch angeforderte Bremsdruck auf das Redundanzventil einwirkt und absperrt.

Bei anderen EBS-Systemen befindet sich ein Redundanzventil an der Vorderachse und ein weiteres direkt am Achsmodulator angeflanscht. Diese werden bei funktionierender Elektrik bei der Einleitung einer Bremsung elektrisch angesteuert und sperren den Steuerdruck.

EBS-Hinterachs-Modulator

Der Hinterachs-Modulator besitzt eine eigene Regelelektronik. Diese steuert den Bremsdruck der Hinterachse für jede Seite einzeln und übernimmt im ABS-Regelfall die Funktion der ABS-Magnetventile. Bei durchdrehenden Antriebsrädern wird die ASR-Regelung ebenfalls vom Achsmodulator geregelt. Die Drucksensoren übermitteln den eingesteuerten Bremsdruck links und rechts und vergleichen ihn mit dem angeforderten Sollbremsdruck aus dem EBS-Steuergerät. Die Raddrehzahlsensoren melden die aktuelle Verzögerung an den Achsmodulator, worauf der Bremsdruck korrigiert wird. Die Spannungswerte der Bremsbelagverschleißsensoren im Bremssattel gelangen über den Achsmodulator und den CAN-Bus zum EBS-Steuergerät. Somit kann die Bremsbelagverschleißanpassung bei leichten Bremsungen aktiviert werden. Die Sensoren an der Vorderachse melden direkt von den Bremssätteln ins EBS-Steuergerät.

Das EBS-Anhängersteuerventil steuert wie sein konventioneller Vorgänger den Steuerdruck für das Bremsventil des Anhängers. Das EBS-Anhängersteuerventil bekommt ein elektronisches Steuersignal vom Achsmodulator und pneumatisch vom Bremswertgeber.

ABS-Magnetregelventil

Die ABS-Magnetregelventile an der Vorderachse steuern den Bremsdruck, vom Proportionalrelaisventil kommend, zu den Bremszylindern durch. Bei Blockierneigung der Räder, Erkennung durch die Raddrehzahlsensoren, werden die Magnetventile seitenabhängig vom EBS-Steuergerät aktiviert. Die Regelungen Druckaufbau, Druckabbau und Druckhalten finden so lange statt, bis das Rad wieder frei dreht und normaler Bremsdruck eingesteuert werden kann.[4]

Ergänzende Hinweise

EBS-Proportional-Relaisventil: Beim Ausfall der Elektrik ist zu beachten, dass die rein pneumatische Bremswirkung im Vergleich zur elektronischen Regelung leicht verzögert eintritt. Die Verzögerung entspricht aber der einer normalen pneumatischen Bremse. Der Fahrer darf daher nicht von der Bremse gehen, sondern muss unvermindert weiter das Bremspedal betätigen.

EBS-Hinterachs-Modulator: Die Bremsbelaganpassung sorgt für einen gleichmäßigen Verschleiß der Bremsbeläge, so dass im Idealfall ein gleichzeitiger Wechsel an Vorder- und Hinterachse erfolgen kann. Dies verringert die Werkstattzeit.

3.8.5 Hydraulische Bremsanlagen

Hydraulische Bremsanlagen sind in der Regel in Pkw, Motorrädern und Kleintransporter eingebaut. Aus den folgenden Bauteilen besteht eine hydraulische Bremsanlage:

- Bremspedal
- Hauptbremszylinder (Tandem)
- Bremskraftverstärker
- Bremsleitungen
- Radbremszylinder
- Scheibenbremsen
- Trommelbremsen

4 Quelle: Evo-Bus

Mit seiner Fußkraft betätigt der Fahrer beim Bremsen das Bremspedal und baut so über Bremskraftverstärker und Hauptbremszylinder den nötigen Bremsdruck auf. Der aufgebaute Druck wird mit der Bremsflüssigkeit in den Bremsleitungen und den Bremsschläuchen auf die Scheiben oder Trommelbremsen übertragen. In allen gängigen Fahrzeugen liefert der Motor durch Unterdruck pneumatisch oder hydraulisch die Hilfskraft zur Bremskraft-Verstärkung.

Für die Funktion einer hydraulischen Bremsanlage macht man sich das Pascalsche Gesetz zu Nutze. Es besagt: *Der Druck auf ein mit Flüssigkeit gefülltes geschlossenes System wirkt gleichmäßig nach allen Seiten.*

Nicht nur durch die Hebelverhältnisse vom Bremspedal zum Hauptbremszylinder kann der Druck auf die Radbremsen verstärkt werden. Die hydraulische Kraftübertragung bietet die Möglichkeit, mit verschieden großen Kolbenflächen eine Übersetzung herzustellen. Ein wichtiges Element der hydraulischen Bremsanlagen ist die Bremsflüssigkeit. Sie kann den Druck vom Hauptbremszylinder nur an die Radbremszylinder weitergeben, wenn absolut keine Luft im System ist. Ihr Siedepunkt liegt bei etwa 300 °C. Bremsflüssigkeit hat die hygroskopische Eigenschaft, Wasser anzuziehen. Wenn man Flüssigkeit unter Druck setzt, wird sie heiß. Dadurch können in Verbindung mit Wasser Dampfblasen entstehen. Dampfblasen lassen sich zusammendrücken. Die Übertragung des Bremsdrucks ist dann nicht mehr möglich und das Fahrzeug hat keine Bremswirkung mehr. Deshalb ist es wichtig, die Wartungsintervalle einzuhalten und die Bremsflüssigkeit regelmäßig zu wechseln.

3.8.6 Dauerbremsanlagen

Dauerbremsanlagen, auch Retarder (Verzögerer) genannt, sind die dritte Bremse. Sie ist für Lkw ab 9 Tonnen und für KOM ab 5,5 Tonnen zulässiger Gesamtmasse vorgeschrieben. Nachlesen können Sie das in den §§ 41 und 15 StVZO. Eine Dauerbremse funktioniert verschleißfrei. Sie verbraucht keine Bremsbeläge oder andere Verschleißteile. Es gibt verschiedene Arten der Dauerbremsanlagen.

Merksatz

Mit einem Retarder kann ein Fahrzeug nicht festgehalten werden. Es kann immer nur abgebremst werden!

Auspuffklappenbremse

Im Auspuff ist ein Rohr mit einer Klappe, die der Fahrer mit einem Ventil öffnen und schließen kann. Durch den Staudruck der Auspuffgase drücken die Abgase gegen die Klappe zurück auf den Kolben. Der Motor, und somit der Antriebsstrang bis zu den Rädern, wird dadurch abgebremst. Die Einspritzpumpe wird gleichzeitig auf Leerlauf- oder Nullförderung gestellt.

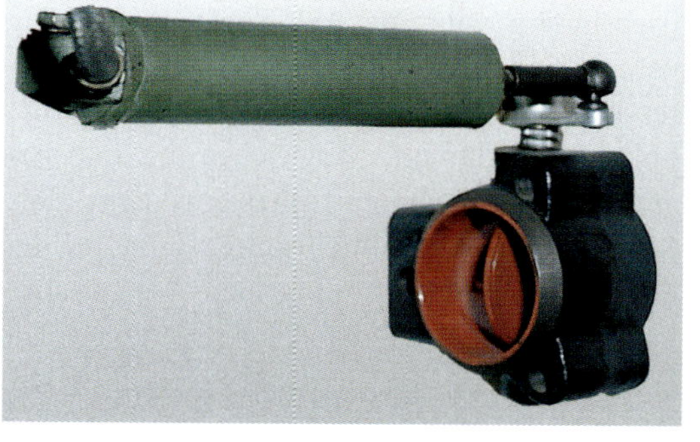

Hydrodynamische Retarder

Der Hydrodynamische Retarder bremst sozusagen durch Öl. In einem Wandlergehäuse arbeiten zwei gegenüberliegende Schaufelräder, ein Stator und ein Rotor.

Der Stator steht und ist fest im Gehäuse eingebaut. Der Rotor ist mit dem Antriebsstrang des Fahrzeugs verbunden. Er rotiert, dreht sich. In das Gehäuse und durch diese zwei Schaufelräder wird Öl gepumpt. Der Ölstrom wird durch die gegenläufig arbeitenden Schaufelräder gegen den Rotor gepresst und bremst dadurch das Fahrzeug ab. Der hydrodynamische Retarder kann in mehreren Stufen die Ölmenge dosieren, um ein sanftes Abbremsen zu ermöglichen. Durch die Reibung wird das Öl sehr heiß. Um den Retarder durch seine eigene Hitze nicht zu beschädigen, wird er mit dem Kühlkreislauf des Motors abgekühlt.

Intarder

In Linienbussen kommt häufiger der «Intarder» oder auch «Sekundärretarder» zum Einsatz.

Intarder sind meistens im Automatik-Getriebe ganz oder teilweise integriert. Die Vorteile sind die kompakte Bauweise und der gemeinsame Ölhaushalt mit dem Getriebe.

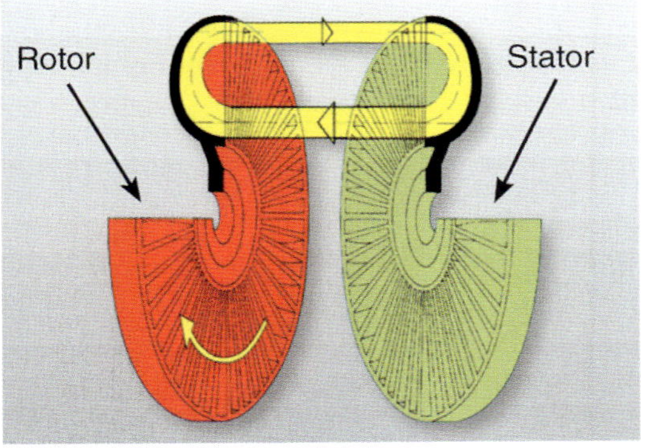

Elektrodynamische Retarder

Der elektrodynamische Retarder wird auch Wirbelstrombremse genannt. Bei dieser Bauart des Retarders werden Magnetfelder erzeugt, um das Fahrzeug abzubremsen. Die nicht magnetisierten Rotoren sind mit der Antriebswelle verbunden. Der Stator steht fest und befindet sich zwischen den Rotoren. Durch den Bedienhebel des Kraftfahrers wird Strom auf den Stator gegeben. Damit werden Magnetfelder erzeugt, die so stark sind, dass auch Schienenfahrzeuge abgebremst werden können.

Aquatarder

Anstatt Öl wird Wasser zum Bremsen verwendet. Die Idee ist, das Kühlwasser des Motors zu nutzen und somit Gewicht einzusparen. Die entstehende Wärme wird über den Kühler des Fahrzeugs wieder abgeführt.

Gesetzliche Vorgaben an eine Bremsanlage

Das Wichtigste beim Autofahren ist nicht das Gas geben, sondern das Bremsen.

Deshalb hat der Gesetzgeber den Fahrzeugherstellern sehr strenge Auflagen gemacht, damit ein Omnibus auch immer angehalten werden kann, wenn es nötig ist. Kraftfahrzeuge müssen zwei voneinander unabhängige Bremsanlagen haben oder eine Bremsanlage mit zwei voneinander unabhängigen Bedienungseinrichtungen, von denen jede auch dann wirken kann, wenn die andere versagt. Gemeinsame mechanische Übertragungseinrichtungen dürfen benutzt werden. Diese müssen jedoch so gebaut sein, dass beim Bruch eines Teils noch mindestens 2 Räder, die nicht auf derselben Seite liegen, gebremst werden können. Bei Kraftfahrzeugen – ausgenommen Krafträder – muss mit der einen Bremse (Betriebsbremse) eine mittlere Vollverzögerung von mindestens 5,0 m/s^2 erreicht werden und 1,5 m/s^2 für die Feststellbremse. Und zur Verhinderung des Wegrollens muss auch eine Bremse feststellbar sein (Feststellbremse).

Kraftomnibusse mit mehr als 5,5 t und andere Fahrzeuge mit mehr als 9 t zulässigem Gesamtgewicht müssen zusätzlich mit einer Dauerbremse ausgerüstet sein. Diese Fahrzeuge müssen vom Gesetzgeber eine Bremsleistung erbringen, die sie beim Befahren eines Gefälles von 7% und einer Länge von 6 km nicht schneller als 30 km/h werden lässt.

3.9 Störungsmeldungen

Im Fahreralltag gibt es immer wieder Störungen oder Pannen. An modernen Omnibussen kann der Fahrer ohne geeignetes Werkzeug kaum etwas ausrichten. Trotzdem sollte die Fachkraft im Fahrbetrieb die technischen Zusammenhänge in seinem Fahrzeug kennen, damit sie bei einer Störung präzise melden kann, was defekt ist. Das erleichtert dem Werkstattpersonal die Fehlersuche und verkürzt die Standzeiten des Omnibusses.

Der VDV-Arbeitsplatz in Linienbussen verfügt im Display über zwei Störleuchten: «Gelb» und «Rot». Im Folgenden werden exemplarisch verschiedene Störmeldungen dargestellt. In einer Störmeldung wird der Ablauf vom Erkennen der Störungen über ihre Auswirkungen auf das Fahrzeug und den Betrieb grafisch dargestellt. Durch solch eine «Prozessbeschreibung» wird deutlich, welche Maßnahmen zu ergreifen sind, um schlimmere Folgen zu vermeiden.

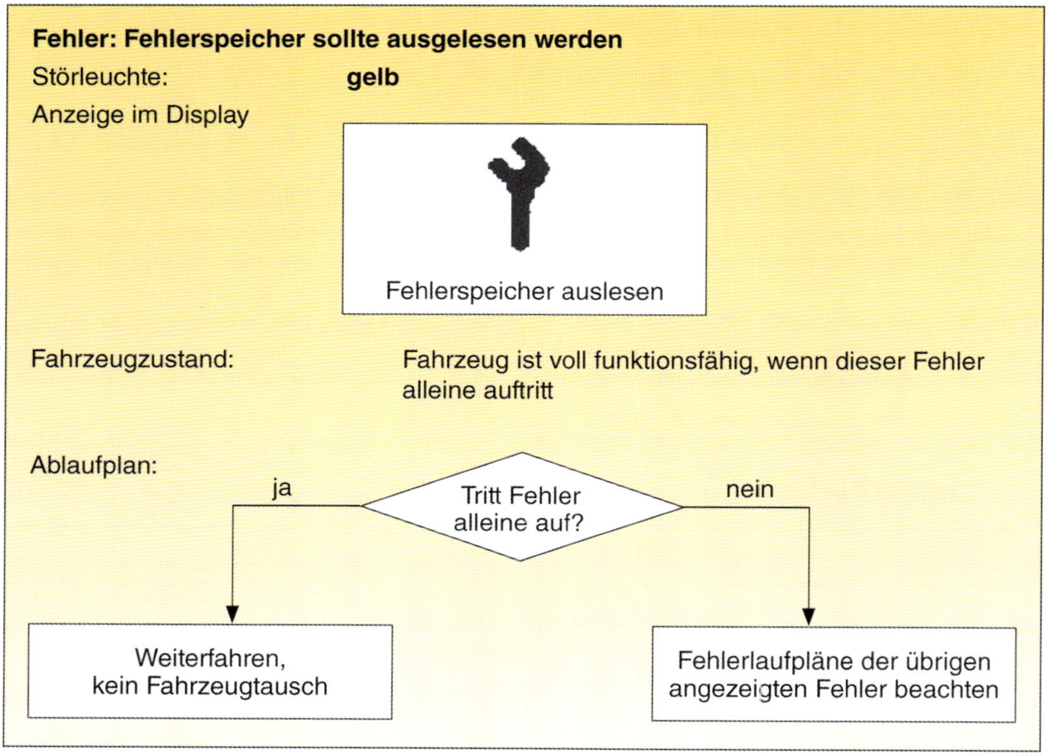

Quelle: Stuttgarter Straßenbahnen AG Fachbereich Kraftfahrzeugwerkstätten

Fehler: Keine Batterieladung (Generator)

Störleuchte: **gelb**

Anzeige im Display

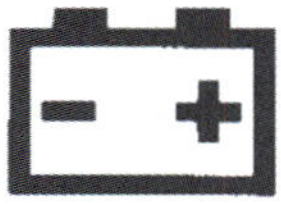

keine Batterieladung
(Generator 1)

Ursache: Generator 1 lädt nicht

Fahrzeugzustand: Die Batterien werden nicht ausreichend geladen, evtl. Problem am Rippenriemen (Keilriemen)

Ablaufplan:

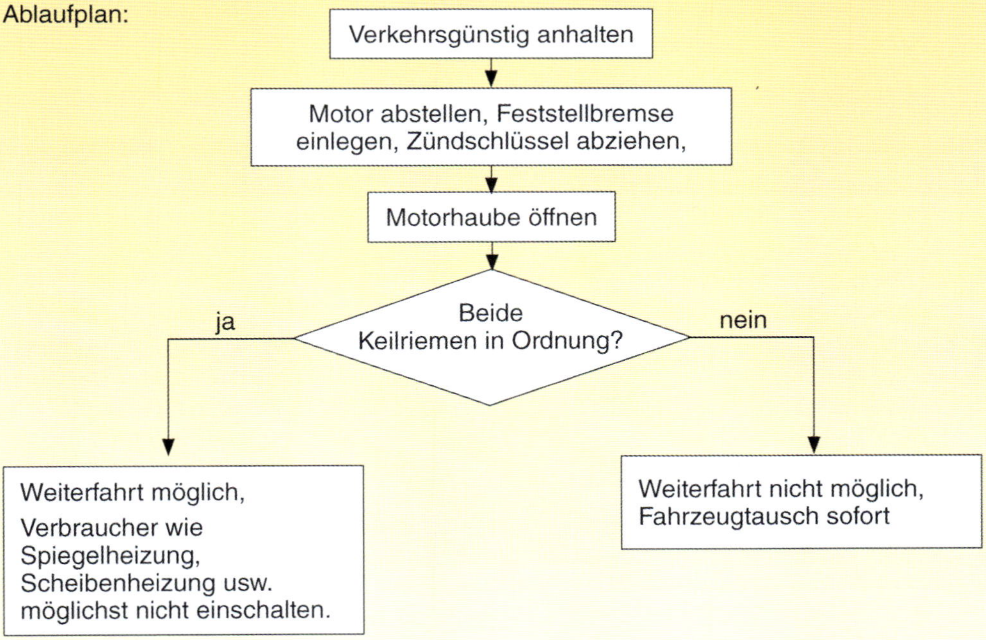

Hinweis:

Tritt zum Fehler noch der Fehler „Kühlwasser zu heiß“ auf, ist vermutlich der gemeinsame Rippenriemen (Keilriemen) auf Generator 1 und Wasserpumpe defekt. Treten die Fehler gemeinsam auf, so ist keinerlei Batterieladung vorhanden, evtl. sind beide Keilrippenriemen defekt.

Quelle: Stuttgarter Straßenbahnen AG Fachbereich Kraftfahrzeugwerkstätten

Fehler: Kein Öldruck

Störleuchte: **rot**

Anzeige im Display

Kein Öldruck

Ursache: Dieselmotor hat keinen Öldruck

Fahrzeugzustand: Dieselmotor hat keine ausreichende Schmierung

Ablaufplan:

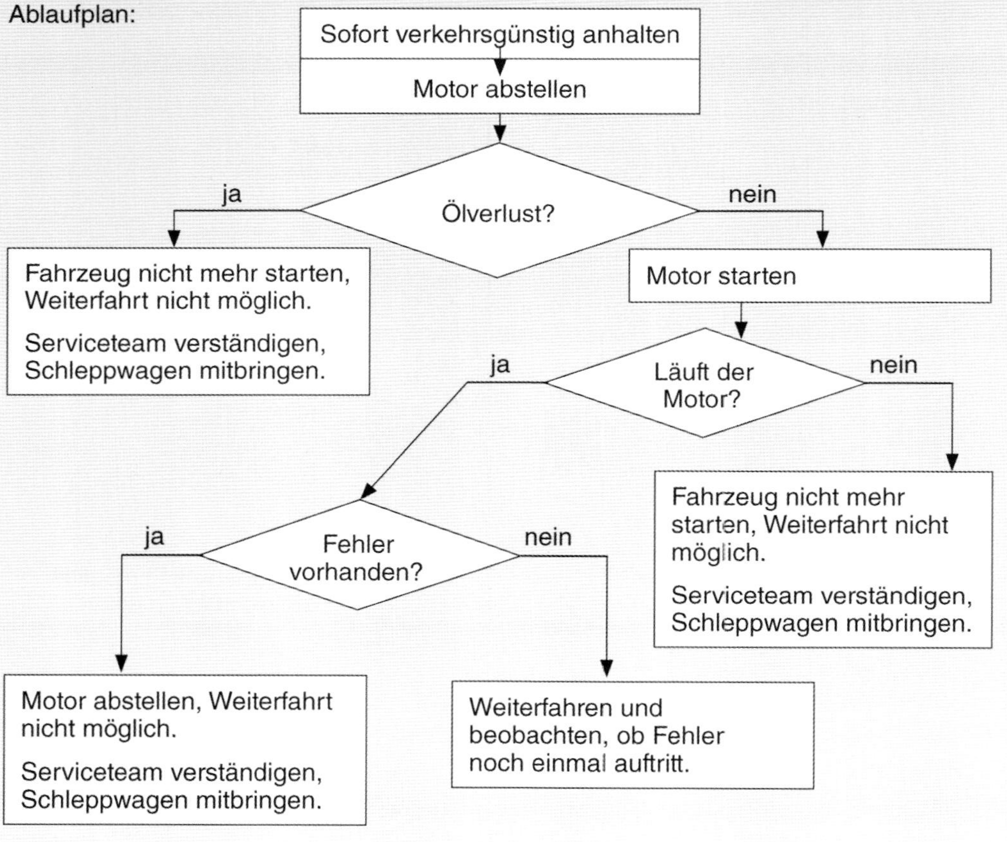

Hinweis

Wenn der Fehler nur bei einer Kurvenfahrt aufritt, ist der Ölstand im Motor zu niedrig. Der Ölstand ist in jedem Fall zu niedrig, wenn der Fehler permanent auftritt. Es kann bis zur nächsten Endhaltestelle gefahren werden, wenn der Fehler „Kein Öldruck“ nur kurz auftritt.

Quelle: Stuttgarter Straßenbahnen AG Fachbereich Kraftfahrzeugwerkstätten

Fehler: Ausfall Motorregelung

Störleuchte: **rot**

Anzeige im Display

Ausfall Motorregelung

Ursache: Regelung für den Dieselmotor ist ausgefallen

Fahrzeugzustand: Dieselmotor läuft nicht mehr, oder nur noch mit konstanter Drehzahl

Ablaufplan:

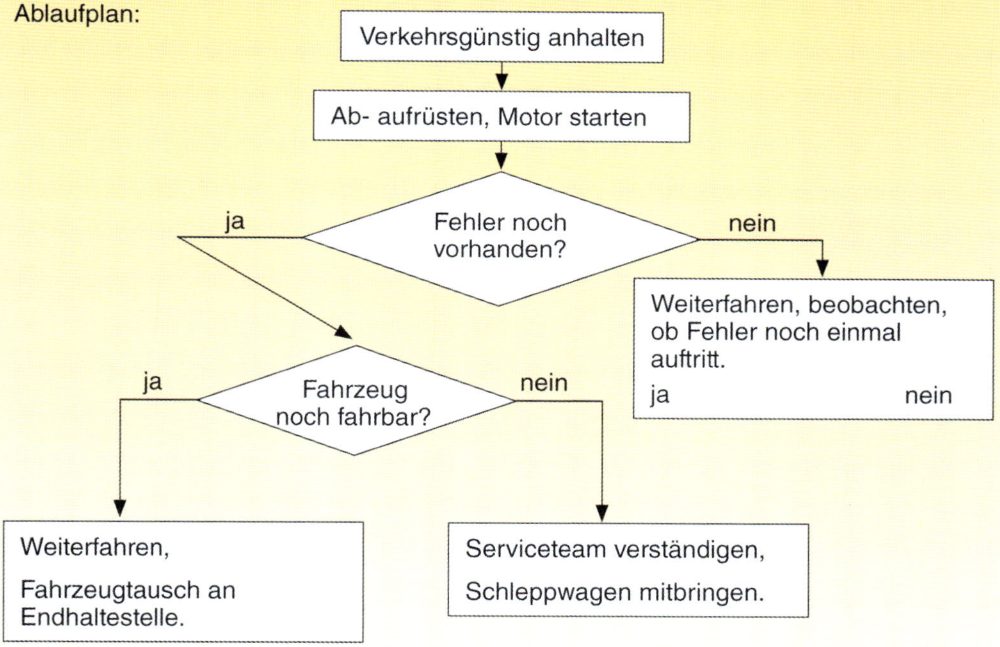

Quelle: Stuttgarter Straßenbahnen AG Fachbereich Kraftfahrzeugwerkstätten

Fehler: Hydrostatischer Antrieb für Kühlerlüfter meldet einen Fehler

Störleuchte: **rot**

Anzeige im Display

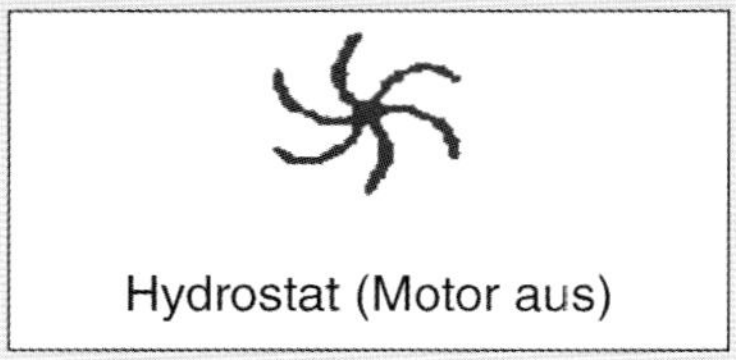

Fahrzeugzustand: Motor evtl. zu heiß, evtl. Ölverlust an der Hydrostatik

Ablaufplan:

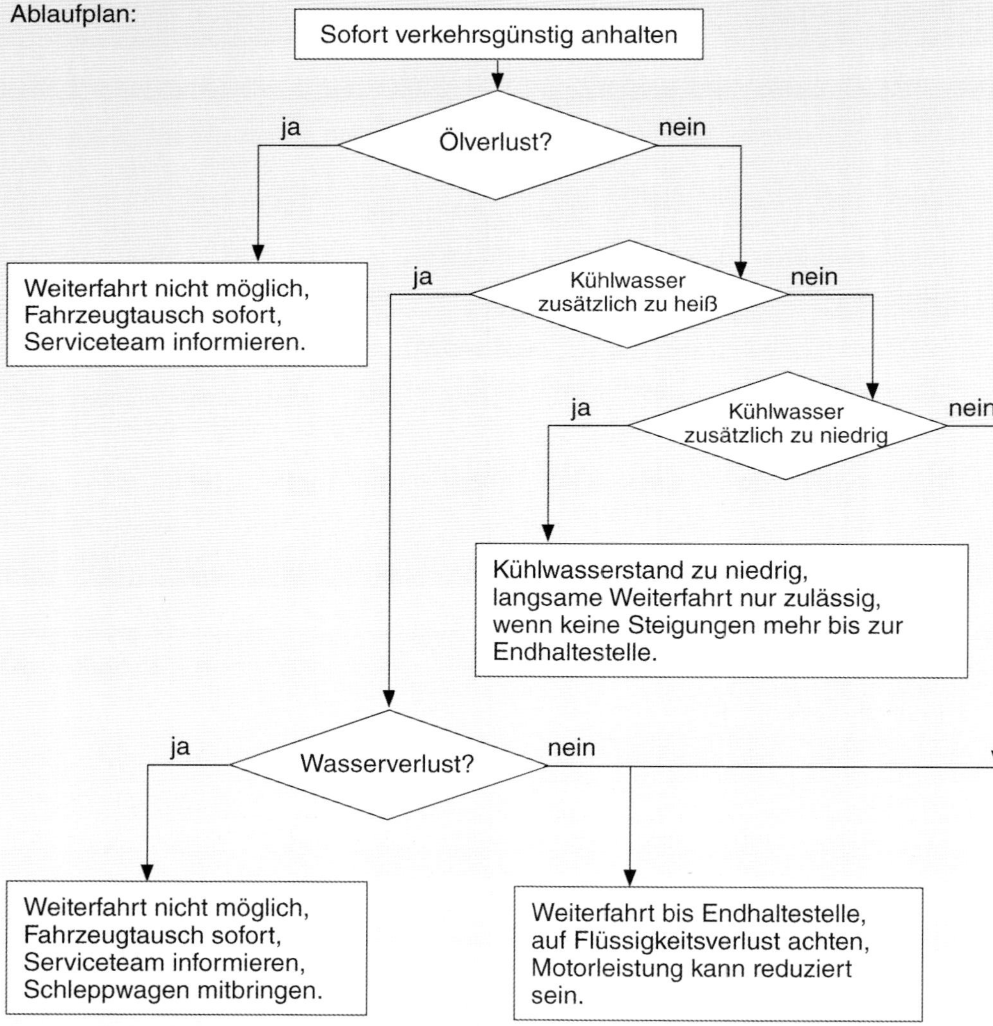

Quelle: Stuttgarter Straßenbahnen AG Fachbereich Kraftfahrzeugwerkstätten

Fehler: Kühlwasser zu heiß

Störleuchte: **rot**

Anzeige im Display

Kühlwasser zu heiß

Ursache: Kühlwasser des Dieselmotors ist zu heiß

Fahrzeugzustand: evtl. schon reduzierte Dieselmotorleistung, evtl. Flüssigkeitsverlust

Ablaufplan:

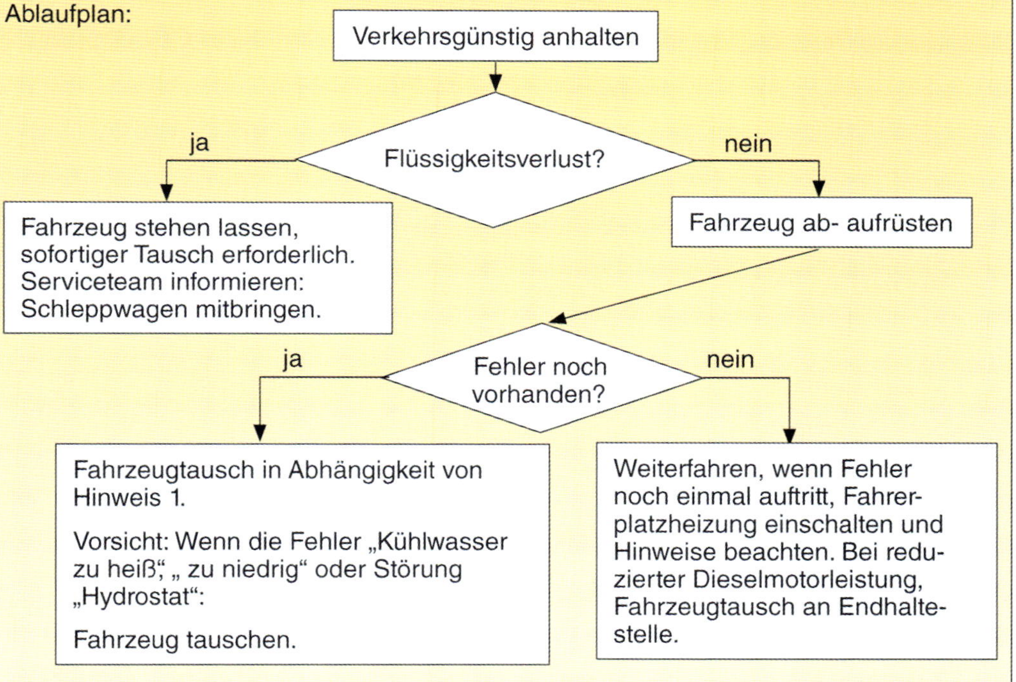

Hinweis:

1. Mit dieser Fehlermeldung sollte nicht länger als 5 Minuten gefahren werden. Der Fahrer soll die noch zu bewältigende Strecke bis zu Endhaltestelle angeben. Danach können Sie entscheiden, ob weitergefahren wird oder nicht.
2. Tritt dieser Fehler zusammen mit den Fehlern Kühlwasser „zu heiß" oder „zu niedrig" auf, so ist vermutlich ein Schaden am Riementrieb vorhanden. Die Wasserpumpe läuft dann nicht mehr. Fahrzeug sofort stehen lassen!
3. Tritt dieser Schaden in Verbindung mit den Fehlern „Störung Hydrostat" auf, Fahrzeug sofort stehen lassen.

Quelle: Stuttgarter Straßenbahnen AG Fachbereich Kraftfahrzeugwerkstätten

3

Fehler: ABS/ASR-Regelung ist ausgefallen

Störleuchte: **rot**

Anzeige im Display

ABS
Ausfall ABS/ASR

Fahrzeugzustand: Betriebsbremse voll wirksam, allerdings ohne ABS/ASR

Ablaufplan:

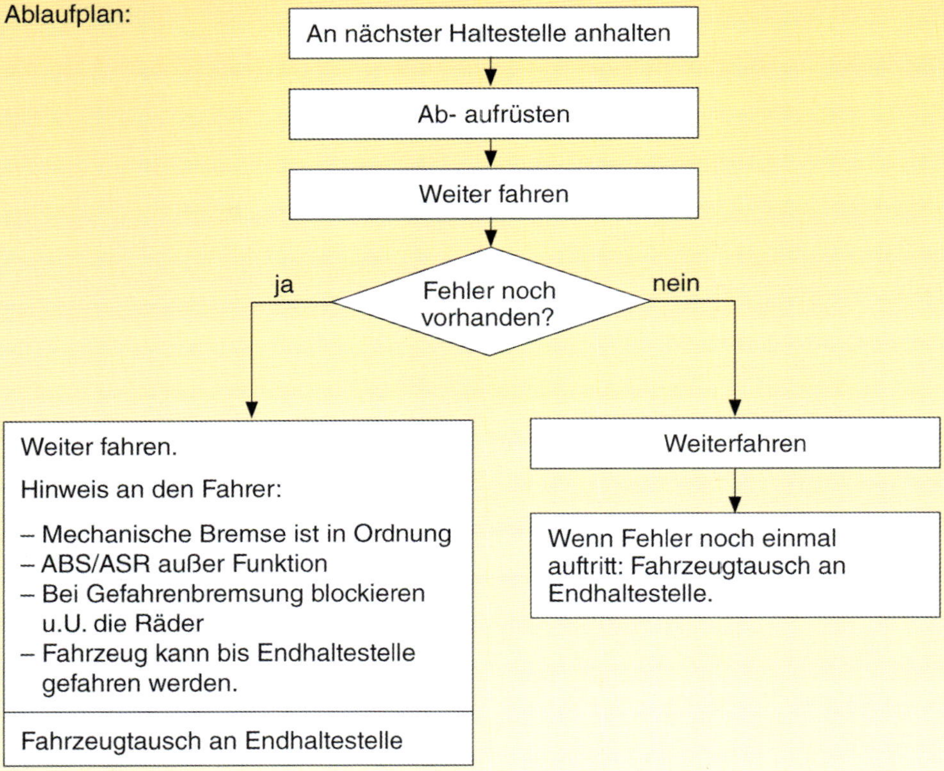

Hinweis:

Das Fahrzeug kann weiter gefahren werden. Besonders bei nasser Fahrbahn oder Glätte muss bei Gefahrenbremsungen mit blockierenden Rädern gerechnet werden. Dies ist dem Fahrer mitzuteilen. Auch das ASR ist außer Funktion, d.h. beim Anfahren auf glatter Fahrbahn muss mit dem Gaspedal dosiert werden.

Quelle: Stuttgarter Straßenbahnen AG Fachbereich Kraftfahrzeugwerkstätten

Fehler: Störung Türanlage

Störleuchte: **rot**

Anzeige im Display

Störung Türanlage 1

Ursache: Tür 1 drucklos, Tür 2 drucklos, Tür 3 drucklos

Fahrzeugzustand: keine Fahrtfreigabe, ein Nothahn kann betätigt sein (siehe F 4000) oder die betroffene Tür ist defekt.

Ablaufplan:

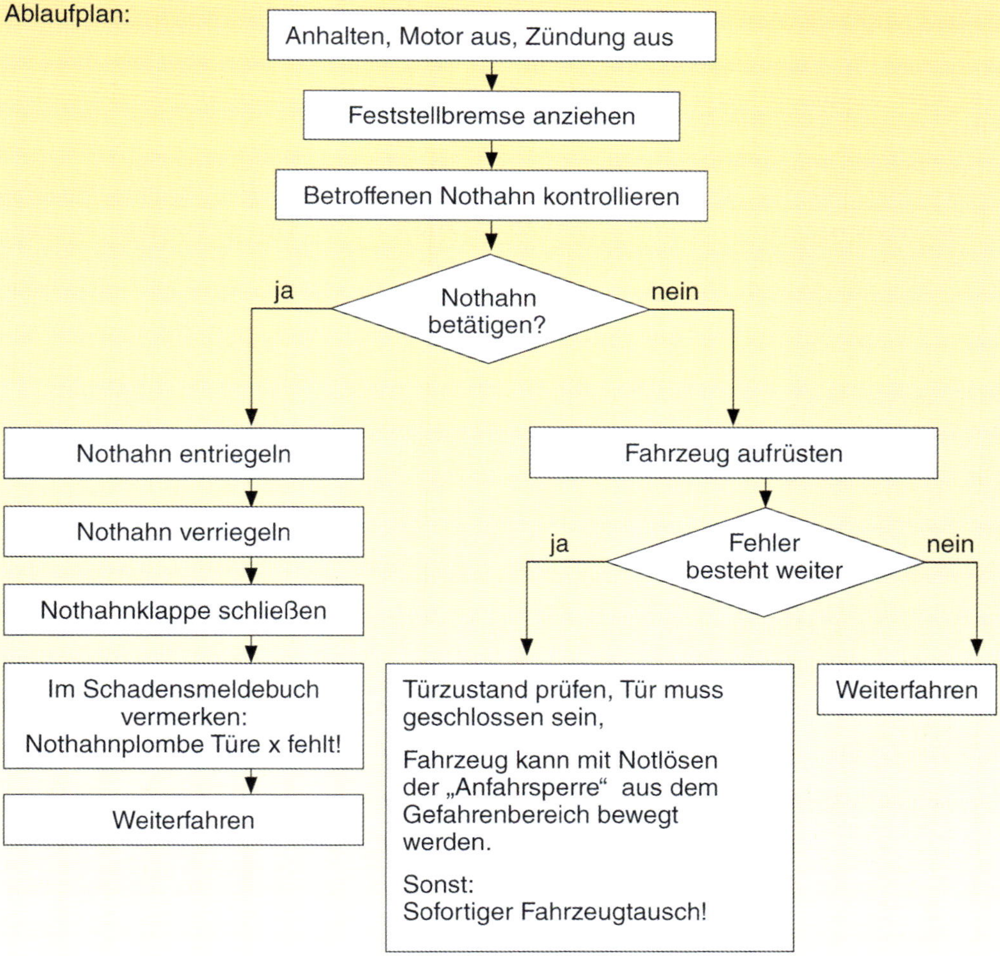

Quelle: Stuttgarter Straßenbahnen AG Fachbereich Kraftfahrzeugwerkstätten

3

3.10 Relevante Rechtsvorschriften

Im folgenden Abschnitt sind alle relevanten Vorschriften kurz erläutert, die Sie als «Fachkraft im Fahrbetrieb» kennen müssen:

3.10.1 Gesetze und Verordnungen

Straßenverkehrsgesetz (StVG)

Das Straßenverkehrsgesetz (StVG) enthält Grundsatz- und Rahmenbestimmungen des Straßenverkehrsrechts, so z. B. die Ermächtigung zum Erlass der Straßenverkehrs-Ordnung, der Straßenverkehrs-Zulassungs-Ordnung; außerdem regelt es Vorschriften über die Haftpflicht beim Betrieb von Kraftfahrzeugen und über Straftaten und Ordnungswidrigkeiten.

Straßenverkehrs-Zulassungs-Ordnung (StVZO)

Die StVZO regelt alle formalen und technischen Voraussetzungen für die Zulassung von Fahrzeugen und Personen am öffentlichen Straßenverkehr, also z. B. von der Beleuchtung eines Fahrzeuges über die Maße einer Notluke bis zu der Bauweise und der Wirkung der Bremsen unserer Busse.

Straßenverkehrs-Ordnung (StVO)

Die StVO enthält die allgemeinen Verkehrsregeln, Verkehrszeichen, Wechsellichtzeichenanlagen, Verkehrsbeschränkungen und -verbote, Verhaltensrichtlinien nach einem Unfall und Durchführungs-, Bußgeld- und Schlussvorschriften.

Personenbeförderungsgesetz (PBefG)

Das PBefG regelt die entgeltliche und geschäftsmäßige Beförderung von Personen mit Straßenbahnen, Oberleitungsbussen und Kraftfahrzeugen im Linien- und Gelegenheitsverkehr. Es enthält Vorschriften über die Genehmigungspflicht, die Genehmigung zur Personenbeförderung, das Genehmigungsverfahren für Verkehrsleistungen, die Beförderungs-, Betriebs- und Tarifpflicht. Es dient als Ermächtigungsgrundlage zum Erlass von Rechtsverordnungen, die den öffentlichen Personenverkehr mit Bussen und Straßenbahnen regeln.

Verordnung über den Betrieb von Kraftfahrunternehmen im Personenverkehr (BOKraft)

In der BOKraft werden die Anforderungen an die Ausrüstung und Beschaffenheit der in den Verkehrsunternehmen eingesetzten Fahrzeuge sowie an die Sicherheit und Ordnung des Betriebs definiert. Es werden die Pflichten des Unternehmers beschrieben und die Aufgaben eines Betriebsleiters definiert.

Fahrerlaubnis-Verordnung (FeV)

Für das Führen jeder Art von Kraftfahrzeugen wird ein Führerschein benötigt. Manche Führerscheine sind nur eine begrenzte Zeit gültig, wie zum Beispiel der Busführerschein. Die Fahrerlaubnis-Verordnung regelt u.a. die Voraussetzungen für die Erteilung der Fahrerlaubnis (wie z. B. das Alter). Für die Fachkraft im Fahrbetrieb sind besonders wichtige Inhalte der FeV:

- Verfahren bei der Erteilung einer Fahrerlaubnis
- Sonderbestimmungen für Inhaber ausländischer Fahrerlaubnisse
- Fahrerlaubnis auf Probe
- Punktesystem
- Entziehung oder Beschränkung der Fahrerlaubnis, Anordnung von Auflagen
- Sonderbestimmungen für das Führen von Taxen, Mietwagen und Krankenkraftwagen sowie von Personenkraftwagen im Linienverkehr und bei gewerbsmäßigen Ausflugsfahrten und Ferienziel-Reisen
- Begleitetes Fahren ab 17 Jahre
- Personenbeförderung ab 18 Jahren während der Berufsausbildung
- Zentrales Fahrerlaubnisregister und örtliche Fahrerlaubnisregister

- Verkehrszentralregister
- Durchführungs-, Bußgeld-, Übergangs- und Schlussvorschriften

Fahrpersonalverordnung (FPersV)
Die Verordnung zur Durchführung des Fahrpersonalgesetzes enthält ergänzende Sozialvorschriften im Straßenverkehr über die zulässigen Lenkzeiten, die erforderlichen Pausen, Mindestruhezeiten sowie Aufzeichnungspflichten.

Berufskraftfahrer-Qualifikationsgesetz (BKrFQG)
Dieses Gesetz regelt seit 2008/2009 die verpflichtende Grundqualifikation und Weiterbildung von Kraftfahrern in der gewerblichen Personenbeförderung (Omnibus) und im Güterkraftverkehr (Lkw).

3.10.2 Arbeitssicherheit und Unfallverhütungsvorschriften (UVV)

Die Berufsgenossenschaften erlassen die Unfallverhütungsvorschriften (UVV).

Diese Vorschriften haben die gleiche Bedeutung wie Gesetze: Sie dienen der Sicherheit und dem Schutz der Beschäftigten. Unternehmer und Beschäftigte sind verpflichtet, sich an die Vorgaben der Vorschriften zu halten. Für Omnibusfahrer/innen in ÖPNV-Unternehmen ist die Branche ÖPNV / Bahnen in der VBG (VerwaltungsBerufsGenossenschaft) zuständig.

Nachfolgend sind die wichtigsten Grundsätze beschrieben, die berücksichtigt werden müssen, um Unfälle zu vermeiden.

Reparatur- und Wartungsarbeiten
Bei allen Reparatur- und Wartungsarbeiten gibt es Grundsätze, die beachtet werden müssen:

- Lassen Sie sich unbekannte Maschinen oder Werkzeuge erst von einem Fachmann erklären. «Probieren» gilt nicht!
- Wenn Sie Fahrzeuge mit Wagenhebern, Winden oder Kränen hochheben, müssen immer zusätzliche Sicherungen wie stabile Klötze oder Böcke zur Absicherung verwendet werden.
- Wenn Sie mit Winden arbeiten, müssen die Kupplungen rückschlagsicher sein.
- Wenn Arbeitsgruben längere Zeit nicht verwendet werden, sind sie abzudecken (eine solche Abdeckung muss zur Not auch einen KOM tragen können).
- Nehmen Sie Reparatur- Wartungsarbeiten grundsätzlich nur an stillstehenden Maschinen vor.
- Bei der Abfahrtskontrolle greifen Sie nie in den Motorraum bei laufendem Motor. Lassen Sie beschädigte elektrische Leitungen und Stecker von Fachleuten ersetzen bzw. reparieren.

Abgase
In den UVV Fahrzeuge § 16 Abgase steht:

(1) Verbrennungskraftmaschinen müssen so beschaffen sein, dass die Gesundheitsgefährdung oder die Belästigung von Personen durch Abgase das nach dem Stand der Technik unvermeidbare Maß nicht überschreitet.

(2) An mehrspurigen Fahrzeugen müssen Einrichtungen zum Abführen von Abgasen so beschaffen und angeordnet sein, dass Personen im Fahrzeug und beim Arbeiten an und auf dem Fahrzeug weitgehend vor Verbrennungs- und Vergiftungsgefahren geschützt sind. Insbesondere müssen

1. Auspuffleitungen, die im Tätigkeitsbereich von Personen angeordnet sind, so ausgeführt sein, dass sie vor Verbrennungen an heißen Oberflächen geschützt sind.

2. Mündungen von Auspuffleitungen so angeordnet sein, dass die austretenden Abgase nicht auf Personen gerichtet sind, deren Tätigkeitsbereich sich in, an oder auf dem Fahrzeug befindet.

In den UVV Fahrzeuge § 51 Betreiben von Heizungseinrichtungen und Kühlgeräten ist festgeschrieben:

3

In Führerhäusern und Fahrzeugaufbauten, in denen sich Personen aufhalten, dürfen nur Heizungseinrichtungen und Kühlgeräte, bei deren Betrieb Feuer- und Explosionsgefahren sowie Gesundheitsschäden durch Abgase, Sauerstoffmangel, hohe Heizluftaustrittstemperaturen oder heiße Oberflächen ausgeschlossen sind, betrieben werden

Heizungseinrichtungen zur Beheizung von Laderäumen, Flüssiggasheizungen mit offener Flamme, flüssiggas- oder petroleumbetriebene Heizpatronen für Kühlgeräte sowie Kochgeräte mit offener Flamme, die die Verbrennungsluft den (beheizten) Räumen entnehmen, scheiden daher zur Beheizung von Führerhäusern, Fahrzeugaufbauten, in denen sich Personen aufhalten, und zum Betrieb von darin aufgestellten Kühlgeräten aus. Eine gegen den Aufstellungsraum dichte Zuluft- und Abgasführung der Heizungseinrichtung muss auch beim Vorhandensein von Führerhaus-Lüftungsöffnungen gewährleistet sein.

Die Abgase des Motors und der Standheizung bestehen aus

- Stickstoffoxid (ein starkes Atemgift),
- Kohlenstoffmonooxid (farb-, geruchs- und geschmacklos; jedoch hochgiftiges Gas, das schon in kleinsten Mengen tödlich wirkt) und
- Schwefeldioxid (ein sehr stark lungenreizendes Gas).

Abgase sind hochgefährlich. Schließen Sie deshalb immer die Absauganlage an, wenn ein Motor in einer geschlossenen Garage laufen muss. Bei einer defekten Abgasanlage kann Kohlenmonoxid in den Fahrgastraum einströmen.

Defekte Standheizungen dürfen nicht mehr betrieben werden und sind umgehend reparieren zu lassen.

Dämpfe

Besonders gefährlich sind Dämpfe brennbarer Flüssigkeiten. Sie bilden ein sofort brennbares Gemisch, das explosionsartig verbrennt oder verpufft, sobald eine Zündquelle hinzukommt. Brennbare Flüssigkeiten müssen so weit wie möglich von der Wärmequelle gebracht werden. Es dürfen nur dichte Gasbehälter und dichte Armaturen verwendet werden.

Beim Tanken entstehen brennbare Dämpfe. Deshalb beachten Sie:

- keine Zündquellen beim Tanken benutzen (Feuerzeuge, Streichhölzer)
- den Motor ausschalten
- die Standheizung ausschalten (frühzeitig ausschalten, Nachlauf beachten)
- nicht rauchen
- nicht telefonieren (statische Aufladung)

Schuhe

Kraftfahrzeugführer, die gewerblich unterwegs sind, müssen festes Schuhwerk tragen. Die Füße brauchen einen festen Halt, damit sie beim Bremsen nicht von den Pedalen rutschen. Die Schuhe dürfen nicht von den Füßen gleiten und sich anschließend noch unter dem Bremspedal verkeilen. Achten Sie auch darauf, dass die Sohle rutschfest ist und entfernen Sie z. B. Ölspuren nach einem Werkstattbesuch sowie Schnee- und Eisreste im Winter.

Brillen

Alle fünf Jahre müssen Fahrer und Fahrerinnen beim Betriebsarzt den Gesundheitscheck absolvieren.

Kontrolliert wird u.a. das Sehvermögen. Sollte eine «Sehhilfe» zum Autofahren nötig werden, ist bei der Auswahl darauf zu achten, dass der Rahmen der Gläser nicht zu breit und die Brillenbügel so schmal wie möglich sind, damit das Blickfeld («toter Winkel») nicht unnötig eingeschränkt wird. Dies gilt auch für Sonnenbrillen, die nicht zu dunkel sein sollten.

Beim Befahren von Tunneln müssen Sonnenbrillen abgenommen werden.

Handy

Das Telefonieren während der Fahrt ist für Fahrzeugführer verboten. Omnibusfahrer machen sich strafbar und gefährden sich, die Fahrgäste und andere Verkehrsteilnehmer, wenn sie während der Fahrt telefonieren.

Ein Rechenbeispiel veranschaulicht Ihnen das Gefahrenpotential durch Ablenkung:

Bei einer Geschwindigkeit von 50 km/h legen Sie in drei Sekunden mit Ihrem Bus eine Strecke von ca. 45 m zurück (Faustformel Reaktionsweg). Ein Pkw benötigt ca. fünf Meter Parkraum. Sie fahren also innerhalb von drei Sekunden an neun Pkw vorbei. Wie oft könnte in diesem Zeitraum eine Tür an einem der parkenden Fahrzeug geöffnet werden? Wie oft könnten Personen zwischen den geparkten Autos hervortreten?

3.10.3 Notfallausrüstung

Allgemeines

Quelle: Stuttgarter Straßenbahnen AG

Zur Notfallausrüstung eines Busses gehören:
- Feuerlöscher
- Verbandskasten
- Warndreieck, Warnleuchte, Warnweste
- Windsichere Handlampe/Taschenlampe
- Unterlegkeile

Feuerlöscher

In Kraftomnibussen müssen mindestens ein Feuerlöscher, in Doppeldecker-Fahrzeugen mindestens zwei Feuerlöscher mit einer Füllmasse von jeweils 6 kg in betriebsfertigem Zustand mitgeführt werden.

Die Feuerlöscher müssen betriebsfähig gehalten werden, also regelmäßig geprüft und ggf. getauscht werden. Der Feuerlöscher muss mindestens für die Brandklassen
- A Brennbare feste Stoffe (Flammen und Glut bildend),
- B Brennbare flüssige Stoffe (Flammen bildend) und
- C Brennbare Gasförmige Stoffe (Flamme bildend)

amtlich zugelassen sein.

Weiterhin gilt es zu beachten:
- Feuerlöscher sind an gut sichtbarer und leicht zugänglicher Stelle unterzubringen.
- Ein Feuerlöscher muss immer in Nähe des Fahrerplatzes untergebracht sein.
- Fahrer und das Begleitpersonal müssen mit der Handhabung des Feuerlöschers vertraut sein. Der Halter des Omnibusses (Verkehrsunternehmen) ist dafür mitverantwortlich.
- Ggf. sind die vorgenannten Personen in der Handhabung zu unterweisen.
- Der Halter muss die Feuerlöscher mindestens einmal innerhalb von 12 Monaten auf ihre Gebrauchsfähigkeit von sachkundigen Prüfern untersuchen lassen.
- Auf einem Schild (Prüfplakette) am Feuerlöscher müssen Name des Prüfers und der Tag der Prüfung angegeben sein.

In der Regel sind Feuerlöscher mit einem Pulver befüllt. Im Fahrgastraum darf erst gelöscht werden, wenn der Omnibus evakuiert ist. Das Pulver ist auf blanken Metallteilen sehr aggressiv und Rost bildend. Bei einem Reifen- oder Motorbrand ist es sinnvoll, die Brandstelle zu kühlen. Dazu benötigt man Wasser oder einen «Flüssiglöscher». Die Flüssiglöscher sind jedoch bis jetzt nur mit einer Sondergenehmigung im Kraftfahrzeugverkehr zugelassen.

Erste-Hilfe-Material (Verbandskasten)

In Omnibus mit 22 Fahrplätzen sind ein, mit mehr als 22 Fahrgastplätzen zwei Verbandskästen mitzuführen. Die Verbandskästen und ihre Inhalte müssen der DIN-Norm 13164 entsprechen. Die Normen fordern u.a., dass die Verbandskästen den Inhalt vor Staub und Feuchtigkeit sowie vor Kraft- und Schmierstoffen ausreichend schützen. Verbandskästen nützen niemandem, wenn nur der Fahrer weiß, wo sie zu finden sind. Deshalb müssen sie für die hilfeleistenden Personen immer an leicht zugänglicher Stelle untergebracht sein. Die Verbandskästen dürfen auch nicht in abgeschlossenen oder nicht zu öffnenden Behältnissen verstaut sein.

In Verkehrsbetrieben, die ihre Fahrer auf der Linie ablösen, macht es Sinn, die Sicherungsmittel und auch den Verbandskasten so zu verstauen, dass der ablösende Fahrer mit einem Blick sieht, dass alles vorhanden ist. Das kann z. B. durch eine Scheibe oder Folie erreicht werden. Um an die Sicherungsmittel zu kommen, muss die Scheibe oder Folie zerstört werden. Dann schreibt der Fahrer eine Meldung über den Vorfall und das «Notfach» wird wieder auf Vollzähligkeit überprüft und verschlossen.

Die Stelle, an sich der Verbandskasten befindet, muss deutlich gekennzeichnet sein, z. B. durch Hinweisschilder mit der Aufschrift «Erste-Hilfe-Material», «Verbandskasten» oder durch das Anbringen des so genannten «Grünkreuzes».

Wenn etwas aus den Verbandskasten verbraucht wurde, muss dies gemeldet und wieder aufgefüllt werden. Mit einem Inhaltsverzeichnis im Verbandskasten wird der Überblick gewährleistet. In vielen Betrieben werden die Verbandskästen mit einer kleinen Plombe gesichert. Sie ist im Notfall leicht zu entfernen und es ist sofort erkennbar, dass der Verbandkasten geöffnet wurde (Mindestanforderung nach § 35 h StVZO).

Warndreieck, Warnleuchte und Warnweste

§ 53 a StVZO besagt:

(2) In Kraftfahrzeugen mit einem zulässigen Gesamtgewicht von ≤ 3,5 t muss mindestens ein Warndreieck, in Kraftfahrzeugen mit einem zulässigen Gesamtgewicht von > 3,5 t müssen mindestens ein Warndreieck und getrennt davon eine Warnleuchte mitgeführt werden.

Im Reiseverkehr ist das Mitführen einer Warnweste vorgeschrieben.

Windsichere Handlampe/Taschenlampe

§ 54 b StVZO besagt:

(1) In Kraftomnibussen muss eine von der Lichtanlage des Fahrzeugs unabhängige windsichere Handlampe (Taschenlampe) mitgeführt werden.

Unterlegkeile

Unterlegkeile sollen verhindern, dass der Bus wegrollt. Das kann passieren,

- wenn er in einem sehr steilen Gefälle steht,
- wenn die Bremse defekt ist,
- beim Radwechsel, wenn der Omnibus auf dem Wagenheber aufliegt.

Ist der Omnibus schwerer als vier Tonnen, ist ein Unterlegkeil vorgeschrieben; verfügt er über drei oder mehr Achsen, sind zwei notwendig. Beim Radwechsel unterwegs wird das Fahrzeug in beide Richtungen gesichert. Die Unterlegkeile im Linienbus befinden sich meist im Ausstieg der zweiten Tür, im Reisebus sind sie in der Regel in der von der Fahrbahn abgewandten Kofferraumseite und müssen z. B. mit einem Gummizug gesichert sein, damit sie während der Fahrt nicht klappern oder aus der Halterung herausfallen.

§ 41 Abs.14 StVZO besagt:

Unterlegkeile müssen sicher zu handhaben und ausreichend wirksam sein. Sie müssen im oder am Fahrzeug leicht zugänglich mit Halterun-

gen angebracht sein, die ein Verlieren und Klappern ausschließen. Haken oder Ketten dürfen als Halterungen nicht verwendet werden.

3.11 Aufgaben

3.11.1 Profiltiefen

Aufgabe 1

In Deutschland ist für alle Kraftfahrzeuge eine Mindestprofiltiefe gesetzlich vorgeschrieben.

- Wie viel beträgt die Mindestprofiltiefe und an welcher Stelle an einem Nutzfahrzeugreifen müssen Sie messen?
- Beschreiben Sie, warum es Sinn macht, Nutzfahrzeugreifen nicht an die Mindestprofiltiefe herunter zu fahren, sondern vorher schon zu wechseln.
- Wie wirkt sich das auf das Fahrverhalten Ihres Omnibusses aus?

3.11.2 Abfahrtkontrolle

Aufgabe 2

Bei der täglichen Abfahrtkontrolle müssen Sie insbesondere die Bremsanlage überprüfen.

- Beschreiben Sie bitte in chronologischer Reihenfolge, wie Sie dabei vorgehen.
- Was müssen Sie tun, wenn Sie bei der Überprüfung der Bremsanlage feststellen, dass Ihre Kontrolllampe «ASR» aufleuchtet und nicht mehr erlischt?

3.11.3 Geradeausstellung der Räder

Aufgabe 3

- Wenn Sie beim Ausfahren aus der Kurve wieder geradeaus fahren, stellen sich die Räder selbstständig wieder in Geradeaus-Stellung.
- Warum ist das so?
- Wie nennt man diese Eigenschaft der Vorderachse?

3.11.4 4-Takt-Dieselprinzip

Aufgabe 4

Moderne Dieselmotoren arbeiten nach dem 4-Takt-Dieselprinzip.

- Welcher der vier Takte ist der Arbeitstakt?
- Wie wird bei einem Dieselmotor das Kraftstoff-Luftgemisch entzündet?

Mit Kunden der Verkehrsunternehmen umgehen

Zusammenfassung

In diesem Lernfeld erfahren Sie, wie Sie im Umgang mit Kunden sachkundig agieren und informieren, dabei Belange mobilitätseingeschränkter Fahrgäste und deren Bedürfnisse berücksichtigen. Sie werden sich über die Bedeutung Ihres eigenen Verhaltens gegenüber Kunden und Mitarbeitern und deren Reaktionen bewusst.

4.1 Kunden im ÖPNV

4.1.1 Der Kunde im ÖPNV

Der Kunde steht in einem Dienstleistungsunternehmen im Mittelpunkt des Interesses. Es ist ein erheblicher Unterschied, ob ein Mensch mit individuellen Bedürfnissen von A nach B fährt, oder ob ein Stückgut, wie z. B. eine Palette Zeitschriften, von A nach B transportiert wird. In der Branche wird daher auch immer von Beförderung gesprochen und nicht von Transport. Wir befördern Menschen und diese haben hohe Ansprüche an die Dienstleistung ÖPNV. Sie möchten nicht nur einen Ortswechsel vornehmen, sondern dabei bequem und in angemessener Temperatur sitzen, sich auf die Pünktlichkeit verlassen können und im Kontakt mit den Mitarbeitern des Verkehrsunternehmens einen guten Service erleben. Hierbei ist es egal, ob der Kontakt mit einem Fahrer, einem Fahrausweisprüfer oder einem Mitarbeiter am Fahrkartenschalter stattfindet. Die Kunden erwarten eine fachlich fundierte und freundliche Behandlung und Beratung.

Merksatz

Die Aufgabe der Fachkraft im Fahrbetrieb ist die Dienstleistung für den Kunden.

Im direkten Kontakt mit dem Fahrgast entscheidet jeder Beschäftigte über die Darstellung und das Image des Unternehmens in der Öffentlichkeit, d.h. hier sind Sie ganz persönlich gefordert, durch Ihr Verhalten und Ihre Umgehensweise mit dem Kunden das Produkt «Öffentlicher Nahverkehr» optimal zu präsentieren und damit ein hohes Maß an Kundenzufriedenheit zu erzeugen.

Dazu ein kleines Beispiel: Wenn Sie als Fahrer im Einsatz sind, werden Sie Verzögerungen durch Behinderungen auf der Strecke hin und wieder nicht vermeiden können. Entscheidend ist, dass der Fahrgast über die Verzögerung zeitnah und aussagekräftig informiert wird. Dann weiß er, wieso das Fahrzeug nicht weiterfährt und fühlt sich als Kunde respektiert.

4.1.2 Die Dienstleistungsnorm für den ÖPNV

Für die Verkehrsunternehmen ist es sehr wichtig, die Kundenwünsche und -bedürfnisse zu ermitteln, damit sie diese erfüllen können. Dazu wurde eine europaweit gültige Norm, die DIN-Norm EN 13816, entwickelt, die zum Nachweis der Servicequalität von Verkehrsunternehmen im öffentlichen Personenverkehr dient. Einige deutsche Verkehrsunternehmen sind bereits nach dieser Norm zertifiziert. In dieser Norm wird Qualität als Grad der Kundenzufriedenheit gewertet. Mit Kundenzufriedenheit ist dabei der Grad der Übereinstimmung zwischen der vom Kunden erwarteten und verlangten Leistung und der gelieferten Leistung des Anbieters gemeint. Die EN 13816 orientiert sich am Qualitätskreis, der die verschiedenen Sichtweisen von Kunde und Anbieter abbildet.

Die Dienstleistungsqualität wird mit messbaren Qualitätskriterien beschrieben, damit die Servicequalität des Anbieters beurteilt werden kann und auch mit anderen Anbietern vergleichbar ist. Die Festlegung der Qualität erfolgt in Form eines Verkehrsvertrages, der zwischen einem Aufgabenträger, z. B. einer Stadt als Besteller der ÖPNV-Leistung, und einem Verkehrsunternehmen oder einem Verkehrsverbund abgeschlossen wird. In diesem Verkehrsvertrag werden dann auch die Qualitätskriterien festgelegt. Diese sind nach der EN 13816:

- Verfügbarkeit
- Zugänglichkeit
- Information
- Zeit
- Kundenbetreuung
- Komfort
- Sicherheit
- Umwelteinflüsse

Im Verkehrsvertrag wird vorgegeben, welche zeitliche und räumliche **Verfügbarkeit** für Produkte und Dienstleistungen zu leisten ist. Hier werden i. d. R. Bedienangebote und Betriebszeiten von Bussen und Bahnen festgelegt. Die **Zugänglichkeit** betrifft die Erreichbarkeit der Infrastruktur, wie z. B. der barrierefreie Zugang für Rollstuhlfahrer und Fahrgäste mit Kinderwagen zu Bahnsteigen und Fahrzeugen. Mit **Information** ist die systematische Bereitstellung von Informationen über das System des öffentlichen Personennahverkehrs gemeint, z. B. Fahrpläne, die die Planung und Durchführung der Fahrt erleichtern sollen. Mit dem Kriterium **Zeit** ist die Fahrzeit gemeint, die das vom Anbieter bereitgestellte Fahrzeug für das Befahren einer Linie benötigt. Kriterien sind hier insbesondere Pünktlichkeit und die Sicherung der Anschlussfahrten. Mit der **Kundenbetreuung** ist die Betreuung der Fahrgäste vor und während der Fahrt gemeint, die das Servicepersonal an Haltestellen und in Fahrgast-Zentren zu gewährleisten hat. Durch den im Verkehrsvertrag festgelegten **Komfort** wird die Fahrzeugauswahl und die Ausstattung des Fahrzeugs festgelegt. Dies können z. B. Niederflurbusse sein oder es wird festgelegt, dass die Fahrzeuge über eine Klimaanlage verfügen müssen. Das Kriterium **Sicherheit** beinhaltet die Bereiche Unfallfreiheit und Abwendung von Verbrechen. Die Sicherstellung der Unfallfreiheit wird durch die Qualität der Fahrzeuge und die Ausbildung des Fahrpersonals gewährleistet. Um die Abwendung von Verbrechen zu ermöglichen, ist auf den Bahnhöfen eine geeignete Sicherheitsausstattung wie z. B. Kameras und Notsignalanlagen notwendig und unter Umständen auch während der Fahrt die Begleitung durch entsprechend ausgebildete Mitarbeiter. Mit dem Kriterium **Umwelteinflüsse** sind z. B. Typen und Auswahl der eingesetzten Fahrzeuge gemeint; diese können Busse mit Wasserstoff- oder Elektroantrieb sein. Es können jedoch auch allgemeine Anforderungen an die Antriebstechniken sein, nur neueste EURO-Abgasnormen zu erfüllen.

Es genügt aber nicht, dass Qualitätskriterien festgelegt werden. Die Erreichung der Kriterien muss auch gemessen werden. Dabei werden unterschiedliche Messverfahren eingesetzt. Es wird zwischen Leistungsmessung und Zufriedenheitsmessung unterschieden. Pünktlichkeit, Verfügbarkeit und Anschlusssicherung sind Qualitätskriterien, die unter die Kategorie Leistungsmessung fallen und mit betrieblichen Daten, die das Rechnergesteuerte Betriebsleitsystem (RBL) liefert, gemessen werden können. Die Frage, wie Fahrgäste die Dienstleistung ÖPNV wahrgenommen haben, z. B. eine Fahrt von A nach B, wird durch Befragungen der Kunden beantwortet. Hierbei handelt es sich um Zufriedenheitsmessungen (siehe hierzu auch Kapitel 5).

Es wird zwischen Besteller und Leistungserbringer festgelegt, wie die Qualität gemessen wird und welche Ergebnisse zu welcher Beurteilung führen.

4.1.3 Kundengruppen im ÖPNV

Der Kunde im ÖPNV ist derjenige, der Bus und Bahn benutzt, um von der Örtlichkeit A nach Örtlichkeit B zu gelangen. Er benutzt den ÖPNV aus ganz unterschiedlichen Gründen und auch unterschiedlich häufig.

Aus der unterschiedlichen Häufigkeit der Benutzung ergibt sich eine Aufteilung der Kunden in

- Stammkunden und
- Gelegenheitskunden.

Der Stammkunde fährt regelmäßig mit dem ÖPNV. Daher besitzt er ein entsprechendes Abonnement, wie z. B.:

- Job-Ticket
- Schüler-Ticket
- Semester-Ticket

Der Gelegenheitskunde nutzt den ÖPNV weniger regelmäßig, daher besitzt er eine Wochen- oder Monatskarte, für die er je nach Bedarf die passende Wertmarke erwirbt. Benutzt er den ÖPNV noch seltener, erwirbt er sein Ticket im Barverkauf an den Verkaufsstellen oder an Fahrkartenautomaten.

Das in vielen Orten verbreitete Handy-Ticket ist eine Mischform. Einerseits hat der Kunde einen festen Vertrag mit dem Verkehrsunternehmen, andererseits erwirbt er sein Ticket nur bei Bedarf.

Eine andere Einteilung der Kunden ist nach Gruppen möglich, die sich einerseits aus dem Grund für ihre Fahrt und andererseits aus ihrer Altersgruppierung ergeben:

- Berufspendler
- Schüler
- Studenten
- Auszubildende
- Senioren

Externe Kunden

Die externen Kunden im ÖPNV sind alle oben genannten Benutzer des ÖPNV. Hinzu kommen z. B. Unternehmen, die für ihre Mitarbeiter ein Job-Ticket zur Verfügung stellen; auch sie sind externe Kunden. Inzwischen zählt man auch den so genannten «Auftraggeber» mit zu den externen Kunden. Dies ist die Gemeinde oder die Stadt, die ein Verkehrsunternehmen beauftragt, den ÖPNV unter bestimmten Rahmenbedingungen durchzuführen.

Quelle: Verkehrs-Aktiengesellschaft Nürnberg

Interne Kunden

Im Unternehmen stehen alle unterschiedlichen Bereiche oder Abteilungen in einer Kunden-Lieferanten-Beziehung. So ist z. B. die Sekretärin des Personalleiters Kundin des Mitarbeiters des Büromateriallagers, wenn sie Büromaterial bestellt. Der Begriff des internen Kunden stammt aus der betrieblichen Leistungsrechnung. Wichtiges Ziel der Idee des «internen Kunden» ist dabei, den Kollegen genauso wertschätzend zu behandeln, wie man dies mit einem externen Kunden tun würde.

Der potenzielle Kunde

Potenzielle Kunden sind Personen oder Unternehmen, die sich für die Dienstleistung des ÖPNV interessieren oder diese in Zukunft in Anspruch nehmen wollen.

4.2 Persönlichkeit, Personenwahrnehmung und der Umgang mit unterschiedlichen Kundentypen

Für Beschäftigte im ÖPNV kann es sehr nützlich sein, Kenntnisse über Persönlichkeitsbildung zu besitzen; dies gilt insbesondere für diejenigen, die als Fahrer, Servicepersonal oder Berater tagtäglich mit unterschiedlichen Kundentypen zu tun haben.

4.2.1 Persönlichkeit

Wenn man sich mit dem Thema Persönlichkeit beschäftigt, stellt man sich die folgenden Fragen:

- Was sind Sie für ein Mensch?
- Was zeichnet Sie aus?
- Was mögen Sie an sich, was eher nicht?
- Wie verhalten Sie sich in verschiedenen Situationen?
- Welches sind Ihre Stärken?
- Sind Sie eher nervös und ängstlich oder ruhig und ausgeglichen?
- Würden Sie sich als einen stabilen Menschen bezeichnen?
- Sind Sie gewissenhaft?
- Wie ist Ihr Selbstwertgefühl?
- Wie wurden Sie zu dem, was Sie sind?

Dies alles sind Fragen, mit denen sich die Persönlichkeitspsychologie beschäftigt. Kann die Wissenschaft auf Fragen dieser Art überhaupt Antwort geben? Schon der Ursprung des Wortes Persönlichkeit ist umstritten und lässt verschiedene Deutungen zu:

- «persona», Maske des Schauspielers im römischen Theater, das «Gesicht», das dem Publikum gezeigt wurde
- «personare», «durchtönen» (etwas, das durchdringt)

In der Psychologie wird die Persönlichkeit als einzigartiges und relativ stabiles Muster von Verhaltensstilen, Denkprozessen und Emotionen eines Menschen definiert.

Nun stellt sich die interessante Frage, wie wir zu dem werden, was und wie wir sind, was unsere Persönlichkeit ausmacht. Zunächst sind da die physiologische Ausstattung und die Gene unseres Körpers, die unsere Persönlichkeit grundsätzlich prägen. Dann wirken die Modelle und Vorbilder wie z. B. Eltern, Freunde, Führungskräfte auf unsere Persönlichkeit ein. Einfluss hat auch das System des sozialen Zusammenlebens, in dem man heranwächst. Es hat schon einen Einfluss auf die Persönlichkeitsentwicklung, ob man in einer Großfamilie auf einem Bauernhof aufwächst oder als Einzelkind in einer Ein-Familien-Siedlung im teuersten Wohngebiet der Großstadt.

Dann wird die Persönlichkeit durch Lebensereignisse und persönliche Schicksale geprägt. Dies kann z. B. der frühe Tod eines Elternteils sein. Einfluss nimmt auch das Zeitalter, in dem man aufwächst. Die Generationen, die einen Krieg miterlebten und wirklich Hunger litten, unterlagen anderen Einflüssen als die Generationen, die in friedlichen Zeiten und in relativem materiellen Überfluss leben. Auch die Gesellschaft, der wir angehören, prägt unsere Persönlichkeit. So macht es einen immensen Unterschied, ob man als Mitglied eines Indianerstammes im Amazonas groß wird oder in einer Kleinstadt in England.

Daneben fließen in unsere Persönlichkeit viele Erfahrungen, unser gesammeltes Wissen und das sinnvolle Nutzen des erworbenen Wissens ein. Einfluss nehmen auch Glauben, Spiritualität und die persönlichen geistigen und seelischen Dispositionen. Abschließend wirken auch unsere Gewohnheiten auf die Persönlichkeit ein; auch wie wir uns selbst wahrnehmen und von unserer Umwelt wahrgenommen werden, ist entscheidend.

4

Da wir alle durch eine Kombination von unterschiedlichen Einflussfaktoren geprägt wurden, hat sich bei jedem von uns eine ganz spezielle Persönlichkeitsstruktur entwickelt. Im Umgang mit Kunden ist es daher wichtig, zu wissen, dass jeder unserer Fahrgäste ganz speziellen Einflüssen ausgesetzt war und ist und daher eine ganz eigene Persönlichkeit entwickelt hat. Die Aufgabe für Menschen, die im Dienstleistungssektor tätig sind, ist es daher, sich der unterschiedlichen Persönlichkeiten, der unterschiedlichen Kundentypen bewusst zu sein und entsprechend verschiedene Handlungsmöglichkeiten zu lernen und anzuwenden.

4.2.2 Personenwahrnehmung

Mit Personenwahrnehmung werden die Prozesse bezeichnet, die dazu führen, dass man sich Meinungen und/oder Bewertungen über andere Menschen bildet. Dieser Prozess findet häufig statt: Immer wenn man jemanden kennen lernt oder wenn sich ein Mensch in einer Situation auf eine bestimmte Weise verhält, beginnt die eigene Meinungsbildung. Wir nehmen die Äußerungen und Handlungen eines Menschen wahr und bilden daraus eine Meinung über seine momentane Stimmung, seine Absichten, seine Einstellungen und seine Charaktereigenschaften. Die einzelnen Meinungen, die man über einen Menschen gebildet hat, sind dann die Grundlage für eine Bewertung dieser Person. Diese Personenwahrnehmung ist ein ständiger Prozess. Beim Umgang mit einem Kunden wird man sich ein Urteil über ihn bilden. Die Psychologie hat einige grundlegenden Aussagen zur Personenwahrnehmung gemacht.

Ein wichtiger Punkt ist dabei der so genannte «erste Eindruck». Wir treffen in der Regel innerhalb von wenigen Sekunden eine Einschätzung über Sympathie oder Antipathie unseres Gegenübers. Dieser Eindruck hat massiven Einfluss auf die Kommunikation mit dieser Person. So treten wir Personen, die uns sympathisch sind, freundlicher gegenüber als Personen, die uns unsympathisch erscheinen. Die Menschen, denen gegenüber wir uns freundlich verhalten, werden in der Regel auch freundlich reagieren. Dann bestätigt sich unser «erster Eindruck».

Der Kunde im ÖPNV hat natürlich auch einen «ersten Eindruck» von uns in der Funktion als Mitarbeiterin und Mitarbeiter in einem Dienstleistungsunternehmen.

Merksatz

Den ersten Eindruck können Sie positiv beeinflussen, indem Sie z. B. saubere und ordentliche Dienstkleidung tragen, insgesamt ein gepflegtes Erscheinungsbild haben (z. B. saubere Hände und Fingernägel, saubere und gepflegte Haare) und dem Kunden freundlich und offen gegenübertreten.

4.2.3 Der Umgang mit den Kunden

Damit wir unsere Kunden optimal betreuen können, ist es wichtig, dass wir die unterschiedlichen Persönlichkeiten erkennen und als das respektieren, was sie darstellen. Wichtig ist also, dass man als Mitarbeiter in einem Dienstleistungsunternehmen mit den unterschiedlichen Persönlichkeiten angemessen umgehen kann und dadurch eine optimale Kundenbetreuung im Dienstleistungsbereich erzeugt. Dazu sind zwei Faktoren ausschlaggebend: der organisatorische und der persönliche Faktor.

Der **organisatorische Faktor** beinhaltet die vorhandenen Strukturen und Abläufe zur Bereitstellung der Dienstleistung. Ein Beispiel dazu: Man kann im Kartenverkauf die Dienstleistung «Verkauf und Ausdruck einer Fahrkarte» nicht erbringen, wenn der Drucker defekt ist. Dies würde eine negative Reaktion beim Kunden erzeugen, selbst wenn das Beratungsgespräch für ihn angenehm verlaufen ist.

Beim **persönlichen Faktor** geht es darum, wie Sie im direkten Kundenkontakt auf die Kunden wirken. Vor allem Körpersprache, Benehmen und verbale Fertigkeiten sind hier von Bedeutung.

Was kann man nun ganz konkret tun? Der Ablauf eines optimalen Kundenbetreuungsprozesses läuft in vier Schritten ab:

- Der Mitarbeiter im Kundenservice strahlt dem Kunden gegenüber eine positive Einstellung aus.
- Der Mitarbeiter erkennt die Bedürfnisse des Kunden.
- Der Mitarbeiter erfüllt die Bedürfnisse des Kunden.
- Der Mitarbeiter war erfolgreich, wenn seine Kunden wiederkommen.

Positive Einstellung

Was ist damit gemeint, wenn man von positiver Einstellung spricht? Mit Einstellung ist zunächst mal ein Geisteszustand gemeint, der von Gefühlen, Gedanken und Handlungstendenzen beeinflusst wird. Und da Menschen normalerweise die Einstellung entgegengebracht wird, die man selbst ausstrahlt, hilft hier eine positive Einstellung im Kontakt mit dem Kunden. Woran können Sie nun selbst merken, dass Sie dem Kunden eine positive Einstellung entgegenbringen? Wenn Sie die folgenden Fragen mehrheitlich mit «Ja» beantworten können, spricht dies für eine solche Einstellung:

- Andere Menschen zu unterstützen oder ihnen zu helfen, sehe ich als angenehme Aufgabe an.
- Ich kann zu anderen Menschen freundlich und offen sein; dabei ist es nicht wichtig, wie alt sie sind oder wie sie aussehen.
- Ich behalte eine gelassene Grundhaltung, selbst wenn an einem Tag das eine oder andere schiefgeht.
- Ich fühle mich besonders gut, wenn ich eine Leistung mit besonderer Qualität für den Kunden erbringe.
- Die Tätigkeit, die ich ausübe, begeistert mich.
- Ich behalte meine gelassene Grundhaltung, selbst wenn ich mit schwierigen Menschen oder Situationen zu tun habe.
- Mich motiviert der Gedanke, dass ich in meinem Beruf täglich viele Kundenkontakte habe.
- Eine Tätigkeit, bei der ich sehr viel mit unterschiedlichen Menschen zu tun habe, ist nicht nur eine Herausforderung für mich, sondern macht mir auch Spaß.
- Mir ist eine gute Leistung in allen Bereichen meiner Tätigkeit wichtig.
- Ich bin glücklich, wenn mein Unternehmen oder ich eine positive Rückmeldung über unseren guten Kundenservice bekommen.

Diese Aussagen zeigen, mit welchen Gedanken Sie eine positive Einstellung gewinnen können. Es ist wichtig, sich selbst immer wieder zu kontrollieren und sich z. B. nach einem nicht positiv verlaufenen Kundenkontakt kritisch zu hinterfragen, mit welcher Einstellung Sie in das Gespräch gegangen sind. War meine Einstellung nicht korrekt oder nicht positiv? Ist diese Einstellung vom Kunden «gespiegelt» worden?

Eine positive Ausstrahlung zeigt sich auch im persönlichen Erscheinungsbild. Wichtig sind hierbei:

- saubere Haare mit einem gepflegten Haarschnitt
- saubere Hände, Fingernägel und Zähne
- angemessene Kleidung und – ggf. – dazu passender Schmuck
- geputzte Schuhe und gebügelte, saubere Kleidung

4

Merksatz

Positive Ausstrahlung und ein gepflegtes Erscheinungsbild wirken auf den Kunden und zeigen ihm, dass Sie ihm respektvoll gegenübertreten. Denn niemand, der eine Dienstleistung in Anspruch nimmt, möchte von einem schmuddeligen, ungepflegten und unfreundlichen Mitarbeiter bedient werden.

Die Bedürfnisse des Kunden erkennen

Sie können die Bedürfnisse der Kunden nur dann erfüllen, wenn Sie diese auch erkennen. Der Kunde bringt stets vier Grundbedürfnisse mit:

- das Bedürfnis, verstanden zu werden
- das Bedürfnis, sich willkommen zu fühlen
- das Bedürfnis, wichtig genommen zu werden
- das Bedürfnis nach Komfort und Sicherheit

Was bedeuten diese Bedürfnisse für Sie als ÖPNV-Mitarbeiter?

1. Wenn ein Kunde sich für eine Dienstleistung entschieden hat oder sich dafür entscheiden soll, ist es wichtig, dass er das Gefühl hat, richtig verstanden zu werden. Sprachbarrieren können diesem Gefühl z. B. im Wege stehen
2. Aber auch das «Verstehen» im übergeordneten Zusammenhang, im Sinne von «Ich habe Kenntnis von Deinen Interessen, ich kenne sie, ich weiß, wie Du als mein Kunde behandelt werden möchtest» ist hier bedeutend. Das Gefühl willkommen zu sein, entsteht für den Kunden nur, wenn ihm vermittelt wird, dass man sich freut, ihn zu sehen. Im ÖPNV sprechen wir ja auch von «Fahr**gästen**». Dies zeigt, dass der Kunde in unseren Servicecentern und Fahrzeugen willkommen ist und sich dort als «Gast» wohl fühlen soll.
3. Um dem Kunden das Gefühl der Wichtigkeit zu vermitteln, soll er spüren, dass er etwas Besonderes ist und nicht eine «Nummer» in der wartenden Reihe von Menschen.
4. Komfort und Sicherheit zu Grundbedürfnissen der Kunden zu erklären, mag auf den ersten Blick kaum nachvollziehbar sein. Sind diese Bedürfnisse doch scheinbar auf einer anderen Ebene als die ersten drei genannten angesiedelt. Angesichts eines wachsenden Gefühls von wahrgenommener Unsicherheit in öffentlichen Räumen, i. e. des ÖPNV, wird es für die Verkehrsunternehmen immer bedeutender, ihren Fahrgästen das Gefühl subjektiver und objektiver Sicherheit in Fahrzeugen und auf den ober- und unterirdischen Haltestellen zu vermitteln. Dies wiederum hat sehr viel mit dem Gefühl komfortabler Beförderung zu tun.

Um die Bedürfnisse der Kunden zu ermitteln, gibt es zwei Möglichkeiten: einerseits sinnvolle Fragen stellen und andererseits aufmerksam zuhören (siehe ► Kapitel 4.5).

Die Befriedigung der Kundenbedürfnisse

Um die Bedürfnisse der Kunden befriedigen zu können, sind zwei Dinge unverzichtbar: Erstens die fachliche Kenntnis des Leistungsangebots des eigenen Unternehmens. Zweitens ein kompetentes Verhalten, das beim gepflegten Erscheinungsbild anfängt, eine gute Ausdrucksweise beinhaltet und bei Freundlichkeit und Empathie noch nicht endet.

Was können Sie tun, damit der Kunde wiederkommt?

Einen gewonnenen Kunden als **zufriedenen** Kunden zu behalten, ist elementar für das Unternehmen. Untersuchungen zeigen, dass zufriedene Kunden einem oder zwei anderen Menschen von der Dienstleistung oder dem Produkt erzählen.

Der unzufriedene Kunde redet dagegen mit mindestens sieben anderen Menschen über seinen Ärger. Negative Mundpropaganda kann verhindert werden, indem Zufriedenheit erzeugt wird. Was können Sie tun, damit der Kunde zufrieden ist?

- Auch wenn der Kunde nicht freundlich zu einem ist, selber freundlich und sachlich bleiben.
- Verbesserungsvorschlägen von Kunden offen gegenüberstehen, insbesondere, wenn sie die eigene Arbeitsweise betreffen.
- Auf Beschwerden und Problembeschreibungen freundlich reagieren und angemessene Problemlösungen anbieten.
- Dienstleistungen anbieten, die über das hinausgehen, was der Kunde sowieso von Ihnen erwartet.
- Wenn es nötig ist, den Kunden mit unterstützenden Vorschlägen oder Anleitungen helfen.
- Die Merkmale und Vorteile der angebotenen Dienstleistungen klar und verständlich erklären.

Merksatz

Die Aufgabe von Mitarbeitern im Kundendienst ist es, vorhandene Kunden zu binden und neue zu gewinnen. Es ist sechsmal so teuer, einen neuen Kunden zu gewinnen, wie einen schon vorhandenen Kunden zu halten.

Der Umgang mit Beschwerden

Trotz des Bemühens aller Beschäftigten kann es immer wieder dazu kommen, dass sich Kunden beschweren. Wie geht man damit um?

- Dem sich beschwerenden Kunden genau und geduldig zuhören.
- Den Inhalt der Beschwerde mit den eigenen Worten wiederholen und sich vom Kunden das richtige Verständnis bestätigen lassen.
- Sich für das Vorgefallene entschuldigen.
- Die Gefühle des Kunden, wie z. B. Ärger, Enttäuschung etc. ernst nehmen.
- Dem Kunden erklären, was Sie selbst zur Beseitigung des Problems unternehmen wollen.
- Dem Kunden ggf. weitere Ansprechpartner im Unternehmen nennen.
- Sich beim Kunden bedanken, dass er auf das Problem aufmerksam gemacht hat.

4.3 Rolle

Jeder von uns hat im Leben mehrere Rollen: die Rolle als Sohn bzw. Tochter, als Geschwister, als Enkel bzw. Enkelin, als Mitglied in einer Sportmannschaft, als Auszubildender in einem Unternehmen und als Kumpel in einer Gruppe von Gleichaltrigen. Zu dieser Rolle gehören auch immer Erwartungen, die Andere an einen in dieser Rolle stellen. Diese Erwartungen können so unterschiedlich sein, wie die Rollen, die man im Leben hat. So wird die Mutter von der Tochter Mithilfe im Haushalt erwarten, während die Gleichaltrigen erwarten, dass man mit ihnen feiern geht. Hier wird deutlich, dass sich Rollenerwartungen auch widersprechen können und zu Entscheidungsproblemen führen.

Es ist wichtig zu wissen, in welcher Rolle man sich gerade befindet, und welche Erwartungen an einen gestellt werden. Dies ist insbesondere bei einer Tätigkeit in einem Dienstleistungsbetrieb relevant. In dem Moment, in dem ich in der Rolle als Mitarbeiter eines Unternehmens bin, werden von mir gewisse Dinge erwartet, wie z. B. Pünktlichkeit, Höflichkeit, saubere Kleidung. Diesen Anforderungen kann ich mich zwar widersetzen; dies erzeugt dann aber Sanktionen des Unternehmens. Insbesondere, wenn Dienstkleidung vorgeschrieben ist, wird ein entsprechendes Verhalten gefordert, das sich unter Umständen massiv von dem unterscheidet, wie man es im Freundeskreis an den Tag legen kann.

Sie vertreten Ihr Unternehmen immer, wenn Sie Dienstkleidung tragen. Dies gilt im Dienst, dies gilt auch auf dem Weg von und zum Dienst. Wünschenswert ist es, Ihr Unternehmen auch in Ihrer Freizeit zu vertreten, es angemessen gegen pauschale Angriffe zu verteidigen. Engagierte und loyale Dienstleister tun dies.

Wichtig ist, sich in der aktuellen aktiven Rolle so zu verhalten, dass man nicht «aus der Rolle fällt» und negative Reaktionen seiner Umwelt erzeugt.

4.4 Gruppe

4.4.1 Grundlagen der Gruppe

Zunächst stellt sich natürlich die Frage, was eine Gruppe eigentlich ist. Eine Anzahl von Menschen, die abends zur gleichen Zeit an der Haltestelle stehen und auf einen Zug warten, bilden noch keine Gruppe im psychologischen Sinne, sondern sie sind einfach eine Menge von Menschen. Kommt der Zug jetzt nicht zum erwarteten Zeitpunkt und es erfolgt keine Information, werden die Fahrgäste reagieren. Sie werden jetzt unruhig, schauen sich vielleicht gegenseitig an und beginnen miteinander zu sprechen. Sie treten also in Interaktion und versuchen Lösungen für ihr Problem zu finden.

Auf diesem Weg ist aus der Menge nun eine Gruppe von Personen geworden, die miteinander kommunizieren. Nach der Definition der Psychologen besteht eine Gruppe aus einer relativ überschaubaren Anzahl von Menschen, die aufgrund eines gemeinsamen Bedürfnisses oder Zieles in kommunikativen Kontakt zueinanderstehen und bestimmte Strukturen und Rollen aufweisen. Betrachten wir unser Beispiel mit der verspäteten Bahn: Hier könnte sich einer zum Wortführer machen, der einen der Beteiligten bittet, per Handy eine Information einzuholen.

Die Psychologie unterscheidet Gruppen nach mehreren Merkmalen. Zunächst nach Primär- und Sekundärgruppen. Die klassische Primärgruppe ist die Familie. Die Primärgruppe zeichnet sich dadurch aus, dass sie für die Entwicklung des Einzelnen eine grundlegende Bedeutung hat. Sekundärgruppen sind z. B. die Schulklasse, ein Kegelverein, die Arbeitsgruppe.

Man unterscheidet auch zwischen formalen und informellen Gruppen. Eine formale Gruppe wird z. B. von der Unternehmensleitung gebildet, damit sie bestimmte, geplante und definierte Aufgaben übernehmen und die vorgesehenen Ziele erreichen kann. Die formalen Gruppen sind manchmal langfristig angelegt (z. B. Unternehmensbereiche/-abteilungen) und manchmal nur für kurze Zeit (z. B. Projektgruppen). Eine formale Gruppe kann entweder hierarchisch strukturiert sein (z. B. ein Meister mit seinen Handwerkern) oder auf der Grundlage der Aufgabe gebildet werden (z. B. eine gemischte Gruppe von Meistern, Vorarbeitern und Handwerkern, die sich mit dem Thema Qualitätssicherung beschäftigen.)

Quelle: Kölner Verkehrs-Betriebe AG

Die informelle Gruppe entsteht durch die Gruppierung von Mitgliedern einer Organisation (z. B. Freunde, Cliquen, oder Menschen, die häufig Kontakt miteinander haben), um ihre Bedürfnisse nach sozialen Kontakten und Anerkennung zu befriedigen. Dies kann sowohl am Arbeitsplatz als auch in der Freizeit geschehen.

Diese Art der Gruppe entsteht aus den persönlichen Bemühungen der Gruppenteilnehmer heraus und entwickelt sich im Rahmen von gemeinsamen Interessen oder Bedürfnisse.

4.4.2 Die Phasen der Gruppenbildung

Gruppen bilden sich nicht von heute auf morgen. Gruppen durchlaufen immer fünf Phasen in ihrer Entwicklung:
- die Phase der Orientierung
- die Phase der Auseinandersetzung
- die Phase der Regelung des Lebens in der Gruppe
- die Phase der Zusammenarbeit
- die Phase der Auflösung

Die Phase der Orientierung
In dieser Phase lernen sich die Mitglieder der Gruppe kennen. Sie probieren gewisse Verhaltensweisen aus und beobachten die Reaktion der anderen Mitglieder auf das eigene Verhalten. Dabei entwickeln sich Grundregeln für die Gruppe, welches Verhalten hier erforderlich ist und welches Verhalten akzeptiert wird. Die Mitglieder informieren sich auch über die anliegenden Aufgaben und mögliche Wege, die gewünschten Ziele zu erreichen. Das Verhalten zueinander ist eher formal und wenig persönlich. Diese Phase ist für die einzelnen Mitglieder durch Verhaltensunsicherheit geprägt, gleichzeitig sind aber auch Neugier und Vorfreude wahrzunehmen.

Die Phase der Auseinandersetzung
Die Mitglieder tauschen nun ihre Meinungen und Vorschläge aus und treffen dabei mit ihren Vorstellungen, Bedürfnissen, Erwartungen und Werten aufeinander. Dies führt zu Konflikten und zu Auseinandersetzungen zwischen den einzelnen Mitgliedern. Hier zeigen sich nun die unterschiedlichen Persönlichkeitsmuster der beteiligten Menschen. Die einen scheuen die offene Auseinandersetzung, andere versuchen strategische Wege, um ihre Meinung durchzusetzen, sie bilden kleine Untergruppen. Diese verfolgen das Ziel, möglichst viele Vorteile für sich zu erreichen. Die übrigen Teilnehmer werden als Konkurrenten wahrgenommen. Es besteht noch kein Gefühl der Zusammengehörigkeit der gesamten Gruppe.

In dieser Phase entwickelt sich eine Führungsstruktur innerhalb der Gruppe.

Jetzt ist es wichtig, dass die unterschiedlichen Standpunkte dargelegt werden und eine Klärung erfolgt. Dies ist erforderlich, um die nächste Phase erreichen zu können. Wird diese Aufgabe von der Gruppe nicht gemeistert, verharrt sie in der Orientierungsphase und kann nicht sinnvoll an der Erreichung der Ziele arbeiten.

Die Phase der Regelung des Lebens in der Gruppe
Verläuft diese Phase positiv, bilden sich in der Gruppe Zusammenhalt und Geschlossenheit aus. Dabei entstehen enge Beziehungen, die Gruppenmitglieder haben gemeinsame Werte und Erwartungen. Die gemeinsamen Ziele werden festgelegt und das weitere Vorgehen bzw. die notwendigen Aktivitäten werden geplant. In dieser Phase entstehen auch Gruppennormen. Zum einen durch Festlegungen, welche Verhaltensweisen und Meinungen eine Person an den Tag legen muss, damit sie als anerkanntes Mitglied der Gruppe gilt. Zum anderen sind es ungeschriebene Gesetze, die die interne Organisation der Gruppe festlegen, z. B. die Rollen, die die einzelnen Mitglieder wahrzunehmen haben. Die Gruppennormen haben mehrere wichtige Funktionen für die Gruppe. Sie machen das Verhalten der einzelnen Gruppenmitglieder einigermaßen berechenbar und vorhersagbar. Mit ihnen werden zwischenmenschliche Probleme vermieden, da das erwartete Verhalten klargestellt und damit das Miteinander vereinfacht wird. Sie tragen zur Solidarität und zur Identität der Gruppe bei und verkünden ihre zentralen Werte. Die Normen verringern einen Misserfolg und erleich-

tern so das Überleben der Gruppe. Die Gruppe kontrolliert und sanktioniert die Einhaltung der Gruppennormen.

Die Phase der Zusammenarbeit

In dieser Phase kann die Gruppe nun die vereinbarten Aufgaben in die Tat umsetzen. Die Gruppe ist voll leistungsfähig und kann die gesamte Energie zum Erreichen der Ziele einsetzen. Dabei sind der Zusammenhalt und die gegenseitige Hilfe ein wichtiger Erfolgsfaktor. Informationen werden offen und vertrauensvoll ausgetauscht. Im Verlauf dieser Phase festigen sich Strukturen und Abläufe in der Gruppe, wie z. B. die Kommunikationsstruktur. Für eine Arbeitsgruppe, die auf Dauer geplant ist, endet die Entwicklung mit dieser Phase.

Die Phase der Auflösung

Bei zeitlich begrenzten Gruppen, wie z. B. Projektgruppen, gibt es die fünfte Phase, in der das Auflösen der Gruppe vorbereitet wird. In dieser Phase finden nun unterschiedliche Dinge statt. Zum einen werden die Aktivitäten zusammengefasst und dokumentiert. Zum anderen werden aber auch die Erfahrungen in der Gruppe reflektiert. Es kann auch Trauer über die Auflösung der Gruppe entstehen, dies ist gerade dann der Fall, wenn die Gruppe extrem erfolgreich war und/oder die Arbeit miteinander als besonders bereichernd empfunden wurde.

Merksatz

Diese fünf Phasen müssen alle durchlaufen werden, damit eine Gruppe erfolgreich agieren kann.

Dabei ist aber zu beachten, dass Gruppen dynamische Systeme sind. Dies bedeutet, dass bei Konflikten in der Gruppe erneut die Standpunkte geklärt werden und vielleicht neue Verhaltensregeln ausgehandelt werden müssen. Auch jedes Ausscheiden oder Eintreten eines neuen Mitgliedes macht eine neue Formierung der Gruppe notwendig. Die bisherigen Gruppenmitglieder halten sich dabei an die bisherigen Gruppennormen. Das neue Gruppenmitglied hat nun die Aufgabe, sich den bestehenden Regeln anzupassen oder eine Änderung der Regelungen zu bewirken. Ergebnis dieses Prozesses kann sein, dass das neue Mitglied nicht von den Anderen akzeptiert wird und somit Außenseiter bleibt und/oder die Gruppe freiwillig wieder verlässt, da es in dieser Gruppe seine Ziele nicht erreichen kann.

Es ist aber wichtig zu wissen, wie man sich selbst in einer Gruppe zu verhalten hat. Kommt man neu in eine Gruppe, in die man sich integrieren will, hilft es, sich zunächst etwas zurück zu halten. Auf diesem Weg kann man die Gruppennormen erkennen und sich diesen anpassen, damit man von der Gruppe akzeptiert wird. Eine andere Situation ist gegeben, wenn man als Mitarbeiter mit Kundengruppen zu tun hat. Trifft man z. B. auf die Gruppe, deren Zug nicht kommt, ist es wichtig, den Wortführer zu erkennen und ihn als Ansprechpartner zu bestimmen, denn er hat Einfluss auf den Rest der Gruppe. Daher ist es sinnvoll, ihn als «Sprachrohr» der Gruppe zu nutzen.

4.5 Kommunikation

4.5.1 Grundlagen der Kommunikation – Sender-Empfänger-Modell

Das Grundprinzip der Kommunikation ergibt sich daraus, dass ein **Sender** etwas mitteilen möchte. Der Sender verarbeitet seine Information in ein Zeichensystem, dies wird als Nachricht bezeichnet. Der **Empfänger** hat nun die Aufgabe, diese Nachricht zu entschlüsseln. Im Normalfall geht man davon aus, dass die gesendete und die empfangene Nachricht weitgehend übereinstimmen und somit eine Verständigung zwischen Sender und Empfänger stattgefunden

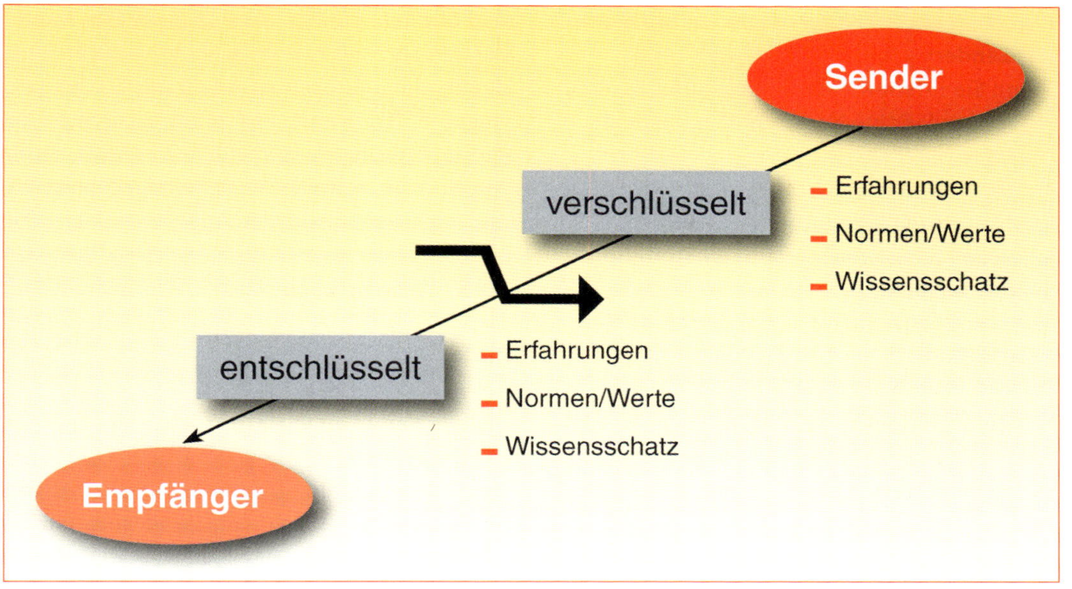

hat. Trotzdem lässt sich feststellen, dass immer mal wieder Verständigungsprobleme auftauchen. Menschen beschränken sich nicht immer nur auf die Weitergabe von sachbezogenen Informationen. Im Gespräch läuft ein hochkomplexer Prozess ab. Dabei nehmen die körpersprachlichen Faktoren ungefähr zwei Drittel des Prozesses in Anspruch. Hier wirken Mimik, Gestik, Körperhaltung, aber auch Betonung und Sprachmelodie. Dabei ist dieser Verarbeitungsprozess keine neutrale, rationale Angelegenheit. Menschen sind in erster Linie emotional gesteuert. Die Information, die man weitergeben will, ist mit Erfahrungen, Erinnerungen, Gefühlen und Werten verbunden, die auch weitergegeben werden. Jeder Mensch entwickelt persönliche Filter, geprägt durch seine Einstellungen und Erfahrungen. Diese Filter steuern dann auch, wie eine Nachricht vom Empfänger aufgenommen wird, welche Gedanken und Gefühle durch diese Information ausgelöst werden.

4.5.2 Die vier Seiten einer Nachricht

Der komplexe Vorgang der Kommunikation lässt sich gut an dem Modell erläutern, das vom Hamburger Psychologen Schulz von Thun[1] entwickelt worden ist. Danach hat jede Nachricht vier Seiten und kann vom Kommunikationspartner mit vier «unterschiedlichen Ohren» gehört und verstanden werden.

Quelle: Kölner Verkehrs-Betriebe AG

1 Schulz von Thun, Friedemann: Miteinander reden 1: Störungen und Klärungen. Allgemeine Psychologie der Kommunikation. Reinbek 1981.

Die vier Seiten einer Nachricht aus der Sicht des Senders

Wenn Sie Ihrem Kunden etwas mitteilen, dann

- senden Sie eine Nachricht **(Sachaspekt)**,
- sagen Sie etwas über ihre Beziehung zu Ihrem Kunden aus und darüber, wie Sie ihn einschätzen **(Beziehungsaspekt)**,
- stellen Sie sich selbst dar **(Selbstoffenbarungsaspekt)**,
- beeinflussen Sie Ihren Kunden **(Appellaspekt)**.

▪ Der Sachaspekt

Gespräche mit Kunden haben in der Regel einen sachlichen Anlass: Eine Information ist zu geben, ein Problem zu lösen, usw.

▪ Der Beziehungsaspekt

Im Gespräch ist der Beziehungsaspekt der eigenen Gesprächsbeiträge und des eigenen, nicht sprachlichen Verhaltens, auf die Person des Kunden gerichtet. Er kennzeichnet, welches «Mensch-zu-Mensch-Verhältnis» zwischen dem Sender und dem Empfänger besteht. In jeder Nachricht sind stets Informationen darüber enthalten, wie man als Sender zu seinem Kunden steht. Der Kunde hört aus den «Zwischentönen» leicht heraus, wie man ihn wahrnimmt.

▪ Der Selbstoffenbarungsaspekt

Wenn eine Person etwas sagt, liefert sie gleichzeitig auch Informationen über sich selbst: Jede Nachricht drückt etwas über die eigene Persönlichkeit aus. Dieser Aspekt der Nachricht kann beabsichtigt sein, dann spricht man von der «Selbstdarstellung». Er kann auch unbeabsichtigt sein, dann spricht man von der «Selbstenthüllung». Nicht sprachliche Signale werden überwiegend unbewusst und unkontrolliert gesendet.

▪ Der Appellaspekt

Mit jeder Nachricht will der Sender auf den Gesprächspartner Einfluss nehmen, und zwar auf sein Denken, Fühlen oder Handeln. Die Appelle können sprachlich oder nicht sprachlich sowie direkt oder indirekt übermittelt werden. Im Umgang mit dem Kunden ist darauf zu achten, verdeckte Appelle zu vermeiden. Verdeckt ist ein Appell dann, wenn in einer Aussage (sprachlich und nichtsprachlich) der Appellcharakter nicht zweifelsfrei zu erkennen ist. Appelle sollten stets direkt ausgesprochen werden, damit der Kunde die Chance hat, zu verstehen, was von ihm erwartet wird.

Die vier Seiten einer Nachricht aus der Sicht des Empfängers

Da die Kommunikation immer zwischen Sender und Empfänger stattfindet, ist es sinnvoll, die vier Seiten auch aus der Sicht des Empfängers zu betrachten. Denn auch die Sicht des Empfängers gliedert sich nach den vier Aspekten; der Empfänger hat «vier Ohren». Aus der Sicht des Empfängers stellt sich das «Vier-Ohren-Phänomen» etwa so dar:

▪ Sachaspekt:

Wie ist das, was der Andere mir sagt, zu verstehen?

▪ Beziehungsaspekt:

Was hält der Andere von mir? Wie ist die Beziehung zu mir? (Hier wird vom Anderen hineingelegt und hineingehört: Wie redet er heute mit mir? Was glaubt er wohl, wen er vor sich hat?)

▪ Selbstoffenbarungsaspekt:

Was ist der Andere für ein Mensch? Weshalb verhält er sich heute so? Was ist mit ihm?

▪ Appellaspekt:

Was erwartet er von mir? Was soll ich tun?

Wie wirkt sich das «Vier-Ohren-Phänomen» aus?

Kommunikation kann nur dann störungsfrei ablaufen, wenn der Empfänger jeweils das heraushört, was der Sender mit seiner Nachricht mitteilen wollte. Das kann ihm jedoch nur dann gelingen, wenn seine «vier Ohren» gleichmäßig entwickelt und dadurch für alle vier Aspekte einer Nachricht gleichermaßen offen sind. Wenn nämlich ein Ohr des Empfängers besonders groß ist, beispielsweise das «Beziehungs-Ohr», dann wird er aus jeder Nachricht zunächst und überwiegend das heraushören, was der Gesprächspartner wohl von ihm hält. Diese Überbewertung des Beziehungsaspektes hat dann zur Folge, dass der Empfänger die anderen drei Aspekte der Nachricht nur eingeschränkt wahrnehmen kann. Die Auswirkungen davon wären Kommunikationsstörungen, weil beide Beteiligten immer wieder aneinander vorbeireden und sich vermutlich nicht verstehen werden. Kommunikationsstörungen entstehen auch dann, wenn eines der «Vier-Ohren» verkümmert ist.

Dazu ein Beispiel:
Ein Fahrgast kommt zum Busfahrer und sagt: «Ihr Bus hat wohl neue Bremsen!» Dieser antwortet darauf: «Wenn Ihnen mein Fahrstil nicht gefällt, nehmen Sie sich doch ein Taxi!»

Aus der Sicht des Senders:
Sachinhalt: «Der Bus hat neue Bremsen.»
Selbstoffenbarung: «Ich kenne mich mit Fahrzeugen aus.»
Beziehung: «Ich traue dem Fahrstil des Fahrers nicht.»
Appell: «Fahre nicht so ruckartig durch die Stadt!»

Mögliche Reaktionen des Empfängers auf die unterschiedlichen Aspekte:
Sachinhalt: «Ja, wir haben ganz neue Fahrzeuge bekommen!»
Selbstoffenbarung: «Ich finde toll, wie gut Sie sich mit Bussen auskennen!»
Beziehung: «Wenn Ihnen mein Fahrstil nicht gefällt, nehmen Sie sich doch ein Taxi!»
Appell: Bremst wortlos etwa sachter ab.

Merksatz

Wenn dem Kunden Botschaften übermittelt werden müssen, die für ihn negativ sind, wie z. B., dass er ein erhöhtes Beförderungsentgelt zahlen muss, ist es besonders wichtig, dass der Fahrgast auf der Beziehungsebene kein Störgefühl bekommt. Dies erreichen Sie dadurch, dass Sie die Nachricht ohne Abwertung der Person mit einer möglichst neutralen Sprache senden.

4.5.3 Aktiv zuhören

Eigentlich denken wir ja alle, dass wir gut zuhören können. Aber die vorherigen Erläuterungen haben gezeigt, dass Kommunikation nicht so einfach ist, wie sie auf den ersten Blick wirkt und auch Zuhören ist nicht so einfach. Denn: Hören wir wirklich genau zu? Zuhören heißt nicht nur, sich das anzuhören, was der Andere sagt. Man muss verstehen was der Andere sagt, oft etwas erschließen, was der Andere nicht klar ausgedrückt hat und ihm auch sagen, wie man ihn verstanden hat. Damit vermeidet man Übermittlungsfehler in der Verständigung. Um diesen Anforderungen gerecht zu werden, hat Gordon[2] eine Technik entwickelt, die «Aktives Zuhören» heißt. Die Fähigkeit des aktiven Zuhörens besteht aus mehreren Aspekten:
- Aufmerksamkeit zeigen
- wiederholen und zusammenfassen
- Gefühle widerspiegeln

Aufmerksamkeit zeigen

Wenn wir unserem Gesprächspartner zeigen wollen, dass wir ihm aufmerksam zuhören, helfen vier einfache Verhaltensweisen:
- Blickkontakt
- zugewandte Körperhaltung

2 Gordon, Thomas: Managerkonferenz: Effektives Führungstraining. München 2005.

- bei der Sache bleiben
- Stimmführung

Blickkontakt

Wollen Sie mit jemandem reden, schauen Sie ihn an. Dadurch zeigen Sie, dass Sie ihm zugewandt und aufmerksam sind. Dabei beobachten Sie auch die Blickführung des Gesprächspartners. Wenn jemand plötzlich wegschaut oder den Blickkontakt unterbricht, kann das mehrere Gründe haben. Vielleicht will er das Thema wechseln, oder er fühlt sich in dem Gespräch nicht wohl, eventuell langweilt er sich auch. Dies sind alles Anzeichen, auf die Sie dann angemessen reagieren sollten.

Gerade im Kontakt mit dem Kunden ist der Blickkontakt besonders wichtig. Blickkontakte vermitteln Wertschätzung.

Quelle: Offenbacher Verkehrsbetriebe GmbH

Zugewandte Körperhaltung

Sitzen Sie Ihrem Gesprächspartner leicht vorwärts geneigt mit offener und entspannter Position der Arme und Beine gegenüber. So vermitteln Sie ihm das Gefühl von Zuwendung und Aufmerksamkeit. Dies dient dem Gesprächsverlauf, da der Gesprächspartner sich ernst genommen und mit seinen Anliegen gut aufgehoben fühlt.

Bei der Sache bleiben

Im Gespräch ist es wichtig, dass Sie nicht dauernd das Thema wechseln. Der Gesprächspartner könnte dies als Anzeichen dafür nehmen, dass Sie wenig Interesse an seinem Anliegen haben. Es ist besser, wenn der Gesprächspartner den Gesprächsverlauf bestimmt. Solange er ein Thema wichtig und erörterungswürdig findet, sollten Sie ihn nicht unterbrechen. Störend ist es auch, plötzlich Lösungen oder unüberlegte Vorschläge vorzubringen. Zum einen kann es passieren, dass man zu früh Vorschläge macht, obwohl die Problematik noch gar nicht richtig dargestellt wurde. Diese Vorschläge werden dann dem Gesprächspartner wenig helfen. Zum anderen wirkt das wie ein «Abwürgen» des Gespräches, als wolle man den Anderen schnell loswerden. Daher sollte der Gesprächspartner ermutigt werden, sich auszusprechen. Themenwechsel ist eine beliebte Methode, um unangenehme Gespräche zu beenden oder zu verhindern. Dies weiß auch der Gesprächspartner und wird es auch so empfinden.

Stimmführung

Der Gesprächspartner reagiert sehr stark auf die körpersprachlichen Äußerungen seines Gegenübers. Durch eine entspannte Stimme und eine angemessene Lautstärke kann man dem Gesprächspartner Interesse an ihm und seinem Thema vermitteln.

Wiederholen und Zusammenfassen

Werden mit anderen Menschen Gespräche geführt, ist es nicht nur wichtig, den Kontakt zu finden und Informationen zu erhalten, sondern es wird auch nützlich sein, dem Gesprächspartner zu zeigen, dass das Besprochene verstanden wurde. Das bedeutet nicht, mit seinem Gesprächspartner immer einer Meinung zu sein, aber man sollte ihm zeigen, dass klargeworden ist, wie er die Dinge betrachtet. Dazu dient das sog. Paraphrasieren, das Anliegen des Kunden mit eigenen Worten wiederholen und zusammenfassen. Dem Gesprächspartner wird mit den eigenen Worten gesagt, wie man ihn gerade verstanden hat. Dabei stellt man die Hauptargumente, den Kerngedanken oder die wichtigsten Ideen heraus.

Die Wiederholungen helfen, zu erfahren, ob man selbst gut zugehört hat, sie nützen auch beim Klären wichtiger Probleme. Werden die Gedanken des Gesprächspartners wiederholt, wird er oftmals aufhören, sich selbst unnötig zu wiederholen – eine Verhaltensweise, die für sehr gesprächige oder auch nervöse Menschen charakteristisch ist.

In einer Wiederholung gibt es verschiedene Elemente. Man kann einen Einleitungssatz benutzen, wie beispielsweise:

- «Ich verstehe Sie folgendermaßen ...»
- «Es klingt, als wenn Sie ...»
- «Wenn ich Sie richtig verstanden habe ...»
- «Soll das heißen ...»
- «Sie meinen also ...»

In einer Wiederholung ist es wichtig, die Begriffe klarzustellen und den Sinn des Gesagten zu treffen. Versuchen Sie dabei nicht, den Anderen zu interpretieren, ihm irgendwelche Absichten zu unterstellen oder seine Aussage sofort zu beurteilen. Das Ziel der Wiederholung ist ausschließlich, möglichst genau darzustellen, was der Andere gesagt hat. Sie kann nur einen Teil dessen enthalten, was der Andere gerade sagte, deshalb muss sie in wenigen Sätzen stattfinden.

Dazu ein Beispiel:

Der Fahrgast sagt: «In der Mittagszeit sind die Bahnen immer so voll. Die vielen Schüler fahren mit und dann steht man so eingequetscht zwischen den tobenden Kindern. Es muss doch möglich sein, zu dieser Zeit mehr Fahrzeuge einzusetzen.»

Eine mögliche Wiederholung wäre: «Ich habe Sie so verstanden, dass es Sie stört, dass in der Mittagszeit die Bahnen so voll mit Schülern sind.»

Manchmal empfiehlt es sich, die Wiederholung mit einer Rückfrage zu beenden.

- «Habe ich Sie richtig verstanden?»
- «Trifft dies Ihre Meinung?»
- «War es das, was Sie sagen wollten?»

Eine Zusammenfassung ist eine besondere Art der Wiederholung. In ihr gibt man nicht nur ein paar Sätze des Gesprächspartners wieder, sondern einen ganzen Gesprächsabschnitt. Die Zusammenfassung schafft es

- Dinge klarzustellen,
- die Hauptpunkte des Gesprächs in Beziehung zu setzen,
- ein Gespräch oder eine Sitzung zu strukturieren und
- jemandem zu zeigen, dass Sie ihm zugehört und seine Kernargumente verstanden haben.

Mit einer Zusammenfassung weist man in die Richtung, in die weiter diskutiert werden soll. Mit diesen Fertigkeiten kann man

- Verständnis zeigen,
- Vertrauen schaffen,
- zum Weitersprechen ermutigen,
- die Diskussion lenken,
- ein Gespräch abschließen.

Gefühle widerspiegeln

Wiederholen und Zusammenfassen sind wichtige Techniken zur Gesprächsgestaltung, aber häufig werden im Gespräch noch andere Ansätze benötig. Dabei ist besonders wichtig, die Gefühle des Gesprächspartners zu erkennen und widerzuspiegeln. Denn wer die Gefühle seines Gesprächspartners erkannt und richtig eingeschätzt hat, kann ihm dies durch Widerspiegeln mitteilen. Zeigen Sie damit, dass Sie sich in den Anderen hineindenken, seine Gefühle erfassen und so dem Gesprächspartner mitteilen, welchen Eindruck Sie von ihm und seinen Gefühlen gewonnen haben.

Dazu ein Beispiel:

Fahrgast: «Ständig fällt die Linie 132 aus. Nie kann ich mich darauf verlassen, dass ich pünktlich ankomme, das ist ja völlig daneben!» Fahrer: «Das klingt so, als wären Sie ziemlich verärgert.»

Wer so tut, als gäbe es keine Gefühle, behindert und zerstört Kommunikation. Werden zur richtigen Gelegenheit die Gefühle des Gesprächspartners widergespiegelt und anerkannt, wird ihm die Gelegenheit gegeben frei zu reden. Nun kann er die Situation genauer beschreiben, Zusammenhänge darstellen und die Gründe für seine Reaktion ehrlich nennen. Die Gefühle des Gesprächspartners sollen dargestellt, benannt und anerkannt werden. Dazu braucht es «Etiketten», die die Gefühle beschreiben. Durch solche Etiketten wird dem Gesprächspartner geholfen, die eigenen Gefühle und ihre Ursachen besser zu verstehen. Doch manchmal wird der Gesprächspartner seine Gefühle auch selbst benennen oder im körpersprachlichen Ausdruck deutlich machen. Darauf sollten Sie beim Widerspiegeln von Gefühlen speziell achten. Wichtig ist auch, die Situation oder den Zusammenhang zu beschreiben, in dem das Gefühl auftritt.

Oft ist es auch notwendig zu prüfen, ob die Gefühle richtig verstanden wurden. Wenn ja, dann ist es gut und das Gespräch kann fortgesetzt werden. Wurden die Gefühle nicht richtig verstanden, so kann das Missverständnis genutzt werden, um Klarheit zu schaffen. Diese Überprüfung kann mit folgenden Fragen geschehen:

- «Habe ich Sie jetzt richtig verstanden?»
- «Ist es das, was Sie jetzt fühlen?»
- «Stimmt das?»

4.5.4 Ich-Botschaften senden

Bisher ging es darum, unserem Gesprächspartner, der ein Problem hat, dabei zu helfen, dieses Problem zu erkennen und selbst die Lösung zu finden. Es waren so genannte **Beratungstechniken**. Doch was macht man, wenn man selbst das Problem hat? Nun kommen so genannte **Selbstbehauptungstechniken** zum Einsatz.

Häufig widerstrebt es uns, Anderen zu sagen, dass wir ihr Verhalten nicht akzeptieren können oder dass es uns Probleme bereitet. Das bringt uns in die Gefahr, den Anderen zu verletzen oder zu verärgern. Solche Ängste sind nicht unbegründet, denn wer hört schon gerne, dass sein Verhalten nicht akzeptiert wird. Wenn wir Menschen mit Kritik entgegentreten, antworten sie häufig mit negativen Reaktionen, die auch wir ungern hören. Es kann passieren, dass man selbst mit einer kritischen Botschaft (abwehrend oder launisch) reagiert oder man geht verletzt oder ärgerlich fort. Es gehört also etwas Mut dazu, sich selbst zu behaupten und Anderen entgegenzutreten.

In Konfrontationen wird besonders oft eine Sprache benutzt, die der entspricht, die das Kind von den Erwachsenen gehört hat. Diese Sprache ruft mit großer Wahrscheinlichkeit Widerstand hervor. So schadet sie der Beziehung zu der Person, der Sie entgegentreten. In der Konfrontation mit Menschen, die einem Probleme bereiten, verwenden wir oft eine Sprache, die aufreizend, drohend, abwertend, moralisierend, herablassend, sarkastisch oder der Selbstachtung des Betroffenen abträglich ist. Die benutzte Sprache enthält oft eine ausgeprägte «DU» – (oder «SIE») – Komponente.

Dazu einige Beispiele:

- «Wenn du nicht damit aufhörst...»
- «Das solltest du nicht tun!»
- «Das solltest du besser wissen!»
- «Das musst du tun!»

Diese Art der Formulierung wird **Du-Botschaft** genannt. Kein Mensch erhält gerne Du-Botschaften, läuft man doch mit Du-Botschaften Gefahr, die Beziehungen zu anderen Menschen zu schädigen. Das liegt darin begründet, dass Du-Botschaften Schuldgefühle verursachen. Sie werden häufig als Tadel, Herabsetzung, Kritik oder Ablehnung empfunden. Durch das Senden einer Du-Botschaft kann der Eindruck erweckt werden, man würde den Anderen als Mensch missachten. Sie schaden also der Selbstachtung des Empfängers und führen häufig zu Vergeltungsmaßnahmen. Obwohl man ja eigentlich mit seiner Aussage eine Veränderung beim Anderen hervorrufen will, erzeugt man stattdessen Widerstand gegen jegliche Veränderung. Die Du-Botschaften können den Anderen verletzen und werden von ihm häufig als Angriff empfunden.

Nicht nur, dass die Du-Botschaften den Beziehungen zu den Kritisierten schaden, sie leisten auch nicht das, was sie sollen, denn der Andere wird nicht dazu gebracht, sein Verhalten zu ändern. Dafür gibt es wahrscheinlich drei Gründe. Erstens mögen Menschen es nicht, wenn man ihnen sagt, was sie tun und was sie nicht tun sollen. Sie wehren sich gegen solche geforderten Veränderungen. Zweiter Grund für das Versagen von Du-Botschaften ist der vorwurfsvolle Zeigefinger, der sich auf den Empfänger richtet, d. h. es werden Schuldgefühle vermittelt. Schließlich bleiben die Du-Botschaften oft unwirksam, weil selten die richtige Botschaft beim Empfänger ankommt.

Die Du-Botschaft bezieht sich auf den Anderen und sagt nichts über die Gefühle desjenigen aus, der eigentlich das Problem hat.

Soll nun ein Problem einem anderen mitgeteilt werden, sollte nicht die Du-Botschaft gewählt werden, sondern die **Ich-Botschaft**, d. h. man sagt ganz klar, dass man selbst ein Problem hat.

Beispiele:

- «Ich bin enttäuscht»
- «Ich hasse es, wenn man mich unterbricht»

Ich-Botschaften senden heißt, sich dem Menschen, mit dem man sich unterhält, offen, ehrlich und direkt mitteilen. Sie vermittelt die Botschaft an den Empfänger «Ich bin ein Mensch und habe Probleme und Gefühle wie jedermann auch.»
Eine Ich-Botschaft sollte drei Elemente enthalten:

- Eigenes Erleben aussprechen
- kurz und konkret die Ursachen für dieses Erleben nennen
- Auswirkungen auf die Situation darstellen

Zu Beginn hören sich die dreiteiligen Ich-Botschaften etwas ungeschickt und pedantisch an, doch mit zunehmender Übung werden die Botschaften immer flüssiger werden.

Beispiele:

«Ich habe gestern zwei Stunden auf dich gewartet. Ich habe mich sehr darüber geärgert, denn so können wir mit unserer Arbeit nicht fertig werden!»
«Ich habe mich gestern sehr darüber geärgert, dass du in der Lackiererei geraucht hast. Das ist irrsinnig gefährlich für alle Kollegen.»

4.5.5 Fragen stellen

Das Erhalten von Informationen ist gerade im Umgang mit Kunden besonders wichtig. Dabei leistet der geschickte Einsatz von Fragen gute Dienste. Es geht nicht nur darum, eine Antwort vom Kunden zu erhalten. Die Fragen sind ein wirksames Mittel, um den Hintergrund und die Gesamtheit des Kundenwunsches zu erkennen. Durch Fragen wird aber auch Verständnis für die Situation des Kunden vermittelt. Gerade bei verärgerten Kunden kann das Äußern von vorschnellen Antworten bzw. vorschnellen Lösungsangeboten zu größeren Problemen, höherem Arbeitsaufwand und noch mehr Ärger bei dem Kunden führen.

Fragen zum Erhalt von Informationen

Diese Fragen werden gestellt, um sich ein genaues Bild von der aktuellen Situation zu machen. Um den Gesprächspartner dazu zu bringen, möglichst umfangreiche Informationen zu liefern, sind offene Fragen (auch **W-Fragen genannt**) am besten geeignet.

- «Wann genau war der Fahrkartenautomat defekt?»
- «Wie genau verlief das Gespräch mit dem Fahrausweisprüfer?»
- «Beschreiben Sie mir doch bitte, was in der Bahn nach der Zwangsbremsung passiert ist?»
- «Wer war an dem Unfall beteiligt ...?»
- «Für mich es noch wichtig zu wissen, wo genau das passiert ist?»
- «Ich kann Ihnen eher eine passende Lösung anbieten, wenn ich weiß, wodurch diese Situation entstanden ist?»

Quelle: Dresdner Verkehrsbetriebe AG

Fragen zum Vermeiden von Missverständnissen

Durch derartige Fragen kann im Verlauf des Gesprächs sichergestellt werden, dass man inhaltlich noch auf derselben Wellenlänge mit seinem Gesprächspartner ist. Der Gesprächskontakt wird gehalten und dem Gesprächspartner die Rückversicherung gegeben, dass man einander verstanden hat.

- «War diese Erklärung über den Tarif verständlich für Sie?»
- «Meinen Sie damit...?»
- «Darf ich noch einmal kurz nachfragen, damit ich Ihren Ansatz wirklich nachvollziehen kann?»
- «Ihre Aussage war gerade, dass...?»
- «Was verstehen Sie konkret unter dem Begriff «unmöglicher Fahrstil?»

Fragen zur Spiegelung der Gefühlslage des Gesprächspartners

Zeigen Sie dem Gesprächspartner mit diesen Fragen, dass Sie sich in seine emotionale Lage hineinversetzen können. Dadurch schaffen Sie einen sehr direkten Kontakt zu ihm. Sie können solche Fragen auch als Aussagen formulieren, wobei sie dennoch wie eine Frage wirken, weil sie zu einer Reaktion auffordern.

- «Sie sind wahrscheinlich sehr enttäuscht darüber ...»
- «...und das hat Sie sehr wütend gemacht.»
- «Bereuen Sie den Abschluss des Abonnements jetzt schon»
- «Solch ein Erlebnis kann einen schon sehr verärgern.»
- «Das wirkt so, als wenn Sie eine kulante Lösung erwarten.»

Fragen zur Beteiligung des Gesprächspartners an Entscheidungen

Wird der Gesprächspartner an der abschließenden Entscheidung beteiligt, erhöht sich dessen innere Bereitschaft, die Entscheidung emotional zu bejahen. Daher können Sie sich über Rückversicherungen die Akzeptanz der eigenen Entscheidung beschaffen, indem Sie beispielsweise sagen:

- «Es stehen also zwei Varianten für Sie zur Auswahl. Wollen Sie ... oder ...?»
- «Es gibt die Möglichkeit, ... zu machen. Wäre das in Ihrem Interesse?»
- «Ich haben Ihnen dargelegt, welche Möglichkeiten in diesem Fall bestehen. Für welche möchten Sie sich entscheiden?»
- «Haben Sie noch eine andere Idee?»
- «Wenn wir die Möglichkeiten genau betrachten, welche gefällt Ihnen am besten?»

4.6 Konflikte

4.6.1 Grundlagen

Was ist ein Konflikt?

In der Psychologie spricht man von einem Konflikt, wenn zwei Elemente gleichzeitig gegensätzlich oder unvereinbar sind. Der neutrale und umfassende Ausdruck «Elemente» soll anzeigen, dass sich in einem Konflikt die verschiedensten Inhalte gegenüberstehen können.

Quelle: Kölner Verkehrs-Betriebe AG

- **Gedanken**

Ich schaffe das schon. – Ich schaffe es doch nicht.

- **Wünsche**

Ich möchte gerne Karriere machen. – Ich will aber meinen Wohnort nicht verlassen.

- **Verhaltensweisen**

Ich fahre häufig und gerne Auto. – Ich trinke gerne Alkohol.

- **Absichten**

Der Mitarbeiter sucht Anerkennung – Der Vorgesetzte achtet nur auf Leistung.

- **Beurteilungen**

Um den Rüstungswettlauf zu stoppen, muss nachgerüstet werden. – Gerade um ihn zu stoppen, darf keinesfalls nachgerüstet werden.

- **Bewertungen**

Ein Mitarbeiter hält seinen Vorschlag für durchdacht und realisierbar. – Der Vorgesetzte glaubt jedoch, dass der Vorschlag finanziell nicht durchführbar ist.

- **Personen**

Zwei Personen empfinden starke Abneigung gegeneinander, sie weigern sich, in der gleichen Gruppe zusammenarbeiten.

- **Gruppen**

Arbeitgeber – Arbeitnehmer, Vorstand – Betriebsrat, Verkaufsabteilung – Produktion.

Diese Elemente können nicht zum gleichen Zeitpunkt verwirklicht werden, oder sie gelten als gegensätzlich bzw. unvereinbar. Was alles miteinander in Konflikt geraten kann, mag höchst unterschiedlicher Natur sein (Gedanken, Wünsche, Interessen, Bewertungen, Ideologien, Personen, Gruppen usw.). Dass solche Elemente als gegensätzlich oder unvereinbar empfunden werden, liegt nicht an ihnen, sondern an den Menschen, die Stellung beziehen müssen. Dies kann von außen oder von innen kommen, hat aber zur Folge, dass Menschen im Konflikt die Orientierung verlieren und/oder handlungsunfähig werden.

Der Mensch braucht aber beides. Einerseits benötigt er Orientierung, also eine innere Ordnung, ein Wertgefüge, das ihm erlaubt, Ereignisse und Entscheidungen einzuordnen. Für sich und von sich eine Orientierung zu gewinnen, ist gerade bei den schicksalsträchtigsten Vorkommnissen (schwere Krankheit; Arbeitslosigkeit; Verlust eines geliebten Menschen) wohl die wichtigste Bewältigungsform. Andererseits benötigt er auch Handlungsfähigkeit, also das eigene und gemeinsame Leben durch die sich stellenden Aufgaben fortgesetzt zu bewältigen. Konflikte unterbrechen die Kontinuität des täglichen ziel- und aufgabenbezogenen Handelns.

Daraus folgen die wichtigsten Merkmale von Konflikten:

- Konflikte sind Störungen: Sie unterbrechen den Handlungsstrom und erzeugen unter Umständen Desorientierung,
- Konflikte wirken belastend: Wer in einem Konflikt lebt, ist selten heiter und entspannt.
- Konflikte neigen zur Eskalation: Sie greifen auf immer mehr Menschen und Themen über, weiten sich aus und werden intensiver.
- Konflikte erzeugen einen Lösungsdruck: Sie können nicht einfach stehen bleiben, sie müssen bewältigt werden, damit Menschen sich wieder den täglichen Lebensaufgaben zuwenden können.

Woran erkennt man einen Konflikt?

Da Konflikte häufig nicht offen ausgetragen werden, ist ihr Vorhandensein für Außenstehende oft nur aufgrund von gewissen Anzeichen erkennbar. Solche Konfliktanzeichen können sein:

- Ablehnung, Widerstand: Es wird versucht, bewusst oder unbewusst den Konfliktgegner an der Erreichung seiner Ziele zu hindern. Arbeiten werden schlampig ausgeführt, Informationen nicht weitergeleitet usw.
- Rückzug, Desinteresse: Beim Konfliktbetroffenen verringern sich die Arbeitsmotivation sowie das Bedürfnis, sich menschlich zu äußern und zu öffnen.
- Gereiztheit, Aggressivität, Feindseligkeit: Der Ärger, der zunächst «hinuntergeschluckt» wird, kommt bei anderer Gelegenheit zum Ausbruch. So können auch versteckte Aggressionen (Widersprechen, die «kalte Schulter zeigen», Vergesslichkeit, Nichtweitergabe von Informationen, etc.) häufig die Folge unterschwelliger Konflikte sein.
- Intrigen, Gerüchte: Um sich von ihrem psychischen Druck zu entlasten, neigen Konfliktbetroffene dazu, durch Intrigen und Gerüchte die Gegenpartei zu behindern und schlecht zu machen und sich gleichzeitig der Unterstützung durch Dritte zu versichern.
- Sturheit, Unnachsichtigkeit: Als Folge der psychischen Belastung und der (einseitigen) Schuldzuweisung zur gegnerischen Partei hin, schwindet auch die Empathie, das heißt, die Fähigkeit und Bereitschaft, sich in die Probleme, Motive und Sichtweisen des Anderen hineinzuversetzen. Man kapselt sich innerlich ab. Der eigene Standpunkt wird über Gruppeninteressen gestellt.
- Formalität, Überkonformität: Aufgrund ihrer Konfliktangst (Angst, Betroffenheit zu zeigen, Angst vor Offenlegung und vor eventuellen negativen Konsequenzen) zeigen untergeordnete Personen gegenüber dem übergeordneten und mächtigeren Konfliktgegner oft ein Übermaß an Formalität und Konformität. Selbst Überfreundlichkeit und überbetontes Interesse sind meist ein sicheres Zeichen für einen verborgenen Konflikt.
- Körperliche Symptome, Krankheit: Konflikte sind auch mit körperlichen Reaktionen verbunden (Stress, erhöhter Blutdruck, Schwächung des Immunsystems). Nicht selten nehmen diese überhand, vor allem wenn die Situation als aussichtslos oder als nicht zu bewältigen erlebt wird.

Konflikte sind an folgenden Verhaltensweisen zu erkennen:

- Kontakt wird vermieden (besonders der Blickkontakt in Gesprächen)
- herablassende Bemerkungen werden geäußert
- das Verhalten ist auffallend formell und unpersönlich
- Entscheidungen und Anweisungen werden ignoriert
- es wird über Andere geredet statt mit ihnen
- Schweigen

- körpersprachliche Äußerungen (wie z. B. mit den Augen rollen, wenn der Konfliktgegner etwas sagt)

4.6.2 Verhalten im Konflikt

Wenn nun ein Konflikt auftritt, ist es wichtig, dass man sich angemessen verhält. Dabei helfen die folgenden Grundregeln:
- Wahren Sie die Würde der anderen Person.
- Wahren Sie die eigene Selbstachtung.
- Hören Sie zu und betrachten Sie die Angelegenheit aus der Sicht des Anderen.
- Versuchen Sie nicht, andere Menschen zu ändern oder zu «erziehen».
- Vertreten Sie Ihren Standpunkt konsequent und intelligent.
- Vermeiden Sie Folge-Konflikte.
- Reagieren Sie im Konfliktfall nicht spontan und gefühlsgeleitet.
- Verschaffen Sie sich Distanz zur Person oder Situation, real oder gedanklich.
- Überlegen Sie Ihr Vorgehen.
- Senden Sie deutliche Ich-Botschaften über Ihre Wünsche und Befürchtungen. Würdigen Sie das Anliegen der anderen Seite, erkennen Sie es an, zeigen Sie Verständnis.
- Konzentrieren Sie sich bewusst auf positive Eigenschaften der anderen Person, Partei oder Situation.

4.6.3 Eskalation des Konfliktes

Die Eigendynamik des Konfliktes hat häufig die Wirkung, sich weiter in den Konflikt treiben zu lassen. Jedes Bemühen der aktiven Konfliktlösung durch die beteiligten Parteien gleicht dem Bemühen, gegen einen kräftigen Strom schwimmen zu müssen, der über verschiedene Stromschnellen zu einem mächtigen, reißenden Gewässer angeschwollen ist.

Dem entsprechend wurde von Glasl[3] ein Eskalationsmodell entwickelt, das neun Eskalationsstufen unterscheidet. Mit dem Betreten der jeweils nächsten Stufe entzieht man sich selbst eine Menge von Handlungsmöglichkeiten. Das eigene Verhalten und das der Gegenpartei werden weiter eingeengt, weil Handlungsalternativen ausgeschlossen werden. Die Konfliktparteien lassen sich danach von Denkgewohnheiten, von Gefühlen und Stimmungen sowie von Motiven und Zielen leiten, die nicht dem Grad ihres wirklichen Entwicklungsstandes entsprechen, sondern Rückgriffe auf bereits durchlebte und «überwundene» Phasen im Prozess des Erwachsenenwerdens sind. Durch diese Rückgriffe ändern sich die Wahrnehmungen, die Einstellungen und Absichten, die Verhaltensweisen und das ganze Selbstkonzept der Konfliktparteien.

Nach Glasls Modell lässt sich jeder eskalierende Konflikt in die Hauptphasen
- Win-Win oder Gewinner-Gewinner-Lösung,
- Win-Lose oder Gewinner-Verlierer-Lösung,
- Lose-Lose oder Verlierer-Verlierer-Lösung

mit jeweils drei Eskalationsstufen einteilen. Insgesamt kann ein eskalierender Konflikt somit neun Eskalationsstufen durchlaufen.

In der ersten Hauptphase (Gewinner-Gewinner-Lösung) ist in der Regel für beide Seiten eine konstruktive Konfliktlösung möglich. In der zweiten Hauptphase (Gewinner-Verlierer-Lösung) ist aufgrund der fortgeschrittenen Eskalation eine Konfliktlösung nur noch auf Kosten einer Partei wahrscheinlich. In der dritten Hauptphase kann letztlich keine Partei mehr ihre Interessen umsetzen (Verlierer-Verlierer-Lösung).

3 Glasl, Friedrich: Konfliktbewältigung, Bern 1997.

Win-Win oder Gewinner-Gewinner-Lösung

Stufe 1: Verhärtung

In der Entstehungsphase eines Konflikts verhärten sich die Standpunkte. Man hat jedoch noch die Überzeugung, dass die Spannungen durch Gespräche gelöst werden können.

Stufe 2: Debatte

Man entwickelt Taktiken, um den eigenen Argumenten Nachdruck zu verleihen. Die Gegensätze treten deutlich hervor und das Schwarz-Weiß-Denken überwiegt.

Stufe 3: Taten statt Worte

Die Fronten verhärten sich stärker und das Misstrauen wächst. Anstatt miteinander zu reden ergreift man konkrete Maßnahmen. Man verliert das Verständnis für den Anderen und die Eskalation beschleunigt sich.

Win-Lose oder Gewinner-Verlierer-Lösung

Stufe 4: Koalitionen

Man sucht Mitstreiter und Verbündete. Man fühlt sich im Recht und macht die andere Seite für alles verantwortlich. Dabei werden Unterstellungen und Verleumdungen gezielt eingesetzt und die eigene Position wird idealisiert.

Stufe 5: Gesichtsverlust

Man bemüht sich mit öffentlichen und direkten Angriffen den Gesichtsverlust des Gegners zu erreichen. Nun treten Enttäuschung und Hassgefühle hervor.

Stufe 6: Drohungen

Jede Partei versucht, die Kontrolle über die Gesamtsituation zu erhalten. Man setzt Drohgebärden zur Darstellung der eigenen Macht ein. Der eigene Handlungsspielraum wird enger und die Bereitschaft zur Gewalt steigt. Durch Ultimaten (Wenn nicht...dann...!) wird der Konflikt weiter beschleunigt.

Lose-Lose oder Verlierer-Verlierer-Lösung

Stufe 7: Begrenzte Vernichtungsschläge

Man spricht dem Gegenüber die menschlichen Qualitäten ab. Jetzt kommen Täuschungen und Lügen zum Einsatz. Selbst kleinere eigene Schäden werden als Gewinn gewertet, solange der Schaden des Gegners größer ist.

Stufe 8: Zersplitterung

In dieser Phase des Konflikts will man den Gegner lähmen und zerstören. Es erfolgt ein Angriff auf die Macht- und Existenzgrundlage des Gegenübers.

Stufe 9: Gemeinsam in den Abgrund

Nun wird alle verfügbare Gewalt eingesetzt, und es kommt zur vollständigen Konfrontation. Man will den Gegner vollständig vernichten, auch wenn man selbst dabei mit in den Abgrund gerissen wird.

Als Folge einer solchen Eskalation wird die klare Wahrnehmung des Geschehens getrübt. Einerseits konzentriert man sich auf die schlechten Absichten des Anderen, andererseits werden Anzeichen für eine mögliche Kompromissbereitschaft nicht wahrgenommen. Da Stress, Frustration und Ärger immer stärker werden, fallen sachliches Denken und Entscheiden immer schwerer. Letztlich ist der eigentliche Konflikt nicht mehr so wichtig, es geht vor allem darum, sich durchzusetzen. Ist der Konflikt an diesem Punkt angelangt, ist bei beiden Konfliktparteien die Bereitschaft zu harten, übertriebenen und unfairen Handlungsweisen stark ausgeprägt.

Um solchen Konfliktentwicklungen vorzubeugen, sollten so früh wie möglich konstruktive und deeskalierende Strategien genutzt werden.

4.6.4 Konfliktlösungen

Die Konfliktlösungen lassen sich auf einige wenige Grundmodelle zurückführen. Natürlich wird jeder Konflikt individuell bearbeitet, aber die Lösungswege lassen sich einem der sechs nachfolgend aufgeführten Modelle zuordnen. Unter Lösung versteht man hier, dass die Gegner einen Weg gefunden haben, bei dem ihre Gegensätzlichkeit so eingeschränkt sind, dass die Handlungsfähigkeit von beiden (oder im Extremfall nur von einem) nicht weiter beeinträchtigt wird. Diese Grundmuster sind:

- Flucht
- Vernichtung des Gegners
- Unterordnung des einen unter den anderen
- Delegation an eine dritte Instanz
- Kompromiss
- Konsens

In der Reihenfolge dieser Grundmuster spiegelt sich auch die menschliche Entwicklungsgeschichte. Die Menschen haben gelernt, Wege zu beschreiten, bei denen die Folgen für die Betroffenen weniger dramatisch sind.

Flucht

Das Fluchtverhalten ist sicher neben dem Aggressionsverhalten das ursprünglichste Verhalten des Menschen. In der Verhaltensforschung werden Menschen auch als Fluchtwesen bezeichnet. Da sie keine natürlichen Waffen besitzen (wie z. B. eine Giftschlange), ist die Flucht eine wichtige Überlebensstrategie.

Im Laufe der Weiterentwicklung der Zivilisation zu einer Gesellschaft, die durch Ackerbau und Viehzucht geprägt war, hat sich das Fluchtverhalten verändert. Dies liegt sicherlich auch daran, dass in dieser Gesellschaftsform Konflikte, die durch Flucht zu lösen sind, nicht mehr so häufig vorkommen.

Untersuchungen haben auch gezeigt, dass beim Menschen in der heutigen Gesellschaft das Verhaltensmuster «Flucht» immer noch häufig vorkommt. Heute zeigt es sich oft nicht in einer realen Flucht, wie z. B. bei einer Fahrerflucht bei einem Autounfall, sondern vor allem in anderen Verhaltensweisen. Die Menschen heute versuchen eher Schwierigkeiten zu ignorieren oder zu verleugnen. Auch das nicht wahrhaben wollen von erkennbaren Gegensätzen gehört zu diesen Verhaltensweisen. Außerdem zeigt die Erfahrung, dass sich viele Konfliktsituationen durch Flucht wirklich lösen lassen. Der Vorteil dieses Verhaltens ist zum einen, dass man der Konfliktsituation schnell entkommt. Zum anderen ist es oft einfach und schmerzlos, die Flucht zu ergreifen. Weitere Vorteile: Man verschafft sich Distanz zum Gegner bzw. zum Konfliktanlass und verändert ohne großes Risiko und mit wenig Energieaufwand die Situation.

Werden jedoch die meisten Konflikte durch «Flucht» bearbeitet, zeigen sich auch die Nachteile dieser Vorgehensweise. Denn die Flucht löst die Konfliktsituation nicht wirklich, so dass der Konflikt in verschärfter Form wiederkommen kann.

Außerdem ist ständiges «Flüchten» persönlich sehr unbefriedigend und verhindert eine Weiterentwicklung der Persönlichkeit, da keine anderen Wege der Konfliktbearbeitung ausprobiert werden. Heute wird eine Reihe von psychosomatischen Erkrankungen auf verdrängte bzw. verleugnete Konflikte zurückgeführt.

Vernichtung

In der Vergangenheit ging es häufig darum, den Gegner zu vernichten. Auch in der heutigen Zeit ist diese Form der Konfliktbearbeitung nicht ungewöhnlich. Dabei geht es nicht nur um Kriegshandlungen in aller Welt, auch wenn in Übersichten alleine für das Jahr 2020 29 Kriege angegeben werden. Diese Art der Konfliktlösung ist ebenso im wirtschaftlichen Zusammenhang anzutreffen, wenn es darum geht, den Konkurrenten zu vernichten, um die Monopolstellung zu erreichen.

Der Vorteil dieser Lösungsmethode ist die rasche und dauerhafte Beseitigung des Gegners, wobei der Sieger gestärkt aus der Auseinandersetzung hervorgeht. Der Nachteil ist, dass durch den Verlust des Gegners auch eine Alternative verloren geht. Damit werden auch Entwicklungsmöglichkeiten reduziert, denn ein Gegner vertritt nicht nur falsche Dinge und Ideen. Außerdem sind, wenn der Gegner vernichtet ist, Fehler im Rahmen dieser Strategie nicht zu korrigieren.

Diese Art der Konfliktlösung ist natürlich auch sehr gefährlich, denn man muss immer gewinnen, um zu überleben. Daher haben die Menschen andere Wege gesucht, um Konflikte zu lösen. Ein wichtiger Schritt in dieser Entwicklung war, den Konflikt nicht mit der Vernichtung, sondern mit dem Unterwerfen des Gegners zu beenden.

Unterwerfung oder Unterordnung

Die Methode der Unterwerfung oder Unterordnung hat sich in Systemen entwickelt, in denen unterschiedliche Rangordnungen diese Möglichkeit bieten. Der höher gestellte Mensch mit mehr Macht behält dem niedriger gestellten Menschen gegenüber Recht. Dies ist immer dann möglich, wenn deutlich ist, dass von zwei entgegengesetzten Meinungen nur eine sinnvoll ist und dies, wenn auch gezwungenermaßen, von dem Anderen anerkannt wird.

Da hier die Vernichtung des Gegners unterbleibt, hat diese Vorgehensweise echte Vorteile. Der Nachteil ist jedoch, dass sich immer der mit der größeren Macht durchsetzt und nicht der, der vielleicht die intelligentere Idee hat. Hier ist Siegen, mit Rechthaben gleichgesetzt, nicht immer ein sinnvoller Weg.

Delegation

Die Lösung des Konfliktes wird hier an einen neutralen Dritten übertragen. Dies findet heutzutage im Normalfall vor Gericht statt. Der Richter trifft dann eine Entscheidung, wie die Dinge zu lösen sind. Diese Methode funktioniert allerdings nur, wenn zwei Voraussetzungen erfüllt sind: Es gibt in dem Konfliktfall eine richtige und eine falsche Lösung und der neutrale Dritte entscheidet sich für die richtige Lösung. Ist eine der beiden Voraussetzungen nicht erfüllt, kann die Delegation den Konflikt nicht wirklich lösen.

Zu den großen Vorteilen der Lösung durch Delegation gehört die gemeinsame Verbindlichkeit der allgemeinen Prinzipien (Rechtsverbindlichkeit), was erstmals so etwas wie Objektivität, Sachlichkeit und Kompetenz ermöglicht. Damit wird eine höhere Ebene erreicht und das Schema von Sieg und Niederlage wird überwunden. Es gibt erstmals so etwas wie unparteiische Neutrale.

Der Nachteil dieser Art von Konfliktlösung besteht darin, dass sich die Konfliktparteien nicht unbedingt mit der Lösung identifizieren, da sie diese nicht selber erarbeitet haben.

Kompromiss

Ein Kompromiss bedeutet, dass in einem bestimmten Bereich eine Teileinigung erreicht werden kann. Der Vorteil ist, dass es eben eine Einigung ist, der Nachteil, dass es nur eine Teileinigung ist. Man spricht von «guten» Kompromissen, wenn die Vereinbarung wichtige oder große Teile des kontroversen Inhaltes betreffen. Von «faulen» Kompromissen spricht man, wenn die wichtigsten kontroversen Themen ausgeklammert wurden. Bei faulen Kompromissen kann man unterstellen, dass der Konflikt nach einiger Zeit wiederauftauchen wird. Wenn man sich nur in bestimmten Punkten einigen konnte, hat man zwangsläufig in den anderen verloren.

Konsens

Der Konsens ist die Lösung eines Konflikts, bei der die Interessen beider Parteien gewürdigt und umgesetzt werden. Um Lösungen dieser Art entwickeln zu können, benötigt man einen großen Zeitaufwand und viel Geduld.

4.6.5 Kooperatives Konfliktgespräch

In einem kooperativen Konfliktgespräch wird den Konfliktparteien die Möglichkeit gegeben, den Konflikt so zu bearbeiten, dass sie die Situation einigermaßen sachlich betrachten und mit dem Partner eine sinnvolle Lösung finden können, die beiden Seiten nutzt.

Um ein kooperatives Konfliktgespräch zu führen, durchläuft man sechs Phasen:

- Erregungskontrolle

- Vertrauen aufbauen
- Offene Kommunikation
- Problemlösung
- Vereinbarung treffen
- Persönliche Verarbeitung

Erregungskontrolle

Wenn eine Person eine Beeinträchtigung durch eine andere Person oder Gruppe wahrnimmt, beginnt für sie der Konflikt. Diese Wahrnehmung löst dann eine erhöhte Erregung aus. Ausgelöst wird diese Erregung durch die körperliche Reaktion auf eine wahrgenommene Stressursache. Die Stressreaktion bewirkt im Körper eine Stärkung der Kräfte. Diese werden ausgelöst, damit der Mensch die Situation bewältigen kann. Unter Umständen äußert sich diese Erregung in verbalen Äußerungen, wie z. B. Beleidigungen, Drohungen, Beschimpfungen, etc. Die erste Phase des kooperativen Konfliktgespräches findet in der eigenen Person statt, denn nun ist es die Aufgabe des betroffenen Menschen, seine Erregung zu kontrollieren.

Menschen sind so strukturiert, dass sie in einem negativen Gemütszustand auch negative Informationen schneller verarbeiten, während sie in einem positiven Gemütszustand die positiven Informationen schneller verarbeiten. Der negative Gefühlszustand im Konflikt führt häufig zu einem so genannten «Tunnelblick». Dadurch ist die Wahrnehmung des Geschehens getrübt, da beim Konfliktpartner die negativen Eigenschaften und vermuteten Absichten eher wahrgenommen werden und dabei die positiven Ansätze, wie z. B. die Bereitschaft zum Kompromiss, aus der Wahrnehmung fallen. Da das eigene Verhalten auch eine Reaktion beim Gegenüber auslöst, ist es besonders wichtig, die eigene Erregung zu kontrollieren, damit der Konflikt nicht durch Reiz-Reaktions-Muster eskaliert.

Um die Kontrolle über die eigene Erregung zu erreichen, muss man sich bewusstmachen, dass jede Konfliktsituation von Gefühlen beeinflusst wird, die wiederum bei uns ein gewisses Verhalten auslösen. Daher ist es wichtig, nicht einfach auf Verhaltensreize des Anderen blind zu reagieren – z. B. der Andere droht mir, dann drohe ich ihm auch –, sondern konstruktiv zu reagieren.

Zur Kontrolle der Erregung bieten sich drei Möglichkeiten:

1. Sich selbst hindern, destruktive Strategien anzuwenden und den Anderen z. B. anzugreifen.
2. In sich den Wunsch nach Beruhigung wecken.
3. Gedanken entwickeln, wie man diesen Konflikt am besten lösen kann.

Die Entwicklung von neuen Verhaltensmustern ist nicht einfach, weil man gerade in der angespannten Konfliktsituation auf seine vertrauten Verhaltensmuster zurückgreift, da diese eine gewisse Sicherheit vermitteln. Der Ausbruch aus diesen Mustern bewirkt eine Unterbrechung, die den Weg für andere Möglichkeiten ebnet. Dann wird ein kooperatives Gespräch vom Anderen als Hilfe empfunden, um die eigene Handlungsfähigkeit zurückzuerhalten.

Die kreativen Verhaltensweisen beinhalten zwei Reaktionen, einerseits kritisiert man das destruktive Verhalten, andererseits vermittelt man dem Gegenüber auch Respekt und Achtung. Das heißt, man zeigt, dass man das konkrete Verhalten nicht in Ordnung findet, den Menschen aber grundsätzlich respektiert.

Vertrauen aufbauen

Der nächste Schritt auf dem Weg zur kooperativen Konfliktbewältigung ist der Aufbau von Vertrauen. Hierbei ist es wichtig, dass man sich vertrauensbildend verhält. Eine Möglichkeit dazu ist, sich persönlich einzubringen. Dies wird erreicht, indem man die eigene Betroffenheit äußert und klarmacht, welche Hoffnungen und Befürchtungen man mit dem Konflikt verbindet. Hier wird also offengelegt, was für einen selbst in dem Konflikt auf dem Spiel steht. Der zweite Schritt zum Vertrauensaufbau ist, dass man behutsam auf den Anderen reagiert. Daher unterlässt man alles, was den Anderen provozieren oder verletzen könnte. Selbst wenn sich die Chance dazu bietet, unterlässt man es ganz bewusst. Würde man dies nicht machen, wäre das mühsam aufgebaute Vertrauen schnell wieder zerstört und eine konstruktive Konfliktlösung würde sehr schwierig.

Offene Kommunikation

Eine offene Kommunikation mit dem Konfliktpartner ist notwendig, damit das aufgebaute Vertrauen gestärkt wird. Erst danach macht es Sinn, in die Phase der sachlichen Klärung einzutreten.

Im Konflikt findet neben der Auseinandersetzung über sachliche Unterschiede auch immer ein Austausch auf der Beziehungsebene statt. Es ist sehr wichtig, diese Beziehungsebene mit einzubeziehen, denn eine Lösung der sachlichen Probleme ist nur möglich, wenn die persönliche Ebene bewältigt ist.

Die folgenden Verhaltensweisen helfen bei der offenen Kommunikation:

Freundlichkeit: Durch ein freundliches Verhalten in der Kommunikation wird gezeigt, dass man auf gleichberechtigter Basis zu einem gemeinsamen Handeln kommen will. Freundliches Verhalten wird unter anderem durch eine angenehme, ruhige Stimmführung, ein freundliches Lächeln und einen klaren Blickkontakt hervorgerufen.

Quelle: Hamburger Hochbahn AG

Ich-Botschaften: Die Ich-Botschaft wurde in Kapitel 4.5.4 schon ausführlich erklärt. Hier kommt sie nun gezielt zum Einsatz, da man mit ihnen den Gesprächspartner nicht zum Schuldigen macht, sondern ganz klar die eigenen Eindrücke, Gedanken und Gefühle äußert.

Transparenz: Es ist wichtig, zu erklären, aus welchem Grund man die eigene Vorgehensweise gewählt hat und welche Verhaltensweisen des Anderen dazu geführt haben. Hierbei sollten nur die Dinge angebracht werden, die man auch real beobachtet hat und keine Vermutungen. Einerseits entschärft man so ein unter Umständen vom Anderen empfundenes Machtgefälle, welches Aggressionen auslösen kann. Andererseits hat der Konfliktpartner die Chance, auf Unklarheiten hinzuweisen.

Perspektivenübernahme: Gerade im Konfliktfall ist es sehr wichtig, dem Anderen Respekt gegenüber zu zeigen, auf ihn einzugehen und ihm Verständnis für sein Verhalten und seine Sichtweise zu signalisieren.

Lösungsorientierung: Von großer Bedeutung ist, dem Konfliktpartner klar zu sagen, dass man eine kooperative Lösung wünscht. Hierzu bietet man ihm eine gemeinsame Suche nach Lösungsansätzen an. Hierbei sollte man aber auch die Grenzen aufzeigen, die durch die eigene Berufsrolle (z. B. Fahrausweisprüfer) gesetzt sind. Da man die Grenzen der eigenen Handlungsfreiheit begründet, entsteht beim Konfliktpartner nicht der Eindruck von willkürlichen Verhaltensweisen.

Problemlösung

Nach der vorher beschriebenen Vorarbeit sind nun beide Seiten zu einer kooperativen Konfliktlösung bereit. Um diese sinnvoll zu bewältigen, sind die folgenden Arbeitsschritte notwendig:

- Definition des Problems
- Suche nach einer Lösung

Um das Problem genau zu definieren, ist es notwendig, dass sowohl die sachlichen Aspekte, wie auch die persönlichen Aspekte geäußert werden. Dabei helfen Ihnen die folgenden Leitfragen:

- Welche Argumente und Ansichten bringen die Konfliktparteien vor? Welche Ärgernisse, Störungen und Irritationen sind aufgetreten?
- Wie sehen die Parteien die Dinge – welche Unterschiede oder Gemeinsamkeiten werden wahrgenommen?
- Handelt es sich bei den kritischen Punkten um objektive Sachverhalte oder zeigen sich dort persönliche Wahrnehmungen und Meinungen?
- Wurde der Konflikt aus einem anderen Bereich oder durch eine andere Personengruppe in den eigenen Bereich verschoben?
- Wie erleben Sie die kritischen Punkte? Welche Bedeutsamkeit haben die einzelnen Punkte für Sie?
- Wenn Sie die kritischen Punkte genau betrachten, wo ist der ganz entscheidende Punkt?
- Was ist Ihnen konkret am wichtigsten?

Wenn Sie all diese Fragen sauber beantwortet haben, sollten Sie die Problemlage klar formulieren. Manchmal ist es auch hilfreich, dieses schriftlich zu machen und so zu positionieren, dass alle Beteiligten die Problemlage konkret vor Augen haben.

Wichtig bei der Suche nach der Lösung ist, dass Sie kreativ und offen darangehen. Es gibt keine «verrückten» Lösungswege, es gibt nur hilfreiche und weniger hilfreiche. Wichtig ist, dass eine Lösung gefunden wird, die beide Seiten voll unterstützen können.

Vereinbarung treffen

Durch das Festhalten der getroffenen Entscheidung wird einerseits klar formuliert, wie das Problem bzw. der Konflikt gelöst wird. Hier wird aber auch aufgenommen, wie die erzielte Lösung umgesetzt werden soll und wer welche Maßnahmen dazu ergreifen soll. Nur eine klare, eindeutige und widerspruchsfrei formulierte Vereinbarung sichert auch die konkrete Umsetzung ab. Es sollte aber auch allen Beteiligten klar sein, dass es bei Nichteinhaltung der Vereinbarung zu Sanktionen kommt und welche das sind.

Persönliche Verarbeitung

Nach dem Abschluss der Vereinbarung ist es sehr wichtig, dass man sich selber nochmals mit dem Konflikt und dem Verlauf der Konfliktlösung beschäftigt. Da es in Konflikten ja auch immer um emotionale Dinge geht, ist es wichtig das Geschehen nochmals zu reflektieren und das eigene Verhalten kritisch zu betrachten.

4.7 Korrespondenz

4.7.1 Grundsätze

Im heutigen Zeitalter mit all seinen technischen Möglichkeiten scheint die Korrespondenz schlicht zu verschwinden. Dennoch ist das Festhalten von Informationen auf konventionellen Medien noch von sehr großer Bedeutung. So ist es immer noch wichtig, dass bedeutsame Vorgänge schriftlich festgehalten werden, damit auch andere Kollegen einen Vorgang weiterbearbeiten können.

Es zeigt sich, dass die Empfänger von geschäftlichen Briefen oder E-Mails meist drei Erwartungen haben:

- Einhaltung von Höflichkeitsformen/ungeschriebener Regeln
- Information
- möglichst wenig Zeitverlust

Daher macht die Einhaltung von gewissen Regeln bei allen Formen des Schriftverkehres Sinn.

Beispiele für Schriftverkehr im Unternehmen sind

- Schriftverkehr mit externen Stellen
- Telefonnotiz
- Aktennotiz

- Abschlussbericht
- Geschäftsbericht
- Sitzungsprotokolle
- Besprechungsprotokolle
- Rundschreiben

Gerade in der Korrespondenz im Betrieb ist es wichtig, dass wichtige Daten schnell zu erkennen sind. Dies sind die folgenden Daten:

- Absender
- Empfänger
- Datum
- Betreff

Hinzu kommt bei der Korrespondenz mit externen Partnern immer noch die Anrede.

4.7.2 Offizielle Schreiben nach DIN 5008

Die DIN 5008 beschreibt, wie ein Geschäftsbrief ordnungsgemäß aufgebaut ist. Damit werden Empfehlungen gegeben, wie sich Schriftstücke leserfreundlich und übersichtlich gestalten lassen. Hier wird also nicht festgelegt, was zu schreiben, sondern wie der formale Aufbau ist.

Als Beispiel für einen Geschäftsbrief wird hier das Anwendungsbeispiel E.6 aus den Richtlinien der DIN 5008 gewählt. Diese Form kann für die meisten Geschäftsbriefe verwendet werden.

Absenderangaben

Die erste Zeile des Absenders steht bei Briefblättern ohne Aufdruck auf 16,9 mm von der oberen Blattkante, der Zeilenanfang ist auf Zeile 5.

Die Absenderangaben werden untereinander abgedruckt:

Karin Mustermann
Versuchsstraße 17
50933 Köln
(0221) 1 23 45

Hier sollten auch alle Angaben positioniert werden, die wichtig sind, um den Absender zu erreichen. Dies können also Telefax-Nummer, Mobil-Telefon-Nummer oder E-Mail-Adresse sein.

Datum

Hier stellt sich die Frage, wie das Datum geschrieben werden soll. Möglich sind heute die folgenden Varianten:

- 09.04.2021
- 09.04.21
- 9. April 2021
- 9. Apr. 2021
- 09-04-21

Die alphanumerische Schreibweise, also 9. April 2021, wird als die beste Variante empfohlen, wobei zu beachten ist, dass dabei bis zum 9. Monatstag die «0» vor der Zahl entfällt.

Das Datum wird in der Zeile des Absender-Ortes bei ca. 2,5 cm vom oberen Rand positioniert.

Empfängerdaten

Die Empfängerdaten werden in der folgenden Reihenfolge geschrieben:

Zeile	Zeileninhalt
1	Versendungsform, Sendungsart und Vorausverfügungen, diese können
2	bis zur 3. Zeile ausgedehnt werden,
3	dann wird die 3. Zeile unterstrichen
4	Empfängerbezeichnung
5	2. Zeile Empfängerbezeichnung
6	3. Zeile Empfängerbezeichnung
7	Straße mit Hausnummer/Postfach oder «postlagernd»
8	Postleitzahl und Ort

Beispiel:
Warensendung
Eilzustellung
Nicht nachsenden
Firma Mustermann
Personalabteilung
Herrn Schmitz
Gotenring 5
50933 Köln

Betreffzeile

Heutzutage muss keine Betreffzeile mehr geschrieben werden. Sie kann aber verwendet werden, wenn man es als sinnvoll erachtet.

Der Betreff informiert den Empfänger kurz und prägnant über den Sachverhalt. Es erfolgt keine Einleitung der Zeile durch Wörter, wie z. B. «Betreff», «Betr.» oder «Betrifft». Der Betreff kann sich ruhig über mehrere Zeilen erstrecken, wenn man dies für notwendig hält. Es wird kein Punkt an das Ende der Betreffzeile gesetzt. Man kann aber andere Satzzeichen verwenden, wie z. B. ein Ausrufezeichen, um das Geschriebene zu betonen.

Nach dem Betreff setzt man dann zwei Leerzeilen, ehe man mit der Anrede beginnt.

Anrede

Häufig werden die nachfolgend aufgeführten Anreden verwendet:

- Sehr geehrte Damen und Herren,
- Sehr geehrte Frau Meier,
- Sehr geehrter Herr Meier,

Diese Formen der Anrede entsprechen den förmlichen Anforderungen und können immer verwendet werden. Sollte einem die angeschriebene Person gut bekannt sein oder man möchte die Anrede auflockern, sind auch die folgenden Varianten möglich:

- Sehr verehrte Frau Meier,
- Sehr verehrte, liebe Frau Meier,
- Lieber Herr Meier,
- Mein lieber Herr Meier,
- Hallo, sehr geehrter Herr Meier,
- Guten Tag, sehr geehrte Frau Meier,

Text

Bei der Gestaltung des Textes sollte man die folgenden Regeln berücksichtigen:

- Ist der Text nur kurz, kann jetzt auf 1-½-Zeilenabstand umgestellt werden.
- Die Absätze werden durch eine Leerzeile getrennt.
- Durch Einrückungen in gleichmäßigen Abständen werden die Texte übersichtlich gestaltet.
- Vor und hinter dem eingerückten Text gehört eine Leerzeile.

Hat der Text mehrere Seiten, sollte jeweils auf die Folgeseite hingewiesen werden. Dies kann z. B. durch drei Punkte am Seitenende erfolgen. Sinnvollerweise wird auf den Folgeseiten die Seitenzahl, die Angaben zum Empfänger in Kurzform und das Datum wiederholt.

Grußformel

Die Grußformel am Ende des Briefes kann man individuell gestalten. Zwei Dinge gelten jedoch als völlig veraltet: Die Floskel «Hochachtungsvoll» und das Ziehen des letzten Satzes in die Grußformel.

Die Grußformel kann folgendermaßen formuliert werden:

- Mit freundlichen Grüßen
- Freundliche Grüße
- Mit freundlichem Gruß
- Mit besten Grüßen
- Mit herzlichen Grüßen
- Herzliche Grüße
- Mit besten Grüßen und Wünschen
- Mit herzlichen Grüßen und Wünschen
- Mit den besten Grüßen aus ...
- Freundliche Grüße nach ...

Nach dem Text erfolgt eine Leerzeile und dann wird die Grußformel geschrieben. Dann folgt

4

meist der Firmenname, zum Teil auch noch die Bezeichnung des Bereiches.

Unterschrift

Im Geschäftsbrief ist es üblich, dass unter der Grußformel nochmals der Name des Absenders abgedruckt wird.

Die Abkürzungen im Geschäftsbrief haben die nachfolgenden Bedeutungen:

- i. A. (im Auftrag) bezeichnet Einzelvollmacht, das heißt die Mitarbeiter/in, der/die unterschreibt, ist in diesem einzelnen Fall dazu berechtigt,
- i. V. (in Vollmacht, in Vertretung). Der/die Unterschreibende ist zu mehreren Rechtsgeschäften auf unbeschränkte Zeit berechtigt,
- ppa. (per procura). Der/die Unterschreibende besitzt Prokura.
- Unterschreiben mehrere Personen den Brief, steht die Unterschrift der/des Ranghöheren links.
- Positioniert wird die Wiederholung des Namens vier Zeilen unter dem Gruß bzw. dem Firmennamen, bzw. zwei Zeilen unter dem Zusatz zur Kennzeichnung der Vollmacht.

Anlagevermerk

Der Anlagevermerk wird drei Zeilen unter dem Gruß positioniert. Ist unter dem Gruß nicht genug Platz, wird der Anlagevermerk bei ca. 12,5 cm neben den Gruß geschrieben. Der Anlagevermerk beginnt mit dem Wort **Anlage**, das unterstrichen werden kann. Wenn man möchte, kann man darunter den Inhalt der Anlage wiederholen.

Verteilervermerk

Der Verteilervermerk beginnt mit dem Wort **Verteiler**, das unterstrichen werden kann. Darunter werden die Namen der Personen aufgelistet, die eine Kopie des Schreibens erhalten.

Positioniert wird der Verteilervermerk eine Zeile unter dem Anlagenvermerk. Ist unter dem Anlagenvermerk bzw. dem Gruß nicht genug Platz, wird der Verteilervermerk bei ca. 12,5 cm neben den Gruß bzw. eine Zeile unter den Anlagenvermerk geschrieben.

Postskriptum

Das Postskriptum wird gerne in Werbe- oder Verkaufsbriefen verwendet, um wichtige Aussagen besonders hervorzuheben. Der Begriff «PS» wird ohne Abkürzungspunkte geschrieben, er kann aber auch ganz weggelassen werden. Das PS wird mit etwas Abstand unterhalb der letzten Zeile des Briefes positioniert.

4.7.3 Der innerbetriebliche Schriftverkehr

Für die Erstellung des innerbetrieblichen Schriftverkehrs gibt es keine formellen Vorschriften. Es kann nur sein, dass in Ihrem Unternehmen Vorschriften des Corporate Design gelten, diese sind dann auch durchgehend zu beachten.

Einige Punkte sollten aber im innerbetrieblichen Schriftverkehr vorhanden sein:

- Die Benennung des Schriftstückes, also Aktennotiz, Mitteilung, etc.
- Die Empfängerdaten: Name, Abteilung, etc.
- Der Betreff, hier können z. B. Auftragsnummer oder Bestellnummer angegeben sein. Dies dient als Inhaltsüberschrift des Briefes, wobei ein direkter Bezug zum Inhalt des Schreibens vorliegen sollte.
- Das Datum: dies ist sehr wichtig, da die meisten Schreiben nach Datum abgelegt werden.
- Die Daten des Absenders, also Name, Abteilung, Telefondurchwahl
- Anlage, hier reicht der Vermerk, wobei es übersichtlicher ist, wenn die genaue Bezeichnung der Anlage aufgeführt wird.
- Verteiler, hier werden alle Personen oder Bereiche aufgeführt, die eine Kopie des Schreibens erhalten.

Der Text sollte in kurzen, verständlichen Sätzen formuliert sein. Wenn der Text zu lang oder zu kompliziert ist, kann es möglich sein, dass der Leser nicht weiterliest.

4.7.4 Der E-Mail-Verkehr

Wenn auch die E-Mails im privaten Umfeld durchaus locker geschrieben werden können, ist dies im betrieblichen Umfeld nicht erwünscht. Im betrieblichen E-Mail-Verkehr – sowohl mit Kollegen und besonders im Umgang mit Kunden – sind die folgenden Dinge unabdingbar:

- Korrekte Rechtschreibung
- Vernünftiger und vollständiger Satzbau
- Angemessener Ton
- Korrektes Setzen der Satzzeichen
- Angemessene Gliederung bei längeren E-Mails
- Keine SMS-üblichen Abkürzungen

Um die E-Mail leserfreundlich zu gestalten, ist eine aussagekräftige Betreffzeile zu formulieren. Die Grußformeln werden nicht abgekürzt oder ganz weggelassen. Abkürzungen oder Fachbegriffe sollten nur verwendet werden, wenn man sich auch sicher ist, dass der Angeschriebene diese richtig versteht.

Bei der Auswahl der Empfänger sollte man nur jene auswählen, die die Informationen auch wirklich benötigen.

4.8 Aufgaben

4.8.1 Kundenerwartungen und Kundenbedürfnisse

Aufgabe 1

? Ihr Unternehmen bekommt Besuch von Vertretern der Insel Zuboko. Die Insulaner sind bisher immer zu Fuß gegangen. Nach und nach kommen aber immer mehr Touristen und auch die Bevölkerung nimmt immer weiter zu. Die Regierung hat nun festgelegt, dass Zuboko einen Verkehrsbetrieb mit Omnibussen und Booten erhält. Sie erhalten als Gruppe von mehreren Auszubildenden den Auftrag, vor den Besuchern eine Präsentation über Kundenerwartungen und Kundenbedürfnisse durchzuführen.
Bearbeiten Sie in der Gruppe die folgenden Fragestellungen:

- Was erwarte ich als Kunde eines Verkehrsunternehmens?
- Was ärgert mich als Kunde eines Verkehrsunternehmens?

Stellen Sie die Ergebnisse im Rahmen einer maximal zehnminütigen Präsentation den Besuchern vor.

4.8.2 Kommunikation

? Sie sitzen als Auszubildender im Aufenthaltsraum Ihres Unternehmens. Dort treffen sich Mitarbeiter aus dem Fahrdienst, dem Fahrausweisprüfdienst und der Kundenberatung. Sie hören den Kollegen zu, die von ihren Erlebnissen mit Kunden erzählen.
Überlegen Sie sich für jede der beschriebenen Erlebnisse:
Was könnte zu der Verhaltensweise des Kunden geführt haben?

- Wie würden Sie anders in der Situation reagieren?

Diskutieren Sie Ihre Vorschläge mit den anderen Auszubildenden.

Geschichte 1:
Der Busfahrer A erzählt:
Ich hatte die Buslinie 47, die vom Flughafen aus sowohl den Hauptbahnhof von Köln wie auch den Hauptbahnhof von Bonn anfährt.
Fahrgast: «Einmal zum Hauptbahnhof!»
Fahrer: «Köln oder Bonn?»

Fahrgast: «Das geht Sie überhaupt nichts an!»

Geschichte 2:
Der Bahnfahrer B erzählt:
Ich hatte die Linie 41, die von Deutz über den Stadtteil Kalk zum Königsforst fährt.
Ausländischer Fahrgast: «Fahren Sie Kalk?»
Fahrer: «Nein, ich fahre Menschen!»
Ausländischer Fahrgast: «Idiot!»

Geschichte 3:
Die Fahrausweisprüferin C erzählt:
Ich prüfte in der Linie 41.
Fahrgast: «Ihr werdet auch immer teurer!»
Fahrausweisprüferin: «Wenn Ihnen das zu teuer ist, fahren Sie doch mit dem Auto!»
Fahrgast: «Nicht nur zu teuer, sondern auch noch unverschämt.»

Geschichte 4:
Die Mitarbeiterin aus dem Kundenzentrum erzählt:
Fahrgast: «Ich bezahle das nicht. Ich bin doch nicht «schwarz» gefahren.»
Mitarbeiterin: «Wenn Sie ohne Fahrschein erwischt worden sind, müssen Sie auch zahlen!»
Fahrgast: «Ich hatte ja gar keine Zeit einen Fahrschein zu lösen, Ihre Kontros sind wie die Geier über mich hergefallen!»
Mitarbeiterin: «Da müssen Sie sich halt ein bisschen beeilen!»
Fahrgast: «Ich werde mich im Fernsehen über Ihr Unternehmen beschweren!»

4.8.3 Konfliktlösungen

? Die folgenden Situationen können im Umgang mit dem Fahrgast auftreten.
Spielen Sie eine der Situationen durch und probieren Sie aus, mit welchen kommunikativen Mitteln Sie den Fahrgast zufrieden stellen können und mit welchen Verhaltensweisen Sie ihn weiter verärgern.

- Fahrgast regt sich über die Tariferhöhung auf.
- Fahrgast regt sich über die Unsauberkeit im Fahrzeug auf.
- Fahrgast hat sich seine Hose an einem defekten Sitz zerrissen.
- Fahrgast beklagt sich über die schlechten Verbindungen (mehrfaches Umsteigen).
- Fahrgast beklagt sich, weil er keine Haltestellenansage hört.
- Fahrgast hat etwas im Fahrzeug liegen lassen – seine Sachen sind jedoch nicht mehr im Fahrzeug.
- Fahrgast regt an, dass im Fahrzeug Snacks und Getränke verkauft werden sollen.
- Fahrgast will an der Endhaltestelle nicht aussteigen.
- Jugendlicher will unbedingt vorne mitfahren und beim Fahren zusehen – er will auch Fahrer werden.
- An der Endhaltestelle will ein Fahrgast seinen Pitbull ohne Maulkorb mitnehmen.
- Fahrgast beklagt sich über laute Jugendliche im Fahrzeug.
- An der Endhaltestelle «verziert» ein Jugendlicher das Fahrzeug mit Graffiti.
- Einem Fahrgast wurde versehentlich die Abo-Gebühr doppelt vom Konto abgebucht. Er beklagt sich bei Ihnen und will das geklärt haben. Sie persönlich scheint er nicht für «voll zu nehmen», sondern er will den Chef sprechen.
- Ein Fahrgast beklagt sich darüber, dass die Fahrzeuge in der Mittagszeit immer so voll sind. Hauptsächlich sind es die lauten Schüler, die ihn stören. Er möchte, dass in der Mittagszeit mehr Fahrzeuge eingesetzt werden.
- Ein Fahrgast beklagt sich darüber, dass er als Schwerbehinderter keinen Preisnachlass auf sein Ticket bekommt.

Dienstleistungen von Verkehrsunternehmen anbieten und erbringen

Zusammenfassung
In diesem Lernfeld lernen Sie die Grundlagen marktorientierter Unternehmensführung kennen und die Bedeutung von Kundenzufriedenheit und Qualitätsmanagement einzuordnen. Sie lernen, den Marketing-Mix aus Produkt-, Tarif-, Vertriebs- und Kommunikationsmaßnahmen anzuwenden.

5.1 Marketing

5.1.1 Definition/Einführung

Verkehrsunternehmen sind **Dienstleistungsunternehmen**, die insbesondere Verkehrsdienstleistungen für den Markt anbieten und erbringen. Die Unternehmen stellen dabei ein Leistungspotential (z. B. Linienbus, Personal) bereit und erbringen die Dienstleistung (z. B. Beförderung eines Fahrgastes von A nach B) direkt am Kunden.

Die Besonderheiten von Dienstleistungsunternehmen bzw. Dienstleistungen sind, dass kein materielles Produkt hergestellt wird und somit die Leistung nicht gelagert werden kann (Immaterialität). Vielmehr fallen Erstellung und Konsum zeitlich und räumlich zusammen. Falls die erstellte Leistung (z. B. der fahrplanmäßig verkehrende Bus) nicht nachgefragt wird, ist dieser Aufwand auch vertan. Das Unternehmen stellt Leistungspotentiale zur Verfügung und verkauft Leistungsversprechen, die im Zusammenwirken mit dem Kunden zur Leistung werden.

Merksatz

Verkehrsunternehmen erbringen Dienstleistungen am oder für Kunden.

Der Markt ist der Ort, auf dem Angebot und Nachfrage zusammenkommen. Da die meisten Kunden heute auf fast allen Märkten die Wahl haben, ob sie das Produkt des einen oder anderen Unternehmens bevorzugen oder ob sie, wie z. B. im ÖPNV, die Dienstleistung durch eine andere ersetzen (z. B. Pizza-Bringdienst statt Ausgehen, Taxifahrt statt Linienbus) oder gleich selbst erbringen (Fahrt im eigenen Pkw, mit dem Fahrrad), müssen sich die Unternehmen darum bemühen, dass ihre Produkte und Dienstleistungen von den Kunden auch nachgefragt werden. Diesen Zustand des Angebotsüberhangs und mit Kunden, die wählen können, nennt man «Käufermarkt».

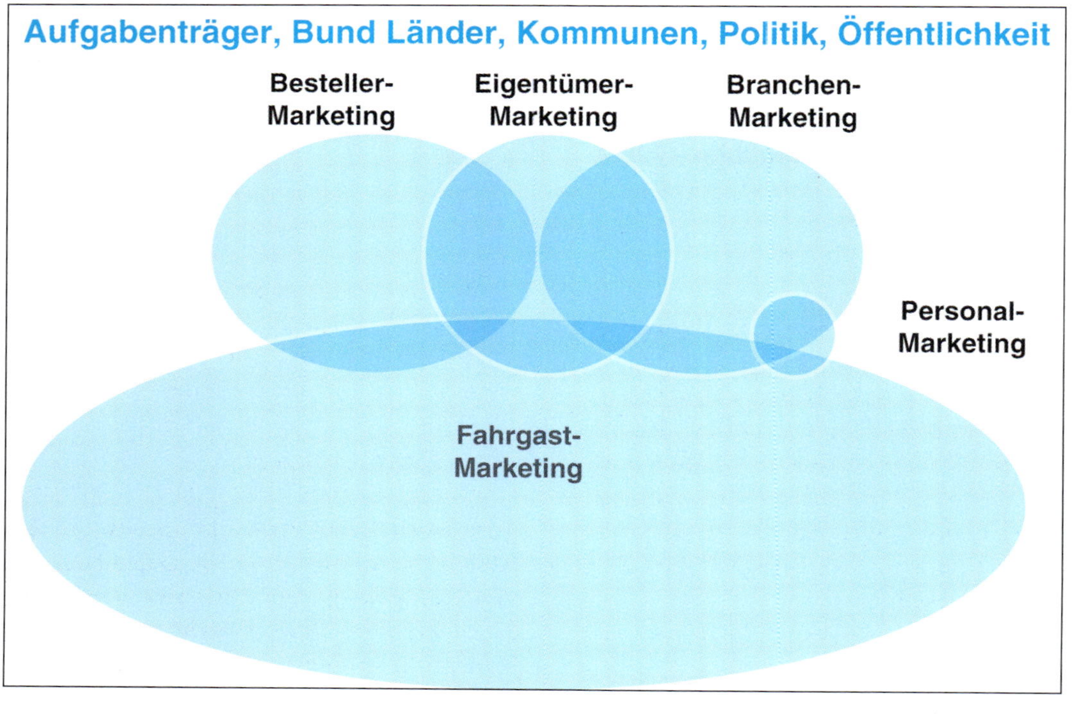

Wirkungszusammenhänge im Dienstleistungsmarketing

Auf einem solchen Käufermarkt müssen sich die Unternehmen an den Bedürfnissen des Marktes, d.h. an den Wünschen der (potentiellen) Kunden ausrichten. Durch eine dauerhafte Befriedigung der Kundenbedürfnisse sollen die Unternehmensziele verwirklicht werden. Diese **marktorientierte Unternehmensführung** ist die Grundhaltung des **Marketings**.

Merksatz

Marketing ist die bewusst auf den Markt ausgerichtete Führung des Unternehmens.

Die bewusste Ausrichtung bedeutet dabei, dass alle Unternehmensaktivitäten in Richtung der (potentiellen) Kunden geplant, koordiniert und kontrolliert werden. Dazu sind entsprechende Informationen, Ziele, Strategien und Instrumente erforderlich. Marketing ist aber nicht nur auf den (End-)Kundenmarkt gerichtet, sondern bezieht das Verhalten des Unternehmens in Richtung sonstiger Gruppen, wie z. B. der allgemeinen Öffentlichkeit und der Politik, sowie zu den Eigentümern oder Aufgabenträgern und Mitarbeitern mit ein.

Neben dieser Dimension des Marketings als Leitbild der Unternehmensführung bzw. des gesamten Unternehmens ist Marketing auch eine gleichberechtigte Unternehmensfunktion neben anderen z. B. dem Controlling oder dem Personalwesen. Zu diesem **operativen Marketing** gehören klassisch vier Bereiche, die im amerikanischen alle mit «p» beginnen.

Deshalb spricht man von den «4 p» des operativen Marketings:

- Produktpolitik (product)/Verkehrsangebot
- Preispolitik (price)/Tarif
- Vertriebspolitik (place)
- Kommunikationspolitik (promotion)

Das Zusammenspiel dieser vier Bereiche nennt man **Marketing-Mix**. Mit den Marketingstrategien und den Maßnahmen des Marketing-Mix sollen die Marketingziele und dadurch die Unternehmensziele erreicht werden.

Merksatz

Das Marketing-Mix umfasst alle Marketing-Maßnahmen.

Die Unternehmensziele können sein:

Beispiel 1: Erreichen der Direktvergabe für das Verkehrsunternehmen im Bedienungsgebiet seines Eigentümers;

Beispiel 2: Langfristig überdurchschnittliches Wachstum des Umsatzes gegenüber dem Markt durch Ausschreibungsgewinne;

Beispiel 3: Das Unternehmen ist der führende Mobilitätsanbieter in der Region;

Beispiel 4: Die Betriebskosten sollen durch die Fahrgeldeinnahmen vollständig gedeckt werden;

Beispiel 5: Das vom Eigentümer zu tragende Defizit verringert sich entsprechend der Vorgaben.

5.1.2 Marketingziele

Von diesen Unternehmenszielen aus den Bereichen «Marktstellung», «Rentabilität», «Finanzen», «Sozial» und «Prestige» werden die Marketingziele abgeleitet. Diese können direkt ökonomisch sein und dementsprechend sich

Positive Effekte der Kundenzufriedenheit

auf Größen wie Gewinn, Umsatz beziehen oder sie wirken indirekt über Einstellungen und Verhalten der Kunden. Diese Ziele, die sich auf das Image des Unternehmens, auf die Kundenzufriedenheit, die Kundenbeziehung oder auf die Qualitätswahrnehmung der Kunden beziehen, nennt man **psychologische Marketingziele.**

Die Bedeutung der psychologischen Marketingziele ergibt sich aus den Besonderheiten des Dienstleistungsmarketings: Da das Produkt nicht vorgeführt werden kann, ist das Image des Unternehmens wichtig, damit die Kunden seinem Leistungsversprechen und seiner Leistungsfähigkeit vertrauen. Die ausgestrahlte und tatsächliche Kompetenz eines Unternehmens, die z. B. durch gut ausgebildetes Personal verkörpert wird, verringert das vom Kunden empfundene Kaufrisiko. Hinzu kommt, dass bei Erstellungsprozess der Dienstleistung der Mitarbeiter und der Kunde zusammen sind und «fehlerhafte Produkte» nicht vorher ausgesondert werden können. Deshalb ist die Motivation und Kompetenz der Mitarbeiter im Dienstleistungsunternehmen besonders wichtig. Das zentrale Marketingziel ist die Kundenzufriedenheit.

Es besteht ein eindeutiger positiver Zusammenhang zwischen der Zufriedenheit von Kunden und anderen Unternehmenszielen.

Merksatz

Marketing wirkt über Verbesserungen des Unternehmensimages, der Zufriedenheit und der Bindung des Kunden.

5.2 Produktpolitik

5.2.1 Marktgerechte Produkte

Die Produktpolitik ist ein Teil des operativen Marketing-Mix. Sie beinhaltet alle Entscheidungen, die sich auf die marktgerechte Gestaltung der Leistungen beziehen, die das Unternehmen dem Markt anbietet. Produkte stellen Bündel von Problemlösungen dar, die für die Kunden nutzen stiften.

Merksatz

Ein Produkt ist die Summe des damit erzielten Kundennutzens.

Um marktgerechte Produkte und Leistungen anbieten zu können, benötigt ein Unternehmen Kenntnisse über den Markt und die Kundenwünsche. Aus diesen Kundenwünschen wird die erforderliche Produktqualität ermittelt. Qualität ist die Eignung, festgelegte Erfordernisse zu erfüllen bzw. Nutzen zu stiften. Kunden- bzw. marktgerechte Qualität ist dabei die zentrale Größe, um durch Zufriedenstellung der Kunden langfristigen Geschäftserfolg zu erzielen.

Aus Sicht der Kommunikation ist es besonders wertvoll, wenn aus einem Produkt ein Markenartikel wird. Dieser Prozess geschieht durch Aufbau von Vertrauen, insbesondere durch die gleichbleibende Produktqualität, Wiedererkennbarkeit und durch breite Akzeptanz bzw. hohe Bekanntheit. Die Marke wirkt dann als Orientierungshilfe für den Kunden und erhöht das Vertrauen in die Dienstleistung.

Markenprodukte können besser kommuniziert werden. Deshalb werden die Vorteile der Markenbildung nicht nur für Verkehrsdienstleistungen (z. B. das Schnellbahnnetz, die Nachtbusse, die Quartierlinie), sondern auch für Tarifprodukte verwendet.

5.2.2 Qualität von Verkehrsdienstleistungen

Bei Verkehrsunternehmen ist das Basisprodukt die Beförderung von «A» nach «B» bzw. das entsprechende Leistungsversprechen. Neben dieser Kernleistung gibt es zusätzliche Faktoren, die Kundennutzen erzeugen können.

Bei der Qualität von Verkehrsdienstleistungen wird in Bedienungsqualität und Beförderungsqualität unterschieden. Die Bedienungsqualität umfasst die Verkehrserschließung (räumliches Angebot, Haltestellenentfernungen, Erreichbarkeiten) und damit das Liniennetz und das Verkehrsangebot (Bedienungshäufigkeit = Fahrtenhäufigkeit, Betriebszeit, Betriebstage; Anschlüsse) und damit den Fahrplan. Die Beförderungsqualität umfasst die wesentlichen Grundvoraussetzungen wie Schnelligkeit, Zuverlässigkeit (Sicherheit) und Pünktlichkeit. Darüber hinaus die Bereiche der Fahrgastinformation (vor und während der Reise), das Tarif- und Vertriebssystem (z. B. Einfachheit des Ticketerwerbs, Bezahlmöglichkeiten), die Haltestelle (z. B. Ausstattung, Komfort, Zusatzservice, Witterungsschutz, Sauberkeit, Sicherheit), das Fahrzeug (z. B. Platzangebot, Komfort, Sicherheit, Zusatzservice, Sauberkeit, Umweltfreundlichkeit) und das Personal (z. B. Freundlichkeit, Kompetenz, Fahrstil) sowie die Kundengarantien und das Beschwerdemanagement.

5.2.3 Qualitätsmanagement

In der Alltagssprache wird «Qualität» oft mit «Güte» gleichgesetzt, obwohl mit Qualität nur die Eigenschaft eines Produktes (Ware oder Dienstleistung) bezeichnet wird, in welchem Umfang vorher festgelegte Anforderungen oder Zwecke erfüllt werden. In einem marktorientierten Unternehmen gehen die Anforderungen vom Kunden aus; so ist trotz der objektivierba-

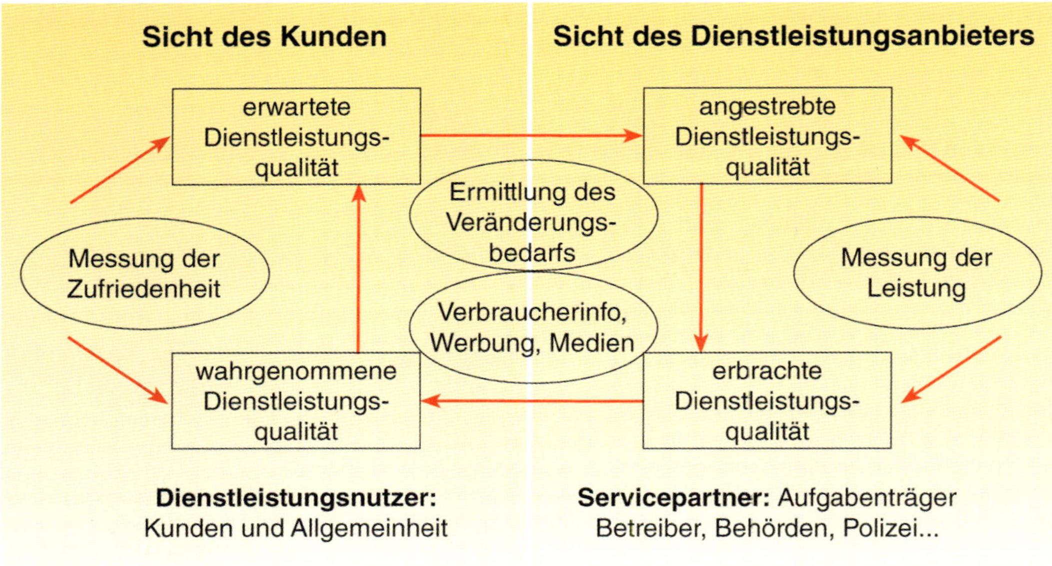

Qualitätsregelkreis nach DIN / EN 13816

ren, messbaren Definition der Qualität die Sicht der Kunden entscheidend.

Merksatz

Die Kunden entscheiden, was gute Qualität ist.

Die wesentlichen Ziele und Verfahren des Qualitätsmanagements sind in der Normenfamilie EN ISO 9000:2005 festgelegt. Neben der Kundenorientierung ist ein umfassendes Qualitätsmanagement eine Frage der Unternehmensphilosophie und der Verantwortlichkeit der Unternehmensführung. Genauso wie das Marketing stellt das Qualitätsmanagement eine Managementmethode und zugleich eine Aufgabe aller Mitarbeiter dar.

Merksatz

Jeder Mitarbeiter muss sich über die Bedeutung der Zufriedenstellung der Kunden für den langfristigen Geschäftserfolg im Klaren sein.

Qualitätsmanagement ist auf die gemeinsame Erreichung von Verbesserungspotenzialen hin ausgerichtet. Dabei sind insbesondere kontinuierliche Verbesserungen neben den Ergebnissen auch die der Arbeitsprozesse gemeint.

Da Dienstleistungen in der Regel in dem Moment konsumiert werden, in dem sie erzeugt werden, reicht eine klassische Qualitätssicherung am Ende des Produktionsprozesses mit Fehlerkorrektur und Aussonderung des Ausschusses nicht aus. In allen Arbeitsprozessen sollte deshalb das «Null-Fehler-Prinzip» angestrebt werden.

Zur Qualitätssicherung gehören dann Planungen, die Fehler vermeiden. Im Verkehrsbereich z. B. Bus-Fahrpläne, die Belastung einer Strecke und regelmäßige Störungen beachten. Ebenso gehören aber auch verantwortungsbewusste Mitarbeiter dazu, denen z. B. Verbesserungs- oder Kostensenkungsmöglichkeiten auffallen und die diese in ihrem Unternehmen entsprechend umsetzen. Ein wesentlicher Bestandteil des Qualitätsmanagements ist auch die Dokumentation sowohl der Prozesse als auch

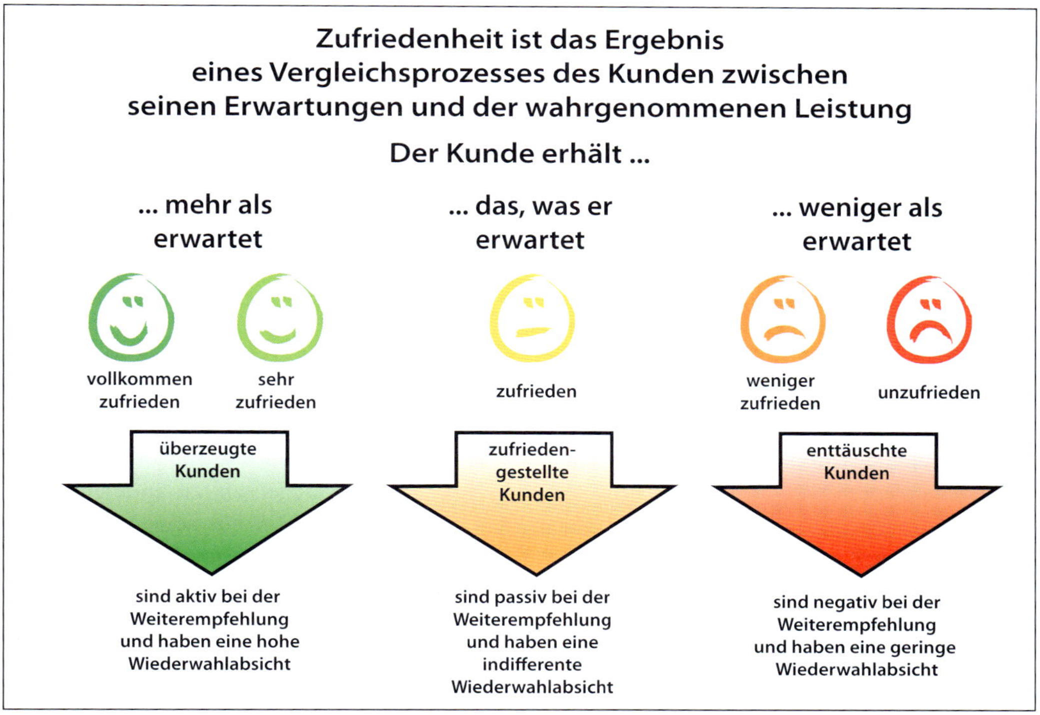

Kundenzufriedenheit und ihre Auswirkungen im Modell des Kundenbarometers (Quelle: VDV/Kantar 2020)

der Ergebnisse. Zu einer Prozessdokumentation gehören z. B. die Verantwortlichkeiten, Regeln und Ablaufbeschreibungen. Damit ist z. B. möglich, Arbeitsplatzbeschreibungen zu erstellen oder kurzfristig Vertretungen zu übernehmen. Die Dokumentation der Ergebnisse ist z. B. dafür notwendig, um systematische Schwachstellen zu erkennen, im o. g. Beispiel wären dies regelmäßig verspätete Busfahrten.

5.2.4 Qualität nach DIN/EN 13816

In der Norm DIN EN 13816 wird speziell für den öffentlichen Personenverkehr die Festlegung von Leistungszielen und Messung der Servicequalität behandelt. Auch hier steht die Kundenzufriedenheit im Mittelpunkt, allerdings werden neben die subjektive Sicht des Kunden auch objektive Messverfahren gestellt.

In dem dargestellten **Qualitätsregelkreis** wird sowohl die Kundenorientierung bei den Qualitätszielen als auch die zusätzliche Wirkung der Kommunikationspolitik aufgezeigt.

5.2.5 Marktforschung und Marktbeobachtung

Die Ermittlung der Kundenwünsche vorhandener und potentieller Kunden ist essentiell. Dazu betreiben die Unternehmen **Marktforschung**. Es gibt unterschiedliche Methoden der Marktforschung, die sich z. B. darin unterscheiden was ermittelt wird, mit welchem Hilfsmittel etwas erhoben wird oder welcher Personenkreis befragt wird.

Kundenentscheidungen lassen sich z. B. beobachten oder zählen (z. B. Fahrgäste in einem Bus), Kundenmeinungen können durch Befragungen oder Experimente ermittelt werden. Im ÖPNV in Verbünden sind z. B. Erhebungen von Fahrtrelationen (Quelle – Ziel mit Umsteigepunkten) und die benutzten Tickets wichtig, wenn nachfrageorientierte Einnahmenaufteilungsverfahren angewendet werden. Diese Befragungen werden i. d. R. im Fahrzeug durchgeführt, deshalb muss die Anzahl der Fragen gering sein. Um Mobilitätskennziffern, Zufriedenheitswerte oder Einstellungen zu erheben, werden telefonische, schriftlich-postalische, persönliche oder Online-Interviews geführt, die mehr Fragemöglichkeiten zulassen.

Im Sinne des Qualitätsregelkreises gibt es unterschiedliche Verfahren für die objektive Messung der Qualität, wie die direkte Leistungsmessung, die sich auf Messdaten wie z. B. Pünktlichkeitswerte bezieht, oder die Einhaltung objektiver Maßstäbe wie z. B. Reinigungsintervalle oder Wartezeiten im persönlichen Verkauf. Dies kann auch durch Testkunden ermittelt werden.

Bei subjektiv erfassbaren Kriterien wie der Kundenzufriedenheit werden aktuelle oder potentielle Kunden nach ihren Erfahrungen oder nach ihren Einstellungen gefragt, die diese mit ihren Erwartungen abgleichen. Eine bekannte Erhebung der Kundenzufriedenheit im ÖPNV ist das Kundenbarometer.

Kundenzufriedenheitserhebungen nach der Methode des ÖPNV-Kundenbarometers werden mit einer fünfstufigen Skala vorgenommen und meist telefonisch erhoben (CATI = computer aided telephone interview). Dabei werden die Globalzufriedenheit mit dem Verkehrsangebot in der Region des Kunden sowie Zufriedenheiten mit einzelnen Leistungsmerkmalen aus fünf Kategorien abgefragt (vgl. VDV/Infratest 2009 s.o.).

Im Branchenvergleich schneidet der ÖPNV bei der Kundenzufriedenheit in der Vergangenheit eher schlecht ab. Als Erklärungsansatz dient, dass im Gegensatz zu anderen Märkten der Kunde im ÖPNV für seinen Fahrtwunsch meist nur einem Gesamtangebot gegenübersteht und nicht unter verschiedenen Produkten auswählen kann. Dies geht einher mit eher schlechteren Bewertungen für andere Dienstleistungen, die von Behörden oder Monopolisten erbracht werden. Daneben steht für die meisten mobilen Menschen der Vergleich mit dem Individualverkehr, dem im Vergleich subjektiv bessere Eigenschaften zugeschrieben werden, als dieser objektiv einhalten kann. Besonders deutlich wird

Angebotskategorien	Leistungsmerkmale (Quelle: VDV/Kantar 2020)
Angebot:	Anschlüsse, Linien-und Streckennetz, Taktfrequenz, Schnelligkeit der Beförderung, Pünktlichkeit und Zuverlässigkeit
Verkehrsmittel:	Komfort und Bequemlichkeit im Fahrzeug, Platzangebot im Fahrzeug, Sauberkeit und Gepflegtheit im Fahrzeug, Informationen im Fahrzeug, Informationen bei Störungen oder Verspätungen im Fahrzeug
Sicherheit:	Sicherheit im Fahrzeug – abends, Sicherheit an Haltestellen und Stationen – abends, Sicherheit im Fahrzeug – tagsüber, Sicherheit an Haltestellen und Stationen – tagsüber
Haltestellen und Stationen:	Komfort und Ausstattung der Haltestellen und Stationen, Information bei Störungen und Verspätung an Haltestellen, Sauberkeit und Gepflegtheit der Haltestellen und Stationen, Fahrplan-Informationen an Haltestellen und Stationen
Tarif:	Tarifsystem, Preis-Leistungsverhältnis, Fahrkartensortiment, Handy-Ticket, elektronisches Ticket
Kundenbeziehung:	**Informationen:** Fahrplanauskunft im Internet, Internet-Auftritt, mobile Informationen für das Smartphone, telefonische Auskunft, gedruckter Fahrplan zu Hause, Auskunft per SMS, Informationen bei Störungen oder Verspätungen **Vertrieb:** Fahrkartenautomaten, Fahrkarten-Verkaufsstellen des Anbieters, persönliche, Beratung in den Kundenzentren **Persönliche Beziehung:** Freundlichkeit des Personals

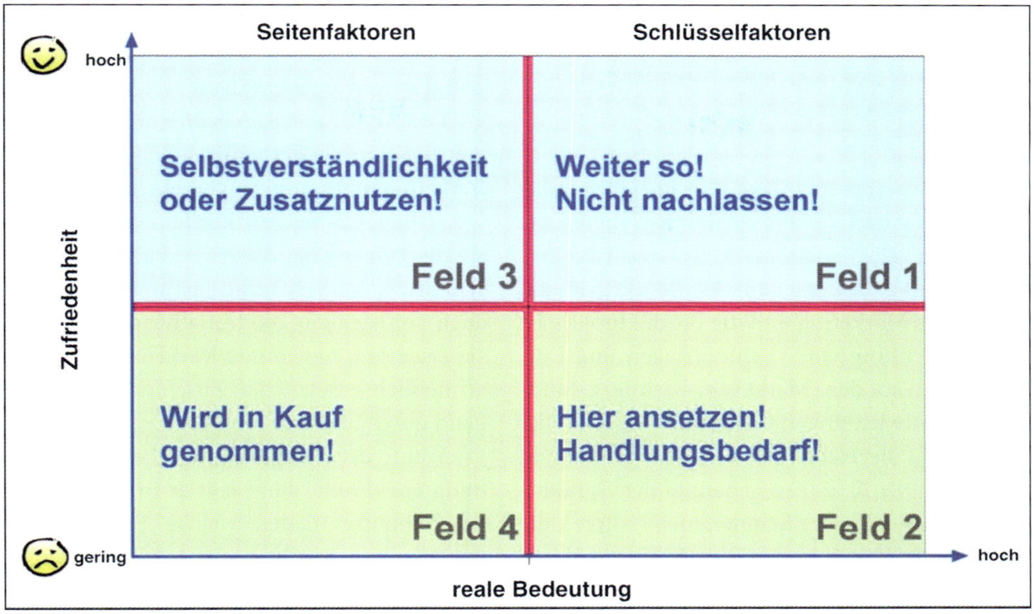

Quelle: VDV/TNS-Infratest 2009

Kundenzufriedenheit und ihre Handlungsrelevanz im Modell des Kundenbarometers

dies beim «Preis-Leistungs-Verhältnis», bei dem der ÖPNV sehr schlecht beurteilt wird, obwohl – insbesondere für sehr mobile Menschen – der Nahverkehr mit Zeitkarten regelmäßig preiswerter als der Pkw ist.

Das Modell des Kundenbarometers ist deshalb so interessant, weil neben den einzelnen Noten für die Leistungsmerkmale auch die relative Wichtigkeit eines Leistungsmerkmals ermittelt werden kann. Aus dieser Wichtigkeit für die Bewertung und der Note für ein Leistungsmerkmal gemessen an der durchschnittlichen Bedeutung und der Globalzufriedenheit ergibt sich die sogenannte «Handlungsrelevanzmatrix».

Die wichtigsten Faktoren für die Kunden sind die «harten» Angebotsfaktoren und die preisbezogenen Leistungsmerkmale. Von diesen Merkmalen werden nur das Linien- und Streckennetz sowie die Schnelligkeit der Beförderung überdurchschnittlich gut beurteilt. Dies trifft insbesondere auf die hohe Zahl der regelmäßigen Nutzer zu, die den ÖPNV als Pendler benutzen. Diese Gruppe ist allerdings beim Thema Pünktlichkeit dafür auch überdurchschnittlich kritisch. Zu beachten gilt es, dass eine Untersuchung, die den Befragten die Merkmale vorgibt, eher allgemeine Einschätzungen ergibt. Will man konkrete Probleme einzelner Reisen erfragen, so sind offene Fragen nach kritischen Ereignissen aussagekräftiger.

Die Kundenzufriedenheit steht in einem engen Verhältnis zu vielen weiteren Variablen, die die Kundenbindung und die Kundengewinnung beschreiben. Diese sind die Wiederwahl, die Abwanderungsresistenz, die Absicht zur Weiterempfehlung und das erwartete zukünftige Nutzungsverhalten. Kunden, die das Verkehrsangebot «vollkommen zufrieden» oder «zufrieden» beurteilen, besitzen als so genannte überzeugte Kunden in allen diesen Variablen durchschnittlich deutlich bessere Werte, als die «neutralen» oder sogar «enttäuschten» Kunden. Dies ist ein starker Hinweis auf die ökonomische Wirkungskette und Bedeutung der Kundenzufriedenheit.

Merksatz

Marketing zielt auf Kundenzufriedenheit. Sie ist die Basis für Erfolg.

Die Marktforschung umfasst aber auch die Marktbeobachtung und Verkehrsanalysen. Damit ist die Entwicklung des Gesamtmarktes als auch das Verhalten der Wettbewerber auf dem Markt gemeint.

Für das Marketing und die Produktpolitik ist die Beobachtung von Veränderungen und Entwicklungen auf dem Markt sehr wichtig. Grundlegende Entwicklungen werden als so genannte Megatrends bezeichnet. Zu diesen gehören in Deutschland z. B. der so genannte demographische Wandel (weniger Schüler, mehr Ältere), die finanziellen Restriktionen des Staates (Abbau von öffentlichen Leistungen) und das Nebeneinander von schrumpfenden und wachsenden Regionen. Die Globalisierung der Wirtschaft, die Verknappung von Energie und der Klimawandel sind weltweite Entwicklungen. Der technische Fortschritt und wirtschaftsstrukturelle Veränderungen wirken ebenso auf den Mobilitätsmarkt ein. Die Menschen reagieren mit veränderten Lebensstilen. Für die Verkehrsunternehmen sind die Entwicklungen der Mobilitätsmöglichkeiten, die z. B. durch Mietwagen- und Mietfahrrad-Angebote sowie durch die Entwicklungen der Elektromobilität entstehen, von Bedeutung.

Das Unternehmen muss seine Stärken und Schwächen kennen, um sich entwickeln zu können. Dies gilt im Wettbewerb der Verkehrsträger sowie im Wettbewerb innerhalb des ÖPNV, wobei dieser in Deutschland nicht gegenüber dem Endkunden sondern gegenüber dem Aufgabenträger gilt.

5.2.6 Qualität in Verträgen mit Aufgabenträgern

Die Organisation, der vom Gesetzgeber die Aufgabe zugewiesen wurde, den ÖPNV in einer Region (zumindest für einen Verkehrsträger) zu planen, zu organisieren und mitzufinanzieren, nennt man Aufgabenträger.

Die Aufgabenträger haben die Wahl, ob sie eine bestimmte Verkehrsleistung direkt an ein Verkehrsunternehmen vergeben, auf das sie einen beherrschenden Einfluss haben, oder ob sie die Erbringung dieser Verkehrsleistung ausschreiben. Verkehrsunternehmen können aber auch von sich aus die Initiative ergreifen, wenn sie erwarten, bestimmte Verkehrsangebote einschließlich gesetzlicher Zuschüsse gewinnbringend durchzuführen.

Wenn der Aufgabenträger eine Ausschreibung vornimmt, dann legt er in der Leistungsbeschreibung nieder, welche Bedienungshäufigkeiten er wünscht, welche Anforderungen er z. B. an das Ausbildungsniveau oder die Servicekompetenz des eingesetzten Personals, die Fahrzeugqualität usw. stellt, wie er das Fahrgastinformations-, Tarif- und Vertriebssystem sowie ein Beschwerdemanagement geregelt haben möchte und vieles andere mehr. Im mit dem Ausschreibungsgewinner zu schließenden Verkehrsvertrag sind dann die Qualitätskriterien genau zu beschreiben, das Qualitätsniveau festzulegen und die Art und Weise der Leistungsmessung unzweifelhaft zu regeln.

Bei Verkehrsverträgen wird grundsätzlich nach Brutto- und Nettoverträgen unterschieden. Bei Bruttoverträgen erhält der Aufgabenträger das Fahrgeld der Kunden und übernimmt dafür das Risiko. Bei Nettoverträgen trägt der Unternehmer das Einnahmenrisiko und hat so i. d. R. einen höheren Anreiz, mehr Kunden zu befördern. Um dies insbesondere auch bei Bruttoverträgen zu erreichen, kommen noch so genannte Anreizsysteme (Bonus-/Malus-Regelungen) hinzu. Durch Bonuszahlungen und Malusforderungen soll der Leistungsersteller einen genügend großen Anreiz bekommen, die vertraglich vereinbarte Qualität einerseits nicht zu unterschreiten, weil sonst Malusforderungen gestellt werden, und andererseits möglichst zu steigern, weil damit Bonuszahlungen vereinnahmt werden können.

Insbesondere bei der Festlegung von Mali sollte sich die Höhe der Beträge möglichst nahe an der wirtschaftlichen Bedeutung des jeweiligen Qualitätskriteriums orientieren. Der Betrag muss einerseits wirtschaftlich zumutbar und andererseits hoch genug sein, damit sich eine vertragliche Schlechterfüllung wirtschaftlich nicht rechnet.

5.2.7 Maßnahmen der Produktpolitik

Produkte haben einen Lebenszyklus, der klassisch in vier Phasen eingeteilt wird. Dieser beginnt mit der Produktinnovation. In dieser Phase wird das Produkt entwickelt und am Markt eingeführt und bekannt gemacht. Es erwirtschaftet in der Regel noch keine Gewinne, deshalb sollten nur die Produktinnovationen weitergeführt werden, die ausreichend schnell gewachsen sind und die Gewinnzone erreichen. Diese Phase der steigenden Gewinne bei weiteren Investitionen ist die Wachstumsphase. Die meist längste Phase ist die Phase der Reife (noch steigender Umsatz) bzw. Sättigung. Diese gewinnbringende Situation kann durch zeitgemäße Produktvariationen verlängert werden. Wenn die Umsätze zurückgehen stellt sich die Frage der Produktelimination (Produkt wird vom Markt genommen) oder des «Relaunch», einem innovativen und kommunikativen Neustart des Produktes.

Produktinnovationen für ein Unternehmen können durch Differenzierung vorhandener Produkte, das heißt unterschiedliche Ausgestaltung von Produkten in wichtigen Merkmalen (z. B. Schnellbusse oder Anrufbusse statt normalem Linienverkehr), oder durch Produktdiversifikation, der Aufnahme von neuen Produkten für neue Märkte, entstehen. Die Sortimentsausweitung wird unterschieden, ob sie das Angebot branchennah ergänzt (z. B. zusätzliches Angebot von Reiseverkehren oder Mietfahrrädern für ein ÖPNV-Unternehmen) oder sich auf vorgelagerte oder nachgelagerte Märkte bezieht (z. B. Betrieb eines Park & Ride-Platzes oder Öffnung eigener Werkstätten für Dritte) oder in keinem Zusammenhang zum bisherigen Unternehmen steht.

Das Produkt ist der Kern des Marketings. Die Produkte müssen die Kundenbedürfnisse erfüllen. Die Maßnahmen der Produktpolitik versuchen die Leistungsfähigkeiten des Unternehmens bzw. die Eigenschaften der angebotenen Verkehrsleistungen mit den Wünschen der Kunden in Übereinstimmung zu bringen. Um dies planen zu können, muss das Unternehmen sowohl einen Überblick über den Markt als auch über die Spezifika verschiedener Verkehrsmittel besitzen.

5.2.8 Der Verkehrsmarkt – Rahmenbedingungen und Abgrenzungen

Um einen Überblick zu erhalten muss man sich zunächst die Fragen stellen, wie man den Markt abgrenzt, den man beobachten möchte. Wir behandeln hier den Markt für Verkehrsdienstleistungen im Personenverkehr. Ein weiteres Kriterium ist die räumliche Abgrenzung z. B. nach internationalem Verkehr, Fernverkehr, Regionalverkehr und Nahverkehr. Die Marktabgrenzung im ÖPNV wird meistens auf die regionalen Gegebenheiten wie Verbundräume, Städte und Gemeinden bezogen.

Mit Blick auf die gesetzlichen Grundlagen erfolgt auch eine infrastrukturelle Abgrenzung zwischen Eisenbahnverkehr bzw. Schienenpersonenverkehr (SPNV) und öffentlichem Straßenpersonenverkehr (ÖSPV). Zu letzterem gehören neben den Bus- auch die U-Bahn- und Straßenbahnverkehre. Der Schienenpersonennahverkehr und der ÖSPV ergeben gemeinsam den öffentlichen Personennahverkehr (ÖPNV).

Die tatsächliche Nachfrage nach der ÖPNV-Leistung wird als Marktvolumen des ÖPNV

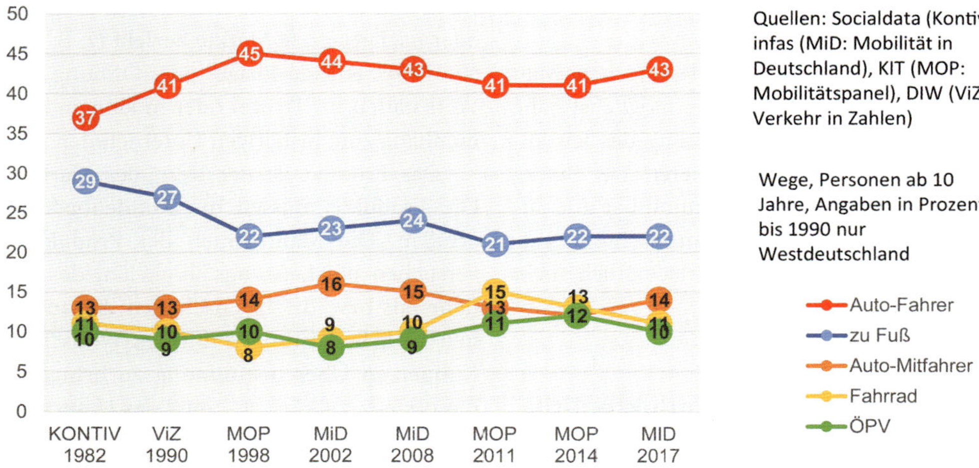

Quellen: Socialdata (Kontiv), infas (MiD: Mobilität in Deutschland), KIT (MOP: Mobilitätspanel), DIW (ViZ: Verkehr in Zahlen)

Wege, Personen ab 10 Jahre, Angaben in Prozent, bis 1990 nur Westdeutschland

bezeichnet. Das Marktvolumen kann beschrieben werden in Personenfahrten oder Zahl der Kunden. Bezogen auf die Verkehrsleistung (Verkehrsstatistik) ist die Angabe in Fahrten sinnvoll. Bezogen auf Kundenbedürfnisse und Qualitäten ist eine Messung der Kundenzahl zweckmäßig. Dieser Markt kann dann auch noch nach einzelnen Zielgruppen aufgeteilt werden.

Für den Verkehrsmarkt und die Aufteilung nach Verkehrsarten bzw. Verkehrsträgern ist auch der Begriff «**Modal Split**» entstanden. Üblich ist es, im regionalen Markt zwischen zu Fuß, Fahrrad, ÖPNV und dem motorisierten Individualverkehr (mIV: Pkw-Fahrer, Pkw-Mitfahrer, Motorrad) zu unterscheiden. Beim Modal-Split wird unterschieden, ob das Verkehrsaufkommen (das heißt die Verteilung der Wege) oder die Verkehrsleistung (das heißt die insgesamt zurückgelegte Entfernung) betrachtet wird.

Wesentlich für die Marktbetrachtung ist die Perspektive des Betrachters: Geht es um den Markt der Verkehrsdienstleistungen im Verhältnis Aufgabenträger – Verkehrsunternehmen oder um den Markt der Endkunden, den Fahrgastmarkt?

Im Rahmen der Umsetzung der **EU-Verordnung 1370/2007** in konkretes deutsches Recht wird ebenfalls eine Marktabgrenzung vorgenommen nach so genannten kommerziellen Verkehren und solchen – gemeinwirtschaftlichen – Verkehrsdienstleistungen, für die der Aufgabenträger Zuschüsse anbieten muss, weil es sonst zu keiner ausreichenden Verkehrsbedienung der Bevölkerung kommen würde. Verkehrsdienstleistungen sind auch dann kommerzielle Verkehre, wenn zusätzlich zu den Fahrgelderlösen Ausgleichs- und Erstattungsleistungen nach § 45a PBefG für die rabattierte Schülerbeförderung oder nach § 148 SGB IX für die Freifahrt von Menschen mit Behinderungen gewährt werden. Kommerzielle Verkehre fallen nicht unter die Regelungen der EU-Verordnung 1370/2007.

Für eine bestimmte Verkehrsdienstleistung erhält dann ein Unternehmen eine Konzession, das heißt das zeitlich beschränkte ausschließliche Recht, diese Verkehrsdienstleistung zu erbringen. Dies geschieht entweder auf Basis eines genehmigten Antrages auf einen kommerziellen Verkehr (mit dem der Anbieter Gewinne erzielen will) oder durch Gewinn einer Ausschreibung oder durch Direktvergabe. Neben diesen konzessionierten Unternehmen gibt es aber auch noch eine Vielzahl von kleineren Busunternehmen, die als so genannte Subunternehmer

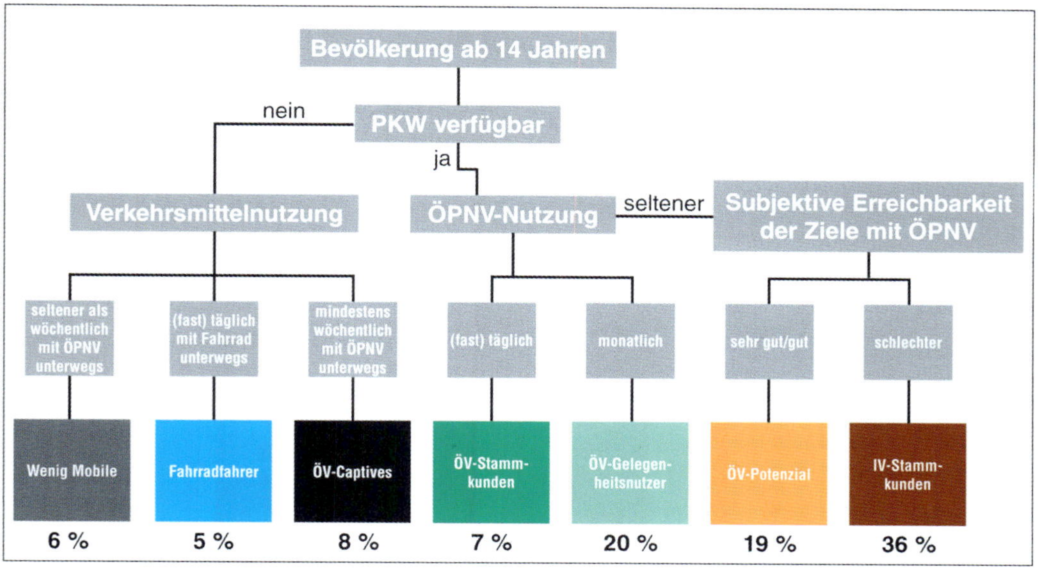

Quelle: VDV/TNS Infratest und INFAS/DLR MID 2008

Zielgruppen-Anteile nach Verkehrsbeteiligung in Deutschland

definierte Teile der Verkehrsdienstleistung im Auftrag des konzessionierten Verkehrsunternehmens erbringen. Näheres zu den rechtlichen Rahmenbedingungen des Verkehrsmarktes ist im ► Kapitel 6 ausgeführt.

Im deutschsprachigen Raum wurden seit Ende der 1960er Jahre in Westdeutschland Verkehrsverbünde geschaffen, die den Wünschen der Fahrgäste nach einem integrierten Nahverkehrsangebot entsprechen. Damals waren die Verbünde Zusammenschlüsse der Unternehmen eines Bedienungsgebietes, meist unter Beteiligung der Deutschen Bundesbahn. Nach der Regionalisierung der Bahn und im Zuge der Trennung der Funktionen zwischen Aufgabenträger-Ebene und Ersteller-Ebene wurden die meisten Verbünde in so genannte Aufgabenträger-Verbünde umgegründet. Es gibt aber auch weiterhin Unternehmensverbünde oder so genannte Mischverbünde. Sofern Verbünde Aufgaben der Verkehrsunternehmen übernehmen, erfolgt dies im Namen der Unternehmen. Echte Verbünde sind rechtlich selbstständige Gesellschaften mit eigenem Personal und eigenen Finanzmitteln. Die Verbundgesellschaften sind i. d. R. für die Verbundplanung, Tarifentwicklung und das Verbundmarketing zuständig. Bei Aufgabenträgern kommen Bestellerfunktionen hinzu.

Für den Kunden stellen Verkehrsverbünde ein integriertes Angebot unter dem Motto «ein Fahrplan, ein Tarif, ein Ticket» zur Verfügung.

Merksatz

Verkehrsverbünde besitzen eine wichtige Integrationsfunktion für das Verkehrsangebot.

Die Entwicklung dieser Verbundidee kann man als Erfolgsgeschichte bezeichnen: mittlerweile werden über 75 % der Fahrten im ÖPNV in Deutschland in Verkehrsverbünden durchgeführt.

Unter diesen Rahmenbedingungen des Verkehrsmarktes muss jedes Unternehmen seine Stellung im Markt analysieren und seine Strategie ausrichten.

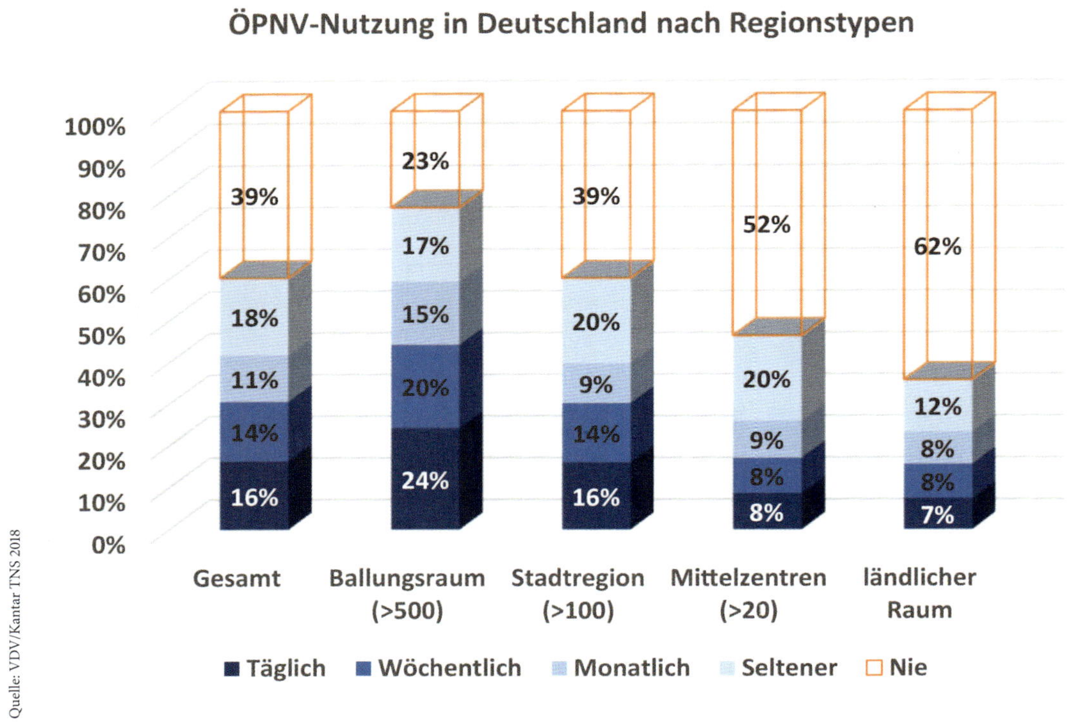

Zielgruppen-Anteile nach ÖV-Nutzung und Stadtgrößen

5.2.9 Verkehrsträger und Verkehrsmittel im Personenverkehr

Nach der jüngsten Erhebung zur «Mobilität in Deutschland» aus dem Jahr 2017 beträgt das Verkehrsaufkommen in Deutschland durchschnittlich 260 Mio. Wege am Tag. Jeder Bewohner legt durchschnittlich 3,1 Wege am Tag zurück. Der Verkehrsmarkt ist heute vordergründig vom Auto dominiert mit einem Anteil über alle Wege des mIV von 54 %. Doch diese Durchschnittsbetrachtung täuscht über die Bedeutung des öffentlichen Personenverkehrs hinweg. Der so genannte Umweltverbund von ÖPNV, zu Fuß gehen und Rad fahren liegt in den Metropolen mit 62 % vor dem mIV.

Neben diesen bundesweiten Zahlen sind deshalb Verkehrsuntersuchungen für den lokalen Markt des Unternehmens eine wichtige Informationsquelle. Um den Markt bearbeiten zu können, werden diese Analysen nach bestimmten Kundengruppen, so genannte Zielgruppen, unterschieden.

Merksatz

Zur differenzierten Marktbearbeitung bildet man im Marketing unterschiedliche Zielgruppen.

Eine übliche Unterscheidung ist z. B. der Zweck der Fahrt, also z. B. zur Ausbildung, zur Arbeit, zum Einkauf, zu privaten Erledigungen, in der Freizeit einschließlich der jeweiligen Rückwege. Ein Trend dabei ist, dass der Anteil der Berufs- und Ausbildungswege zurückgeht, der Zuwachs findet im Freizeit- und Einkaufsverkehr statt.

Die Zielgruppen können insbesondere auch nach ihrer heutigen Verkehrsmittelnutzung gebildet werden.

Die so genannten ÖV-Captives sind Kunden, die i. d. R. keine Wahlmöglichkeit des Verkehrsmittels haben, da sie z. B. über keinen Führerschein oder keinen Pkw verfügen.

Die Anteile der ÖPNV-Nutzer sind sehr von der Struktur des betrachteten Marktes abhängig. Je dichter ein Raum besiedelt ist, desto besser kann der ÖPNV seine Vorteile ausspielen und desto häufiger wird er auch genutzt. Etwa 40 % der Bevölkerung ab 14 Jahren nutzen den ÖPNV mindestens monatlich. In Großstädten liegt dieser Wert bei 50 % bis 80 %. Dort sind auch mehr Haushalte ohne eigenen Pkw als in den umgebenden Landkreisen. Dafür sind in den Großstädten neue Mobilitätsangebote wie stadtbezogene Mietwagenangebote, Car-Sharing, Elektrokleinstfahrzeuge oder Mietfahrradnetze häufiger anzutreffen.

Ein wesentlicher Grund für die Wahl des ÖPNV liegt auch in der eingeschränkten Parkplatzverfügbarkeit am Zielort und der Stau auf dem Weg dorthin. Hier wird der ÖPNV als sinnvolle Alternative wahrgenommen. In der Verkehrsplanung ergibt sich hieraus aber auch ein Konkurrenzverhältnis.

5.2.10 Einsatzfelder von Verkehrsmitteln nach dem Personenbeförderungsgesetz (PBefG)

Der Zugang zum Markt der Personenbeförderung ist in Deutschland gesetzlich geregelt. Wer Personen entgeltlich oder geschäftsmäßig mit Straßenbahnen oder Omnibussen im Linienverkehr oder im Gelegenheitsverkehr befördern will, muss dafür eine staatliche Genehmigung haben.

Als Einsatzfelder der Verkehrsmittel ist zunächst zwischen **Linienverkehr** und **Gelegenheitsverkehr** zu unterscheiden.

Eine im straßengebundenen ÖPNV erbrachte Verkehrsleistung ist dann als Linienverkehr zu klassifizieren, wenn folgende Kriterien vorliegen:

- **Fahrgastfreiheit**
Das Angebot wird betrieben, unabhängig von einem konkreten Fahrtwunsch.

- **Regelmäßigkeit**
Das Angebot wird gemäß eines veröffentlichten Fahrplanes durchgeführt.

- **Streckenbindung**
Das Angebot wird entlang eines vorher festgelegten und einzuhaltenden Linienweges durchgeführt.

Neben der Erlaubnispflicht zur Aufnahme des Betriebes unterliegt ein Unternehmer, der Linienverkehr betreibt, folgenden vier Grundpflichten, die im Personenbeförderungsgesetz (PBefG) bzw. teilweise im Allgemeinen Eisenbahn-Gesetz (AEG) geregelt sind:

- **Tarifpflicht**
Das Verkehrsunternehmen muss das Beförderungsentgelt (Preise, nicht im AEG) und die Beförderungsbedingungen genehmigen lassen, bekannt machen und gegenüber jedermann gleichmäßig anwenden.

- **Betriebspflicht**
Das Verkehrsunternehmen muss den Betrieb aufnehmen und entsprechend den öffentlichen Verkehrsinteressen und dem Stand der Technik aufrechterhalten.

- **Beförderungspflicht**
Das Verkehrsunternehmen muss – mit Ausnahme von unabwendbaren Umständen (höhere Gewalt) – jeden Fahrgast befördern, sofern dieser die geltenden Beförderungsbedingungen einhält und die Beförderung mit regelmäßig eingesetzten Beförderungsmitteln möglich ist.

- **Fahrplanpflicht**

Die Fahrplanpflicht konkretisiert die Betriebspflicht dahingehend, dass das Verkehrsunternehmen einen Fahrplan aufstellen und einhalten muss.

Im Gegensatz zum Linienverkehr ist Gelegenheitsverkehr gekennzeichnet durch:

- **Fahrgastfindung**

Das Angebot wird aufgrund eines konkreten Fahrtwunsches betrieben.

- **Streckenfreiheit**

Das Angebot ist nicht an eine bestimmte Strecke gebunden.

5.2.11 Einsatzfelder von Verkehrsmitteln nach der Siedlungsstruktur

Die Siedlungsstruktur eines Raumes und die vorhandenen Orte mit zentralörtlichen Aufgaben (Oberzentren, Mittelzentren, Unterzentren) bestimmt das notwendige Mobilitätsangebot für die Bewohner. Die Kernbereiche dieser Zentren zeichnen sich regelmäßig durch hohe Nutzungsdichten (Einwohner, Arbeits- und Ausbildungsplätze, Einkaufsmöglichkeiten, Kultur) aus. Zeigen sich räumliche Achsen mit hoher Nutzungsdichte oder in der Verbindung von verschiedenen Zentren, so handelt es sich dabei meist auch um Verkehrsachsen, die besonders gut erschlossen sind.

Die Verkehrsmittel des ÖPNV haben unterschiedliche Einsatzräume und Erschließungsfunktionen. Diese wird durch die Trassierbarkeit, die Fahrzeuggröße, den Haltestellenabstand und die Beförderungsgeschwindigkeit bestimmt.

Der Verband Deutscher Verkehrsunternehmen (VDV) hat Empfehlungen für die Einzugsbereiche von Haltestellen in Abhängigkeit von Verkehrsmitteln und Lage der Haltestelle gegeben (siehe Tab. 5.1).

Schienenverkehrsmittel besitzen i. d. R. eine hohe Leistungsfähigkeit, die insbesondere auf

Tab. 5.1 Empfehlung für die Einzugsbereiche für Haltestellen

Lage der Haltestelle	Verkehrsmittel	
	U-Bahn/S-Bahn/SPNV	Bus/Straßenbahn
	[m]	[m]
Oberzentrum		
Kernzone	400	300
Gebiet mit hoher Nutzungsdichte	600	400
Gebiet mit geringer Nutzungsdichte	1.000	600
Mittelzentrum		
Zentraler Bereich	400	300
Gebiet mit hoher Nutzungsdichte	600	400
Gebiet mit geringer Nutzungsdichte	1.000	600
Unterzentrum		
Zentraler Bereich	600	400
Übriges Gebiet	1.000	600
Gemeinde	1.000	600

Quelle: VDV-Mitteilung

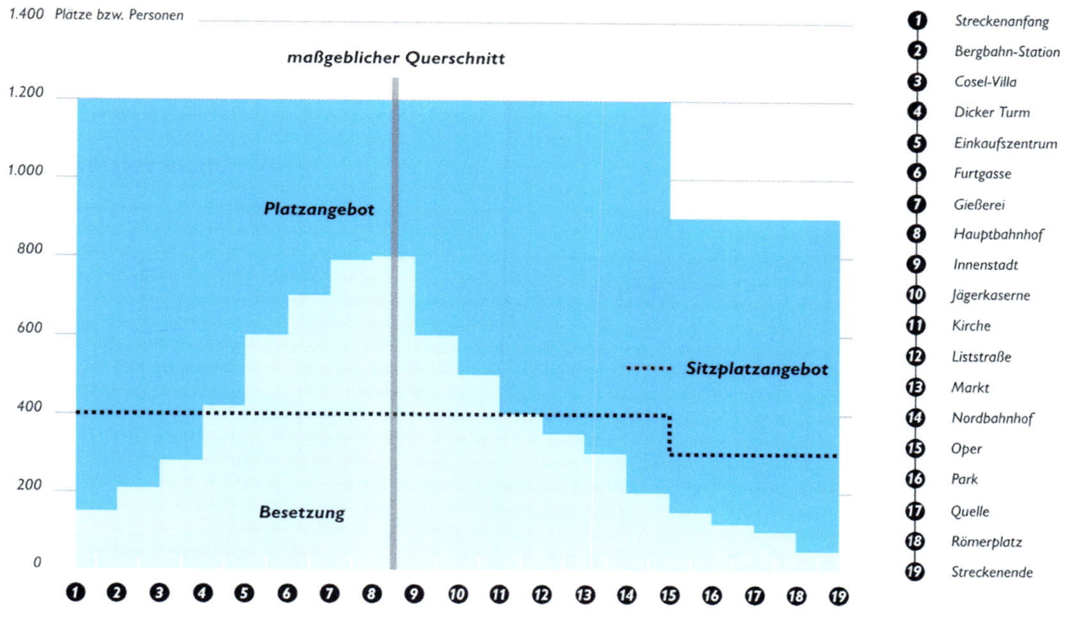

Darstellung von Verkehrsangebot und Nachfrage als Belastungsband einer Linie in Lastrichtung in der Spitze (Spitzenbelastung)

stark nachgefragten Achsen genutzt wird. Diese bilden dann regelmäßig das Rückgrat der Verkehrsbedienung und werden durch abgestimmte Zubringerverkehrsmittel ergänzt.

Bei der Erschließung eines Gebiets muss natürlich auf die Lage besonderer Aufkommens- oder Zielschwerpunkte geachtet werden. Darüber hinaus ist für die Beurteilung der Lage einer Haltestelle auch bedeutsam, wie der Fußweg dorthin gestaltet ist. Dabei sind insbesondere Höhenunterschiede (Topographie), aber auch Sicherheitsaspekte (Verkehrssicherheit, Sicherheitsgefühl) zu bedenken.

Die Nutzungsstruktur und Bebauung eines Gebietes beeinflusst bei der Verkehrserschließung auch die Wahl der eingesetzten Fahrzeuge und den Fahrplan. So ist in mittelalterlichen Altstädten auf eine stadtverträgliche Erschließung zu achten. Eine Linie in ein Industriegebiet mit Schichtarbeit hat andere Aufkommensspitzen wie eine Linie ins Stadtzentrum. Ähnliches gilt für den Schülerverkehr. Im Einkaufsverkehr sind die Öffnungszeiten zu beachten und Veranstaltungsverkehre sind auf die jeweilige Veranstaltung abzustimmen. Bei Linien, die z. B. einen Verkehrsflughafen erschließen, ist in den Fahrzeugen ggf. mehr Platz für Gepäck vorzusehen. Dort ist auch mit einem erhöhten Aufkommen von Ortsunkundigen oder von Menschen, die nicht deutsch sprechen können, zu rechnen. Dies führt zu erhöhten Anforderungen in der Fahrgastinformation und an das Fahrpersonal. Ähnliches gilt für touristische Ziele. Bei Linien zu witterungsabhängigen Ausflugszielen ist – soweit planbar und mit dem Linienangebot vereinbar – sogar das Wetter ein bestimmender Faktor.

Bei der Verkehrsmittelwahlentscheidung der Kunden stehen die so genannten harten Angebotsmerkmale im Mittelpunkt. Die Reisezeit von Haus zu Haus einschließlich der Fahrtenhäufigkeit, der Pünktlichkeit und des eventuellen Umsteigens sind die wesentlichen Faktoren. Die Umsteigenotwendigkeit ist ein kritischer Faktor für den ÖPNV, deshalb sind gesicherte Anschluss-

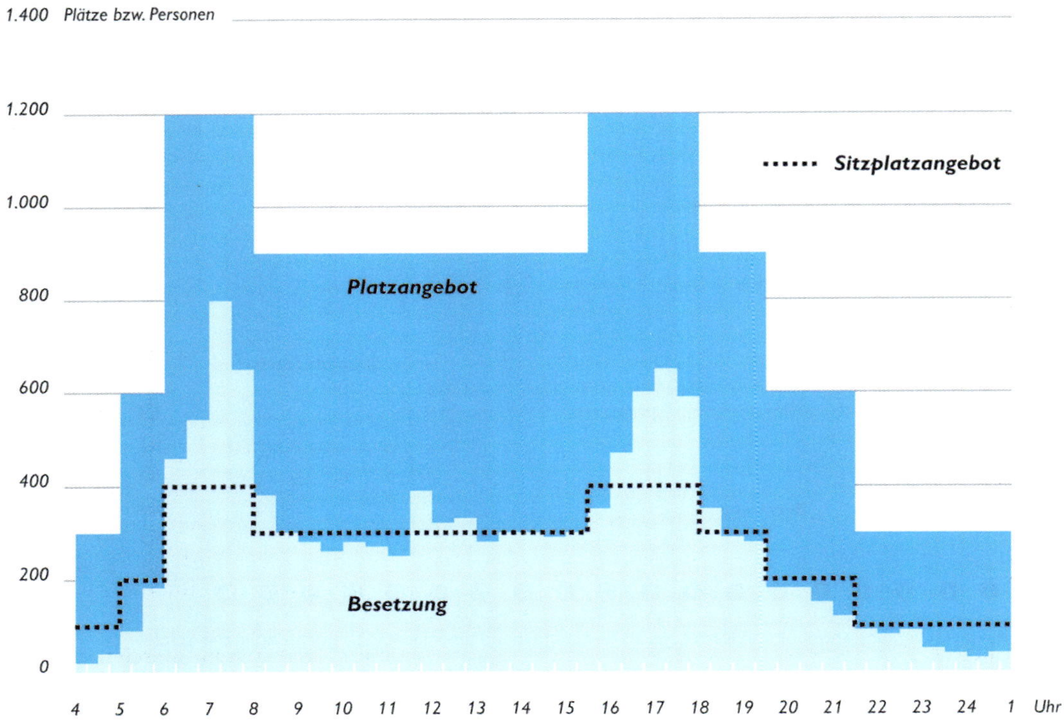

Darstellung von Verkehrsangebot und Nachfrage als Belastungsband über den Tag in Halbstundenschritten zur Ermittlung der Spitzenbelastung und Dimensionierung

verbindungen entsprechend wichtig. ÖV-Verbindungen mit mehrmaligem Umsteigen werden nur selten wahrgenommen. Deshalb werden bei der Planung von Linien oder Liniennetzen von Grund auf auch so genannte Wunschlinienpläne erstellt. Ausgehend von Aufkommensgebieten (Quellbezirken) werden strahlenförmig direkte Verbindungen in die Zielzellen eingezeichnet. Die Stärke des Strahls entspricht dabei maßstäblich dem erwarteten Gesamtverkehrsaufkommen in dieser Relation. Daraus ergeben sich bereits optisch Überlagerungen, die bei der Linienplanung zu berücksichtigen sind.

Die Darstellung von Verkehrsangebot und Nachfrage erfolgt zur Überprüfung der wirtschaftlichen Angemessenheit des Angebotes.

Dabei wird entlang des Linienverlaufs oder an bestimmten Querschnitten das Angebot an Plätzen (im ÖSPV einschließlich Stehplätze) in einer bestimmten Zeiteinheit (z. B. am Tag, in der Morgenspitze, in der Woche) der Nachfrage gegenübergestellt. Die Nachfragedaten werden durch manuelle oder automatische Zählungen erhoben. Durch Zählungen sind aber keine Informationen über Reiseweiten, Umstiege oder benutzte Tickets zu erhalten, diese können z. B. durch Befragungen im Fahrzeug erhoben werden.

In der beispielhaften Darstellung wird für eine Linie zwischen jeder Haltestelle die Anzahl der Fahrgäste erhoben. Der am höchsten belastete Abschnitt ist der «maßgebliche Querschnitt». Im Beispiel verkehren einzelne Fahrten nur auf dem Abschnitt Haltestelle 1 bis 15, deshalb ist danach das Angebot geringer.

Bei Kapazitätsengpässen gilt es zu prüfen, ob diese durch Angebotserweiterungen wirtschaftlich abgebaut werden können oder ob auch Maßnahmen der Nachfragesteuerung zum Ziel führen. Dies könnte z. B. die Vereinbarung mit mehreren Schulen über die Staffelung der Anfangszeiten sein.

Bei gering ausgelasteten Verkehren stellt sich die Frage, ob nicht so genannte differenzierte Bedienungsweisen die Nachfrage wirtschaftlicher abdecken könnten. In Abhängigkeit der Siedlungsstruktur sind dies Instrumente wie Taxibus, Rufbus oder Anruf-Sammel-Taxi. Neu ist die Vermarktung als „On Demand Ridepooling"-Angebote.

Neben dem Angebot ist die **Information** der Kunden ein wesentlicher Erfolgsfaktor für den ÖPNV. Die Information beginnt vor der Reise, z. B. im Internet oder über Fahrplanmedien, die man den Kunden geben kann (Fahrplanbücher, Linienfahrpläne). Die Internetplattformen des DELFI-Netzwerkes (=Durchgängige Elektronische Fahrgastinformation) und der Deutschen Bahn liefern Reiseinformationen, teilweise einschließlich aktueller Realdaten, von Haltestelle zu Haltestelle und von Haus zu Haus. Für die Kunden sind diese verkehrsträgerübergreifenden Informationen von Quelle bis zum Ziel entscheidend. In den Fahrplanauskunftssystemen können auch die Wünsche der Kunden hinterlegt werden, z. B. bezüglich Verkehrsmittel (Tarifgültigkeit), Schnelligkeit oder Preis.

Taktfahrpläne, bei denen die Verkehrsmittel in einem leicht merkbaren Takt regelmäßig verkehren, sind für die Kommunikation mit den Kunden besonders geeignet. An der Haltestelle erfolgt die Information durch Aushangfahrpläne und dynamische Fahrgastinformationsanzeiger. Solche Systeme, die z. B. die Wartezeit bis zur Abfahrt der gewünschten Linie anzeigen, geben dem Kunden die Möglichkeit, souveräner mit dieser Zeit umzugehen. Sie erlauben auch eine Information über Änderungen und Fahrplanabweichungen. Es ist zu betonen, dass die Kundeninformation im Störungsfall bzw. bei Unpünktlichkeit sehr wichtig ist.

Die notwendige Information sollte stets vom Kunden her abgeleitet werden. An jeder Haltestelle sollten die notwendigen Informationen zum Zugang zum System ÖPNV, wie z. B. wie man ein Ticket erwerben kann, erhältlich sein. Die Informationen haben sich dabei auch an ortsunkundigen und ungeübten Kunden zu orientieren. Im Bus-, Straßenbahn und S-Bahn-Bereich sind Fahrpläne, die die Fahrzeiten zu den weiteren Haltestellen des Linienweges angeben (so genannte Perlbänder), eine hilfreiche Information. Bei der Farb- und Schriftauswahl sind die Belange von Sehbehinderten mit zu berücksichtigen.

Im Fahrzeug sind optische und akustische Hinweise über die nächsten Haltestellen und ggf. über mögliche Anschlussverbindungen bzw. Umstiegsmöglichkeiten notwendig; ebenfalls ein Linienplan, zumindest von den befahrenen Linien zur Orientierung und Rückversicherung der Fahrgäste.

Ein wichtiger Informationsbereich für das Fahr- und Betriebspersonal sind Ansagen. Durchsagen über Lautsprechereinrichtungen müssen klar, deutlich und verständlich sein.

Bei Durchsagen z. B. von der Leitstelle muss die örtliche Situation bekannt sein und darauf geachtet werden, dass die richtige Information an der richtigen Stelle ausgesendet wird. Da an Haltestellen i. d. R. mit Verkehrslärm gerechnet werden muss, sind die Durchsagen auch zu wiederholen.

An Umstiegshaltestellen sind schnell erfassbare Wegweiser und Angaben der Abfahrtsbus- oder -bahnsteige notwendig. Die Anschlusssicherung ist für die Kunden von großem Interesse. Am Ziel sind für den Kunden Umgebungspläne der Haltestellen sinnvoll, um sich vor Ort orientieren zu können.

Merksatz

Informationen müssen richtig, rechtzeitig, am rechten Ort und verständlich sein.

Die Zuständigkeit für diese Maßnahmen ist in den Verkehrsunternehmen oft direkt im betrieblichen Bereich angesiedelt. Da der Betrieb das Produkt erstellt, sind sie hier unter Produktpolitik aufgeführt. Natürlich gilt es, die Informationsmaßnahmen auch in die Kommunikationsmaßnahmen des Unternehmens einzubinden.

5.2.12 Auswirkungen der Digitalisierung auf den Verkehrsmarkt und die Mobiltätsangebote

Die Digitalisierung verändert fast alle Sektoren. Im ÖPNV führt die digitale Transformation zu Änderungen auf Kunden- sowie Produktionsseite. Durch die Smartphones und das Internet der Dinge sowie den Ausbau der Datenübertragung sind im Grunde sowohl Kunden als auch Fahrzeugbewegungen und Zustände von „Dingen" wie Bauteilen oder auch Besetzungsgrade von Fahrzeugen in Echtzeit verfügbar. Die Kenntnis des Fahrzeugstandorts in Echtzeit und die Übertragbarkeit dieser Information an die potentiellen Kunden per Smartphone hat mit den stationslosen Mietsystemen von Pkw, Fahrrädern und E-Rollern neue Mobilitätsangebote erbracht, die z. B. dem Carsharing in Innenstädten einen hohen Kundenzuwachs ermöglicht haben.

Parallel dazu entwickelten sich die neuen On-Demand Verkehre. Diese sind mit weltweit agierenden Plattformanbieter wie UBER, DIDI oder Lyft in vielen Ländern mit Rideselling auf Kosten des Taxiverkehrs gewachsen. In Deutschland hat das PBefG diese Verkehre nur als Mietwagen und teilweise als Ridepooling-Experiment zugelassen. Eine Ausweitung des Ridepoolings im ÖPNV als Linienbedarfsverkehr und darüber hinaus als gebündelter Bedarfsverkehr ist Bestandteil der PBefG-Novellierung.

Die neuen Angebote können den ÖPNV multimodal ergänzen und die gefühlte Notwendigkeit eines eigenen Pkw verringern. In attraktiver Darbietungsform als „Mobility as a Service (MaaS) mit einem Gesamtangebot von einer Mobilitätsplattform ergeben sich hier neue Wahlmöglichen für die Kunden. Die ÖPNV-Anbieter müssen hier darauf bedacht sein, dass sie es sind, die diese Plattformen anbieten und weiterhin die Beziehung zu den Kunden zu halten. Sonst besteht eine große Gefahr, dass die Wertschöpfung der kommunalen Unternehmen auf den Bau- und Betrieb von Schienenbahnen beschränkt werden könnte.

Die Zukunft der Mobilität ist von verschiedenen Trends geprägt. Dies sind u. a. die drei Revolutionen „Elektrifizierung, Sharing und Automatisierung". Der Elektrifizierung liegt der Klimaschutz zugrunde. Hier ist zu bedenken, dass der Klimavorteil von Bussen und Bahnen in der Effizienz liegt, auch wenn der MIV irgendwann auch elektromobil ist. Sharing und Multimodalität bringen neue Geschäftsmodelle und Mitspieler auf den Markt. Das Teilen von Verkehrsmittel ist aber das Herz des ÖPNV. Ridepooling und das Teilen von Fahrrädern, Autos und Elektrokleinfahrzeugen sind Ergänzungen zum Hochleistungs-ÖPNV, der insbesondere durch die Bahnen erfolgt. Die Automatisierung ist ein Kristallisationspunkt der Digitalisierung. Autonomes Fahren besitzt das Potential einer bahnbrechenden Innovation für den Mobilitätsmarkt. Es nimmt – wenn es im MIV realisiert wird – dem öffentlichen Verkehr sein Alleinstellungsmerkmal des „gefahren Werdens" verbunden mit dem Komfort eines privaten Raumes im eigenen Pkw. Es stellt auch gleichzeitig die Zukunftswette von Fahrdiensten auf ein fahrerloses Rideselling als kostengünstiges Hauptverkehrsmittel dar. Stattdessen würde eine ÖV-orientierte Zukunft mit ÖV-integrierten autonomen Ridepooling Shuttles als Zu- und Abbringer zum automatisierten Hochleistungs-ÖV, als On-Demand-Flächenerschließungsverkehrsmittel oder als aufpreispflichtiges Premium-Shuttle ein Verkehrssystem bieten können, das einen eigenen Pkw nicht mehr notwendig erscheinen lässt.

Auch in der Zukunft ist es sinnvoll, Verkehrsnetze und -angebote hierarchisch zu strukturieren. Neben der Eisenbahn hat die leistungsfähige

Quelle: VDV 2019

VDV-Zukunftsvision zum autonomen Fahren (Ausschnitt)

kommunale Schienenbahn hier die Aufgabe des Rückgrates. Diese könnte in Zukunft noch durch mehr Bussysteme (Busbahnen, ggf. autonom und im „platoon“) ergänzt werden. Die Feinerschließung erfolgt dann durch kleinere Shuttles, teilweise im Linien- oder im On-Demand-Betrieb. Der VDV hat eine entsprechende Zukunftsvision entwickelt. Alle öffentlich zugänglichen Verkehrsangebote sind in den ÖV integriert und z. B. über eine Mobilitätsplattform nutzbar. Der Hochleistungs-ÖV wird multimodal ergänzt und autonome ÖV-Shuttle machen eine „individuelle öffentliche Mobilität“ und ein Leben ohne Pkw möglich.

5.3 Preispolitik

5.3.1 Tarif und Tarifziele

Im allgemeinen Marketing umfasst die Preispolitik neben dem Leistungsentgelt auch noch die weiteren Vertragsbestandteile wie z. B. Liefer- oder Zahlungsbedingungen. Im Verkehrsdienstleistungsmarketing kann die Preispolitik synonym zur Tarifpolitik verstanden werden. «Tarif» kommt aus dem Arabischen und bedeutet Preisverzeichnis. Zum Tarif gehören neben den Preisen (dem Beförderungsentgelt) aber auch das Ticketsortiment sowie die Beförderungsbedingungen. Die Beförderungsbedingungen sind in einem allgemeinen Teil durch Verordnung des für Verkehr zuständigen Bundesministers geregelt. Darüber hinaus gibt es die besonderen Beförderungsbedingungen des Verkehrsunternehmens bzw. Verbundes.

Im Verkehrswesen ist zu unterscheiden, ob der Markt konzessioniert ist und der Tarif einschließlich der Beförderungsbedingungen deshalb genehmigungspflichtig ist (typisch ÖPSV), ob nur die Beförderungsbedingungen genehmigt werden (typisch SPFV) oder ob Preis und Konditionen frei verhandelbar sind (typisch

Gelegenheitsverkehr). Wie bereits im Abschnitt über Verträge mit Aufgabenträgern ausgeführt, ist ebenfalls entscheidend, ob das Unternehmen oder der Aufgabenträger das Risiko für die Fahrgeldeinnahmen trägt und welcher politische Einfluss auf die Tarifgestaltung ausgeübt wird.

Grundsätzlich liegt die Zuständigkeit beim Verkehrsunternehmen. Wenn ein Unternehmen seinen eigenen Tarif gestaltet und genehmigen lässt, spricht man von einem Haustarif. Die formale Zuständigkeit kann auch auf Verbundgesellschaften übertragen werden. Dann wird der Gemeinschaftstarif von der Verbundgesellschaft zur Genehmigung vorgelegt.

Durch die Tarifpolitik müssen die Ziele des Unternehmens und seiner Eigentümer bzw. Auftraggeber erfüllt werden. Die Tarifpolitik ist dabei das Instrument für die Erwirtschaftung von Fahrgeldeinnahmen von den Fahrgästen oder von Instanzen, die für die Fahrgäste bezahlen. Die Fahrgeldeinnahmen ergeben sich aus den Einnahmen je Fahrt und der Anzahl der (bezahlten) Fahrten. Darüber hinaus gibt es so genannte Fahrgeldsurrogate. Dies sind z. B. Erlöse für die unentgeltliche Beförderung von Menschen mit Behinderungen oder Ausgleichszahlungen für verminderte Tarife im Ausbildungsverkehr. Darüber hinaus können auch Schulträger oder Kommunen Teile von Ticketpreisen übernehmen.

Die Tarifpolitik folgt drei klassischen Zielen:

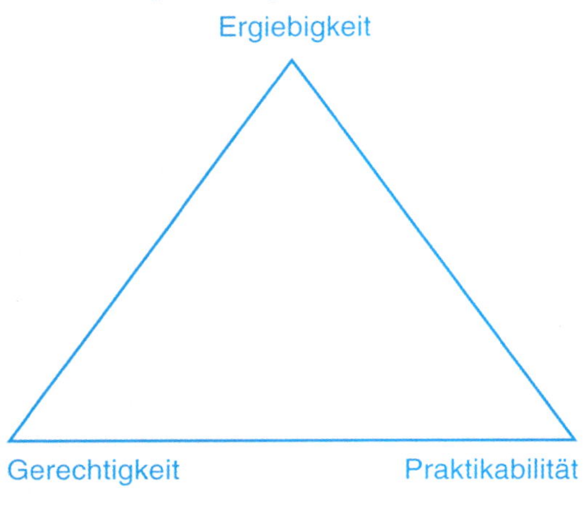

Die **Tarifergiebigkeit** ist eine Maßzahl für die Einnahmen, die aus einem Tarif entstehen. Diese können z. B. je Fahrt, je Ticket, je Kunde, je Einwohner bezogen sein. Darüber hinaus können örtliche Einkommensunterschiede oder Angebotsunterschiede berücksichtigt sein. Unter Marketinggesichtspunkten sind hier die Zahlungsbereitschaften der einzelnen Zielgruppen zu berücksichtigen und möglichst abzuschöpfen.

Die **Tarifgerechtigkeit** bezieht sich auf die Leistungsgerechtigkeit aus Sicht der Kunden. Dies bedeutet z. B., dass weitere Strecken nicht günstiger sein sollten als kürzere oder dass eventuelle Tarifgrenzen nicht willkürlich gesetzt werden. Je kleinteiliger ein Tarif ist, desto leistungsgerechter ist er. Auch eine Vielzahl von Angeboten für unterschiedliche Zielgruppen können – insbesondere bei begründeten Rabatten z. B. für Familien – die empfundene Gerechtigkeit erhöhen.

Die **Praktikabilität** des Tarifs hat ihre Grenzen in der Kommunikation und Verständlichkeit gegenüber dem Kunden sowie in den Anforderungen des Vertriebs und der Kontrollierbarkeit. Zu vielschichtige Angebote können dem Verkaufspersonal den Überblick erschweren und die Kunden verwirren. Im Vertrieb sind die Einschränkungen der Verkaufsgeräte oder bei der Preisgestaltung z. B. die Wechselgeldrückgabe zu beachten: Wenn ein häufig gekauftes Ticket am Automaten z. B. 1,05 € kosten würde, wäre der Aufwand, die Automaten mit ausreichend Wechselgeld zu versorgen, enorm, da bei den meisten Verkaufsvorgängen Münzen zurückgegeben werden müssten. Die Kontrollierbarkeit kommt z. B. dort ins Spiel, wo zahlreiche Tickets nur zusammen mit Ausweisen gültig sind. Da die personenbezogene Kontrolle viel aufwändiger ist, darf dieses Ticketsortiment nicht zu viele Fahrgäste betreffen.

Die Anordnung der Tarifziele in einem Dreieck zeigt, dass das gleichzeitige Erreichen aller drei Ziele mit bisherigen Maßnahmen schwierig ist.

Aus rechtlicher Sicht ist darauf hinzuweisen, dass ein Beförderungsvertrag zwischen Verkehrsunternehmen und Fahrgast zustande kommt, unabhängig, ob dieser bei diesem Verkehrsunternehmen sein Ticket erworben hat oder ggf. bei einem anderen Verbundunternehmen.

5.3.2 Sortimentspolitik

Befragungen der Bevölkerung und selbst von ÖPNV-Nutzern zeigen, dass die Preise des ÖPNV eher überschätzt und die Kosten für Fahrten mit dem eigenen Pkw regelmäßig unterschätzt werden. Die Zufriedenheit mit dem Preis-Leistungsverhältnis im ÖPNV gehört regelmäßig zu den am schlechtesten bewerteten Aspekten der Kundenzufriedenheit. Allerdings zeigen diese Befragungen auch, dass regelmäßige Kunden und insbesondere solche mit Zeitkarten relativ zufriedener sind als Gelegenheits- oder Seltenkunden.

Dies ist auch ein Effekt der **Sortimentspolitik**. Diese umfasst das Angebot an Tickets und Tarifstufen (Entfernungen). Das Ticketsortiment ist nächst an den verschiedenen Zielmärkten wie Ausbildungsverkehr, Berufsverkehr, Einkaufs- und Besorgungsverkehr sowie Freizeitverkehr auszurichten. Für die regelmäßigen, häufigen Fahrtbedürfnisse werden Tickets im **Zeitkartentarif** mit einer zeitlichen Gültigkeit z. B. für einen Monat angeboten. Die übrigen, eher unregelmäßigen oder weniger häufigen Fahrtanlässe werden mit Angeboten des **Gelegenheitstarifs** bedient. Der Gelegenheitstarif wird teilweise aus Vertriebssicht auch als Bartarif bezeichnet.

Die Zielgruppen unterschieden sich auch, inwieweit sie eher am öffentlichen Verkehr orientiert und gar darauf angewiesen sind oder ob sie die meisten Fahrten mit Individualverkehrsmitteln durchführen. Die Gruppe der «Wahlfreien», die ein Auto zur Verfügung hat und je nach Ziel und Fahrtanlass das Verkehrsmittel wechseln kann, ist besonders interessant.

Das Ticketsortiment der Zeitkarten umfasst im Grundangebot Monatskarten für jedermann (Regeltarif) und Monatskarten im Ausbildungsverkehr. Diese werden oft auch im Abonnement angeboten. Das Abonnement hat den Vorteil einer stärkeren Kundenbindung, da die Kunden namentlich bekannt sind und es z. B. wegen Urlaub nicht unterbrochen wird. Die Kunden erhalten dafür einen Rabatt. Anstatt eines Abonnements werden auch Jahreskarten angeboten.

Das Ergänzungsangebot im Zeitkartenbereich sind Wochenkarten für jedermann und im Ausbildungsverkehr. Diese verkaufen sich nur in geringen Stückzahlen, werden aber von bestimmten Kundengruppen oder zu bestimmten Zeiten (z. B. Schichtarbeiter, Urlaubs- oder Ferienzeit) als kostengünstiges Angebot verlangt. Zu den Zeitkarten zählen auch die Solidaritätsangebote Jobticket und Semesterticket. Bei diesen Angeboten wird von Seiten des Verkehrsunternehmens mit einer oder mehreren Organisationen als Großkunde verhandelt und für alle Angehörigen der Organisation (z. B. Mitarbeiter, Studierende) in der Regel ein Ticket für das gesamte Tarifgebiet ausgestellt. Der Preis richtet sich nach der bisherigen Nutzung des öffentlichen Verkehrs und wird dann – mit oder ohne Zuschuss der Organisation – auf alle Angehörige solidarisch umgelegt.

Zeitkarten können starr an bestimmte Monate oder Wochen gebunden sein oder flexibel für einen bestimmten oder sogar frei wählbaren Zeitraum gelten. Die Flexibilisierung von Zeitkarten führt eventuell zu Mindereinnahmen, kann aber vertrieblich aufgrund von Verkaufsspitzen zum Monatswechsel geboten sein. Eine weitere Unterteilung können Talzeitangebote sein. Zeitkarten, die in der morgendlichen Hauptverkehrszeit nicht gelten, werden dann mit einem Rabatt angeboten. Dies ist für alle interessant, die nicht zu dieser Zeit fahren müssen, und bietet für häufige Nutzer ein flexibles und günstiges Angebot. In jüngster Zeit kamen Abonnements auch für Schüler und für Senioren auf, die entsprechend dem Nutzerverhalten ausgestaltet und bepreist werden können.

Eine wichtige Eigenschaft der Tickets ist die Frage: persönlich oder unpersönlich. Während ermäßigte Tickets z. B. für Schüler nur persönlich und teilweise nur in Verbindung mit einem Schülerausweis gelten können, ist dies für den Regeltarif eine offene Entscheidung. Ein unpersönliches Ticket kann unentgeltlich weitergegeben werden und stellt – wie ein Autoschlüssel – ein flexibles Mobilitätsangebot dar. Ein persönliches Ticket kann aber z. B. bei Verlust ersetzt werden oder, falls es bei einer Kontrolle nicht vorgezeigt werden konnte, nachträglich vorgelegt werden. Dann kann das erhöhte Beförderungsentgelt vermindert werden. Persönliche Tickets benötigen ein persönlich kontrollierbares Merkmal (z. B. ein Lichtbild) oder können nur in Verbindung mit einem Lichtbildausweis (ggf. Verbundpass, Stammkarte) gültig sein. Dies macht die Tickets aufwändiger und es erschwert den Kontrollprozess.

Für den Gelegenheitsverkehr sind im Grundangebot Einzeltickets für jedermann und ermäßigte Einzeltickets für Kinder sowie Tageskarten vorhanden. Der Rabatt für Kinder beträgt i. d. R. 50 %. Kinder (in Begleitung Erwachsener) haben i. d. R. Freifahrt bis zum 6. Geburtstag und ein Anrecht auf ermäßigte Tickets bis zum 12. Geburtstag. Das Einzelticket für «Jedermann» für jede Preisstufe ist der Eckwert der Tarifkalkulation.

Für ÖV-orientierte Gelegenheitskunden, Teilzeitpendler, Fahrgäste mit wechselnden Routen und/oder Gruppengrößen können diese durch Mehrfahrtenkarten oder Streifenkarten ergänzt werden, die für ein bestimmtes, im Vorverkauf erworbenes Fahrtenkontingent einen Rabatt gewähren. Mehrfahrtenkarten sind für mehrere Fahrten in der gleichen Preisstufe, Streifenkarten können je nach Anzahl der benutzten Streifen auch für unterschiedliche Preisstufen verwendet werden. Für den Kunden wird hier dadurch ein Mehrwert geschaffen, dass er nicht vor jeder Fahrt erneut ein Ticket lösen muss. Die Verkehrsunternehmen müssen allerdings Entwerter vorhalten, damit das Ticket für eine konkrete Fahrt benutzt werden kann.

Weit verbreitet sind auch Kleingruppenkarten, die sich i. d. R. auf eine Gruppe von fünf Personen beziehen, abgeleitet von den Sitzplätzen eines Pkw. Dies sind Angebote, die insbesondere auf den Freizeitverkehr abzielen. Ein Einsteigerangebot, z. B. auch für den Einkaufsverkehr, sind die Kurzstreckentickets, die nur für Fahrten für eine oder wenige Haltestellen gelten.

Ziel der Verkehrsunternehmen ist eine verstärkte Kundenbindung.

Vor allem, da Mobilitätsentscheidungen i. d. R. längerfristig und die Informationsaufwendungen für beide Seiten hoch sind. Dies wird klassisch erreicht durch Zeitkarten, insbesondere Monatskarten, verstärkt durch Jahreskarten/Abos und Jobtickets. Die Kunden wünschen und erhalten direkte finanzielle Vorteile (z. B. «10 für 12»).

Zur Kundengewinnung sind insbesondere folgende Angebote geeignet:

- **Kombitickets**

Der ÖPNV kooperiert mit Veranstaltern und erreicht durch einen obligatorischen Einschluss der Fahrkarte in die Eintrittskarte einen weiteren Kundenkreis, der den ÖV ohne Vertriebsprobleme und direkte Ausgaben testen kann.

- **Solidaritätsangebote**

Der ÖPNV kooperiert mit Institutionen (Arbeitgeber/Schulen) und erreicht durch eine obligatorische Abnahme der Fahrkarten für alle Angehörigen einen weiteren Kundenkreis und Vertriebseinsparungen.

- **Schnupperangebote**

Insbesondere bei Angebotsverbesserungen werden Test-Tickets ausgegeben.

5.3.3 Tarifarten

In Deutschland sind hauptsächlich Tarife gebräuchlich, die sich auf die Entfernung beziehen. Die Entfernungskomponente können Tarifkilometer oder durchfahrene Bereiche sein. Die Tarifkilometer können direkt die gefahrene Strecke abbilden oder Gewichtungen enthalten, die z. B. Nachfragesituationen oder leicht unterschiedliche Streckenführungen berücksichtigen.

Bei Tarifen, die nach durchfahrenen Bereichen gehen, waren früher Haltestellentarife (wie heute noch Kurzstreckentickets) oder streckenabschnittsbezogene Tarife mit Zahlgrenzen üblich. Der Kontrollaufwand dieser Tarife ist sehr hoch und die Leistungsgerechtigkeit wird durch unterschiedliche Haltestellenabstände eingeschränkt.

Heute überwiegen im ÖPNV die Flächenzonentarife. Diese beziehen alle Haltestellen einer räumlich abgegrenzten Zone (oder Wabe) ein. Der Preis gilt dann zu allen Haltestellen in der Zielzone und richtet sich nach der Anzahl der befahrenen Zonen bzw. Waben. Die Verbreitung der Flächenzonentarife kam durch die Ausbreitung der Verbundgebiete.

Systemelement	Tarifsysteme
Länge	Kilometertarif (nach Strecke, Tarifkilometer oder Luftlinie), Teilstreckentarif, Haltestellentarif z. B. Kurzstreckentarif
Fläche	Einheitstarif, Flächenzonentarif
Zeit	Fahrzeittarif

In manchen Städten oder auf besonderen Linien sind auch Einheitstarife gebräuchlich. Insbesondere im Ausland bei geschlossenen Systemen, also solchen wo eine mechanische Sperre durchschritten werden muss, gilt dann ein Preis, der z. B. auch per Wertmarke (Token) bezahlt werden kann. Auch in deutschen Verbundtarifen gelten oft innerhalb einer Gemeinde feste Preise. Einheitstarife sind praktikabel aber nicht leistungsgerecht und wenig ergiebig, da ein Preis gewählt werden muss, der auch für kürzere Strecke akzeptiert wird.

Eine weitere Orientierungsgröße des Tarifs können auch die Konkurrenzverhältnisse sein. Zeitvorteile des öffentlichen Verkehrs im Vergleich zur Straße oder der Vergleich mit Taxikosten bei der Anbindung eines Flughafens aber auch Umwege in Tangentialverbindungen bei radialer Netzgestaltung sind hierfür Beispiele in positiver und negativer Sicht.

Die Komplexität der Tarife in der Kommunikation mit den Kunden und für die Selbstbedienung ist heute vielerorts sehr hoch. Harmonisierungen und Vereinfachungen helfen hier. Im Zuge des elektronischen Fahrgeldmanagements könnte in der Ausbauvariante «automatisierte Fahrpreisfindung» die Notwendigkeit der Tarifkenntnisse vom Kunden wieder auf das technische System zurück verlagert werden. Dann sind auch noch differenziertere Tarife möglich, die unter dem Stichwort «elektronischer Tarif» zusammengefasst werden.

5.3.4 Tarifstrategie

Aufgrund der zunehmend sinkenden Ausgleichsleistungen der öffentlichen Hand und der geringen Investitionsfähigkeit der Verkehrsunternehmen müssen alle Bereiche des Marketings zur Steigerung der Wirtschaftlichkeit durch mehr Ertrag und geringere Kosten eingesetzt werden. Es muss zu einer verstärkten Nutzerfinanzierung des Verkehrs kommen. Im Tarifbereich bedeutet dies für die ÖPNV-Unternehmen eine Steigerung der Tarifeinnahmen, eine Steuerung der Nachfrage zur Kostensenkung und eine Senkung der Fahrgeldausfälle.

Zu der Nutzerfinanzierten Tarifstrategie gehören verschiedene Elemente:

- Tarifsteigerungen
- Abschöpfung von Zahlungsbereitschaften durch Tarifdifferenzierung

- Abbau von Rabatten, Mitnahmeregelungen und «Flatrates»
- Ansprache von Zielgruppen, die mehr ÖV nutzen könnten
- Kundenbindungskarten (Basispreis und ermäßigte Nutzung)
- Einnahmensicherung (Ticketsicherheit und -kontrolle)

Die Fahrgelderlöse ergeben sich als Produkte der Menge der verkauften Tickets und dem Preis pro Ticket. Auf die Menge der verkauften Tickets wirken natürlich alle Marketingmaßnahmen. Im Tarifbereich sind dies z. B. zielgruppenspezifische Angebote. insbesondere für die wachsende Gruppe der Senioren: in Regionen mit gutem Angebot – können qualitätsorientierte, leicht verständliche Angebote, die Mobilität von «agilen Älteren» fördern.

Es gilt, die Zahlungsbereitschaft der Kunden abzuschöpfen. Dies erreicht man durch differenzierte Tarife. Rabatte sollten nur gewährt werden, wenn sie für das Verkehrsunternehmen durch andere Vorteile aufgewogen werden. Diese Vorteile können sein: Mehr Fahrten, Liquiditätsvorteile, bessere Kundenbindung, Vertriebskosteneinsparung, genauere Nachfragedaten oder Kosteneinsparungen durch Nachfrageverschiebungen aus der Spitzenbelastung. Aus Kundensicht werden Rabatte erwartet, je länger sich z. B. ein Kunde bindet. Wenn bestimmte Angebote bereits lange auf dem Markt sind und eine hohe Nutzung aufweisen, können sie i. d. R. nicht kurzfristig vom Markt genommen werden.

Um die Einnahmen zu erhöhen und steigende Kosten anzupassen ist es für die Verkehrsunternehmen wichtig, dass die Tarife regelmäßig angepasst werden. Dies bedeutet i. d. R. maßvolle Preiserhöhungen. Wenn die Preise zu stark erhöht werden (müssen), besteht die Gefahr von Kundenabwanderungen. Die Kunden zeigen dann eine so genannte Preiselastizität. Preiselastizitäten beeinflussen den Erfolg von Preiserhöhungen und sind Ausdruck für die Sensibilität der Kunden bei Preisveränderungen.

$$\frac{\text{relative Veränderung der Fahrgastzahl: } -3\%}{\text{relative Änderung der Fahrpreise: } +10\%} = -0{,}3$$

Im oberen Beispiel verringert sich die Absatzmenge (Fahrgastzahl) je 1 % Preiserhöhung um 0,3 %. Die Preiselastizität beträgt dann –0,3. Preiserhöhungen lohnen nur bei Preiselastizitäten > –1. Die Preiselastizität im ÖPNV wird oft pauschal mit – 0,3 angesetzt, in der Praxis differieren diese Werte aber stark. Preiserhöhungen innerhalb enger Margen (maximal 3 %) führen oft zu kaum messbaren Abwanderungen. Drastische Erhöhungen, oder solche, die von den Medien oder der Politik stark diskutiert werden, können aber auch sehr starke Nachfrageveränderungen bewirken. ÖPNV-Fahrpreise werden aber auch relativ zu den Preisen für IV-Mobilität (Kraftstoffe) wahrgenommen. Starke Preissteigerungen dort ergeben Erhöhungspotenziale im ÖPNV. Andererseits ist im ÖPNV auch bei drastischen Preissenkungen nicht mit einer Kompensation der Einnahmenverluste durch ausreichend mehr Fahrgäste zu rechnen.

5.3.5 Tarifkommunikation

Die Wahrnehmung der Preise für Busse und Bahnen und für das Auto in der Bevölkerung entspricht oft nicht den tatsächlichen Gegebenheiten. Während beim Auto oftmals der Wertverlust und die Nebenkosten (Steuern, Versicherung, Parkplatz, Inspektionen, Wartung) ausgeblendet werden, wird dagegen im ÖPNV das relativ teure Einzelticket als Vergleichsmaßstab herangezogen, das aber nur für den geringsten Teil der Fahrten tatsächlich genutzt wird.

Auf Basis von Zeitkarten hat der ÖPNV in der Regel einen spürbaren Preisvorteil. Gute Beispiele, wie dieser Preisvorteil kommuniziert werden kann, bieten oft die Internetangebote von

Verkehrsunternehmen und Verkehrsverbünden, die Mobilitätsberater oder Preisvergleichsrechner beinhalten. Ebenfalls wirksam kann ein Herunterbrechen von z. B. Jahreskartenpreisen auf einen Tag sein oder der Vergleich mit den Kosten einer Tankfüllung.

Bei der Kommunikation von Tariferhöhungen sollte beachtet werden, dass diese nicht mehrfach in den Medien erscheint, da sonst die Leser den Eindruck von ständigen Tariferhöhungen gewinnen könnten. Tarifsteigerungen sollten für die Kunden mit nachvollziehbaren Kostensteigerungen oder z. B. Kürzung von Zuschüssen durch öffentliche Kassen begründet werden. Darüber hinaus sollten möglichst auch Angebotsverbesserungen mitkommuniziert werden oder darauf hingewiesen werden, dass sonst notwendige Angebotskürzungen unterbleiben können.

Merksatz

Regelmäßige Tariferhöhungen werden vom Markt leichter aufgenommen als unregelmäßige stärkere Erhöhungen.

5.3.6 Einnahmensicherung

Die Einnahmensicherung ist ein wichtiger Teil des gesamten Marketings. Natürlich müssen die Tarife und die Vertriebsmöglichkeiten so gestaltet werden, dass die zahlungswilligen Kunden den richtigen Fahrpreis entrichten können. Aber auch die Tickets selbst müssen gegen Fälschung oder Missbrauch gesichert und kontrollierbar sein. Dies geschieht anhand von Sicherungselementen und Kontrollmerkmalen.

Die Kontrolle der Tickets auf zeitliche und räumliche Gültigkeit, Echtheit und ggf. auf Vorlage durch die berechtigte Person ist wesentlich für die Einnahmensicherung. Das Ziel der Ticketkontrolle ist es, die Zahlungsmoral zu erhalten und die Fahrgeldausfälle zu reduzieren.

Fahrgeldhinterziehung stellt für die Unternehmen des ÖPNV ein beträchtliches wirtschaftliches Problem dar. Durch Schwarzfahrer entstehen dem ÖPNV erhebliche Verluste, ohne dass dies der Öffentlichkeit bewusst ist.

Von Fahrgästen ohne Fahrausweis wird das erhöhte Beförderungsentgelt (EBE) verlangt. Für die Erfassung von Mehrfachtätern ist die Aufnahme der Personalien unabdingbar. Die «Beförderungserschleichung» als vorsätzliches Schwarzfahren ist ein Straftatbestand.

Grundsätzlich sollten die Fahrausweisprüfungen flächendeckend erfolgen. Maßstab für das Kontrollvolumen auf bestimmten Linien- und Streckenabschnitten sowie an bestimmten Örtlichkeiten sollte das Fahrgastaufkommen sein. Die optimale Kontrollquote leitet sich aus den Kosten für die Kontrollen und der Verarbeitung von Beanstandungen sowie den Einnahmen aus dem erhöhten Beförderungsentgelt und den vermiedenen Einnahmeverlusten ab.

Kontrollsysteme

Mit Zutrittskontrolle = geschlossene Systeme

- an Haltestellen = Sperrensysteme
  - personalbesetzt
  - mechanisch (mechanische Sperren, Drehkreuze, Türen)
  - elektronisch (An- und Abmelden, Anwesenheitserfassung)
- in Fahrzeugen
  - kontrollierter Einstieg = personalbesetzt (heute: Fahrer, früher Schaffner)
  - elektronisch (An- und Abmelden, Anwesenheitserfassung)

Ohne Zutrittskontrolle = offene Systeme

- Vollkontrolle (im Fahrzeug, Regelbetrieb)
- Schwerpunktkontrolle (Vollkontrolle als Sondermaßnahme ggf. mit zusätzlichem Polizeieinsatz, z. B. als Abgangskontrolle)

Stichprobenkontrolle

Wichtig ist, dass geschlossene Systeme keine Sicherheit vor Fahrgeldhinterziehern bieten. Es gibt viele Systeme, wo die Schwarzfahrerquoten vermutlich höher liegen als in den offenen Systemen mit ausreichend Stichprobenkontrollen. Es bestehen auch Mischformen in Netzteilen, Verkehrsmitteln usw. Da Fahrer vorrangig andere Aufgaben durchführen müssen, sind zusätzliche Stichprobenkontrollen notwendig, um z. B. persönliche Tickets zu kontrollieren oder Fälschungen zu bemerken.

Fahrausweiskontrollen sind sinnvoll und notwendig, da die Verkehrsunternehmen jedes Jahr dreistellige Millionenbeträge durch nicht zahlende Mitfahrer verlieren. Kontrollen können durch spezielles (internes oder betriebsexternes) Kontrollpersonal oder durch Fahrerinnen und Fahrer erfolgen. Für die Kontrolltätigkeit sollte das Personal besonders geschult werden, insbesondere im Hinblick auf Tarif- und Prüfmerkmale, rechtliche Hintergründe, kundenfreundliches Verhalten und Deeskalation. Es ist zu bedenken, dass oftmals das Kontrollpersonal der einzige persönliche Kontakt der Kunden mit dem Unternehmen darstellt.

Eine kundenorientierte Kontrolle sollte stets folgende Aspekte berücksichtigen:

- Langfristig können Fahrausweiskontrollen effizienter werden, wenn sie in Kombination mit einer serviceorientierten Kundenberatung im Fahrzeug einhergehen und versuchen die Chance zu nutzen, aus «Schwarzfahrern» zahlende, treue Kundinnen und Kunden für den ÖPNV zu machen. Das setzt voraus, dass das Prüfpersonal die erforderliche Beratungskompetenz aufweist.
- Der verengte Blick nur auf die «Quote» (wie viele nicht zahlende Fahrgäste habe ich heute «erwischt»?) ist deshalb nicht der richtige Ansatz.
- Neben dem Aspekt, dass die zahlenden Fahrgäste in ihrem Verhalten bestärkt werden müssen, gilt es den vom Unternehmen gesetzten Kulanzrahmen mit Menschenkenntnis auszunützen.
- Zur Deeskalation gilt es, lange Diskussionen im Fahrzeug und die Erzeugung großer Aufmerksamkeit im Beanstandungsfall zu vermeiden.

5.4 Vertriebspolitik

Distributionspolitik für Verkehrsdienstleistungen bedeutet Vertriebspolitik, da die Produktion und der Konsum der Dienstleistung gleichzeitig erfolgt. Vertriebspolitik umfasst die Entscheidungen über Vertriebswege (Vertriebskanäle) bzw. über ein für die Produkte und den Markt optimiertes Vertriebssystem – dem Vertriebswegemix. Der Vertrieb im ÖPNV ist eine sehr wesentliche Aufgabe, da er einen wichtigen Kundenkontakt darstellt. Die einzelnen Vertriebswege führen aber zu sehr unterschiedlichen Kontaktarten, zu anderen Umsätzen und differenzierten Kosten. Vertriebssysteme müssen i. d. R. über einen längeren Zeitraum beibehalten werden, sie üben dann teilweise einen einengenden Einfluss aus. Die strategische Planung des Vertriebs ist wegen seiner qualitativen und kostenmäßigen Bedeutung sehr wichtig.

Merksatz

Der optimale Vertriebswege-Mix aus Kunden- und Kostensicht ist die Strategie im Vertrieb.

Ziele der Vertriebspolitik sind:

- Wirtschaftlichkeit (Senkung der Vertriebskosten, Ausschöpfen von Rationalisierungspotenzialen)
- Sicherheit
- Kundenfreundlichkeit
- Leichter Systemzugang (Einheitlichkeit, Verständlichkeit und Ubiquität)

- Erfassung von Planungs- und Abrechnungsdaten
- Positives Image durch Modernität und technische Innovationen
- Nutzen von Kooperationen
- Einheitliche Informations-, Verkaufs-, und Kontrollstandards

5.4.1 Arten von Vertriebswegen

Die Entscheidung über die richtige Auswahl der Vertriebswege hängt von diesen Zielen und verschiedenen Faktoren der Produkte wie z. B. ihrer Erklärungsbedürftigkeit und Beratungsintensität bzw. des Marktes, d. h. der unterschiedlichen Zielgruppen ab.

Man unterscheidet in **Beratungsvertrieb** oder **Selbstbedienungsvertrieb**. Der Beratungsvertrieb ist persönlich, z. B. in Kundencentern der Verkehrsunternehmen, Reisezentren oder Reisebüros. Daneben gibt es auch zentrale Vertriebswege mit individueller Beratung wie z. B. der Großkundenvertrieb oder der Vertrieb über Call-Center. Einen persönlichen Verkauf mit geringerer Beratungs- und Servicequalität bieten private Verkaufsagenturen. Im Beratungsvertrieb finden Beratungsgespräche und **Verkaufsgespräche** statt. Bei standardisierten Produkten oder Sonderangeboten erfolgt auch ein Selbstbedienungsvertrieb über Absatzmittler, wie z. B. bei den «Lidl-Tickets» der Deutschen Bahn AG.

Der Selbstbedienungsvertrieb im ÖPNV erfolgt dezentral über stationäre und mobile Automaten oder zentral über Online-Webshops oder Handy-Ticket/Apps. Es gilt auch zu unterscheiden, dass z. B. die Beratung zum richtigen Zeitkartenangebot erklärungsbedürftig, der monatliche Wiederkauf dagegen Routine ist.

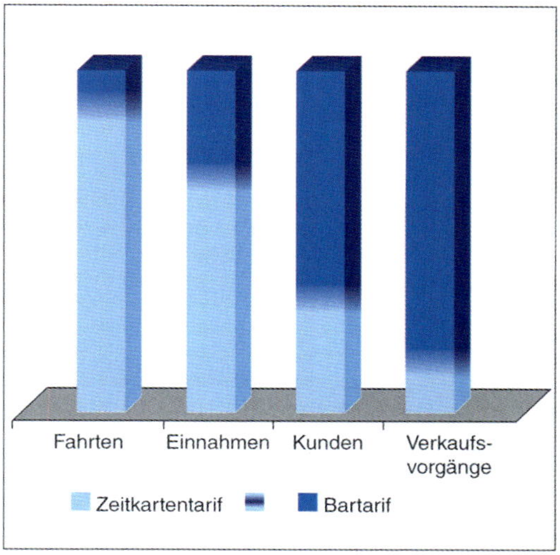

Ungefähre Anteile von Zeitkarten- und Gelegenheitstarif in verschiedenen Messgrößen

Die meisten Fahrten im ÖPNV werden von Kunden mit Zeitkarten durchgeführt. Diese Produkte bringen auch 2/3 bis 3/4 der Fahrgeldeinnahmen. Bezogen auf die Anzahl der Kunden, also der einzelnen Personen, dreht sich das Verhältnis aber zugunsten des Gelegenheitstarifs. Wenn man dann noch bedenkt, dass viele Zeitkarten für eine Jahresgültigkeit nur einen Verkaufsvorgang umfassen und dann als Abonnement weiterlaufen, wird deutlich, dass der Vertrieb des Gelegenheitstarifs die große Mehrheit der Verkaufsvorgänge prägt und damit das Image des Vertriebs wesentlich beeinflusst.

5.4.2 Vor- und Nachteile einzelner Vertriebswege

Fahrerverkauf

Im Überlandverkehr stellt der Verkauf von Tickets durch das Fahrpersonal oft die einzige Vertriebsmöglichkeit dar. Die Fahrzeuge sind i. d. R. mit Verkaufsunterstützungssystemen wie mobilen Ticketdruckern ausgestattet. Diese Geräte ermöglichen auch die Schichtabrechnungen

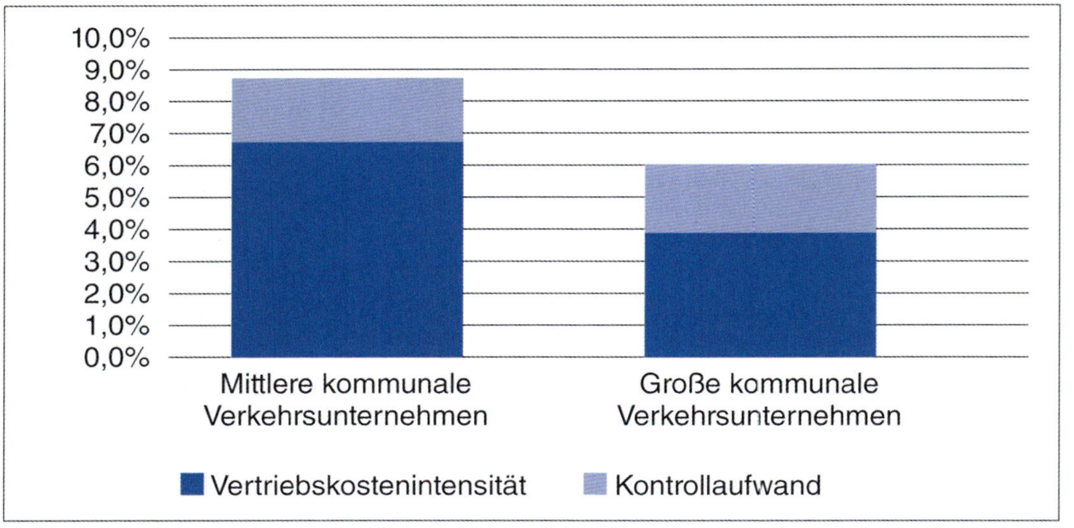

Vertriebskostenintensität und Kontrollaufwand in zwei Unternehmensgruppen

für die Fahrerinnen und Fahrer und ermitteln den beim Unternehmen einzuzahlenden Betrag für die verkauften Tickets. Je nach Organisation muss das Personal auch Kassen übernehmen. Hierbei ist auf korrekte Übergabe und Übernahme zu achten.

Der Fahrerverkauf ist im großstädtischen Verkehr aufgrund der damit verbundenen Verzögerungen kritisch zu sehen. Dem wird, wenn er aufrechterhalten wird, meist durch ein eingeschränktes Sortiment Rechnung getragen. Für ungeübte Fahrgäste oder Touristen stellt der Fahrerverkauf aber eine niedrige Hemmschwelle dar und ermöglicht eine kurze persönliche Information. Für das Verkehrsunternehmen entstehen ggf. betriebliche Mehraufwendungen sowie Ausrüstungs-, Abrechnungs- und Schulungsaufwand für das Fahrpersonal. Nicht zuletzt ist die Sicherheit zu bedenken, zum einen wegen des Konfliktpotenzials zwischen Fahrer und Fahrgast, zum anderen wegen des Überfallrisikos.

Unternehmenseigene Vertriebsstellen

Die unternehmenseigenen Kundencenter stellen i. d. R. das Flaggschiff der Serviceleistungen des Unternehmens dar. Dort wird i. d. R. im persönlichen Verkauf das gesamte Sortiment einschließlich der Aboanträge mit einer eingehenden Beratung und einer freien Wahl der Zahlungsmittel dem Kunden angeboten. Die Unternehmen können zusätzliche Services anbieten. Da es aber nur wenige dieser Kundenzentren geben kann, bedeuten sie für die Kunden oft zusätzliche Wege und Zeitaufwände, insbesondere zu verkaufsintensiven Zeiten. Die Personal- und Raumkosten sind im Vergleich sehr hoch.

Private Vertriebsstellen (Agenturen)

Die privaten Agenturen wie z. B. Kioske betreiben den Verkauf von Tickets i. d. R. als Nebengeschäft zur Frequenz- und Umsatzsteigerung. Deshalb sind die Agenturprovisionen relativ kostengünstig für das Unternehmen. Allerdings fallen zusätzliche Aufwendungen für Ausstattung, Schulung, Überwachung und Abrechnung an. Um diese zu minimieren erfolgt oftmals ein servicearmer Verkauf eines eingeschränkten Sortiments. Doch die relativ hohe Verfügbarkeit und die wohnortnahe Verteilung sind für regelmäßige Kunden ein Vorteil.

Großkunden und Solidarangebote (Job-/Semesterticket)

Großkundenvertrieb bedeutet, dass ein Vertriebsmitarbeiter des Verkehrsunternehmens oder im Auftrag des Verkehrsverbundes mit Firmenkunden oder sonstigen Organisationen einen Vertrag abschließt, der die Bezahlung und die Fahrberechtigung für viele – z. B. Mitarbeiter, Studenten, Kunden – regelt. Beispiele hierfür sind Jobtickets für alle Mitarbeiter einer Firma, die ggf. noch einen Zuschuss bezahlt, weil sie Parkplatzkosten einspart. Semestertickets mit den Studierendenvertretungen der Universitäten gibt es in zwei Varianten: Mit einem Fahrpreis, bei dem die sonst bezahlten Fahrtkosten der Studenten durch alle Studierenden solidarisch getragen werden und deshalb auch alle eine Fahrtberechtigung erhalten, oder mit einer eingeschränkten Fahrberechtigung und einer kleineren Umlage mit einem Zusatzticket. Solidarangebote senken die Zahl der sonst notwendigen Verkaufsvorgänge und sichern Einnahmen (Semesterticket) bzw. vereinfachen den Zugang zum ÖPNV für alle Nutznießer.

Zu dieser Kategorie gehören auch weitere Spezialvertriebswege wie Kooperationen mit Dritten. Kombitickets werden mit Sport-, Kultur- oder Messeveranstaltern, aber auch mit Reiseveranstaltern oder -Vermittlern abgeschlossen. Mit dem Veranstalter der Hauptleistung ist ein passender Fahrtkostenanteil vereinbart, z. B. gilt die Eintrittskarte als Fahrtberechtigung. Kombitickets bieten eine gute Möglichkeit für seltene ÖPNV-Kunden, die Vorzüge von Bussen und Bahnen ohne Tarif- oder Vertriebsprobleme kennenzulernen.

Stationärer Ticketautomat

Vor allem in städtischen Räumen mit Stadtbahn- oder U-Bahn-Angeboten stellt der stationäre Ticketautomat den häufigsten Vertriebsweg für Tickets des Gelegenheitstarifs dar. Es gibt auch Automaten für alle Ticketarten (Vollsortimenter) oder nur für Zeitkarten (Zeitkartenautomaten). Die Automaten bieten i. d. R. die Annahme von Münzen. Zusätzlich ist die Akzeptanz von Banknoten und bargeldlosen Zahlungsmitteln möglich. Aus Sicht der Verkehrsunternehmen kann mit Automaten die Verkaufsdichte erhöht und personenbediente Vorverkaufsstellen eingespart werden, ohne Verkaufsvorgänge ins Fahrzeug zu verlagern. Neben den Anschaffungskosten müssen aber auch die Ver- und Entsorgungskosten, die Wartung und die Gefahr von Vandalismus einkalkuliert werden.

Die meisten Fahrgäste empfinden gegenüber den Automaten eine höhere Hemmschwelle als im persönlichen Verkauf. Durch einheitliche Verfahrensabläufe, klare Tarifinformationen und kundengerechte Auswahlmöglichkeiten – insbesondere bei Touch-Displays – wird versucht, die Akzeptanz zu erhöhen.

Mobiler Ticketautomat

Mobile Ticketautomaten erlauben einen Ticketerwerb im Fahrzeug, ohne Verlängerung der Haltestellenaufenthalte oder zusätzliches Personal. In Netzen mit relativ vielen schwach benutzten Haltestellen stellen sie eine Alternative dar. Sie sind für die Kunden verfügbar, können aber i.d.R. nur ein eingeschränktes Angebot und nur Münzannahme bieten.

Auch den mobilen Automaten gegenüber gibt es Bedienungshemmschwellen. Aus Sicht der Verkehrsunternehmen muss verhindert werden, dass sie der Einnahmensicherung entgegenwirken.

Online-Ticket (Webshop)

Der Verkauf von Tickets über das Internet gewinnt zunehmend an Bedeutung. Zu unterscheiden dabei ist, ob die Tickets nur bestellt werden können oder ob sie elektronisch (als eTicket) oder als Papierticket direkt ausgeliefert werden. Im Falle von selbstausdruckbaren Papiertickets müssen die Verkehrsunternehmen Sicherungsmaßnahmen gegen Missbrauch und Mehrfachnutzung vornehmen. Die meisten Tickets zum Selbstausdruck gelten daher nur persönlich oder gegen ein eindeutiges Kontrollmedium. Sie sind zudem mit einem maschinenlesbaren Echtheitszertifikat in Form eines Barcodes ausgestattet.

Webshops entsprechen den Nutzungsansprüchen der Gegenwart und sind hoch verfügbar für die Kunden. Die Verkehrsunternehmen müssen ein Augenmerk auf die Bezahlverfahren und das Inkasso legen.

Handy-Ticket/Apps

Ein ebenfalls neuer Vertriebsweg ist das Handy-Ticket. Auch hier gibt es verschiedene Übertragungsverfahren, die für den Kunden unterschiedlichen Komfort und für die Unternehmen unterschiedliche Sicherheitsniveaus bieten und Kosten verursachen. Komplexe Tarifangebote lassen sich nur mit Auswahlmenüs im Display verkaufen, deshalb werden auf den Mobiltelefonen Apps installiert. Die Handy-Tickets müssen ebenfalls gegen Verfälschung und Mehrfachnutzung gesichert werden. Dies geschieht ebenfalls über maschinenlesbare Barcodes und eindeutige Kontrollmedien.

Für die Kunden ist es wünschenswert, dass sie mit einer Anmeldung alle Handy-Ticket-Systeme nutzen können.

Quelle: VGN GmbH

Werbung für den Vertriebsweg Handyticket

5.4.3 Vertriebskosten

Die Kosten der einzelnen Vertriebswege sind bezogen auf den erzielten Umsatz sehr unterschiedlich. Dieses Verhältnis nennt man **Vertriebskostenintensität**. Für die Gesamtvertriebskosten ist der Vertriebswege-Mix entscheidend, also die Entscheidung, welche Tickets und damit welche Umsätze über welche Vertriebswege gelenkt werden.

Vergleichswerte für große Unternehmen liegen über alle Vertriebswege um die 4 % Vertriebskostenintensität und Kontrollkosten von ca. 2 %. Bei mittelgroßen Unternehmen liegen die Vertriebskosten günstigenfalls bei 6,5 % vom Umsatz. Bei sehr dispersen oder überlagerten Vertriebsstrukturen können die Vertriebskostenanteile aber auch deutlich höher liegen.

Unter Berücksichtigung von möglichen Mehraufwendungen im Betriebsablauf ist der Fahrerverkauf insbesondere in städtischen Gebieten der relativ teuerste Vertriebsweg. Ebenfalls vergleichsweise teuer sind unternehmenseigene Verkaufsstellen, die dafür die höchste Servicequalität bieten.

Für die Abdeckung des Verkaufsgebietes sind Agenturen und/oder Automaten geeignet. Die Spanne der Vertriebskostenintensität liegt hier je nach Stückzahl und Sortiment, das an einem Standort oder im Fahrzeug umgesetzt wird, sehr weit auseinander. Im Mittel liegen diese Vertriebswege zwischen 6 % und 7 % Kosten, ohne Berücksichtigung von Wiederbeschaffungskosten.

Der kostengünstigste Vertriebsweg bezogen auf den Umsatz ist der Vertrieb über Zeitkartenabonnements und an Großkunden mit ca. 2 bis 3 % Kosten. Dieser Vertriebsweg wird auch gänzlich über Überweisungen abgewickelt und verursacht deshalb keine Kosten für den Umgang mit Bargeld.

Der Erlösanteil über diesen Vertriebsweg liegt bei ca. 40 % bis 50 %. Automaten decken etwas mehr als ein Viertel der Umsätze ab. Da in den eigenen Verkaufsstellen ebenfalls hauptsächlich Zeitkarten verkauft werden, haben diese Umsatzanteile zwischen 10 % und 15 %. Agenturen liegen im Mittel um die 10 % des Umsatzes. Der geringste Umsatz in städtischen Räumen

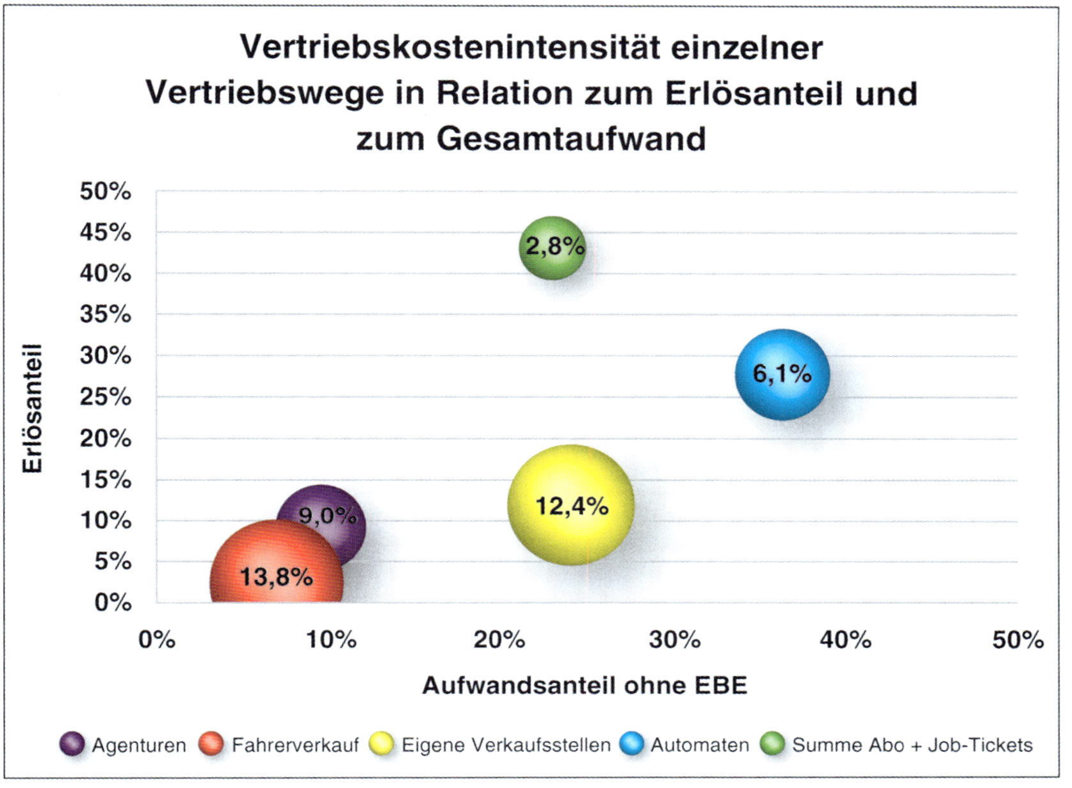

Ungefähre Kenngrößen einzelner Vertriebswege

wird im Fahrerverkauf getätigt, da dort i. d. R. nur ein eingeschränktes Sortiment erhältlich ist.

Im Überlandverkehr gelten andere Verhältnisse. Dort ist der Verkauf durch das Fahrpersonal über mobile Ticketdrucker als Verkaufsunterstützungssysteme der Regelfall des Vertriebs. Durch den Verkauf des Gesamtsortiments sind auch höhere Umsätze erzielbar.

5.4.4 Elektronisches Fahrgeldmanagement

Unter dem Markennamen (((eTicket Deutschland werden derzeit in verschiedenen Regionen Systeme des elektronischen Fahrgeldmanagements eingeführt, die alle auf einem vom Verband Deutscher Verkehrsunternehmen (VDV) entwickelten Standard beruhen.

Das elektronische Fahrgeldmanagement bietet mehrere Ausprägungen, die in Abhängigkeit von der örtlichen Situation eingeführt und nebeneinander betrieben werden können. Der zentrale Vorteil der Nutzung des «(((eTicket Deutschland Standard» ist die Interoperabilität. Dies bedeutet, dass alle Komponenten deshalb technisch kompatibel sind und für die Kunden eine durchgängige Nutzung möglich ist. Der technische Standard heißt VDV-Kernapplikation (KA).

Das interoperable EFM, das der KA zugrunde gelegt ist, beinhaltet drei Varianten, die längerfristig nebeneinander existieren können:

- Bargeldloses elektronisches Bezahlen: (((eBezahlen

Werbung für das (((eTicket Deutschland

- Elektronisches Ticket: (((eTicket, mit elektronischer Einstiegskontrolle: (((eKontrolle
- Automatisierte Fahrpreisfindung: Check-in/ Check-out, automatische Ticketerfassung

Beim (((eTicket wird vom Papierfahrschein auf Tickets umgestellt, die elektronisch auf einem Kundenmedium (z. B. Chipkarte, Handy) hinterlegt werden. Das Ticket ist aber weiterhin vom Kunden vor der Fahrt auszuwählen.

Bei der automatisierten Fahrpreisfindung wird der korrekte Fahrpreis durch das An- und Abmelden des Fahrgasts oder die Anwesenheitserfassung des Fahrgasts im Fahrzeug ermittelt. Zunehmend Verbreitung finden auch smartphonebasierte Systeme zur Anwesenheitserfassung (z. B. Check In / Be out).

Merksatz

Das (((eTicket ermöglicht die gleichzeitige Erreichung der Tarif- und Vertriebsziele: Gerechtigkeit, Ergiebigkeit und Praktikabilität.

Die Kunden sollen mit ihrer Chipkarte oder einem anderen geeigneten Kundenmedium alle (((eTicket-Systeme durchgängig nutzen können. Die Kunden finden in jeder Ausprägungsstufe eine einheitliche Kundenschnittstelle vor.

Die einheitliche Kundenschnittstelle definiert je Variante:

- einheitliche Handlungsabläufe
- einheitliche Verfahrensweisen
- einheitliches Logo und Piktogramme, vereinheitlichtes Design

Dies sorgt für eine Gewissheit, dass die «gelernte Handlung» richtig ist, dadurch werden Zugangshemmnisse abgebaut und der Komfort erhöht. Die Kunden können mit ihrer gewohnten (((eBezahlvariante in jedem beteiligten (((eTicket-System Tickets kaufen oder an der automatisierten Fahrpreisfindung teilnehmen.

Der regionalen Einführung einer Ausprägungsstufe des «(((eTicket Deutschland» gehen i. d. R. tiefgehende Wirtschaftlichkeitsrechnungen voraus. Im Folgenden werden einige Nutzenkomponenten aufgezeigt, die dabei berücksichtigt werden können.

Das Ziel ist die Senkung der Vertriebskosten. Hier ergeben sich ggf. positive Effekte aus der Reduzierung des Bargeldhandlings und geringere Wartungsaufwendungen. Durch die Sicherheit und Langlebigkeit der Chipkarten ergeben sich Reduktionen der Versandkosten. Insgesamt ermöglicht die Einführung des (((eTickets die Ausschöpfung von Synergiepotenzialen. Durch die Erhöhung der Ticketsicherheit und der Kontrolldichte/-Effizienz im Zusammenhang mit der Sperrung von unbezahlten/verlorenen Tickets steigt die Einnahmensicherung.

Auf der Kundenseite ergibt sich eine wesentliche Verbesserung der Marketingplattform für den ÖPNV mit Customer-Relationship-Management. Ziel ist auch ein Mehrverkehr durch den Abbau von Zugangshemmnissen. Das (((eTicket hat ein modernes Image, es löst das «Kleingeldproblem» am Automaten. Durch die einheitliche Kundenschnittstelle soll die Gewissheit erhöht werden, dass der Kunde das «richtige Ticket zum richtigen Preis» erworben hat. Durch die Einbeziehung des Handys ergibt sich eine Erhöhung der Ubiquität sowie die Verbindung von Information und Ticketerwerb auf kundeneigenem Medium.

Die Vertriebsmöglichkeiten des (((eTickets ermöglichen in der Ausbaustufe der automatisierten Fahrpreisfindung über aktives An- und Abmelden der Kunden oder über passive Ticketerfassung weitere tarifarische Möglichkeiten, wie z. B. eine genauere Differenzierung nach Kundengruppen, Konkurrenzsituation oder Leistungsqualität und eine schnellere Marktreaktion und Eventnutzung. Mit dem elektronischen Tarif können die widerstreitenden Tarifziele gleichzeitig erreicht werden.

Die Erfassung der Vertriebs- und Reisedaten verbessert die Datengrundlagen für alle Bereiche des Marketings. Die Nutzungsdaten ermöglichen eine genauere Betriebsplanung und sparen ggf. langfristig aufwändige Zählungen ein.

Es ist aber zu beachten, dass, selbst wenn die Notwendigkeit der Tarifkenntnisse vom Kunden wieder auf das System zurückverlagert wird, die Kunden dennoch das Gefühl haben müssen, das alles korrekt abläuft. Dieses ist auch eine Aufgabe der Kommunikation.

5.5 Kommunikationspolitik

5.5.1 Überblick über die Kommunikationsinstrumente

Die Kommunikation eines Unternehmens umfasst den gesamten Auftritt des Unternehmens gegenüber allen Zielgruppen. Diese Zielgruppen umfassen die heutigen und potenziellen Kunden, die Mitarbeiter, die Eigentümer und ggf. Bestellorganisationen, den politischen Raum und die allgemeine Öffentlichkeit. Kommunikationspolitik ist die bewusste Gestaltung der Informationen und gezielte Nutzung der Kommunikationsinstrumente.

Merksatz

Kommunikation ist die Übertragung einer Nachricht vom Sender zum Empfänger.

Die Instrumente der Kommunikationspolitik können entsprechend den Zielgruppen gegliedert werden, wobei die Übergänge fließend sind.

INSTITUTIONEN	ÖFFENTLICHKEIT	KUNDEN	MITARBEITER
• Lobbying/Kontakte	• Public Relations	• Information	• Mitarbeiterzeitschrift
• Public Relations	• institutionelle Werbung	• Werbung	• Hausmitteilung
• Gremienarbeit	• Sponsoring	• Verkaufsförderung	• Betriebsversammlung
• Unternehmensberichte	• Messen, Events	• Direktkommunikation	• Stellenanzeigen

Die Auswahl der Instrumente nennt man Kommunikations-Mix.

Bei der Kommunikation über Verkehrsdienstleistungen sind die unternehmensbezogenen Kommunikationsziele wie Unternehmensimage, Unternehmensbekanntheit, Goodwill bei entsprechenden Institutionen, aber auch Vertrauen und die Demonstration von Kompetenz für die Kunden und die Öffentlichkeit sehr wichtig.

Die Immaterialität der Dienstleistung wird in der Kommunikation durch die Lenkung der Aufmerksamkeit auf materialisierte Faktoren wie z. B. Fahrzeuge oder auf interne Faktoren wie z. B. Mitarbeiter oder Kunden – z. B. Prominente – ausgeglichen. Dabei können dann die Vorteile des Produktes rational oder emotional angesprochen werden. Unüberprüfbare Eigenschaften, wie z. B. die Umweltfreundlichkeit, werden z. B. über Zertifikate auch in der Kommunikation nachgewiesen.

5.5.2 Corporate Identity

Als strategischer Gesamtrahmen der Kommunikationspolitik gilt das Selbstbild der Firma, die gesamthafte Firmenidentität, «Corporate Identitiy» genannt.

Zur Corporate Identity gehört:

- Corporate Awareness (einheitliches Bewusstsein, Identifikation der Mitarbeiter)
- Corporate Behaviour (Ausrichtung der Verhaltensweisen nach innen und außen)
- Corporate Communication (Kommunikationspolitik wird an der Soll-Identität ausgerichtet)
- Corporate Design (optische Umsetzung der Firmenidentität)

Zu der Firmenidentität gehören oftmals ein Leitbild der Firma und Grundsätze der Zusammenarbeit im Unternehmen. Es ist sowohl für das Bild in der Öffentlichkeit als auch für die Motivation der Mitarbeiter wichtig, dass die gelebte Unternehmenskultur auch mit dem Bild der Firmenidentität übereinstimmt.

Zur Verdeutlichung ein Beispiel:

Das Verkehrsunternehmen einer Stadt hat durch Kundenbefragungen erhoben, dass die Schnelligkeit und Pünktlichkeit der Verkehrsmittel im Vergleich zum Auto schlecht eingeschätzt werden und die Beschwerden über verpasste Anschlüsse sich häufen. Der Vorstand schlägt dem Aufsichtsrat eine Qualitätsoffensive in den Bereichen Pünktlichkeit und Schnelligkeit vor. Der Beschluss umfasst folgende Maßnahmen:

- Erarbeitung eines zum Unternehmens-Leitbild des zuverlässigen, freundlichen Mobilitätsdienstleisters für die Stadt passenden Mottos «Wir bringen Sie hin – pünktlich, schnell und zuverlässig.»
- Überzeugen der Stadtverwaltung und des Gemeinderates zum Einrichten von kurzfristigen Beschleunigungs- und Vorrangmaßnahmen für die ÖV-Fahrzeuge.

- Überarbeitung der Fahrpläne zur Sicherstellung von ausreichenden Pufferzeiten und Anschlüssen.
- Schulung der Mitarbeiter zu der Bedeutung der Bereiche Schnelligkeit, Pünktlichkeit und Anschlusssicherung in einer Betriebsversammlung.
- Einbau von dynamischen Fahrgastinformationssystemen in die Fahrzeuge.
- Erarbeitung einer Werbekampagne mit Plakaten an den Haltestellen, die das Motto aufnehmen und bildlich umsetzen.
- Veranstaltung eines Wettrennens bekannter Bürger mit frei gewählten Verkehrsmitteln zur Hauptverkehrszeit auf der neuen Vorrang-Strecke vom Bürgerplatz zum Bahnhof mit Radioreportage und Pressekonferenz.

Die Maßnahmen werden umgesetzt und wären ein voller Erfolg, wenn nicht ein paar Dinge übersehen worden wären:
- Fahrer F. hat schon dreimal der Instandhaltungs-Abteilung per E-Mail gemeldet, dass die Uhr an der Umstiegshaltestelle Bürgerplatz 5 Minuten nachgeht, ohne dass was passierte. Dies lag daran, dass das E-Mail-Konto des Mitarbeiters auf Kur nicht zum Kollegen weitergeleitet wurde, da dessen Konto übervoll war.
- Einem Kunden, der sich über einen Anschlussverlust beschweren wollte, sagte die Telefonzentrale, dass sie da nichts machen könnte, weil sie aufgrund einer Betriebsversammlung zum neuen Motto nun eine verspätete Mittagspause habe. Der Kunde schreibt einen Brief an den Gemeinderat und an die Zeitung.
- Das Unternehmen benötigt 6 Wochen und 2 Nachfragen zur Beantwortung der Anfrage des Gemeinderates und zur Entschuldigung beim Kunden. Dieser schreibt wieder an die Zeitung und es erfolgt ein Artikel über die schlechte Servicequalität.
- Beim Wettrennen verliert der Bürgermeister im ÖV, weil er aufgrund der falsch gehenden Uhr zu spät gestartet ist. Der Radioreporter und die Pressejournalisten berichten mit entsprechenden Kommentaren.
- Da die öffentliche Stimmung gerade gegen das Unternehmen kippt, veranstaltet die Opposition eine Umfrage unter den Autofahrern, die nunmehr im Stau stehen müssen.
- Auf der nächsten Sitzung des Gemeinderates wird der Antrag der Opposition, die vorläufigen Beschleunigungsmaßnahmen nicht in dauerhafte umzugestalten, sondern abzubauen, angenommen.
- Aufgrund der hohen Ausgaben und der sinkenden Einnahmen beschließt der Aufsichtsrat ein striktes Sparprogramm. In der Instandhaltung, der Telefonzentrale und bei der Beschwerdebearbeitung werden Stellen eingespart.

5.5.3 Werbung

Werbung, die über Massenkommunikationskanäle (Massenmedien) an potenzielle und aktuelle Kunden gerichtet ist, nennt man «klassische Werbung». Mit Werbung will man die Zielgruppen im Sinne der ökonomischen Unternehmensziele beeinflussen.

Die ursprüngliche Idee einer einfachen Wirkungskette ist die so genannte AIDA-Formel nach den Anfangsbuchstaben des amerikanischen Originals:
- Aufmerksamkeit (Attention)
- Interesse (Interest)
- Wunsch (Desire)
- Aktion (Action)

Auch wenn die Zusammenhänge und Einflüsse auf die Kunden differenzierter zu betrachten sind, muss die Werbebotschaft des Unternehmens zunächst die Zielgruppe erreichen und ihre Aufmerksamkeit erregen, damit sie in der

Flut der Werbung nicht untergeht. Dazu muss die Werbung die Zielgruppen ansprechen und auch mit einer gewissen Häufigkeit wahrgenommen werden. Aus der Wahrnehmung der Werbeinhalte und der Nutzenversprechen des Produktes soll sich der Wunsch entwickeln, z. B. das Produkt zu benutzen. Damit aus diesem Kaufwunsch dann die Kaufhandlung werden kann, müssen die entsprechenden Kaufmöglichkeiten auch geschaffen sein.

Werbung im ÖPNV wird z. B. für bestimmte Tarifprodukte geschaltet. Das Ziel ist natürlich, diese Produkte und ihre Vorteile bekannter zu machen und einen Mehrabsatz zu erreichen. Durch die geschickte Tarifkommunikation kann die allgemeine Preiswahrnehmung verbessert werden. Durch die Kombination mit einer in Richtung des Vertriebs durchgeführten Maßnahme der Verkaufsförderung, d. h. Setzung von entsprechenden Anreizen und Verkaufsunterstützungen, kann die Wirkungen verstärkt werden.

Ein zweiter Schwerpunkt der Werbung liegt in der Schaffung von Fahrtanlässen. Dadurch soll insbesondere in Zielgruppen mit Steigerungspotential die Zahl der bezahlten Fahrten erhöht werden. Dies kann kombiniert werden mit Maßnahmen der Öffentlichkeitsarbeit, wie z. B. redaktionelle Ausflugstipps in Tageszeitungen oder Kooperationen bei Veranstaltungen (Event-Sponsoring).

Eine allgemeine Zielrichtung für die Werbung für Busse und Bahnen stellt natürlich der Umstieg vom Auto dar.

Das Beispiel zeigt ein Motiv der Werbekampagne des VVS.

Die Planung und Durchführung der Werbung erfolgt in verschiedenen Teilschritten, die natürlich in einem Regelkreis von Situationsanalyse und Marketingzielen eingebettet ist:

- Bestimmung des konkreten Werbeziels und der Zielgruppe
- Bemessung des Werbebudgets
- Formulierung der Werbebotschaft (Kundennutzen, Vorteile, Stil der Ansprache)
- Bestimmung der Werbemittel (Pretest!) und Werbeträger (Mediaplanung)
- Durchführung der Werbung (eventuell mit zeitlicher Staffelung)
- Erfolgskontrolle (Kommunikationswirkung und Absatzwirkung)

Quelle: Verkehrs- und Tarifverbund Stuttgart

Werbekampagne zum Umstieg auf den ÖPNV

Es gibt eine nahezu grenzenlose Vielzahl von Werbemedien. Der Werbeträger ist das Medium, das die eigentliche Botschaft mit Hilfe von Gestaltungsmitteln (Werbemittel) zur Zielgruppe trägt. Für die Werbung für Busse und Bahnen sind folgende Werbeträger und Werbemittel von besonderer Bedeutung:

- Inserate in örtlichen Tageszeitungen
- Außenwerbung (z. B. Plakatwände, auf den Fahrzeugen selbst, City-Lights)
- Spots in regionalen Radiosendern
- Werbliche Gestaltung eigener Informationsmedien (Fahrpläne, Internetauftritt)
- Werbebriefe und Informationspakete im Rahmen des Direktmarketings

Tab. 5.2 Eigenschaften von Social-Media-Kanälen

Social Media Kanal	Was kann er?
Facebook	Veröffentlichung von Text, Fotos, Videos und Ton; Posts und Private Nachrichten. Größte Plattform, facebook erhält Rechte an hochgeladenen Inhalten. Etwa 50 Verkehrsunternehmen und -verbünde, teilweise auch Employer Branding.
Twitter	Kurznachrichten in 140 Zeichen, über die Verwendung von Kurz-URL auch mit Bild. Push-Kanäle z. B. zur (linienbezogenen) Information über Störungen (z. B. MVG, DVB).
Youtube	Videos hochladen, sehen, kommentieren, bewerten und teilen; Videosequenzen aktueller Ereignisse, Imagefilme, Werbespots, Erklärfilme, Hintergrundinfos und die Vorstellung einzelner Abteilungen (z. B. RMV, ESWE).
Blogs	Medium um längere redaktionelle «Geschichten» zu erzählen, Hintergrundinformationen (z. B. AVV, HHA, MVG, VHH, Wiener Linien).

Quelle: bearbeiteter Auszug aus VDV-Mitteilung 7033, 09 / 2014, Seite 18

5.5.4 Kundendialog im Web 2.0

Bei einer guten Kommunikation entsteht Dialog. Das Unternehmen ist nicht nur Sender, sondern auch Empfänger und der Kunde gestaltet über seine Beiträge und seine Rückmeldung die Kommunikation und teilweise auch das Unternehmensangebot mit. Grundsätzlich kann der Kundendialog als die persönliche Schnittstelle des Verkehrsunternehmens oder Verbunds zu den Nutzern des ÖPNV bezeichnet werden. Klassische Dialogmedien sind Call-Center, Direkt-Marketing-Briefe/E-Mails mit Antwortschreiben und Werbeaussendungen mit Coupons.

Insbesondere durch digitale Medien (Social Media, Auskunfts-Apps, Web-Auftritte) kann es gelingen, kundenorientierten Service zu liefern. Die meisten Verkehrsunternehmen und Verbünde besitzen eine klassische Homepage. Neben Unternehmensinformationen stellt die Fahrplan- und Tarifauskunft die Hauptnutzung dar. Durch die rasante Verbreitung von Smartphones und dem mobilen Internetzugang haben aber mittlerweile die Anfragezahlen von mobilen Endgeräten über Apps die stationären Auskunftszahlen vielerorts überflügelt.

Mit dem Aufkommen des Web 2.0 mit hauptsächlich vom Nutzer erstellten Inhalten und der Möglichkeit Meinungen, Statements, Schnappschüsse, Video-Clips in sozialen Netzwerken und auf Plattformen hochzuladen und zu teilen, musste sich auch die Kommunikation von Unternehmen anpassen (siehe Tab. 5.2). Das Unternehmen hat nicht mehr die vollständige Kontrolle über die Inhalte. Die bisherige Kommunikation der Presseabteilung mit der Öffentlichkeit funktioniert hierarchisch abgestimmt im Namen des Unternehmens von «einem zu vielen». Die Bearbeitung von Kundenanliegen und Beschwerden erfolgt mit einem gewissen Zeitverzug von «einem zu einem». Der Dialog in sozialen Netzwerken erfordert aber unverzügliche Antworten, die teilweise öffentlich mitgelesen und kommentiert werden (Netzwerkkommunikation: «viele zu vielen») ohne die Chance, dass der jeweilige Antwortende sich in allen Fällen im Unternehmen absichern kann. Auch die unter Umständen betroffenen Fachstellen müssen sich an die höheren Erwartungen bezüglich der Antwortgeschwindigkeiten anpassen.

Natürlich gibt es für den Auftritt in Sozialen Medien Regeln, was und wie kommuniziert werden darf (Social Media Guidelines) sowie für den eingesteuerten Inhalt (Content) einen Redaktionsplan. Bei den Social-Media-Auftritten der Verkehrsunternehmen und Verbünde stehen Servicemeldungen und Kundendialog im Vordergrund. Zu den redaktionellen Inhalten gehören Neuigkeiten und überraschende, gefühlvolle oder witzige Meldungen mit Unternehmensbe-

Tab. 5.3 Checkliste für Störungsinformationen

immer	– auch wenn manche Infos noch fehlen, denn der Fahrgast wartet oder muss sich neu orientieren
rechtzeitig	– am besten vorher, spätestens aber nach drei Minuten
informativ	– wie lange es dauert und was muss der Fahrgast wissen
begründet	– es interessiert, was passiert ist und hilft die Situation einzuschätzen
ehrlich	– erkennbare Ausflüchte wirken kontraproduktiv
verständlich	– akustisch und inhaltlich, sachlich – aber nicht fachspezifisch
spezifisch	– der Situation angepasst
wiederholt	– nicht immer bemerken alle alles

Quelle: infas i.A. VVS, zitiert nach VDV-Schrift 720, 07/2011, Seite 20

zug oder z. B. Historisches (gestern und heute Bildvergleiche) und spezielle Events, die über Social Media bekannt gemacht werden sowie Freizeittipps, Spiele und Gewinnspiele. Darüber hinaus sind Reportagen, Hintergrundberichte oder Chats mit der Unternehmensleitung möglich.

Die Erfolgskontrolle z. B. für einen Facebook-Auftritt erfolgt anhand des Kundendialogs und der Reichweite. Das heißt, es können die eingegangenen Posts auf der Pinnwand, die Stimmungen der Kommentare, die Interaktionsraten (Anteil der Fans, die pro Woche mit der Seite interagieren), die Anzahl der «Gefällt-mir»-Angaben und die Anzahl der erreichten Personen je Zeiteinheit (Woche, Monat) oder je Aktion gemessen werden.

Social Media sind ein äußerst dynamischer Bereich und erste Verkehrsunternehmen in Deutschland sind seit 2009/2010 darin aktiv. Ein gutes Beispiel sind die Aktivitäten der Berliner Verkehrsbetriebe (BVG), die auf Facebook, Twitter und Youtube eine offene, selbstironische und dialogische Kommunikation führen. Im Zuge der Digitalisierung steckt noch sehr viel Potenzial in diesen Medien. 2017 sind z. B. über 15 Mio. Menschen in Deutschland auf Instagram aktiv, deshalb nutzen auch Verkehrsunternehmen und -verbünde diesen Kanal.

5.5.5 Information

Das Wissen der potenziellen Kunden um die Angebote des öffentlichen Verkehrs ist aufgrund der Linien- und Fahrplanbindung ein wesentlicher Umstand. Deshalb ist die Information ein wichtiger Bestandteil des Marketings.

Fahrgastinformation kann statisch oder dynamisch, visuell oder akustisch, ausgesendet oder nachgefragt, kollektiv oder individuell sein. Sie sollte stets verlässlich und relevant sein (siehe Tab. 5.3).

Die Informationsbedürfnisse des Kunden können entlang der Reisekette gegliedert werden (siehe Tab. 5.4).

Bei der Information über Abweichungen vom Regelfahrplan ist zu unterscheiden, ob diese geplante Abweichungen (wie z. B. Sonderfahrpläne aufgrund von Baumaßnahmen oder Veranstaltungen) oder unvorhergesehene Ereignisse (wie z. B. Unfälle, Störungen) betreffen. Die Information über geplante Abweichungen kann vorbereitet werden und die regelmäßigen Kunden können vorab informiert werden, so dass es die wenigsten Kunden unvorbereitet trifft. Andere Ereignisse treffen im Einzelfall zufällig und unvorhersehbar ein. Sie treffen die Kunden unvorbereitet. Es ist die Aufgabe der Unternehmen, schnell zuverlässige und hilfreiche Infor-

Tab. 5.4 Informationsbedürfnisse entlang der Reisekette

Vor der Fahrt:	Fahrplaninformation	über telefonische oder webbasierte Auskunftssysteme sowie in gedruckter Form, Netzplan, Dynamische Fahrgastinformation, Auskunfts-App
	Haltestelle	Beschilderung, Erkennbarkeit, Zuordnung der Bahnsteige, Eignung für Mobilitätsbehinderte Indoor-Navigation durch App ggf. ergänzt durch W-Lan oder Beacons
	Tarif/Vertrieb	Tarifaushang: Wo bekommt der Kunde das richtige Ticket und womit kann es bezahlt werden?
	Verkehrsmittel	Fahrzeugzielanzeiger, Liniennummer (ggf. Ansage), Auslastung
	Bei Störungen/ Verspätungen	Ist-Zeit-Auskunftssysteme, Durchsagen, Anzeigen mit Störungsdauer, Störungsgrund und Alternativen, Reisebegleitfunktion der App
Während der Fahrt:	Ortsinformation	Durchsagen, Haltestellenanzeigen, Perlbänder, Linienpläne, App
	Anschlussinformation	Durchsagen, Anzeigen, Bildschirme, App
Beim Umsteigen:	Wegeleitung	Beschilderung, App
	Anschlussinformationen	Durchsagen, Anzeigen, App
	Weitere Verkehrsmittel	Standorte, Nutzungsmöglichkeiten, App
Am Ziel:	Wegeleitung	Umgebungspläne, Beschilderung, App
Nach der Fahrt:	Garantie, Fundbüro, Reaktion auf Kundeneingaben	Garantie, Fundbüro, Reaktion auf Kundeneingaben, Kundendialog, App

mationen an die Kunden zu geben. Dafür sollte das Unternehmen bzw. sollten die Unternehmen im Verbund mit dem Verkehrsverbund eine Störungsstrategie entwickelt haben, um grundsätzlich vorbereitet zu sein. Die Information im Störungsfall ist seit Jahren ein beklagter Punkt in Kundenzufriedenheitsanalysen.

Bei der Fahrgastinformation sind neben den klassischen und für den Massenverkehr wichtigen kollektiven Informationsmedien immer mehr die individuellen Informationsmedien – wie die individuelle Anfrage oder ein Verspätungsalarm über eine App – bedeutsam. Die Möglichkeit für jede Reise aktuell alle Informationen per App zu erhalten, verringert die Notwendigkeit ÖPNV-Vorratswissen aufzubauen und senkt damit die Zugangshürden zum öffentlichen Verkehr.

Neben den Auskunfts-Apps gibt es solche mit integrierter Ticketing-Funktion. Zunehmend werden auch multimodale Apps angeboten, die neben dem ÖPNV auch ergänzende Verkehrsmittel wie Carsharing, Taxis oder Fernbusse integrieren.

Die Verkehrsunternehmen und Verbünde werden auch aufgefordert, ihre Daten Dritten zugänglich zu machen (Open Data), damit diese weitere App-basierte Services entwickeln können. Die Verkehrsunternehmen und Verbünde gestatten dies teilweise im Rahmen von Lizenzabkommen. Sie sind aber stark daran interessiert, dass die Auskunftsqualität und die Kundenbeziehung zum Verkehrsunternehmen erhalten bleiben.

Die Basisinformationen über das Verkehrssystem sollten auch in örtlich gebräuchlichen Fremdsprachen verfügbar sein. Insbesondere für Touristen und Geschäftsreisende ist es notwendig, an bestimmten Stellen (z. B. Flughafen, Hauptbahnhof) auch mehrsprachige, i. d. R. englische Durchsagen zu machen und fremdsprachliche Standardauskünfte geben zu können. Beim Einsatz an Haltestellen oder bei Veranstaltungen als Servicepersonal ist die Aufmerksamkeit für Sicherheit und Hilfsbedürftigkeit und das aktive Zugehen auf Kunden wichtig.

Dazu ein Beispiel:

Mr. an Mrs. Tourist kommen zur Haltestelle vor dem Bahnhof, dort sind Sie als Servicepersonal (SP) eingesetzt.

SP: Hello, may I help you?

Mr. Tourist: Yes, we need to go to the Kaiserhof-Hotel.

SP: You can take Tramline number 3, in direction Neustadt, the second Stop is «Rathaus». Right there you will find the Kaiserhof-Hotel. The next tram comes in 3 minutes from this plattform here.

Mr. Tourist: Thank you, you said «Rathaus»?

SP: Yes, the station you have to get off is «Rathaus». Do you already have a ticket?

Mr. Tourist: No, where can we buy one?

SP: Let me help you with the ticketmachine. How long will you stay here?

Mr. Tourist: We stay here for 2 nights, we like to see the city.

SP: Then the best choice would be the three-day-tourist-pass for both of you. That is a ticket for the whole network within the city and you can use trams, busses and the local trains. It is 28 € for two persons.

Mr. Tourist: That sounds very good. We take that.

SP (wählt das Ticket): Here you can pay with cash or with creditcard.

Mr. Tourist (bezahlt das Ticket und nimmt es): This is our key to the city!

SP: Yes, and I have a small plan of all the public transport modes in the city for you.

Mr. Tourist: Thank you very much.

SP: You're welcome. Attention here comes your tram. Remember, the second stop is «Rathaus». Good bye!

Mr. and Mrs. Tourist: Thank you and Good bye!

Mrs. Tourist (in der Tram): What a good service – and I do not have to walk three days long.

5.5.6 Public Relations und Branchenkommunikation

Das Ziel der Public Relations bzw. Öffentlichkeitsarbeit ist es, für ein einzelnes Unternehmen, aber auch für die gesamte Branche, durch die Steigerung des Images und Verständnisses bei Entscheidungsträgern und Meinungsführern die Bereitschaft zur Verbesserung der Rahmenbedingungen zu erhöhen.

Dabei steht zunächst eine Kontakt- und Informationsfunktion zur direkten Zielgruppe im Vordergrund. Durch direkte Ansprache, Veranstaltungen oder Anschreiben, Netzwerkbildung und Präsenz wird der direkte Kontakt ermöglicht. Wesentlich dabei ist die Funktion der Handelnden als Experten, die den Entscheidungsträgern die benötigten Informationen aufbereiten.

Die Wirkung kann aber durch eine gezielte Schaffung von öffentlicher Aufmerksamkeit erhöht werden. So hat der Verband Deutscher Verkehrsunternehmen (VDV) z. B. bei einer Bundestagswahl nicht nur alle Kandidaten angeschrieben und informiert, sondern auch Diskussionsveranstaltungen mit Publikum und Medienpartnern durchgeführt, bei denen die Kandidaten mit Forderungen von ÖPNV-Nutzern und der Branche konfrontiert wurden.

In der Branchenkommunikation stehen die Vorteile des ÖPNV im Mittelpunkt, um diese in das öffentliche Bewusstsein zu heben.

Merksatz

Busse und Bahnen sichern zukunftsbewusst Mobilität für Fahrgäste und Wirtschaftsunternehmen im Sinne von Mensch und Umwelt.

Angesichts des Klimawandels und der Notwendigkeit einer nachhaltigen Mobilität sind Busse und Bahnen ein wichtiger Teil der Lösung, denn
- Busse und Bahnen benötigen im Durchschnitt weniger als die Hälfte der Energie als der mIV;
- in Innenstädten (Ampeln), im Berufsverkehr (hohe Straßenauslastung, geringe Pkw-Besetzung), bei Berücksichtigung von Kurzstrecken-Fahrten und Staus (hoher Verbrauch) und dagegen gut ausgelasteten ÖV-Fahrzeugen sind die Verhältnisse noch viel deutlicher bis 1:10;
- der Ausstoß sonstiger Schadstoffe ist geringer;
- durch den hohen Anteil an Elektromobilität ist der Einsatz von regenerativen Energiequellen schneller möglich, als beim mIV;
- der Verbrauch an Flächen und sonstigen Ressourcen ist geringer;
- der ÖPNV ist wesentlich sicherer. Die Toten, Verletzten und Sachschäden je Kilometer und Person sind wesentlich geringer.

Busse und Bahnen stellen aber auch eine bezahlbare Mobilität für alle sicher, die nicht Auto fahren können oder wollen. Allein die Leistungen im Schülerverkehr sind schon ein wichtiger Beitrag. Durch seine Entlastungsfunktion der Straßen erhöht er die Lebensqualität in den Städten und sichert die Erreichbarkeit. Durch die Massenleistungsfunktion ermöglicht er erst Großveranstaltungen.

Im Wettbewerb um die Finanzierung aus öffentlichen Kassen gilt es deutlich zu machen, dass der Verzicht auf den ÖPNV bzw. seine Reduktion mit massiven Mehrkosten für die Kommunen und die Verkehrsteilnehmer verbunden wären. Der ÖPNV ist die preiswertere Alternative.

Auch aus Sicht der Arbeitsplätze ist ein starker ÖPNV von Vorteil. Im ÖPNV sind in Deutschland etwa 230.000 Menschen beschäftigt, dazu kommen nochmals gut 150.000 Beschäftigte in direkten und indirekten Zulieferbetrieben. Durch die lokale Erbringung der Dienstleistung ist die große Mehrzahl dieser Arbeitsplätze nicht ins Ausland verlagerbar und führt hier zu Wertschöpfung und Steuerzahlungen.

5.6 Weitere Marketingaspekte

Neben den dargestellten Aspekten des Marketing-Mix und den Grundlagen des Qualitätsmanagements und der Marktforschung gehören zu den weiteren Aufgaben die Marketing-Organisation und das Marketing-Controlling.

Quelle: Verkehrsbetriebe Karlsruhe GmbH

Umgangssprachlich wird Marketing oft auf die Werbung als Teil der Kommunikationspolitik verkürzt. Dies wird dem Anspruch und der Philosophie des Marketings nicht gerecht. Umgekehrt ist es so, dass dieser Anspruch sogar erweitert werden muss und das Marketing, insbesondere in Dienstleistungsunternehmen, die Personalpolitik bzw. das gesamte Personal des Unternehmens erfasst.

Merksatz

Jeder Mitarbeiter ist ein Marketing-Mitarbeiter.

5.7 Aufgaben

5.7.1 Aufgabe 1

Am Mittwoch nächster Woche kommt eine Delegation (5 Personen) Ihrer Partnerstadt zum privaten Besuch für drei Tage in Ihre Stadt. Sie kommen um 11:30 Uhr am Flughafen an.

Arbeitsauftrag:

? Planen Sie die Fahrt vom nächst gelegenen internationalen Flughafen zum Rathaus ihrer Stadt und ermitteln Sie das günstigste Ticket für die Anfahrt und den Aufenthalt. Erstellen Sie die Fahrtempfehlung auf Englisch.

5.7.2 Aufgabe 2

Erstellen Sie aus Informationen Ihres Unternehmens oder aus dem Internet einen Vergleich für einen Arbeitspendler, der an 220 Tagen im Jahr 15 km (einfache Entfernung zum Zentrum) zur Arbeit pendelt.

Arbeitsauftrag:

? Welche Kosten hat er mit dem privaten, alleine genutzten Pkw (Mittelklasse, z. B. VW Golf) und welche Kosten mit dem günstigsten passenden ÖV-Tarifangebot?
Wie viel CO2 wird je Jahr und pro Person im Vergleich Pkw/ÖPNV für diese Strecke emittiert?

5.7.3 Aufgabe 3

Ein Gelegenheitskunde möchte von «Zu Hause» mit dem Bus (ggf. Tram) zum Kino (mit Umsteigen).

Arbeitsauftrag:

? Erarbeiten Sie (eventuell in getrennten Gruppen) eine «Checkliste» aller kundenrelevanten Qualitätsparameter, die für diese Fahrt zutreffen können und fügen Sie hinzu, wer (welche Abteilung/Funktion) in Ihrem Unternehmen dafür zuständig ist.
Diskutieren Sie das Ergebnis ggf. mit anderen Arbeitsgruppen.

Personenverkehr durchführen

Zusammenfassung

In diesem Lernfeld erwerben Sie Kenntnisse über gesetzliche Vorschriften der Genehmigung bis hin zur Durchführung von Personenverkehren. Sie beachten im Personenverkehr gesetzliche und betriebliche Vorschriften. Sie kommunizieren mit internen und externen Stellen und tauschen Informationen mit den Beteiligten aus. Sie kennen die verschiedenen Formen des Personenverkehrs.

6.1 Einordnung des öffentlichen Personenverkehrs

Als Personenverkehr wird sämtlicher Verkehr bezeichnet, der mit der Beförderung von Personen/Reisenden zu tun hat. Er ist durch unterschiedliche Verkehrsträger gekennzeichnet und wird in entsprechende Sektoren unterteilt:

- Motorisierter Individualverkehr (MIV), z. B. Auto, Motorrad
- Öffentlicher Verkehr (ÖPV), z. B. Omnibus, Straßenbahn, Eisenbahn, Taxi, Schiff
- Luftverkehr
- Fahrradverkehr
- Fußgängerverkehr

© Hoch zwei/imago

© Anweber/photocase.com

© thotti/photocase.com

Der Individualverkehr nimmt insgesamt den größten Anteil der Verkehrsleistung ein (siehe ▶ Abschnitt 5.2.8). Er wird von den Betroffenen selbst durchgeführt, wobei sie sich entweder eigener Betriebsmittel bedienen oder diese anmieten.

Im Gegensatz dazu handelt es sich beim öffentlichen Personenverkehr um die Beförderung mit allgemein zugänglichen Verkehrsmitteln, die jedermann nach Maßgabe der Beförderungsbedingungen nutzen darf.

Für Unternehmen, die öffentliche Personenbeförderungsleistungen durchführen, gelten besondere gesetzliche Bestimmungen. Sie müssen dem Verkehr entsprechend eine Genehmigung besitzen und bestimmte Pflichten erfüllen. Dabei wird insbesondere in Linien- und Gelegenheitsverkehre und in Nah- und Fernverkehr unterschieden.

Öffentlicher Personennahverkehr (ÖPNV) ist eine spezifische Form des Linienverkehrs. Er realisiert die Personenbeförderung mit Bussen und Bahnen in Stadt-, Vorort- und Regionalbereichen. Die Reiseweite beträgt i. d. R. nicht mehr als 50 km. Die Reisezeit übersteigt meist eine Stunde nicht.

In Deutschland ist die Zulassung für Linienverkehre und Gelegenheitsverkehre im Personenbeförderungsgesetz (PBefG) geregelt. Das PBefG wird dem Gewerberecht zugeordnet, weil es in erster Linie regelt, unter welchen Bedingungen Verkehrsunternehmer ihr Gewerbe ausüben dürfen. Verkehrsleistungen in Deutschland sollen in der Regel auf eigene Initiative und eigenes Risiko entwickelt und angeboten werden. Voraussetzung für die Genehmigung ist jedoch die Erfüllung spezifischer gewerbe- bzw. aufsichtsrechtlicher Kriterien.

6.2 Rechtliche Genehmigungsgrundlagen gewerbsmäßiger Personenbeförderungen

Das **Personenbeförderungsgesetz (PBefG)** regelt die entgeltliche oder geschäftsmäßige Beförderung von Personen mit Straßenbahnen und Kraftfahrzeugen im Linien- und Gelegenheitsverkehr (§ 2 Abs. 1 PBefG).

Es enthält die grundlegenden Vorschriften z. B. über

- die Genehmigungspflicht
- die Genehmigung zur Personenbeförderung
- das Genehmigungsverfahren
- die Aufsicht über Verkehrsunternehmen
- die Beförderungspflicht
- die Betriebspflicht
- die Fahrplan- und
- die Tarifpflicht

Das Gesetz (§ 57 PBefG) ermächtigt die Bundesregierung ferner zum Erlass so genannter Rechtsverordnungen, u. a. über **Bau, Betrieb und Verkehr von Bussen (BOKraft)** und **Straßenbahnen (BOStrab)** sowie über einheitliche Allgemeine Beförderungsbedingungen (VO-ABB) (siehe unten).

Für die Sicherheit im Straßenverkehr sind die **Straßenverkehrsordnung (StVO)** und die **Straßenverkehrszulassungsverordnung (StVZO)** als einschlägige Verordnungen entscheidend, für den Bereich des Eisenbahnverkehrs sind die Vorschriften im **Allgemeinen Eisenbahn-Gesetz (AEG)** enthalten.

In den Bundesländern gibt es ferner jeweils landeseigene ÖPNV-Gesetze.

Darüber hinaus gibt es gesetzliche Sozialvorschriften, die der Gesundheit und dem Gesundheitsschutz der Beschäftigten dienen. Darunter fallen z. B. das **Arbeitszeitgesetz (ArbZG)** und das **Fahrpersonalgesetz (FPersG)**.

6.2.1 Genehmigungspflicht und Genehmigungswettbewerb

Laut Personenbeförderungsgesetz sind alle Verkehrsunternehmen verpflichtet, vor Aufnahme einer Personenbeförderungsleistung eine entsprechende Genehmigung zu beantragen.

Die Genehmigungspflicht soll zum einen die Sicherheit und Leistungsfähigkeit des Betriebes gewährleisten. Der Unternehmer muss nachweisen, dass er fachlich geeignet ist, ein Verkehrsunternehmen zu führen und einen Fahrbetrieb zu realisieren. Ferner dürfen keine Tatsachen vorliegen, die die Unzuverlässigkeit des Unternehmers oder der für die Geschäftsführung bestellten Person, der sog. Verkehrsleiter, belegen. Der Antragsteller muss weiterhin einen Betriebssitz oder eine Niederlassung im Inland oder im Betriebsgebiet nachweisen. Dies wird von der zuständigen Genehmigungsbehörde überprüft und kontrolliert.

Bei der Vergabe von Liniengenehmigungen kommt zum anderen hinzu:

Straßenbahn-, Omnibus- oder Linienverkehre mit Kraftfahrzeugen können nach § 13 Abs. 2 PBefG untersagt werden, wenn hierdurch so genannte «öffentliche Verkehrsinteressen» beeinträchtigt werden. Der beantragte Verkehr muss daher mit dem Nahverkehrsplan vereinbar sein.

Die Genehmigung wird abgelehnt, wenn

- *«der Verkehr mit den vorhandenen Verkehrsmitteln befriedigend bedient werden kann,*
- *der beantragte Verkehr ohne eine wesentliche Verbesserung der Verkehrsbedienung Verkehrsaufgaben wahrnehmen soll, die vorhandene Unternehmen oder Eisenbahnen bereits wahrnehmen,*
- *die für die Bedienung dieses Verkehrs vorhandenen Unternehmen oder Eisenbahnen bereit sind, die notwendige Ausgestaltung des Verkehrs innerhalb einer von der Genehmigungsbehörde festzusetzenden Frist selbst durchzuführen,*

- *der beantragte Verkehr einzelne ertragreiche Linien oder ein Teilnetz aus einem vorhandenen Verkehrsnetz oder aus einem im Nahverkehrsplan im Sinne des § 8 Absatz 3 festgelegten Linienbündel herauslösen würde. »*

Verkehrsleiter

Jedes Busunternehmen muss der Genehmigungsbehörde eine verantwortliche Person als Verkehrsleiter benennen. Der Verkehrsleiter muss fachkundig und zuverlässig sein. Bei einer «Stadtverkehr X-Stadt GmbH» oder einer «Müller-Bus GmbH» ist regelmäßig der Geschäftsführer zu benennen. Beim Einzelunternehmer «Müller-Reisen» ist es regelmäßig der Inhaber. Der Verkehrsleiter ist in der europäischen Verordnung Nr. 1071/2009 geregelt.

Betriebsleiter

Verkehrsleiter und Betriebsleiter sind unterschiedliche Funktionen. Unabhängig von der europäischen Regelung fordert die deutsche BOKraft in § 4 die Bestellung eines Betriebsleiters (außer bei sehr kleinen Unternehmen). Der Betriebsleiter ist für die ordnungsgemäße Unternehmensführung verantwortlich, die Gesamtverantwortung des Unternehmers bleibt daneben bestehen. Der Unternehmer (Geschäftsführer/Inhaber) bestellt den Betriebsleiter. Erforderlich dafür ist eine Bestätigung durch die Genehmigungsbehörde. Wenn es bereits einen Linienbetreiber gibt, darf kein anderer Verkehr genehmigt werden, der seine Interessen berührt. Es sei denn, dadurch entsteht ein wesentlich verbessertes Verkehrsangebot, das er nicht erfüllen könnte.

Quelle: Hamburger Hochbahn AG

Die Begründung für eine solche Regelung liegt zum einen in der Vermeidung von unnötigen Parallelverkehren (ökologisches Argument). Zum anderen braucht der Unternehmer Planungssicherheit, um ein qualitativ hochwertiges Angebot zu erstellen. Der Unternehmer muss, wenn er eine Linie betreiben möchte, zunächst investieren – z. B. in Fahrzeuge. Dies kann er nur tun, wenn er eine bestimmte verlässliche Planungsgrundlage hat und nicht damit rechnen muss, Konkurrenz zu erhalten.

Genehmigungsdauer

In Deutschland beträgt die Genehmigungsdauer für Linienverkehre mit Bussen nach Anpassung des PBefG an die neue EU-Verordnung 1370/2007 zehn Jahre. Für Linienverkehre mit Straßenbahnen beträgt die Genehmigungsdauer grundsätzlich 15 Jahre.

Im Gegenzug zu den «Privilegien» geht der Verkehrsunternehmer mit Erhalt der Liniengenehmigung auch Pflichten ein. Zu diesen Pflichten gehören beispielsweise:

- Betriebspflicht (§ 21 PBbefG),
- Beförderungspflicht (§ 22 PBefG),
- Pflicht zur Genehmigung der Beförderungsentgelte (§ 39 PBefG),
- Fahrplanpflicht (§ 40 PBefG) und
- weitere Pflichten aus BOKraft, Beförderungsbestimmungen etc.

Diese «Grundpflichten» im Hinblick auf den Kunden wurden bereits in Kapitel 5 benannt. Wichtig ist, dass Beförderungsentgelte und ihre Änderungen behördlich genehmigt werden müssen. Hierbei ist insbesondere zu prüfen, ob die Entgelte unter Berücksichtigung der wirtschaftlichen Lage des Unternehmers, einer ausreichenden Verzinsung des Anlagekapitals und der notwendigen technischen Entwicklung angemessen sind und mit den öffentlichen Verkehrsinteressen und dem Gemeinwohl in Einklang stehen (§ 39 PBefG). Wenn tarifliche Erhöhungen geplant sind, müssen diese Aspekte in die Begründung einfließen. In der Praxis wird die Tarifbildung heute überwiegend in den Verkehrsverbünden organisiert.

Wenn die Liniengenehmigung für einen Busunternehmer ausläuft, hat er die Möglichkeit, sich wieder auf die Linie zu bewerben (Wiedererteilung der Liniengenehmigung). Zu diesem Zeitpunkt können auch andere Unternehmer Angebote für die «Übernahme» der Linie abgeben. Dieses Verfahren nennt man in Deutschland «Genehmigungswettbewerb».

Die Besonderheit im Linienverkehr in Deutschland besteht darin, dass Linienverkehr immer nur von einem Unternehmer bedient werden und in der Regel keine Parallelverkehre möglich sind (Ausnahme: Regelungen im Rahmen der Verkehrsverbünde).

Während der Verkehrsunternehmer im Gelegenheitsverkehr sehr weit reichende unternehmerische Freiheiten besitzt, unterliegen die Unternehmer im Linienverkehr bis 50 km (ÖPNV) besonderen Auflagen oder Einschränkungen. Siehe die Unterschiede zwischen Gelegenheits- und Linienverkehren (▶ Kapitel 6.5 und ▶ Kapitel 6.6).

6.2.2 Genehmigungsbehörde

Die Liniengenehmigungen werden von Behörden vergeben, die von den Landesregierungen benannt sind. Dies sind überwiegend die Bezirksregierungen bzw. Regierungspräsidien der Länder.

Den Rahmen für Genehmigungen bildet wiederum das Personenbeförderungsgesetz. Für den Linienverkehr sind die Behörden zuständig, in deren Bezirk der Verkehr ausschließlich betrieben werden soll oder in dem ein Linienverkehr ihren Ausgangspunkt hat. Für Gelegenheitsverkehre ist die Behörde zuständig, in deren Bezirk der Unternehmer seinen Sitz hat.

Die Genehmigungsbehörde hat auch die Funktion einer Aufsichtsbehörde. Sie überwacht die Zuverlässigkeit des Verkehrsunternehmens sowie die Angemessenheit der Leistungen, die an die Liniengenehmigungen gebunden sind. Bei der Vergabe von Liniengenehmigungen überprüft sie, ob die vom Verkehrsunternehmen angebotene Leistung den Vorstellungen des Aufgabenträgers für eine ausreichende Verkehrsbedienung entspricht. Sie hat also u. a. folgende Zuständigkeiten:

- Erteilung von Liniengenehmigungen nach dem PBefG
- Überwachung der genehmigten Verkehre, Genehmigung von Fahrplanänderungen
- Durchführung von Verfahren für Rücknahme und Widerruf der Liniengenehmigungen
- Verfolgung von Ordnungswidrigkeiten bis hin zur Entziehung von Genehmigungen

6.2.3 Genehmigungsverfahren

Grundsätzlich liegt es in der Entscheidungskompetenz der Verkehrsunternehmen, ob sie einen Antrag für eine Liniengenehmigung bei der Genehmigungsbehörde stellen. Die Genehmigungsbehörde prüft die Zulassungsvoraussetzungen des Unternehmers und die Vereinbarkeit des Angebotes mit dem Nahverkehrsplan und dem bestehenden Angebot. Wenn mehrere Angebote für dieselbe Linie eingehen, prüft die Genehmigungsbehörde, welches Angebot für die

Tab. 6.1 Zuständigkeiten im Personenbeförderungsgesetz

Rolle der Genehmigungsbehörde	Rolle des Aufgabenträgers
Wirkt an der Erfüllung der Aufgaben des Aufgabenträgers mit – § 8 (3a).	Ist für die Sicherstellung einer ausreichenden Bedienung der Bevölkerung mit Verkehrsleistungen zuständig – §8 (3).
Berücksichtigt die Vorgaben des Nahverkehrsplanes und vergibt Liniengenehmigungen. Hört vor Liniengenehmigung Unternehmer, Gemeinden, Fachverbände u.a. an.	Definiert die Anforderungen an Umfang und Qualität des Angebots, die Umweltqualität u.a. in einem Nahverkehrsplan – § 8 (3). Hierzu gehört auch die verkehrsmittelübergreifende Integration der Verkehrsleistungen sowie die Umsetzung der Barrierefreiheit bis zum 1.1.2022.
Veröffentlicht jährlich ein Verzeichnis der bestehenden Genehmigungen – § 18.	Schließt Dienstleistungsaufträge mit Unternehmen ab, wenn keine ausreichende eigenwirtschaftliche Verkehrsbedienung erfolgt und gewährt ausschließliche Rechte – § 8a/b neu.
Veranstaltet Genehmigungswettbewerb (mehrere eigenwirtschaftliche Anträge) – § 13 2b.	Kann unter den Bedingungen der EU-Verordnung 1370/2007 Verkehrsleistungen selbst erbringen oder direkt vergeben.
Prüft und überwacht die subjektiven und verkehrssicherheitsrechtlichen Genehmigungsvoraussetzungen, auf Wunsch auch im Vergabeverfahren der Aufgabenträger.	

Kunden das attraktivste bzw. vorteilhafteste ist (bestes Taktangebot) und erteilt dann dem entsprechenden Anbieter die Genehmigung. Dieses Verfahren nennt man «Genehmigungswettbewerb», wobei die Interessen der bisherigen Anbieter «angemessen zu berücksichtigen» (§ 13 (3) PBefG) sind.

Das Genehmigungsverfahren geht davon aus, dass die Politik mittels der Nahverkehrspläne (siehe ► Kapitel 6.3) den Rahmen setzt, der dann von den Unternehmen durch eigenwirtschaftliche Linienanträge ausgefüllt wird.

Eigenwirtschaftlichkeit

Anträge für eigenwirtschaftliche Verkehrsleistungen haben innerhalb bestimmter Fristen Vorrang im Genehmigungsverfahren. Was sind eigenwirtschaftliche Verkehrsleistungen? Dies ist 2013 neu definiert worden: Es sind solche Verkehre, deren Aufwand durch Beförderungserlöse (Fahrscheinverkauf) und bestimmte allgemeine Ausgleichsleistungen, die alle Unternehmen bekommen, gedeckt werden. Zu den allgemeinen Ausgleichsleistungen gehören z. B. die Erstattungen für die kostenlose Beförderung von schwerbehinderten Menschen mit entsprechendem Ausweis sowie die Ausgleichsleistungen für die ermäßigte Schülerbeförderung nach § 45a PBefG. Auch bestimmte sonstige Erträge, wie z. B. aus Werbung am Fahrzeug gehören zu den eigenwirtschaftlichen Erträgen.

Gemeinwirtschaftlichkeit

Erhält das Unternehmen Zahlungen aus einem Verkehrsvertrag, einer Betrauung oder einer ähnlichen Regelung zwischen dem Unternehmen und der Behörde (öffentlicher Dienstleistungsauftrag nach EU-Verordnung 1370/2007), handelt es sich nicht um eigenwirtschaftliche, sondern um gemeinwirtschaftliche Verkehrsleistungen. Dies ist eine Änderung gegenüber der bisherigen Situation. Bis 2012 galten wegen einer sehr breiten Definition fast alle Verkehre als eigenwirtschaftlich.

Seit Januar 2013 wird die Rolle der Aufgabenträger im Genehmigungsverfahren durch das

Personenbeförderungsgesetz deutlich gestärkt (siehe ◘ Tab. 6.1). Für die Sicherstellung einer ausreichenden Bedienung der Bevölkerung mit Verkehrsleistungen im öffentlichen Personennahverkehr sind jetzt die Aufgabenträger zuständig (§ 8 (3) PBefG). Sie können daher eine wesentlich aktivere Rolle einnehmen.

Genehmigungsverfahren

Es stehen sich im Genehmigungsverfahren somit zwei Grundsätze gegenüber, die in einem gestuften Verfahren miteinander in Einklang gebracht werden sollen:

- Zum einen der Anspruch, dass Linienverkehre grundsätzlich eigenwirtschaftlich betrieben werden und die Unternehmerinitiative gefördert werden soll.
- Zum anderen die Regelungskompetenz der Aufgabenträger durch politische Vorgaben oder den Abschluss von Dienstleistungsaufträgen dafür zu sorgen, dass mindestens eine ausreichende Verkehrsbedienung zustande kommt.

Wie werden die beiden Ansätze im Verfahren nun miteinander in Einklang gebracht? Dafür gibt es eine gestaffelte Vorgehensweise, die sich von Fall zu Fall unterscheiden kann. Exemplarisch werden hier einige Fälle benannt, die jeweils in der Situation gelten, dass eine bestehende Linienkonzession ausläuft.

A. Das bestehende Angebot wird auf eigenwirtschaftlicher Basis erstellt und das Angebot vom Aufgabenträger als ausreichend eingestuft.
   1. Der Aufgabenträger hat im Nahverkehrsplan die Rahmenbedingungen auf Basis des bestehenden (Mindest-) Angebots definiert und wartet auf entsprechende eigenwirtschaftliche Anträge bei der Genehmigungsbehörde.
   2. Die Genehmigungsbehörde hört die im PBefG genannten Träger an.
   3. Unter den Antragstellern wird das beste Angebot seitens der Genehmigungsbehörde ausgewählt (Genehmigungswettbewerb).
   4. Gibt es nur einen Antrag, der eine Verschlechterung der Verkehrsleistung vorsieht, kann der Aufgabenträger tätig werden und ankündigen, hierzu einen Dienstleistungsauftrag zu vergeben. In dem Fall kann der laufende Antrag zeitlich verkürzt genehmigt und später ein Dienstleistungsauftrag vergeben werden.

B. Der Aufgabenträger beabsichtigt für eine Linie, ein Teilnetz, Linienbündel oder Gesamtnetz einen Dienstleistungsauftrag zu vergeben und legt hierfür Fahrplan, Beförderungsentgelt und erwartete Standards fest.
   1. Der Aufgabenträger muss rechtzeitig (jedoch frühestens 27 Monate vor Aufnahme des neuen Betriebs) bekannt machen, dass der Abschluss eines solchen Vertrages geplant ist und die entsprechenden Dokumente zugänglich machen.
   2. Innerhalb von drei Monaten können auf Basis der gemachten Vorgaben eigenwirtschaftliche Anträge bei der Genehmigungsbehörde eingereicht werden.
   3. Erfüllen die eigenwirtschaftlichen Anträge die Vorgaben des Aufgabenträgers, kann die Genehmigungsbehörde eine entsprechende eigenwirtschaftliche Genehmigung vergeben.
   4. Stimmt der Aufgabenträger diesen Abweichungen zu, kann die Genehmigungsbehörde ebenfalls eine Liniengenehmigung vergeben.
   5. Weicht der Antrag nur unwesentlich von den Vorgaben des Aufgabenträgers ab, entspricht aber mindestens dem bisherigen Angebot und wird verbindlich zugesichert, kann die Liniengenehmigung ebenfalls erteilt werden.

6. Erfolgt kein Angebot oder wird der eigenwirtschaftliche Antrag durch die Genehmigungsbehörde abgelehnt, kann der Aufgabenträger ein Vergabeverfahren für einen Dienstleistungsauftrag durchführen.
7. In diesem Fall entscheidet der Aufgabenträger, ob er den Dienstleistungsauftrag in einem wettbewerblichen Verfahren vergeben oder selbst erbringen möchte (frühestmöglicher Zeitpunkt der Vergabebekanntmachung: 15 Monate vor Aufnahme des Dienstes).
8. Anschließend wird das Verfahren für die Vergabe des Dienstleistungsauftrages durchgeführt und abschließend die entsprechenden Liniengenehmigungen erteilt. Im Zusammenhang hiermit können exklusive Rechte für den Auftragsverkehr vergeben werden. In jedem Fall sind die Vergabebestimmungen der EU-Verordnung 1370/ 2007 einzuhalten.

6

Fernlinienverkehr

Mit der PBefG-Novelle ist seit 2013 der Betrieb von Fernbuslinien fast vollständig liberalisiert worden. Das bedeutet, dass beliebig viele Unternehmen auf der gleichen Linie Verkehre betreiben können, und zwar auch parallel zum Eisenbahn-Fernverkehr. Zur Abgrenzung und zum Schutz des Nahverkehrs besteht ein Beförderungsverbot zwischen Haltestellen, die nicht mehr als 50 km voneinander entfernt sind. Das bedeutet für die Praxis, dass die Haltestellen zwar in engerem Abstand eingerichtet werden dürfen, dass aber Fahrausweise nur für Relationen von mindestens 50 km verkauft werden dürfen. Das gleiche gilt für Haltestellen, zwischen denen Schienenpersonennahverkehr mit einer Reisezeit bis zu einer Stunde betrieben wird, vgl. § 42a PBefG. Für die Genehmigung eines Fernlinienverkehrs muss nur die fachliche Eignung, Zuverlässigkeit usw. nachgewiesen werden, es wird nicht mehr geprüft, ob die Linie im öffentlichen Verkehrsinteresse liegt. Will der Unternehmer eine Linie nicht mehr weiter betreiben, so zeigt er dies der Genehmigungsbehörde an und kann dann nach drei Monaten den Verkehr einstellen. Fernlinienbusse müssen ab 2016 bzw. 2019 besondere Anforderungen im Hinblick auf die **Barrierefreiheit** erfüllen.

6.3 Nahverkehrspläne

Im seit 01.01.2013 gültigen Personenbeförderungsgesetz (PBefG) sind die Kompetenzen der Aufgabenträger weiter ausgebaut worden.

Wichtiges Instrument ist der Nahverkehrsplan. Er bildet den Rahmen für die Entwicklung des öffentlichen Personennahverkehrs und ist damit Grundlage für alle Liniengenehmigungen der Genehmigungsbehörden.

Der Nahverkehrsplan wird vom zuständigen Aufgabenträger erstellt, wobei alle im Bedienungsgebiet vorhandenen Verkehrsunternehmen frühzeitig zu beteiligen sind. Bei der Aufstellung der Nahverkehrspläne sind ferner Fahrgastverbände sowie Verbände von in ihrer Mobilität eingeschränkten Personen anzuhören und ihre Interessen angemessen und diskriminierungsfrei zu berücksichtigen.

Über den Nahverkehrsplan kann also der Aufgabenträger seine konzeptionellen Vorstellungen in das Genehmigungsverfahren einbringen.

Die Grundsätze der Aufstellung der Nahverkehrspläne sowie die Zuständigkeit der Aufgabenträger ist in den ÖPNV-Gesetzen der Länder geregelt. Das Ziel ist dabei, den öffentlichen Personennahverkehr möglichst weitreichend barrierefrei nutzen zu können. Das Ziel der Barrierefreiheit ist mit dem neuen PBefG noch einmal bekräftigt worden. (Weitere Aspekte der Nahverkehrsplanung siehe ▶ Kapitel 8.)

6.4 Dienstleistungsaufträge

Bei der Vergabe von Dienstleistungsaufträgen hat der Aufgabenträger einen weiten Gestaltungsspielraum. Es muss sich nicht um einen «Vertrag» im engeren Sinn handeln. Auch durch eine «Betrauung» oder einen Bescheid kann ein Dienstleistungsauftrag zustande kommen.

Die Aufteilung von Chancen und Risiken auf Kosten- und Erlösseite zwischen Verkehrsunternehmen und Aufgabenträger wird durch die Vertragsgestaltung bestimmt.

6.4.1 Bruttovertrag

Beim Bruttovertrag erhält das Verkehrsunternehmen vom Aufgabenträger einen vertraglich festgelegten finanziellen Ausgleich (Preis) für die ihm entstehenden Kosten. Der Verkehrsunternehmer ist nicht direkt an den Einnahmen beteiligt. Der Unternehmer trägt also nur das Risiko für die Kostenentwicklung in seinem Unternehmen, da die Ertragsseite stabil ist. Der Bruttovertrag bietet sich an, wenn die Ausschreibungsbehörde besonders an detaillierten Festlegungen im Verkehrsvertrag interessiert ist und dem Unternehmer nur wenige (erlösrelevante) Entscheidungen zubilligen möchte.

6.4.2 Nettovertrag

Beim Nettovertrag sind Kosten- und Einnahmeverantwortung gleichermaßen beim Unternehmer. Dies bedeutet, dass der Unternehmer für die durchzuführenden Verkehre einen festen öffentlichen Zuschuss erhält. Zusätzlich kann er sein Ergebnis mit steigenden oder sinkenden Fahrgeld-Einnahmen beeinflussen. Der Nettovertrag bietet sich an, wenn der Unternehmer die realistische Möglichkeit hat, das Fahrgastaufkommen zu beeinflussen.

6.4.3 Anreizvertrag

In der Praxis findet sich jedoch eine Vielzahl von Varianten, also Mischformen zwischen Brutto- und Nettovertrag. Hier teilen sich Aufgabenträger und Unternehmer das Risiko nach einem fest vereinbarten Schema. Beispiel für solche Varianten ist ein so genannter Anreizvertrag, der streng genommen keine eigene Vertragsform ist. Er basiert entweder auf dem Brutto- oder dem Nettoprinzip. Dieses wird jedoch durch Anreizelemente, wie sogenannte Bonus-Malus-Regelungen angereichert.

Bei Bonusregelungen erhält der Unternehmer eine Belohnung, wenn er eine bessere als die vertraglich vereinbarte Leistung erbringt. Bei Malusregelungen erhält der Unternehmer Abzüge, wenn er eine schlechtere als die vertraglich vereinbarte Leistung erbringt.

Verschaffen Sie sich als Fachkraft im Fahrbetrieb einen Überblick darüber, auf welcher Grundlage ggf. ein Dienstleistungsauftrag an Ihr Unternehmen vergeben wurde. Welche Standards wurden vereinbart? Gibt es Bonus-/Malus-Regelungen – und wenn ja: An welchen Kriterien orientieren sie sich?

6.5 Linienverkehr und seine Sonderformen

Linienverkehr zeichnet sich dadurch aus, dass
- er eine zwischen bestimmten Endhaltestellen eingerichtete regelmäßige Verkehrsverbindung darstellt
- Fahrgäste an bestimmten Haltestellen ein- und aussteigen können

Sonderformen des Linienverkehrs sind:
- Schülerverkehr
- Theaterfahrten
- Marktfahrten und
- Berufsverkehr

Außer dem Linienverkehr sieht das PBefG den Gelegenheitsverkehr in den folgenden Formen vor:
- Ausflugsfahrten
- Ferienzielreisen
- Taxenverkehr
- Verkehre mit Mietomnibussen und Mietwagen

Quelle: Verkehrs-Aktiengesellschaft Nürnberg

Linienverkehr ist nach § 42 PBefG eine zwischen bestimmten Ausgangs- und Endpunkten eingerichtete regelmäßige Verkehrsverbindung, auf der Fahrgäste an bestimmten Haltestellen ein- und aussteigen können. Er setzt nicht voraus, dass ein Fahrplan mit bestimmten Abfahrts- und Ankunftszeiten besteht oder Zwischenhaltestellen eingerichtet sind. In § 43 PBefG sind Sonderformen des Linienverkehrs benannt. Dies bedeutet, dass diese Formen zwar nicht unbedingt den Kriterien des Linienverkehrs entsprechen, aber trotzdem dem Linienverkehr zuzurechnen sind. Mit der Zuordnung der Sonderformen zum Linienverkehr soll vermieden werden, dass Verkehrsunternehmer durch eine «clevere Ausgestaltung» Konkurrenz zu bestehenden Linienverkehren aufbauen.

Allerdings können die Genehmigungsbehörden bei Sonderformen des Linienverkehrs

Vorschriften über Betriebspflicht, Beförderungspflicht, Beförderungsentgelte und Beförderungsbedingungen sowie über die Fahrpläne ganz oder teilweise aussetzen.

Als Sonderformen des Linienverkehrs gelten Fahrten, die regelmäßig (auch unter Ausschluss anderer Fahrgäste) stattfinden, unabhängig, ob diese Fahrten dem tatsächlichen Bedarf angepasst werden. Sonderformen des Linienverkehrs werden in den meisten Fällen mit dem Omnibus durchgeführt. Zu ihnen gehören die nachfolgenden Verkehre:

6.5.1 Berufsverkehr (§ 43 Nr. 1 PBefG)

Hierunter fallen alle regelmäßigen Beförderungsleistungen von Berufstätigen zwischen Wohnung und Arbeitsstelle unter Ausschluss anderer Fahrgäste. Organisiert werden solche Verkehre z. B. von großen Unternehmen. Dazu gehören Beförderungen mit Bussen oder Personaltaxen.

Durch die Teilung der Städte in Wohn- und Arbeitsbezirke, sind zu Arbeitsbeginn und -schluss viele Menschen auf den gleichen Wegen von bzw. zu ihren Wohnungen unterwegs. In Ballungszentren kommt es während dieser Zeiten im öffentlichen als auch im individuellen Nahverkehr zu einem hohen Verkehrsaufkommen. An Verkehrsknotenpunkten, bei Unfällen oder sonstigen Störungen kann der Verkehr während diesen Tageszeiten zum Erliegen kommen. Daher werden häufig Sonderlinien des Berufsverkehrs eingesetzt.

6.5.2 Schülerfahrten (§ 43 Nr. 2 PBefG)

Hierunter fallen alle regelmäßigen Beförderungsleistungen von Schülern (auch Studenten, Lehrgangsteilnehmer etc.) zwischen Wohnungen und Lehranstalten.

Fahrzeuge, die für Schülerbeförderungen besonders eingesetzt sind, müssen an Stirn- und Rückseite mit dem abgebildeten Schulbus-Schild kenntlich gemacht sein.

An der Stirnseite genügt auch eine Kennzeichnung im Zielschilderkasten mit dem Sinnbild. Bei Nutzung eines Sinnbildes muss ein Zusatzschild in der Farbgebung des Bilduntergrunds mit der Aufschrift «Schulbus» an der Stirnseite sichtbar sein.

Die Wirkung des Schildes darf durch andere Aufschriften oder Bildzeichen nicht beeinträchtigt werden. Omnibusse, die nicht zur Schülerbeförderung eingesetzt werden, dürfen dieses Schild nicht benutzen. Die Kennzeichnungspflicht mit Schulbus-Schildern gilt

- für den freigestellten Schülerverkehr,
- für freigestellte Beförderung von körperlich, geistig oder seelisch behinderten Kindern und Erwachsenen,
- für die Beförderung zwischen Wohnung und Kindergarten,
- für den Schülerverkehr, der als Sonderform des Linienverkehrs gilt und
- in Sonderfällen bei der Beförderung von Schülern auch im Linienverkehr (§ 42 PBefG), wenn
  - die Fahrten nach dem Fahrplan lediglich an Schultagen erfolgen,
  - Verstärkungsbusse zusätzlich und ausschließlich für die Schülerbeförderung eingesetzt werden.

© Frank Lenz

6.5.3 Marktfahrten (§ 43 Nr. 3 PBefG)

Hierunter fallen alle regelmäßigen Beförderungsleistungen von Marktbesuchern zwischen deren Wohnorten und den Plätzen, an denen Märkte abgehalten werden.

Anders als beim Berufsverkehr und bei den Schülerfahrten handelt es sich hier um Verkehrsverbindungen, die von allen benutzt werden können. Der Unterschied zum «regulären» Linienverkehr liegt darin, dass ein besonderer Beförderungszweck (Marktbesuch) sowie eine besondere Verkehrsverbindung (Wohnort – Markt) vorliegen. Da es sich um eine regelmäßige Beförderung handelt, kommen nur Fahrten zu Märkten infrage, die in kurzen Zeitabständen durchgeführt werden (z. B. Wochenmärkte).

6.5.4 Theaterbusse (§ 43 Nr. 4 PBefG)

Hierunter fallen alle regelmäßigen Beförderungsleistungen von Theaterbesuchern zwischen deren Wohnorten und den Veranstaltungsorten. Linienverkehre können grundsätzlich auch mit kleineren Fahrzeugen durchgeführt werden. Insofern können Theaterfahrten o. ä. auch mit Pkw erfolgen.

6.6 Gelegenheitsverkehr

Gelegenheitsverkehr ist nach § 46 Abs. 1 PBefG die Beförderung von Personen mit Kraftfahrzeugen, die nicht Linienverkehr sind. Zum Gelegenheitsverkehr gehören folgende Formen:

6.6.1 Taxiverkehr

Die gesetzliche Grundlage für den Taxiverkehr in Deutschland ist neben dem PBefG die dazu erlassene Verordnung über den Betrieb von Kraftfahrtunternehmen im Personenverkehr (BOKraft). Im § 47 PBefG wird der Begriff Taxi definiert. Auf Grund der rechtlichen Regelung des PBefG können die Kommunen für ihr Territorium (Pflichtfahrgebiet) entsprechende Beförderungsbedingungen und Beförderungsentgelte (Taxiordnung) festlegen. Diese konkretisieren meist die bestehenden gesetzlichen Regelungen. Der von den Kommunen genehmigte Taxitarif gilt nur innerhalb des Pflichtfahrgebietes.

Eine Änderung des Taxitarifes wird im Regelfall durch einen Antrag von Vertretern des Taxigewerbes gestellt und bei der zuständigen Behörde zur Genehmigung eingereicht.

Quelle: Deutscher Taxi- und Mietwagenverband (BZP)

6.6.2 Mietwagenverkehr

Unter einem Mietwagen gemäß Personenbeförderungsgesetz (PBefG) versteht man ein Fahrzeug, das mit Fahrer gemietet wird – im Gegensatz zu den umgangssprachlich häufig «Mietwagen» genannten Anmietfahrzeugen.

Ein Verkehr mit Mietwagen ist nach § 49 Abs. 4 PBefG dadurch charakterisiert, dass

- eine Personenbeförderung mit Personenkraftwagen (Pkw) durchgeführt wird,
- dabei der Personenkraftwagen nur «im ganzen» gemietet sein darf,
- der Beförderungsauftrag am Betriebssitz oder in der Wohnung des Unternehmers entgegengenommen wurde,
- damit Fahrten durchgeführt werden, deren Zweck, Ziel und Ablauf der Fahrgast bestimmt und

- die nicht Taxiverkehr sind.

Der Mietwagen ist im Gegensatz zum Taxi kein öffentliches Verkehrsmittel. Zur Abgrenzung von diesem – und zum Schutz des Taxigewerbes – hat der Gesetzgeber 1983 dem Mietwagenverkehr einige besondere Verpflichtungen auferlegt:

Nach Ausführung des Beförderungsauftrages, der grundsätzlich nur am Betriebssitz oder der Wohnung des Unternehmers entgegengenommen werden darf, hat der Mietwagen unverzüglich zum Betriebssitz zurückzukehren, es sei denn, er hat vor der Fahrt von seinem Betriebssitz oder der Wohnung des Unternehmers oder während der Fahrt durch Funk einen neuen Beförderungsauftrag erhalten. Hier spricht man von der Rückkehrpflicht des Mietwagens.

Dies bedeutet, dass der Mietwagen auf Leerfahrten Passanten nicht auf ihr Winken hin aufnehmen darf.

Den Eingang des Beförderungsauftrages am Betriebssitz oder in der Wohnung hat der Mietwagenunternehmer buchmäßig zu erfassen und die Aufzeichnung ein Jahr aufzubewahren. Hier spricht man von der Aufzeichnungspflicht im Mietwagenverkehr. Im Unterschied zum Taxi darf der Mietwagen in Deutschland also nur «im Ganzen» angemietet werden, das heißt, eine Vermietung nach Sitzplätzen ist ausgeschlossen.

6.6.3 Ausflugsfahrten mit dem Omnibus

Ausflugsfahrten sind eine Form des Gelegenheitsverkehrs mit Kraftfahrzeugen. Der Begriff ist in § 48 Abs. 1 Personenbeförderungsgesetz (PBefG) definiert. Es handelt sich hierbei um Fahrten, deren Ablauf (im Gegensatz zum Mietwagenverkehr) vom Unternehmer vorgegeben und bestimmt wird. Auch die sogenannten «Kaffeefahrten» gehören dazu. Die Fahrgäste müssen in ihrer Gesamtheit an einem gemeinsamen Ort aufgenommen und auch an diesen wieder zurückgebracht werden (Unterwegsbedienungsverbot). Ein Wechsel in der Zusammensetzung der Reisenden darf unterwegs nicht stattfinden. Es gibt hierzu auch den Begriff «Rundfahrt mit geschlossenen Türen».

6.6.4 Mietomnibus

Unter Verkehr mit Mietomnibus versteht man eine Form des Gelegenheitsverkehrs mit Kraftfahrzeugen, welche durch ein Verkehrsunternehmen angeboten werden kann. Ziel, Zweck und Ablauf der Fahrt bestimmt jedoch der Mieter (Fahrgast).

Wichtiges Kriterium ist, dass der Mietomnibus vom Fahrgast im Ganzen angemietet wird. Mieter kann auch ein zusammengehöriger Personenkreis sein. Dieser muss sich jedoch über Ziel und Ablauf der Fahrt einig sein muss (z. B. Schulklassen, Vereine etc.). Mietomnibusse dürfen sich nicht auf öffentlichen Straßen und Plätzen zum Zweck der Fahrgastaufnahme bereithalten.

Der Gelegenheitsverkehr mit einem Mietomnibus ist erlaubnispflichtig und bedarf einer Genehmigung der zuständigen Verkehrsbehörde. Für den Mietomnibusverkehr gelten auch die Bestimmungen der BOKraft.

6.6.5 Ferienzielreisen

Ferienzielreisen sind Verkehrsdienste, die der Unternehmer mit Kraftfahrzeugen, i. d. R. Bussen, nach einem bestimmten, von ihm aufgestellten Plan zu einem Gesamtentgelt für Beförderung und Unterkunft mit oder ohne Verpflegung anbietet und ausführt. Fahrzweck ist ein Erholungsaufenthalt. Alle Fahrgäste werden an das gleiche Reiseziel gebracht und wieder zurückbefördert. Die Fahrgäste erhalten einen auf ihren Namen ausgestellten Rückfahrschein. Auf der Rückfahrt darf der Unternehmer nur Fahrgäste befördern, die er zum Reiseziel gebracht hat.

6.7 Beförderungsvertrag und gesetzliches Schuldverhältnis

Die rechtlichen Grundlagen zwischen dem Fahrgast und dem Verkehrsunternehmen für die Beförderung im ÖPNV finden sich in den vom Staat festgelegten Rechtsnormen **(Gesetze, Verordnungen)** und den Verabredungen **(Verträgen)** zwischen den Beteiligten (Fahrgast und Verkehrsunternehmen), i. d. R. dem Beförderungsvertrag.

Ein Vertrag kann auf verschiedene Weisen zu Stande kommen. Er kann z. B. zwischen zwei Personen ausgehandelt werden; oder eine Person hat bereits einen fertigen Vertragsentwurf, den sie der anderen Person vorlegt (Angebot) und dem diese zustimmt (Annahme). Bei **Beförderungsverträgen** im ÖPNV findet Letzteres statt. So bietet das Verkehrsunternehmen seine Leistung (die Fahrt von A nach B) zu einem bestimmten Preis (Fahrpreis) und zu bestimmten Konditionen (Beförderungsbedingungen) dem Fahrgast an. Der Fahrgast nimmt dieses Angebot i. d. R. durch den Erwerb des Fahrausweises an. Dies ist der Moment, in dem der Beförderungsvertrag geschlossen wird.

Soweit kein Beförderungsvertrag vorliegt, richtet sich die Beförderung ausschließlich nach den vom Staat festgelegten Regelungen. In diesem Fall spricht man von einem sogenannten **gesetzlichen Schuldverhältnis.** Das wichtigste Beispiel hierfür ist das Schwarzfahren – insbesondere von Minderjährigen. Denn Minderjährige können wirksam nur einen Vertrag schließen, wenn die Eltern zustimmen. Liegt diese Zustimmung nicht vor, kann das Verkehrsunternehmen keine vertraglichen Ansprüche gegen den Minderjährigen (und natürlich auch nicht gegen die Eltern) geltend machen. Hier hilft der Gesetzgeber mit der Regelung in § 9 Verordnung über die Allgemeinen Beförderungsbedingungen für den Straßenbahn- und Obusverkehr sowie den Linienverkehr mit Kraftfahrzeugen. Dieser lange Name wird meist (und auch hier) als VO-ABB (oder als BefBedV) abgekürzt. Eine offizielle Abkürzung gibt es nicht. § 9 VO-ABB sieht vor, dass ein Fahrgast ohne gültigen Fahrausweis bis zu 60,00 Euro zahlen muss. Dies ist das, was wir als erhöhtes Beförderungsentgelt (EBE) kennen. Die Regelung findet man zwar meist auch in den Tarif- und Beförderungsbedingungen der Verbünde und Verkehrsunternehmen. Die Tarif- und Beförderungsbedingungen sind jedoch Teil des Beförderungsvertrages. Kommt ein Beförderungsvertrag nicht zustande, gelten auch die Tarif- und Beförderungsbedingungen nicht. Daher sind die gesetzlichen Regelungen für die Verkehrsunternehmen so wichtig.

6.8 Rechte und Pflichten bei der Beförderung

Wir haben zuvor gelernt, dass bei der Beförderung zum einen die vom Staat festgelegten Rechtsnormen (Gesetze, Verordnungen etc.) zum anderen die Regelungen aus den Beförderungsverträgen beachtet werden müssen. Dort finden sich auch die Rechte und Pflichten, die die Fahrgäste und die Verkehrsunternehmen einzuhalten haben. Die meisten zwischen Fahrgast und Unternehmen geltenden Rechte und Pflichten stehen in der bereits im vorhergehenden Abschnitt erwähnten **VO-ABB**. Aber auch im Personenbeförderungsgesetz **(PBefG)**, der Verordnung über den Betrieb von Kraftfahrunternehmen im Personenverkehr **(BOKraft)**, in der Verordnung über den Bau und Betrieb der Straßenbahnen **(BOStrab)** und in der europäischen **Verordnung [EU] Nr. 181/2011** sind wichtige Regelungen vorhanden. Die Rechte und Pflichten aus dem Beförderungsvertrag finden wir im Wesentlichen in den **Tarif- und Beförderungsbedingungen** der Verbünde und Verkehrsunternehmen. Meist haben die Tarif- und Beförderungsbedingungen die Vorschriften der VO-ABB zusätzlich zu den «selbst ausgedachten» Regelungen mit aufgenommen.

Bei den Rechten und Pflichten unterscheiden wir zwischen den **Haupt- und Nebenpflichten**. Die Hauptpflicht ist seitens des Verkehrsunternehmens die Beförderung von A nach B. Auf Seiten des Fahrgastes ist die Hauptpflicht, den Fahrpreis für die Fahrt zu zahlen. Nebenpflichten sind auf Seiten des Verkehrsunternehmens z. B. die sichere Beförderung und die Ausstellung eines Belegs für den bezahlten Fahrpreis (Fahrkarte, Fahrausweis).

Quelle: Dresdner Verkehrsbetriebe AG

Nebenpflichten des Fahrgastes sind etwa ein sozial verträgliches Verhalten (Rauchverbot, Mindestmaß an Hygiene, Vorlagepflicht des Fahrausweises bei Kontrollen) oder das Sichfesthalten während der Fahrt.

Wenn wir hier von Pflichten sprechen, geht es aber fast immer auch um Rechte – und zwar des jeweils anderen. So ist die erwähnte Pflicht des Verkehrsunternehmens zur sicheren Beförderung des Fahrgastes gleichzeitig das Recht des Fahrgastes, sicher vom Unternehmen befördert zu werden.

Nachfolgend einige Details zu den wichtigsten Haupt- und Nebenpflichten:

6.8.1 Beförderung der Fahrgäste

Die Beförderung der Fahrgäste ist die wichtigste Pflicht der Verkehrsunternehmen. Der Gesetzgeber hat dies ausdrücklich in **§ 22 PBefG** geregelt. Danach ist der Unternehmer zur Beförderung verpflichtet, wenn

1. die Beförderungsbedingungen eingehalten werden,
2. die Beförderung mit den regelmäßig eingesetzten Beförderungsmitteln möglich ist und
3. die Beförderung nicht durch Umstände verhindert wird, die der Unternehmer nicht abwenden und denen er auch nicht abhelfen kann.

Der wichtigste Fall, in denen die Beförderungsbedingungen nicht eingehalten werden ist, wenn der Fahrpreis nicht gezahlt wird. Aber auch ein in den Beförderungsbedingungen verbotenes Verhalten, wie z. B. das Rauchen im Fahrzeug, lassen den Beförderungsanspruch entfallen. Die Beförderung kann jedoch nicht nur mit einem Verweis auf das Hausrecht im Fahrzeug verweigert werden. Denn dies ist kein Grund nach § 22 PBefG.

6.8.2 Gültiger Fahrausweis

Die Verpflichtung des Fahrgastes zum Besitz eines gültigen Fahrausweises findet sich in § 6 VO-ABB. Danach hat er die für die Beförderung festgesetzten Beförderungsentgelte zu entrichten. Ist der Fahrgast beim Betreten des Fahrzeugs nicht mit einem für diese Fahrt gültigen Fahrausweis versehen, hat er unverzüglich und unaufgefordert den erforderlichen Fahrausweis zu lösen.

6.8.3 Beförderung von Tieren und Sachen

Unter welchen Bedingungen und welche Tiere und Sachen befördert werden dürfen, ist in den §§ 11 und 12 VO-ABB festgelegt.

Nach **§ 11 VO-ABB** werden Handgepäck und sonstige Sachen nur bei gleichzeitiger Mitfahrt des Fahrgasts und nur dann befördert, wenn dadurch die Sicherheit und Ordnung des Betriebs nicht gefährdet und andere Fahrgäste nicht belästigt werden können. Die Beförderung von Sachen darf daher nicht grundlos oder willkürlich verweigert werden. Dies gilt insbesondere für die Mitnahme von Hand- und Reisegepäck. Allerdings bedeutet dies auch, dass nicht alles mitgenommen werden muss – insbesondere sind Bus und Bahn kein Möbeltransporter und gehören nicht zum Güterverkehr, sondern zum Personenverkehr. Auch alle Sachen, von denen eine Gefahr ausgeht, haben außerhalb des Fahrzeugs zu bleiben, sogar wenn der Fahrgast vorgibt, dies als Behindertenhilfsmittel zu benötigen. Und selbst wenn die Mitnahme der Sache erlaubt ist, verbleibt die Pflicht jeden Fahrgasts, die Sachen so im Fahrzeug unterzubringen und zu beaufsichtigen, dass hiervon keine Gefahr ausgeht und andere Fahrgäste nicht belästigt werden können.

Nach **§ 12 VO-ABB** gelten die vorgenannten Regeln auch bei der Mitnahme von Tieren. Hinzu kommt, dass Hunde, die Mitreisende gefährden können, einen Maulkorb tragen müssen. Grundsätzlich erlaubt sind hingegen Blindenführhunde, die einen Blinden begleiten. Das Gleiche gilt nach § 228 Abs. 2 Nr. 2 zweiter Halbsatz Sozialgesetzbuch IX (kurz SGB IX) auch für einen Hund, den ein schwerbehinderter Mensch mitführt, in dessen Ausweis die Berechtigung zur Mitnahme einer Begleitperson nachgewiesen ist. Sonstige Tiere dürfen nur in geeigneten Behältern mitgenommen werden. Und von den Sitzplätzen sind die Tiere immer fernzuhalten.

6.8.4 Verhalten der Fahrgäste

Der oberste Grundsatz, der für die Mitnahme von Sachen und Tieren gilt, findet auch beim Verhalten der Fahrgäste Anwendung: die Sicherheit und Ordnung. Dies ist in **§ 4 VO-ABB** festgelegt. Daher ist den Fahrgästen z. B. untersagt, Durchgänge und Ein- und Ausstiege zu blockieren oder auf unterirdischen Bahnsteiganlagen zu rauchen. Außerdem muss zügig ein- und ausgestiegen sowie in das Wageninnere aufgerückt werden. Wird die bevorstehende Abfahrt angekündigt oder schließt sich eine Tür, darf das Fahrzeug nicht mehr betreten oder verlassen werden. Und besonders wichtig ist: Jeder Fahrgast ist verpflichtet, sich im Fahrzeug stets einen festen Halt zu verschaffen.

6.8.5 Pünktlichkeit

Eine Regelung zur Pünktlichkeit findet sich in **§ 16 VO-ABB**. Danach begründen Abweichungen von Fahrplänen durch Verkehrsbehinderungen, Betriebsstörungen oder -unterbrechungen sowie Platzmangel keine Ersatzansprüche; eine Haftung für Anschlüsse besteht ebenfalls nicht. Auf den ersten Blick liest sich dies so, als ob das Verkehrsunternehmen immer unpünktlich fahren dürfe, ohne dass dem Fahrgast ein Anspruch zusteht. Dies stimmt aber aus zwei Gründen nicht:

Erstens haftet das Verkehrsunternehmen für die Pünktlichkeit in allen nicht zuvor aufgeführten Fällen; dies sind z. B. alle Verfrühungen oder, wenn der Fahrer verschlafen oder sich verfahren hat. Zweitens haben mittlerweile die meisten Verkehrsunternehmen oder Verbünde freiwillig eine Garantie eingeführt, die über die gesetzlichen Regelungen hinausgeht.

Quelle: Nordhessischer Verkehrsverbund

6.8.6 Informationen

Informationspflichten finden sich vor allem im **PBefG** und in der **BOKraft**. Aber auch aus der BOStrab und europäischen Regelungen (Art. 24 und 25 **Verordnung [EU] Nr. 181/2011**) ergeben sich Informationspflichten.

So besteht nach § 39 PBefG die Pflicht, die Beförderungsentgelte zu veröffentlichen, bevor sie frühestens sieben Tage später in Kraft treten können; und die Tarif- und Beförderungsbedingungen sind vom Unternehmer vor ihrer Einführung ortsüblich bekanntzumachen sowie in den zum Aufenthalt der Fahrgäste bestimmten Räumen auszuhängen. Nach § 40 PBefG sind auch die Fahrpläne und Fahrplanänderungen vom Unternehmer ortsüblich bekanntzumachen und die gültigen Fahrpläne in den zum Aufenthalt der Fahrgäste bestimmten Räumen anzubringen sowie an den Haltestellen mindestens die Abfahrtszeiten anzuzeigen.

Nach § 8 BOKraft ist die nächste Haltestelle rechtzeitig anzukündigen. Weiter finden sich in den §§ 20, 32, 33 und 35 BOKraft Kennzeichnungs- und Hinweispflichten im und am Fahrzeug sowie für die Haltestelle, z. B. hinsichtlich der Liniennummer, des Namens vom Unternehmen oder Verbund, der Haltestellenbezeichnung oder über den Linienverlauf und die kommenden Haltestellen.

6.9 Klarheit für die Kunden: Beschilderung, Beschriftung und Durchsagen

Im Interesse eines reibungslosen Betriebsablaufs und der Ordnung im Straßenverkehr sind Verkehrsunternehmen im Personenverkehr gemäß BOKraft dazu verpflichtet, die Fahrzeuge zu beschildern bzw. zu kennzeichnen. Das verantwortliche Fahrpersonal hat zu gewährleisten, dass diese Beschilderungen ordnungsgemäß erfolgen.

Die Beschilderung dient zunächst der Information der Kunden über Fahrweg und Ziel des Verkehrsmittels. Sie ist damit wichtige Orientierungshilfe – auch für ortsunkundige Fahrgäste.

Entsprechend § 33 BOKraft muss jeder Omnibus im Linienverkehr (ausgenommen bei Sonderfahrten des Linienverkehrs) gekennzeichnet sein durch

- ein Zielschild an der Stirnseite,
- ein Streckenschild an der rechten Längsseite und
- die Liniennummer an der Rückseite.

Das Zielschild muss die Liniennummer, den Endpunkt der Linie (Zielort, Zielhaltestelle) und den Fahrweg, wenn verschiedene Streckenführungen bestehen, enthalten. Dieses muss auch bei Dunkelheit durch den Fahrgast erkennbar (beleuchtet) sein. Weitere Haltestellen zwischen dem Abfahrts- und Zielort dürfen angegeben werden. Das Streckenschild soll die Liniennummer, den Ausgangs- und Endpunkt der Linie und wichtige Angaben zum Fahrweg beinhalten.

Die BOStrab (Bau- und Betriebsordnung Straßenbahn) schreibt in § 46 Ähnliches vor: *«Personenfahrzeuge müssen Einrichtungen haben, die*

1. *an der Stirnseite des Zuges die Linienbezeichnung und den Endpunkt der Linie,*
2. *an der Einstiegsseite die Linienbezeichnung, den Endpunkt der Linie und soweit erforderlich den Linienverlauf,*
3. *an der Rückseite des Zuges die Linienbezeichnung,*
4. *im Fahrgastraum den Streckenplan oder den Linienverlauf und soweit erforderlich die Linienbezeichnung anzeigen.* »

Die Anzeigen müssen auch bei Dunkelheit erkennbar sein. Vergewissern Sie sich bei Dienstantritt mit einem Rundgang um Ihren Bus oder Ihre Bahn, ob die entsprechenden Kennzeichnungen funktionsfähig und gut erkennbar sind (Sichtkontrolle).

Im Linienverkehr hat der Fahrer die nächste Haltestelle rechtzeitig anzukündigen. Die Lautsprecheranlage darf jedoch nur zur Übertragung von Verkehrs- und zu betrieblichen Hinweisen genutzt werden. Fahrgastinformationen durch das Fahrpersonal (oder durch die Leitstelle) wirken orientierend und serviceorientiert, wenn sie höflich und verbindlich, präzise und verständlich und auf das Wesentliche konzentriert erfolgen.

Quelle: Münchner Verkehrsgesellschaft mbH

Fahrgastinformation

Kennzeichnungen am Fahrzeug sind aber nicht nur im Hinblick auf das Fahrziel vorgeschrieben.

Einige Beschilderungen – etwa bei Schülerverkehren – wurden bereits kennen gelernt.

Gemäß § 20 BOKraft sind an den Türen an KOM im Linienverkehr Bezeichnungen anzubringen,

- wenn an diesen Türen nur ein- oder ausgestiegen werden darf und
- die Türen nur für bestimmte Personengruppen vorgesehen sind.

Um einen besseren Fahrgastfluss zu erreichen, sind bei Linien- und Überlandbussen folgende Bezeichnungen üblich:

- Vordere Tür: «Einstieg» oder «Nur Einstieg»
- Zweite Tür: «Ausstieg», «Nur Ausstieg» oder «Ein- und Ausstieg»
- Die dritte und jede weitere Tür gilt entsprechend der zweiten Tür

Im Fahrdienst kann es passieren, dass – insbesondere ältere – Fahrgäste an der vorderen Tür aussteigen wollen: Trotz Hinweis, dass an der vorderen Tür «Nur Einstieg» erfolgt. In diesem Fall muss die Gesamtsituation beachtet werden, bevor der Fahrgast aufgefordert wird, vorne nicht auszusteigen.

Im Linienverkehr sind Sitzplätze für Schwerbehinderte deutlich gekennzeichnet. Die Sitze befinden sich meist in der Nähe des Einstiegs. Nicht körperlich beeinträchtigte Fahrgäste müssen diese Plätze freigeben für schwerbehinderte Fahrgäste. Schwerbehindert sind alle Personen mit einem Grad der nicht nur vorübergehenden körperlichen, geistigen oder seelischen Behinderung von mindestens 50 %. Mit dem Schwerbehinderten-Ausweis hat der Fahrgast das Recht auf diesen Sitzplatz. Reichen die gekennzeichneten Plätze nicht aus, sind andere Plätze für diese Personen von nicht schwerbehinderten Fahrgästen freizugeben.

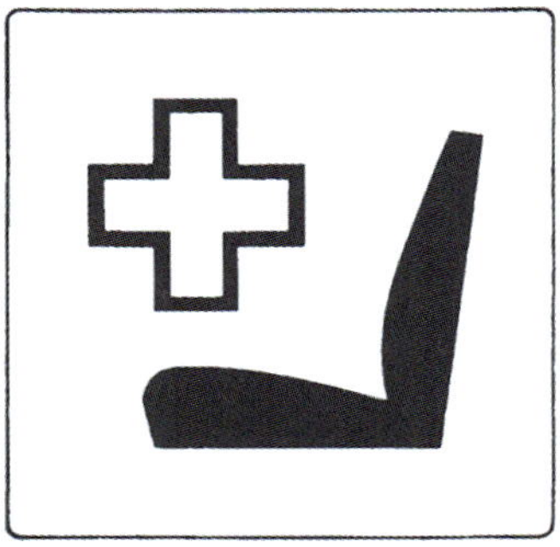
Schwerbehindertenkennzeichnung in Bahn/Bus

Die Anbringung des Kinderwagen- oder Rollstuhlsymbols setzt ausreichend breite Ein- und Ausstiegsmöglichkeiten voraus. Diese dürfen nicht durch Haltestangen oder ähnliches eingeengt sein. Oftmals erfolgt die Bezeichnung der Türen durch Sinnbilder. Sowohl die Beschriftung als auch die Bezeichnung müssen eindeutig, gut sichtbar und deutlich lesbar sein. Andere zusätzliche Aufschriften oder Bildzeichen dürfen durch Reklame nicht beeinträchtigt werden.

Hinweis

Dem Fahrpersonal ist das Rauchen im Linienverkehr, im Überlandverkehr, im freigestellten Schülerverkehr und im Gelegenheitsverkehr grundsätzlich nicht gestattet.

Abschließend seien noch folgende weitere Kennzeichnungspflichten genannt:

Im Omnibus muss an gut sichtbarer Stelle, in gut sichtbarer Schrift oder sonst deutlich gekennzeichnet die Zahl der zugelassenen Sitz- und Stehplätze im Linienverkehr, Notausstiege und die Unterbringung der Verbandskästen angebracht sein und an den Längsseiten sind der Name und Betriebssitz des Unternehmers anzubringen.

Für die Straßenbahnen, Stadtbahnen und U-Bahnen macht die BOStrab in §§ 47 und 48 nahezu identische Vorgaben an die Beschriftungen und Sinnbilder.

6.10 Fahrauftrag, mitzuführende Papiere, Abfahrtkontrolle

6.10.1 Fahrauftrag

Ein Fahrauftrag ist der rechtliche relevante Auftrag des Unternehmens an seinen Fahrbediensteten, eine nach Zeit, Fahrweg und -ziel vorgegebene Fahrt mit einem vom Unternehmer angewiesenen Fahrzeug durchzuführen. Dieser Fahrauftrag kann schriftlich oder mündlich erfolgen. Er muss eindeutig und nachvollziehbar sein. Ohne vorliegenden Fahrauftrag ist der Fahrzeugführer nicht berechtigt, die Fahrt durchzuführen.

Er ist nur gültig, wenn er mit dem Stempel des jeweiligen Verkehrsunternehmens und unterschrieben ist. Weitere Inhalte eines Fahrauftrages sind:

- Gültigkeit (Datum)
- Fahrer
- polizeiliches Kennzeichen (Omnibus)
- Fahrstrecke
- Fahrzeugnummer und
- Personenanzahl

Im Linienverkehr des ÖPNV erhält das Fahrpersonal keinen separaten Fahrauftrag. Dieser ist in der Regel durch die Fahr- und Dienstplanung sowie sonstige betriebliche Regelungen ausreichend dokumentiert.

6.10.2 Beförderungsdokumente und mitzuführende Papiere

Die Fachkraft im Fahrbetrieb muss im Fahrdienst mit dem Bus seinen Führerschein, die Zulassungsbescheinigung Teil 1 (Fahrzeugschein), die Grüne Versicherungskarte und im Gelegenheitsverkehr die Genehmigungsurkunde mitführen. Weiterhin sind mitzuführen: der Personalausweis, die Fahrerkarte bzw. Schaublätter für die Kontrollgeräte (siehe ▶ Abschnitt 6.11).

Bei Auslandsfahrten evtl. der Reisepass sowie die erforderlichen Papiere für den grenzüberschreitenden Verkehr, Fahrtenblatt EU, EG-Genehmigung (blau), das Fahrtenblatt ASOR (bei Fahrten in Nicht EU-Staaten).

Bei Anhängerbetrieb sind die Papiere des Anhängers bzw. das Anhängerverzeichnis mitzuführen.

Im Linienverkehr müssen zusätzlich mitgeführt werden: die Allgemeinen Beförderungsbedingungen, die Tarifübersicht, der Fahrplan, ggf. Fahrscheine und der eigene Dienstplan.

Beim Einsatz in der Personenbeförderung als Fachkraft im Fahrbetrieb während der Berufsausbildung ist entsprechend den Vorgaben des Berufskraftfahrer-Qualifikations-Gesetztes (BKrFQG) eine Kopie des Ausbildungsvertrages mitzuführen. Die Kopie gilt während der Berufsausbildung als Ersatz für den erforderlichen Befähigungsnachweis des Omnibus-Fahrers; nach der Ausbildung wird der Nachweis als Schlüsselzahl 95 in den Führerschein eingetragen.

Im Fahrdienst mit der Straßenbahn, Stadtbahn und U-Bahn müssen mitgeführt werden:
- die Fahrerlaubnis
- die Allgemeinen Beförderungsbedingungen
- die Tarifübersicht
- der Fahrplan, ggf. Fahrscheine und
- der eigene Dienstplan

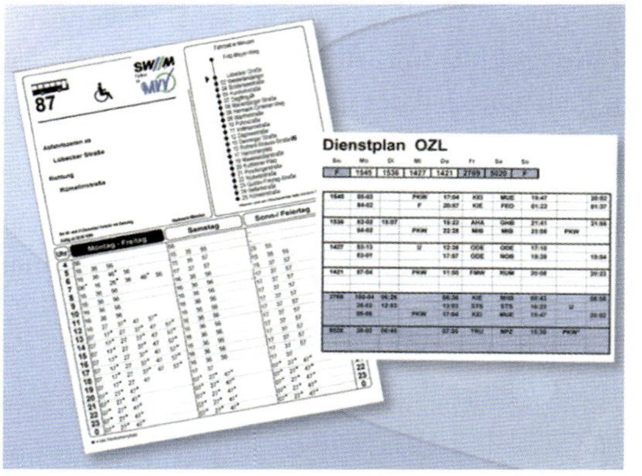

Mitzuführende Dokumente im Linienverkehr (Auswahl)

6.10.3 Abfahrtkontrolle

Sowohl der Halter des Fahrzeugs, also das Verkehrsunternehmen, als auch der Fahrer und die Fahrerin sind für die Verkehrs- und Betriebssicherheit des Fahrzeugs verantwortlich. Aus diesem Grund haben Sie als Fahrerin und Fahrer die Pflicht, sich vor der Abfahrt mit Ihrem Bus oder Ihrer Bahn vom ordnungsgemäßen Zustand des Fahrzeugs zu überzeugen. In der Konsequenz bedeutet es, dass Sie eine Funktionskontrolle der sicherheitsrelevanten und fahrgastbezogenen Systemkomponenten vornehmen müssen:
- Kontrolle von Licht
- Kontrolle des Kraftstoffvorrats (Bus)
- Bremskontrolle
- Einlegen des Schaublattes in das analoge Kontrollgerät bzw. Einstecken der Fahrerkarte in das digitale Kontrollgerät (Bus)
- Funktionsprüfung der Lautsprecheranlage
- Funktionsprüfung der Türbetätigungsanlage
- Prüfung des Scheiben- und Spiegelzustands
- Funktionstüchtigkeit der Scheibenwischanlage
- Kontrolle der Signaleinrichtungen (Hupe, Lichthupe)

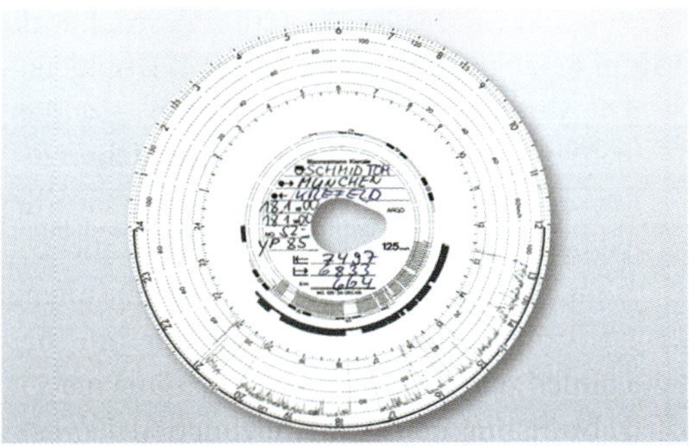

Im Linienverkehr ist es üblich, dass die Funktionstüchtigkeit und Betriebssicherheit der Fahrzeuge in der abendlichen/nächtlichen Durchsicht durch das Werkstattpersonal geprüft worden ist. Dennoch entbinden die Fahrer und Fahrerinnen diese Vorleistungen nicht von Aufgaben der Abfahrtkontrolle. Denn eine Kontrolle vor der Fahrtaufnahme ist immer auch eine Sicherheitskontrolle; sie dient der eigenen Sicherheit im Dienst und der Fahrgäste.

Im Gelegenheitsverkehr können, je nach Anforderung des Unternehmers, zusätzliche Aufgaben im Rahmen der Abfahrtkontrolle durch das Fahrpersonal vorgegeben sein. Dazu können Kontrollen folgender Buskomponenten gehören:

- Räder und Bereifung
- Bremsanlage
- Lenkung
- Sicherheits- und Hilfeausrüstung
- Wasser- und Ölstand
- Winterausrüstung
- Elektrischen Anlage und
- Notausstiege und Nothämmer

Außerdem können verschiedene Sichtprüfungen von Kühler, Kühlleitungen, Flüssigkeitsständen integriert werden. Meistens erfolgen diese Prüfungen anhand einer Checkliste, die der Unternehmer dem Fahrpersonal zur Verfügung stellt.

6.11 Dokumentation und Meldungen

Dokumentieren ist eine schriftliche, manuelle oder elektronische Erfassung vorgegebener Betriebsvorgänge/-vorfälle in der tatsächlichen zeitlichen Abfolge von Handlungen und Ereignissen sowie das Archivieren dieser Aufzeichnungen über einen vorgegebenen Zeitraum.

6.11.1 Aufzeichnungs- und Nachweisvorschriften

Die Sicherheit im Straßenverkehr hat oberste Priorität. Sie ist nicht nur abhängig von technisch einwandfrei funktionierenden Fahrzeugen, sondern auch von der Einhaltung der geltenden Sozialvorschriften. Mit entsprechenden digitalen und mechanischen Kontrollgeräten werden die Lenk- und Ruhezeiten des Fahrers aufgezeichnet. Die Einhaltung der Sozialvorschriften kann damit exakt überprüft werden. In Omnibussen mit einer Platzkapazität von neun Personen (einschließlich Fahrer) und Fahrzeugen zur Güterbeförderung mit einem höchstzulässigen Gesamtgewicht von mehr als 3,5 t einschließlich Anhänger sind entsprechende bauartzugelassene Kontrollgeräte vorgeschrieben.

Grundsätzlich gilt seit dem Jahr 2006 die Verpflichtung für Verkehrsunternehmer, digitale Kontrollgeräte in Bussen und Lastkraftwagen einzubauen. Natürlich gibt es Ausnahmen: In Fahrzeuge, die vom Geltungsbereich der Europäischen Verordnung VO (EWG) Nr. 561/ 2006, des Europäischen Übereinkommens über die Arbeit des im internationalen Straßenverkehr beschäftigten Fahrpersonals (AETR) und von der den deutschen ÖPNV betreffenden Fahrpersonalverordnung (FPersV) ausgenommen sind, muss kein Kontrollgerät eingebaut sein. Für bestimmte ausgenommene Fahrzeuge ist jedoch die Verpflichtung zum Einbau eines nationalen Fahrtschreibers gem. § 57a StVZO zu beachten.

Hinweis

Für den Linienverkehr mit einer Linienlänge unter 50 km sind digitale Kontrollgeräte nicht vorgeschrieben.

6.11.2 Digitales Kontrollgerät

Mit einem digitalen Kontrollgerät müssen ausgestattet werden: neu zugelassene Fahrzeuge sowie im Fall der Ersetzung des herkömmlichen Gerätes ab dem 1.1.1996 zugelassene Güterbeförderungsfahrzeuge über 12 t und Omnibusse über 10 t (nicht im Linienverkehr).

Zur Aufzeichnung der Lenk- und Ruhezeiten muss der Fahrer – statt dem Schaublatt – eine sog. Fahrerkarte besitzen, die zu Beginn der Fahrt in das Kontrollgerät einführt wird. Für die Fahrer ergeben sich folgende Verpflichtungen:

- Die Verwendung der persönlichen, gültigen Fahrerkarten ist für jeden Tag, an dem sie lenken, erforderlich. Diese darf erst nach der täglichen Arbeitszeit aus dem Gerät entnommen werden (es sei denn, die Entnahme ist vorher zulässig).
- Landeskennung und Lokalzeit müssen bei Fahrtbeginn und Fahrtende eingestellt werden.
- Bei Verlust, Fehlfunktion oder Defekt der Fahrerkarte sind die Zeitgruppen auf einem Ausdruck, der mit Vor- und Nachname, Führerscheinnummer bzw. Fahrerkartennummer und Unterschrift versehen ist, zu dokumentieren.
- Bei Übernahme eines Fahrzeuges ist die manuelle Eingabe der davor angefallenen Zeiten in das Kontrollgerät sowie von Zeiten, die außerhalb des Fahrzeuges verbracht wurden, vorzunehmen.
- Die Fahrerkarte ist für den regelmäßigen Download der Daten durch den Unternehmer zur Verfügung zu stellen.

- Die Fahrerkarte sowie ggf. Schaublätter für die laufende Kalenderwoche und den letzten Tag der vorangegangenen Woche sind mitzuführen, falls der Fahrer in diesem Zeitraum ein Fahrzeug gelenkt hat, das mit einem mechanischen Kontrollgerät ausgerüstet war.

Digitales Kontrollgerät

Der Unternehmer muss
- die Daten spätestens alle 3 Monate aus dem Massenspeicher des Gerätes und alle 28 Tage von der Fahrerkarte herunterladen,
- von den herunter geladenen Daten Sicherheitskopien erstellen,
- die Daten im Betrieb 2 Jahre lang speichern und diese Daten auf Verlangen der Kontrollbehörde entweder unmittelbar, durch Datenfernübertragung oder auf einem Datenträger zur Verfügung stellen und
- die Einhaltung der Vorschriften durch entsprechende Disponierung der Fahrer und regelmäßige Überprüfung gewährleisten.

6.11.3 Mechanisches (analoges) Kontrollgerät

Die Nutzung eines digitalen Kontrollgeräts ist im Linienverkehr nicht vorgeschrieben.

Hinweis

Wird ein solches Gerät nicht genutzt, muss auf jeden Fall das vorhandene mechanische Aufzeichnungsgerät verwendet werden.

Die Fahrer/-in müssen in diesem Zusammenhang
- für jeden Tag, an dem sie lenken, Schaublätter benutzen, die erst nach der täglichen Arbeitszeit aus dem Gerät entnommen werden dürfen, es sei denn, die Entnahme ist vorher zulässig (z. B. bei einem Fahrzeugwechsel),
- auf dem Innenfeld des Schaublattes Name, Vorname, Datum, amtliches Kennzeichen, Kilometerstand und Ort zu Beginn und Ende der Fahrt sowie bei Fahrzeugwechsel die Kilometerstände des vorherigen und des neuen Fahrzeugs eintragen,
- die verschiedenen Zeitgruppen richtig aufzeichnen:
  - Lenkzeiten
  - sonstige Arbeitszeiten
  - Arbeitsunterbrechungen und Tagesruhezeiten
  - Bereitschaftszeiten
- während einer Störung des Gerätes die einzelnen Zeitgruppen von Hand auf dem Schaublatt oder auf einem besonderen Blatt aufzeichnen.

Für den aktuellen Tag und bis 28 Kalendertage vorher, an denen der/die Fahrer-/in gefahren sind, sind im Fahrzeug mitzuführen und bei Kontrollen vorzulegen:
- die Schaublätter,
- die Fahrerkarte und
- die entsprechenden Ausdrucke, falls in diesem Zeitraum ein Fahrzeug gelenkt wurde, das mit einem digitalen Kontrollgerät ausgestattet war.

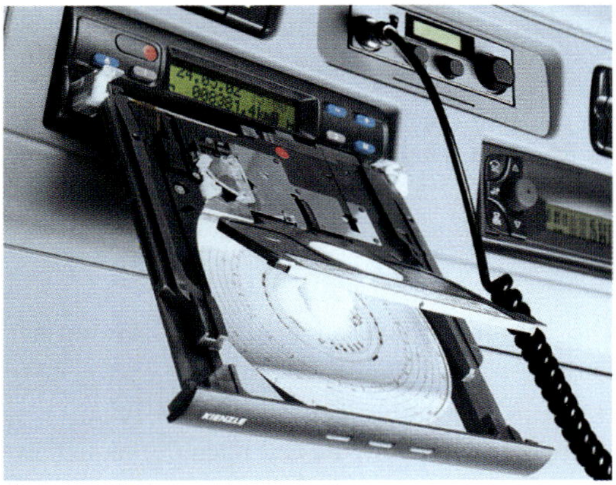

Mechanisches Kontrollgerät

Der Unternehmer muss
- dem Fahrer/der Fahrerin eine ausreichende Anzahl für das Gerät zugelassener Schaublätter aushändigen,
- die Schaublätter nach Benutzung mindestens ein Jahr lang geordnet aufbewahren und
- die Einhaltung der Vorschriften durch entsprechende Disponierung der Fahrer und regelmäßige Überprüfung der Schaublätter gewährleisten.

6.11.4 Kontrollgerätekarten

Im Zusammenhang mit dem digitalen Kontrollgerät werden verschiedene Kontrollgerätekarten (Fahrerkarten, Unternehmenskarten, Werkstattkarten) benötigt.

Fahrerkarte

- Jeder Fahrer/jede Fahrerin benötigt eine persönliche Fahrerkarte, auf der die Fahrerdaten von 28 Tagen gespeichert werden.
- Die Gültigkeit der Karte beträgt fünf Jahre.
- Spätestens 15 Tage vor Ablauf der Gültigkeit ist eine neue Karte zu beantragen, bei Defekt, Verlust, Diebstahl innerhalb von sieben Tagen.
- Die alte Fahrerkarte muss nach Ablauf ihrer Gültigkeit noch mindestens sieben Tage im Fahrzeug mitgeführt werden.

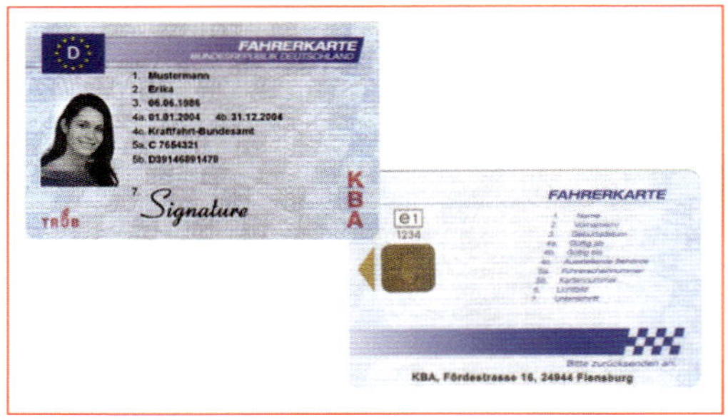

Fahrerkarte

Unternehmenskarte

Mit dieser Karte kann sich der Unternehmer die Daten, die auf der Fahrerkarte und auf dem Massenspeicher des Kontrollgerätes gespeichert sind, herunterladen, um die Einhaltung der Vorschriften seiner Fahrer zu überwachen. Die Unternehmenskarte ist fünf Jahre gültig.

Werkstattkarte

Die Werkstattkarte dient den zugelassenen Werkstätten und Technikern zur Prüfung, Kalibrierung und Programmierung des digitalen Kontrollgerätes. Die Werkstattkarte ist ein Jahr gültig.

Zusammenfassung der mitzuführenden Unterlagen im Linien- bzw. Gelegenheitsverkehr

Linienverkehr	Gelegenheitsverkehr
Gültiger Führerschein	Gültiger Führerschein
Befähigungsnachweis/ Kennzahl 95	Befähigungsnachweis/ Kennzahl 95
Zulassungsbescheinigung Teil 1	Zulassungsbescheinigung Teil 1
Personalausweis/Reisepass	Personalausweis/Reisepass
Allgemeine Beförderungsbedingungen	Ggf. Miet- oder Leasingvertrag

Tarifübersicht	Fahrtenblatt und Entsendebescheinigung für den grenzüberschreitenden Verkehr
Fahrplan	Genehmigungsurkunde
Fahrerkarte bzw. Schaublätter für die Kontrollgeräte	Fahrerkarte bzw. Schaublätter für die Kontrollgeräte
Dienstplan/Arbeitszeitplan	Fahrauftrag

6.11.5 Meldepflichten

Neben den verschiedenen Aufzeichnungen, die im Fahrdienst erforderlich sind, hat das Fahrpersonal besondere Meldeverpflichtungen. Meldepflichten sind Festlegungen über betrieblichen Vorgänge und Vorkommnisse, die an verschiedene Stellen (unternehmensintern/-extern) bekannt zu geben sind.

Dazu werden betriebliche Meldeordnungen erstellt. Sie beschreiben das systematische Vorgehen des Meldevorganges bei Störungen der Verkehrsdurchführung. Dabei ist etwa zu berücksichtigen, wer was wem und wann in welcher Form zu melden hat. Da es sich um unternehmensinterne Vorschriften handelt, können die Meldeordnungen sehr unterschiedlich sein. Es ist grundsätzlich zu unterscheiden in Meldungen des Unternehmens und Meldungen des Fahrpersonals.

Meldungen des Unternehmens

Hervorzuheben ist hier die Pflicht des Unternehmens bzw. Betriebsleiters, der Genehmigungsbehörde unverzüglich

- öffentliches Aufsehen erregende Betriebsvorkommnisse,
- Unfälle, bei denen ein Mensch getötet oder schwer verletzt wurde und
- Betriebsstörungen, die länger als 24 Stunden dauern,

mitzuteilen (§ 2 Abs. 5 PBefG, § 6 BOKraft, § 8 BOStrab).

Meldungen des Fahrpersonals

Bei Zwischenfällen (Unfällen, Schaden am Fahrzeug, etc.) haben die verantwortlichen Personen Meldung zu erstatten. Das genaue Verfahren hängt von den unternehmensinternen Vorschriften ab. In der Regel sind diese Anweisungen in der betrieblichen Meldeordnung festgehalten.

Nach einem Unfall ist dabei nach dem Grundsatz «Sichern, Retten, Melden» zu verfahren. Gemäß der Straßenverkehrsordnung (StVO) hat jeder Verkehrsbeteiligte

- unverzüglich zu halten,
- den Verkehr zu sichern,
- bei geringfügigem Schaden unverzüglich beiseite zu fahren und
- Verletzten zu helfen.

Erst danach hat die Fahrerin oder der Fahrer den betriebsinternen Meldevorgang, mit Meldung zur Leitstelle, zu starten.

Als weitere Meldepflicht für das Fahrpersonal eines ÖPNV-Fahrzeuges wurde z. B. die Meldung über Fundsachen bereits genannt. Diese wird aber nicht bei der Genehmigungsbehörde durchgeführt, sondern nur im jeweiligen Verkehrsunternehmen bei der betreffenden Stelle.

Meldungen und Aufzeichnungen über Fahrzeugstörungen gehören ebenfalls zu den Pflichten des Fahrpersonals. Haben Sie als Fahrer/-in Störungen festgestellt, protokollieren Sie diese und sorgen dafür, dass die Meldung bei der Fahrzeugübergabe an den Betriebshof an die entsprechenden Stellen (z. B. Betriebswerkstatt) weitergeleitet wird.

6.12 Informationssysteme

6.12.1 Betriebliche Informationssysteme

Betriebliche Informationssysteme sind technische Einrichtungen, mit denen optisch oder akustisch innerbetriebliche Informationen ausgetauscht werden. Dazu gehören z. B. Mikrophon- und Wechselsprechanlagen, Anzeigegeräte, Sprech- und Datenfunksysteme, betriebliche Telefonnetze und das betriebliche Computernetzwerk.

Betriebliche Informationssysteme dienen dazu, den pünktlichen und zuverlässigen Betrieb zu gewährleisten und die Betriebsqualität zu erhöhen.

In vielen Verkehrsunternehmen werden Rechnergestützte Betriebsleitsysteme (RBL) oder Intermodal Transport Control System (ITCS) eingesetzt. Durch diese Systeme besteht eine ständige Kommunikations- und Informationsmöglichkeit zwischen dem Fahrpersonal und der zuständigen Leitstelle. Diese Systeme stellen eine Fülle von Informationen und Daten bereit, die für die verschiedenen betrieblichen und technischen Bereiche in den Unternehmen relevant sind.

Bei Straßenbahnen und U-Bahnen kann das System per Funk die Weichen stellen und Signalfreigaben anfordern, wenn der Linienverlauf darin gespeichert ist. Auch die Busse haben die Möglichkeit sich an Ampelkreuzungen anzumelden. Somit haben alle Fahrer/innen die Chance durch eine grüne Welle schnellere Reisegeschwindigkeiten zu erreichen.

Mithilfe der o. g. Systeme können die Fahrgäste an Haltestellen über Anzeiger sowie Mobilfunk und Internet über die Abfahrtszeiten der Verkehrsmittel informiert werden. Es werden nicht nur die regulären Zeiten angezeigt. Bei Verspätungen wird die Abfahrtszeit dynamisch der jeweiligen Situation angepasst.

(Weitere Informationen zum RBL- oder ITCS-System, siehe ▶ Kapitel 8).

6.12.2 Bordinformationssysteme

Die Schaltzentrale in den Fahrzeugen ist das integrierte Bordinformationssystem, das sich in allen Straßenbahnen und Bussen befindet. Bordinformationssysteme sind technische Einrichtungen mit denen optisch oder akustisch Informationen innerhalb von Fahrzeugen sowie zwischen Fahrzeugen und ortsfesten Einrichtungen übertragen werden. Sie dienen der Fahrer- und Fahrgastinformation in den Fahrzeugen bzw. an den Haltestellen sowie zur innerbetrieblichen Kommunikation. Dazu gehören z. B. Mikrophon- und Wechselsprechanlagen, Anzeigegeräte, Anlagen für Sprech- und Datenfunk, Anlagen zur Infrarotdatenübertragung. Diagnosesysteme in den Fahrzeugen zeigen dem Fahrer technische Fehler bzw. Unregelmäßigkeiten an. Durch die weitgehende Automatisierung werden Routinearbeiten vom Fahrzeugführer ferngehalten.

Als zentrale Komponente dient das Bordinformationssystem zur Kommunikation mit der Betriebsleitzentrale und zur Fahrgastinformation. Dieses Gerät steuert unter anderem die Beschilderung des Fahrzeuges. Des Weiteren regelt es die automatische Haltestellenfortschaltung, die Anforderung an Lichtsignalanlagen und den Funkverkehr. Alle diese Daten werden an den Leitstellenrechner geschickt, wo sie dann ausgewertet werden. Zur Ansteuerung der Fahrgastinformationen und für den Fahrplanvergleich werden Informationen über Laufweg und Fahrplan benötigt.

Hinweis

Weitere Informationen zu Bordinformationssystemen finden Sie im ▶ Kapitel 13.

6.12.3 Betriebliche Informationswege

Die Informationen von «oben nach unten» (Top Down) stellen den mengenmäßig größten Teil der innerbetrieblichen Informationen dar. Sie zielen auf eine erfolgsorientierte Gestaltung des Arbeitsablaufs.

In diesem Zusammenhang muss unterschieden werden in das,

- was Mitarbeiterinnen und Mitarbeiter wissen **müssen**,
- was sie wissen **sollten und**
- was sie wissen **möchten**.

Zu den Informationen, die Beschäftigte wissen **müssen** und alle Dinge, die sie zur Erledigung ihrer beruflichen Tätigkeiten benötigen. Das sind vor allem Kenntnisse über die verwendeten Betriebsmittel und die Geschäftsprozesse, in denen sie tätig sind; dazu gehören auch Verordnungen und Vorschriften sowie Informationen, die die Arbeitszeit, die Unfallverhütung und die innerbetrieblichen Vereinbarungen betreffen sowie alle relevanten Anweisungen und dazugehörigen Erklärungen.

Die «Bottom Up-Methode» ist das Gegenteil des «Top Down». Bei dieser Methode gehen die Informationen von einer niedrigeren Stelle zu einer höheren Stelle. Um richtige Entscheidungen treffen zu können, benötigen die Führungskräfte, die Betriebs- und die Unternehmensleitung relevante Informationen von den Mitarbeitern. Durch die heute zur Verfügung stehenden innerbetrieblichen Informationsmedien wird dies wesentlich erleichtert. Aber auch die Informationsmedien können den persönlichen Kontakt zwischen Menschen nicht ersetzen, der ein elementarer Bestandteil der Kommunikation ist.

Auch die Information von «unten nach oben» lässt sich unterteilen in das, was die höheren Ebenen

- wissen **müssen**,
- wissen **sollen** und
- wissen **möchten**.

Die Unternehmensleitung muss über alle relevanten Störungen und Abweichungen in den Geschäftsprozessen, vor allem in den kundennahen, informiert werden. Dies betrifft vor allem das Personal, aber auch Material und Maschinen, Fehlentscheidungen von Führungskräften oder Mitarbeitern und, meist als Folge, Beschwerden von Kunden und Behörden. Die Unternehmens- und die Betriebsleitung müssen und sollten über Stimmungen und Meinungen im Betrieb informiert sein.

Wenn Informationen von oben nach unten und in umgekehrter Richtung fließen und auf Basis dieser Informationen Aktivitäten ausgelöst werden und gehandelt werden muss, dann «lebt» ein Unternehmen. Solche lebendigen Informationsprozesse sind das A und O für eine funktionierende Unternehmenskultur.

Diese typischen Möglichkeiten der Informationsweitergabe herrschen in Unternehmen vor:

Anweisungen

▪ Dienstanweisung

Dienstanweisungen regeln ausschließlich Aufgaben, Abläufe und Sachverhalte für Betriebsbedienstete auf der Grundlage der BOStrab und der BOKraft.

▪ Organisationsanweisung

Organisationsanweisungen beinhalten Festlegungen in grundlegenden Angelegenheiten der Organisation/Abläufe und Verwaltung des Unternehmens.

▪ Arbeitsanweisungen

Arbeitsanweisungen beinhalten Festlegungen innerhalb des fachlichen Ressorts eines Vorstandes zur Durchführung, Ergänzung und Ausführung einer bereits bestehenden Organisationsanweisung.

▪ Protokolle

Ein Protokoll ist ein im Voraus und nach bestimmten Regeln definierter Ablauf, Vorgang oder Prozess beziehungsweise die Aufzeichnung eines solchen Prozesses im Nachhinein.

▪ Rundschreiben

Ein Rundschreiben ist ein Schriftstück, das an mehr als einen Empfänger (alle Beschäftigte oder Beschäftigtengruppen) geschickt wird. Damit wird einer Gruppe von Empfängern eine Information zugesandt. Mit Hilfe der modernen Kommunikationsmedien (Internet/Intranet) erfolgt dies heute meist in elektronischer Form, z. B. mit Hilfe eines Newsletters.

- **Plakate und Aushänge**

Ein Plakat ist ein großer bedruckter Papierbogen, der an einer Wand oder anderen geeigneten Flächen angebracht wird. Mit einem Plakat sollen mehrere Personen oder ganze Personengruppen angesprochen werden. Auch ein Aushang sind Informationen, die für ganze Personengruppen gleichzeitig bestimmt sind.

- **Betriebsanweisung**

Betriebsanweisungen werden zur Verhütung von Arbeitsunfällen und Gesundheitsrisiken entsprechend den Unfallverhütungsvorschriften der Gefahrstoff- und der Arbeitsstättenverordnung getroffen.

- **Verkehrsdienstanweisung**

Verkehrsdienstanweisungen sind Dienstanweisungen mit zeitlich befristeter Wirkung.

- **Betriebsvorschriften**

Betriebsvorschriften regeln technische, technologische und organisatorische Verfahren, Angelegenheiten, Forderungen und Verhaltensanforderungen innerhalb des Verantwortungsbereiches einer Abteilung.

- **Richtlinien**

Richtlinien beinhalten Erläuterungen zu vorhandenen Anweisungen und bezwecken deren einheitliche Auslegung und Anwendung.

- **Betriebsvereinbarung**

Betriebsvereinbarungen sind ein zwischen dem Arbeitgeber und dem Betriebsrat abgeschlossener Vertrag/Vereinbarung mit rechtssetzender Wirkung zur Regelung der betrieblichen und verfassungsrechtlichen Ordnung sowie zur Gestaltung von Arbeitsverhältnissen.

- **Intranet**

Ein Intranet ist ein Rechnernetzwerk, das auf den gleichen Techniken wie das Internet basiert, jedoch nur von einer festgelegten Gruppe von Mitgliedern einer Organisation genutzt werden kann.

- **Gruppengespräche**

Bei einem Gruppengespräch erscheinen mehrere Mitarbeiter zu einem Gesprächstermin beim Vorgesetzten. Bei diesen Gesprächen werden Sonderheiten im Fahrverkehr, Probleme etc. angesprochen.

- **Funk**

Funk ist die drahtlose Übertragungstechnik von Nachrichten. Der Betriebsfunk ist in mehrere Anwendungsbereiche nach Bedarfsträgergruppen unterteilt. Bedarfsträger sind u. a. Handels-, Handwerks- und Gewerbebetriebe, Behörden, Anstalten des öffentlichen Rechts, Sportvereine sowie Dienstleistungsunternehmen. Ein Funknetz des Betriebsfunks besteht in der Regel aus einer ortsfesten Funkanlage mit einer Anzahl dazugehöriger mobiler Funkstellen (Fahrzeugfunkanlagen, Handfunkgeräte).

Ob Information eine so genannte Hol- oder Bringschuld ist wird unterschiedlich diskutiert. Vertrauen Sie als Beschäftigte eines Verkehrsunternehmens nicht darauf, dass man Ihnen die wichtigen Dinge schon mitteilen wird. Seien Sie aufmerksam und besorgen Sie sich Informationen, wenn Sie sie benötigen.

Wichtige Informationsquellen sind auch die kurzen Gespräche bei Ablösungen auf dem Fahrzeug. Denken Sie daran, den Ablösenden mit den wichtigsten Besonderheiten auf der Strecke und am Fahrzeug vertraut zu machen und fordern Sie diese bei Ablösung auf Strecke ein. Überlassen Sie Ihren Arbeitsplatz immer so, wie Sie ihn gerne vorfinden möchten.

6.13 Aufgaben

6.13.1 Der Zugang für Unternehmer zum öffentlichen Nahverkehr unterliegt besonderen Regelungen

Aufgabe 1

Diskutieren Sie:
In welchen anderen Sektoren gibt es ähnliche Regelungen?
Kennen Sie Beispiele für Länder, die keine solchen Regelungen haben?
Entwickeln Sie ein Szenario über die Vor- und Nachteile des Genehmigungssystems im ÖPNV!

6.13.2 Genehmigungspflicht und Genehmigungswettbewerb

Aufgabe 2

In Ihrem Unternehmen gibt es einen Betriebs- oder Verkehrsleiter?
Erarbeiten Sie, welche gesetzlichen Regelungen den Betriebs- oder Verkehrsleiter bestimmen!
Welche Voraussetzungen (persönliche/fachliche) muss ein Betriebs- oder Verkehrsleiter besitzen?
Welche Aufgaben hat der Verkehrs- oder Betriebsleiter in Ihrem Unternehmen?

6.13.3 ÖPNV-Recht ist Landesrecht

Aufgabe 3

Sammeln Sie Informationen darüber, welches in Ihrem Bundesland die zuständigen Aufgabenträger sind und nach welchen Kriterien die Nahverkehrspläne erstellt werden!
Welche Funktion erfüllen in diesem Zusammenhang die Verkehrsverbünde?

6.13.4 Vereinbarungen oder Garantien

Aufgabe 4

Bei der Vergabe von Dienstleistungsaufträgen oder im Rahmen von Vereinbarungen in Verkehrsverbünden können besondere, über den gesetzlichen Rahmen hinausgehende Qualitäts- oder Kundengarantien abgegeben werden.
Erstellen Sie eine Übersicht über:

1. Welche besonderen Vereinbarungen oder Garantien gelten für Verkehrsunternehmen und
2. wie wirken sich diese auf das Tätigkeitsfeld der Fachkraft im Fahrbetrieb aus?

6.13.5 Dienstleistungsaufträge

Aufgabe 5

Verschaffen Sie sich einen Überblick darüber, auf welcher Grundlage ggf. ein Dienstleistungsauftrag an Ihr Unternehmen vergeben wurde.
Welche Standards wurden vereinbart?
Gibt es Bonus-/Malus-Regelungen? Und wenn ja: An welchen Kriterien orientieren sie sich?

Betriebsbereitschaft von Schienenfahrzeugen überprüfen

Zusammenfassung

In diesem Lernfeld lernen Sie unter Beachtung von betrieblichen und gesetzlichen Vorschriften die Überprüfung der Betriebsbereitschaft von Schienenfahrzeugen planvoll durchzuführen. Sie lernen, auftretende Störungen einzugrenzen, zu beheben oder geeignete Maßnahmen zur Störungsbehebung einzuleiten. Sie verstehen die Zusammenhänge von technischen Vorgängen.

Einleitung

Grundlage für dieses Thema bildet der fünfte Abschnitt der BOStrab (Verordnung über den Bau und Betrieb der Straßenbahnen) mit der Überschrift **Fahrzeuge.** Die dort vorgegebenen Forderungen fließen generell in jeden Punkt dieses Kapitels ein. Sie sind erklärt oder ergänzt.

Die BOStrab bildet das Fundament für jedes Verkehrsunternehmen, welches Schienenfahrzeuge des ÖPNV betreibt. In diesem Kapitel werden wesentliche Bauteile von Bahnen und deren Funktion beschrieben, so dass ein Gesamtbild über die Technik von Schienenfahrzeugen des ÖPNV entsteht.

Ein Fahrbediensteter von Schienenfahrzeugen muss die technischen Zusammenhänge verstehen, um im Störungsfall richtig zu handeln. Jeder Straßenbahnfahrer sollte die gesetzlichen Grundlagen für den Bau und Betrieb von Straßenbahnen kennen. Für eine Fachkraft im Fahrbetrieb gehören diese Kenntnisse jedoch zum Grundwissen.

7.1 Fahrzeuggestaltung und Fahrzeugmaße

Bei Schienenfahrzeugen ist man von einer Standardisierung, wie bei Linienomnibussen, sehr weit entfernt. Was beim Bau von Schienenfahrzeugen zu beachten ist, regelt die BOStrab im § 33. Die Gestaltung von Fahrerarbeitsplatz und Innenraum im Detail gibt das Verkehrsunternehmen vor. Der Hersteller hat dabei die Vorschriften der BOStrab einzuhalten. Deshalb erfolgt bei neu entwickelten Fahrzeugen eine Abnahme durch die Technische Aufsichtsbehörde (siehe ▶ Kapitel 10.8). So sind die im Folgenden beschriebenen Vorgaben einzuhalten. Als Kriterien der Lastannahme von Eigenlast und Nutzlast sind nachstehende, auf das Fahrzeug wirkende Kräfte relevant und bei der Konstruktion zu berechnen:

- Beschleunigungs- und Verzögerungskräfte
- Fahrzeuglauf
- Auffahrstöße
- Streckenbedingungen und Kräfte aus sonstigen Betriebsbedingungen

Bei Personenfahrzeugen geht man von einer Nutzlast von 5000 N pro m² Stehplätze und 750 N pro Sitzplatz aus.

Als Baustoffe sind generell schwer entflammbare oder nicht brennbare Materialien zu verwenden. Der Einbau und die Beschaffenheit von Einrichtungen mit Brandgefahr müssen so gestaltet sein, dass ein Übergreifen des Brandes auf den Fahrgastraum nur schwer möglich ist. Sollte dennoch eine Brandausbreitung stattfinden, müssen Fahrgäste den Zug verlassen können, deshalb ist das Vorhandensein von Notausstiegen vorgeschrieben. Dazu werden Fensterscheiben mit dem Wort «Notausstieg» gekennzeichnet und neben dem Fenster ein Nothammer angebracht.

Zur Sicherheit der Fahrgäste ist rutschfester Belag für den Fußboden und auf Stufen zu verwenden, um Trittsicherheit zu gewährleisten. Von der gesamten Innenausstattung des Wagens darf keine Unfall- oder Verletzungsgefahr ausgehen, deshalb müssen auch ausreichend Festhaltemöglichkeiten vorhanden sein.

Bei Fahrzeugen, die auf Strecken ohne Sicherheitsraum verkehren, gelten erhöhte Sicherheitsvorkehrungen. Im Fahrgastraum darf in den Bahnen kein Brand entstehen. Sollte es trotzdem zu einem systemeigenen Brand außerhalb kommen, müssen die Fahrgäste im Fahrgastraum bis zu ihrer Bergung geschützt sein.

Variobahn in München

© Bärbel Schneider

Citadis in Straßburg

Design und Gestaltung des Fahrgastraumes bestimmt ebenfalls der Kunde. Hier gibt es für jedes Verkehrsunternehmen individuelle Lösungen. Allerdings hängt die Anordnung der Sitze auch zu einem gewissen Umfang von der Wagenkastenbreite und der Beschaffenheit der Fahrwerke, sowie dem Prozentsatz der Niederflurigkeit ab. Bei schmaleren Fahrzeugen mit nur 50–70 % Niederfluranteil dienen die Sitzplätze oft dazu, Teile des Fahrwerkes unter ihnen zu verbergen. Besonders interessant ist, dass Front und Heckpartie des gleichen Fahrzeugtyps, von Kunde zu Kunde unterschiedlich gestaltet sein kann.

Die Farbgebung und äußere Gestaltung des Fahrzeuges wird in der Regel dem Corporate Design des gesamten Unternehmens angepasst.

Unter Einhaltung dieser vorgegebenen Kriterien zur Fahrzeuggestaltung kann nun jedes Unternehmen individuell entscheiden, welche Wünsche es für sein Fahrzeug an den Hersteller hat. Eine kleine Auswahl an Beispielen soll die Vielzahl der Bauarten von Personenfahrzeugen verdeutlichen.

Wir unterscheiden die Fahrzeuge erst einmal in:

- Triebwagen
- Kurzgelenktriebwagen
- Multigelenkfahrzeug und Beiwagen

Dabei können die drei erstgenannten Fahrzeuge als Einrichtungsfahrzeuge, bei denen es nur einen kompletten Führerstand mit Kabine und nur an einer Längsseite Türen gibt oder als Zweirichtungsfahrzeuge mit zwei kompletten Führerständen und Türen an beiden Längsseiten gebaut werden. Bei Einrichtungsfahrzeugen befindet sich zu Rangierzwecken auf der hinteren Plattform im Fahrgastraum nur eine einfache, gegen unbefugtes Benutzen, verschlossene Rückfahreinrichtung.

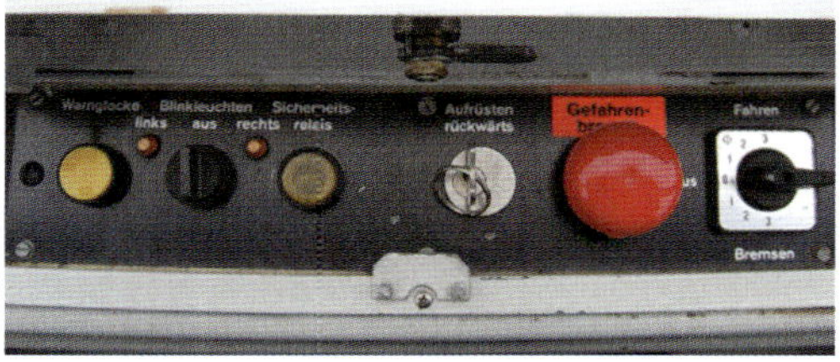

© Thomas Backmann

Rückfahrstand eines modernisierten Tatra (Leipzig)

Beiwagen können, ähnlich wie bei der Eisenbahn, als Steuerwagen gebaut werden oder nur mit einer einfachen Rückfahreinrichtung, wie Einrichtungstriebwagen, versehen sein. Für welche Fahrzeugvariante sich das jeweilige Verkehrsunternehmen entscheidet, hängt auch wesentlich von seiner Infrastruktur und vom durchschnittlichen Fahrgastaufkommen ab.

Einrichtungsfahrzeuge benötigen zum Wenden platzaufwendige Gleisschleifen oder wenigstens Wendedreiecke, während für Zweirichtungsfahrzeuge oder Einrichtungstriebwagen mit Steuerwagen als Beiwagen ein Gleiswechsel mit Federweiche ausreichend ist.

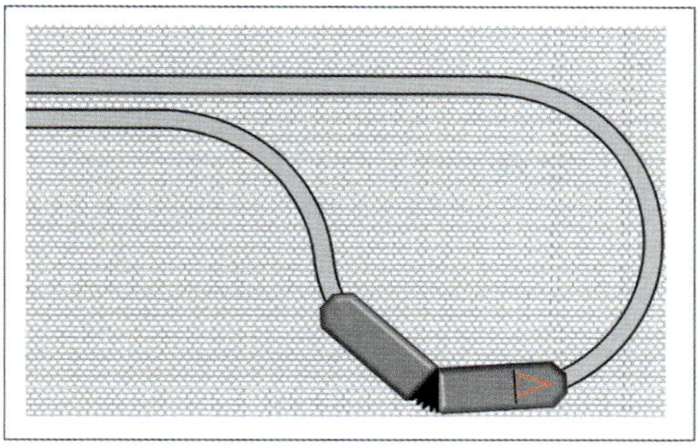

© Thomas Backmann

Wendeschleife für Einrichtungswagen

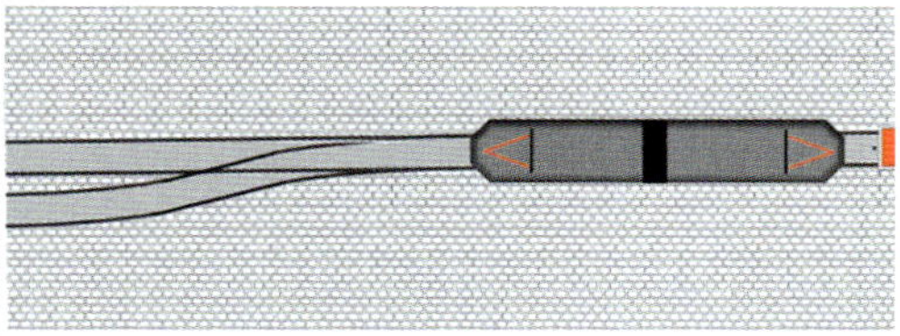

© Thomas Backmann

Gleiswechsel mit Federweiche für Zweirichtungswagen

Eine besondere Gruppe bei der Fahrzeuggestaltung bilden natürlich die Betriebs- und Arbeitsfahrzeuge. Sie müssen alle Sicherheitsstandards nach BOStrab erfüllen, werden aber sonst nach ihrem Bestimmungszweck gestaltet.

Unter dieser Kategorie gibt es die vielfältigsten Fahrzeuge, deshalb sollen auch hier nur einige Beispiele genannt werden:

- Schienenpflegewagen (Schienenschleifwagen)
- Fahrleitungswagen
- Schneepflug
- Werkstattwagen
- Mess- und Prüfwagen
- Weichenspülwagen
- Saugwagen
- Güterwagen
- Kipploren
- Rollwagen
- Gepäckwagen
- Postwagen
- Fahrschulwagen, das bekannteste Betriebsfahrzeug

Da heute in unseren Städten vorwiegend Gelenkwagen unterschiedlicher Größe und Ausstattung eingesetzt werden, kann es sich kaum noch ein Verkehrsbetrieb leisten, einen eigenen Fahrschulwagen nur für Ausbildungszwecke umzubauen. Die Erfahrung der letzten Jahre hat gezeigt, dass für einen reinen Fahrschulwagen niemals eine volle Auslastung über Jahre gewährleistet ist. Der Trend geht dahin, transportable Pulte und Einrichtungen für die Fahrschulausbildung zu bauen, die an jeden Linienwagen mit ein paar Handgriffen anschließbar sind. Damit kann das Fahrzeug optimal ausgelastet werden und auch die Fahrschulausbildung erfolgt praxisnah.

Einen Schienenschleifwagen besitzt jedes Bahnunternehmen.

Beanspruchungen im normalen Bahnbetrieb führen zu Materialverschleiß an den Schienenköpfen (Riffelbildung), der sich durch Unebenheiten auf der Fahrfläche auswirkt. Es ist nötig diese Oberflächenfehler auf den Schienenköpfen regelmäßig abzuschleifen, um auch den nötigen Fahrkomfort für die Fahrgäste zu gewährleisten.

Im normalen Betrieb werden auch durch Witterungseinflüsse (besonders im Herbst durch Laub) oder Bremssand die Schienen verunreinigt. Diese Verunreinigungen führen zu einem veränderten Bremsverhalten. Außerdem kann der Stromfluss durch die als Rückleitung genutzten Schienen beeinträchtigt werden. Um diese Schmutzschicht zu beseitigen, werden ebenfalls die Schienenschleifwagen eingesetzt. Das Schleifen wird über anheb- und absenkbare Schleifklötze realisiert, die über die Schienenköpfe gezogen werden, um die genannten Unebenheiten und Verunreinigungen zu beseitigen.

Merksatz

Schienenschleifwagen beseitigen Unebenheiten und Verschmutzungen auf den Schienenköpfen. Um entstehende Wärme abzuführen und die Säuberung zu erhöhen, wird nass geschliffen.

Um die dabei entstehende Wärme abzuführen und den Säuberungseffekt zu erhöhen, wird beim Schleifen Wasser verwendet. Es wird also nass geschliffen.

© Rolf-Roland Scholze

Schienenpflegewagen Würzburg

© Rolf-Roland Scholze

Schneepflug Frankfurt Oder

© Bärbel Schneider

Fahrschulwagen Leipzig NGT 6

7.1.1 Fahrzeugmaße

Die vorhandene Infrastruktur, Gleistrassen und Fahrzeuge müssen so aufeinander abgestimmt sein, dass es nicht zu Gefährdungen jeglicher Art kommen kann. Es darf während des Betriebes der Fahrzeuge weder zu Berührungen mit Gegenständen, noch mit Fahrzeugen auf dem benachbarten Gleis kommen.

Merksatz

Den Platzbedarf, den ein Fahrzeug an jedem Punkt in einer Kurve benötigt, nennt man Hüllkurve (siehe Kapitel 12).

Gefährdungen jedweder Art sind auszuschließen. Deshalb können für kurvenreiche enge Gleistrassen, mit geringem Gleismittenabstand, auch nur Bahnen mit entsprechend angepassten Fahrzeugmaßen, also entsprechender Hüllkurve, angeschafft werden. Wird nicht ausreichend auf die der Infrastruktur entsprechenden Fahrzeugmaße geachtet, ist es möglich, dass in vielen Kurven des Netzes die Signale SO 5 «Begegnungsverbot Anfang» und SO 6 «Begegnungsverbot Ende» angebracht werden müssen, damit sich die Fahrzeuge im Begegnungsfall nicht an der Innenseite berühren.

Das Durchlassen des Gegenverkehrs würde die Flüssigkeit des Verkehrs und damit den Fahrplan beeinträchtigen.

Bei Bahnen, welche auf straßenbündigem Bahnkörper verkehren, darf die maximale Fahrzeuglänge von 75 m nicht überschritten werden. Die maximale Wagenkastenbreite beträgt 2,65 m.

Für Bahnen, die nicht am öffentlichen Verkehr teilnehmen, wie reine Stadtbahnen oder U-Bahnen, spielt die Fahrzeuglänge keine Rolle. Hier ist nur wichtig, dass die Länge der Bahnsteige entsprechend angepasst ist. Zu Bahnen im öffentlichen Verkehrsraum schreibt die BOStrab weiterhin Folgendes (Auszug):

(2) Auf straßenbündigem Bahnkörper im Verkehrsraum öffentlicher Straßen darf der Licht-

raumbedarf in Gleisbogen auf Grund der bogengeometrischen Ausragung der Fahrzeuge auf jeder Seite um höchstens 0,65 m größer sein als der Lichtraumbedarf in der Geraden.

(3) Fahrzeuge straßenabhängiger Bahnen dürfen folgende Abmessungen nicht überschreiten

1. Breite im Höhenbereich

a) bis 3,4 m über Schienenoberkante 2,65 m,

b) oberhalb von 3,4 m über Schienenoberkante 2,25 m;

über die Seitenwände hinausragende Fahrtrichtungsanzeiger, Meldeleuchten, Rückspiegel, geöffnete Türen und ausgefahrene Trittstufen rechnen nicht zur Fahrzeugbreite.

2. Höhe über Schienenoberkante bis Oberkante des abgezogenen Stromabnehmers 4,0 m.

Fahrgasträume mit Stehplätzen müssen mindestens 1,95 m hoch sein. Über den Fahrgastsitzen muss mindestens 1,70 m nach oben Platz sein. Die Einstiege und Trittstufen sollten auf die Höhe der Bahnsteige abgestimmt sein. Dabei darf der Fußboden des Fahrzeugs nicht tiefer als der Bahnsteig liegen.

Das Ein- und Aussteigen muss für die Fahrgäste bequem möglich sein. Das Verkehrsunternehmen wird daran interessiert sein, für mobilitätseingeschränkte Bürger behindertengerechte Ein- und Ausstiege zu schaffen, bzw. bei der Bestellung von Fahrzeugen auf entsprechende Einrichtungen, wie Rampen usw. Wert zu legen. Viele Anforderungen sind zwischenzeitlich gesetzlich geregelt.

© Thomas Muske

Leipziger NGT 12 – Flexity Classic von Bombardier mit ausgeklappter Rollstuhlrampe

Früher, als man von der Pferdebahn zur elektrischen Straßenbahn wechselte, waren Straßenbahnen meistens nur ca. 2,20 m breit. Diese Breite blieb fast bis in die siebziger Jahre bestehen. Mit dem serienmäßigen Bau von Gelenkwagen und Großraumwagen wurden die Wagenkästen zum Teil schon etwas breiter. Das größte Problem war allerdings überall das Gleisnetz. Wenn nicht der notwendige Gleismittenabstand vorhanden war, konnte man keine breiteren Straßenbahnwagen einsetzen.

Erst mit der Entwicklung der Stadtbahn und damit der Separierung von den Stadtbahntrassen, konnten dort Fahrzeuge mit deutlich breiteren Wagenkästen beschafft werden.

In Städten mit einem großen Gleisnetz und viel straßenbündigem Bahnkörper ist es nicht möglich, sofort viel breitere Fahrzeuge zu beschaffen, weil der Platzbedarf nicht vorhanden ist. Hier finden wir häufig nur Fahrzeuge mit einer Breite von 2,30 m oder 2,40 m. Leider kann nur bei jeder geplanten Gleisbaumaßnahme der Gleismittenabstand Stück um Stück verbreitert werden, soweit es die Straßenbreite zulässt.

Fahren Straßen- oder Stadtbahnen, wenn auch nur zu einem geringen Teil, auf straßenbündigem Bahnkörper, dürfen sie nicht länger als 75 m sein.

Bei U-Bahnen spielt die Fahrzeuglänge keine Rolle, weil sie völlig separat, vom übrigen Verkehr getrennt, betrieben werden. Sie können über 120 m lang sein und bis zu 2,90 m breit. Sie werden sowohl als gekuppelte Doppeltriebwagen oder als Gelenkwagen gebaut.

U-Bahnen

U-Bahnen verkehren, wie im Kapitel 10 beschrieben, in einem so genannten geschlossenen System. Alle vier deutschen Voll-U-Bahnen haben eine Spurweite von 1435 mm (Regelspur). In Berlin verkehrt die älteste deutsche U-Bahn; sie wurde 1902 eröffnet. Das Besondere an dieser U-Bahn ist, dass sie zwei Netze betreibt, deren Fahrzeuge nicht austauschbar sind. Es sind die Kleinprofillinien und die Großprofillinien. Kleinprofil bedeutet, dass die Wagenkästen, ähnlich der Straßenbahn zu dieser Zeit, schmal (nur 2,30 m) sind und damit auch die Tunnel in ihrem Querschnitt den Fahrzeugmaßen entsprechen. Die Fahrzeuge der Großprofillinien, die 1923 eröffnet wurde, sind breiter (2,65 m) und die Bahnsteige und Tunnel sind wiederum diesen Maßen angepasst. Die Fahrzeuge können also nicht ausgetauscht werden. Der lichte Raum der Kleinprofillinien reicht für die Fahrzeuge der Großprofillinien nicht aus. Umgekehrt wäre zwischen dem Kleinprofilfahrzeug und dem Bahnsteig einer Großprofilstrecke an Haltepunkten der Abstand zwischen Bahnsteig und Fahrzeug so groß, dass das Ein- und Aussteigen von Fahrgästen nicht möglich wäre. Jedes Netz hat deshalb eigene Werkstätten. Bei der Erweiterung des Netzes muss immer das entsprechende Profil der Linie weiter gebaut werden.

Die zweitälteste Bahn ist die Hamburger Hochbahn. Sie wurde 1911 eröffnet und wird zu den U-Bahnen gezählt, obwohl sie zu großen Teilen oberirdisch verkehrt. Doch sie erfüllt alle Kriterien, die für eine U-Bahn definiert sind.

Die Münchner U-Bahn wurde 1971 eröffnet und die Nürnberger U-Bahn 1972. Letztere hat 2008 von sich reden gemacht, als eine automatisierte U-Bahnlinie in Betrieb ging. Ausgeklügelte Sicherheitssysteme für Fahrzeuge, Strecke und Bahnsteige machen diesen Betrieb möglich.

Das Interessante ist, den Fahrplan so zu gestalten, dass der Mischbetrieb von Linien mit Fahrzeugführer und automatisierter U-Bahn sicher funktioniert. Nach dem erfolgreichen Start wird daran gearbeitet, nach und nach die Linien zu automatisieren. Diese U-Bahn wird auch von den Fahrgästen gut angenommen.

Das Sicherheitssystem der Nürnberger automatisierten U-Bahn kann man sich vereinfacht folgendermaßen vorstellen:

Am Bahnsteig sind in einem Raum Rechner für Strecke und Stellwerke, als Teil des ATC-Systems (Automatic Train Control) untergebracht. Von diesen Rechnern aus erfolgt ein ständiger, kontinuierlicher Datenaustausch mit den übergeordneten Rechnern des Leitsystems und des Fahrzeuges über Lichtwellenleiter, sowie über im Gleisbett angeordnete Funklinienleiter. Diese Datenflut regelt zum Beispiel auch

- Fahrzeiten,
- Fahrtziel,
- Fahrgeschwindigkeiten,
- Fahrtwegsicherung,
- Bremseinsatz,
- Seite der Türöffnung am Bahnsteig

und vieles mehr.

Das Fahrzeug selbst wird vom ATO-Rechner (Automatic Train Operation) an Hand der Daten des ATC-Systems gesteuert. Der «Fahrer» ist also ein Computer. Ein weiterer Rechner im Fahrzeug (ATP = Automatic Train Protektion) überwacht und korrigiert gegebenenfalls den Hauptrechner.

Das ATC-System registriert über einen Rückübertragungskanal jede Tätigkeit des Fahrzeuges. Ortungseinrichtung mit Sende- und Empfangsantennen im Zug helfen ihm dabei. Dem System sind ständig Position und technische Vorgänge im Fahrzeug bekannt, so dass ein sicherer Linienbetrieb gewährleistet werden kann.

Auch die Bahnsteige müssen so gesichert sein, dass das System bei Unregelmäßigkeiten sofort reagiert. Einerseits sind die Bahnsteige videoüberwacht, andererseits sorgt ein Hochfrequenz-Transpondersystem für hohe Sicherheit. Unterhalb der Bahnsteigkanten befindet sich ein System mit Sender und Empfängerleisten, welches ein enges Gitternetz von Prüfstrahlen über die Gleise schickt. Fällt ein Mensch oder Gegenstand in dieses Netz, werden sofort alle Züge in diesem Bereich gestoppt.

Die Türen werden über Infrarotsensoren in den Gummiprofilen und Druckwellenschalter überwacht, so dass ein Anfahren mit nicht oder nicht richtig geschlossenen Türen unmöglich ist. Der Fahrgastraum des U-Bahnzuges wird über Videokameras überwacht.

Auch wenn ein Fahrgast Alarm auslöst, ist er direkt mit der Verkehrsleitstelle verbunden.

Außerdem überwacht die Leitstelle das gesamte Netz und damit auch ganz besonders die automatisierte U-Bahn.

Quelle: Verkehrs-Aktiengesellschaft Nürnberg

Quelle: Verkehrs-Aktiengesellschaft Nürnberg

Automatisierte U-Bahn in Nürnberg

Bei allen anderen automatisierten U-Bahnen weltweit wird die Sicherheit der Fahrgäste durch Bahnsteigtüren gewährleistet. Das heißt, der gesamte Bahnsteig ist verkleidet (meistens mit einer Glaswand) und mit Doppeltüren versehen. Der einfahrende U-Bahnzug hält dahinter punktgenau so, dass die Türen des Zuges parallel zu den Bahnsteigtüren stehen. Beide Türen werden dann gleichzeitig geöffnet und geschlossen. Dadurch wird sichergestellt, dass kein Gegenstand oder Passant auf die Gleise gelangt.

© Marianna

Pariser Straßenbahn

Hier lohnt sich ein Blick zu unseren Nachbarn. In Lille (Frankreich) gibt es bereits seit 1983 ein automatisiertes U-Bahnsystem. Das dort angewandte System heißt VAL (Vehicule automatique leger).

© Tristos

Automatisierte U-Bahn in Lille

Die Pariser Metro war die erste U-Bahn der Welt, die gummibereifte Fahrzeuge eingesetzt hat. Diese Bahnen werden von den seitlichen Gummirädern geführt. Zusätzlich sind konventionelle Stahlräder mit besonders hohen Radreifen vorhanden. Sie dienen zur Führung an Weichen und für Notfälle, wie zum Beispiel bei einem geplatzten Reifen.

Die Vorteile des von Michelin entwickelten Systems sind die sehr geringen Laufgeräusche, die gute Haftreibung, gute Anfahrbeschleunigung, sowie leichte Überwindung großer Steigungen.

Die Nachteile sind der aufwendige, kostenintensive Oberbau und die komplizierte Stromzuführung und Ableitung.

© Pline

Pariser Metro mit gummibereiften äußeren Rädern

Während in Frankreich fast alle Metros so ausgerüstet sind, ist das VAL-System kaum über die Landesgrenzen hinaus gebaut worden.

© Rama

Drehgestell einer Pariser Metro

In London fahren seit 1987 die automatischen Züge Docklands Light Railway (DLR) in einem ca. 45 km langen separaten Netz, welches jedoch **kein** Teil der Londoner U-Bahn (Underground) ist. Nur drei Stationen sind unterirdisch, alle anderen Stationen und Fahrwege befinden sich auf Brücken.

Diese automatischen Züge werden über ein Linienzugbeeinflussungssystem gesteuert. Zwei im Gleis verlegte Kabel (Linienleiter) und eine unter dem Fahrzeug angebrachte Antenne stellen eine Funkverbindung zwischen Fahrzeug und Stellwerk her. Der Stellwerkrechner erhält ständig Daten vom Fahrzeug und kann dies dadurch gefahrlos steuern.

Um den konservativen Londonern ein Gefühl der Sicherheit zu vermitteln, ist der Zug mit einem Zugbegleiter (Passenger Serviceagent) besetzt. Dieser ist allerdings nur für Durchsagen, Fahrscheinkontrollen und manchmal sogar Stadtbilderklärungen zuständig. Außerdem überwacht er zusätzlich zur Automatik das Schließen der Türen.

Doch London hat noch mehr zu bieten. Die Londoner U-Bahn ist die älteste der Welt. Am 10.01.1863 rollten die ersten U-Bahnzüge, noch mit einer Dampflok gezogen, unter London hinweg.

Es gibt, wie in Berlin, zwei verschiedene Profile von Tunneln und demzufolge auch Fahrzeugbreiten. Die Londoner U-Bahn hat 12 Linien mit 278 Stationen und einer Streckenlänge von 410 km. Die Station Hampstead ist mit 58,5 m die am tiefsten liegende Station in London.

Es sind auch weiterhin Erweiterungen des Netzes und Taktverdichtungen geplant. In London haben alle U-Bahnlinien Namen wie District-Line, Piccadilly-Line, Victoria-Line usw.

© Arpingstone

Bahnsteigtüren der Station Westminster in London

Die Jubilee-Line wurde 1999 verlängert und auf allen Stationen von Westminster bis North Greenwich mit Bahnsteigtüren ausgestattet. Die Londoner U-Bahn ist zwar nicht automatisiert. Hier benötigt man die Bahnsteigtüren als

Schutz vor Unfällen und vor allem Suiziden, so dass auch ein weiterer Ausbau der Stationen mit Bahnsteigtüren geplant ist.

In London gab es und gibt es wieder eine Straßenbahn. Die Londoner Pferdestraßenbahn wurde 1861 eröffnet. Die elektrische Straßenbahn, mit Doppelstockwagen, gab es ab 1901. In den 1930 Jahren begann man die Straßenbahn durch den Bus zu ersetzen.

Am 05.07.1952 fuhr die letzte Straßenbahn und die roten Doppeldecker-Busse hatten London erobert.

Doch was gut ist kommt wieder. Am 10.05.2000 wurde die erste Stadtbahn im Süden von London wieder eingeweiht. Das Stadtbahnnetz heißt Tramlink und besitzt eine Länge von 28 km, welches von drei Linien befahren wird.

Sie verkehrt im Süden von London zwischen Wimbledon, Beckham, Croyden und New Addington.

© Peter Trimming

Tramlink-Stadtbahn in London

Wie in Großbritannien werden auch in Frankreich in vielen Städten wieder Neubauten von Stadtbahntrassen geschaffen.

In Frankreich erlebt die Straßenbahn seit ca. 1998 eine echte Renaissance. Städte wie Paris, Bordeaux, Strasbourg, Orléans, Montpellier etc., welche die Straßenbahn bereits abgeschafft und ihr ÖPNV-Netz komplett auf Bus umgestellt hatten, bauen mit riesigem Erfolg wieder Straßenbahntrassen. Bei Neubauten kann man großzügig und auch teilweise unterirdisch (als Stadtbahn) bauen. Zum Beispiel Orléans: Das erste Netz in Orléans bestand zwischen den Jahren 1877 und 1938. Dann wurde es wieder stillgelegt. Im Jahr 1999 wurde eine neue Straßenbahntrasse gebaut, die 2000 eröffnet wurde und nun wieder Orléans durchquert. Im Juni 2012 kam eine zweite Linie hinzu. Die Betreibergesellschaft war bis Dezember 2011 die SETAO (*Société d'exploitation des transports de l'agglomération Orléanaise*). Danach übernahm den Betrieb die *Keolis Orléans Val de Loire.* Diese Gesellschaft betreibt alle Straßenbahnen und Busse der Stadt unter den Namen TAO (Transports de l'agglomération orléanaise).

© Rolf-Roland Scholze

Straßenbahn in Orléans

Die Schienenfahrzeuge sind überall wieder im Vormarsch. Ob London, Dublin, Istanbul oder Barcelona. Die Straßenbahn war schon abgeschafft und blüht heute wieder auf. Überall setzt man auf Elektromobilität und dabei liegen die umweltfreundlichen Straßenbahnen, Stadtbahnen oder U-Bahnen unschlagbar ganz vorn.

In manchen Großstädten wie Lissabon, Prag, Rom, Hongkong etc. gehört die Straßenbahn seit eh und je zum Stadtbild und ist auch nicht wegzudenken. Und warum ist das so? Elektrische Bahnen erzeugen keine Abgase und keinen Feinstaub. Bei entsprechendem Unterbau sind sie auch leise. Sie befördern bei einer Fahrt viel mehr Menschen als ein Bus.

© Thomas Backmann

Straßenbahn in Rom

Stadtbahnen mit Fahrleitung und Dachstromabnehmer, die zwar zum Teil unterirdisch oder unabhängig vom übrigen Verkehr fahren, sind keine U-Bahnen. Sie werden im Volksmund oft U-Straßenbahnen genannt.

In der heutigen Zeit spricht fast jeder Verkehrsbetrieb über das autonome Fahren. In London wurde bereits 2017 der 30. Jahrestag der «Docklands Light Railway» (DLR) gefeiert.

© Oxyman

Londoner «Docklands» (DLR)

Dies ist eine völlig unabhängige Schienenbahn (vollautomatische Bahn = separates Netz wie eine U-Bahn), die über Computer gesteuert völlig autonom fährt. Sie startet in der City von London und bedient die Außenbezirke wie z. B. Beckton, Greenwich, Woolwich und Docklands. Die ursprüngliche Philosophie der DLR war eine unkomplizierte Bauweise (über Hochtrassen) mit minimaler Ausstattung. Es wurden schmale Inselbahnsteige in Hochlage gebaut. Der Zugang erfolgt, auch heute noch, über Treppen und Rolltreppen oder auch über Aufzug. In der U-Bahn-Station «Tower Hill» startet die DLR unterirdisch in der 6. Etage unter der Erde. Das DLR-Netz besitzt eine hervorragende Anbindung an den übrigen öffentlichen Nahverkehr. Inzwischen gibt es sieben Linien und ein weiterer Ausbau ist geplant. Wie bereits im Abschnitt U-Bahnen erwähnt, fährt man in Lille (Frankreich) bereits seit 1983 autonom.

© Richard Symonds

Gleisanlage der DLR in Canary Wharf

In Deutschland wurde in Nürnberg die zweite von drei Linien automatisiert. Doch bis jetzt ist das autonome Fahren nur mit Bahnen in unabhängigen, völlig separaten Netzen möglich, wie eben U-Bahnen. Bis ein autonomes Fahren ohne Fahrzeugführer in Städten mit wenig oder gar keinem separaten Bahnkörper möglich ist, wird sicher noch einige Zeit vergehen. Es gibt schon Entwicklungen von Fahrerassistenzsystemen in Straßenbahnen, die zum Beispiel in Frankfurt am Main getestet werden (Bosch und Bombardier). Die Systeme warnen zwar den Fahrer vor Gefahren auf der Gleisanlage und können auch selbständig das Fahrzeug abbremsen. Doch wenn ein KFZ sehr kurzfristig und schnell vor die Bahn fährt, muss der Fahrer selbst schnell reagieren. Warten wir ab, wie sich die Technik in diesem Bereich weiterentwickelt.

7.2 Stromzufuhr

Die Stromzufuhr erfolgt über Stromabnehmer. Straßenbahnen und Stadtbahnen besitzen einen Dachstromabnehmer (Pantograph), um die Fahrleitungsspannung zu den Verbrauchern im Fahrzeug zu übertragen. Die üblichen Stromabnehmerformen sind der Scherenstromabnehmer und in zunehmenden Maße der Halbscherenstromabnehmer. Die Hauptbauteile sind:

- Schere bzw. Halbschere
- Andruckfeder und Wippe mit Schleifkohlen

Die Rohre des Stromabnehmers sind gelenkig miteinander verbunden und mit Kupfererdlitzen versehen. Die Andruckfeder sorgt für gleichmäßigen Druck gegen die Fahrleitung. Die Wippe ist beweglich und kann sich damit gut der Fahrleitung anpassen.

Der Stromabnehmer und die Fahrleitungsanlagen sind immer aufeinander abgestimmt, so dass auch bei der Höchstgeschwindigkeit die Energie zuverlässig entnommen werden kann.

Der Stromabnehmer ist gegenüber dem Fahrzeugdach völlig isoliert. Das Heben und Senken des Stromabnehmers erfolgt entweder manuell, mittels Leine, per Knopfdruck mit Hilfe eines Elektromotors oder mit hydraulischer Unterstützung. Bei nicht über Leine betätigten Stromabnehmern muss immer eine mechanische Vorrichtung mit Handkurbel für den Störfall vorhanden sein.

Obwohl es verschiedene Bauarten von Scheren- und Halbscherenstromabnehmern gibt, soll hier nur auf die Grundbauarten und ihre Eigenschaften eingegangen werden. Der Scherenstromabnehmer ist sehr robust, aber auch relativ schwer und damit ziemlich träge in seiner Bewegung. Außerdem benötigt er im abgezogenen Zustand sehr viel Platz.

Da bei Niederflurbahnen ein Großteil der Technik auf dem Dach untergebracht ist, hat sich der Platzbedarf des Scherenstromabnehmers als sehr unzweckmäßig erwiesen. Deshalb wird bei Niederflurfahrzeugen heute der Halbscherenstromabnehmer verwendet. Bei diesen Stromabnehmern unterscheidet man Stromabnehmer im Kniegang (Gelenk nach vorn) und Spießgang (Gelenk nach hinten). Von ihren Eigenschaften sind beide Stromabnehmer identisch. Halbscherenstromabnehmer sind leichter, flexibler und anpassungsfähiger. Im abgezogenen Zustand benötigt er wenig Platz, so dass mehr Raum für die Unterbringung der elektrischen Fahrzeugausrüstung bleibt.

Auch U-Bahnen besitzen Stromabnehmer. Da bei U-Bahnen die Stromzufuhr über seitlich neben dem Gleis angeordnete Stromschienen erfolgt, haben sie ihre Stromabnehmer an den Drehgestellen. Sie sind als Schleifer gearbeitet und bestreichen die Stromschiene (siehe ► Abschnitt 10.5.6) in der Regel von unten.

Eine Ausnahme gibt es bei der Berliner U-Bahn. Die Kleinprofillinien bestreichen die Stromschienen von oben, während die 21 Jahre später eröffneten Großprofillinien, wie alle anderen deutschen U-Bahnen, die Stromschienen von unten bestreichen. U-Bahnen werden in der Regel mit 750 V Gleichstrom betrieben.

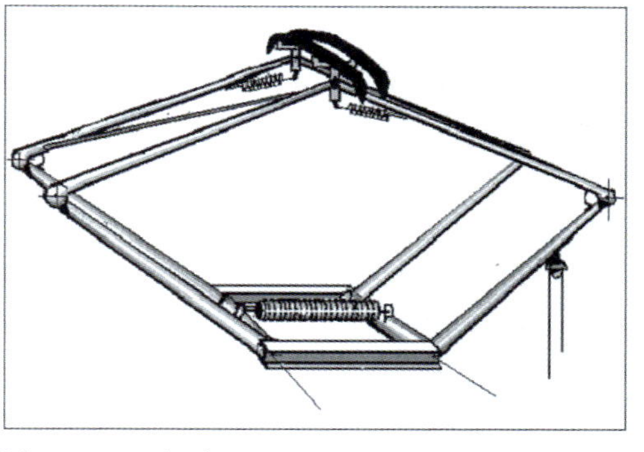

Scherenstromabnehmer

© Thomas Backmann

Halbscherenstromabnehmer

7.2.1 Überspannungsableiter

Der Überspannungsableiter ist in jedem Schienenfahrzeug das erste Bauteil nach dem Stromabnehmer. Er hat die Aufgabe, die elektrischen Einrichtungen vor Zerstörung durch Blitzschlag zu schützen und die Überspannung direkt in die Erde abzuleiten. In einem Keramikgehäuse auf dem Wagendach befindet sich ein spannungsabhängiger Widerstand. Dieser Widerstand ist für Betriebsspannungen zu groß, aber gegenüber atmosphärischen Spannungen zu gering. Trifft ein Blitz das Fahrzeug, zerschlägt er den Widerstand und wird über eine Funkenstrecke und Kabel in die Erde geleitet. Das Fahrzeug ist zwar in diesem Moment nicht mehr fahrfähig, weil der Fahrstromkreis am Überspannungsableiter unterbrochen ist, trägt aber keine weiteren Schäden durch den Blitzschlag davon.

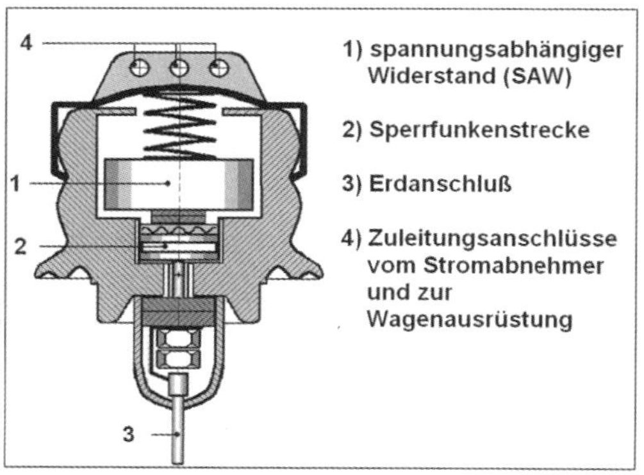

© Thomas Backmann

Prinzip eines Überspannungsableiters

7.3 Laufwerke / Fahrwerke

«Laufwerk» ist eigentlich der Oberbegriff für alle Fahrdrehgestelle, Laufdrehgestelle, starre Fahrwerke und nicht angetriebene Laufwerke. Im Allgemeinen wird meistens ein nicht angetriebenes starres Untergestell einer Straßenbahn (zum Beispiel bei Beiwagen oder unter einzelnen Fahrzeugsegmenten von Gelenkwagen) als Laufwerk bezeichnet, weil es ja nicht fährt, sondern nur mit «läuft».

Die Fahrwerke müssen mit den Fahrzeugmaßen und den Gleismaßen abgestimmt sein. Es darf auch bei Höchstgeschwindigkeit zu keiner unzulässigen Abnutzung der Bauteile im Fahrwerk und im Gleis kommen. Außerdem müssen eine sichere Spurführung und entsprechende Laufruhe gegeben sein.

Die Fahrwerke werden unterschieden in starre Fahrwerke und in Drehgestelle. Von beiden Varianten gibt es angetriebene (Triebfahrwerk und Triebdrehgestell) und nichtangetriebene (Laufwerk und Laufdrehgestell) Fahrwerke.

Fahrwerke nehmen, **je nach ihrer Funktion**, folgende Teile auf:

- Radsätze
- Federung
- Fahrmotoren
- Getriebe
- Feststellbremsen
- Schienenbremsen und andere Kleinteile

Starre Triebfahrwerke und Laufwerke sind, wie der Name schon sagt, starr mit dem Wagenkasten verbunden. Der Wagenkasten bewegt sich also immer in genau dieselbe Richtung wie das Fahrwerk. Demzufolge ist auch die Begrenzung (Hüllkurve) des Wagenkastens immer eine Verlängerung des Triebfahrwerkes bzw. des Laufwerkes. Der größte Wagenkastenausschlag befindet sich also immer in Richtung der Kurve und hängt vom Überhang vor oder hinter den starren Fahrwerken ab. Der Achsabstand sollte nicht allzu groß sein (bei zweiachsigen Triebwagen maximal 3,5 m), da die Räder sonst in Kurven und Gleisbögen «drängeln» und eine starke Abnutzung an Radreifen und Gleis entsteht. Beim Combino von Siemens beträgt der Achsabstand in den Triebfahrwerken 1800 mm. Um ein zu großes «Drängeln» zu verhindern, wird die jeweils vordere Achse angelenkt.

Fahrzeuge mit starrem Fahrwerk haben auf geraden Strecken sowie in größeren oder überhöhten Gleisbögen eine gute Stabilität und Laufruhe.

Nachteilig ist das Fahrverhalten in engen und nicht überhöhten Kurven.

Triebdrehgestelle und Laufdrehgestelle sind durch einen Drehpunkt mit dem Wagenkasten verbunden. Während das Drehgestell dem Kurvenverlauf folgt, folgt der Wagenkasten nicht sofort dem Kurvenverlauf, was zu einem Wagenkastenausschlag zur Bogenaußenseite führt.

Drehgestellfahrzeuge passen sich sehr gut an kurvenreiche Strecken und enge Gleisbögen an und halten dadurch den Verschleiß an Radreifen und Gleis sehr gering. Der Achsabstand in Drehgestellen muss immer größer sein als die Spurweite, um Schlingerbewegungen zu unterdrücken.

Aus den geschilderten Gründen haben Fahrzeuge mit starren Fahrwerken eine völlig andere Hüllkurve als Drehgestellfahrzeuge.

Eine spezielle Bauform für Gelenkfahrzeuge ist das Jakobsdrehgestell. Bei ihm teilen sich zwei Wagenteile das Drehgestell, welches immer unter dem Gelenkteil angeordnet ist.

© Stefan Kunzmann

Historischer Harkortwagen mit Jakobsdrehgestell

Der erste Wagen mit Jakobsdrehgestell war der, nach seinem Hersteller benannte «Harkortwagen». Er wurde bereits 1928 in Duisburg eingesetzt.

Durch die Niederflurtechnik gibt es vielerlei Bauformen von Fahrwerken, aber auch Antriebe ohne kompaktes Fahrwerk auf die im folgenden Abschnitt kurz eingegangen werden soll.

7.3.1 Fahrwerke in Niederflurbahnen

Als Niederflurbahnen bezeichnet man Fahrzeuge mit besonders tiefliegenden Fußböden. Dadurch wird vor allem Fahrgästen mit Mobilitätseinschränkungen, mit Rollstühlen oder Kinderwagen der Ein- und Ausstieg erleichtert.

Niederflurtechnik ist keine Erfindung der heutigen Zeit. Bereits 1911 wurden für die New York Railways Co. erste serienreife Niederflurstraßenbahnen gebaut. Ein 1923 von der Waggonfabrik Uerdingen erbauter Niederflurstraßenbahnwagen wurde an die Frankfurter Lokalbahn geliefert. Durch dieses Fahrzeug wollte man mehr Fahrgäste gewinnen. Doch der Erfolg blieb aus und der Wagen ein Einzelstück.

Die Firma Orenstein & Koppel baute 1932 die so genannte «Badewanne auf Rädern». Im Juni 1934 wurde dieser Niederflurwagen der Öffentlichkeit vorgestellt. Doch er blieb ebenfalls ein Einzelstück.

Auch in Leipzig wagte man sich an die Konstruktion von Niederflurwagen. Im Jahr 1924 entwickelte der Direktor der Großen Leipziger Straßenbahn einen Zweirichtungswagen (Typ 23), dessen Einstiege im Mittelteil niederflurig waren. Zu den Abteilen, rechts und links des Einstieges, führte jeweils eine Stufe. Optisch gut zum Triebwagen passend wurde ein Niederflurbeiwagen (Typ 61) entworfen. Von der Großen Leipziger Straßenbahn wurde in zwei verschiedenen Betrieben jeweils ein Triebwagen mit zwei Beiwagen in Auftrag gegeben. Die Waggon- und Maschinenbau AG Görlitz fertigte die Wagen, wie zu der Zeit üblich, mit genieteten Rahmen und Holzoberbau, während die Christoph & Unmack Niesky die Fahrzeuge in einer Stahlgerippe-Eisenkonstruktion fertigte. Die Beiwagen wurden erstmals mit einer Solenoidbremse, welche den Bremsstrom von den generatorisch gebremsten Triebwagen erhielt, gebremst. Äußerlich unterschieden sich die Fahrzeuge dadurch, dass das Nieskyer Fahrzeug schmalere Fenstersäulen hatte und dadurch moderner wirkte.

Doch auch diese beiden Triebwagen blieben Einzelstücke und wurden erst einmal 1944 bzw. 1949 abgestellt. Lediglich vom Beiwagen der Christoph & Unmack Niesky bestellte Leipzig noch 100 Beiwagen und auch Berlin beschaffte 50 Stück. Die Beiwagen wurden dann an andere Triebwagen angehangen.

1951 erlebten die beiden Triebwagen des Typs 23 eine Wiederauferstehung. Sie wurden aufgearbeitet und wieder im Linienbetrieb eingesetzt. Im Jahr 1953 wurden sie für ihren weiteren Einsatz zu Einrichtungswagen umgebaut.

Im Jahr 1972 wurden sie für immer abgestellt und verschrottet. Lediglich die Beiwagen blieben noch bis Anfang der siebziger Jahre im Einsatz. Dann war auch in Leipzig die Niederflurära erst einmal Geschichte.

© Bärbel Schneider

Jakobsdrehgestell des Solaris NGT 10 in Leipzig

Etwas später, mit dem serienmäßigen Bau von Gelenkwagen, entwickelte man auch wieder neue Niederflurkonzepte, wobei sehr häufig das Jakobsdrehgestell zum Einsatz kam. In Fahrzeugen in denen Fahrwerke mit starren Radsätzen und Normalrädern (Durchmesser 650–700 mm) verwendet werden sollen, kann man nur einen geringen Teil (ca. 50–70 %) niederflurig gestalten. Entweder man fügt ein oder mehrere niederflurige Mittelteile zwischen den Fahrwerken im Türbereich ein oder man senkt den Boden mittig, längs zwischen den Rädern ab, was aber bei einer Meterspur nicht möglich ist.

Häufiger verwendet man jedoch Fahrwerke mit Kleinrädern (Durchmesser 350–400 mm. Andere Varianten, um einen hohen (80–100 %) Niederfluranteil zu erreichen sind Drehmomentradpaare und Losradsätze. Beim Losradpaar rollen beide Räder unabhängig voneinander. Sie sind gelenkig mit Spurstangen verbunden. Radlagergehäuse sind dabei um eine senkrechte Achse schwenkbar, was beim Drehmoment-Radpaar nicht der Fall ist. Hier verbindet eine Antriebswelle mit Winkelgetrieben die beiden Räder drehfest miteinander. Die Räder sind dabei einzeln gelagert. Zusammengefasst werden in Niederflurwagen unter anderem folgende Fahrwerksvarianten mit einzeln geführten Rädern verwendet:

- Einzelrad-Einzelfahrwerke (EEF)
- Einzelrad Doppelfahrwerke
- Fahrwerke mit zwei Losradsätzen
- Losrad-Drehgestelle mit zwei Radsätzen und einachsige Lenkgestelle mit Losradsatz

© Harald Bobach

Fahrwerk mit Kleinrädern

Durch die nach unten gekröpften Achsen ist ein hoher Niederfluranteil in den Fahrzeugen möglich. Mit Radnabenmotoren erreicht man ebenfalls einen Niederfluranteil von 100 %. Außerdem kann man die Fahrmotoren längs der Fahrzeugachse unter den Fahrgastsitzen platzieren und über Winkelgetriebe antreiben.

Gegenwärtig gibt es eine solche Vielzahl von Fahrzeugvarianten mit den unterschiedlichsten Fahrwerks- und Antriebsarten, dass es hier nicht möglich ist, alle Varianten zu berücksichtigen.

Da U-Bahnen in ihrem gesamten Netz grundsätzlich Bahnsteige haben, können Fahrwerke mit Rahmen und Normalrädern verwendet werden. Es gibt sowohl Fahrzeuge mit Drehgestellen, als auch mit starren Fahrwerken. Der Fußboden im Wagen ist stufenlos. Einstiege und Bahnsteige sind auf gleicher Höhe, so dass ein zügiger Fahrgastwechsel vonstattengehen kann. Um möglichst viele Fahrgäste befördern zu können, sind die Sitze oft längs angeordnet. Für stehende Fahrgäste befinden sich ausreichende Haltemöglichkeiten. In U-Bahnen befinden sich stets an beiden Längsseiten der Fahrzeuge Türen.

Die Bahnsteige sind je nach Bauweise der Station, rechts oder links des Gleises angeordnet. Je nach Größe des Netzes können die Tunnel der U-Bahn auch in verschiedenen Etagen unterirdisch verlaufen.

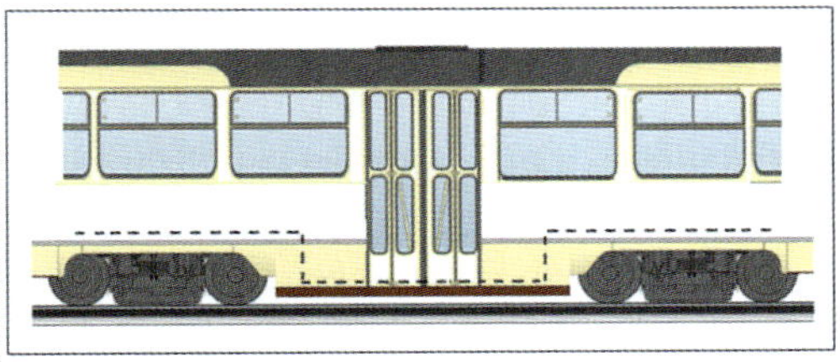

Beispiel: Niederfluriges Mittelteil

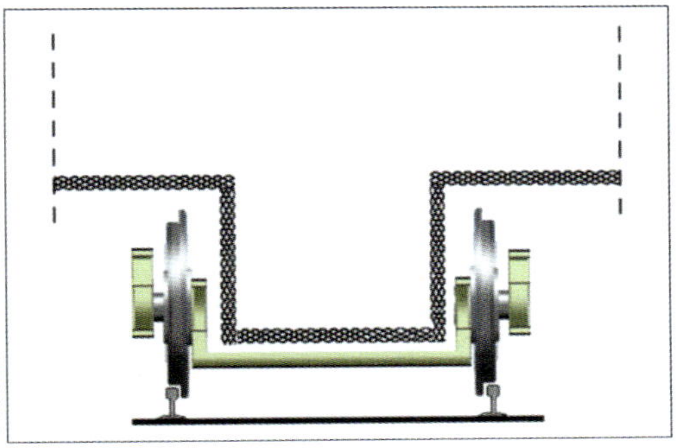

Beispiel: abgesenkter Boden längs zwischen den Rädern

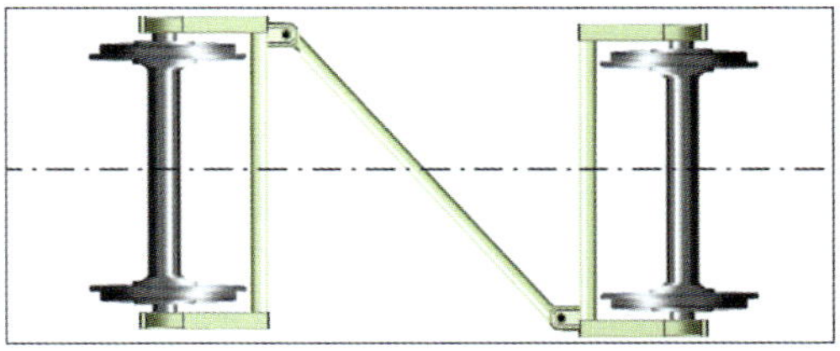

Beispiel: Losradsatz

Federung

Die Federung muss den Fahrzeuglauf stabilisieren und auftretende stoßartige Krafteinwirkungen sowie Schlingerbewegungen durch Eigenbewegungen dämpfen und damit eine Entgleisungssicherheit gewähren.

In einem Fahrzeug treten sowohl geradlinige Schwingungen, als auch Drehschwingungen auf, die durch die Federung kompensiert werden müssen. Die früher regelmäßig verwendeten Blattfedern werden heute vorwiegend nur noch bei zweiachsigen Güterwagen der Eisenbahn verwendet.

In Schienenfahrzeugen des ÖPNV sind heute Schraubenfederung, MeGi-Federung (Metall-Gummi-Federungen) und Luftfederung üblich. Bei der Luftfederung kann auf Kundenwunsch eine Kneeling-Technik eingebaut werden. Damit kann das Fahrzeug an den Bahnsteigen durch ablassen von Luft aus den Federkissen, auf gleiches Höhenniveau mit dem Bahnsteig gebracht werden. Nach beendetem Haltestellenaufenthalt werden durch den Kompressor die Luftkissen wieder aufgepumpt. Dieses «Extra» ist jedoch bisher nur in einigen französischen Städten üblich.

Entsprechend der Verwendung, lassen sich auch mehrere Federsysteme miteinander kombinieren. Ein gutes Federsystem ist in Personenfahrzeugen auch immer der Maßstab für den Komfort der Fahrgäste.

© Claude Shorshang

Fahrwerk eines Citadis 302

7.4 Bremsen

Fahrzeuge müssen mindestens zwei voneinander unabhängig wirkende Bremsen haben. Sie müssen auch bei Ausfall der Fahrleitungsspannung wirken. Die Betriebsbremsung muss so ausführbar sein, dass das Fahrzeug ohne Ruck zum Stillstand gebracht werden kann und die Fahrgäste nicht gefährdet werden.

Der Kraftschluss zwischen Rad und Schiene muss unter normalen Haftreibungsbedingungen gewährleistet sein. Andernfalls kann Sand (siehe ▸ Abschnitt 7.4.7) die Bremswirkung erhöhen. Außerdem müssen die vorhandenen Bremsen stets dem Streckennetz angepasst und für Dauerleistungen geeignet sein. Bei Ausfall einer Bremse müssen die übrigen Bremsen mindestens die mittlere Bremsverzögerung erreichen.

Es ist vorgeschrieben, dass mindestens eine der Bremsen nach dem Federspeicherprinzip arbeitet. Eine weitere Bremse muss vom Kraftschluss zwischen Rad und Schiene unabhängig sein.

Auch im Zugverband haben die Bremsen dem vorgeschriebenen Bremsvermögen zu entsprechen. In Fahrzeugen zur Personenbeförderung haben auch die Fahrgäste die Möglichkeit, in einer Gefahrensituation eine Bremsung auszulösen.

Um all diese Kriterien, welche die BOStrab vorgibt zu erfüllen (siehe § 36 Bremsen ▸ Abschn. 12.7.2), sind Stadtbahnen und Straßenbahnen heute mit

- Betriebsbremse = generatorische Bremse,
- Feststellbremse = Federspeicherbremse und
- Zusatzbremse = Schienenbremse ausgerüstet.

U-Bahnen besitzen oft nur eine Betriebsbremse und eine Feststellbremse.

7.4.1 Betriebsbremse

Die Betriebsbremse von Stadt- und Straßenbahnen ist die generatorische Bremse. Hier wird der Antriebsmotor beim Abbremsen des Fahrzeuges zum Generator. Er erzeugt den Bremsstrom mit dem er sich selbst abbremst. Dabei ist es gleich, ob das Fahrzeug noch Reihenschlussmotoren, fremderregte Motoren oder Drehstromasynchronmotoren besitzt. Alle genannten Motoren arbeiten als Betriebsbremse nach dem Generatorprinzip. Der Unterschied liegt nur in der Art der Steuerung.

Der Hauptvorteil der generatorischen Bremse ist ihre gute Leistung bei unterschiedlichen Bedingungen durch Anhängelast, Fahrzeugzusammensetzung und Streckenprofil.

Bei modernen Steuerungen ist die Rückspeisung der überschüssigen Bremsenergie in das Fahrleitungsnetz oder einen Energiespeicher bereits Standard (Nutzbremsung). Bei einigen, heute noch vorhandenen Widerstandsbremsen, wird der von den als Generatoren arbeitenden Fahrmotoren erzeugte Strom über elektrische Widerstände in Wärme umgewandelt und an die Umwelt abgeführt.

Die Betriebsbremse kann das Fahrzeug nur auf ungefähr 3–5 km/h abbremsen. Um das Fahrzeug endgültig anzuhalten und gegen abrollen zu sichern, wird die Feststellbremse benötigt.

Bei älteren U-Bahnen ist häufig die Betriebsbremse eine Druckluftbremse. Es gibt einlösige und mehrlösige Druckluftbremsen. Letztere finden als Betriebsbremse häufiger Anwendung, weil mit Ihnen ein präziseres Anhalten möglich ist.

Heute werden U-Bahnen, genau wie Straßen- oder Stadtbahnen, mit der generatorischen Bremse abgebremst und speisen ihren überschüssigen Bremsstrom ins Netz zurück oder nutzen ihn als Heizung.

Merksatz

Federspeicherbremsen wirken mechanisch, durch Entspannen der Bremsfeder. Um die Bremse zu lösen, wird die Feder mit Hilfe von Strom (elektrische Federspeicherbremse), Öl (hydraulische Federspeicherbremse) oder Luft (pneumatische Federspeicherbremse) gespannt. Das nennt man Sicherheitsprinzip.

7.4.2 Feststellbremsen

Während früher der Fahrer mit Muskelkraft über Kurbel Bremsklötze gegen die Radreifen oder später mittels Ratsche die Bremsbacken auf die Bremsscheibe zum völligen Anhalten drücken musste, werden heute generell Federspeicherbremsen als Feststellbremsen in Bahnen verwendet, die bei der Restgeschwindigkeit von 3–5 km/h, das Anhalten automatisch übernehmen.

Sie bieten die größte Sicherheit, weil ihre Bremskraft immer mechanisch durch eine Feder ausgelöst wird. Je nach Ausführung der Bremse wird sie mit Strom, Hydrauliköl oder Luft wieder gelöst. Da Federspeicherbremsen bei Verlust ihres «Lösemittels» stets angelegt bleiben, besitzen sie für den Störfall eine mechanische Lösevorrichtung. Federspeicherbremsen sind passive Bremsen. Sie können auf eine Bremstrommel oder Bremsscheibe wirken. Bremsscheiben sind besser belüftet und deshalb unempfindlicher gegen Wärme, die durch die Reibung entsteht.

Für U-Bahnen gelten wieder etwas andere Regeln. Sie besitzen als Feststellbremsen in der Regel Druckluftbremsen. Für den Fall, dass die Betriebsbremse ausfällt, kann die Feststellbremse als Ersatzbremse zum Anhalten des Zuges verwendet werden. Sie sind als einlösige Bremsen gebaut und arbeiten auf der Basis einer Federspeicherbremse, was bedeutet, dass, um die Bremse zu lösen, Druck aufgebaut werden muss.

7.4.3 Zusatzbremse

Die Schienenbremsen sind die Zusatzbremsen der Bahn. Sie wirken völlig unabhängig vom Kraftschluss zwischen Rad und Schiene. Ihre Wirkung beruht auf Magnetismus. Durch die Anziehungskraft an die Schiene entsteht eine starke Bremswirkung, die nicht abstufbar ist. Schienenbremsen wirken heute generell mit Batteriespannung und sind damit unabhängig vom Fahrstrom.

Der Einsatz der Schienenbremsen sollte dem Ausnahmefall vorbehalten sein, um Fahrgastunfälle zu vermeiden.

In U-Bahnen sind Zusatzbremsen aufgrund der separaten Streckenführung eigentlich nicht notwendig.

Erst in jüngster Zeit bestellen einige Verkehrsunternehmen auch U-Bahnwagen mit Schienenbremsen vom Hersteller.

© Thomas Backmann

Seitenansicht eines Leipziger Flexity Classic XXL von Bombardier Drehgestells mit Schienenbremse, Lärmschutzrädern und Federung.

7.4.4 Aktive Laufgestellbremsen

Laufwerke können aktive Bremsen besitzen. Im Vergleich zur passiven Bremse, die mit einer Feder gebremst wird, ist die aktive Bremse während der Fahrt in Ruhestellung. Sie wird erst mit ihrer Betätigung aktiv (ähnlich einer Bremse in Omnibussen), indem Hydrauliköl oder Luft in einen Bremszylinder gegeben und die Bremsung eingeleitet wird.

Bei aktiven elektrischen Bremsen wird Strom auf einen Bremsmagneten gegeben, um die Bremsung einzuleiten. Aktive Bremsen arbeiten nicht nach dem Sicherheitsprinzip. Omnibusse besitzen deshalb mindestens zwei voneinander unabhängige aktive Bremskreise.

Aktive Laufgestellbremsen in Schienenfahrzeugen sind nicht durch die BOStrab vorgeschrieben, werden jedoch oft als Ersatzbremse oder Laufgestell- bzw. Laufdrehgestellbremse auf Kundenwunsch eingebaut.

7.4.5 Fahrgastnotbremse

Für Notfälle, die der Fahrer nicht sehen kann, weil sie sich im Fahrgastraum abspielen, gibt es eine Bremsvorrichtung für Fahrgäste, mit der der Wagenzug mit Betriebsbremse zum Stillstand gebracht wird. Die entsprechende weitere Verhaltensweise des Fahrers regelt die jeweilige Dienstanweisung des Verkehrsunternehmens.

7.4.6 Notbremstaster für den Fahrer

Zur doppelten Sicherheit befindet sich auf der Armaturentafel ein Notbremstaster (meistens mit «Not Aus» bezeichnet).

Bei Betätigung des Tasters bremst das Fahrzeug mit allen zur Verfügung stehenden Bremsen mit maximaler Bremsverzögerung – durchschnittlich 2,8 m/s^2 – (Gefahrenbremsung) bis zum Stillstand ab. Diesen Vorgang kann der Fahrer nicht wieder unterbrechen.

Diese Taster sind so konstruiert, dass sie einrasten und erst durch eine Drehung wieder ausgerastet werden können.

© Thomas Backmann

NOT AUS Taster eines Leipziger Flexity Classic XXL von Bombardier

Der Notbremstaster für Fahrer sollte in der Regel nur verwendet werden, wenn sich ein Frontalzusammenstoß nicht mehr verhindern lässt und der Fahrer sich in Sicherheit bringen sollte.

7.4.7 Beiwagenbremsen

Ältere Beiwagen werden mit einer Solenoidbremse gebremst. Dabei wird der Bremsstrom der generatorischen Bremse des Triebwagens über Kabel auf eine Hohlspule mit Eisenkern (Solenoid) gegeben. Am Eisenkern der Spule befindet sich ein Scherengestänge mit den Bremsbacken. Die Bremsscheibe sitzt auf der Achse.

Wird beim Bremsen Strom auf den Solenoid gegeben, zieht es den Eisenkern in die Spule. Das Scherengestänge strafft sich und die Bremsbacken drücken gegen die Bremsscheiben. Es gibt auch elektrische Beiwagenbremsen mit Solenoid, die über andere Gestängeformen auf die Bremsscheibe wirken. Das elektrische Prinzip bleibt jedoch immer das Gleiche.

Neuere Beiwagen besitzen häufig eine passive hydraulische Scheibenbremse nach Federspeicherprinzip.

Am Anfang des Bremsvorgangs wird die Bremsflüssigkeit langsam in das Hydrogerät zurückgeführt und die Bremsbacken nähern sich der Bremsscheibe. Im Stillstand ist die Bremse druckfrei, die Bremsfeder ist entspannt und Bremsbacken liegen fest an der Bremsscheibe an.

Auch Druckluftbremsen sind in verschiedenen Beiwagen heute noch im Einsatz. Sie arbeiten ebenfalls nach dem Federspeicherprinzip. Besonders häufig finden wir sie bei U-Bahnen älterer Bauform.

Merksatz

Die **Betriebsbremse** von elektrischen Bahnen sind die als Generator geschalteten Fahrmotoren. Sie wird deshalb auch **generatorische Bremse** genannt.

Die Feststellbremse von Bahnen ist immer eine **Federspeicherbremse**. Sie kann mit Strom, Luft oder Öl gelöst werden.

Die **Zusatzbremse** von Bahnen ist die **Schienenbremse**. Sie funktioniert immer über die Bordspannung. Bei U-Bahnen kann auf die Schienenbremse verzichtet werden.

7.4.8 Aufgabe des Bremssandes

Bremssand hat die Aufgabe, die Haftreibung zu erhöhen. Die Haft- und Gleitreibung wird nach dem Physiker Charles Augustin de Coulomb als Coulombsche Reibung bezeichnet.

Dass die Haftreibung bei Schienenfahrzeugen zwischen Stahl und Stahl (Rad und Schiene), selbst bei besten trockenen Schienenverhältnissen, bedeutend geringer ist, als die Haftreibung von Kraftfahrzeugen zwischen Gummi und Asphalt, ist bekannt. Die Tabelle verdeutlicht die Unterschiede zwischen Haftreibung und Gleitreibung. Die Reibungskoeffizienten sind jedoch keine absoluten Werte, weil die Reibung von vielen Faktoren, wie z. B. Materialien, Oberfläche, Laub, Feuchte usw. abhängt.

Genauere Ergebnisse erhält man nur durch eine Versuchsreihe unter realen Bedingungen. Der Wert für μ kann beliebige Werte zwischen 0 und ∞ annehmen. Es gilt immer:

$$\mu \leq \mu H$$

Stoffe	Haftreibung trocken (Richtwerte)	Gleitreibung (Richtwerte)
Stahl auf Stahl	0,7 – 0,25	0,06 – 0,20
Gummi auf Asphalt	0,9 – 1,4	0,8

Da die Haftreibung bei Schienenfahrzeugen verhältnismäßig gering ist, ist es besonders wichtig, auch bei schlechten Haftreibungsverhältnissen eine sichere Bremsung des Fahrzeuges zu gewährleisten.

Um dies zu erreichen ist stets darauf zu achten, dass das Fahrzeug eine geringere Gesamtzugkraft aufweist, als die Haftzugkraft zwischen Rad und Schiene beträgt. Ist das nicht der Fall, schleudern die Räder beim Anfahren und blockieren beim Bremsen.

Dies kann durch den Fahrer im gewissen Umfang durch einen geringen Sollwert manipuliert werden. Bei sehr schlechten Haftreibungsbedingungen ist es oft unerlässlich, die Haftzugkraft zwischen Rad und Schiene durch Sandgabe zu erhöhen.

Jedes Einrichtungsfahrzeug besitzt vor den jeweils vorderen Antriebsrädern Sandstreuvorrichtungen. Zweirichtungswagen besitzen in jeder Fahrtrichtung vor den vorderen Antriebsrädern eine Sandstreuvorrichtung. Obwohl modernere Fahrzeuge einen automatischen Schleuder- und Gleitschutz besitzen, hat der Fahrer generell die Möglichkeit, selbst die Sandstreuvorrichtung zu betätigen.

Besonders im Gefahrenfall verkürzt sich durch die Sandgabe der Bremsweg erheblich. Natürlich spielt im Gefahrenfall auch die Reaktionszeit des Fahrers eine Rolle, denn der gesamte Anhalteweg eines Fahrzeuges ergibt sich aus dem Reaktionsweg und dem Bremsweg (siehe ▶ Kapitel 12.7).

Der automatische Schleuder- und Gleitschutz (in seiner Wirkung zu vergleichen mit der ASR und dem ABS bei Omnibussen ▶ Kapitel 3) setzt den Sollwert, unabhängig vom Fahrer, herab, um die Gesamtzug- bzw. -bremskraft des Wagens zu verringern und damit die Haftkraft zu erhöhen. Weiterhin erfolgt automatische Sandgabe.

Im Bremsvorgang wird die Wirkung des Gleitschutzes bei extremen Haftreibungsbedingungen durch den ebenfalls automatischen Einsatz von ein oder mehreren Schienenbremspaaren unterstützt und der Bremsweg verkürzt, jedoch so, dass Fahrgäste nicht gefährdet werden.

Auch bei Sandstreuern gibt es verschiedene Bauarten. Früher wurden sie durch den Fahrer über Pedal und Gestänge oder Hebel, Stahlseil und Feder mechanisch betätigt.

Heute werden Sandstreuer elektrisch oder elektropneumatisch betätigt, letzterer wird am häufigsten verbaut. Der elektropneumatische Sandstreuer benötigt einen Kompressor. Bei automatischer oder manueller Betätigung (per Knopfdruck) öffnet der Sandstreuer und die Druckluft bläst den Sand zwischen Rad und Schiene. Dieses System ist sehr effektiv und sparsam.

Die meisten Sandstreuer werden in den Betriebshöfen über eine Druckluftanlage von außen befüllt. Nur noch in wenigen Betrieben oder bei älteren Fahrzeugen erfolgt die Sandbefüllung durch den Fahrer an den Endstellen.

Fahrzeuge, die normalerweise von außen befüllt werden, besitzen eine Notbefüllung im Inneren des Fahrzeuges. Dort kann im Havariefall der Befüllungsanlage der Sand wie früher mittels Eimer und Trichter eingefüllt werden.

7.5 Antriebe

Zum Antrieb einer Bahn gehören Fahrmotoren, Getriebe und alle sonstigen Teile zur Kraftübertragung. Antriebe müssen dem Streckennetz und seinen zulässigen Fahrgeschwindigkeiten entsprechen. Sie müssen allen zusätzlichen Belastungen, wie Schleudern der Räder, Überbremsen und stoßartigen Spannungsschwankungen standhalten. Weiterhin auch den:

- Streckenverhältnissen
- Zugzusammensetzungen
- Fahrgeschwindigkeiten
- größten, betrieblich vorkommenden Antriebs- und Bremskräften

Es gibt sehr viele Antriebsvarianten. Man kann sie in vier Hauptgruppen unterteilen:

- Einzelachsantrieb
- Doppelachsantrieb
- Einzelradantrieb
- Gruppenradantrieb

Von jeder dieser Hauptgruppen gibt es wieder zahlreiche Varianten. Ein Beispiel für den Einzelachsantrieb ist der klassische Tatzlagerantrieb. Er liegt quer in Fahrtrichtung und die Motorwelle parallel zur Fahrzeugachse. Hier umklammert der Motor tatzenartig mit geteilten Lagerschalen die Achswelle und stützt sich mit einem Teil auf Federn ab. Der Antrieb erfolgt direkt vom Ritzel, welches sich am Rotor befindet, auf das Großzahnrad der Achse.

Ein typischer Vertreter des Doppelachsantriebs ist der Monomotorantrieb. Er ist längs im Drehgestell angeordnet und besitzt beidseitig Getriebe. Die Winkelgetriebe sitzen auf Hohlwellen und übertragen das Drehmoment auf beide Radsätze.

Der Monomotorantrieb fand am häufigsten bei DUEwag Anwendung.

Die **DUEWAG AG** (Düsseldorfer Waggonfabrik) war lange Zeit der führende Hersteller von Schienenfahrzeugen in Deutschland. Im Jahr 1990 übernahm der Siemens-Konzern die Aktienmehrheit. Im Jahr 2000 wurde die DUEWAG in das Siemens-Werk Uerdingen eingegliedert und im Jahr 2002 völlig mit der Siemens AG verschmolzen.

Ein Beispiel für den Einzelradantrieb ist der Direktmotorantrieb. Das Gehäuse des ungefederten Fahrmotors ist gleichzeitig Träger des dazugehörigen Radreifens. Das Drehmoment wird ohne Getriebe auf das Rad übertragen. Da die Kraftübertragung ohne Getriebe erfolgt, muss der Motor sehr langsam laufen, denn eine Drehung des Rotors entspricht einer Radumdrehung.

Zum Gruppenantrieb gehört der Zweirad-Längsantrieb, wie er im Combino von Siemens verbaut ist. Der Motor ist längs zwischen den hintereinander befindlichen Rädern angeordnet. Er besitzt ein zweiseitiges Winkelgetriebe, durch das die Kraftübertragung auf die Räder erfolgt. Wie aus diesen Beispielen hervorgeht, ist das «Herz» eines jeden Antriebes der Motor.

7.5.1 Motoren

Im Jahre 1821 entdeckte der Däne Hans Christian Østed den Elektromagnetismus. Michael Faraday konstruierte im gleichen Jahr eine motorähnliche Vorrichtung, um die elektromagnetische Rotation zu beweisen. Thomas Davenport entwickelte den Kommutator, auch Kollektor genannt, und erfand damit 1837 den weltweit ersten Elektromotor.

Bereits 1838 war der elektromotorische Antrieb praxistauglich. Die damals bekannteste und für lange Zeit übliche Stromart war der Gleichstrom. Auf dieser Grundlage entwickelte Werner von Siemens die erste «Straßenbahn», die 1879 auf der Berliner Gewerbeausstellung vorgeführt wurde. Der Motor hatte eine Leistung von 2,2 kW und arbeitete mit 150 V Gleichstrom. Unsere heutigen Straßenbahnmotoren haben eine durchschnittliche Leistung zwischen rund 60 kW und 120 kW. Sie benötigen eine Spannung von 600 V und 750 V Gleichstrom und beziehen Gleichstrom aus der Fahrleitung.

Bereits 1890 wurde schon der Drehstrom-Asynchronmotor entwickelt. Da es jedoch viel zu aufwendig und zu teuer war, aus dem Gleichstrom den erforderlichen Drehstrom effizient herzustellen, kam dieser Motor damals nicht als Antriebsmotor für Schienenfahrzeuge in Frage.

Erst mit der Entwicklung von Wechselrichtern (Invertern) und Gleichrichtern konnte der Drehstromasynchronmotor als Bahnmotor verwendet werden. Fährt das Fahrzeug, wird Gleichstrom aus der Fahrleitung mittels Wechselrichtern **im Fahrzeug** zu Drehstrom umgeformt. Beim Bremsen wird der in den als Generatoren arbeitenden Fahrmotoren erzeugte Strom durch Gleichrichter wieder zu Gleichstrom umgeformt. Dies ist bei der heute üblichen Rekuperationsbremse (Nutzbremse) besonders wichtig, denn hier wird der nicht genutzte Bremsstrom zurück in das Fahrleitungsnetz gespeist. Obwohl es vielfältige Motorenarten gibt, werden in älteren Fahrzeugen die robusten Reihenschlussmotoren oder fremderregte Gleichstrommotoren mit Choppersteuerung verwendet. In Neufahrzeugen hat sich der fast wartungsfreie und leistungsstarke Drehstromasynchronmotor durchgesetzt.

Reihenschlussmotor

Der Reihenschlussmotor war über viele Jahrzehnte der Antriebsmotor für Schienenfahrzeuge. Die Rotor- und Statorspulen werden hierbei elektrisch hintereinander von derselben Spannungsquelle betrieben.

Der Reihenschlussmotor besteht, wie alle Motoren aus einem Stator und einem Rotor, der drehbar im Stator gelagert ist. Im Stator befinden sich Elektromagneten (Erregerwicklungen).

Der Rotor (auch Anker genannt) besteht aus gegeneinander isolierten elektrischen Wicklungen. Diese Wicklungen werden über einen Kollektor (Polwender) angeschlossen. Die Lamellen des Kollektors bestehen aus Kupfer und sind, wie die Wicklungen, gegeneinander isoliert. Sie sind auf einen Zylinder aufgeklebt. Die Kontakte die am Kollektor schleifen, werden Kohlebürsten genannt.

Diese Bürsten bestehen aus Graphit, das verschleißarm ist und gute Kontaktierung bietet. Sie sind so angeordnet, dass während der Drehung die Polung der Ankerwicklungen wechselt. Diese wechselnde Polung ist für Gleichstrommotoren unentbehrlich, um bei der Drehbewegung ein entsprechendes Drehmoment zu erzeugen. Das Magnetfeld zwischen Erregerfeld und Rotor wird durch das Drehen des Rotors verzerrt.

Die zwischen den Erregerwicklungen angebrachten Wendepole sind Spulen, die ein dem Erregerfeld entgegen gerichtetes Magnetfeld bilden und damit das Magnetfeld entzerren und Funkenbildung verhindern.

Da die Drehzahl von Reihenschlussmotoren lastabhängig ist, müssen sie immer mit einer Grundlast (Lüfter, Getriebe) laufen, um nicht «durchzugehen», das bedeutet, dass sich der Motor ohne Last durch auftretende Fliehkräfte selbst zerstören würde.

Um die Geschwindigkeit von Reihenschlussmotoren im normalen Fahrbetrieb nochmals zu erhöhen, kann man die Magnetfelder der Fahrmotoren, der Erregerspulen, durch Parallelschaltung eines Widerstandes schwächen (Feldschwächung). Da der Rotor weiterhin seinen vollen Strom erhält, kann er sich schneller drehen.

Durch Umkehrung des Motor-Prinzips erhält man einen Generator. Der Anker dreht sich bei abgeschaltetem Fahrstrom durch die Schwungmasse des Fahrzeuges weiter. Durch das vom Rotor erzeugte magnetische Feld wird in den Spulen des Stators elektrische Spannung induziert (wie beim Fahrraddynamo).

Beim Schließen des Bremsstromkreises sind die Magnetfelder der Stator- und Rotorspulen so aufeinander gerichtet, dass der Anker des Motors abgebremst wird. Zwischen Rotor und Stator müssen entweder Widerstände geschaltet sein (Widerstandsbremse), oder es muss eine Taktung durch Chopper vorgegeben werden (bei fremderregten Motoren), um den vom Anker erzeugten Strom langsam dem Feld zuzuführen.

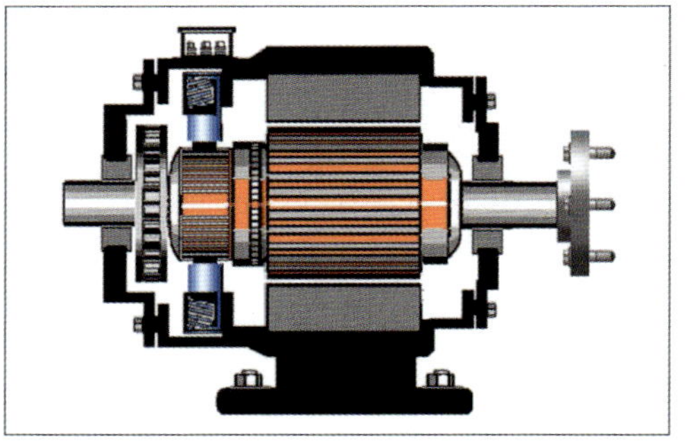

Aufbau des Reihenschlussmotors

Fremderregte Motoren

Durch neue Steuerungstechniken werden bei Modernisierungen von Fahrzeugen die «alten» Motoren mit Spulen und gewickeltem Anker zunehmend zu fremderregten Motoren umgeklemmt. In Verbindung mit einer Choppersteuerung können die Vorteile dieser Schaltung voll ausgenutzt werden.

Bei fremderregten Motoren werden Anker- und Erregerwicklung aus unterschiedlichen Spannungsquellen gespeist. Durch Verringerung der Spannung an den Feldspulen kann die Drehzahl erhöht werden, während sie durch Verringerung der Ankerspannung gesenkt werden kann. Einen weiteren Vorteil bieten fremderregte Motoren im Verhalten bei Bremseinsatz.

Während sich bei der Reihenschlussschaltung das Magnetfeld in den Erregerspulen erst aufbauen muss, was zu geringfügigen Verzö-

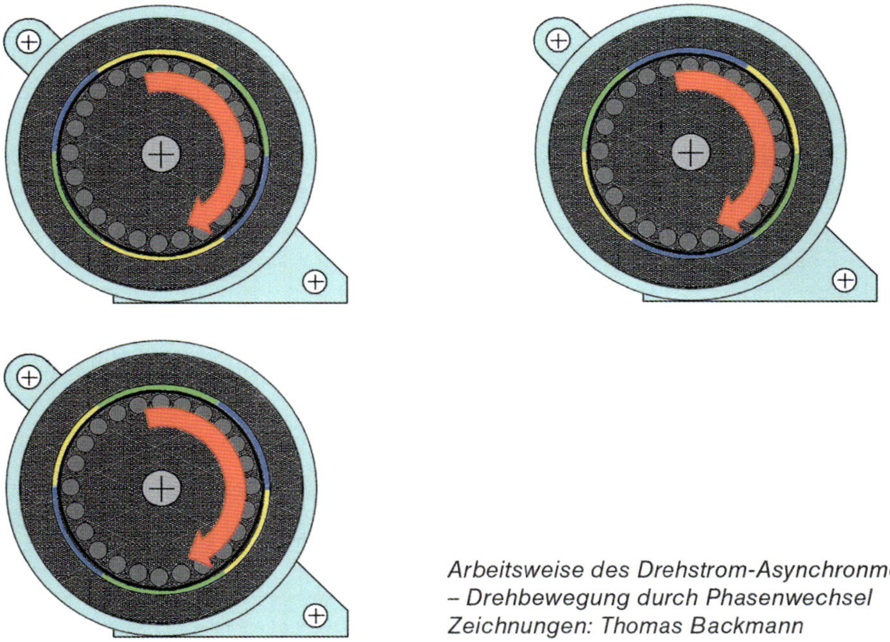

Arbeitsweise des Drehstrom-Asynchronmotors – Drehbewegung durch Phasenwechsel
Zeichnungen: Thomas Backmann

gerungen beim Bremseinsatz im Gefahrenfall führt, ist bei fremderregten Motoren ein verzögerungsfreier Bremseinsatz möglich, weil das Magnetfeld in den Erregerspulen bereits vorhanden (vorerregt) ist.

Drehstrom-Asynchronmotor

Der ideale Bahnmotor ist zurzeit der zunehmend verwendete Drehstromasynchronmotor. Sein Aufbau ist einfach und unempfindlich. Er arbeitet verschleißfrei, weil er weder einen verschleißenden Kollektor noch auswechselbare Kohlebürsten besitzt.

Der Drehstrom-Asynchronmotor wird auch oft als Drehstrom-Induktionsmaschine bezeichnet. Er kann als Motor oder als Generator arbeiten.

Im Motorbetrieb dreht sich das Drehfeld schneller als der Anker. Im Generatorbetrieb ist es umgekehrt.

Der Drehstrom-Asynchronmotor besitzt einen passiven Läufer (Kurzschlussläufer) aus massiven, gut leitfähigen Leiterstäben, die immer kurzgeschlossen sind. Im Betrieb fließen durch die Leiterstäbe hohe Ströme, die starke Magnetfelder erzeugen. Der Stator besteht aus dem Gehäuse, dem Ständerblechpaket und der darin befindlichen Ständerwicklung. Gesteuert wird der Asynchronmotor im Straßenbahnbetrieb häufig durch einen Frequenzumrichter. Der Gleichstrom der Fahrleitung wird in Drehstrom umgeformt. Wird der Drehstrom an die Statorwicklungen angelegt, entsteht durch die wechselnde Polarität der drei Phasen ein magnetisches Drehfeld, das den Rotor «mitnimmt» und in Drehbewegung versetzt.

Dieses rotierende Magnetfeld des Stators induziert in die kurzgeschlossenen Leiterschleifen des Rotors einen Strom, aus dem ebenfalls ein Magnetfeld resultiert. Dieses Magnetfeld ist so auf den Ständer gerichtet, dass ein starkes Drehmoment auf den Rotor wirkt.

Zwangsläufig muss sich der Rotor immer etwas langsamer drehen als das Statordrehfeld, damit das Induktionsgesetz wirkt. Dieses «hinterherlaufen» nennt man Schlupf. Wenn Rotor und Drehfeld in gleicher Geschwindigkeit laufen, findet keine Induktion statt und es wird kein Drehmoment übertragen.

Der Drehstrom-Asynchronmotor wird ebenfalls als generatorische Bremse von Schienenfahrzeugen eingesetzt. Im Generatorbetrieb rotiert der Läufer schneller als das magnetische Drehfeld. Der Rotor wird beim Schließen des Bremsstromkreises abgebremst.

Da bei Schienenfahrzeugen der Motor immer starr und untrennbar durch unterschiedliche Teile zur Kraftübertragung mit den Rädern verbunden ist, wird durch Abbremsen des Rotors das ganze Fahrzeug abgebremst.

Motoren werden durch das Rotieren des Ankers heiß und müssen gekühlt werden. Das einfachste und bewährteste System ist die **Eigenbelüftung**. Hier sitzt das Lüfterrad auf der Rotorwelle und dreht sich immer mit dem Rotor mit. Bei der **Fremdbelüftung** wird die Kühlluft durch externe Lüfter erzeugt und dem Motor zugeführt. Bei **Wasserkühlung** ist der Motor und oft auch noch die Steuerung von Lamellen, welche vom Kühlwasser durchflossen sind, umgeben. Diese werden von der Außenluft und einem zusätzlichen Ventilator gekühlt.

Da Fremdbelüftung und Wasserkühlung sehr aufwendig sind, geht man immer häufiger zur Eigenbelüftung zurück.

7.5.2 Getriebe

Die einfachste Form ist das zwei- oder mehrstufige Stirnradgetriebe. Bei dieser Form ist der Motor quer im Fahrwerk, also parallel zur Achse angeordnet und das Getriebe am Rotor des Motors angesetzt, so dass es direkt auf die Achse wirkt.

Beim Antrieb über Gelenkwelle liegt der Motor längs im Fahrzeug. Die Gelenkwelle verbindet Motor und Getriebe, wobei das Getriebe in dem Fall immer die Drehbewegung des Motors um 90° in die Drehbewegung der Fahrzeugachse umlenken muss. Bei dieser Getriebeform spricht man vom Winkelgetriebe.

Bei Hochflurwagen liegen Motor und Getriebe im Fahrwerkrahmen. Bei Niederflurwagen gibt es verschiedene Varianten, die Motoren anzuordnen.

Beim quergekoppelten Einzelradantrieb liegt der Motor längs außermittig unter dem Fahrzeug und ist über Gelenkwelle, Verteilergetriebe, Stirnradgetriebe und Unterflurverbindungswelle mit einem drehmomentsteifen Radpaar verbunden.

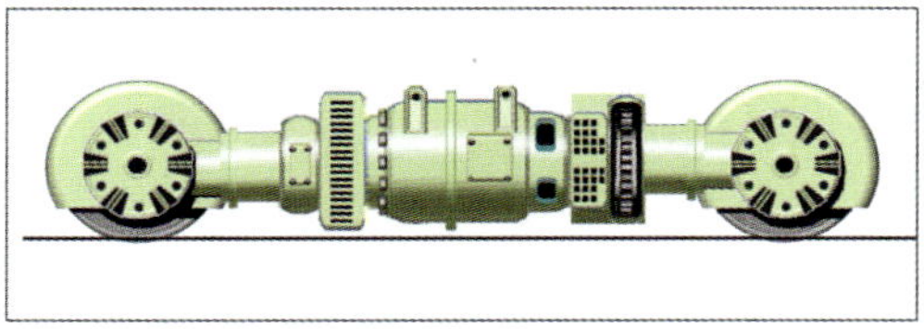

© Thomas Backmann

Zweirad-Längsantrieb des Combino

Bei einem weiteren Einzelradantrieb liegt das Motorenpaar längs, seitlich in der Radebene und treibt über Gelenkwelle und Winkelgetriebe das Rad an. Beim längsgekoppelten Einzelradantrieb liegt der Motor längs in der Radebene und treibt die Räder über Gelenkwelle und Winkelgetriebe an.

© Rolf-Roland Scholze

Erfurter Combino Zweiradlängsantrieb zur Probefahrt in Leipzig

Der Zweirad-Längsantrieb mit Bremsscheibe auf der Motorwelle und Gummi-Paketkupplungen wird im Combino von Siemens verwendet.

Weiterhin werden bei 100%igen Niederflurwagen auch sehr häufig Radnabenmotoren, wie bei der Variobahn, als Einzelradantrieb verwendet. Sie gibt es mit und ohne angeflanschtes Planetengetriebe.

Zuletzt soll auch noch der ebenfalls direkt an Rad befindliche Vertikalmotor erwähnt werden. Er treibt das Rad über ein Winkelgetriebe an.

© Olaf Just

Variobahn mit Radnabenmotor Chemnitz

7.6 Fahrzeugsteuerung

Durch die Fahrzeugsteuerung ist ein ruckfreies Fahren und Bremsen gewährleistet. Bremsbefehle müssen zwingend vorrangig vor Fahrbefehlen ausgeführt werden.

Neuere Fahrzeuge im Personenverkehr besitzen eine Schutzschaltung, die bei Ausfall des Fahrbediensteten das Fahrzeug bis zum Stillstand abbremst. Fahrzeuge, die auf Strecken mit Zugsicherungsanlage nach § 22 BOStrab eingesetzt werden, benötigen die dafür vorgesehene Sonderausrüstung (siehe ▸ Kapitel 10).

Die erste, und bis heute zum Teil noch vorhandene Steuerung ist die Widerstandssteuerung. Bei dieser werden beim Fahren und Bremsen Widerstände genutzt. Damit die Stromzufuhr beim Anfahren langsam und gleichmäßig erfolgt und das nötige Drehmoment auf die Schiene gebracht werden kann, sind zwischen Fahrleitung und Fahrmotor Widerstände geschaltet. Diese können entweder von Hand, pneumatisch unterstützt oder halbautomatisch nacheinander abgeschaltet werden, bis die volle Spannung an den Fahrmotoren anliegt.

Die Motoren können dabei erst in Reihe und dann parallelgeschaltet werden. Es gibt jedoch auch Fahrzeuge, in denen die Motoren einer Motorgruppe ständig in Reihe oder ständig parallelgeschaltet sind.

Ständig in Reihe geschaltete Motoren nennt man Halbspannungsmotoren. Sie finden zum Beispiel im Tatrawagen, der auf dem Patent des amerikanischen PCC-Wagens beruht, Anwendung. Auch Belgien erwarb das PCC Patent und baute solche Fahrzeuge, die vorwiegend in den Beneluxländern verkehrten und vereinzelt auch heute noch verkehren. Der PCC-Wagen ist zusammen mit seinen Nachfolgern das weltweit am häufigsten gebaute Straßenbahnfahrzeug!

Das Akronym PCC steht für **President Conference Committee,** weil es sich um ein Fahrzeug handelt, das aufgrund eines Beschlusses der Präsidentenkonferenz der USA gebaut wurde.

Bei einer Widerstandssteuerung spricht man auch oft von der elektrodynamischen Widerstandsbremse. Da beim Bremsen der Strom vom Rotor des Fahrmotors abgenommen und zu seinen Feldspulen geleitet wird, sind auch hier bei Beginn des Bremsvorganges alle Widerstände dazwischengeschaltet, die ebenfalls nacheinander abgeschaltet werden. Am Ende des Bremsvorganges, bei ca. 3–5 km/h, sind alle Widerstände abgeschaltet. Feld und Rotor sind dann «kurzgeschlossen».

© Adam E. Moreirat

PCC Wagen in Boston (USA 2005)

Die in den Widerständen entstehende Wärme wird an die Umwelt abgegeben. Zum Teil müssen auch externe Lüfter im Fahrzeug eingesetzt werden, um die Widerstände zu kühlen.

Die Widerstandssteuerung ist nicht gerade energiesparend und bei unsauberer Fahrweise auch störanfällig, weil sich dann auf den Schaltkontakten der Widerstände Schweißperlen bilden, oder die Widerstände sogar durchbrennen. Deshalb ist die Widerstandssteuerung unwirtschaftlich und veraltet.

Heute steuert man die Schienenfahrzeuge mit GTO-Thyristoren, Chopper und IGBT Direktpulsumrichtern mit einer Impulsbreitensteuerung und/oder Frequenzsteuerung. Bei diesen Steuerungsarten wird der Strom in einer Taktung an die Motoren angelegt.

Durch Änderung der Frequenz bzw. Impulsbreite, kann die Geschwindigkeit verändert werden. Die Frequenz bzw. Impulsbreite wird solange erhöht, bis der volle Strom an den Fahrmotoren anliegt. Die Höhe der Frequenz bestimmt der Fahrbedienstete durch den vorgegebenen Sollwert.

Beim Bremsen wird ebenfalls der Bremsstrom des als Generator arbeitenden Fahrmotors in einer vorgegebenen Frequenz getaktet, so dass der Rotor abgebremst wird.

Mit diesen Steuerungen ist es möglich, den nicht benötigten Bremsstrom zurück ins Netz zu speisen. Deshalb nennt man diese Bremsung auch Nutzbremsung oder Rekuperationsbremsung.

Weiterhin ist es möglich, den Bremsstrom als Fahrzeugheizung zu nutzen oder in einem Akku zu speichern und beim nächsten Anfahren wieder zu nutzen, wie es mit dem Energy Sever von Bombardier Transportation möglich ist.

Da moderne Fahrzeuge mit Drehstrom-Asynchronmotoren ausgerüstet sind, gehören zur Steuerung auch Wechselrichter und Gleichrichter bzw. Stromrichter.

Der Gleichstrom aus der Fahrleitung muss in den benötigten Dreiphasenwechselstrom umgewandelt werden.

Bei der Bremsstromrückspeisung wird der vom Asynchronmotor erzeugte Strom gleichgerichtet, um ins Netz zurückgespeist werden zu können.

Bei den Modernisierungen von Straßenbahnen werden vorwiegend Chopper (engl. Zerhacker) verwendet. Da dort meistens die Gleichstrommotoren erhalten bleiben, «zerhackt» der Chopper den vorhandenen Gleichstrom. Mittels Gleichstromumrichtern kann der vorhandene Gleichstrom mit seiner Spannung und Polarität in einen Gleichstrom anderer Spannung, mit sogar entgegengesetzter Polarität umgeformt werden.

Durch den vom Fahrer vorgegebenen Sollwert wird entsprechend der benötigte Strom mit der entsprechenden Spannung und Polarität in vorgegebener Taktung den Motoren zugeführt. Beim Bremsen kann der erzeugte Gleichstrom direkt ins Netz gespeist werden.

Die genannten Steuerungsarten arbeiten sehr energiewirtschaftlich, sauber und zuverlässig. Das Fahren und Bremsen erfolgt bei fahrzeuggerechter Bedienung völlig gleichmäßig, weich und ruckfrei. Die Vorzüge der modernen Steuerungen durch Chopper, Pulssteller und IGBT Direktpulsumrichter kann man wie folgt zusammenfassen:

- Ruckfreie Beschleunigung und Verzögerung
- Motorumgruppierungen Serie-Parallel entfallen
- Jede angesteuerte Stufe lässt sich als Dauerstufe halten
- Generatorische Bremse wirkt fast bis zum Stillstand
- Durch kontaktlose Ansteuerung reduziert sich drastisch der Wartungsaufwand und der Verschleiß
- Schlupfreglung sorgt für genügend Haftzugkraft

7.6.1 Fahrleitungsloses Fahren

Viele «Stadtväter» wünschen sich in ihren Städten eine fahrleitungslose Straßenbahn, weil angeblich die Fahrleitungsanlagen die freie Sicht auf schöne Bauwerke zerstören. In Frankreich wurde deshalb ein System dafür entwickelt. Das APS (Alimentation par le sol) APS) ist ein von Alstom für ihre Citadis-Straßenbahnen entwickeltes System, das bereits seit Jahren in vielen französischen Städten eingesetzt wird.

© Rolf-Roland Scholze

Citadis-Straßenbahn mit APS-System in Bordeaux

Bei diesem System befinden sich mittig zwischen den beiden Schienen immer wechselseitig jeweils 8 m lange Stromschienen, die 750 V Gleichspannung führen und 3 m lange Isolationsschienen. Sie sind in die Erde eingelassen und die Bahnen greifen mit einem Schleifer den Strom ab. Die unterirdische Stromschiene ist immer nur dann aktiv, wenn sich eine Bahn komplett auf ihr befindet, damit Passanten nicht gefährdet werden. Befindet sich die Bahn auf dem insgesamt 11 m langen Segment (Stromschiene und Isolationsschiene), sendet diese per Funk ein codiertes Signal zur im Boden eingelassenen Kontrollbox («coffret»), welche die Stromschiene aktiviert. Alle 22 m befindet sich im Boden eine solche Kontrollbox. Diese sorgen für die Steuerung der Spannungsversorgung des jeweiligen Segmentes. Jedes dieser Fahrzeuge verfügt über zwei Stromschleifer («frotteurs»). Damit ist gewährleistet, dass immer einer der beiden Schleifer unter Spannung steht und Strom fließen kann. Es können maximal zwei Segmente gleichzeitig unter Spannung stehen. Dies setzt voraus, dass die Bahnen mindestens 33 m lang sind, um die beiden Stromschienen komplett zu aktivieren und zu bedecken. In Frankreich hat sich das APS sehr gut durchgesetzt. Nach anfänglichen «Kinderkrankheiten» läuft es stabil, sicher und komfortabel. Zur Überwachung des Betriebszustandes gibt es in der Nähe jeder Station zusätzlich automatische Kontrollstationen. Sollte doch einmal ein Segment nach Überfahren der Bahn nicht abschalten, wird innerhalb von 0,2 Sekunden der gesamte Streckenabschnitt abgeschaltet. Ist das defekte Segment gefunden, wird es deaktiviert und die anderen Segmente des Abschnittes werden wieder zugeschaltet. Sollte ein Abschnitt aus irgendwelchen Gründen nicht gleich wieder zugeschaltet werden können, ist das auch kein Problem, denn Citadis-Fahrzeuge können sofort auf Batteriebetrieb umschalten und so bis zu 150 m den abgeschalteten Teil der Strecke verlassen.

Man kann aus Magnetismus Strom erzeugen und mit Strom Magnetismus. Dieses System wollte sich Bombardier Anfang der 1990er Jahre unter dem Namen PRIMOVE zu Nutze machen und Straßenbahnen mit Induktionsschienen ohne Fahrleitung antreiben. Doch dies war nicht die optimale Lösung. Es ist mehr daraus geworden. Zitat:

Hinweis

«PRIMOVE ist Bombardiers komplettes E-Mobilitätsportfolio und ermöglicht Städten und der Verkehrsindustrie den einfachen Einstieg in die Elektromobilität. Das PRIMOVE Gesamtpaket beinhaltet das induktive Schnellladesystem, die leichten und langlebigen Batterien und den effizienten Elektroantrieb für alle E-Fahrzeuge.

Mit PRIMOVE wird nachhaltige Mobilität Wirklichkeit. Lokale CO_2 Emissionen werden auf null gesenkt, es eliminiert Lärm und fügt sich nahtlos in die Umgebung.»

Es gibt von Bombardier E-Mobilität für Busse, Lkw, Pkw und für Straßenbahnen ohne Fahrleitung. Der erfolgreiche Schlüssel dazu sind Systeme von Lithium-Ionen-Zellen auf Nickel-Mangan-Kobalt (NMC)-Basis. Eine PRIMOVE-Straßenbahn mit völlig neuer Technologie hat Bombardier in China (Nanjing) gebaut. Die Bahnen sind mit einem Lithium-Ionen-Batteriesystem ausgestattet. Es gibt nur an Haltestellen statische Ladestationen. Die Ladung erfolgt über Pantograph (Stromabnehmer) und durch den Bremsstrom, der ebenfalls den Batterien zugeführt wird. In Nanjing fahren zum ersten Mal Straßenbahnen mit Lithium-Ionen-Batterien oberleitungsfrei im Fahrgastbetrieb. Batterieantrieb in Straßenbahnen gab es bisher noch nie, dieses System war bisher nur Omnibussen vorbehalten.

© Bombardier

PRIMOVE-Straßenbahn in China (Nanjing)

Bei der Rhein-Neckar-Verkehrs GmbH (RNV) werden schon seit 2009 in Straßenbahnen Energiespeicherungssysteme (SuperCaps) von Bombardier genutzt, um den Bremsstrom optimal zu nutzen. Bei der Rekuperationsbremse wird die erzeugte Bremsenergie in die Fahrleitung zurück gespeist. Dies ist aber nur möglich, wenn sich ein aufnahmefähiges Fahrzeug im gleichen Speisebezirk befindet. Die Energie, die nicht zurück gespeist werden kann, wird nun in den SuperCaps gespeichert und kann wiederverwendet werden. Damit kann man auch schon kleine Abschnitte ohne Fahrleitung fahren. Außerdem wird der erzeugte Bremsstrom zu 100% genutzt, was natürlich die Kosten senkt. In Braunschweig ist ein Elektrobus mit PRIMOVE Lithium-Ionen-Batteriesystem im Linienbetrieb unterwegs. Zum Nachladen an der Ladestation reicht eine 10-minütige Pause an der Endhaltestelle. Auch die Rhein-Neckar-Verkehrs GmbH hat zwei Busse mit PRIMOVE-Technologie erfolgreich im Einsatz. Für die fahrleitungslose Straßenbahn sind APS und PRIMOVE zwei völlig unterschiedliche Systeme, die aber beide gut funktionieren. Bleibt nun abzuwarten, was der rasante Fortschritt im Bereich der Elektroenergie als nächstes bringt!

7.6.2 Bordspannung

Straßenbahnen und Stadtbahnen besitzen ein Bordnetz von 24 V. Zum Nachladen der Batterie dient der rotierende oder statische Umformer. Der rotierende Umformer wird mit einem Motor durch die Fahrleitungsspannung angetrieben. Auf der gleichen Ankerwelle sitzt der Rotor des Generators, der durch die Drehbewegung genau wie ein Fahrraddynamo arbeitet und die Elektrizität für die Batterienachladung erzeugt.

Da die Geschwindigkeit, mit der sich der Motor dreht, von der Fahrleitungsspannung abhängt und damit schwankt, ist dieser vom Generator erzeugte Strom nicht für die heutige präzise Leittechnik, die mit konstanter Spannung arbeiten muss, geeignet. Sie besitzen zwar Spannungsregler oder Laderegler, doch für sensible Bauteile ist auch diese Reglung noch nicht konstant genug.

Bei neueren Fahrzeugen werden deshalb statische Umformer verwendet. Sie transformieren die Fahrleitungsspannung entsprechend um und erzeugen einerseits die Kleinspannung für das Bordnetz und die Nachladung der Batterie, andererseits werden auch noch 230 V/400 V Wechselspannung für den Betrieb verschiedener anderer Aggregate, wie Innenbeleuchtung, Lüfter, Klimaanlage oder Heizung. Sie erzeugen stets konstante Spannungen und sind deshalb für die empfindliche Steuerelektronik notwendig. U-Bahnen besitzen in der Regel eine Bordspannung von 110 V.

7.7 Signaleinrichtungen

Signaleinrichtungen (Zugsignale) müssen nach betriebsbedingtem Umfang vorhanden sein. Zugsignale müssen unabhängig vom Fahrleitungsstrom funktionieren. Alle Schienenbahnen müssen mit den Signalen Z 1 Spitzensignal und Z 2 Schlusssignal ausgerüstet sein. Das Spitzensignal muss aus 3 Lampen im Frontbereich bestehen (Dreispitzensignal), wobei die beiden unteren Lampen den Gleisbereich ausreichend beleuchten müssen. Sie müssen gleichzeitig abblendbar sein und dürfen sich nicht versehentlich verstellen. Das Aufblenden auf Fernlicht muss dem Fahrer optisch (durch blaue Kontrolllampe) angezeigt werden.

Das Schlusssignal besteht aus zwei roten Leuchten und kennzeichnet das Zugende. Straßen- und Stadtbahnen, die auch auf straßenbündigem Bahnkörper verkehren, müssen zusätzlich noch zwei Rückstrahler haben. Außerdem müssen bei diesen Bahnen auch die Signale Z 3 Bremssignal, Z 4 Fahrtrichtungssignal und Z 5 Warnblinksignale vorhanden und funktionstüchtig sein. Das Bremssignal muss immer dann leuchten, wenn der Fahrzeugführer die Bremse bedient und verlöschen, wenn das Fahrzeug wieder rollt oder fährt. Es besteht aus zwei roten oder gelben Lampen.

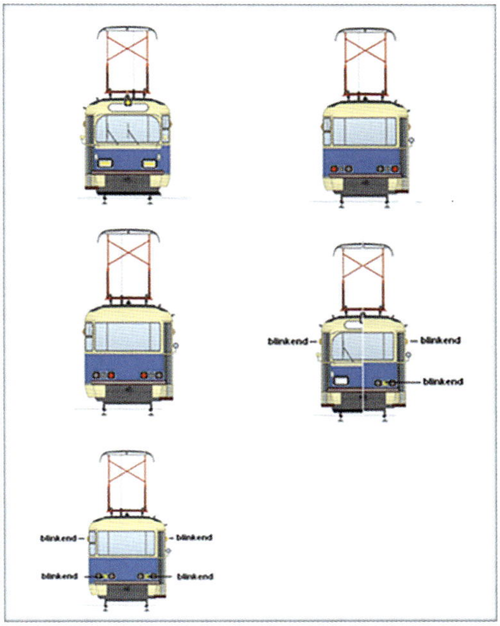

© Thomas Backmann

Zugsignale nach BOStrab

Das Fahrtrichtungssignal und Warnblinksignal besteht aus gelben Lampen, die mindestens vorn und hinten an den Längsseiten des Fahrzeuges angebracht sind. Beim Fahrtrichtungssignal blinkt eine der beiden Seiten in einem gleichmäßigen Takt.

Die Funktion ist dem Fahrzeugführer mit einer Kontrolllampe, die im gleichen Takt blinkt, optisch anzuzeigen. Häufig ist auch eine akustische Anzeige vorhanden, aber nicht vorgeschrieben. Die Verwendung des Fahrtrichtungssignals ist in der DFStrab vorgeschrieben. Bei eingeschaltetem Warnblinksignal blinken an beiden Längsseiten der Bahn die gelben Lampen im gleichen Takt. Auch hier erfolgt eine optische Anzeige als Kontrolle für den Schienenbahnfahrer. Verwendet wird das Warnblinksignal als Warnzeichen bei Störungen oder beim Abschleppen.

7.8 Bahnräumer / Schienenräumer

Schienenräumer sind vor der ersten Achse, möglichst dicht vor den Rädern anzubringen. Sie sollen auf straßenbündigem Bahnkörper vor Hindernissen schützen, die seitlich auf das Gleis gelangen können. Sie sollen auch verhindern, dass im Falle eines Unfalls Personen unter die Räder gelangen.

© Thomas Backmann

Schutzbrett des XXL Classic von Bombardier Transportation NGT 12 in Leipzig

Wenn geeignete andere Einrichtungen vorhanden sind, wie zum Beispiel ein Schutzrahmen vor oder um das Fahrwerk, können Bahnräumer entfallen. Niederflurwagen sind vorn meist so flach, dass größere Gegenstände schon mit der Rammbohle weggeschoben werden. Sie haben deshalb nur den genannten Schutzrahmen.

7.9 Kupplungseinrichtungen

Bei Fahrzeugen, die im Zugverband fahren, sind die Kupplungseinrichtungen aufeinander abzustimmen. Bei selbsttätigen Kupplungen muss das ordentliche Einlaufen und Verriegeln optisch sichtbar sein. In Deutschland werden noch drei verschiedene Kupplungssysteme verwendet. Dabei ist wichtig, dass innerhalb eines Verkehrsbetriebes das gleiche Kupplungssystem verwendet wird, um im Störfall problemlos schieben oder schleppen zu können.

Sollten unterschiedliche Kupplungssysteme vorhanden sein, muss immer eines der Fahrzeuge ein Adapterstück mitführen. Zum Beispiel führen historische Fahrzeuge mit Trichterkupplungen meist das entsprechende Adapterstück mit, da diese Kupplungsart nicht mehr verwendet wird.

7.9.1 Compakt-Kupplung

Die Compakt-Kupplung, auch BSI-Kupplung genannt, besteht aus einem Kupplungskopf, einem drehbaren Herzstück und einer starren Klaue. Es kann ein elektrischer Kupplungskopf aufgesetzt werden oder die elektrische Verbindung über Kabel erfolgen. Sie hat weniger und kompaktere Bauteile als die Scharfenbergkupplung, reagiert aber empfindlicher auf schlagartige Belastung.

© Thomas Backmann

Compakt-Kupplung eines Fahrzeuges in Karlsruhe

7.9.2 Scharfenbergkupplung

Die Scharfenbergkupplung ist die am häufigsten verwendete Kupplung für Fahrzeuge, die im Zugverband fahren. Sie besteht aus Kegelstück, Trichter, Kuppelöse und Herzstück. Beim Ankuppeln rastet die Kuppelöse in die Mäuler und bildet eine feste Verbindung. Die elektrischen Teile können seitlich, oben oder unten angebracht sein. In Gelenkwagen mit verdeckter Kupplung dient die Scharfenbergkupplung auch als einklappbare Notkupplung.

Sie wird auch als ESW-Kupplung (Einheits-Straßenbahn-Wagenkupplung) bezeichnet. Sie ist meist mit elektrischer Kupplung kombiniert, wobei sich das elektrische Teil sowohl oben, unten, als auch rechts und links befinden kann.

Sie kann als halbautomatische Kupplung und vollautomatische Kupplung ausgeführt sein.

Bei vollautomatischen Kupplungen kann der Fahrer das An- und Abkuppeln vollständig von seinem Führerarbeitsplatz durchführen. Bei verdeckten Kupplungen wird dabei die Verkleidung hochgeklappt und die Kupplung «ausgefahren» und ausgerichtet. Beim Heranfahren verbinden und arretieren sich der mechanische und elektrische Teil der Kupplung.

© Thomas Backmann

Scharfenbergkupplung eines Leipziger NGT 6 Leoliner

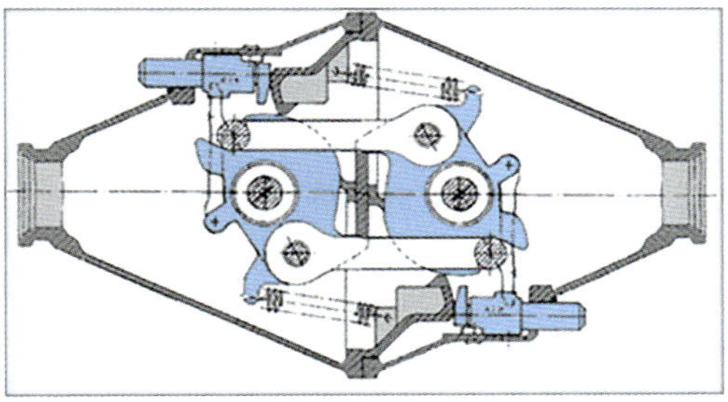

© Thomas Backmann

Funktionsprinzip der Scharfenbergkupplung

7.9.3 Albertkupplung

Die einfachste und robusteste Kupplungsart ist die Albertkupplung. Sie ist eine einfache Verbindung mit Ösen und Bolzen. Die elektrische Versorgung gekuppelter Wagen muss über Kabelverbindungen erfolgen, weil keine kompakten elektrischen Teile an ihr angebracht werden können. Heute dient die Albertkupplung meistens nur noch als verdeckte Notkupplung von Gelenkfahrzeugen.

© Thomas Backman

Albertkupplung

© Thomas Backmann

Die Albertkupplung mit Adapter zur Scharfenbergkupplung als Notkupplung

7.9.4 Weitere Kupplungen

Als weitere Kupplung ist die heute nur noch an historischen Wagen verwendete Trichterkupplung (auch Stangenkupplung genannt) zu nennen. Auch die Hoefnerkupplung ist nicht mehr in Gebrauch. Aus diesem Grund werden sie auch nicht in ihrer Funktionsweise besprochen.

7.10 Fahrzeugführerplatz

Nach BOStrab muss die Gestaltung des Fahrzeugführerplatzes eine sichere Bedienung des Fahrzeuges durch den Fahrbediensteten gewährleisten. Er muss ausreichend gegen Witterungseinflüsse und Zugluft geschützt sein. Er darf auch nicht durch Fahrgäste in seiner Tätigkeit behindert werden.

Weiterhin schreibt die BOStrab vor, dass Sitz und Armaturen aus Materialien gearbeitet sein müssen, die hygienischen, arbeitsmedizinischen Erkenntnisse und Vorgaben entsprechen. Form von Fahrersitz und Armaturen müssen eine optimale und gesunde Sitzhaltung gewährleisten. Im Notfall muss der Fahrer schnell seinen Platz verlassen können.

Als Ausrüstung sind Tachometer und Fahrtenschreiber vorgeschrieben. Bahnen, die auch auf straßenbündigem Bahnkörper verkehren, müssen mindestens rechts einen Außenspiegel (Rückspiegel) besitzen.

Beim Bedienen von Einrichtungen, die nur zum Rangieren oder dem Störfall vorbehalten sind, gelten die zuvor genannten Vorschriften nur soweit, wie es für den Zweck erforderlich ist. Soweit zu den Vorschriften nach BOStrab.

Während in den ersten Straßenbahnen der Fahrer noch stehen musste oder dann später einen geschweißten, kaum verstellbaren eingebauten Sitz bekam, bei dem er wie im Stehwagen auf seiner Plattform Witterung, Zugluft und drängelnden Fahrgästen ausgesetzt war, wird heute großer Wert auf Komfort und Gesundheitsschutz für das Fahrpersonal gelegt. Kunde und Hersteller sind sich hier einig, dass der Fahrerarbeitsplatz bei der Gestaltung am wichtigsten ist, denn immerhin verbringt der Fahrer täglich rund 8 Stunden in seiner Kabine. Der Sitz sollte deshalb in allen Teilen so verstellbar sein, dass Fahrer jeder Körpergröße bequem sitzen können. Die Armaturen müssen so angeordnet sein, dass sie wiederum von allen Fahrern bequem erreicht werden können.

Bei der Anordnung und Farbgebung der Bedienelemente sollte das Fahrpersonal vor der Beschaffung eines neuen Fahrzeuges ein gewisses Mitspracherecht haben. Dies erspart Beschwerden und Unzufriedenheit, wenn das Fahrzeug eingesetzt wird. Wenn in einem Verkehrsunternehmen verschiedene Fahrzeugtypen eingesetzt werden, sollte die Anordnung von Bedienelementen neuer Fahrzeuge immer in ähnlicher Weise und Farbe an die vorhandenen Wagentypen angepasst sein. Beispiel: Befinden sich Bedienelemente am statischen Ausgleich, sollten diese bei allen Fahrzeugen des Verkehrsbetriebes in der gleichen Reihenfolge angeordnet sein, um Verwechslungen auszuschließen.

Auch in den Fahrerkabinen gibt es die unterschiedlichsten Ausstattungen. So sind bei manchen Arbeitsplätzen Bedienelemente in die Armlehne des Fahrersitzes integriert, bei anderen im statischen Ausgleich. Es kann vorkommen, dass die Ausstattungen der Fahrerkabinen von Unternehmen zu Unternehmen unterschiedlich sind, obwohl sie vom gleichen Fahrzeugtyp und selben Hersteller stammen.

Zu den Fahrersitzen gibt es arbeitsmedizinische Studien. Die Federung muss bei richtiger Einstellung von Gewicht und Sitzposition die auftretenden Stöße abfangen, um das Fahrpersonal vor Haltungsschäden oder gar Wirbelsäulenerkrankungen zu schützen. Auch die zuständige Berufsgenossenschaft achtet darauf, dass Arbeitsunfälle oder Berufskrankheiten vermieden werden.

Ein wichtiges Bedienelement für Fahrpersonale in neueren Fahrzeugen ist die Totmannschaltung. Diese gibt es bei der Eisenbahn in ähnlicher Form schon lange und wird dort Sicherheitsfahrschaltung, kurz Sifa, genannt. Diese Sifa funktioniert ähnlich wie die Totmannschaltung in Straßenbahnen. Sie bringt einen Zug mit maximaler Betriebsbremsung zum Stehen, wenn der Fahrer während der Fahrt handlungsunfähig wird.

© Thomas Backmann

Fahrerkabine eines Flexity Classic NGT 12

Die Totmannschaltung dient der Arbeitssicherheit an Einzelarbeitsplätzen. Der Fahrzeugführer muss dazu während der Fahrt ständig den Totmannschalter bedient halten und in einem eingestellten Zeitintervall loslassen und wieder festhalten. Die Totmannschaltung kann im Sollwertgeber integriert oder als separates Pedal eingerichtet sein. Im manchen Fahrzeugen sind auch beide Varianten zur Auswahl eingebaut.

Bevor bei einem handlungsunfähigen Fahrer eine Totmannbremsung eingeleitet wird, ertönt ein kurzes (wenige Sekunden) akustisches Signal. Reagiert der Fahrer nicht, leitet das Fahrzeug selbständig die Zwangsbremsung ein. Die Totmannschaltung trägt daher zur Sicherheit von Fahrer und Fahrgästen bei.

7.11 Sinnbilder

Die BOStrab schreibt dazu im § 47 vor, dass an den äußeren Längsseiten der Fahrzeuge Name und Betriebssitz des Unternehmers oder dessen Geschäftszeichen oder Wappen sowie Fahrzeugnummer vorhanden sein müssen. Außerdem sollen sich Betätigungs- und Verhaltenshinweise für Fahrgäste dort befinden. Im Falle einer Havarie müssen die Stellen gekennzeichnet sein, an denen Hebezeuge angesetzt werden dürfen.

Bei Betriebsfahrzeugen dürfen Angaben über das zulässige Ladegewicht nicht fehlen. Im Fahrgastraum von Personenfahrzeugen müssen ebenfalls Betätigungs- und Verhaltenshinweise für Fahrgäste vorhanden sein. Außerdem sind bestimmte Sitzplätze, die Schwerbehinderten, in der Gehfähigkeit Beeinträchtigten, älteren oder gebrechlichen Personen, werdenden Müttern und Fahrgästen mit Kleinkindern vorbehalten sind, mit dem entsprechenden Sinnbild zu kennzeichnen.

Da Sanitätskasten und Feuerlöscher im Notfall auch für Fahrgäste oder Helfer zugänglich sein müssen, ist auch der Aufbewahrungsort dieser Ausrüstungen zu kennzeichnen.

Die Beschriftungen sowie Sinnbilder müssen eindeutig und für alle gut sichtbar und deutlich lesbar sein. Ihre Erkennbarkeit darf durch andere Aufschriften oder Bildzeichen nicht beeinträchtigt sein. Beispiele für Sinnbilder:

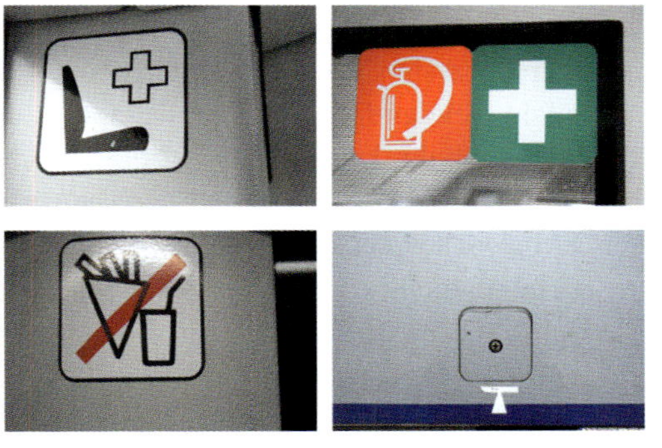
© Thomas Backmann

Sitzplatz für Behinderte, Sanikasten und Feuerlöscher, Verzehren von Speisen verboten, Winde ansetzen

Der Text der Verordnung ist eindeutig und gut verständlich, so dass dem nur noch wenig hinzuzufügen ist. Die in der BOStrab geforderten Sinnbilder können durch Weitere ergänzt werden. So werden in Verkehrsmitteln des ÖPNV auch Symbole für Kinderwagen, Rollstuhlstellplätze, Rauchverbot und Anderes angebracht.

7.12 Innenbeleuchtung, Heizung und Lüftung

Für Fahrzeuge sind verschiedene Beleuchtungseinrichtungen vorgeschrieben. Außer der Außenbeleuchtung (siehe unter Punkt 7.7 Signaleinrichtungen) müssen auch Innenbeleuchtung und Notbeleuchtung vorhanden sein. Die Innenbeleuchtung muss den Fahrgastraum ausreichend ausleuchten und darf nicht durch Fahrgäste betätigt werden können. Es werden entweder Glühlampen oder Leuchtstoffröhren verwendet. Die Notbeleuchtung muss über Batteriespannung funktionieren und ist für den Fall einer Stromstörung im Netz oder bei schadhafter Innenbeleuchtung vorgesehen. Die Innenbeleuchtung darf nicht den Fahrer über die Frontscheibe blenden. Entweder ist die Kabinenrückwand flexibel abdunkelbar (z. B. mit einem Rollo) oder die ersten Leuchten hinter der Kabine sind nicht blendend zu gestalten. Das kann zum Beispiel durch dunkelblaue Beleuchtung geschehen. Auch die Trittstufen an den Einstiegen müssen so beleuchtet sein, dass die Fahrgäste diese ausreichend erkennen.

Um den nötigen Komfort für die Fahrgäste zu gewährleisten und zu verhindern, dass die Frontscheibe vereist, muss sowohl für die Fahrgäste, als auch für die Fahrerkabine eine Heizung vorhanden und ausreichende Belüftung gewährleistet sein.

In den Fahrerkabinen kommt häufig eine Klimaanlage zum Einsatz, während im Fahrgastraum Klimaanlagen erst im «Kommen» sind. Das heißt, es gibt noch eine ganze Reihe von Fahrzeugen mit normalen Heizungen und Fenstern zur Lüftung; und auch nicht jede Neubaubahn wird vom Verkehrsbetrieb mit Klimaanlage für die Fahrgäste bestellt, weil sich dadurch nicht nur der Kaufpreis, sondern auch der Stromverbrauch erhöht.

Indirekte Innenbeleuchtung eines Leipziger Leoliner

Alle Fensterscheiben bestehen aus Sicherheitsglas. Im Falle eines Unfalles dürfen sich Fahrgäste nicht am Glasbruch verletzen. Wenn zur Belüftung Fenster vorgesehen sind, dürfen sie sich nur soweit öffnen lassen, dass ein Hinauslehnen durch Personen nicht möglich ist. Dies schreibt der § 33 der BOStrab vor.

7.13 Türen und deren Sicherheitseinrichtungen

Personenzüge dürfen nur abfahren, wenn die Türen geschlossen sind. Die Türen werden über Sicherheitseinrichtungen überwacht. Die Türfreigabe erfolgt im Regelbetrieb nur an den Haltestellen. Bei der Gestaltung der Türen muss darauf geachtet werden, dass ein zügiger Fahrgastwechsel möglich ist. Sie sollten in Ihrer Breite dem durchschnittlichen Fahrgastaufkommen angepasst sein, müssen aber mindestens 0,65 m breit sein.

Wenigstens eine Tür auf der Einstiegseite des Fahrzeuges muss für den Fahrgastwechsel mindestens 0,80 m breit sein, damit auch Kinderwagen und Rollstühle transportiert werden können. Sind an den Türen ausklappbare Trittstufen vorhanden, müssen diese immer gleichzeitig mit dem Öffnen der Türen ausklappen.

Beim Schließen der Türen dürfen keine Fahrgäste durch Einklemmen verletzt werden. Die Türen besitzen deshalb Sicherheitsvorrichtungen. Fahrzeuge mit Falttüren, an denen sich keine Lichtschranke befindet, mindestens eine Anfahrsperre. An den Türflügeln befinden sich längs weiche Gummis und die Türen schließen so, dass kein Fahrgast verletzt wird, wenn er sich versehentlich einklemmen sollte. Außerdem werden die Türen über eine Türkontrollleuchte vom Fahrer überwacht, die im genannten Fall nicht leuchten würde. Dies hat weiter zur Folge, dass ein Anfahren ohne diese Kontrollleuchte gar nicht möglich ist. Die Sicherheit, dass kein Fahrgast gefährdet oder geschädigt wird, ist in jedem Fall gegeben.

Fahrzeuge mit Außenschwenktüren haben meistens noch weitere Sicherheitseinrichtungen. Zu der genannten Anfahrsperre kommen oft noch Lichtschranke, Motorstromüberwachung und Druckwellenschalter. Die Lichtschranke bewirkt, dass die Tür wieder öffnet oder offenbleibt, wenn das Portal noch nicht frei ist.

Außenschwenktür in Leipzig

Falttür mit ausklappbaren Trittstufen in Hannover

Notentrieglung und Fahrgastnotbremse

Bei manchen Fahrzeugen wird die Lichtschranke bereits mit dem normalen Schließbefehl ausgeschaltet, während dies bei anderen Fahrzeugen erst mit dem Zwangsschließbefehl möglich ist. Der Druckwellenschalter und/oder die Motorstromüberwachung wirken jedoch immer und öffnen die Tür wieder, wenn ein Fahrgast eingeklemmt wird.

Ist eine Tür schadhaft, kann sie außer Betrieb genommen werden, indem die Steuerung abgeschaltet und eine mechanische Verrieglung eingeschaltet wird. Dies kann mit einem Schlüssel oder Schalter geschehen. Die Türen besitzen für den Ausnahmefall eine Notentrieglung. Durch diese kann die Tür durch Fahrgäste geöffnet werden. Ein Betätigen während der Fahrt ist nicht möglich.

Auch die Steuerung von Türen kann unterschiedlich sein. Am häufigsten werden sie mit Elektromotoren angesteuert. Sind jedoch in einem Fahrzeug bereits andere Komponenten pneumatisch angesteuert, das heißt, ist ein Kompressor mit ausreichender Leistung vorhanden, können Türen auch mit Druckluft gesteuert werden.

7.13.1 Informationseinrichtungen und Kommunikationseinrichtung

Personenfahrzeuge müssen entsprechende Anzeigen und Informationseinrichtungen aufweisen. Außen am Wagenzug müssen sich für Fahrgäste gut erkennbar im Folgenden genannte Anzeigen befinden. An der Stirnseite sind die Linienbezeichnung und der Endpunkt, also das Fahrtziel zu zeigen. An der Einstiegsseite müssen ebenfalls noch einmal die Linie und das Fahrtziel sichtbar sein. Gibt es unterschiedliche Fahrtwege einer Linie, ist zusätzlich der Linienverlauf (z. B. über Maximilianstraße) zum Fahrtziel hinzuzufügen. Am Heck des Fahrzeuges ist nur die Liniennummer erforderlich.

Im Fahrgastraum sind entsprechende Hinweise anzubringen. So muss sich der Fahrgast über Umsteigemöglichkeiten an einem Streckenplan (Netzplan) und Tarife informieren können. Auch die Linie und deren Verlauf müssen sichtbar angebracht sein. Alle Innenanzeigen müssen auch bei Dunkelheit erkennbar sein.

Viele Verkehrsbetriebe haben in ihren Fahrzeugen Fahrkartenautomaten installiert, an denen der Fahrgast beim Fahrscheinkauf auch Tarifinformationen erhält. Zur Fahrgastinformation werden die Haltestellen und dortige Umsteigemöglichkeiten automatisch angesagt. Außerdem befindet sich in den Fahrzeugen meistens noch eine Haltestellenanzeige. Diese besteht entweder aus Bildschirmen oder Leuchtschriftdisplay.

Zur schnellen Kommunikation zwischen Fahrer und Leitstelle dient der Funk. Außer dem normalen Sprechwunsch gibt es eine Notruffunktion, die der Fahrer bei Unfällen oder Entgleisungen wählt und einen stummen Überfallruf, der bei Gefahr für das Fahrpersonal auszulösen ist. Diese Kommunikationsmittel gehören zum Integrierten Bord- und Informationssystem, kurz IBIS genannt. An diesem kleinen Bordrechner wird nur morgens Linie und Kurs eingegeben. Alles Weitere übernimmt das Gerät. Dem Fahrer werden auf dem Display ständig Verfrühungen oder Verspätungen angezeigt. Das IBIS-Gerät ist ein Teil des RBL (Rechnergestütztes Betriebsleitsystem). Das RBL ist eine Vernetzung von vielen Rechnern des Verkehrsunternehmens und wird im ÖPNV genutzt. Es kann für vielfältige Aufgaben verwendet werden.

Seit in einigen Verkehrsbetrieben die nächste Generation von Betriebsleitsystemen Einzug gehalten hat, spricht man vom IBISplus (Bordrechner auf dem Fahrzeug) und ITCS (Intermodal Transport Control System) als Leitsystem. Es wurde im Jahr 2005 entwickelt und ist leistungsfähiger als das RBL.

Mit diesen Systemen können die jeweiligen Betriebs- bzw. Verkehrsleitstellen die Standorte und Pünktlichkeit aller Kurse überwachen. Weiterhin können Lichtsignalanlagen so beeinflusst werden, dass für die Straßenbahn vorrangig auf «frei» geschaltet wird. Es ist auch möglich das System so zu programmieren, dass elektrische Weichen selbständig durch das Fahrzeug entsprechend der Fahrtroute verstellen. Der Fahrer hat in diesem Fall nur noch Überwachungsfunktion.

Zur Fahrgastinformation an Haltestellen kann auch die Leitstelle Infotexte schreiben, die als Laufband an der dynamischen Fahrgastinformation erscheinen. Dynamische Anzeige deshalb, weil für den Fahrgast stets die tatsächliche Ankunftszeit angezeigt wird und nicht die fahrplanmäßige. Bei Verspätungen aktualisiert sich auch die Anzeige.

Bei Fahrzeugen mit Haltewunscheinrichtung muss es für den Fahrgast einen Hinweis geben, dass der Wagen an der nächsten Haltestelle halten wird. Weiterhin sollte es Sprechstellen geben, über die der Fahrgast im Bedarfsfall den Fahrer ansprechen kann. Bei führerlosem Betrieb müssen die Fahrgäste mit der Leitstelle in Verbindung treten können, wobei auch eine Notrufmöglichkeit vorhanden sein muss.

In einigen Verkehrsbetrieben arbeitet man schon mit GPS. Mit diesem System können noch bedeutend mehr Funktionen ausgeführt werden.

7.14 Störungssuche, Störungsbeseitigung und Störungsmeldung

Es können Störungen im Betriebsablauf eintreten. Dies können Störungen durch Fremdunfälle auf den Gleisen, Störungen durch Eigenunfall, Störungen durch Fahrleitungsschaden oder Stromstörung, Störungen durch Schienenbrüche und Störungen durch einen Defekt am Fahrzeug sein. Die gesamte technische Ausrüstung des Fahrzeuges muss so gestaltet sein, dass es bei einem technischen Schaden am Fahrzeug zu keiner Gefährdung des Fahrpersonals und der Fahrgäste kommen kann.

Bei einem Kurzschluss fällt sofort die Sicherung oder der Sicherungsautomat löst aus. Elektrisch leitende Gehäuse sind direkt mit der Fahrzeugerdung verbunden. Außerdem werden dem Fahrbediensteten in seiner Ausbildung der Umgang mit dem Fahrzeug im Störungsfall und die einzuhaltenden Sicherheitsmaßnahmen gelehrt.

Der Fahrer sollte möglichst in der Lage sein, die Störung kundenfreundlich zu behandeln. Das heißt, er hat in erster Linie die Störung schnellstmöglich zu erkennen und der Leitstelle Meldung zu erstatten.

Im günstigsten Fall ist der Fahrer in der Lage, die Störung soweit selbst zu beheben, so dass er das Fahrzeug mit Fahrgästen zur Auswechselstelle bringen kann. Wenn dies nicht möglich ist, sollten seine technischen Fähigkeiten so weit gehen, dass er das Fahrzeug ohne Fahrgäste von der Strecke räumen kann oder, wenn dies der Verkehrsbetrieb nicht zulässt, wenigstens das Fahrzeug soweit vorbereitet, dass der Dienstaufsichtsbefugte die Strecke schnell räumen kann. Findet der Fahrer den Fehler nicht selbst, übernimmt diese Aufgabe, je nach Struktur des Unternehmens, der Dienstaufsichtsbefugte oder ein Servicemitarbeiter der Werkstatt.

Oberstes Gebot ist auch bei Störungen der Kundendienst. Selbst unter solchen Stressbedingungen ist eine rasche und sachliche Fahrgastinformation erforderlich. Bei Störungen in der elektrischen Anlage muss bei bestimmten Störungen zur eigenen Sicherheit der Stromabnehmer abgezogen werden. Wie weit das Fahrpersonal in die Beseitigung von technischen Störungen eingewiesen wird und welche Handlungen selbst ausgeführt werden dürfen, regelt der Betriebsleiter des Verkehrsbetriebes in seiner Dienstanweisung.

Während bei älteren Fahrzeugen das Personal noch selbst nach der Störungsursache forschen muss, haben neuere Fahrzeuge eine optische und akustische Fehleranzeige durch Kontrollleuchten, die das Auffinden der Störung erleichtert. Viele moderne Fahrzeuge besitzen eine eigene elektronische Fahrzeugdiagnose über Bordrechner. Das Fahrpersonal bekommt über Display die Störung und die daraus resultierenden Handlungen schriftlich angezeigt. In dem Fall besteht nur noch die Meldepflicht an die Verkehrs- bzw. Betriebsleitstelle, damit diese entscheidet, ob das Fahrzeug mit oder ohne Fahrgäste ausgewechselt werden kann. Über den Schaden ist ein Eintrag in den Fahrzeugbegleitschein für die Werkstatt zu tätigen.

Die BOStrab schreibt zu dem Thema im § 56 Verhalten bei Mängeln an Zügen, dass Züge bei Sicherheitsmängeln außer Betrieb zu setzen sind. Beim Einrücken sind, dem Schaden entsprechende Vorsichtsmaßnahmen zu treffen und Fahrgäste, wenn es möglich ist, bis zur nächsten Haltestelle zu befördern. Bei schadhaften Bremsen ist die Fahrgeschwindigkeit entsprechend dem Bremsvermögen des Fahrzeuges zu reduzieren.

Bei führerlosem Betrieb bzw. Betrieb ohne Sicherheitsraum sind Vorkehrungen zur unverzüglichen Bergung der Fahrgäste zu treffen.

7.15 Unfallverhütungsvorschriften UVV und andere Gesetze

Die Berufsgenossenschaft ist die gesetzliche Unfallversicherung. Je nach Beruf, gibt es in Deutschland mehrere Berufsgenossenschaften. Seit 1.1.2010 sind die VBG (Verwaltungs-Berufsgenossenschaft), die BG der keramischen und Glas-Industrie (BGGK) und die BG BAHNEN (Berufsgenossenschaft der Straßen-, U-Bahnen und Eisenbahnen) fusioniert und haben für die drei Bereiche jeweils einen entsprechenden Ausschuss.

Merksatz

Die Unfallverhütungsvorschriften dienen zum Schutze der Arbeitnehmer. Sie werden von der zuständigen Berufsgenossenschaft erlassen. In den Unternehmen dafür eingesetzte Mitarbeiter überwachen die Einhaltung der Vorschriften.

Die Mitglieder aller bestehenden Berufsgenossenschaften sind gegen die Folgen von Arbeitsunfällen und Berufskrankheiten versichert. Den Versicherungsbeitrag zahlt der Arbeitgeber.

Die Berufsgenossenschaft VBG Branche ÖPNV/Bahnen, überwacht und kontrolliert in den Unternehmen die Einhaltung der jeweiligen Vorschriften für den Arbeits- und Gesundheitsschutzes. Dazu hat jedes versicherte Unternehmen, je nach Größe, einen oder mehrere Mitarbeiter zu befähigen diese Kontrollen durchzuführen.

In Großbetrieben ist oft eine ganze Abteilung für Arbeitssicherheit und Gesundheitsschutz vorhanden. Die Mitarbeiter dieser Abteilung sind Vertretungsberechtigte und damit das Bindeglied zur BG. Sie nehmen Arbeitsunfälle auf, fördern den Gesundheitsschutz und organisieren entsprechende Seminare.

Entsprechend Sozialgesetzbuch lautet der Auftrag der Berufsgenossenschaften, die Verhütung von Arbeitsunfällen, Berufskrankheiten und arbeitsbedingten Gesundheitsgefahren weitgehend zu verbessern sowie in den Unternehmen die Erste Hilfe zu sichern. Dazu gehört auch die Ausbildung von Personen, die in den Mitgliedsunternehmen mit diesen Aufgaben betraut sind.

Arbeits- und Wegeunfälle müssen vom Arbeitnehmer unverzüglich in vorgeschriebener Weise dem Arbeitgeber gemeldet werden. Dieser ist verpflichtet, sie weiter an die BG zu melden. Die Berufsgenossenschaft übernimmt die Lohnfortzahlung und weitere Leistungen wie

- medizinische Rehabilitation,
- Leistungen zur Teilhabe am Arbeitsleben,
- Leistungen zur Teilhabe am Leben in der Gemeinschaft,
- andere finanzielle Leistungen.

Man kann sagen, dass die BG den Mitarbeitern versicherter Unternehmen einen umfassenden Versicherungsschutz bei Arbeits- und Wegeunfällen sowie Berufskrankheiten gibt. Die Mitgliedsunternehmen der BG tragen im Haftungsverbund mitunter große finanzielle Risiken, die durch Arbeitsunfälle und Berufskrankheiten für jedes Unternehmen entstehen können. Deshalb wird von der BG die Prävention für Arbeits- und Gesundheitsschutz forciert. Bezogen auf den ÖPNV werden die Unfallverhütungsvorschriften der BG für Fahrbedienstete in die Dienstanweisung eingearbeitet. Zum Beispiel sind unter anderem folgende Punkte enthalten:

- Verbot des Besteigens von Wagendächern unter spannungsführender Fahrleitung
- Verbot kurz vor Rangierbewegungen zu gehen
- Verbot beim Rangieren von Fahrzeugen auf- oder abzuspringen
- Verbot sich auf Trittstufen fahrender Fahrzeuge aufzuhalten
- Vorschrift bei Arbeiten im öffentlichen Verkehrsraum Warnkleidung mit reflektierenden Streifen zu tragen

- Vorschrift festes Schuhwerk bei der Fahrtätigkeit zu tragen

Um Berufskrankheiten im Fahrdienst zu vermeiden, arbeitet die Berufsgenossenschaft eng mit den Arbeitsmedizinischen Diensten in den Unternehmen zusammen. So arbeitet zum Beispiel die Branche ÖPNV/Bahnen in der VBG bei der Entwicklung neuer Fahrersitze mit, um Erkrankungen der Wirbelsäule zu verhindern. Es werden Seminare zur gesunden Ernährung für Schichtarbeiter, über die Lenk- und Ruhezeitenverordnung und vielen anderen Themen angeboten. Die Vertretungsberechtigten prüfen Arbeitsunfälle und treffen Maßnahmen zur zukünftigen Verhinderung eines gleichen oder ähnlichen Unfalls.

7.16 Notfallausrüstung

Fahrzeuge müssen für den Notfall mit einem Verbandskasten und einem Feuerlöscher ausgerüstet sein. Um die Vollständigkeit und Sauberkeit des Inhaltes zu gewährleisten, muss der Verbandskasten eingeschweißt sein und darf das Verfallsdatum nicht überschritten haben.

Der Feuerlöscher muss für alle Brände geeignet sein. Er ist regelmäßig überprüfen zu lassen und muss eine gültige Prüfplakette aufweisen. Bahnen, die auf straßenbündigem Bahnkörper verkehren, müssen ein Warndreieck mitführen, um im Störungsfall das Fahrzeug abzusichern. Unabhängige Bahnen brauchen keinen Verbandskasten mitzuführen, wenn auf allen Stationen und Haltepunkten Verbandskästen vorhanden sind.

7.17 Abschleppen

Ist ein Fahrzeug nicht mehr fahrfähig, muss es geschoben oder geschleppt werden. Der Fahrer dieses Fahrzeuges muss der Dienstaufsicht angehören. Sind die Kupplungssysteme nicht kompatibel, ist ein Adapterstück zu verwenden (siehe ► Kapitel 7.9).

Beim Schieben muss zwangsläufig das Fahrzeug verwendet werden, welches sich hinter dem Schadfahrzeug befindet. Deshalb sollte das Schadfahrzeug auch nur bis zur nächsten Abstellmöglichkeit geschoben werden. Die Verständigung ist über Sprechfunkgeräte zu gewährleisten.

Beim Abschleppen muss darauf geachtet werden, dass das schleppende Fahrzeug die entsprechende Zug- und vor allem Bremskraft aufweist, die angehangene ungebremste Masse zu beherrschen. Wird ein ungebremstes Fahrzeug geschleppt, ist ein Sicherungsseil zwischen den gebremsten und dem ungebremsten Wagen anzubringen. Die Fahrgeschwindigkeit richtet sich nach den Faktoren, welche den Bremsweg beeinflussen.

Dazu zählen die Streckenverhältnisse, die Bremskraft des schleppenden Fahrzeuges, die angehangene ungebremste Masse und die Schienenverhältnisse. Der Fahrer des Schleppfahrzeuges darf nur so schnell fahren, dass er das Fahrzeug ständig beherrscht.

7.18 Gesetze, Vorschriften und Verordnungen

7.18.1 PBefG

Dem Personenbeförderungsgesetz (PBefG) unterliegen die entgeltlichen Beförderungen von Personen mit Straßenbahnen, Stadtbahnen, Bussen und Kraftfahrzeugen. Das Entgelt ist der Fahrpreis.

Das PBefG regelt die Personenbeförderung für Unternehmen und verbietet unlautere Konkurrenz (§ 13 Absatz 2). Es verbietet Unternehmen das Bedienen von Haltestellen auf Strecken im Inland, *«wenn der beantragte Verkehr ohne eine wesentliche Verbesserung der Verkehrsbedienung Verkehrsaufgaben wahrnehmen soll, die vor-*

handene Unternehmen oder Eisenbahnen bereits wahrnehmen. »

Das PBefG ist aufgrund der ab 3. Dezember 2009 in Kraft getretenen neuen EU-Verordnung 1370/2007 des Europäischen Parlaments und des Rates vom 27. Oktober 2007 über öffentliche Personenverkehrsdienste auf Schiene und Straße geändert worden.

Das Personenbeförderungsgesetz bildet auch die Grundlage der BOStrab.

7.18.2 BOStrab

Die BOStrab gilt für Straßenbahnen im Sinne des § 4 PBefG. Im PbefG wird zwischen straßenabhängigen Bahnen gemäß § 4 Abs.1 PBefG und unabhängigen Bahnen gemäß § 4 Abs. 2 unterschieden. Straßenabhängige Bahnen benutzen den Verkehrsraum öffentlicher Straßen auf straßenbündigem Bahnkörper, besonderen Bahnkörper oder teilweise sogar unabhängigen Bahnkörper. Unabhängige Bahnen im Sinne des PBefG sind U-Bahnen (die in Hamburg Hochbahn genannt wird) oder ähnliche Bahnen, wie People Mover, die führerlos auf besonderem Fahrweg Personen über kurze Strecken befördern.

Diese People Mover findet man auf verschiedenen Flughäfen oder Messen. Es dürfen nur unabhängige Bahnen automatisch (führerlos) betrieben werden.

Außerdem gelten die Regelungen der BOStrab noch für bestimmte andere Bahnen besonderer Bauart, wie z. B. die Wuppertaler Schwebebahn.

Die BOStrab enthält weiterhin Regelungen bezüglich Betriebsleitung, Betriebsleiter, Betriebsbedienstete, Betriebsanlagen, Fahrzeuge und Betrieb. Sie beschreibt grundlegende Planungsanforderungen an den Verkehrsbetrieb und enthält Festlegungen für die Fahrzeugtechnik. Weiterhin stellt sie die Aufgaben der technischen Aufsichtsbehörde klar. Richtlinien für Tunnelbau, Trassierungen, Lichtraumprofile, Fahrleitungsbau, Gleisbau, Fahrzeugbau und Spurführungen sind enthalten. Bereits im Jahr 1938 erschien die erste BOStrab. Bis dahin hatte jedes Bundesland seine eigenen Reglungen.

7.18.3 DFStrab

Die Dienstanweisung für den Fahrdienst Straßenbahn (DFStrab) ist aus den Grundlagen der BOStrab hervorgegangen, aber speziell auf den Fahrdienst ausgerichtet. Sie bildet wiederum die Grundlage für die DFStrab der einzelnen Verkehrsbetriebe. Jeder Verkehrsbetrieb stellt etwas andere Forderungen und Aufgaben an das Fahrpersonal, besonders auch bei den Kompetenzen im Umgang mit Schadfahrzeugen. die in der betrieblichen DFStrab präzisiert werden.

Auch die Handhabung bei speziellen Besonderheiten im Netz oder Verhaltensweisen in besonderen Situationen werden in der betrieblichen DFStrab festgelegt. Örtliche Besonderheiten, wie z. B. Fahren mit Zugsicherung sind, der Stadt angepasst, ausführlicher geregelt, als im § 22 der BOStrab. Die DFStrab ist das Rüstzeug eines jeden Fahrers. Er hat deren Vorschriften zu kennen und einzuhalten.

7.18.4 StVO

Sobald das Schienenfahrzeug, wenn auch nur einen kleinen Teil, im öffentlichen Verkehrsraum verkehrt, muss der Fahrbedienstete die StVO kennen. Sie ist die Grundlage aller Regelungen im Straßenverkehr. Jeder Führerscheininhaber hat die Paragraphen dieser Verordnung zu kennen und sich entsprechend zu verhalten.

Zuwiderhandlungen können mit einem Bußgeld oder anderen Strafen belegt werden. Auszugsweise muss das Fahrpersonal auch folgende Verordnungen und Gesetze kennen:

- Fahrerlaubnisverordnung (FeV)

- Fahrzeug-Zulassungsverordnung (FZV)
- Straßenverkehrsgesetz (StVG)
- Straßenverkehrszulassungsordnung (StVZO)

Für Bestrafungen von Verkehrssündern gelten:
- Strafgesetzbuch
- Bußgeldkatalog und das Punktesystem

7.18.5 EBO

In einigen Städten, wie zum Beispiel Karlsruhe, befahren Fahrzeuge des ÖPNV Strecken der DB AG. Fahrpersonal, welches auf diesen Strecken eingesetzt wird, muss ebenfalls die Vorschriften der EBO (Eisenbahn Bau- und Betriebsordnung) kennen und anwenden.

Die Eisenbahn-Bau- und Betriebsordnung (EBO) regelt den Bau und Betrieb von Eisenbahnen mit Regelspur (1435 mm).

Für Schmalspurbahnen gilt die Eisenbahn-Bau- und Betriebsordnung für Schmalspurbahnen (ESBO).

7.18.6 Lenk- und Ruhezeiten Verordnung

Für die Europäische Gemeinschaft gilt die EU-Richtlinie(EG) 561/2006. Sie regelt die Lenk- und Ruhezeiten für Fahrer von Fahrzeugen mit einem zulässigen Gesamtgewicht von über 3,5 t, welche im gewerblichen Güter- oder Personenverkehr tätig sind.

Außerdem gibt es in Deutschland eine Fahrpersonalverordnung (FPersV), die bereits Fahrzeuge ab 2,8 t erfasst.

Die Lenk- und Ruhezeiten Verordnung gilt allerdings nicht für Fahrer von Fahrzeugen zur Personenbeförderung mit maximal acht Insassen. Außerdem gelten Sonderreglungen für Fahrzeugführer der Armee, der Polizei, des Zivilschutzes, der Rettungsdienste und der Schausteller (siehe ▶ Kapitel 8).

7.18.7 Tarifbestimmungen

Im Öffentlichen Personennahverkehr müssen die Tarifbestimmungen den Fahrgästen zugänglich sein. In diesem Regelwerk sind die Fahrpreise und die Benutzungsbedingungen der einzelnen Fahrausweise festlegt sind. Es sind alle in Verkehrsbetrieb oder Verkehrsverbund gültigen Fahrkarten erläutert, die für die Beförderung von Personen, Sachen und Tieren auf den Linien des ÖPNV, SPNV, Regionalbahnen (RB) und Regional-Express (RE)-Zügen zur Anwendung kommen.

Es werden u. a. folgende Begriffe und Bestimmungen geregelt:
- Das Tarifsystem (Tarifzonen oder Flächentarif)
- Die Arten der Fahrkarten
- Einzelbestimmungen für besondere Fahrkarten (z. B. DB Fahrkarte mit Aufdruck City)
- Geltungsbereich der Fahrtausweise
- Benutzung von zuschlagpflichtigen Verkehren wie Schnellbusse
- Anruf-Sammel-Taxis usw., Beförderung von Schwerbehinderten, Schwerbehindertenausweise
- Beförderungsentgelte für Fahrräder, Gepäck, Tiere usw.
- Erhöhtes Beförderungsentgelt für «Schwarzfahrer»

Die Tarifbestimmungen werden durch die Beförderungsbedingungen ergänzt. Beide werden entweder durch das Verkehrsunternehmen oder gemeinsam mit dem Verkehrsverbund, festgelegt und gelten gleichzeitig.

7.18.8 Betriebliche Anweisungen

Betriebliche Anweisungen erlässt der Betriebsleiter. Er kann auch andere Mitarbeiter (zum Beispiel Fahrlehrer) damit beauftragen, trägt jedoch die Verantwortung für die Richtigkeit und bestätigt dies mit seiner Unterschrift unter der Anweisung. Sicherheitsrelevante Anweisungen werden in den meisten Unternehmen auf rotem Papier gedruckt, andere auf grünem. Sie werden für die verschiedensten Bereiche erlassen. Beispiele für die Anwendungsbereiche sind:

- Bauarbeiten mit wechselseitigen eingleisigen Befahren des Abschnittes
- Inbetriebnahme von neuen Lichtsignalanlagen oder neuen E-Weichen
- Pflichtschulungen
- technischen Umbauten oder Veränderungen an Fahrzeugen
- Änderungen von Reglungen der DFStrab

7.19 Wagenüberprüfung

Fahrzeuge müssen vor Betriebsbeginn auf Betriebs- und Verkehrssicherheit überprüft werden. In den meisten Verkehrsbetrieben unterliegt diese Wagenüberprüfung dem Fahrpersonal. Dazu ist im Dienstplan eine Vorbereitungszeit vor dem Ausrücken eingearbeitet. Im Durchschnitt sind das, je nach Wagenpark, ca. 15 Minuten. Es ist je nach Fahrzeug Folgendes zu prüfen:

- Spitzensignal
- Innenbeleuchtung
- Warnblinksignal
- Schlusssignal
- Bremssignal
- Fahrtrichtungssignale
- Sandvorrat und Gängigkeit der Sandstreuer
- Entwerter
- Fahrkartenautomaten
- Bremsen (soweit im Stillstand möglich)
- Ausrüstungsgegenstände wie Weichenstelleisen
- Weichenreinigungsbesen
- Sanitätskasten
- Feuerlöscher und speziell zum Fahrzeug gehöriges Zusatzzubehör

Bei vielen neuen Fahrzeugen wird die Funktion der Zugsignale, Sandstreuer und Bremsen über einen Komponententest automatisch überprüft. Eventuelle Fehler und Mängel, die das Fahrzeug über eine eigene Fahrzeug-Diagnose (Software) feststellt, werden über ein Display angezeigt. Der Fahrer hat nach dem Komponententest nur noch die Ausrüstungsgegenstände zu prüfen und, wie bei allen Wagenüberprüfungen, bei einem Außenrundgang das Fahrzeug auf Beschädigungen zu kontrollieren.

Nach der Ausfahrt aus dem Betriebshof ist spätestens an der nächsten Haltestelle Betriebsbremse und Feststellbremse zu prüfen. Während der Einsatzzeit ist jeder einzelne Fahrer verpflichtet, auf die Betriebs- und Verkehrssicherheit zu achten. Im Falle eines Fahrzeugschadens, hat der Fahrer entsprechend den Störungsrichtlinien für das entsprechende Fahrzeug zu handeln.

7.20 Aufgaben

7.20.1 Fragen zur Fahrzeugtechnik:

Aufgabe 1

? Erklären Sie den Drehstromasynchronmotor!

Aufgabe 2

? Welche Bremsarten und Bremssysteme befinden sich in Stadtbahnen?

Aufgabe 3

? Nennen Sie Beispiele für unterschiedliche Fahrwerkskonstruktionen!

Aufgabe 4

Wie lautet die Definition für eine U-Bahn?

Aufgabe 5

Welche Vorgaben müssen bei der Fahrzeuggestaltung beachtet werden?

Aufgabe 6

Welche Gesetze und Vorschriften muss der Triebwagenführer kennen?

Aufgabe 7

Welche Aufgabe hat eine Berufsgenossenschaft?

© Bärbel Schneider

Doppelstockstraßenbahn in Hongkong

Bei der Gestaltung von Betriebsabläufen mitwirken

Zusammenfassung

In diesem Lernfeld erfahren Sie, wie im öffentlichen Personennahverkehr und in den Verkehrsunternehmen der Weg vom Nahverkehrsplan bis zur betrieblichen Personal- und Fahrzeugdisposition verläuft. Sie lernen, wie der wirtschaftliche Personaleinsatz im Fahrdienst geplant und durchgeführt wird und eine kompetenz- und mitarbeiterorientierte Arbeitsgestaltung erfolgt.

8.1 Produktentwicklung: Verkehrsströme, Bedienungspläne, Streckennetze und Fahrpläne

8.1.1 Verkehrsströme

Die Unternehmen des öffentlichen Personennahverkehrs erbringen Mobilitätsdienstleistungen mit Bussen und Straßen- und Stadtbahnen sowie U-Bahnen. Dabei sind sie in ihrem Handeln neben den rechtlichen Bedingungen, wie sie im Personenbeförderungsgesetz (PBefG) und in den Straßenverkehrsgesetzen festgeschrieben sind, auch planerischen Vorgaben unterworfen.

Die für den öffentlichen Personennahverkehr verantwortlichen Städte und Gemeinden (Aufgabenträger) betrauen – oder beauftragen nach einer Ausschreibung – die Verkehrsunternehmen mit der Erbringung von Verkehrsdienstleistungen. Basis hierfür sind sog. **Nahverkehrspläne**. Sie bilden den Rahmen für die Entwicklung des öffentlichen Personennahverkehrs. Insofern sind in ihnen die grundlegenden Verkehrsangebote einer Stadt oder Region hinterlegt. Nahverkehrspläne beschreiben, auf welche Art und Weise und in welcher Dichte einzelne Stadtviertel oder Landkreise mit Verkehrsleistungen bedient werden. Grundlage hierfür sind **Verkehrsströme**, städtische und regionale Entwicklungen sowie langfristige Mobilitätstrends und -bedürfnisse. Auch vorhandene Verkehrsinfrastrukturen, Verkehrsangebote und Maßnahmen zu ihrem Ausbau finden in Nahverkehrsplänen Berücksichtigung.

Um die Verkehrsströme zu unterschiedlichen Tages-, Abend- und Nachtzeiten an verschiedenen Punkten, an Haltestellen, zentralen Umsteigestationen oder auf einzelnen Strecken eines Verkehrsnetzes festzustellen, werden **Verkehrszählungen und Fahrgastzählungen** durchgeführt. Die erhobenen Daten dienen Aufgabenträgern, Verkehrsverbünden und Verkehrsunternehmen als Basis für die Entwicklung von Nahverkehrsplänen, Bedienungsplänen und Fahrplänen.

8.1.2 Bedienungspläne

Nahverkehrspläne sind somit Grundlage für Verkehrsunternehmen, **Bedienungspläne** aufzustellen. Sie übersetzen die Anforderungen aus den Nahverkehrsplanungen in konkrete Mobilitätsangebote für die Fahrgäste. Bedienungspläne werden konzeptionell auf die örtlichen und zeitlichen Nachfragen abgestimmt. Auch wenn **Linienverkehre** grundsätzlich wirtschaftlich betrieben werden müssen, ist die Wirtschaftlichkeit in Zeiten geringer Verkehrsnachfrage und bei geringer räumlicher «Nachfragebündelung» dennoch oft nicht gegeben. Daher sind in vielen Städten und Verbundgebieten neben den konventionellen Linienverkehren **flexible Bedienungsformen** entwickelt worden, die einen **bedarfsgesteuerten Betrieb** gewährleisten sollen. Diese «alternativen Bedienungsformen» haben entsprechende Bezeichnungen, z. B. Anrufbus oder Anrufsammeltaxi.

8.1.3 Strecken- und Liniennetze

Vorrangiges Ziel von Nahverkehrsplänen und Bedienungsplänen ist es, der Bevölkerung eine bedarfsgerechte Versorgung mit Verkehrsangeboten zu garantieren. Bedienungspläne beschreiben, wie diese Verkehrsangebote konkret aussehen. Die Nachfrage nach städtischen und regionalen öffentlichen Bus- und Bahnverkehren soll befriedigt und es sollen Möglichkeiten eröffnet werden, Fahrtziele zu erreichen. Diese Pläne bilden somit die Basis für **Strecken- und Liniennetze** mit ihren vielfältigen Bus- und Bahn-Angeboten. Ein Streckennetz ist ein öffentliches Verkehrssystem und bildet die Gesamtheit aller Linien in einem bestimmten Gebiet (Stadt, Gemeinde, Verbund) ab. Zum Streckennetz gehören aber auch Haltestellen, Bahnhöfe, Fahrleitungen, Stationen, Tunnel,

Brücken, Park & Ride-Plätze. Die «alternativen» Bedienungsformen werden zumeist nicht im Strecken- und Liniennetz abgebildet.

Merksatz

Nahverkehrs- und Bedienungspläne legen die Versorgung der Bürgerinnen und Bürger mit öffentlichen Verkehrsangeboten fest.

Es gibt separate Bus- und Schienennetzpläne sowie kombinierte Bus-/Bahn-Netzpläne. Mehrere städtische und regionale ÖPNV-Netze werden in einem Verkehrsverbund zu einem Verbundverkehrsnetz zusammengefasst. Dies geschieht überall dort, wo sich Verkehrsunternehmen oder Gebietskörperschaften wie Städte und Gemeinden zur gemeinsamen Gestaltung des öffentlichen Personennahverkehrs mit Bussen, Straßen- und Stadtbahnen, U-Bahnen, S-Bahnen und Regionalbahnen in einem regionalen Verkehrsgebiet zusammenschließen.

In solchen **Verkehrsverbünden** werden einheitliche Tarifangebote, ein gemeinsames Marketing und aufeinander abgestimmte Fahrpläne entwickelt. Solche Verkehrsverbünde sind z. B. der Verkehrsverbund Rhein-Ruhr (VRR), der Verkehrsverbund Oberelbe (VVO) und der Münchener Verkehrs- und Tarifverbund (MVV).

Linienverkehre im öffentlichen Nahverkehr sind auf eine Länge von 50 km beschränkt. Darüber hinaus finden Regional- und Fernverkehre statt. Das Liniennetz eines Verkehrsverbundes umfasst in der Regel auch Linien mit mehr als 50 km Länge, da es neben dem Nahverkehr auch Regionalverkehre abbildet.

Fahrpläne enthalten zeitlich geordnet alle Fahrten in einem Liniennetz. Das Personenbeförderungsgesetz (PBefG) legt in § 40 fest, dass ein Fahrplan in aller Regel die Linienführungen,

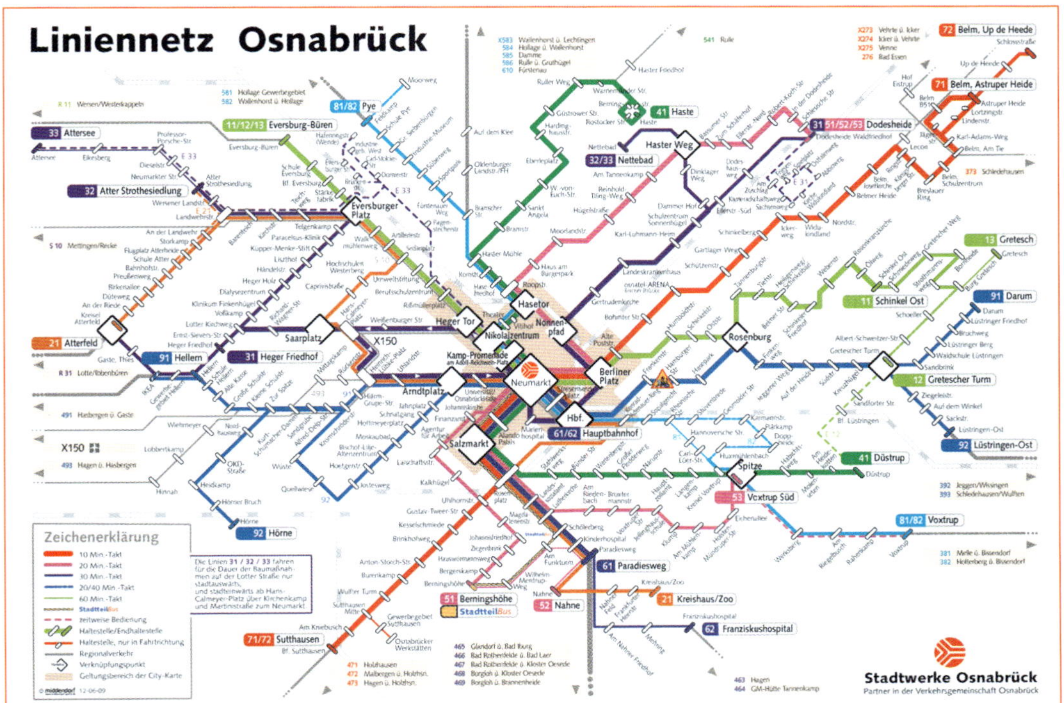

Beispiel für einen Liniennetzplan (VAG Osnabruck)

ihren Ausgangs- und Endpunkt sowie die Haltestellen und Fahrzeiten enthalten muss. Fahrpläne werden von den Verkehrsunternehmen entwickelt, müssen aber von den zuständigen

Genehmigungsbehörden abgesegnet werden. Im PBefG ist festgelegt, dass das Verkehrsunternehmen verpflichtet ist, für die Dauer der Genehmigung die im Fahrplan festgelegten Zeiten einzuhalten. Das nennt man **Fahrplanpflicht**.

Die Fahrzeiten und die erforderlichen Anschlüsse sind die Grundelemente jedes Fahrplans. Insbesondere die Planung von Anschlüssen ist eine komplexe Angelegenheit, die heute ausschließlich durch den Einsatz geeigneter EDV-Programme realisiert wird.

Fahrpläne beschreiben, wie das öffentliche Verkehrsangebot auf einer Linie, an einer Haltestelle, zu einer bestimmten Zeit im Netz ist. In Deutschland fahren Busse und Bahnen im sog. **Taktverkehr**, d.h. die Fahrten erfolgen in regelmäßigen Abständen, z. B. im 10-Minuten-Takt. Die Taktfolge im ÖPNV soll eine dem motorisierten Individualverkehr vergleichbare Mobilität sicherstellen. Von jedem Ausgangspunkt des Streckennetzes sollen Mobilitäts- und Wegeketten realisiert werden können. Dazu werden sowohl Linien als auch Anschlüsse getaktet. An Knotenpunkten, also Bahnhöfen und Haltestellen ist der Fahrplan von Bussen, Straßen- und Stadtbahnen, U-Bahnen und ggf. Eisenbahn so aufeinander abgestimmt, dass der Fahrgast möglichst attraktive, kurze und dennoch realisierbare Umsteigezeiten vorfindet.

Merksatz

Fahrpläne sind zeitbezogene Strukturmerkmale des öffentlichen Verkehrsangebots einer oder mehrerer Linien.

Fahrpläne sind den Fahrgästen öffentlich bekannt zu machen. Das geschieht durch

- Aushangfahrpläne an den Haltestellen mit Informationen zu den Abfahrtzeiten, zum Linienverlauf, zu den Fahrzeiten und zum Netzplan,
- Taschenfahrpläne,
- Online-Fahrpläne für PC und Handy,
- vom Fahrgast individuell auf seine Mobilitätswünsche zugeschnittene Fahrplanauskünfte, die online abgerufen werden können oder vom Kundenberater erstellt werden.

Die modernen Kommunikationsmedien ermöglichen viele weitere linienbezogene Informationen für Fahrgäste. So liefern z. B. die dynamischen Fahrgastinformationsanzeiger an den Haltestellen die aktuellen Abfahrtzeiten der nächsten Busse oder Bahnen.

Quelle: Bochum-Gelsenkirchener-Straßenbahnen AG

Haltestelle mit Fahrgastinformationssystem

Quelle: Kraftverkehrsgesellschaft Hameln mbH

Aushangfahrplan

Fahrpläne werden auf der Grundlage bestehender Linien erarbeitet. Sie berücksichtigen spezifische zeitliche und streckenbezogene Belastungsschwankungen: Werktage verzeichnen ein höheres Verkehrsaufkommen als Samstage und Sonntage, Berufs- und Schülerverkehrszeiten erfordern eine höhere Taktfrequenz, Ferienzeiten erlauben eine Ausdünnung der Fahrpläne. So reagieren Verkehrsunternehmen auf schwankende Verkehrsnachfrage, unterschiedliche Linienbelastungen sowie geringe zeitliche und örtliche Nachfragebündelung mit Fahrplananpassungen.

Darüber hinaus können in solchen Fällen durch den Einsatz anderer Fahrzeuggrößen (z. B. Gelenkbus statt Standardbus), von Sonderwagen bzw. Verstärkungslinien oder auch durch eine Veränderung der «Behängung» (Straßenbahnwagen bzw. Busanhänger) Nachfrageschwankungen ausgeglichen werden.

Die Ergebnisse von **Fahrgastzählungen** dienen den Unternehmen zur Erfassung von Linien- und Fahrzeugauslastungen.

Ebenso wichtig wie eine nachfragegerechte Planung ist die Überprüfung der erbrachten Leistungsdimension. Sollte die Überprüfung ergeben, dass Linien und eingesetzte Fahrzeuge mehr bzw. weniger genutzt werden als in der Planung vorgesehen, müssen Korrekturen vorgenommen werden.

Neben der Zählung, deren Gegenstand die quantitative Erfassung von Verkehrsströmen ist, gibt es die **Fahrgastbefragung**. Sie will vom Fahrgast den Anlass sowie den Start- und Zielpunkt seiner Fahrt erfahren. Außerdem werden mit ihr oftmals Informationen zum genutzten Fahrausweis und verschiedene soziodemografische Daten (z. B. Alter, Geschlecht) ermittelt. Diese Informationen sind z. B. für das Marketing des Verkehrsunternehmens von großem Interesse, um bestehende Angebote überprüfen und neue Dienstleistungen entwickeln zu können. Dazu gehören z. B. auch spezielle Mobilitätsangebote für verschiedene Altersgruppen, bestimmte Wochentage oder Tageszeiten.

Initiiert werden Verkehrszählungen, Fahrgastzählungen und -befragungen von den Aufgabenträgern, von Verkehrsverbünden und Verkehrsunternehmen. Zur Durchführung werden meist Consultingbüros oder Meinungsforschungsinstitute beauftragt. Außerdem bestehen technische Möglichkeiten für automatisierte Fahrgastzählungen (siehe hierzu ▶ Kap. 8.6).

Fahrpläne zeigen, wann und wo Busse und Bahnen an Haltestellen abfahren. Haltestellen gehören zu den Infrastruktureinrichtungen des Liniennetzes und gelten auch als die Visitenkarte des örtlichen Verkehrsunternehmens, als Eingangspforte in die ÖPNV-Produktpalette.

Schon bei der Planung des Liniennetzes achten Städte und Gemeinden, Verbünde und Verkehrsunternehmen darauf, dass Haltestellen so in das Netz eingefügt werden, dass gute Erreichbarkeit, Umsteigebeziehungen, Fahrgastsicherheit, die Belange mobilitätseingeschränkter Fahrgäste und ökologische Aspekte angemessen berücksichtigt werden.

Haltestellen von Schienenbahnen können sich, je nach Liniennetz und infrastruktureller Ausrichtung, oberirdisch und unterirdisch befinden; sie können mit Seitenbahnsteigen und mit Mittelbahnsteigen ausgestattet sein und als Niederflur- und Hochflur-Bahnsteige konzipiert sein. Zu jeder Haltestelle gehört eine Mindestausstattung (siehe hierzu ▶ Kapitel 5 und 10).

Bushaltestelle

Quelle: Dresdner Verkehrsbetriebe AG

Straßenbahnhaltestelle

Quelle: Münchner Verkehrsgesellschaft mbH

U-Bahnhaltestelle

Quelle: Offenbacher Verkehrsbetriebe GmbH

Bushaltestelle

8.2 Fahrzeugeinsatz und Umlaufpläne

8.2.1 Fahrzeugbedarf

Der Fahrplan ist die Basis für die Ermittlung der **Fahrzeugbedarfe**. Bei der Planung des Fahrzeugeinsatzes kommt der wirtschaftlichen Betrachtung ein hoher Stellenwert zu. Schließlich erfordern jeder Bus und jedes Schienenfahrzeug enorme Investitionen von den Verkehrsunternehmen: ein Standardbus kostet ca. 240.000,- €, eine Straßenbahn zwischen zwei und drei Mio. €. Ein Fahrzeug mehr oder weniger macht sich im Unternehmens-Budget also schon bemerkbar.

Bei der **Fahrplanerstellung** sind verschiedene Vorgaben und Anforderungen zu berücksichtigen:

- Die bestehende Infrastruktur (Strecken, Haltestellen, Gleisanlagen, Abstellflächen, Betriebshöfe)
- Bedienungsumfang und Bedienungsqualität (Liniennetz, Fahrplantakt, Verkehrszeiten, Qualitätsanforderungen)
- Betriebliche Planungs-Parameter (Fahrzeiten, Wendezeiten, Anschlüsse, Fahrzeugtypen, Wagenausstattung)
- Betriebswirtschaftliche Anforderungen (wirtschaftlicher Fahrzeugbedarf, Energiebedarf und Personalbedarf sowie optimale Fahrzeugausnutzung)

Eine bei der Fahrplanerstellung und **Fahrzeugeinsatzplanung** zu hoch angesetzte Fahrzeit birgt die Gefahr, dass die im Fahrplan ausgewiesenen Haltestellenabfahrtszeiten nicht eingehalten werden können. Die damit verbundenen verspäteten Abfahrten führen bei «regelmäßiger» Verspätung zu berechtigten Kundenbeschwerden. Eine zu niedrig angesetzte Beförderungsgeschwindigkeit führt andererseits zu einer unwirtschaftlichen Fahrplanbedienung, da mehr Fahrzeuge und mehr Personal als unbedingt notwendig für eine Linie gebunden werden.

Im Zusammenhang von Fahrplanung und Umlaufplanung gibt es eine Reihe von Begriffen und Kennziffern, die sowohl für eine wirtschaftliche Betrachtung als auch für eine optimale Ausgestaltung des Fahrzeugeinsatzes (und des Personaleinsatzes) herangezogen werden:

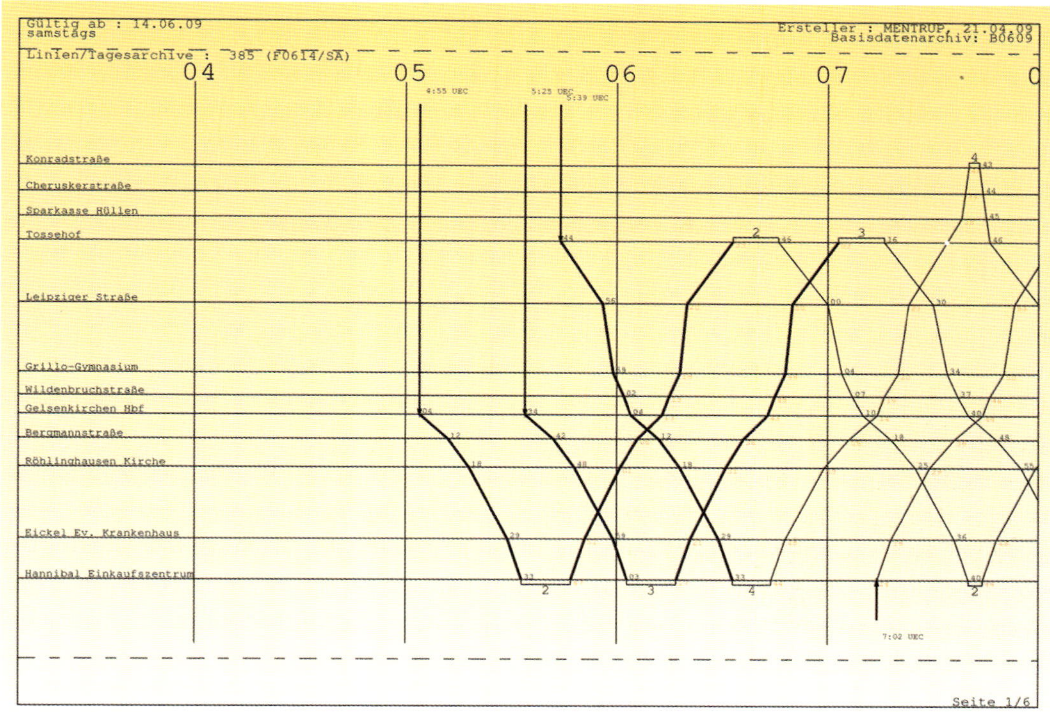

Beispiel für einen Umlaufplan der Bochum-Gelsenkirchener-Straßenbahnen AG

Anschlusssicherungszeit:
Die an einer Umsteigehaltestelle vorgegebene Zeit, um vorgesehene Anschlüsse zu erreichen.

Ausfahrtzeit:
Benötigte Zeit zur Ausfahrt aus dem Betriebshof.

Beförderungsgeschwindigkeit:
Entfernung durch die Summe aus Fahrzeit und Wartezeit

Beförderungszeit:
Summe aus Fahrzeit und Anschlusssicherungszeit.

Einfahrtzeit:
Benötigte Zeit zur Einfahrt in den Betriebshof.

Fahrzeit:
Zeitdauer, in der das Fahrzeug zur Fahrgastbeförderung zwischen den Endhaltestellen eingesetzt wird.

Kurs:
Wagenumlauf einer Linie vom Aus- bis zum Einrücken inklusive aller Abfahrtszeiten.

Leerfahrzeit:
Summe der Fahrzeiten ohne Personenbeförderung.

Lenkzeit:
Summe aus Fahrzeit und Leerfahrzeit.

Nachbereitungszeit:
Zeit von der Ankunft im Betriebshof, bzw. am Ablösepunkt bis zum Dienstende.

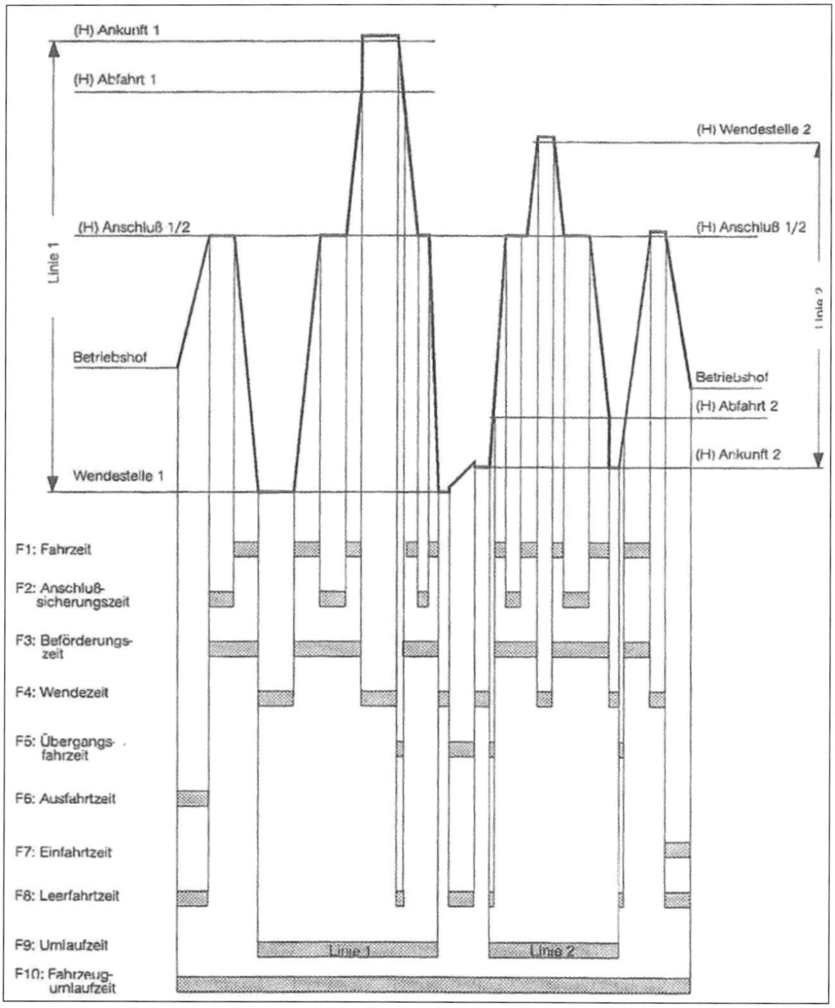

Quelle: Verband Deutscher Verkehrsunternehmen

Grafische Darstellung der verschiedenen zeitbezogenen Kennziffern im Fahrplan eines Kurses

Übergangszeit:
Wartezeit vor und nach Linienwechseln.

Umlaufgeschwindigkeit:
Der Quotient aus Umlauflänge und Umlaufzeit eines Fahrzeugs.

Umlauflänge:
Die bei der Hin- und Rückfahrt zurückgelegte Entfernung eines Fahrzeugs.

Umlaufzeit:
Die für einen vollen Umlauf (Hin- und Rückfahrt inkl. Wendezeiten) benötigte Zeit.

Vorbereitungszeit:
Zeit vom Dienstbeginn bis zum Ausfahren aus dem Betriebshof (Wagenüberprüfung § 11 DF-Strab) bzw. der Abfahrt am Ablösepunkt.

Wendezeit:
Zeit zwischen Ankunft und Abfahrt an Endhaltestellen.

Merksatz

Fahrplanerstellung und Fahrzeugeinsatzplanung erfolgen stets im Spannungsfeld von Wirtschaftlichkeit und Bedienungsqualität!

8.2.2 Umlaufplan

Um die notwendigen Fahrzeugeinsätze festzulegen, werden alle durch den Fahrplan vorgegebenen Fahrten in Fahrzeugumlaufplänen miteinander verknüpft. In einem Umlaufplan sind alle Fahrten eines Fahrzeugs von der Betriebshof-Ausfahrt bis zu seiner Einfahrt enthalten. In der Regel verkehren die Fahrzeuge während ihres Einsatzes zwischen den jeweiligen Endhaltestellen auf der eingesetzten Linie; ggf. wechseln sie auf andere Linien. Die Summe aus der Fahrzeit für eine Hin- und Rückfahrt zwischen den Endhaltestellen sowie der Wendezeiten an den Endhaltestellen wird als **Umlaufzeit** bezeichnet. Der Umlaufplan eines Fahrzeugs enthält naturgemäß mehrere Umläufe an einem Tag.

8.2.3 Fahrplanwirkungsgrad

Die Wirtschaftlichkeit eines Fahr- bzw. Umlaufplans wird durch den sog. **Fahrplanwirkungsgrad** ermittelt. Er beschreibt das Verhältnis von Beförderungszeit und der gesamten Umlaufzeit.

Beispiel: Beträgt die Umlaufzeit einer Straßenbahn während der Arbeitsschicht eines Fahrers 480 Minuten und die Beförderungszeit 410 Minuten, so beziffert sich der Fahrplanwirkungsgrad auf 0,85. Je näher der Wert an die 1,0 heranrückt, umso wirtschaftlicher ist die Fahrt. In der Praxis sind Werte zwischen 0,72 bis 0,95 anzutreffen.

Sobald der Umlaufplan fertiggestellt ist und die durch Zählungen notwendigen Informationen zu

- der Anzahl der Fahrgäste je Stunde auf einer Linie und Streckenabschnitt,
- den daraus abgeleiteten Fahrzeuggrößen und
- der erforderlichen Fahrtenfolgezeit (Fahrplantakt)

vorliegen, kann die erforderliche Fahrzeuganzahl festgelegt werden. Denn aus dem Quotienten von Umlaufzeit und Taktzeit ist die notwendige Anzahl der Fahrzeuge je Linie zu errechnen. Damit ist die sog. **Umlaufmasse** festgestellt.

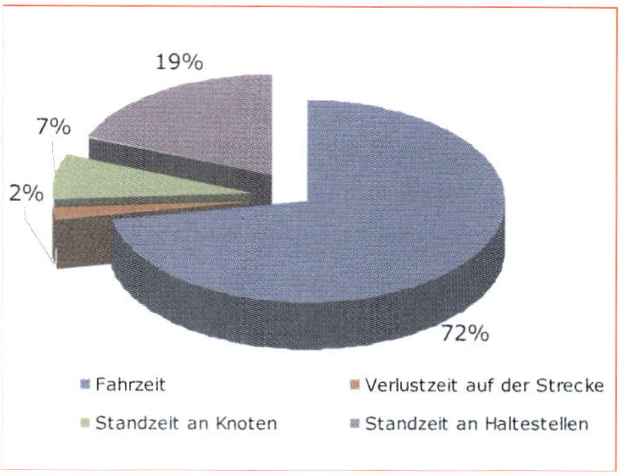

Quelle: Lühder, Der Nahverkehr 3/2006, S. 21

Aufteilung der Umlaufzeit

8.3 Fuhrparkmanagement

Der Fuhrpark im öffentlichen Personenverkehr besteht aus Bussen und Straßenbahnen, Stadt- und U-Bahnen, S-Bahnen und Regionalbahnen. Im Bussektor sind dies neben den 12m-Standardbussen auch die Gelenk- und Doppelgelenkbusse in unterschiedlichen Ausführungen und mit verschiedenen Antriebsarten. Im Bahnsektor stehen konventionelle Hochflurfahrzeuge, Niederflurfahrzeuge und U-Bahn-Wagen ebenfalls in unterschiedlichen Ausführungen zur Verfügung. Das Management dieser betrieblichen Fahrzeugflotten obliegt in den Nahverkehrsunternehmen den **Betriebshöfen**. Das Betriebshofmanagement umfasst sehr komplexe Aufgaben. Schließlich müssen 50, 100 oder gar mehrere Hundert Fahrzeuge so organisiert werden, dass sie zum richtigen Zeitpunkt in fahrbereitem Zustand für den betrieblichen Einsatz zur Verfügung stehen. Diese Aufgabe wird als **Fahrzeugdisposition** bezeichnet.

In Verkehrsunternehmen mit Bus- und Bahnbetrieb gibt es in der Regel separate Bus- und Schienenfahrzeug-Betriebshöfe mit eigenständiger Disposition. Die größeren deutschen Verkehrsunternehmen verfügen jeweils über mehrere Betriebshof-Standorte, da sie große regionale Gebiete mit ihren Fahrzeugflotten bedienen müssen. Bei großen Netzen würde ein einziger Betriebshof zu unwirtschaftlich langen Einsatzfahrten (Leerfahrten) führen.

Merksatz

Die Fahrzeugdisposition ist das Herz des betrieblichen Fuhrparkmanagements!

Moderne Fahrzeugdisposition wird als DV-gestütztes System durchgeführt und umfasst vier Aufgaben:

1. Die Überwachung der Fahrzeugeinfahrten am Tag und in der Nacht.
2. Die Erfassung von Fahrzeug-Parkpositionen auf dem Betriebshof.
3. Die Planung und Überwachung von Fahrzeuginstandhaltungen in den Werkstätten.
4. Die Bereitstellung und Steuerung der Fahrzeuge auf dem Betriebshof für die Ausfahrten gemäß Ausfahrtplan.

Quelle: Offenbacher Verkehrsbetriebe AG

Busse bereit zur Ausfahrt auf dem Betriebshof

Quelle: üstra Hannoversche Verkehrsbetriebe AG

Stadtbahnen auf dem Betriebshof

Quelle: Dresdner Verkehrsbetriebe AG

8.3.1 Fahrzeugeinfahrt, Positionssteuerung auf dem Betriebshof und Fahrzeugausfahrt

Fährt ein Bus oder eine Bahn in den Betriebshof ein, muss das Fahrpersonal entsprechende Informationen erhalten, an welcher Stelle das Fahrzeug abzustellen ist. Dies erfolgt z. B. durch

Matrix-Anzeigen an der Einfahrt, die neben der Fahrzeugnummer eine Stellplatzanzeige enthalten. Sind entsprechende Bord-Rechner vorhanden, kann der Stellplatz dem Fahrer auch direkt im Fahrzeug angezeigt werden. Nicht unüblich sind auch Einfahrtanweisungen über Funk oder das Abstellen des Fahrzeugs auf vorgesehenen, fest definierten Parkflächen.

Der Abstellplatz hängt von mehreren Faktoren ab: dem Fahrzeugtyp, dem Fahrzeugzustand, der nächsten geplanten Ausfahrt, dem Versorgungsstatus (Kraftstoff, Reinigungsarbeiten, Sand), geplanter oder ungeplanter Untersuchung bzw. Instandsetzung in der Werkstatt.

Werden entsprechende DV-gestützte Dispositionen durchgeführt, können die Fahrzeuge bei der Einfahrt in den Betriebshof bzw. nach ihrer Abstellung automatisch identifiziert werden, indem ihre Wagennummer festgestellt wird. Dies erfolgt auf verschiedenen Wegen, z. B. durch:

- Induktionsschleifen in der Fahrbahn
- Transpondern mit Funkübertragung
- Infrarotbaken
- Stellplatzversorgungseinrichtungen
- GPS (Global Positioning System)

Die Nutzung der jeweiligen Technik ist abhängig von den örtlichen Gegebenheiten und den betrieblichen Anforderungen. Die Systeme zur Identifikation und Ortung der Fahrzeuge dienen der Steuerung und Überwachung sämtlicher Fahrbewegungen auf dem Betriebshof. Die Fahrzeuge müssen zu allen Zeitpunkten an den verschiedenen Standorten des Betriebshofes lokalisiert werden können. Basis hierfür ist der **Fahrzeugeinsatz-** und **-ausfahrtplan**, der in der Regel in den Abend- und Nachtstunden von den Disponenten erstellt wird.

Die Reihung und Gestellung der Fahrzeuge auf dem Betriebshof erfolgt so, dass die Steuerung der nächsten Ausfahrt reibungslos entsprechend den Anforderungen des Fahrplans erfolgen kann. Für die Ausfahrtplanung sind neben den Fahrzeugeinsatzdaten zwei weitere Kenngrößen heranzuziehen:

1. Die Fahr-, Umlauf- und Dienstplandaten. Diese werden mit entsprechenden Systemen wie «Microbus©» oder «Hot©» erzeugt;
2. Die personenbezogenen Dienstdaten, die mit Personaldispositionssystemen wie «Perdis©» oder «Microbus©» generiert werden.

Die Verknüpfung dieser Daten führt zu einem tagesaktuellen Fahrzeug- und Personaleinsatzplan und gewährleistet ein optimiertes Betriebshofmanagement und einen wirtschaftlichen Personal- und Betriebsmitteleinsatz.

Merksatz

Die Disposition auf den Betriebshöfen gewährleistet den wirtschaftlichen Personal- und Fahrzeugeinsatz!

In Verkehrsunternehmen mit Bahnbetrieb kann das Betriebshofmanagement auch die Steuerung und Sicherung der Fahrwege beinhalten. Hierzu gehören Zuglenkung, Fahrwegdiagnose, Weichensteuerung und die Bestimmung der Fahrzeugtraktion.

8.3.2 Fahrzeuginstandhaltung

Die Fahrzeugdisposition berücksichtigt geplante Routine-Durchsichten und Reparaturen sowie auch Instandsetzungen und unvorhergesehene Checks an den Fahrzeugen. Ungeplante Arbeiten basieren auf Informationen der Fahrer über akute Mängel an «ihrem» Fahrzeug, können aber auch durch Anweisungen der Betriebsleitstelle angestoßen werden oder als Folge von entdeckten Schäden während Fahrzeug-Durchsichten erfolgen.

Es ist klar, dass Fahrzeuge, die für Werkstattaufenthalte disponiert sind, nicht für den Einsatz eingeplant werden dürfen. Erst nach erfolgreicher Instandhaltung und Freigabe durch die Werkstatt werden sie der Fahrzeugeinsatzplanung wieder zugeführt.

Alle Fahrzeuge müssen in regelmäßigen Abständen in den Werkstätten instandgehalten werden, damit der durch ihren Einsatz resultierende Materialverschleiß zu keinen sicherheitsgefährdenden Funktionsausfällen führt. Diese regelmäßigen Instandhaltungen sind in verschiedenen gesetzlichen Vorgaben festgelegt: der Straßenverkehrs-Zulassungs-Ordnung (StVZO), der Straßenverkehrs-Ordnung (StVO), der Bau- und Betriebsordnung Kraftverkehr (BOKraft), der Bau- und Betriebsordnung Straßenbahn (BOStrab). Weiterhin sind Unfallverhütungsvorschriften (UVV), Sicherheitsverordnungen, technische Vorgaben der Hersteller und betriebliche Regelungen zu berücksichtigen.

Quelle: Dresdner Verkehrsbetriebe AG

Betriebswerkstatt

Quelle: Freiburger Verkehrs AG

Betriebswerkstatt

Quelle: Kölner Verkehrs-Betriebe AG

Hauptwerkstatt

Dresdner Verkehrsbetriebe AG

Straßenbahn-Betriebswerkstatt

Die Instandhaltung besteht aus vier Bestandteilen, nämlich:

- Wartung
- Inspektion
- Instandsetzung
- Verbesserung

Sie haben das Ziel, das Fahrzeug während seiner Lebensdauer in einem funktionsfähigen Zustand zu erhalten, diesen wiederherzustellen und zu verlängern. Es werden vier Strategien der Instandhaltung unterschieden:

- **Die ausfallorientierte bzw. korrektive Strategie**

Unbeschadet der gesetzlichen Vorgaben fährt das Fahrzeug solange, bis ein Bauteil ausfällt. Erst dann wird ausgetauscht.

- **Die vorbeugende bzw. präventive Strategie**

Hier werden die Fahrzeug-Bauteile vorsorglich, d.h. vor den festgeschriebenen Austauschintervallen ersetzt; grundsätzlich abhängig von den Laufleistungen der Fahrzeuge, aber unabhängig vom tatsächlichen Bauteilzustand. Die Strategie hat zum Ziel, Fahrzeugausfälle im Einsatz zu verhindern.

- **Die zustandsabhängige bzw. inspektive Strategie**

Die Instandhaltungen erfolgen abhängig vom technischen Zustand der Bauteile.

- **Die kombinierte Strategie**

Ein Mix aus allen drei Strategien. Hier wird die Instandhaltung individuell bauteilbezogen festgelegt, um so eine Optimierung der Instandhaltungs-Gesamtkosten zu erreichen.

In diesem Zusammenhang kommt dem Einsatz leistungsfähiger Diagnosesysteme, die aktuelle Informationen zum Fahrzeugzustand bereitstellen, eine wesentliche Bedeutung zu; nur so lassen sich komplexe Instandhaltungsprozesse optimal steuern.

8.3.3 Betriebshof-Management-Systeme

Die verschiedenen Dispositionsaufgaben sind als komplexe innerbetriebliche Geschäftsprozesse organisiert und können heute nur durch Einsatz moderner Informations- und Kommunikationstechniken gesteuert werden. DV-gestützte **Betriebshof-Management-Systeme (BMS)** bestehen aus Hard- und Software-Komponenten und gehören zu den wesentlichen Elementen der betrieblichen Informationslogistik in ÖPNV-Unternehmen. Schnittstellenübergreifend verbinden die Systeme den Betriebshof mit dem Fahrbetrieb und der Werkstatt.

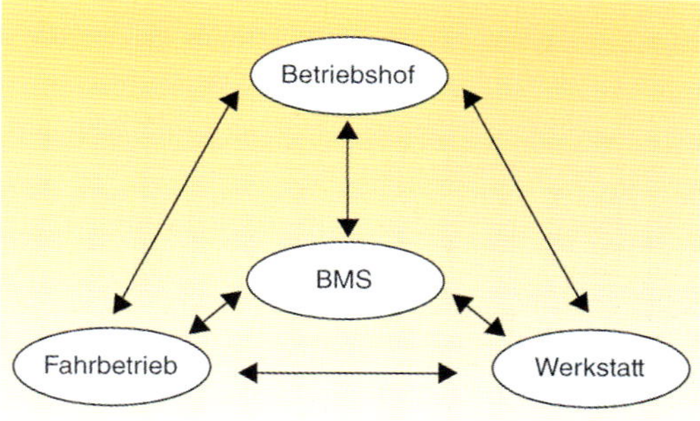

Quelle: VDV, Telematik im ÖPNV in Deutschland, Köln 2001, S. 420

BMS-Systeme mit vielen Aufgaben

Fahrzeugdisposition, Betriebshofsteuerung, Werkstattmanagement, Fahr- und Dienstplanung sowie Personaldisposition werden im Betriebshofmanagement integriert. Ein wesentliches Ziel der hiermit verbundenen Automatisierung des Datenaustausches und der Prozessplanung besteht in einer rationellen Gestaltung der Abläufe und einer hohen Wirtschaftlichkeit. So können die Stellflächen auf dem Betriebshof und die Kapazitäten der Werkstatt optimaler ausgenutzt werden, die zeitaufwändige Suche nach Fahrzeugen sowie unnötige Umsetz- und Sortierfahrten auf dem Betriebshof werden vermieden, manuelle Fahrzeug- und Personaldispositionsaufgaben entfallen.

Merksatz

Daten aus Betriebshof-Management-Systemen sind für nahezu alle Bereiche eines Verkehrsunternehmens wichtig!

Das Betriebshof-Management-System greift auf Informationen zurück, die in einer zentralen betrieblichen Datenbank hinterlegt sind. Es verknüpft alle erforderlichen Dispositions- und

Steuerungsinformationen. Diese Informationen sind sowohl für die tägliche Disposition relevant, als auch für andere Fachabteilungen des Unternehmens wichtig:

- Für die Materialwirtschaft, die entsprechend der Reparaturanforderungen die notwendigen Fahrzeugersatzteile beschaffen muss.
- Für das Controlling, das die Fahrzeugkosten im Auge behalten muss.
- Für die Betriebsleitstelle, die für die Überwachung des Betriebsablaufs zuständig ist.
- Für die Betriebs- und Werkstattleitungen, die für eine gleichmäßige Auslastung der Fahrzeuge hinsichtlich ihrer Laufleistungen sorgen, aber auch über Fahrzeugneubeschaffungen entscheiden müssen.

Liegen Umlaufplanung, Fahrzeugdisposition, Personaldisposition, Betriebs- und Fahrdienstleitung sowie Werkstatt organisatorisch in «einer Hand», also in einem Fachbereich, dann fördert es das reibungslose Zusammenspiel der verschiedenen Verantwortungsträger.

8.4 Dienstpläne, Personalbedarfe und Personaldisposition

Wenn, wie im ÖPNV, einerseits «feste» Bedienzeiten in Form von Fahrplänen vorhanden sind und andererseits detaillierte Informationen zu den Fahrzeugen als Umlaufpläne vorliegen, dann können daraus sowohl Pläne zum Fahrzeugeinsatz erstellt, Dienstpläne erarbeitet und Personalkapazitäten berechnet werden.

Was auf den ersten Blick als relativ leicht zu planen erscheint, erweist sich bei genauerem Hinsehen als komplexe Aufgabe. Denn Busse und Bahnen fahren während des gesamten Tages, am Abend und in der Nacht, auch an Wochenenden, häufig auch rund um die Uhr. Fahrpersonal muss auch zu diesen Zeiten zur Verfügung stehen. Die Beschäftigten sind demnach nicht in den gängigen Arbeitszeitstrukturen tätig: Montag bis Freitag (während des Tages) arbeiten und am Wochenende frei.

In ÖPNV-Unternehmen ist es üblich, dass Fahrdienstbeschäftigte, aber auch Werkstattpersonal, Servicemitarbeiter, Verkehrsmeister, Mitarbeiter der Leitstelle und der Kundenberatung, in wechselnden Schichtdiensten 24 Stunden abdecken und auch an Wochenenden und Feiertagen tätig sind. Sie erhalten dafür an anderen Wochentagen frei.

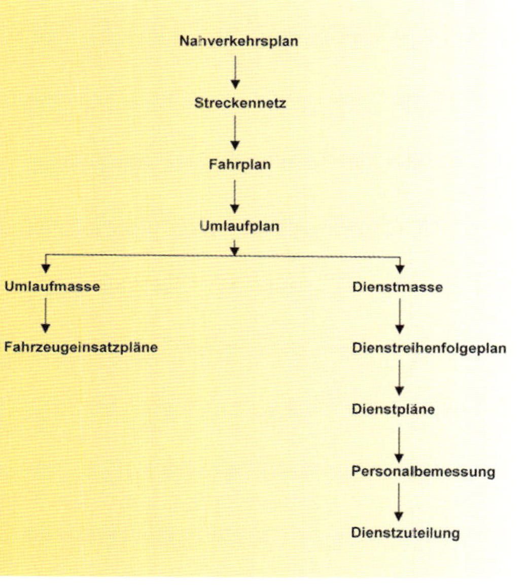

Vom Nahverkehrsplan zur Personal- und Fahrzeugdisposition

Die gesamte Arbeit, die vom Fahrpersonal eines Betriebshofs täglich, wöchentlich und monatlich zu leisten ist, wird als **Dienstmasse** bezeichnet. Sie wird gebildet aus der Umlaufmasse (Anzahl der Kurse), die auf Basis der Umlaufpläne alle Fahrzeiten entsprechend des Fahrplans enthält. Aus der berechneten Dienstmasse werden dann im nächsten Schritt die einzelnen **Dienste** mit ihren verschiedenen Ausprägungen «geschnitten». Daraus entstehen die einzelnen Dienstpläne. Die Zuteilung der Dienste auf die Beschäftigten wird als **Personaldisposition** bezeichnet.

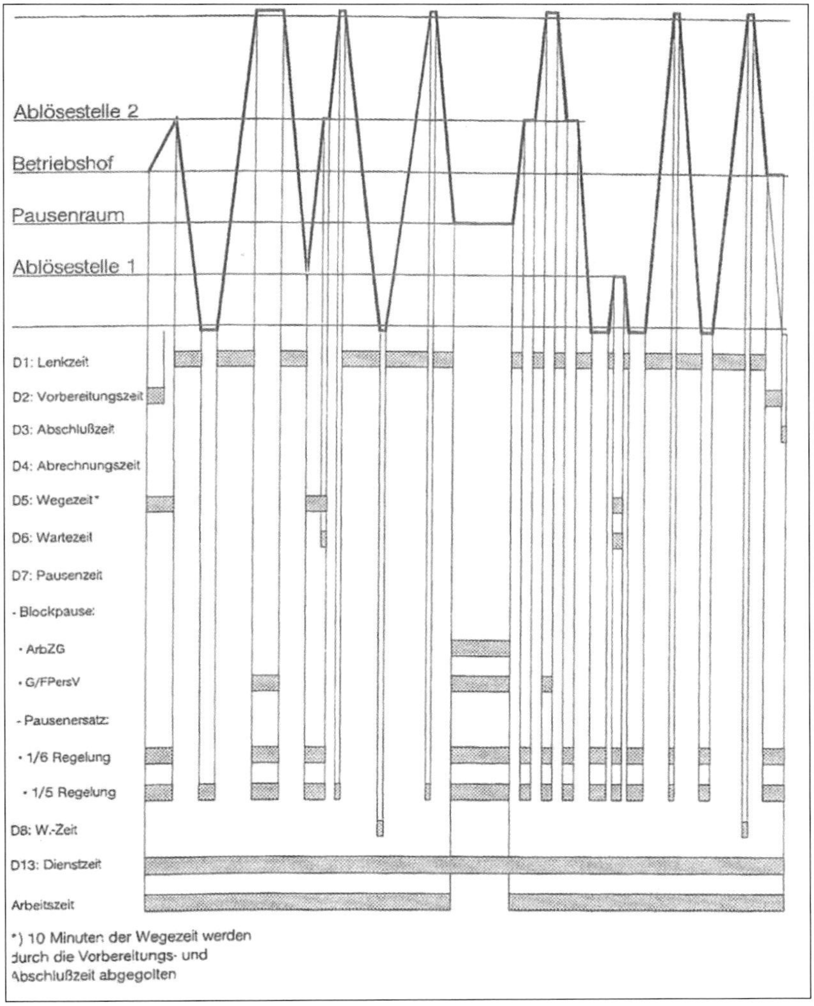

Quelle: Verband Deutscher Verkehrsunternehmen

Grafische Darstellung eines Dienstes

Der **Dienstplan** umfasst die Gesamtheit der zu erbringenden Tätigkeiten im Fahrdienst mit Angaben zu Dienstanfang und Dienstende, zu Lenkzeiten und Pausenzeiten, zu Vorbereitungs- und Wartezeiten[1].

Bei der Dienstplanbildung sind verschiedene Aspekte zu berücksichtigen:

- Die gesetzlichen Rahmenbedingungen und Sozialvorschriften. Dazu gehören z. B. das Arbeitszeitgesetz, das Fahrpersonalgesetz
- und auch europäische Verordnungen zu den Lenk- und Ruhezeiten.
- Tarifvertragliche Regelungen zwischen den Sozialpartnern, z. B. zu Dienstplanlängen zur wöchentlichen Arbeitszeit und zu den Pausenzeiten.

1 aus: Das Fachwort im Verkehr, S. 57, Düsseldorf 2006

- Vereinbarungen und Regelungen auf betrieblicher Ebene, z. B. zu Wegezeiten, Fahrzeugauf- und -abrüstzeiten.

Merksatz

Fahrpläne, Umlaufmasse und Dienstmasse sind die Grundlagen für die Bestimmung des Personalbedarfs im Fahrdienst!

Unter betriebswirtschaftlichen Gesichtspunkten sind die Verkehrsunternehmen daran interessiert, den Anteil der produktiven Arbeitszeit an der Dienstplanzeit zu erhöhen, um so den **Dienstplanwirkungsgrad** zu optimieren. Denn das spart Geld und erhöht die betriebliche Produktivität.

Die Gestaltung der Dienstpläne ist nach dem Betriebsverfassungsgesetz (BetrVG) mitbestimmungspflichtig, d. h. sie sind von den gewählten betrieblichen Interessenvertretern (Betriebsrat) zu genehmigen.

Es wird grundsätzlich zwischen vier verschiedenen Diensten unterschieden:

- **Frühdienste**

Beginn zwischen 3.30 – 5.30 Uhr; Ende zwischen 11.30 – 13.00 Uhr.

- **Mittel-/Übergangsdienste**

Beginn zwischen 11.00 – 12.00 Uhr; Ende zwischen 18.30 – 20.00 Uhr.

- **Spätdienste**

Beginn: 15.00 – bis 18.00 Uhr; Ende zwischen 23.00 – 2.00 Uhr.

- **Geteilte Dienste**

Damit sind Dienste gemeint, die ihre Arbeitszeit in der morgendlichen und abendlichen Verkehrsspitze (6.00 – 10.00 Uhr und 14.00 – 18.00 Uhr) haben und mehrere Arbeitsabschnitte an einem Tag umfassen.

Dienstpläne werden so geschnitten, dass nach Ablauf eines festgelegten Zeitraums die gesetzlich und tariflich festgelegte Wochenarbeitszeit eines Beschäftigten eingehalten sein muss. Die einzelnen Dienste werden in die sog. **Dienstreihenfolge**, in einen Turnus eingebaut. Hier wird festgelegt, wie der sich regelmäßig wiederholende Wechsel in der Zeitlage von Diensten/Dienstschichten für den einzelnen Fahrer aussieht[2]. So gibt es z. B. einen 6+2-Turnus; hier folgen auf sechs Arbeitstage zwei freie Tage. Im 5+1 Turnus erhält der Beschäftigte nach fünf Arbeitstagen einen freien Tag. Die verschiedenen Turni sind in verschiedene Längen geschnitten (z. B. 56 Tage). Sie bezeichnen den Zeitraum, in dem die gesetzlich vorgeschriebene Wochenarbeitszeit durchschnittlich umgesetzt sein muss.

Dienstmasse und Dienstpläne geben Aufschluss über die benötigte Menge an Fahrdienstbeschäftigten. Bei der **Berechnung der Personalkapazität** und der **Disposition der Fahrer** sind die zu besetzenden Dienste (pro Tag) zu berücksichtigen. Es müssen aber noch einige andere Kennziffern einfließen, nämlich die Anzahl der

- laut Dienstplan an diesem Tag «freien» Mitarbeiter,
- an diesem Tag in Urlaub befindlichen Mitarbeiter,
- an diesem Tag kranken Mitarbeiter,
- an diesem Tag in beruflicher Weiterbildung befindlichen Mitarbeiter,
- Mitarbeiter, die möglicherweise eine personelle «Reserve» für kurzfristige Ausfälle bilden müssen.

Unter Berücksichtigung dieser Berechnungsgrundlagen und in Abhängigkeit vom Turnus übersteigt die Zahl der benötigten Fahrdienstbeschäftigten die Zahl der Dienste um rund das 1,3 – 1,7fache. Dies ist besonders abhängig vom

2 aus: Das Fachwort im Verkehr, S. 57, Düsseldorf 2006

Verhältnis der Dienstplanmasse Montag bis Freitag zu Samstag und zu Sonntag.

In den vergangenen Jahren sind viele Unternehmen zur **individuellen Dienstplangestaltung** (sog. «Wunschdienstplan») übergegangen. Hier werden, vereinfacht ausgedrückt, die Dienste den Fahrern nicht «von oben» zugeteilt, sondern diese können auf die Dienstabfolge, die Dienstorte, die Abfolge von freien Tagen und Diensten Einfluss nehmen. Die Praxis zeigt, dass die geäußerten Wünsche in einem hohen Maße berücksichtigt werden können. Stets sicherzustellen ist dabei, dass das Produkt ÖPNV dann angeboten wird, wenn der Kunde es abruft.

8.5 Sozialvorschriften und die Arbeit in Verkehrsunternehmen

Als **Sozialvorschriften** werden die gesetzlichen Bestimmungen bezeichnet, die der Gesundheit und dem Arbeitsschutz der Beschäftigten und – bezogen auf den öffentlichen Personenverkehr – der Erhöhung der Verkehrssicherheit dienen. So regeln die entsprechenden Gesetze und Verordnungen z. B. die maximalen wöchentlichen Arbeitszeiten von Beschäftigten und die maximal möglichen täglichen Lenkzeiten am Steuer eines Busses. Die Verkehrsunternehmen haben die Arbeit ihres Fahrdienstpersonals so zu planen, dass die Sozialvorschriften eingehalten werden.

Unter die Sozialvorschriften fallen u. a. folgende, für den ÖPNV relevante nationale Regelungen:

- das Arbeitszeitgesetz (ArbZG), insbesondere jedoch
- das Fahrpersonalgesetz (FPersG) mit der entsprechenden
- Fahrpersonalverordnung (FPersV).

Diese nationalen Regelungen sind meistens durch die Bestimmungen europäischer Verordnungen und Richtlinien geprägt. Verordnungen der Europäischen Union haben Vorrang; ihre Vorgaben gelten unmittelbar in den EU-Mitgliedsstaaten. Auf dem Sektor der Sozialvorschriften ist die wesentliche Verordnung für den öffentlichen Personenverkehr die VO (EG) 561/2006. Sie regelt die Dauer der täglichen Lenkzeit, die erforderlichen Lenkzeitunterbrechungen (Pausen), die Mindest-Ruhezeiten sowie die Aufzeichnungspflichten über die Tätigkeit des Fahrpersonals – allerdings nicht für den Linienverkehr bis 50 km Linienlänge.

Lenkzeit	
Täglich	9 Stunden
	2 x wöchentlich 10 Stunden
Wöchentlich	max. 56 Stunden
Zwei aufeinander folgende Wochen	max. 90 Stunden
Unterbrechung der Lenkzeit	
Nach einer Lenkzeit von	4,5 Stunden
Lenkzeitunterbrechung mindestens	45 Minuten
Tagesruhezeit	11 Stunden
Wöchentliche Ruhezeit	45 Stunden
Arbeitszeit	
Täglich	durchschnittlich 8 Stunden, höchstens 10 Stunden
Wöchentlich	Durchschnittlich 48 Stunden, höchstens 60 Stunden

In Deutschland weitet die **Fahrpersonalverordnung** von 2008 – auf Grundlage des Fahrpersonalgesetzes – die Vorschriften der VO (EG) 561/2006 in modifizierter Form auch auf den Linienverkehr bis 50 km Länge aus.

Unter arbeitswissenschaftlichen Gesichtspunkten haben Sozialvorschriften die Aufgabe, die gesundheitliche Beeinträchtigung durch

Arbeit zu verringern, d. h. die **Leistungs- und Beschäftigungsfähigkeit** der Mitarbeiter zu erhalten und den Erholungswert der freien Zeit zu steigern. Gerade Tätigkeiten wie der Fahrdienst oder auch die Instandhaltung von Bussen und Bahnen, die durch hohe Anteile von Schicht- und Nachtarbeit geprägt sind, bedürfen in diesem Zusammenhang einer besonderen Berücksichtigung. Sog. biologische «Dissoziationen», d. h. ein ständiges Arbeiten gegen die «innere Uhr» des gewohnten Schlaf-Wach-Rhythmus und soziale Abschottungen als Folge ausgeprägter Schicht- und Nachtarbeit, sollten bei der Dienstplanung und Dienstzuteilung vermieden werden.

Merksatz

Sozialvorschriften dienen der Gesundheit der Beschäftigten!

Was ist **menschengerechte Arbeitszeit**? Diese Frage ist schwer zu beantworten. Denn es gibt nicht nur die objektiven Kriterien, die als wissenschaftlich fundierte Mindeststandards in Gesetzen und Verordnungen festgelegt sind. Eine große Rolle spielt auch die individuelle Leistungsfähigkeit jedes Menschen. So haben z. B. sog. «Morgentypen» größere Schwierigkeiten mit einer ausgeprägten Abend- und Nachtarbeit und verschleißen ihre Leistungspotenziale dann viel schneller. «Abendtypen» dagegen können morgens schlecht aufstehen und sind in den Abendstunden viel leistungsfähiger. Auch das Alter, das Geschlecht, der Gesundheitszustand und die familiäre Situation der Beschäftigten spielen für die Bestimmung der individuellen Leistungsfähigkeit eine wesentliche Rolle.

Klar ist: der ÖPNV muss seine Dienstleistungen Tag und Nacht, werktags wie sonn- und feiertags erbringen. Anderenfalls würde er seine Daseinsberechtigung verlieren und seinem Auftrag der öffentlichen Daseinsvorsorge nicht mehr nachkommen können. Im ÖPNV ist Schichtarbeit unentbehrlich. Daher arbeiten die Verkehrsunternehmen seit vielen Jahren daran, mit Unterstützung der Betriebsärzte, Personalmanager, Betriebsräte und entsprechender Arbeitskreise im Verband Deutscher Verkehrsunternehmen (VDV), die durch Schichtarbeit entstehenden Belastungen zu mildern. Dazu werden z. B. Dienstreihenfolgen in einen anderen Rhythmus gebracht oder die Dienste so geschnitten, dass die Ruhezeiten verlängert werden können, ohne dass die Wirtschaftlichkeit verringert wird.

Neben der Organisation der Arbeitszeit sind es insbesondere die **Organisation der Arbeitsinhalte und die Kompetenzen der Mitarbeiter**, die Einfluss auf die Leistungsfähigkeit der Beschäftigten haben. Je umfassender Beschäftigte ausgebildet und qualifiziert sind, je mehr sie wissen und können, umso größere Chancen bestehen, ihre Arbeit mit weiteren Tätigkeiten und mehr Verantwortung anzureichern. In der Arbeitswissenschaft nennt man diese Strategie «Job-Enrichment» und «Job-Enlargement». Ausbildung und Berufsbild der Fachkraft im Fahrbetrieb sind so vielfältig konzipiert, dass sie ideal in diese Arbeitsgestaltungs-Strategie hineinpassen. Die Arbeit und der Einsatz in mehreren Aufgabenfeldern, abgestimmt auf die spezifischen Unternehmensinteressen, aktiviert und nutzt das breite Kompetenzpotenzial der Fachkräfte. Ein gewünschter Nebeneffekt besteht darin, dass solche Einsatzkonzepte zu medizinisch sinnvollen Belastungswechseln bei der Arbeit führen; dies stellt eine gute Grundlage dar, um die Beschäftigungsfähigkeit der Fachkräfte nachhaltig zu sichern. In Projekten der Akademie des Verbandes Deutscher Verkehrsunternehmen (VDV) wird die Entwicklung solcher «Misch»arbeitskonzepte vorangetrieben.

Merksatz

Erfolgreicher Mitarbeitereinsatz erfolgt kompetenzorientiert und richtet sich am Können und Wollen der einzelnen Beschäftigten aus!

8.6 Leitstellen

Um den Betriebsablauf zu überwachen, verfügt jedes Verkehrsunternehmen über eine **Betriebsleitstelle**. Manche charakterisieren sie als das Herz, andere als das Gehirn des betrieblichen Organismus. Sie ist tatsächlich eher Letzteres, denn ihre wesentliche Aufgabe besteht in der Koordination, der Steuerung und der Überwachung des Betriebsablaufs; d. h. im Wesentlichen haben die Leitstellen Qualitätsmanagementfunktionen. Ziel ist es, einen sicheren und ordnungsgemäßen Betrieb zu gewährleisten.

In Verkehrsunternehmen mit Bus- und Straßenbahn-, Stadtbahn- und U-Bahn-Betrieb sind die Betriebsleitstellen in separaten großen Räumen untergebracht. Hier stehen mehrere Plätze mit umfangreicher Technikausstattung für die Beschäftigten der Leitstelle, den sog. Disponenten, zur Verfügung. Beherrscht wird die Leitstelle von einer Vielzahl von Monitoren und ggf. einem großdimensionierten, computergesteuerten Leinwand-Display, auf denen das gesamte Streckennetz, die aktuelle Position jedes Fahrzeugs und das Stromnetz abgebildet werden können. Leitstellen sind in der Regel rund um die Uhr besetzt.

Gesteuert werden Display und Arbeitsplätze vom sog. **Rechnergesteuerten Betriebsleit-System** oder ITCS (Intermodal Transport Control System). Das ICTS-System gewährleistet eine automatisch gesteuerte, kontinuierliche Erfassung der Standorte aller eingesetzten Fahrzeuge und Ermittlung der Fahrplanlage. Dies kann durch Datenfunk, GPS und Ortsbaken erfolgen. Das System enthält alle wesentlichen Soll-Grunddaten über Fahrzeiten, Fahrwege, Fahrzeuge, Zugreihenfolgen und Anschlüsse sowie die notwendigen Daten über die eingesetzten Fahrpersonale. Diese Stammdaten werden von den entsprechenden Dispositions-Systemen geliefert. Das RBL-System vergleicht die Daten permanent mit den aktuellen betrieblichen Ist-Daten der Fahrzeuge. In den Bordrechnern von

Bussen und Bahnen sind geeignete technische Ausrüstungen zur Datenkommunikation vorhanden. Bordrechner steuern die Fahrgastinformationen an, auch in den Fahrzeugen, sowie die Verkaufsautomaten und Entwerter (siehe hierzu ► Kapitel 13). Die Ergebnisse dieses Soll-Ist-Abgleichs werden den Disponenten als Tabellen, Listen und in grafischer Form auf den Monitoren zur Verfügung gestellt. So können sie jederzeit die Gesamtsituation im Liniennetz überblicken.

Quelle: Hamburger Hochbahn AG

Betriebsleitstelle

Quelle: VDV-Akademie

Betriebsleitstelle

Quelle: Freiburger Verkehrs AG

Betriebsleitstelle mit Videoüberwachung

Die Disponenten in der Leitstelle können über die Ergebnisse der Soll-Ist-Abgleiche Besonderheiten im Betriebsablauf sofort registrieren. So erfahren sie z. B.,

- ob und warum der Fahrplan aus dem Takt geraten ist,
- an welchen Haltestellen geplante Anschlüsse fehlgeschlagen sind,
- an welcher Stelle des Netzes oder an welchen Fahrzeugen Störungen aufgetreten und
- an welchen Haltestellen hohe Fahrgastaufkommen zu verzeichnen sind.

Bei Störungen sind schnelle Reaktionen und Entscheidungen erforderlich. Über Daten- und Sprechfunk wird mit dem Fahrer kommuniziert, Fahrgäste werden mit akustischen und optischen Informationen auf den Bahnsteigen und in den Fahrzeugen versorgt, bei längeren Störungen wird ggf. ein Ersatzverkehr eingerichtet, Züge müssen «kurz» gesetzt werden, falls notwendig werden Polizei und Rettungskräfte angefordert. Alle Maßnahmen dienen dem Ziel, den Betrieb so schnell wie möglich wieder in einen fahrplanmäßigen Zustand zu versetzen.

Merksatz

RBL-Systeme als «Gehirne» und «Experten» für den sicheren betrieblichen Ablauf sind nur so gut wie die Menschen, die sie bedienen!

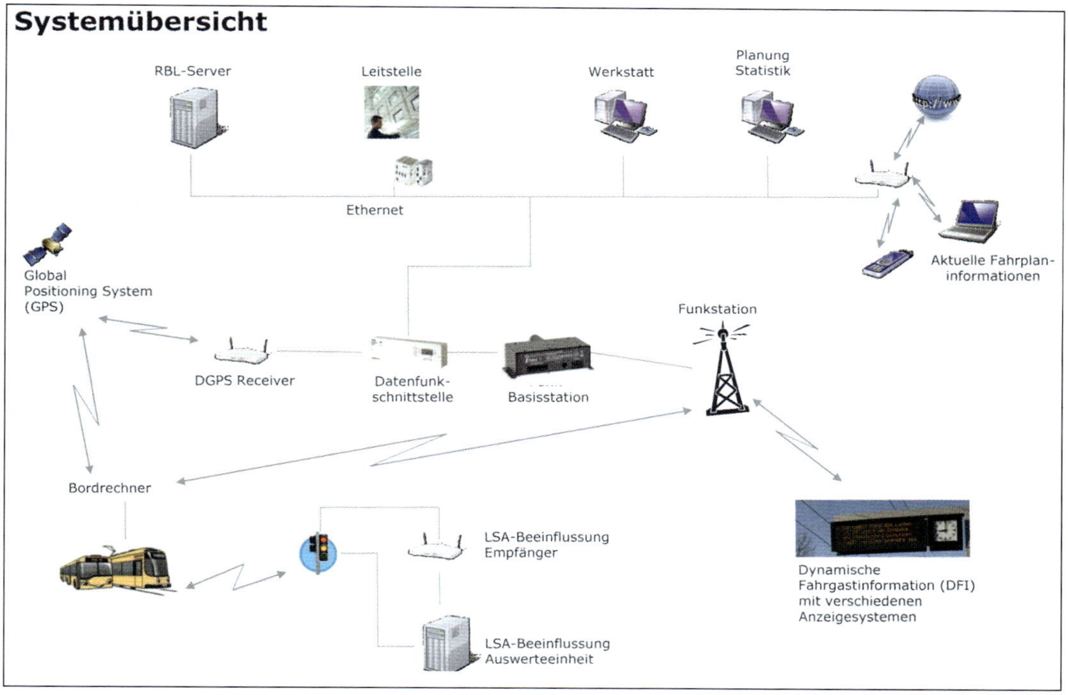

Die Leitstelle als «Expertengehirn» für einen reibungslosen Betriebsablauf und Fahrgastinformationen

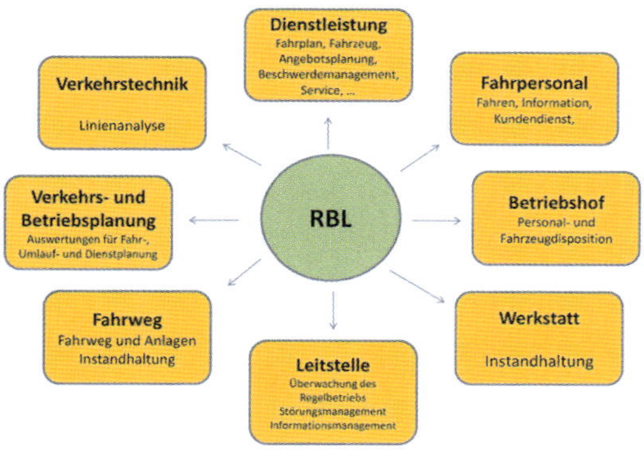

Quelle: VDV, Telematik im ÖPNV in Deutschland, Köln 2001

RBL-Systeme mit vielen Aufgaben

Das RBL-System bietet als «Expertensystem» Lösungsvarianten für solche Störungssituationen. Es kann und soll jedoch die Entscheidungen, die der Disponent in der Leitstelle treffen muss, nicht ersetzen. Aus diesem Grund können auch nur sehr erfahrene Unternehmens-Mitarbeiter die Funktion von Leitstellen-Disponenten übernehmen. Sie müssen mehrere Jahre selbst im Fahrdienst und in anderen betrieblichen Funktionen tätig gewesen sein und eine spezielle Ausbildung absolvieren, bevor sie diese komplexe Aufgabe übernehmen dürfen.

In seiner Steuerungsfunktion erhält und verarbeitet das RBL-System eine Fülle von Daten, liefert verschiedenen Bereichen aber auch umfangreiche Informationen über den täglichen Betriebsablauf. RBL-Systeme fungieren insofern als betriebliche «Datendrehscheibe». Auf diese Weise können die zuständigen Entscheidungsträger die tägliche Betriebslage bewerten, besondere Vorkommnisse und Störungen systematisch analysieren und auswerten. Die RBL-Daten bieten eine gute Grundlage für die Verbesserung der Servicequalität, für die Optimierung von Betriebsabläufen und die Entwicklung von Vorsorgemaßnahmen. Leitstellen und RBL-Systeme spielen im **Qualitätssicherungs-System** des Unternehmens eine wichtige Rolle: Sie stellen einerseits die Daten für eine systematische **Leistungsmessung** zur Verfügung, wie sie in der Qualitätsnorm für den ÖPNV (DIN EN 13816) gefordert wird. Andererseits tragen sie zu einer höheren Effizienz im Betriebsgeschehen bei.

Betriebsleitstellen übernehmen noch einige weitere wichtige Aufgaben im Unternehmen:

- Sie sind für die Überwachung der Sicherheit an den Haltestellen, auf den Bahnsteigen und in den Fahrzeugen zuständig. Mit Hilfe von Video-Kameras, die auf entsprechende Bildschirme geschaltet werden, können Übergriffe erkannt und dokumentiert sowie Hilfsmaßnahmen eingeleitet werden. Leitstellen verfügen über einen direkten Draht zu Polizeieinsatzzentralen und zu Rettungsleitstellen der Feuerwehr.
- Ihre Systeme erzeugen Daten, mit denen Fahrplanfragen mit aktuellen Abfahrtzeiten per Handy und im Internet gestartet werden können.
- Häufig sind sie in den Abend- und Nachtstunden für die telefonische Fahrgastinformation zuständig.
- Sie haben nächtliche Instandhaltungsarbeiten am Fahrweg zu überwachen und den Betrieb nach Beendigung der Arbeiten wieder freizugeben.
- Sie erzeugen Daten, z. B. von automatischen Fahrgastzählungen in den Fahrzeugen.
- Schließlich sorgen ihre Systeme für Vorrangschaltungen an Lichtsignalanlagen.

Quelle: Stadtwerke Bonn GmbH

Videoüberwachung U-Bahnsteig

8.7 Qualitätssicherung

Sämtliche Betriebsabläufe im Unternehmen sind so zu gestalten, dass die bestellte und gelieferte Qualität bei der täglichen Leistungserbringung gesichert ist. Denn auch Verkehrsunternehmen müssen wirtschaftlich arbeiten und ihre Rentabilität verbessern. Verkehrsunternehmen handeln in einem wachsenden Wettbewerbsmarkt. Sie müssen ihre Marktpositionen verbessern, indem sie ihre Kostendeckungsgrade erhöhen. Dies können sie nur dann, wenn ihre Kunden, die Fahrgäste, immer wiederkommen und neue Kunden hinzugewonnen werden. Und das gelingt in dem Maße, in dem die Fahrgäste mit den angebotenen und wahrgenommenen Mobilitätsdienstleistungen des ÖPNV zufrieden sind.

Diese Wahrnehmungen sind in hohem Maße subjektiv gefärbt und müssen deshalb in der Beurteilung auch nicht immer deckungsgleich mit den vom Unternehmen gemessenen Leistungen sein. Sie sind jedoch ausschlaggebend für die Wertungen, die der ÖPNV vom Fahrgast erhält. Mit **Kundenbefragungen**, die Aufgabenträger, Verkehrsunternehmen oder Verkehrsverbünde initiieren und entweder selbst durchführen oder durch Meinungsforschungsinstitute erledigen lassen, werden die Fahrgäste um ihre

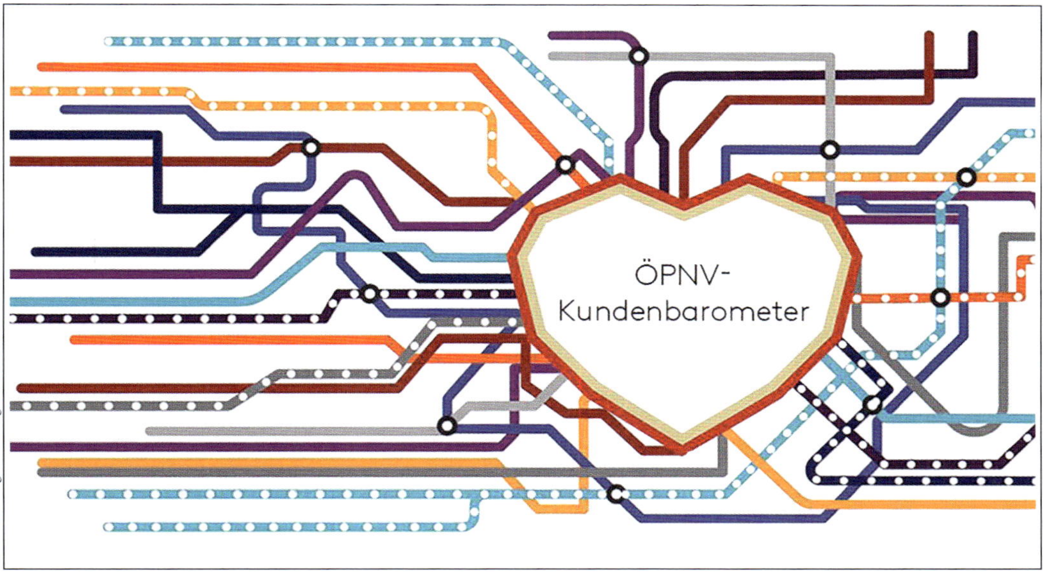

Foto: Meinungsforschungsinstitut Kantar

Ergebnisse des Kundenbarometers ÖPNV

Einschätzung zu verschiedenen Leistungsmerkmalen des ÖPNV gebeten. Man nennt diesen Vorgang «**Zufriedenheitsmessung**». Ergebnisse von Zufriedenheitsmessungen werden oft in «Kundenbarometern» zusammengefasst. Mehr als 30 Verkehrsunternehmen und mehrere Verkehrsbünde beteiligen sich seit 1999 jedes Jahr am „ÖPNV-Kundenbarometer", das vom Meinungsforschungsinstitut Kantar (früher Infratest) durchgeführt wird.

Das gesamte Verhalten des Verkehrsunternehmens und seiner Beschäftigten muss vom Selbstverständnis eines modernen Dienstleisters und der Orientierung am Fahrgast geprägt sein. Das Aussehen (Stichwort Dienstkleidung), die innere Einstellung, das Engagement und die Fähigkeiten der Mitarbeiter sind neben den Aspekten der Bedienungsqualität und der Beförderungsqualität die entscheidenden Faktoren für die Zufriedenheit der Fahrgäste mit ihrem «Produkt ÖPNV».

Fahrerinnen und Fahrer, Kundenberater, Servicemitarbeiter und viele andere Beschäftigtengruppen, die in täglichem Fahrgastkontakt stehen, haben dabei eine verantwortungsvolle Aufgabe wahrzunehmen. Sie sind Fahrgast-«Fischer», sie sind die «Kundenbindungs-Manager» des Unternehmens, sie entscheiden maßgeblich über die Qualität der Mobilitätsdienstleistung und ihrer Wahrnehmung durch die Fahrgäste und damit über den Bestand des Unternehmens.

Merksatz

Fachkräfte im Fahrbetrieb haben erheblichen Einfluss darauf, dass der Kunde von der Dienstleistung ÖPNV begeistert ist und langfristig als Fahrgast für Busse und Bahnen gebunden werden kann!

8.8 Beschwerdemanagement

Eine sehr gute Möglichkeit für Verkehrsunternehmen, Informationen zu den Wünschen, Interessen und zur Zufriedenheit ihrer Fahrgäste zu erfahren, ist das sog. betriebliche «**Beschwerdemanagement**». Es ist organisatorisch meist den

Unternehmensbereichen Marketing oder Vertrieb zugeordnet und Bestandteil des internen Qualitätsmanagements. Es liefert dem Unternehmen «kostenlos» wichtige Hinweise auf Stärken und Schwächen seiner Dienstleistung, oftmals auch verbunden mit konkreten Verbesserungsvorschlägen der Fahrgäste.

Der Begriff «Beschwerdemanagement» kann irreführend wirken und ist oftmals negativ besetzt. Beschwerden können schnell als lästig empfunden werden und verdecken vom Wortsinn her das Potenzial, das an Verbesserungsmöglichkeiten in ihnen liegt. Insofern sollte man besser vom «Fahrgast-Verbesserungsmanagement» oder «Fahrgast-Feedback» sprechen.

Beschwerden, Hinweise und Reklamationen müssen sehr sorgfältig und mit Nachdruck bearbeitet und gelöst werden. Denn eine nicht bearbeitete und gelöste Beschwerde führt zu einem unzufriedenen Kunden. Beschwerden stellen deshalb für die Verkehrsunternehmen eine «wichtige zweite Chance» dar, den Fahrgast zufriedenzustellen. Erfolgreich gelöste Beschwerden sind für den Kunden positiv, sie erhöhen seine Verbundenheit mit dem «Produkt ÖPNV», weil er sich ernstgenommen und sein Anliegen gut ausgehoben fühlt.

Gut geführten Verkehrsunternehmen gelingt es, ihre Servicequalität Zug um Zug und nachhaltig zu erhöhen. Diese Unternehmen haben ihre Betriebsabläufe konsequent darauf ausgerichtet, die eigenen Dienstleistungen ständig weiter zu entwickeln und am Fahrgast zu orientieren.

Fachkräfte im Fahrbetrieb übernehmen hierbei in jeder Funktion eine hohe Verantwortung.

8.9 Aufgaben

8.9.1 Erarbeitung eines Dienstplans

Aufgabe 1

? Dienste Montag bis Freitag
20 Früh, 20 Mittel, 20 Spät
Samstag
15 Früh, 15 Mittel, 10 Spät
Sonntag
10 Früh, 10 Mittel, 10 Spät

Berechnen Sie anhand dieser geschnittenen Dienstmasse den Personalbedarf für eine Woche:

a. Dienste jeweils Montag – Freitag
b. Dienste Samstag
c. Dienste Sonntag.

Berücksichtigen Sie dabei auch, dass für die gesamte Woche

a. Fünf Mitarbeiter im «Frei» sind,
b. Fünf Mitarbeiter Urlaub haben
c. Zwei Mitarbeiter krank sind
d. Ein Mitarbeiter eine Weiterbildung absolviert.

Denken Sie bei der Planung auch an eine mögliche «Reserve», die Sie vorhalten müssen.

8.9.2 Fahrzeug-Identifizierung

Aufgabe 2

? Ermitteln Sie, welche Fahrzeug-Identifizierungs-Techniken auf den Betriebshöfen Ihres Unternehmens eingesetzt werden. Erarbeiten Sie deren Funktionsweise in Arbeitsgruppen und stellen Sie Ihre Arbeitsergebnisse vor.

8.9.3 Berufsbild der Fachkraft im Fahrbetrieb

Aufgabe 3

? Erarbeiten Sie im Rahmen einer Gruppenarbeit die aus Ihrer Sicht wichtigen Anforderungen an die fachlichen Fähigkeiten und persönlichen Einstellungen von Fachkräften im Fahrbetrieb. Stellen Sie Ihre Arbeitsergebnisse vor.

Die Arbeitsbedingungen mitgestalten

Zusammenfassung
In diesem Lernfeld erwerben Sie Kenntnisse, wie Sie auf die besonderen Belastungen des Fahrdienstes Rücksicht nehmen und Ihre Arbeitsbedingungen mitgestalten können, indem Sie Ihren Lebens- und Arbeitsstil darauf einrichten. Sie lernen, sich frühzeitig Strategien zur Stressbewältigung anzueignen und die Zusammenarbeit und die Kommunikation am Arbeitsplatz zu fördern.

9.1 Leistungsfähigkeit

Die Leistungsfähigkeit eines Menschen hängt von ganz unterschiedlichen Faktoren ab. Viele dieser Faktoren werden in diesem Kapitel thematisiert. Sie können grob in «äußere» und «innere» Faktoren unterteilt werden. Es ist interessant, dass wir in der Lage sind, die meisten Bedingungen selbst zu beeinflussen, auch wenn es auf den ersten Blick nicht so erscheint. Sie können Ihre Arbeitsbedingungen mitgestalten und Verantwortung übernehmen. Auch als «äußere Bedingungen» erlebte Voraussetzungen lassen sich mitgestalten.

Wenn Sie z. B. einen Schaden an Ihrem Fahrzeug (äußere Bedingung) haben, der eine Weiterfahrt unmöglich macht, können Sie die Leistung, Menschen sicher von A nach B zu befördern, nicht erbringen. Das heißt nicht, dass Sie nicht leistungsfähig sind. Denn ebenso ist es eine Leistung, entsprechend optimal zu reagieren: die Leitstelle zu informieren, den Fahrgästen freundlich Auskunft zu geben etc.

Zu den äußeren Bedingungen zählen auch eine gute berufliche Qualifizierung, entsprechende Weiterbildungen, einwandfreie innerbetriebliche Information und Kommunikation. Ohne diese Voraussetzungen ist die Leistungsfähigkeit und dadurch auch die Qualität der Leistung selbstverständlich eingeschränkt, aber Sie haben die Möglichkeit nachzufragen, sich einzubringen und entsprechende Informationen zu erhalten.

Fähigkeiten und Fertigkeiten eines jeden Einzelnen bedingen die Leistungsfähigkeit in erheblichem Maße. Hierzu zählen die Persönlichkeit eines Menschen, die Einstellung und Motivation. Eine wichtige Voraussetzung für eine optimale Leistungsfähigkeit ist der eigene Gesundheitszustand. Auch dieser lässt sich in hohem Maße beeinflussen und mitgestalten.

Es gibt Untersuchungen, die zeigen, dass mit zunehmender Dauer der ausschließlichen beruflichen Tätigkeit in der Personenbeförderung, Menschen aufgrund schwerwiegender Erkrankungen vor Erreichen der Altersgrenze fahrdienstuntauglich werden können. Es ist also wichtig, die durchaus vorhandenen Belastungen frühzeitig als solche zu erkennen, entsprechend entgegenzuwirken und folglich die eigene Gesundheit zu erhalten. Sie haben es selbst in der Hand!

9.2 Gesundheit

Durch die stetigen Veränderungen der Lebens- und Arbeitsbedingungen wandeln sich die Anforderungen an Mitarbeiter in Unternehmen.

Die technische Ausstattung ist mittlerweile fast optimal, schwere körperliche Arbeiten nehmen ab, die geistigen und nervlichen Beanspruchungen wachsen.

Für Mitarbeiter ist es wichtig, ihre Fähigkeiten und Fertigkeiten optimal nutzen zu können und einsetzen zu wollen. In einer Gesellschaft, die «immer älter wird» (demographischer Wandel) und in der die Lebensarbeitszeit «immer länger andauert», gewinnt der Faktor Gesundheit eine ständig wachsende Bedeutung.

Was bedeutet der Begriff «Gesundheit»?

Es wäre einfach, diesen Satz so zu beantworten: «Gesundheit ist das Fehlen von Krankheit». Dies ist aber nicht richtig. Bereits seit Jahrtausenden versuchen Menschen zu definieren, was unter dem Begriff Gesundheit zu verstehen ist. Die WHO (Weltgesundheitsorganisation) definierte 1946 *«Gesundheit als Zustand vollkommenen körperlichen, geistigen und sozialen Wohlbefindens und nicht alleine das Fehlen von Krankheit und Gebrechen.»*

Das Besondere an dieser Definition ist, dass nicht nur das körperliche und geistige Wohlbefinden berücksichtigt wird, sondern auch das Umfeld und das individuelle Wohlbefinden.

50 Jahre später definierte der Soziologe Badura[1] Gesundheit als «… *Fähigkeit zur Problemlösung und Gefühlsregulierung, durch die ein positives seelisches und körperliches Befinden, insbesondere ein positives Selbstwertgefühl und ein unterstützendes Netzwerk sozialer Beziehungen erhalten oder wiederhergestellt wird.*»

Aus beiden Definitionen wird deutlich, dass viele Einflüsse, die von außen auf den Menschen einwirken, die Gesundheit positiv oder negativ beeinflussen können. Baduras Neufassung weist auf die Fähigkeit hin, sich mit den Anforderungen, die gestellt werden, auseinanderzusetzen. Gesundheit ist demnach nicht statisch, sondern ein Prozess und das Ergebnis der Auseinandersetzung mit Belastungen und Anforderungen auf psychosozialer und physischer (körperlicher) Ebene.

Bus als Modell für Gesundheit

Merksatz

Gesundheit ist ein dynamischer Balancezustand, der dann vorhanden ist, wenn sich ein Mensch im Einklang mit körperlichen, seelischen, sozialen Bereichen, seiner Entwicklung, den eigenen Möglichkeiten, Zielen und den äußeren Lebensbedingungen befindet.

Zur Verdeutlichung der Vielfältigkeit der vielen Voraussetzungen und Abhängigkeiten von Gesundheit bietet sich folgendes Bild an: Vergleichen wir unsere Gesundheit mit einem Bus, der auf vier Rädern rollt, so ist nachvollziehbar, dass das Fehlen eines Rades negative Auswirkungen auf die Fahrfähigkeit des gesamten Busses hat.

Ein Defekt an einem Reifen hat immer eine ganzheitliche Auswirkung.

Die vier Reifen stehen für:

- körperliche Befindlichkeit
- seelische Befindlichkeit
- soziale Integration (z. B. familiäres Umfeld, Arbeitsplatz, Freundeskreis)
- individuellen Lebenssinn (z. B. Philosophie, Religion, Spiritualität)

Der komplette Bus (Gesundheit) ist Einflüssen ausgesetzt, die auf jeden einzelnen Reifen (Gesundheitsbereich) einwirken und dessen Widerstandsfähigkeit beeinflussen können. Wird ein «Reifen» durch ein Lebensereignis oder eine Krisensituation beeinträchtigt, werden die anderen «Reifen» stärker belastet. Es ist schwer, diese zusätzliche Last dauerhaft zu tragen.

Menschen, die in der Personenbeförderung im ÖPNV tätig sind, erhalten regelmäßig durch den Betriebsarzt/Arbeitsmediziner eine Gesundheitsuntersuchung. Wichtig ist es, bei Beschwerden, Auffälligkeiten oder gesundheitlichen Veränderungen diesen vorgegebenen Zeitpunkt nicht abzuwarten, sondern sich frühzeitig von einem Arzt untersuchen zu lassen.

Jeder Mensch ist in der Lage, Einfluss auf seinen Gesundheitszustand zu nehmen. Gesundheitsbewusstes Handeln trägt wesentlich zur Stabilität der einzelnen «Räder» bei. Eine aktive Lebensweise führt zu Wohlbefinden und einem angenehmen Lebensgefühl.

9.3 Ernährung

Eine gesunde und richtige Ernährung besitzt eine herausragende Bedeutung bei der Vermeidung und auch bei der Behandlung vieler Erkrankungen. In früheren Zeiten starben in der westlichen Welt viele Menschen an Hunger und Unter- oder Mangelernährung. Heute verbreiten

1 Badura, Ritter & Scherf, 1999

sich immer mehr ernährungsbedingte Erkrankungen – sogenannte Zivilisationserkrankungen – wie Herzinfarkte, Schlaganfälle, Krebserkrankungen, Diabetes Typ II etc.

Diese Krankheiten, die nicht durch Mangel-, sondern durch Über- und Fehlernährung, Bewegungsmangel und Übergewicht hervorgerufen werden, sind heute die häufigste Todesursache. Bezogen auf den Fahrdienst ist es wichtig zu wissen, dass viele der oben genannten Zivilisationserkrankungen einen Einsatz in der Personenbeförderung häufig unmöglich machen oder zu einem vorzeitigen Ausscheiden aus dem Fahrdienst führen. Durch eine gesunde, ausgewogene Ernährung und ausreichende Bewegung können diese Risiken stark minimiert werden. Die eigene Leistungsfähigkeit wird so entscheidend beeinflusst.

Quelle: Kölner Verkehrs-Betriebe AG

Mit der richtigen Ernährung bleiben oder werden wir körperlich fit und sind widerstandsfähiger gegen Stress und Krankheiten. Neben einer ausgewogenen Zusammensetzung der Nahrung aus Kohlenhydraten, Eiweiß und Fett spielt auch der Gehalt an bestimmten Vitaminen, Spurenelementen und Mineralstoffen für die mentale (geistige) Leistungsfähigkeit eine große Rolle. Auch wann, wo und wie Nahrung zu sich genommen wird, ist nicht unerheblich. So ist eine gute Planung des Essens bei unregelmäßigen Arbeitszeiten und unterschiedlichen Orten der Nahrungsaufnahme ganz besonders wichtig. Im Fahrdienst bietet es sich an, eine gesunde Brotzeit mit Obst oder Rohkost und ausreichend Getränke in Form von Tee oder Wasser mitzunehmen. Schlecht vorbereitet wird Hunger schnell in Form von ungesunden «Snacks» oder Süßwaren gestillt. Die so genannten Soft-Drinks bieten evtl. eine kurzzeitige Erfrischung, sind aber in der Realität sehr kalorienhaltige Getränke und als Durstlöscher völlig ungeeignet.

Quelle: Kölner Verkehrs-Betriebe AG

9.3.1 Gewichtsreduktion

Zur Beantwortung der Frage, ob man selbst übergewichtig ist oder nicht, bietet sich die Berechnung des persönlichen Body-Maß-Index (BMI) an. Bei dieser Berechnung wird das Körpergewicht zur Körpergröße ins Verhältnis gesetzt. Dabei wird das Körpergewicht geteilt durch die (Körpergröße in m^2).

$$\text{BMI} = \frac{\text{Körpergewicht}}{(\text{Körpergröße})^2}$$

In etwa lassen sich dem erreichten Wert folgende Gruppen zuordnen: Ein Wert unter 18,5 bedeutet Untergewicht, im Bereich 18,5 bis 25 wird von Normalgewicht ausgegangen, Übergewicht wird einem Wert im Bereich von 25 bis 30 zugeordnet, ein Wert von über 30 wird als Adipositas (Fettleibigkeit) bezeichnet. Der BMI gibt nur einen ersten Hinweis; gerade im Bereich Gewichtsreduktion ist eine ärztliche Untersuchung und Beratung absolut erforderlich. Eine langfristige und dauerhafte Gewichtsreduktion ist nur durch eine Ernährungsumstellung zu erreichen. Einseitige Blitzdiäten haben häufig den unerfreulichen Jo-Jo-Effekt[2] zur Folge, außerdem können sie zu Mangelerscheinungen führen. Sinnvoll ist es, die Ernährungsumstellung direkt mit einer erhöhten körperlichen Betätigung zu kombinieren. Walken, strammes Spazierengehen, Rad fahren und Schwimmen sind auch bei Schichtdienst möglich und für untrainierte Personen empfehlenswerte Sportarten.

In vielen Unternehmen gibt es bereits vielfältige Möglichkeiten wie Ernährungsberatung, Lauftreffs oder Fitness-Angebote. Auch Krankenkassen bieten entsprechende Kurse an.

© ARochau / stock.adobe.com

2 Schnelle Gewichtszunahme im Anschluss an eine Diät ohne entsprechende konsequente Ernährungsumstellung

9.4 Alkohol, Medikamente, illegale Drogen

Viele Mitarbeiter glauben, dass ihr Freizeitverhalten den Arbeitgeber «nichts angeht» und deshalb auch für den beruflichen Alltag keine Rolle spielt. Besonders in Bezug auf den Konsum von Alkohol, Medikamenten und illegalen Drogen ist dies ein Fehlurteil.

9.4.1 Unfallverhütungsvorschriften

Die entsprechenden Unfallverhütungsvorschriften (UVV § 38 «Allgemeine Vorschriften») lauten:

- «Versicherte dürfen sich durch Alkoholgenuss nicht in einen Zustand versetzen, durch den sie sich selbst oder andere gefährden können.»
- «Versicherte, die infolge Alkoholgenusses oder anderer berauschender Mittel nicht mehr in der Lage sind, ihre Arbeit ohne Gefahr für sich oder andere auszuführen, dürfen mit Arbeiten nicht beschäftigt werden.»

Entgegen der weitläufigen Meinung, dass unser größtes gesellschaftliches Problem illegale Drogen sind, ist es Alkohol, der an erster Stelle der Suchtmittel rangiert, gefolgt von Medikamenten. Dies liegt zum einen daran, dass Alkohol meist nicht als Droge gesehen wird und zum anderen daran, dass er legal ist. Legal ist für viele gleichbedeutend mit ungefährlich. Aber: Über drei Millionen alkohol- und medikamentenabhängige Menschen leben in Deutschland. Sie schädigen ihre Gesundheit und sind nicht nur am Arbeitsplatz durch ein erhöhtes Unfallrisiko eine Gefährdung für alle.

9.4.2 Konsequenzen von Substanzmissbrauch

Besonders für Mitarbeiter, die in der Personenbeförderung tätig sind, sind die Folgen gravierend. Wenn der Konsum der legalen Droge Alkohol aber auch illegaler Drogen wie z. B. Cannabis oder Ecstasy während einer Fahrt oder bei einem Unfall nachgewiesen wird, drohen der Verlust des Führerscheins und des Arbeitsplatzes, Schadensersatzverpflichtungen, Geld- oder Freiheitsstrafen sowie der Verlust des Versicherungsschutzes. Dabei spielt es keine Rolle, ob diese Fahrt privat oder beruflich unternommen wurde.

Merksatz

Als Arbeitnehmer sind Sie gegen Arbeitsunfälle bei der Berufsgenossenschaft versichert. Diesen Versicherungsschutz verlieren Sie jedoch bei Unfällen, die suchtmittelbedingt sind.

9

9.4.3 Wirkung von Drogen

Es ist heute gesellschaftliche Realität, dass ein großes Angebot von Drogen vorhanden ist und viele Menschen Suchtmittel konsumieren.

Die Gründe hierfür sind sehr unterschiedlich. Die Auswirkungen allerdings auch. Sie reichen von der akuten Bewusstseinsveränderung über körperliche, seelische und soziale Probleme bis hin zu einer Abhängigkeit, die den Menschen in seiner Ganzheit zerstört.

Alle bewusstseinsverändernden Drogen, Medikamente und Alkohol wirken auf das zentrale Nervensystem (ZNS). Wahrnehmen, entscheiden und reagieren geschieht mit klarem Kopf in Bruchteilen von Sekunden. Unter Einfluss von den oben genannten Substanzen ist die Wahrnehmung verändert, die Konzentrations- und Reaktionsfähigkeit häufig vermindert. Gesundheitliche Auswirkungen sind neben Ausfallerscheinungen und einer Reduzierung der Leistungsfähigkeit schwerwiegende körperliche Erkrankungen sowie eine Abhängigkeitserkrankung.

9.4.4 Alkohol

Bei Alkohol handelt es sich um ein Zell- und Nervengift, das – je nach Trinkmenge und der sich daraus ergebenden Höhe der Blutalkoholkonzentration (BAK) – Organschäden verursachen kann. Ob Schäden entstehen, hängt letztlich ab von der Dauer des Konsums, der Alkoholmenge und der gesundheitlichen Veranlagung des einzelnen Menschen.

Unter Alkoholeinfluss ist eine deutliche Erhöhung der Risikobereitschaft und des Leichtsinns festzustellen, Verantwortungsgefühl und Sorgfalt lassen nach. Zur Vermeidung von Risiken ist es daher sinnvoll, den Konsum von Alkohol von der Teilnahme am Straßenverkehr sowie der Arbeit zu trennen. Für Trinkmengen gibt es eindeutige Richtlinien.

Die Weltgesundheitsorganisation WHO hat folgende durchschnittliche Trinkmengen als maximale Konsumgrenze empfohlen:

An drei bis vier Tagen in der Woche sollte grundsätzlich kein Alkohol konsumiert werden. Für einen gesunden, erwachsenen Mann gilt als absolute Obergrenze ein Konsum von 30 Gramm pro Tag, bzw. 150 Gramm pro Woche. Für eine gesunde, erwachsene Frau liegen die Werte bei 20 Gramm pro Tag, bzw. 100 Gramm pro Woche.

Aktuelle wissenschaftliche Untersuchungen gehen von einem noch geringeren Wert aus. Die oben angegebenen Werte gelten **nicht für alkoholkranke Menschen**. Wer einmal alkoholkrank ist, bleibt es sein ganzes Leben; ein kontrolliertes Trinken oder ein moderates Trinken ist nicht dauerhaft möglich.

Achtung!
Hinweis: Ein halber Liter Bier enthält ungefähr 20 Gramm reinen Alkohol, ein halber Liter Rotwein etwa 22 Gramm, 2 cl Likör etwa 5 Gramm und 2 cl Wodka oder Rum etwa 13 Gramm. Eine Überschreitung der angegebenen Trinkmengen an reinem Alkohol bedeutet ein hohes gesundheitliches Risiko.

Restalkohol

Der überwiegende Teil der Bevölkerung trinkt sporadisch oder auch täglich in verschiedenen Mengen Alkohol. Allen ist bekannt, dass Alkohol im Straßenverkehr und bei der Arbeit extreme Folgen haben kann. Das ist grundsätzlich klar und die meisten Menschen handeln danach. Was ist aber mit dem Alkohol, der sich nach einem feuchtfröhlichen Abend am Morgen noch in unserem Blut befindet? Er wird als Restalkohol bezeichnet: Es ist der noch im Blut befindliche restliche Alkohol, den die Leber morgens noch nicht abgebaut hat. Wenn Sie am Morgen «danach» in eine Polizeikontrolle geraten, macht weder das Messgerät noch die Blutuntersuchung einen Unterschied zwischen frisch getrunkenem oder Rest-Alkohol. Die landläufige Meinung, mit verschiedenen Mitteln sei es möglich, eine Promille-Zahl zu reduzieren, ist nicht richtig.

Merksatz

Ein gutes Frühstück, eine Kanne starker Kaffee, fetthaltige Nahrung oder Milch ändern nichts am Alkoholspiegel, sondern verringern lediglich die Geschwindigkeit der Aufnahme von Alkohol im Blut.

Sie bauen pro Stunde ungefähr 0,1 bis 0,15 Promille ab. Bei 1,2 Promille sind Sie also frühestens nach acht, neun Stunden wieder nüchtern. Wer also nach dem Motto lebt, dass derjenige, der trinkt auch arbeiten kann, lebt sehr gefährlich und gefährdet zusätzlich andere. Planen Sie unbedingt ein großzügiges Zeitpolster ein, wenn Sie wissen, dass Sie Alkohol konsumieren werden.

9.4.5 Medikamente

Der Einnahme von Medikamenten ist – besonders im Fahrdienst – mit großer Vorsicht zu behandeln. Sehr viele Medikamente schränken das Konzentrations- und Reaktionsvermögen ein. Schon im Beipackzettel wird darauf hingewiesen. Wenn Sie sich nicht sicher sind, ob eine Einnahme Ihre Fahrtüchtigkeit beeinträchtigt, fragen Sie Ihren Arzt oder Betriebsarzt! Mittlerweile wird davon ausgegangen, dass jeder fünfte Verkehrsunfall auf die Einnahme von Medikamenten zurückzuführen ist. Überlegen Sie gut, ob Sie ein Medikament wirklich benötigen, besonders im Bereich der Schmerz- und Schlafmittel, die auch rezeptfrei zu erhalten sind. Eine besondere Gefährdung liegt darin, dass zahlreiche Medikamente ein erhebliches Suchtpotenzial beinhalten. Dazu zählen besonders Medikamente, die psychische (seelische) Beschwerden reduzieren sollen. Viele denken, dass ein vom Arzt verschriebenes Medikament kaum zur Abhängigkeit führen könne. Dies stimmt nicht. Schnell kommt es zu einer Gewöhnung, ohne chemische Hilfe scheint man nicht mehr auszukommen, was schlussendlich zu Missbrauch und Sucht führt.

9.4.6 Illegale Drogen

Auch illegale Drogen wirken auf das zentrale Nervensystem. Jeglicher Umgang mit illegalen Drogen ist strafbar – dies gilt auch für den Besitz. Sie gefährden sich und andere, die Gefahr der Abhängigkeit ist massiv. Bei Nachweis des Konsums illegaler Drogen droht Ihnen der direkte Verlust Ihres Arbeitsplatzes!

9.4.7 Abhängigkeit von Suchtmitteln

Der Verlauf vom Konsum über Gewöhnung zur Abhängigkeit von Suchtmitteln ist schleichend. Dies gilt für alle der oben genannten Mittel. Anzeichen für eine Suchterkrankung sind:

- Ein starker Wunsch oder Zwang zum Konsum des Mittels,
- Entzugssymptome bei Reduktion des Konsums,
- Konsum des Mittels trotz körperlicher, seelischer oder sozialer Schädigung,
- das Erreichen einer Toleranz; d.h., um die gleiche Wirkung zu erzielen, muss die Dosis erhöht werden,
- Verlust der Kontrollfähigkeit bezogen auf den Beginn, die Menge und die Beendigung des Suchtmittelkonsums.

Sollten Sie bei sich einen oder mehrere dieser Faktoren wahrnehmen oder sich diesbezüglich unsicher sein, nutzen Sie die betrieblichen Hilfsangebote. Dazu gehören die Beratung beim Betriebsarzt/Arbeitsmediziner oder Hausarzt. Viele Unternehmen haben auch eine entsprechende Sozial- oder Mitarbeiterberatung. Die Menschen, die in diesen Funktionen arbeiten, unterliegen der Schweigepflicht.

9.5 Stressbewältigung

9.5.1 Definition von Stress

Der Begriff «Stress» existiert noch gar nicht so lange. In den 50er Jahren wurde er in Deutschland erstmals verwendet. «Stress» kommt aus dem Lateinischen – strictus: angezogen, stramm gespannt. Jemand, der von sich behauptet, Stress zu haben, bekundet in erster Linie, dass es ihm nicht gut geht, dass er sich überfordert fühlt. Stress ist erst einmal eine ganz selbstverständliche Reaktion unseres Körpers auf jede Form von Anforderung, die an ihn gestellt wird.

Stress ist nicht gleich Stress; Stress wird individuell erlebt. Dem einen gelingt es recht gut, bestimmte Ereignisse, Anforderungen, Belastungen, Situationen, Umwelteinflüsse und Ärgernisse (so genannte Stressoren) mit den eigenen Möglichkeiten ins Gleichgewicht zu bringen. Dem anderen gelingt es eher nicht, und er fühlt sich völlig überfordert, so dass es zu Stressreaktionen kommen kann.

9.5.2 Stressreaktion

Der Sinn einer natürlichen Stressreaktion lag ursprünglich darin, den Körper in einen biologischen Alarmzustand zu versetzen, ihn auszurüsten. Dies war für unsere Vorfahren wichtig, um in Gefahrensituationen alle Körperreserven zu mobilisieren. Auf diese Weise wurde der Organismus bestens darauf vorbereitet, auf (lebens-) gefährliche Situationen mit Kampf oder Flucht reagieren zu können. Eine Stressreaktion ist also eine genetisch festgelegte Alarmreaktion, die auf jede Art von Gefahr oder Bedrohung ganz automatisch erfolgt. In entsprechenden Situationen zeigen sich bei uns körpereigene Stressreaktionen, wie z. B. Steigerung der Herzfrequenz, Erhöhung des Blutdrucks, Anspannung der Skelettmuskulatur, Ausschütten von Stresshormonen wie Adrenalin und noch Verschiedenes mehr. Eine Stressreaktion zeigt sich auf drei Ebenen:

- die geistig-gedankliche Ebene: Denk- und Wahrnehmungsprozesse (z. B. Denkblockaden, Konzentrationsmangel)
- die emotionale Ebene: alle Emotionen und Befindlichkeiten (z. B. Angst, Wut, Gereiztheit)
- die körperliche Ebene: Reaktionen des vegetativen Nervensystems (z. B. Tränen, weiche Knie, Schwitzen), der Organe (z. B. Rückenschmerzen) und der Muskeln (z. B. Muskelanspannung)

Eine Stressreaktion beschränkt sich selten auf nur eine der drei Ebenen, in der Regel beeinflussen sie sich gegenseitig und können sich – im ungünstigen Fall – negativ «hochschaukeln». Der moderne Mensch kann in Situationen, die er als schädlich oder bedrohlich empfindet, in den allermeisten Fällen weder fliehen noch kämpfen.

Ob und welche Stressreaktion durch einen Stressreiz ausgelöst wird, ist individuell sehr unterschiedlich. Entscheidende Grundlage bei der Entstehung einer Stressreaktion ist die individuelle Wahrnehmung und Bewertung der Situation oder der Verhältnisse durch den einzelnen. Ein Stressreiz wird als negativ erlebt und bewertet, wenn kein Gleichgewicht besteht zwischen den inneren und äußeren Anforderungen an einen Menschen und seinen Möglichkeiten darauf zu reagieren. Dieses Ungleichgewicht muss es objektiv betrachtet gar nicht geben, der Betroffene empfindet es subjektiv aber so. Er hat das Gefühl, den Anforderungen nicht gewachsen zu sein. Die Betroffenen erleben sich als hilflos, ausgeliefert und fürchten evtl. negative Konsequenzen.

In welcher Ausprägung eine Anforderung als belastend erlebt wird, hängt in erster Linie von der subjektiven Bewertung jedes Einzelnen ab. Der eine nimmt einen Stressreiz lediglich wahr, der andere regt sich auf und steigert sich hinein. Dazu ein Beispiel:

Beispiel
Aufgrund einer Störung im Straßenbahn-Bereich werden als Schienenersatz-Verkehr Busse eingesetzt. Die Leitstelle informiert über die Streckenführung. Die Busfahrer Herr A. und Herr B. reagieren völlig unterschiedlich. Während der eine die Situation als willkommene Abwechslung im Alltag wertet, fühlt sich Herr B. unsicher und überfordert.

9.5.3 Maßnahmen zur Stressbewältigung

Das Ziel von Maßnahmen zur Stressbewältigung ist es, gesundheitsschädlichen Stress abzubauen. Um Stress abzubauen, ist es notwendig, die Bedingungen, die Stress verursachen (Stressoren), zu verändern. Da Stress-Erleben individuell ist, ist es für jeden einzelnen notwendig, für sich die passende Methode oder Strategie zu finden.

Bezogen auf den Arbeitsplatz ist sowohl das Unternehmen als auch jeder einzelne Mitarbeiter gefordert. Einerseits ist es wichtig, Stressoren zu mindern, andererseits notwendig, die eigenen Ressourcen entsprechend zu fördern. Für die Unternehmen bedeutet dies z. B. eine ergonomische Arbeitsplatzgestaltung (siehe auch Ergonomie), realistische Zeitvorgaben und Pausenregelungen, aber auch z. B. das Gewährleisten von berufsbezogenen Qualifikationen und sozialer Unterstützung.

Der Mitarbeiter kann seine Ressourcen durch einen gesunden Lebensstil stärken. Hierzu gehört der Abbau von Risikofaktoren, wie z. B. Nikotin- und Alkoholkonsum oder Reduzierung von Übergewicht. Zusätzlich können z. B. Methoden der Entspannung, des Zeitmanagements, der Deeskalation sowie der Konfliktbewältigung erlernt werden. Krankenkassen bieten schon seit längerer Zeit kostengünstig Raucherentwöhnungskurse an.

Kurzfristige Stressbewältigung bieten Strategien wie «An-etwas-schönes-Denken», bewusste Atmung (bis zehn zählen und dabei langsam ein- und ausatmen) oder Selbst-Suggestion («Ich bleib cool»). Sollten sich Situationen häufen, in denen Sie zu diesen Maßnahmen greifen, ist es sinnvoll, zusätzlich Entspannungstechniken anzuwenden.

Entspannungstechniken

Bei Entspannungstechniken wird zwischen passiven und aktiven Methoden unterschieden. Passive Entspannung zeigt eine Wirkung, ist aber unsystematisch. Dazu gehören Verhaltensweisen wie Musikhören, faulenzen, einen ganzen Tag vertrödeln, Computer spielen etc.

Durch aktive, systematische Entspannung wird der Organismus sinnvoll einbezogen, bestehende Beschwerden werden abgebaut (z. B. Verspannungen), die Belastbarkeit wird erhöht. Hierzu gehören Techniken wie z. B. Yoga, autogenes Training, Atemtechniken oder muskuläre Entspannung. Diese Methoden müssen speziell erlernt werden. In vielen Unternehmen werden sie in Weiterbildungsprogrammen angeboten. Auch die Krankenkassen bieten entsprechende Kurse – häufig sogar kostenfrei – an.

Sportliche Betätigung ist eine wichtige Form der aktiven Entspannung. Dadurch wird die eigene Widerstandsfähigkeit gegenüber Stress erhöht. Die Hormone, die bei Stressreaktionen in den Körper ausgeschüttet werden (Kampf oder Flucht), sind schädigend, wenn sie nicht in Aktion umgesetzt werden. So ist es tatsächlich möglich, dem Stress davonzulaufen. Besonders Ausdauersport stärkt die seelische und körperliche Belastbarkeit. Zusätzlich wird das Immunsystem gekräftigt.

Quelle: Kölner Verkehrs-Betriebe AG

9.6 Schichtdienst – Biorhythmus

Von vielen Menschen wird das Arbeiten im Schichtdienst als eine Belastungssituation erlebt. Jeder Mensch unterliegt einem biologischen Tagesrhythmus – Biorhythmus, wodurch die Körperfunktionen (Körpertemperatur, Magen-Darmtätigkeit u.a.) und die Leistungsfähigkeit gesteuert oder beeinflusst werden. Wird nachts gearbeitet und tagsüber geschlafen, so versucht der Körper, die Lebensweise an die Tagesrhythmik anzupassen. Dies kann sich in Auffälligkeiten äußern wie Schlafstörungen, Magen-Darm-Beschwerden oder vegetativen Störungen wie Nervosität oder innerer Unruhe.

Auch das soziale Leben orientiert sich an der «regulären Arbeitszeit» und spielt sich vor allem nach Feierabend, also abends ab (Vereine, kulturelle Veranstaltungen, Fortbildungskurse und andere Freizeitaktivitäten). Die Folge ist häufig ein passives Freizeitverhalten von in Schicht arbeitenden Menschen.

Dabei gibt es viele Vorteile der Schichtarbeit: So besteht die Möglichkeit Besorgungen, individuelle oder gemeinsame Freizeitaktivitäten mit der Familie außerhalb der Stoßzeiten zu erledigen oder den Berufsverkehr zu umgehen.

Wie belastend die Schichtarbeit vom Einzelnen empfunden wird, hängt von einer Reihe von Faktoren ab, z. B. von den Arbeitsinhalten, dem Berufsumfeld und dem Arbeitsklima. Auch zusätzliche Belastungen im privaten Bereich sind von Bedeutung und wirken sich direkt darauf aus, wie gut die Erholungsfähigkeit (Regenerationsfähigkeit) des Menschen ist.

Die Kinderbetreuung und Freizeitaktivität sind auf Normalarbeitszeit zugeschnitten. Deshalb kommt es auf eine gute Abstimmung mit dem Lebenspartner bezüglich familiärer Abläufe an und natürlich auf die Akzeptanz und das Verständnis des Lebenspartners für die besondere Situation im Schichtdienst.

9.6.1 Regenerationsfähigkeit

Es ist wichtig, die eigenen Ressourcen zu stärken (eigene Interessen und Hobbys pflegen, eigene Stärken fördern)! Trotz Schichtdienst sind eine aktive Freizeitgestaltung und ausreichend Bewegung möglich und notwendig. Es ist sicher am Anfang etwas schwieriger, als für Menschen, die nicht im Schichtdienst arbeiten, aber Laufen, Nordic-Walking, Radfahren, Schwimmen, Fitnesstraining lassen sich gut unabhängig von festen Zeiten durchführen.

Eine wichtige Rolle spielen die Wohnbedingungen: Vor allem, ob tagsüber ein mit der Nacht vergleichbares Schlafklima geschaffen werden kann. Erstrebenswert ist eine möglichst ruhige und gute Schlafatmosphäre (Temperatur, gute Verdunklung, Geräusche). Nach Möglichkeit sollte das Schlafzimmer nur zum Schlafen genutzt und nicht zusätzlich z. B. als Arbeits- oder Fernsehzimmer verwendet werden.

9.6.2 Dienstplangestaltung

Die Möglichkeit, den Schichtdienst aktiv mitzugestalten ist ein gutes Mittel, um die Belastungen der Schichtarbeit zu reduzieren. Viele Unternehmen sind dazu übergegangen, gemeinsam mit ihren Mitarbeitern entsprechende Dienstplanmodelle zu entwickeln. Die betrieblichen Anforderungen und auch die Wünsche der Fahrer und Fahrerinnen sind in jedem Unternehmen verschieden. Aus diesem Grund ist es wichtig, sich frühzeitig über die in Ihrem Unternehmen vorhandenen Arbeitszeitmodelle und -möglichkeiten zu informieren.

9.7 Ergonomie

Der Begriff «Ergonomie» setzt sich aus den beiden Worten «Ergon» = Arbeit, Leistung und «Nomos» = Gesetz, Regel zusammen. Die Ergonomie ist die Wissenschaft der Gesetzmäßigkeiten menschlicher Arbeit. Oberstes Ziel dabei ist die Verbesserung der Schnittstelle Mensch-Maschine. In der heutigen Arbeitswelt ist mit dem Begriff «Maschine» das gesamte «leblose Material» gemeint, das im Arbeitsalltag benutzt wird. Dies sind sowohl die Fahrzeuge, die geführt werden als auch die Nutzung von Telefonen, Computern, Möbeln etc. Ein wichtiges Ziel der Ergonomie ist eine Arbeitsplatzgestaltung, die darauf ausgerichtet ist, die Menschen, die dort arbeiten, vor Schäden zu schützen und Produkte anzubieten, die optimal zu handhaben und zu nutzen sind.

In vielen Unternehmen hat die ergonomische Arbeitsplatzgestaltung seit Jahrzehnten einen sehr hohen Stellenwert. Sie wird systematisch überprüft, neue wissenschaftliche Erkenntnisse berücksichtigt und entsprechende Maßnahmen weiterentwickelt. Für die Beurteilung sorgen u.a. die Arbeitssicherheit und der Gesundheitsschutz in den jeweiligen Unternehmen. Die Fahrerarbeitsplätze sind mittlerweile auf dem höchsten Stand der arbeitswissenschaftlichen Erkenntnisse.

Hier können Sie aktiv Ihre Arbeitsbedingungen mitgestalten. In jedem Unternehmen gibt es die Möglichkeit, Einfluss auf die ergonomische Gestaltung zu nehmen, Hinweise zu geben und auf Schwierigkeiten hinzuweisen. Erkundigen Sie sich und nutzen Sie die Möglichkeiten und Medien, die in Ihrem Unternehmen diesbezüglich zur Kommunikation üblicherweise angeboten werden.

9.8 Fahrzeugführerplatz

Gerade der Fahrzeugführerplatz bietet Ihnen viele Möglichkeiten, aktiv an der Gestaltung Ihres Arbeitsplatzes mitzuwirken. Die besten Grundvoraussetzungen, z. B. ein ergonomisch perfekt ausgerüsteter Fahrerarbeitsplatz können nicht optimal wirken, wenn sie nicht entsprechend angewendet werden. Dazu gehört es z. B. den Fahrersitz richtig einzustellen. Für Bus und

Bahn gelten teilweise ganz andere Bedingungen als im Pkw. Je besser die Sitzposition eingestellt ist, desto geringer die Belastung z. B. für den Rücken. Am besten ist eine entspannte Haltung, die durch eine leicht zurückgelehnte Haltung erzeugt wird.

Quelle: MAN

Fahrerarbeitsplatz mit Telefon, Display und Eingabegerät

Im Fahrschulunterricht wird auf die optimale Sitzeinstellung und -haltung geachtet. Dabei geht es um die Tiefe und Neigung der Sitzfläche, die Sitzhaltung sowie die Neigung der Rückenlehne, die Sitzhöhe und der Abstand zu den Pedalen, die Fußhaltung, die Lage der Oberschenkel, der Winkel der Knie, die Einstellung des Lenkrades und der Kopfstütze. Hierzu gehört auch die optimale Einstellung der Spiegel.

Diese Aufzählung liest sich sehr kompliziert und wirkt nahezu unmöglich in ihrer Umsetzung. Tatsache ist, dass die richtige Einstellung des Fahrersitzes gar nicht so schwierig ist. Es ist wichtig, bei Unsicherheit nachzufragen, damit sich keine falschen Gewohnheiten «einschleichen». Ein falsch eingestellter Sitz kann auf Dauer zu massiven Beschwerden führen.

Es ist empfehlenswert, durch bestimmte Übungen in Fahrpausen den Rücken zu entlasten. Es ist möglich, den Kopf oder die Schultern kreisen zu lassen, den Rücken gerade zu strecken, aber auch aufzustehen und sich zu bewegen, evtl. sogar die Arme kreisen zu lassen. Dies alles beugt Rückenbeschwerden vor.

9.9 Licht und Sehen

Der Individual- und Transportverkehr hat in den letzten Jahren immer mehr zugenommen. Das bedeutet, dass für Mitarbeiter in der Personenbeförderung die Fülle der auf sie einströmenden Informationen immer größer wird. 90 % der Informationen werden über die Augen aufgenommen. Unsere Augen sind die Sinnesorgane, die zuständig sind für das Wahrnehmen von Licht, Farbe, räumlicher Entfernung und Bewegung. Gute Sicht bedeutet, die Übersicht zu bewahren, schnell reagieren zu können, Hindernisse wahrzunehmen und Unfälle zu vermeiden.

Um am Straßenverkehr sicher teilzunehmen ist das deutliche Sehen also ebenso wichtig wie ein optimal ausgerüstetes Fahrzeug.

Wichtig für die Teilnahme am Straßenverkehr ist eine optimale Sehleistung in Bereichen der zentralen Tagessehschärfe, dem Sehvermögen bei Dämmerung und Nacht, dem Sehen von Farben, dem Stereosehen (Abschätzen von Entfernungen), der Blendempfindlichkeit, Beweglichkeit der Augen und gutem Sehen im gesamten Gesichtsfeld. Diese Fähigkeiten werden durch regelmäßige Sehtest-Untersuchungen überprüft.

Merksatz

Mit zunehmendem Alter verschlechtert sich die Sehfähigkeit. Eine rechtzeitige augenärztliche Kontrolle ist notwendig, da sich viele Veränderungen frühzeitig korrigieren lassen.

Auch hier ist es wichtig, selbst aktiv zu werden. Jeder, der ein Kraftfahrzeug fährt, muss fahrtüchtig sein.

Die Augen werden den unterschiedlichsten Anforderungen durchaus gerecht. Äußere Faktoren stellen eine besondere Herausforderung dar: wie z. B. Dunkelheit, Regen, Nebel, aber auch Sonneneinstrahlung.

Wichtig ist es, bei erschwerten äußeren Bedingungen, entsprechend zu reagieren. Das heißt: die Geschwindigkeit anzupassen, den Abstand zu vorausfahrenden Fahrzeugen zu vergrößern und rechtzeitig das Licht einzuschalten.

9.9.1 Äußere Bedingungen

Eine besondere Gefahr bei Fahrten in Dunkelheit liegt im Wechsel von Hell- und Dunkel. Eine optimale Anpassung der Augen kann bis zu sechs Minuten dauern. So ist es wichtig, nicht in helle Lichtquellen zu schauen (Scheinwerfer entgegenkommender Fahrzeuge), sondern sich z. B. am rechten Fahrbahnrand zu orientieren. Auf gar keinen Fall dürfen Sie nachts Sonnenbrillen tragen! Das vorausschauende Fahren bei Dunkelheit ist ein zusätzlich wichtiger Faktor, da dunkel gekleidete Menschen sehr viel schlechter zu sehen sind als hell gekleidete.

Regen stellt eine besondere Anforderung dar. Die Sichtverhältnisse sind eingeschränkt. Die Scheibenwischer säubern ein eingeschränktes Sichtfeld und dieses auch nicht sofort. Entgegenkommende Fahrzeuge blenden intensiver durch Lichtspiegelungen auf der nassen Fahrbahn, aufgewirbeltes Wasser behindert zusätzlich. Wichtig ist, dass die Scheibenwischer in einwandfreiem Zustand sind. Vergewissern Sie sich rechtzeitig!

Zu bestimmten Tages- und Jahreszeiten (morgens und abends) steht die Sonne extrem tief. Entsprechende Sonnenblenden können zum Teil Abhilfe schaffen. Auch das Tragen einer guten Sonnenbrille ist sinnvoll; durchaus auch im Herbst und im Winter blendet die Sonne. Es ist nicht sinnvoll, Sonnenbrillen mit farbigen Gläsern zu tragen. Diese verfälschen z. B. die Signalfarben, schlucken Licht oder Kontraste. Als Farbe für die Gläser bieten sich Grau oder Braun an; eine Beratung bei einem Optiker ist sinnvoll. Bzgl. des UV-Schutzes ist es wichtig, auf das CE-Gütezeichen zu achten.

Für die Teilnahme am Straßenverkehr bieten sich Brillen mit großen Gläsern und schmalen Rahmen und Bügeln an, die das Gesichtsfeld möglichst wenig einschränken.

Bei Nebel ist die Sicht meist stark eingeschränkt, deshalb ist es hier besonders wichtig, die Geschwindigkeit zu reduzieren. Nebel tritt häufig an Flüssen, aber auch an großen, feuchten Feldern und Wiesen oder an Seen auf.

Merksatz

Gestalten Sie Ihre Arbeitsbedingungen mit, indem Sie für gute Sichtverhältnisse in Ihrem Fahrzeug sorgen.

Die Windschutzscheibe muss außen und innen regelmäßig gereinigt werden, um ein Blenden möglichst zu verhindern (ebenfalls im Sommer, da die Scheiben häufig durch Insekten verschmutzt sind). Die Sauberkeit der Scheinwerfer sowie die Qualität der Scheibenwischerblätter (frühzeitiges Erneuern!) ist eine Grundvoraussetzung. Das richtige Einstellen der Spiegel trägt zu optimaler Sicht bei. Bei Unsicherheit ist es wichtig, nachzufragen und sich abzusichern.

9.10 Klima, Heizung, Lüften

Durch hohe Temperaturen im Sommer ist der gesamte Organismus extrem belastet. Hier erreichen Sie viel durch entsprechend atmungsaktive Kleidung, möglichst aus Naturfasern. Die meisten Unternehmen stellen entsprechende Dienstkleidung zur Verfügung. Trinken Sie genug, da Sie eindeutig mehr schwitzen. Wie im Abschnitt Ernährung bereits beschrieben, eignen sich so genannte Soft-Drinks (Cola, Limonade, etc.) nicht als Durstlöscher, sie erhöhen das Durstgefühl nur noch und sind stark zuckerhaltig.

Am besten stellen Sie Ihr Fahrzeug in den Pausen im Schatten ab. Wenn dies nicht möglich ist, decken Sie zumindest Lenkrad und Armaturen mit einem Handtuch ab. Ein Handtuch mitzuführen, lohnt sich in jedem Fall, auch um sich zwischendurch den Schweiß von Gesicht und Händen abzuwischen.

Nutzen Sie die Pausen dazu, Ihre Fahrerkabine gut durchzulüften. Empfehlenswert ist, sich selbst in der Pause im Schatten aufzuhalten.

Verfügt Ihr Fahrzeug über eine Klimaanlage, ist es besonders wichtig, das Gebläse richtig einzustellen, so dass Sie keiner Zugluft ausgesetzt sind. Dies ist auch beim Öffnen der Fenster zu beachten. Es ist sinnvoll, diese Klimaanlage rechtzeitig vor dem Eintreffen herunterzufahren, um sich so an die hohen Außentemperaturen anzupassen. Halten Sie sich bei der Einstellung der Klimaanlage an die Vorgaben, um sich nicht zu erkälten.

Auch im Winter ist die erste Maßnahme das Tragen der richtigen Kleidung. Sinnvoll ist der so genannte «Zwiebellook», um gleichzeitig für die kalte Witterung draußen und für den wärmeren Fahrerarbeitsplatz gerüstet zu sein. Der Innenraum des Fahrzeuges sollte nicht überhitzt sein. Auch im Winter gilt: bei geöffnetem Fenster und Einstellung des Gebläses auf Zugluft achten.

9.11 Innerbetriebliche Kommunikation und Teamarbeit

In jedem Unternehmen bestehen unterschiedliche innerbetriebliche Strukturen und dadurch bedingt verschiedene Kommunikationssysteme. Es gibt vielfältige innerbetriebliche Kommunikationsmedien (Aushänge, Intranet, interne Zeitschriften und Rundschreiben etc.), die von Unternehmen zu Unternehmen anders genutzt werden. Regelmäßig stattfindende Teamsitzungen oder Mitarbeitergespräche sind wichtig, um Informationen zu erhalten und sich miteinander auszutauschen.

Im Kapitel 4 ist der Bereich Kommunikation ausführlich beschrieben. Wichtig für Sie ist es, bestehende Kommunikationssysteme entsprechend zu nutzen, aber auch zu überdenken. Häufig sind Missverständnisse und Ärgernisse auf Fehler in der Kommunikation zurückzuführen. Bei Missverständnissen im «zwischenmenschlichen Bereich» ist es sinnvoll, den direkten Kontakt zu suchen. Vermeiden Sie es, Kollegen danach zu fragen, was ein anderer Kollege «vielleicht gedacht oder gemeint haben könnte», fragen Sie ihn lieber direkt selbst. So können Sie falschen Auslegungen und der berühmten «Gerüchteküche» vorbeugen.

Bei Unsicherheiten, Missverständnissen oder Unstimmigkeiten die Arbeit betreffend ist es sinnvoll, sich an die direkte Führungskraft zu wenden, um eine Klärung herbeizuführen.

Auch der Betriebsrat in den jeweiligen Unternehmen ist ein wichtiger Ansprechpartner, der in den Kommunikationsprozess einbezogen werden kann und sollte.

In vielen Unternehmen gibt es ein Ideenmanagement bzw. betriebliches Vorschlagswesen. Diese Kommunikationsebene können Sie nutzen, um Verbesserungen oder Veränderungsprozesse, die aus Ihrer Sicht sinnvoll oder wichtig sind, mitzuteilen.

9.12 Motivation

Unter Motivation wird die Bereitschaft verstanden, in einer konkreten Situation eine bestimmte Handlung mit einer bestimmten Intensität bzw. Dauerhaftigkeit auszuführen. Es gibt unterschiedliche Arten der Motivation. Ich kann von außen – durch bestimmte Anreize – motiviert sein, ein bestimmtes Verhalten zu zeigen, z. B. dadurch, dass ich gelobt werde oder dass ich eine bestimmte Belohnung erhalte. Ich kann aber auch «von innen», durch mich selbst motiviert sein, z. B. weil mir das, was ich tue Spaß macht und mir einen Lustgewinn bringt.

Es ist klar, dass schlecht oder gar nicht motivierte Mitarbeiter eine andere Leistungsqualität erbringen, als Mitarbeiter, die Lust zu ihrer

Arbeit haben. Das Unternehmen und die jeweiligen Führungskräfte tragen viel zur jeweiligen Motivation ihrer Mitarbeiter bei. Aber auch hier gilt: wichtig ist in hohem Maße die eigene Einstellung sowie die Bereitschaft Leistung zu erbringen.

Sollten Sie bemerken, dass Ihre anfangs vorhandene Leistungsbereitschaft nachgelassen hat, ist es sinnvoll sich selbst zu fragen, ob bestimmte vorher zufrieden stellende Bedingungen sich gewandelt haben oder ob Sie andere Erwartungen hatten. Machen Sie sich klar, welche Arbeitsbedingungen und -prozesse Ihnen zusagen und inwieweit Sie Einfluss nehmen können bei Bedingungen, die Ihre Bereitschaft schmälern.

9.13 Bewältigung von Extremsituationen

In Ihrem Arbeitsalltag als Fahrdienstbeschäftigter kann es dazu kommen, dass Sie Situationen erleben, die Sie psychisch stark beanspruchen und belasten. Sie bewältigen jeden Tag viele Kilometer. Leider kann es bei dieser Tätigkeit auch zu Unfällen kommen, die zum Glück meistens lediglich als «Blechschäden» bezeichnet werden können. Es kann aber auch Situationen geben, die Sie psychisch stark belasten. Als Extremsituationen gelten im Bereich des ÖPNV z. B. das Erleben von schweren Unfällen und massiven Auseinandersetzungen mit Fahrgästen.

9.13.1 Vorgehensweise bei Unfällen

Die Leitstelle ist auf möglichst genaue Informationen angewiesen, um schnell Hilfe für Sie anzufordern. Benennen Sie Ihren Standort, Ihre Fahrtrichtung, Ihren Kurs und ob bei dem Unfall Menschen verletzt wurden; wenn ja wie viele.

Die Leitstelle kann den Unfallort (Ausnahme sind evtl. durch Video überwachte Stationen) meist nicht einsehen und ist auf Ihre Informationen angewiesen.

Erkundigen Sie sich bei Ihren Fahrgästen, ob sich jemand verletzt hat. Sichern Sie sich die Namen von Zeugen; wenn notwendig, fragen Sie, ob sich unter Ihren Fahrgästen ein Arzt befindet!

Erster Ansprechpartner für Sie ist der zuständige Kollege vor Ort (Betriebsaufsicht). Er ist entsprechend ausgebildet und hilft Ihnen. Gegenüber der Polizei und der Staatsanwaltschaft müssen Sie nur Angaben zur Person machen. Die Polizei darf bei Ihnen einen Alkoholtest durchführen, der besonders Ihrer eigenen Absicherung dient.

Merksatz

Machen Sie am Unfallort keine Aussagen zum Unfallhergang und zur Schuldfrage!

9.13.2 Vorgehensweise bei Übergriffen

Bei Übergriffen gelten im Grunde die gleichen Maßnahmen. Informieren Sie die Leitstelle, beschreiben Sie, was Ihnen passiert ist und warten Sie auf Hilfe. Versuchen Sie nicht, den oder die Menschen, die Sie angegriffen haben, zu verfolgen. Sie setzen sich nur weiteren Gefahren aus!

9.13.3 Betreuung

Häufig werden seelische Folgen von Extremerlebnissen unterschätzt. Eine schnelle Behandlung trägt zur Verringerung von Beschwerden und zur Verhinderung evtl. psychosomatischer Folgeerkrankungen bei.

Mittlerweile gibt es mit der Berufsgenossenschaft abgestimmte Konzepte, die viele Unternehmen praktizieren.

Erkundigen Sie sich, welche Vorgehensweise in Ihrem Unternehmen üblich ist.

In der Regel erfolgt eine Erstbetreuung direkt vor Ort und später eine Folgebetreuung durch betriebsinterne und/oder externe Maßnahmen.

Eine Belastungsreaktion, ausgelöst durch ein Extremerlebnis innerhalb der Arbeitszeit, fällt unter das so genannte D-Arzt-Verfahren. Das bedeutet, dass Sie sich bei einem Durchgangsarzt – wie bei jedem anderen betrieblichen Unfall – vorstellen müssen, um eine Kostenübernahme durch die Berufsgenossenschaften zu gewährleisten, auch wenn Sie keine sichtbaren Verletzungen erlitten haben. Im speziellen Fall der psychischen Belastung durch ein Extremerlebnis am Arbeitsplatz ist es evtl. möglich, dass Ihr Betriebsarzt als D-Arzt fungieren kann. Ob und wie dies gehandhabt wird, werden Sie in Ihrem Unternehmen erfahren.

Es ist sinnvoll, dass Sie am Tag des Erlebens eines schweren Unfalls (mit tödlichem Ausgang oder mit Schwerverletzten) nicht mehr in der Personenbeförderung eingesetzt werden bzw. weiterarbeiten. Das wird in den Unternehmen in der Regel auch so praktiziert.

Ob weitere Maßnahmen zur Erhaltung Ihrer Gesundheit erforderlich sind, wie z. B. Gespräche bei betrieblichen Stellen (Psychologen, Sozialberatung) oder eine externe Psychotherapie, wird durch einen Arzt entschieden. Hier ist es wirklich sinnvoll, sich frühzeitig Unterstützung vom Arbeitsmediziner Ihres Unternehmens zu holen. Er kennt sich in der Thematik gut aus, weiß um die Vorgehensweise in ihrem Unternehmen und hilft Ihnen dabei, die richtigen Maßnahmen einzuleiten.

Für Sie ist es wichtig zu wissen, dass sich nach einem Extremerlebnis nicht zwangsläufig eine psychische Erkrankung entwickeln muss. Sehr viele Menschen erleben vergleichbare Situationen und erkranken nicht. Es ist sogar eine völlig normale Reaktion Ihres Körpers, dass Sie sich im Anschluss an ein solches Erlebnis nicht wohl fühlen, schlechter schlafen, unkonzentrierter sind, etc.

Da Sie selbst nicht einschätzen können, ob sich bei Ihnen evtl. eine so genannte Posttraumatische Belastungsstörung entwickelt, scheuen Sie sich nicht, von Anfang an Hilfe in Anspruch zu nehmen!

9.14 Aufgaben

9.14.1 Gesundheit

Aufgabe 1

Im Rahmen einer Gesundheitswoche werden in Ihrem Unternehmen unterschiedliche Bereiche gebeten, diese entsprechend mit verschiedenen Inhalten zu gestalten. Ihr Ausbilder bittet Sie zu einem Gespräch:

Ausbilder: «Hallo Herr Müller, Sie wissen ja, dass in unserem Unternehmen eine Gesundheitswoche geplant ist. Wir werden unter anderem den Bereich «Gesundheitsbewusstes Handeln» (alternativ: Ernährung, Stressbewältigung, Schichtdienst etc.) im Fahrdienst vorstellen. Ich möchte Sie bitten, zu diesem Thema unterschiedliche Plakatwände zu gestalten. Sollten Sie Fragen dazu haben, können Sie gerne auf mich zukommen. Glauben Sie, dass Sie diesen Auftrag erledigen können?»

Herr Müller: «Kein Problem, das werde ich hinbekommen. Und falls ich noch irgendetwas wissen möchte, kann ich Sie ja fragen.»

? Arbeitsauftrag:
Erstellen verschiedener Plakatwände.
Theoretische und praktische Grundlagen: Unterrichtsinhalte, Internetrecherche, Literaturrecherche.

9.14.2 Extremerlebnisse

Aufgabe 2

Im Rahmen eines Weiterbildungsseminars werden Fahrer in Ihrem Unternehmen zur Thematik

«Umgang mit Extremerlebnissen» geschult. Ihr Ausbilder bittet Sie zu einem Gespräch:

Ausbilder: «Hallo Herr Weber, wie Sie ja wissen, gibt es für unsere Fahrer jetzt das Angebot einer Weiterbildung zum Thema «Umgang mit Extremerlebnissen». Der Seminarleiter hatte jetzt die Idee, dass wir ihn unterstützen könnten. Er hätte gerne vier Plakatwände, auf denen das Thema optisch dargestellt ist. Welche Ereignisse sind mit Extremerlebnissen gemeint, wie wirken sie sich aus usw.? Wie sollten sich Mitarbeiter im Fahrdienst verhalten? Könnten Sie sich vorstellen, etwas zu diesem Themenkomplex zu erstellen?»

Herr Weber: «Das kann ich mir gut vorstellen. Wie viel Zeit habe ich?»

Arbeitsauftrag:
Erstellen verschiedener Plakatwände.
Theoretische und praktische Grundlagen: Unterrichtsinhalte, Internetrecherche, Literaturrecherche.

9.14.3 Alkohol

Aufgabe 3
Sie erhalten einen Anruf Ihres Ausbildungsleiters, der Sie bittet, für die Betriebszeitschrift einen Artikel über die Wirkung von Alkohol und den Risiken für den Fahrbetrieb zu entwerfen. Da Sie das Thema persönlich sehr interessiert, sagen Sie gerne zu.

Arbeitsauftrag:
Erstellen eines Entwurfs für einen Zeitschriftenartikel
«Risiken von Alkohol im Fahrbetrieb».
Theoretische und praktische Grundlagen: Unterrichtsinhalte, Internetrecherche, Literaturrecherche.

9.14.4 Ergonomie

Aufgabe 4
In Ihrem Unternehmen wird eine Ausstellung zum Thema Ergonomie durchgeführt. Ihr Ausbilder spricht Sie an: «Hallo Frau Weber, es ist ja diese Ausstellung geplant zum Thema Ergonomie. Verschiedene Bereiche erstellen Mappen, die über die Arbeitsplatzgestaltung informieren. An mich wurde die Bitte herangetragen, unsere Auszubildende über den Fahrzeugführerplatz zu informieren. Dabei geht es nicht nur um die richtige Sitzeinstellung, sondern auch um Themenbereiche wie «Sehen oder Klima». Die Mappe sollte schon ausführlich sein.»

Frau Weber: «Das ist ja eine spannende Aufgabe, ich übernehme sie gerne.»

Arbeitsauftrag:
Erstellen einer Mappe unter verschiedenen inhaltlichen Gesichtspunkten
Theoretische und praktische Grundlagen: Unterrichtsinhalte, Internetrecherche, Literaturrecherche.

Fahrzeuge auf dem Schienennetz einsetzen

Zusammenfassung
In diesem Lernfeld lernen Sie, wie Sie das von Ihnen geführte Schienenfahrzeug den Ansprüchen gemäß einsetzen, die Besonderheiten der Streckenführung beachten und der Situation angepasst reagieren.

▪ Einleitung

Das oberste gesetzliche Regelwerk für Straßenbahnen ist die BOStrab. Sie gilt für den Bau und Betrieb von Straßenbahnen im Sinne des § 4 Personenbeförderungsgesetz (PBefG). Sie regelt alles über die Anforderungen an ein Verkehrsunternehmen, an einen Betriebsleiter und definiert die Aufgaben der Technischen Aufsichtsbehörden. Außerdem enthält sie die Grundlagen der gesamten Fahrzeugkonstruktion für den Neubau oder Umbau von Straßen-, Stadt- und U-Bahnen, weiterhin die Grundlagen über Anforderungen, Ausbildung, Prüfung und Verhaltensnormen von Betriebsbediensteten, die Grundsätze über den Bau von Betriebsanlagen aller Art, die Grundsätze über den gesamten Betrieb und die Instandhaltung sowie in Anlage 4 die Signale für die genannten Bahnen.

10.1 Straßenbahnen, Stadtbahnen, U-Bahnen

Diese Bahnen sind elektrisch angetriebene schienengebundene Verkehrsmittel des ÖPNV.

Sie sind ein Massenverkehrsmittel und gelten als das umweltfreundlichste Verkehrsmittel in der Personenbeförderung. Ein elektrisch angetriebenes Schienenfahrzeug erzeugt keine Umweltgase und -gifte.

Die hier aufgeführten Bahnen unterliegen der BOStrab (Straßenbahn- Bau- und Betriebsordnung). Ihr unterliegen auch Bahnen besonderer Bauart, wie die Wuppertaler Schwebebahn, die People Mover auf den Flughäfen Frankfurt am Main und Düsseldorf, sowie die Zahnradbahn in Stuttgart!

Seilbahnen, auch wenn sie zur Personenbeförderung im ÖPNV dienen, wie zum Beispiel die Standseilbahnen in Heidelberg oder Dresden, stellen rechtlich Bergbahnen dar und sind daher Sache des jeweiligen Bundeslandes. Für Seilbahnen gibt es eine eigene Betriebsordnung, die sog. BOSeil.

10.1.1 Straßenbahnen

Straßenbahnen zeichnen sich dadurch aus, dass ihr Fahrweg in hohem Maße im öffentlichen Verkehrsraum liegt. Auf Teilstrecken kann auch ein besonderer oder unabhängiger Bahnkörper vorhanden sein.

Für das Fahrpersonal gelten die Straßenverkehrsordnung (StVO), BOStrab, Dienstanweisung für den Fahrdienst Straßenbahn (DFStrab) und die Signalordnung. Es wird auf Sicht gefahren. Haltestellenabstände sind kurz. Straßenbahnen werden über einen Dachstromabnehmer (Pantograph) mit Fahrstrom versorgt. Die Haltestellenabstände bei Straßenbahnen sind relativ kurz und die Reisezeit entsprechend lang, weil sich Straßenbahnen in großen Abschnitten den Fahrweg mit dem Individualverkehr teilen müssen.

© Thomas Backmann

Leipziger Straßenbahn NGT 6 (Leoliner)

10.1.2 Stadtbahnen

Stadtbahnen fahren nur in geringem Maße gemeinsam mit dem Individualverkehr. Der größte Teil ihres Fahrtweges liegt auf besonderem **und** unabhängigem Bahnkörper. Es kann sowohl auf Sicht als auch mit Zugsicherungsanlagen (§ 22 BOStrab) gefahren werden.

Zugsicherungsanlagen werden vor allem in Tunnelstrecken **und** auf separaten Gleisanlagen, über Brücken und auf Dämmen verwendet.

Für Stadtbahnen gilt die StVO, wenn die Trasse über einen straßenbündigen Bahnkörper führt. Vorhandene Lichtzeichenanlagen geben der Bahn vorrangig freie Fahrt. Große Teile der Trassierung einer Stadtbahn bestehen aus separatem, völlig unabhängigem Bahnkörper. In diesen Bereichen wird auf Zugsicherung gefahren. Hier gelten nur die BOStrab und die DFStrab, weil die Bahn nicht am öffentlichen Verkehr teilnimmt. Die Reisezeit ist kürzer und die Pünktlichkeit genauer als bei Straßenbahnen.

Die Haltestellen liegen weiter auseinander als bei Straßenbahnen. Auch Stadtbahnen erhalten ihren Fahrstrom über einen Dachstromabnehmer (Pantograph) von der Fahrleitung oder in Tunneln oft von fahrleitungsähnlichen Stromschienen (Deckenstromschienen).

© Burkhardt Schulz

Stadtbahn in Krefeld

10.1.3 U-Bahnen

Die U-Bahn hat die kürzeste Reisezeit der beschriebenen Bahnen. Sie ist eine unabhängige Bahn und verkehrt über ein eigenes, völlig vom übrigen Verkehr getrenntes separates Schienennetz. Es gibt keine Kreuzungen, Überwege und Berührungen mit anderen Verkehrsmitteln oder Fußgängern. Deshalb nennt man das Netz einer U-Bahn auch ein «geschlossenes System».

Die Strecken können sowohl in Tunneln, zum Teil in mehreren Etagen, als auch auf Dämmen, Hochstrecken, Brücken oder im komplett abgegrenzten freien Gelände verlaufen. Den Fahrstrom erhalten die U-Bahnen im Allgemeinen über eine Stromschiene, die seitlich am Gleis angeordnet ist. Die Fahrzeuge besitzen so genannte Schleifschuhe seitlich an den Fahrwerken, mit denen sie die Stromschiene, in der Regel von unten, bestreichen. U-Bahnen fahren grundsätzlich mit Zugsicherungsanlagen nach § 22 BOStrab im Raumabstand, auch als Blockabstand bezeichnet.

Ihre Haltestellen liegen relativ weit auseinander. Der Fahrgastwechsel geht schnell, da sich Bahnsteig und Fahrzeugeinstieg auf gleicher Höhe befinden. Der Zugang zu den Haltestellen erfolgt meist über Treppen, Rolltreppen und Aufzüge.

© Burkhardt Schulz

Berliner U-Bahn

10.2 Signale

Signale werden im Anhang 4 der BOStrab festgelegt. Sie werden vom jeweiligen Verkehrsunternehmen mit lokalen Signalen ergänzt und als SOStrab (Signalordnung Straßenbahn) bezeichnet. Formen, Farben und Klangarten sind hier festgelegt. Signale müssen rechtzeitig sichtbar und unverwechselbar in Form und Farbe sein. Sie dürfen auch nicht Verkehrszeichen oder Lichtzeichen nach StVO beeinträchtigen.

Wir unterscheiden:

- Hauptsignale
- Vorankündigungssignale
- Fahrsignale
- Abfertigungssignale
- Zugsignale
- Geschwindigkeitssignale
- Schutzsignale
- Rangiersignale
- Schaltsignale
- Weichensignale
- Überwachungssignale für Bahnübergänge
- Sondersignale

Alle Signale geben Aufträge an das Fahrpersonal. Sie bestehen aus reflektierenden, wetterbeständigen Materialien oder sind als beleuchtete Signale gebaut. Signale sollen in der Regel rechts vom Fahrer angebracht sein. Ausnahmen kann es geben, wenn bauliche Besonderheiten vorliegen und der Betriebsleiter sein Einverständnis erteilt, das Signal an anderer Stelle anzubringen.

Die Signale V0 – V2 und H0 – H2 gelten beim Fahren im Raumabstand für U-Bahnen und teilweise für Stadtbahnen, wenn diese auf Zugsicherung fahren. Diese Vor- und Hauptsignale weisen eine direkte Abhängigkeit voneinander auf. Steht das Vorsignal V1 oder V2 auf «Fahrt» ist auch am Hauptsignal «Fahrt» zu erwarten.

Fahrsignale F0-F5 gelten beim Fahren auf Sicht für Straßenbahnen oder zum Teil für Stadtbahnen. Vor den Fahrsignalen sind besonders an Knotenpunkten oft die Abfertigungssignale A1 «Türen schließen» oder A2b «Abfahren» vorhanden, damit der Fahrgastwechsel in optimaler Länge durchgeführt werden kann und ein zügiges, energiewirtschaftliches Abfahren möglich ist. Eine Abhängigkeit von Abfertigungs- und Fahrsignalen besteht nicht, da in besonderen Fällen bis zum Fahrsignal gefahren werden kann, wenn das Abfertigungssignal nicht leuchtet.

Beim Fahren auf Sicht im öffentlichem Verkehrsraum müssen die Fahrzeuge über Zugsignale Z1-Z5 verfügen:

- Spitzensignal
- Schlusssignal
- Bremssignal
- Fahrtrichtungssignal
- Warnblinksignal

Spitzensignal und Schlusssignal (Z1 und Z2) sind auch bei Fahrten im Raumabstand (mit Zugsicherung) zu zeigen.

Für alle Bahnen gelten die Geschwindigkeitssignale G1–G4. Sind diese aufgrund der Örtlichkeiten nicht rechtzeitig sichtbar, muss in ausreichender Entfernung ein Vorankündigungssignal gezeigt werden.

Werden beim Fahren auf Sicht nicht festgelegte (nicht verriegelte) Weichen spitz befahren, darf die Höchstgeschwindigkeit von 15 km/h nicht überschritten werden (siehe ► Abschnitt 10.4.3).

Bei Stadtbahnen wird der Übergang vom Fahren auf Sicht zum Fahren im Raumabstand und umgekehrt, mit den Signalen SO 1 (Beginn der Zugsicherung) und SO 2 (Ende der Strecke mit Zugsicherung) beschildert. Signalstandorte werden mit dem Signal SO 3 (Standortkennzeichen) gekennzeichnet.

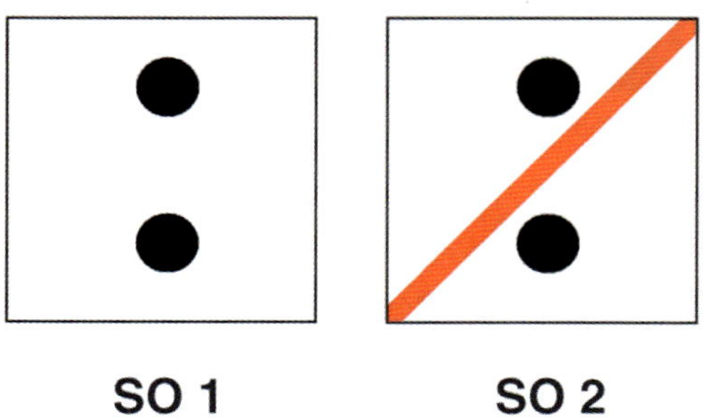

© Thomas Backmann

Signale SO 1 = Beginn einer Strecke mit Zugsicherung und SO 2 = Ende einer Strecke mit Zugsicherung

10.2.1 Zugsicherungsanlagen

Zugsicherungsanlagen sind Anlagen zum Sichern und Steuern des Fahrbetriebes (BOStrab). Zugsicherungsanlagen sind anzuwenden bei

- unabhängigen Bahnen,
- straßenabhängigen Bahnen bei Geschwindigkeiten über 70 km/h und
- in Tunnelstrecken.

Strecken mit Zugsicherungsanlagen werden generell im Raumabstand befahren.

Zu den Zugsicherungsanlagen gehören:

- Stellwerke
- Streckenblockanlagen
- Zugbeeinflussungsanlagen

Stellwerke sichern die Fahrwege und prüfen, ob die Gleise frei sind; letzteres wird durch Gleisfreimeldeanlagen sichergestellt, die entweder mittels Gleisstromkreise oder Achszähler die Strecke überwachen. Durch Stellwerke ist es möglich, Weichen und Signale von einem Ort aus zu stellen und voneinander abhängig zu schalten. Die Stellwerkstechnik stellt sicher, dass ein Zug in einen Streckenabschnitt nur dann einfahren kann, wenn sich in diesem kein anderer befindet. Jeder Abschnitt ist mit einem Vorankündigungs- und Hauptsignal gesichert, welche erst auf «Fahrt!» schalten, wenn der Fahrweg eingestellt und ebenfalls gesichert ist. Dies nennt man Signalabhängigkeit. Dabei müssen alle Weichen formschlüssig festgelegt sein. Weiterhin muss zu Hindernissen, hierzu zählen auch die nächsten Signale, mindestens der **Bremswegabstand** (Durchrutschweg) eingehalten werden und die zulässigen Geschwindigkeiten müssen technisch so eingestellt sein, dass sie durch das Fahrpersonal nicht überschritten werden können. Aufträge werden dem Fahrzeugführer über Signale mitgeteilt.

Streckenblockanlagen gewährleisten den Raumabstand zwischen den Bahnhöfen/Haltestellen und sichern die Zugfolge. Auf U-Bahnstrecken immer und auf Stadtbahnstrecken mit Zugsicherung kommen in der Regel selbsttätig wirkende Streckenblockeinrichtungen zum Einsatz, wobei deren Signale als Blocksignale bezeichnet werden.

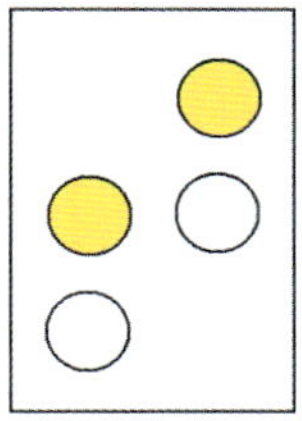
V 0

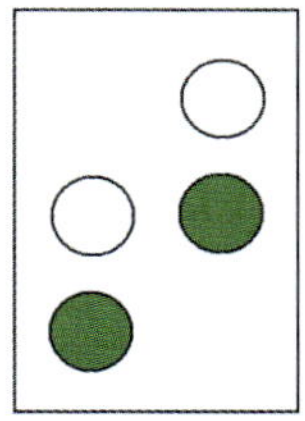
V 1

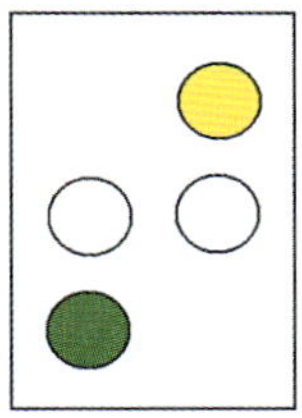
V 2

Vorankündigungssignale:
V 0 = Am folgenden Hauptsignal ist Halt zu erwarten,
V 1 = Am folgenden Hauptsignal ist Fahrt zu erwarten,
V 2 = Am folgenden Hauptsignal ist Fahrt mit Geschwindigkeitsbeschränkung zu erwarten

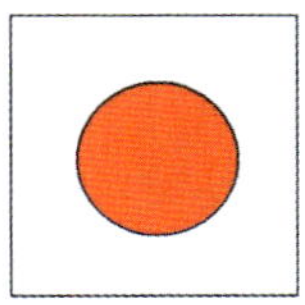
H 0

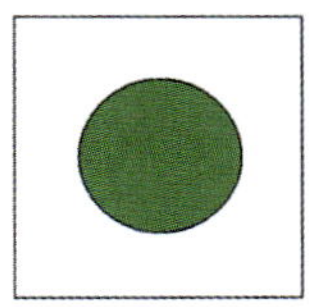
H 1

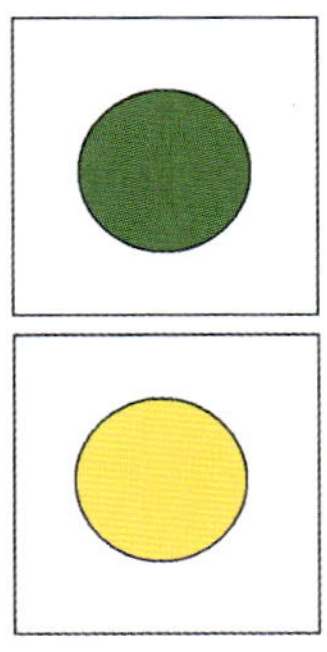
H 2

Hauptsignale:
H 0 = Halt,
H 1 = Fahrt,
H 2 = Fahrt mit Geschwindigkeitsbeschränkung
Zeichnungen: Thomas Backmann

Auch die Fahrzeuge sind mit entsprechender Sicherheitstechnik ausgerüstet. Überfährt ein Fahrzeug zum Beispiel ein Vorsignal, welches nicht «Fahrt erwarten» zeigt, wird die Bremsbereitschaft des Fahrzeugführers überwacht. Reagiert der Fahrzeugführer nicht, wird das Fahrzeug selbständig angehalten. Diese Sicherheitseinrichtung nennt man Fahrsperre.

© Stephan Weber

Gleismagneten

© Stephan Weber

Stromschiene und Gleisanlage einer U-Bahn

Die Fahrsperre arbeitet streckenseitig mit Magneten, die sich am Standort der Signale im oder neben dem Gleis befinden, und fahrzeugseitig mit Koppelspulen, die unter dem Fahrzeug angeordnet sind. Zeigt das Signal «Fahrt!» sind die streckenseitigen Magnete deaktiviert.

Kündigt ein Vorsignal «Halt erwarten!» oder zeigt ein Hauptsignal «Halt!» an, werden die Magnete aktiviert. Reduziert der Fahrzeugführer nicht die Geschwindigkeit in einem vorgegebenen Ausmaß oder überfährt er sogar das Hauptsignal, beeinflusst der streckenseitige Magnet die fahrzeugseitige Koppelspule, so dass eine Zwangsbremsung eingeleitet wird.

Erläuterung zu Begriffen der Zugsicherungstechnik

Ein **Gefahrenpunkt** ist eine Stelle im Gleis, an der ein Zug bei unvorschriftsmäßiger Handlung gefährdet werden kann wie:

- Grenzzeichen
- Weichen
- Rangierhalttafeln
- belegte Gleisabschnitte
- Gleisenden
- Prellböcke
- Gleissperren usw.

Zugfahrten sind Fahrzeug- bzw. Zugbewegungen im Zugsicherungsbereich.

Zugsicherungsbereiche sind Streckenabschnitte, die mit einer Zugsicherungsanlage ausgestattet sind.

Fahrstraßen sind im Zugsicherungsbereich liegende Fahrwege. Fahrstraßen bestehen in der Regel aus

- dem Startpunkt (in der Regel ein Signal),
- dem Zielpunkt (in der Regel ein Signal oder Ende des Zugsicherungsbereiches),
- dem Fahrweg zwischen Start- und Zielpunkt,
- dem Durchrutschweges (D-Weg) hinter dem Zielpunkt und
- den Elementen des Flankenschutzes seitlich des Fahrzeuges.

Die **Schutzstrecke** ist die Strecke hinter dem Fahrstraßenzielpunkt, die auf Grund der Eigenschaften des Zugsicherungssystems und der Fahrzeuge bis zum Gefahrenpunkt frei gehalten werden muss.

Der **Durchrutschweg** beginnt am Fahrstraßenzielpunkt und ist der Bremsweg bei Zwangsbremsung.

Der **Flankenschutz** ist die Sicherung einer Zugfahrt gegen das Einfahren anderer Züge in die Fahrstraße bzw. Schutzstrecke.

Alle Zugsicherungsanlagen bedürfen der **Gleisfreimeldeanlagen**, von denen aus die

Standorte der Züge auf der Strecke festgestellt und die Signale gesteuert werden. Hierbei werden durch Gleisstromkreise, Achszählabschnitte oder Linienleiter die Gleise in Abschnitte unterteilt.

Bei **Gleisstromkreisen** wird der Achskurzschluss durch die Fahrzeugachse zwischen zwei Rädern als Merkmal der Gleisfreimeldung genutzt.

Bei **Gleisfreimeldung durch Achszählung** befinden sich am Anfang und an den Enden des Abschnittes Zählstellen. Der Gleisabschnitt wird frei gemeldet, wenn die Anzahl der eingezählten mit der Anzahl der ausgezählten Achsen übereinstimmt.

Bei der **Zugortung durch Linienleiter** handelt es sich um im Gleisbereich verlegte Kabel (Linienleiter), die an bestimmten Stellen zwischen Schienenfuß und Schwellenmitte gekreuzt werden.

Die Kreuzstellenabstände werden zwischen 25 m (Stadtbahnen) und 100 m (Fernbahnen) festgelegt. Die Zugortung erfolgt durch Zählung der Kreuzungsstellen durch das Fahrzeug. Weitere Signalbegriffe können in der Signalordnung des jeweiligen U- oder Stadtbahnbetriebes durch den Betriebsleiter festgelegt sein.

10.2.2 Fahrordnung

BOStrab § 49 Fahrordnung

(1) Ein Zug darf einem anderen nur in einem solchen Abstand folgen, dass er auch bei ungünstigen Betriebsverhältnissen, insbesondere bei unvermutetem Halten des vorausfahrenden Zuges, rechtzeitig zum Halten gebracht werden kann. Dieser Abstand muss

1. *bei Fahren auf Sicht vom Fahrzeugführer bewirkt werden,*
2. *bei Fahren auf Zugsicherung durch Zugsicherungsanlagen nach § 22 gewährleistet sein.*

(2) Auf Sicht dürfen nicht fahren

1. *Züge unabhängiger Bahnen,*
2. *Züge straßenabhängiger Bahnen*
   a. bei Streckenhöchstgeschwindigkeit über 70 km/h
   b. *in Tunneln.*

Fahren auf Sicht

Stadtbahnen (z. B. in Köln, in Stuttgart) fahren in der Regel im Mischbetrieb von «Fahren auf Sicht» und «Fahren im Raumabstand». Auf straßenbündigem Bahnkörper gilt das «Fahren auf Sicht» und auf Strecken mit Zugsicherungsanlagen das «Fahren im Raumabstand». Um eine Störung schnellst möglich zu beseitigen, kann auch in Ausnahmefällen innerhalb von Zugsicherungsanlagen auf Weisung der Leitstelle in Abstimmung mit dem Stellwerk zur Räumung der Strecke auf Sicht gefahren werden. Straßenbahnen fahren immer auf Sicht. Der Bremsweg muss also kürzer als die übersehbare Strecke sein.

Eingleisige Strecken, die im Zweirichtungsbetrieb befahren werden, sind bei Straßenbahnen und zum Teil auch bei Stadtbahnen nur durch Fahrsignalanlagen gesichert. Diese Signalanlagen sind **keine Zugsicherungsanlagen**! Deshalb gilt auch hier ein Fahren auf Sicht.

Merksatz

Fahren auf Sicht bedeutet, dass man nur so schnell fahren darf, dass man innerhalb der Sichtweite anhalten kann. Bei Sichtbeeinträchtigung wie Nebel, Schneefall oder starker Regen, muss man innerhalb der halben Sichtweite anhalten können.
Bei Fahrten auf Zugsicherung ist der Fahrweg vorher festgelegt und gesichert.
Die Züge verkehren dabei auf separatem unabhängigen Bahnkörper. Die Signalisierung zeigt, ob «Halt» oder «Fahrt frei» zu erwarten ist.

10.2.3 Fahrsignalanlagen

Über Fahrsignalanlagen (FSA) erhält der Fahrzeugführer Aufträge, die von den Wechsellichtzeichen des Straßenverkehrs nach StVO abweichen können.

Zum Beispiel erhält die Straßenbahn an Verkehrsknoten vorrangig mittels Fahrsignalanlage frei, während Kraftfahrzeugführer an der LSA «rot = gesperrt» gezeigt bekommen.

Befindet sich eine Fahrsignalanlage an einem eingleisigen Streckenabschnitt, der im Zweirichtungsbetrieb befahren wird, muss die Fahrsignalanlage so schalten, dass stets nur eine Richtung freigegeben ist und ein Einfahren in die andere Richtung nur erfolgt, wenn der eingleisige Abschnitt frei ist. Dies kann sowohl über Transponder am Fahrzeug und Empfängerschleifen im Gleis, als auch über Fahrleitungskontakte angesteuert werden. Sind in die FSA für eingleisige Strecken Wechsellichtzeichenanlagen (LSA) nach § 37 StVO integriert, muss stets sowohl die entsprechende Fahrtrichtung nach StVO, als auch die unbesetzte eingleisige Strecke nach § 21 BO Strab auf «Frei!» geschaltet sein. Die Sicherheit muss immer in der gesamten Strecke der Anlage gewährleistet sein. Auf Strecken, die mit Fahrsignalanlagen gesichert sind, wird auf Sicht gefahren.

© Thomas Backmann

Fahrsignalanlage an einer eingleisigen Strecke im Zweirichtungsbetrieb

Zeitinseln zählen zu den LSA gemäß § 37 StVO. Sie dienen zur Sicherheit der Fahrgäste auf Strecken mit straßenbündigem Bahnkörper. Die Funktion ist wie folgt: Sowie die Bahn einen Kontakt befährt, schaltet die «Schlummer- LSA» für die Kraftfahrer, welche sich am Beginn der Haltestelle befindet, erst auf Gelb und dann auf Rot, so dass die Kraftfahrer vor der Haltestelle anhalten müssen und die Fahrgäste ungehindert aus- und einsteigen können. Für die Bahn kann das Signal F1 angebracht sein.

© Thomas Backmann

Zeitinsel beim Einfahren der Bahn: Phase 1

© Thomas Backmann

Zeitinsel: Phase 2

10.3 Betriebsanlagen

Zu den Betriebsanlagen zählen alle Bauwerke, Einrichtungen, Trassen und Anlagen, die zum Betrieb einer Schienenbahn notwendig sind. Das sind zum Beispiel:

- Werkhallen

- Werkstattbereiche
- Rangieranlagen
- Abstellanlagen
- Gleisanlagen
- Brücken
- Tunnel
- Haltestellen
- Unterwerke
- Fahrleitungsanlagen
- Endstelleneinrichtungen

An und in Betriebsanlagen dürfen keine Gefährdungen oder gar Schädigungen für Personal, Passanten und Fahrzeugen entstehen. Sie müssen jeder Art von auftretenden Beanspruchungen standhalten. Gefährliche Teile müssen ausreichend mit Schutzmaßnahmen versehen werden. Betriebsanlagen und Fahrzeuge müssen, soweit wie möglich, aufeinander abgestimmt sein. Teile von Betriebsanlagen, die von Fahrgästen genutzt werden, müssen gut erkennbar, leicht erreichbar, trittfest und damit unfallsicher sein.

10.3.1 Streckenführung

Die Streckenführung hat den Baulichkeiten und Verkehrsverhältnissen der Stadt sowie den Bedürfnissen der Bürger Rechnung zu tragen. Sie muss sich in das gesamte Stadtbild umweltverträglich und wirtschaftlich einfügen. Je nach Platz und geografischen Verhältnissen sind die Kurvenradien, Neigungen und zulässigen Geschwindigkeiten in den einzelnen Städten sehr unterschiedlich. Günstig für den ÖPNV, aber aus vielen Gründen oft nicht machbar, sind unabhängige oder besondere Bahnkörper sowie unterirdische Stadtbahnstrecken.

BOStrab § 15 Streckenführung

(3) Straßenbahnstrecken dürfen Eisenbahnstrecken des öffentlichen Verkehrs nicht höhengleich kreuzen.

(4) Kreuzen Straßenbahnstrecken Eisenbahnstrecken des nichtöffentlichen Verkehrs höhengleich, entscheiden die für die kreuzenden Bahnen zuständigen technischen Aufsichtsbehörden über Art und Umfang der Sicherung.

10.3.2 Bahnübergänge

BOStrab § 20 Bahnübergänge

Bahnübergänge sind durch Andreaskreuze gekennzeichnete höhengleiche Kreuzungen von Straßenbahnen auf unabhängigem Bahnkörper mit Straßen, Wegen oder Plätzen.

An Bahnübergängen hat die Straßenbahn oder Stadtbahn grundsätzlich Vorrang. Es gibt gesicherte und ungesicherte Bahnübergänge.

Ungesichert darf ein Bahnübergang nur sein, wenn er innerhalb eines Tages von weniger als 100 Kraftfahrzeugen frequentiert wird und die Bahnstrecke gut einsehbar ist. Wird der Bahnübergang nur von Radfahrern und Fußgängern benutzt und ist gut einsehbar, reicht ebenfalls eine Sicherung durch ein Andreaskreuz.

Ist ein Bahnübergang stärker frequentiert oder ist die Bahnstrecke schlecht einsehbar, ist technische Sicherung vorgeschrieben. Ein Bahnübergang von Straßen- oder Stadtbahnen muss mindestens auf einer Seite mit unabhängigem oder besonderem Bahnkörper ausgestattet sein. Die Bahn muss entweder aus dem Bahnkörper heraus oder in diesen hineinfahren.

Die technische Sicherung eines Bahnkörpers nach BOStrab sieht folgendermaßen aus: Der Kraftverkehr auf den öffentlichen Straßen, Wegen oder Plätzen hat vor dem Bahnübergang ein Andreaskreuz. Daneben befinden sich eine oder mehrere «Schlummer – LSA» mit der Farbfolge gelb – rot, welche in Grundstellung ausgeschaltet sind. Befährt eine Bahn einen Kontakt oder eine Leiterschleife, in Höhe der Rautentafel (Bü 2), schaltet die LSA erst auf «Gelb» und dann auf «Rot». Das über dem Standortkennzeichen (SO 3) angebrachte Signal beginnt weiß zu blinken (Bü 1), was bedeutet «Bahnübergang darf befahren werden». Fällt aufgrund von technischem Schaden die Anlage aus und es erscheint kein Blinklicht für die Bahn (Bü 0), heißt das für den Fahrbediensteten «Halt vor dem Bahnübergang. Weiterfahrt nur, wenn es die Verkehrslage erlaubt.»

Angekündigt werden Bahnübergänge mit den drei entsprechenden Baken gemäß StVO, jeweils 240 m, 160 m und 80 m vor dem Andreaskreuz. Verkehrsteilnehmer, die einen Bahnübergang überqueren wollen, müssen grundsätzlich am Andreaskreuz warten bis die Strecke frei ist bzw. die Sicherungsanlage wieder verloschen ist.

Rautentafel

Sicht des Individualverkehrs

Mastschild mit Signal

10.4 Bahnanlagen

Um Fahrzeuge entsprechend einsetzen zu können, muss ein Grundwissen zu den gesamten Bahnanlagen vorhanden sein. Zu den Bahnanlagen gehören:

- Bahnkörper
- Weichen
- Kreuzungen
- Schienen
- Fahrleitungsanlagen
- Energieversorgungsanlagen
- Haltestellen
- Brücken
- Tunnel und Fahrtreppen bzw. Fahrsteige
- Aufzüge

10.4.1 Oberbau und Unterbau

Alle Bahnkörper bestehen aus einem Unter- und einem Oberbau, wobei der Unterbau den Oberbau trägt. Die Planumsschutzschicht ist der Übergang vom Unterbau zum Oberbau. Aus Haltbarkeitsgründen muss der Unterbau sehr solide gebaut sein. Es müssen immer die jeweils gegebenen geographischen und hydrologischen Verhältnisse berücksichtigt werden. Wasser jeder Art, muss abgeleitet werden und darf den

Bahnkörper nicht unterspülen oder den Bahnbetrieb auf andere Art beeinflussen.

Der als Fahrweg für schienengebundene Fahrzeuge deklarierte Oberbau besteht im Wesentlichen aus:

- Bettung
- Schwellen
- Schienenbefestigungsmittel
- Weichen
- Kreuzungen
- Schienen
- ggf. Eindeckung

Seine Aufgaben bestehen in der Aufnahme aller durch einen Zug auftretenden vertikalen und horizontalen statischen und dynamischen Kräfte.

Oberbauformen sind offener Oberbau (ohne Eindeckung) und geschlossener Oberbau (mit Eindeckung). Die zum Oberbau gehörenden Schwellen dienen zur Fixierung der Schiene in Richtung und Höhe sowie zur Aufnahme und Weiterleitung der von der Schiene übertragenen Kräfte an die Bettung.

Die Laufruhe (damit keine Umweltbelastung entsteht) und eine sichere Spurführung (Entgleisungssicherheit) sind sehr wichtige Kriterien beim Bau einer Gleisstraße. In Gleisbögen kann dies durch eine Überhöhung des Bogens erreicht werden. Auch in Steigungen und Gefällen sind Fahrzeug und Strecke so aufeinander abzustimmen, dass das Fahrzeug jederzeit gefahrlos angehalten werden kann. Im Havariefall muss es möglich sein, dass das Schadfahrzeug durch ein anderes Fahrzeug gefahrlos geschleppt oder geschoben werden kann.

Offener Oberbau

Eingedeckter Oberbau

Schienen

Schienen haben die Räder sicher zu führen und die Radlasten auf die Schwellen zu übertragen. Da bei elektrischen Bahnen die Schienen auch die Aufgabe als Rückleiter für den Fahrstrom zu erfüllen haben, müssen sie einen bestimmten Leitwert besitzen.

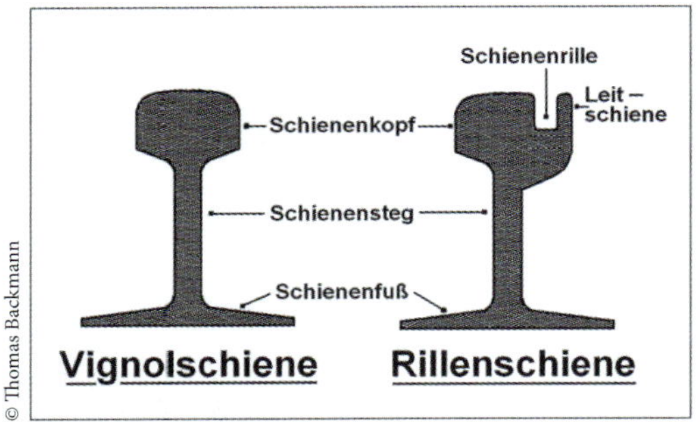

Vignolschiene (Kopfschiene) und Rillenschiene

Es gibt zwei Hauptarten von Schienen: Rillenschienen und Vignolschienen, auch Kopfschienen genannt. Je nach Verwendung können diese aus unterschiedlichem Stahl gefertigt sein und unterschiedliche Maße bezüglich der Breite des Schienenfußes und des Schienenkopfes besitzen. Rillenschienen können unterschiedlich breite Leitschienen oder Rillen haben. Der Grundaufbau einer Schiene ist jedoch immer gleich.

Bei U-Bahnen werden ausschließlich Vignolschienen verwendet. Bei Straßenbahnen oder Stadtbahnen beschränkt sich ihre Verwendung auf unabhängige Bahnkörper und zum Teil auch auf besondere Bahnkörper. Im straßenbündigen Bahnkörper kann man nur Rillenschienen verwenden, weil diese mit Pflaster oder Asphalt eingedeckt werden müssen, um vom Individualverkehr mit genutzt werden zu können.

In Kurven ist der Radius zu beachten, weil ein Überhöhen der Kurve im öffentlichen Verkehrsraum nicht möglich ist. Die Reibung des Spurkranzes in der Rille verursacht ein Quietschen. Deshalb werden enge Kurven häufig geschmiert. Es gibt Spurkranzschmieranlagen im Fahrzeug. Hier wird alle x Meter (x ist vom Betreiber einstellbar) etwas Schmiermittel gegen den Spurkranz gedrückt.

Eine andere Art ist die stationäre, im Gleis befindliche Kurvenschmieranlage. Beim Fahren der Bahn über die Schmieranlage wird aus Düsen in der Schienenrille Schmiermittel gegen den Spurkranz des Rades gepresst.

In manchen Städten sind beide Varianten vorhanden.

Auch bei Vignolschienen werden Kurvenschmieranlagen oder Spurkranzschmierungen verwendet.

Bei Gleisen auf Brücken werden über den Brückenlagern «Schienenauszugsvorrichtungen» eingebaut, die die temperaturbedingten Längenänderungen der Brückenteile ausgleichen, ohne dass eine Lücke im Gleis entsteht. Diese Dehnungsstöße, auch Dilatationsstöße genannt, sind auch teilweise im offenen Bahnkörper zu finden. Durch die Entwicklung eines speziellen Schweißverfahrens sind jedoch im zunehmenden Maße Dilatationsstöße nicht mehr nötig.

Schienenauszugsvorrichtung

Erwähnenswert ist auch noch, dass Rillenschienen entwässert werden, um ein Beschmutzen anderer Verkehrsteilnehmer durch in den Schienen stehendes Wasser zu vermeiden. Dazu wird das Wasser über Entwässerungsschlitze in das Kanalnetz abgeleitet.

© Thomas Backmann

© Thomas Backmann

Entwässerung von Rillenschienen

10.4.2 Spurweiten

Die Spurweite ist der kleinste Abstand der Schienenkopfinnenflächen. Die Messung wird unterhalb der Schienenkopfoberkante durchgeführt. Es gibt in Deutschland mehrere unterschiedliche Spurweiten von einzelnen Bahnen. Die bei der Eisenbahn gebräuchliche Regelspur von 1435 mm hat sich auch weitestgehend bei Stadt-, Straßen- sowie allen deutschen U- Bahnen durchgesetzt. Die zweithäufigste Spurweite bei Straßen- und Stadtbahnen ist die Meterspur.

Sehr untypische Spurweiten haben die Städte Leipzig mit 1458 mm, Dresden mit 1450 mm und Braunschweig mit 1100 mm.

10.4.3 Weichen und Kreuzungen

Weichen und Kreuzungen sind Sonderbauformen der Gleise.

Weichenarten

Es gibt vier verschiedene Arten von Weichen:
1. Federweichen
2. Handweichen
3. Elektrisch und mechanisch verriegelte Weichen
4. Nur elektrisch verriegelte Weichen

Man unterscheidet zwischen **Spitzweichen**, bei denen die Weiche mit dem Fahrzeug von der Spitze her befahren wird, und **Stumpfweichen**, bei denen das Fahrzeug die Weiche zuerst vom Herzstück her befährt.

Bei Spitzweichen bildet das Gleis einen Übergang für das Fahrzeug von einem Stammgleis in ein Abzweiggleis, ohne dass eine Fahrtunterbrechung vorgenommen werden muss.

Bei Stumpfweichen werden zwei Gleise zu einem Gleis zusammengeführt. Für Spitzweichen legt die BOStrab im § 17 (7) fest, dass sie nur mit 15 km/h gegen die Spitze befahren werden dürfen, wenn sie nicht formschlüssig festgelegt sind.

Federweichen werden auch oft als Rückfallweichen bezeichnet, weil sie nach dem Befahren in ihre Ausgangslage zurückfallen. Wir finden sie vor allem an Ausweichen eingleisiger Strecken sowie in Wendedreiecken von Straßenbahnen.

Weiterhin gibt es
- Handweichen (nur mittels Weichenstelleisen von Hand zu verstellen),
- Handweichen mit Rückstellpflicht (gekennzeichnet mit Signal W21),
- Handweichen mit Begegnungserlaubnis (gekennzeichnet mit Signal W 22) und

- Doppelweichen, auch Weichenstraßen genannt (teilweise mit Weichenfolgesteuerung).

Letztere bestehen aus zwei Einfachweichen, wobei beide mit einem Stellbefehl gleichzeitig verstellt werden.

Festgelegte Weichen können schneller befahren werden. Sie sind an den Weichenzungen mit Verrieglungsvorrichtungen ausgerüstet. Das sichere Anliegen der Weichenzungen wird über Zungenprüfer sichergestellt. Liegt die Weiche nicht an, bleibt die Weichenanzeige dunkel. Die Weichenzungen selber sind über Gestänge mit der Weichenstelleinrichtung verbunden. Diese kann von einem elektrischen Antrieb oder von Hand mittels Weichenstelleisen bewegt werden.

Elektrisch stellbare Weichen müssen so beschaffen sein, dass sie sich erst dann von einem Folgezug umstellen lassen, wenn die letzte Achse des vorausfahrenden Zuges die Weichenspitze verlassen hat.

Elektrisch stellbare Weichen, soweit sie nicht Teil einer Strecke mit Zugsicherungsanlagen sind, werden mit den Signalen W1 – W3 (Weichen ohne Verschluss) oder W11 – W 13 (Weichen mit Verschluss) gemäß Anlage 4 BOStrab gekennzeichnet.

Elektrisch und mechanisch verriegelte Weichen dürfen nicht aufgefahren werden, um die mechanische Verschlusseinrichtung nicht zu beschädigen. Sie müssen vorher per Hand in die richtige Lage gestellt werden.

Um bei Stadt- und U-Bahnen einen ruhigen Lauf über die Herzstücke von Weichen zu gewährleisten, können bewegliche Herzstücke verwendet werden. Diese werden dann mit einem gesonderten Weichenantrieb zur gleichen Zeit wie die Weichenzungen umgestellt. Bewegliche Herzstücke dürfen grundsätzlich nicht aufgefahren werden. Auch bei Umstellung der Weiche von Hand ist darauf zu achten, dass das Herzstück mit umgestellt wird und richtig anliegt.

Stadtbahnen in Bereichen mit Zugsicherungsanlagen und U-Bahnen befahren aufgrund der Sicherheitsbestimmungen und Unabhängigkeit vom übrigen Verkehr die Weichen entsprechend schneller als zum Beispiel Straßenbahnen auf straßenbündigem Bahnkörper.

Beim Fahren auf Sicht dürfen verriegelte Weichen nur schnell befahren werden, wenn es in dem einzelnen Verkehrsunternehmen entsprechende Festlegungen gibt. Einige Straßenbahnbetriebe haben jedoch in ihrer DFStrab eine Höchstgeschwindigkeit von meist 25 km/h festgelegt.

Weichen auf Strecken, die auf Zugsicherung (§ 22 BOStrab) befahren werden, werden vom Stellwerk aus fern bedient.

Auf Straßen- und Stadtbahnstrecken, auf denen auf Sicht gefahren wird, dürfen Weichen, die durch Fahrzeugeinrichtungen gestellt werden, nicht von der Stromaufnahme des Fahrzeugs abhängig sein. Die Fahrgeschwindigkeit ist dabei so zu wählen, dass der Fahrzugführer in jedem Fall, d. h. auch bei ungünstigsten Schienenverhältnissen, mit einer Betriebsbremsung vor der Weichenspitze zum Stillstand kommt.

Um auch im Winter eine einwandfreie Funktion von Weichen zu garantieren, werden Weichen elektrisch beheizt.

Kreuzungen

Kreuzungen ermöglichen ein höhengleiches Queren eines anderen Gleises. Hierbei wird unterschieden, ob sich Straßen- und Stadtbahnen untereinander kreuzen oder ob eine höhengleiche Kreuzung mit einer anderen Bahn vorliegt (siehe auch ► Abschnitt. 10.3.1).

© Thomas Muske

Federweiche

© Thomas Backmann

Elektrische Weiche (Hanning & Kahl)

10.4.4 Bahnkörper

Es gibt drei Arten von Bahnkörpern:
- Straßenbündige Bahnkörper
- Besondere Bahnkörper
- Unabhängige Bahnkörper

Wie der Name schon sagt, befindet sich der **straßenbündige Bahnkörper** auf der Straße, inmitten des Individualverkehrs oder in Fußgängerzonen. Besondere Bahnkörper liegen zwar innerhalb des Verkehrsraumes öffentlicher Straßen, sind aber durch Hindernisse, wie

- Bordsteine,
- Leitplanken,
- Hecken oder
- Sperrlinien

vom übrigen Verkehr getrennt. Der besondere Bahnkörper kann in Mittel- oder Seitenlage der Straße verlegt sein. Oft sind auch Kreuzungen, Einmündungen und Lichtsignalanlagen vorhanden. **Unabhängige Bahnkörper** sind aufgrund ihrer Lage völlig unabhängig von jedem anderen Verkehr und Verkehrsteilnehmer. Bahnübergänge sind grundsätzlich nach § 20 BOStrab gesichert. Wird der unabhängige Bahnkörper durch Fahrzeuge ohne Fahrzeugführer (U-Bahnlinie U3 in Nürnberg) befahren, muss er auf geeignete Weise so abgesichert sein, dass weder ein Betreten durch Personen, noch ein Befahren oder anderweitiges Benutzen möglich ist (siehe ► Kapitel 7).

© Thomas Backmann

Straßenbündiger Bahnkörper in Zwickau mit Dreischienengleis

© Thomas Backmann

Besonderer Bahnkörper

© Thomas Backmann

Unabhängiger Bahnkörper

10.5 Energieversorgung

10.5.1 Arbeitsweise der Unterwerke

Der Fahrstrom für alle Schienenbahnen des ÖPNV und teilweise auch des SPNV, die mit Gleichstrom betrieben werden, kommt von einem Gleichrichterunterwerk.

Die vom Kraftwerk kommende Spannung von 10 oder 20 kV wird in den Unterwerken heruntertransformiert und anschließend gleichgerichtet.

Hinter dem Gleichrichter wird der Gleichstrom auf eine Sammelschiene geleitet, von welcher über Streckenschalter die einzelnen Streckenabschnitte (Speisebezirke) gespeist werden, d. h. pro Speisebezirk ist ein Streckenschalter vorhanden.

Die Funktionsweise eines Streckenschalters ist mit der eines Sicherungsautomaten im Haushalt vergleichbar.

Das Fahrzeug als Stromverbraucher schließt den Stromkreis zwischen Fahrleitung und Schiene, wobei der Strom über Radsätze, Schiene und Rückleitungskabel zurück zum Unterwerk geleitet wird.

Jeder Speiseabschnitt muss mindestens zwei Rückleitungskabel zum Unterwerk haben.

Die einzelnen Speisebezirke sind durch Streckentrenner, die mit dem Signal St 7 gekennzeichnet sind, getrennt.

Im Havariefall können Streckentrenner mittels Schalter überbrückt werden, um von einem Speisepunkt zwei Abschnitte zu versorgen. Die Fahrzeugführer dürfen in diesem «Doppelabschnitt» nur mit niedrigem Sollwert fahren, um das Stromversorgungsnetz nicht zu überlasten.

Mit dem Signal St 7 gekennzeichnete Streckentrenner sind «stromlos» zu befahren, d.h. man lässt das Fahrzeug nur rollen.

Nicht gekennzeichnete Streckentrenner dürfen «mit Strom» befahren werden.

Um ein Arbeiten unter Spannung an der Fahrleitung zu ermöglichen, muss diese mindestens zweifach gegenüber Masten bzw. Gebäudeverankerungen isoliert sein.

10.5.2 Oberleitung

Die Fahrzeuge von Straßenbahnen und Stadtbahnen werden über Oberleitungen mit Strom versorgt, wobei der Dachstromabnehmer den so genannten Rillenfahrdraht bestreicht.

Die Fahrdrähte müssen aus sehr gut leitendem Metall sein und bestehen daher aus Kupferlegierungen.

Der Fahrdraht verläuft nicht parallel zur Gleisachse, sondern ist im Zick-Zack verspannt, damit die Stromabnehmerschleifleisten gleichmäßig abgenutzt werden.

Der Nennwert der anliegenden Spannung beträgt entweder 600 V oder 750 V, wobei aufgrund der neuen Fahrzeugtechnik immer häufiger 750 V verwendet wird.

Der tatsächliche Wert der Spannung kann zwischen –30 % und +20 % der Nennspannung schwanken.

© Thomas Backmann

Signal St 7 Streckentrenner

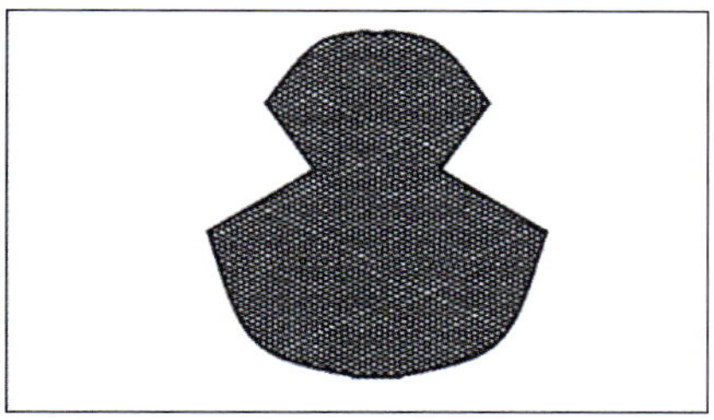

© Thomas Backmann

Rillendraht (Querschnitt)

Der Fahrstrom wird an Speisepunkte in die Fahrleitung gespeist. Diese Speisepunkte sind mittels Kabel mit dem Gleichrichterunterwerk verbunden.

Der § 24 (2) BOStrab enthält die Bestimmungen für die Energieversorgungsanlagen. Diese Anlagen müssen so bemessen sein, dass die Betriebsspannungen von den Nennspannungen nur soweit abweichen dürfen, wie es die Spannungstoleranzen der Betriebsmittel zulassen.

Die Fahrleitung von U-Bahnen besteht aus seitlich neben den Gleisen angeordneten Stromschienen (siehe Punkt 10.5.2).

10.5.3 Oberleitungen in Tunneln

Tunnel haben meistens ein auf das notwendige lichte Maß begrenzten Querschnitt. Die Oberleitung darf nur wenig Platz benötigen.

Deshalb werden hier Deckenstromschienen als Fahrleitung verwendet. Sie werden mit dem Dachstromabnehmer bestrichen.

Die Verankerungen sind dabei direkt in die Tunneldecke eingelassen. Sie dienen gleichzeitig als Isolator.

In einer anderen Form kann auch nur der normale Rillendraht in ein Trägerprofil eingeklemmt sein (mehr zu Tunneln siehe ▸ Abschnitt 10.6).

10.5.4 Brücken

Stromloses Unterfahren von Brücken ist mit den Signalen St 3 «Ausschalten! » und St 4 «Einschalten erlaubt» gekennzeichnet.

Die Höhe der Fahrleitung muss an die lichte Durchfahrhöhe der Brücke angepasst sein. Dabei sollte die minimale Höhe 4,2 Meter über Schienenoberkante betragen.

Ist die Durchfahrtshöhe im Straßenbereich geringer, muss dies mittels Verkehrszeichen Bild 265 dem Kraftverkehr angekündigt werden.

Die Fahrleitung unter Brücken ist gegenüber der Brücke ebenfalls doppelt isoliert.

Fahren die Bahnen auf Brücken, muss diese allen statischen und dynamischen Anforderungen Stand halten.

Brückenpfeiler, neben denen eine Straße verläuft, müssen so gebaut sein, dass sie bei jedem Aufprall eines Kraftfahrzeuges stabil bleiben.

Sind Fußwege neben den Gleisen auf der Brücke, müssen Sicherheitsräume vorhanden sein. Sie müssen durch Geländer den Passanten Schutz vor Absturz geben, auch wenn auf der Brücke das Fahrzeug im Havariefall geräumt werden muss.

10.5.5 Fahrleitungsformen

Man unterscheidet die Fahrleitungssysteme in:
- Einfachfahrleitung mit fest verspanntem Fahrdraht
- Einfachfahrleitung mit nachgespanntem Fahrdraht
- Kettenwerkfahrleitung

Zur gesamten Fahrleitungsanlage gehören
- Fahrdraht
- Masten und/oder
- Ausleger
- Isolatoren
- Streckentrenner
- Befestigungspunkte
- Spannseile
- ggf. Nachspanneinrichtungen
- bei Kettenwerkfahrleitung Längstragseile

Die fest verspannte Einfachfahrleitung erfordert einen kurzen Abstand der Aufhängung, wie Masten und Hausverankerungen, damit der Fahrdraht nicht durchhängt und dadurch der Stromabnehmer «springt».

Die Einfachfahrleitung mit nachgespanntem Fahrdraht wird mittels Gewichten mit Anker und Festpunkt oder Federeinrichtungen, welche über eine Feder und Excenter arbeiten, nachgespannt. Durch Nachspannen wird der Durchhang des Fahrdrahtes bei Temperaturänderungen ausgeglichen. Außerdem ist es daher möglich, die Längsspannweiten gegenüber der Einfachfahrleitung mit fest verspanntem Fahrdraht zu erhöhen.

Die drei Hauptarten von Fahrleitungsaufhängung

Die aufwendigste, aber auch komfortabelste Form ist die Kettenwerkfahrleitung. Hier verläuft über dem Fahrdraht ein Tragseil, welches zur Stromübertragung genutzt werden kann. Der Fahrdraht ist in kurzen Abständen an den Hängeseilen befestigt. Die Fahrleitung kann entweder an so genannten Quertragwerken oder an Masten mittels Ausleger aufgehängt werden. Bei Masten unterscheidet man zwischen:
- Masten mit Auslegern für je ein Gleis

- Mittelmasten mit Auslegern nach beiden Seiten
- Seitenmasten mit Auslegern für zwei Gleise

Die Kettenwerkfahrleitung ermöglicht hohe Geschwindigkeiten, gute Leistungsübertragung und hohe Längsspannweiten.

© Jörg Bambor

Federvorrichtung zum Nachspannen von Fahrleitungen

© Jörg Bambor

Stromschiene als Oberleitung

10.5.6 Stromschienen bei U-Bahnen

Es gibt in Deutschland nur vier Voll-U-Bahnen, und zwar in Berlin, Hamburg, München und Nürnberg. Alle diese U-Bahnnetze sind mit seitlich angeordneten Stromschienen als Fahrleitung ausgerüstet.

Der Vollständigkeit halber soll auch erwähnt werden, dass verschiedene S-Bahnen (Berlin und Hamburg) ebenfalls mit Stromschienen fahren. Auf diese wird hier jedoch nicht eingegangen.

Die Stromaufnahme von U-Bahnen erfolgt über seitlich an den Drehgestellen der Fahrzeuge angebrachte Stromabnehmer, welche als Schleifschuhe ausgebildet sind. Diese bestreichen die Kontaktflächen der isoliert neben dem Gleis verlegten Stromschiene, je nach System, von oben bzw. unten.

Stromschienen sind ebenfalls zweimal gegenüber der Erde isoliert.

© Standardizer

Querschnitt einer Stromschiene

Die Stromschiene hat folgenden Vorteile: einfacher Aufbau, wenig Wartungsaufwand, großer Querschnitt und dadurch geringer Widerstand. Durch seitliche Verlegung neben dem Gleis werden nicht so hohe Tunnel benötigt.

Obwohl U-Bahnen ein geschlossenes, für Fahrgäste nur an den Stationen zugängliches, System darstellen, erfordern die Stromschienen einen Schutz gegen Berührung. Im Allgemeinen wird dies über eine Abdeckung gewährleistet.

Die Höhe der zu übertragenden Spannungen ist bei Stromschienen auf 1500 V begrenzt.

10.6 Tunnel

Um den Stadtverkehr mit Stadt- und Straßenbahn schneller und attraktiver zu gestalten, werden immer öfter separate Bahnkörper verwendet. Wo dies aufgrund der städtischen Bebauung nicht möglich ist, werden häufig Tunnel gebaut, an deren Bauweise bestimmte Vorschriften geknüpft sind.

So müssen zum Beispiel in Tunneln generell Vorkehrungen getroffen werden, die das Eindringen von Grundwasser verhindern. Wegen des Brandschutzes müssen ausreichend Notausgänge aus dem Tunnel vorhanden sein. Die Baumaterialien müssen von Haus aus schwer oder gar nicht entflammbar sein.

Beim Bau von Tunneln spielt auch die Bodenbeschaffenheit eine wesentliche Rolle. Es gibt je nach Bodenbeschaffenheit verschiedene Bauweisen. Man kennt die offene Bauweise, bei der unter Umständen im Straßenverlauf, der Tunnel von oben herausgehoben und abgedeckt wird. Da diese Bauweise die gesamte Infrastruktur der Umgebung auf sehr lange Zeit beeinflusst und der Gleisverlauf teilweise dem Straßenverlauf angepasst sein muss, wird diese Bauweise relativ selten angewendet.

Heute bevorzugt man die bergmännische Bauweise mit Schildvortrieb. Der Ausbau erfolgt meist in der so genannten wasserundurchlässigen Tübbingauskleidung. Dabei handelt es sich um ringförmige Segmente aus Stahlbeton, wobei ein Segment im Durchschnitt 6-9 Stahlbetonringe besitzt.

Der Stahlbeton enthält so genannte Bewehrungen. Dies sind Stahlgefechte, Stahlgitter oder Stahlstreben, die in den Beton eingegossen werden. Wenn in Stahlbetontunneln Rückleitungen für Gleichstrom vorhanden sind, müssen die Bewehrungen elektrisch leitend miteinander verbunden sein (z. B. angeschraubte Erdlitzen).

Mit Fahrschienen oder Bewehrungen anderer Bauwerke und bahnfremder Anlagen dürfen die Bewehrungen des Tunnels keinesfalls elektrisch verbunden sein.

Erdlitze im Tunnel

Jeder Tunnel muss ausreichend viele, mit blauem Licht gekennzeichnete Notausgänge haben. Diese müssen gewährleisten, dass ggf. Verletzte problemlos geborgen werden können. Deshalb darf der Rettungsweg nicht länger als 300 m sein. Außerdem müssen auch von außen die Notausstiege ständig freigehalten werden und dürfen auch nicht durch Fahrzeuge oder Gegenstände versperrt werden. Weiterhin müssen Tunnel einen ausreichenden Luftaustausch aufweisen.

Sollten dafür die Tunnelöffnungen nicht ausreichen, müssen zusätzliche Lüfter oder Luftschächte installiert werden. Wenn Tunnel unter Flüssen hindurchführen, ist zu gewährleisten, dass bei ungewolltem Wassereinbruch Absperrvorrichtungen vorhanden sind, die mit Zugsicherungsanlagen ausgestattet sind, um zu vermeiden, dass ein Zug im Havariebereich eingeschlossen wird.

Stützen und Streben in Tunneln dürfen auch bei einer Entgleisung den Tunnel nicht zum teilweisen Einsturz bringen. Die Sicherheit der tragenden Teile muss in jeder Situation gewährleistet sein.

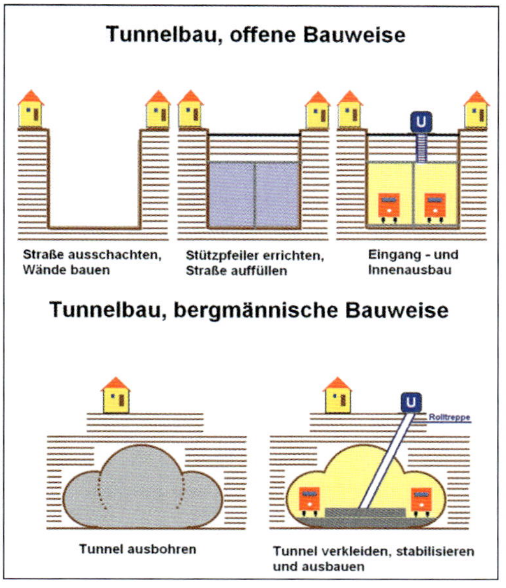

Tunnelbauweisen

10.6.1 Lichter Raum

Das Lichtraumprofil umfasst den erforderlichen Abstand der benachbarten Gleise, den Abstand fester Gegenstände vom nächstgelegenen Gleis, die Mindesthöhe von Überführungsbauwerken über Schienenoberkante und den Querschnitt von Tunneln. Als lichten Raum oder auch Lichtraumprofil bezeichnet man also den Platz um jedes Gleis herum, der für einen sicheren Fahrbetrieb notwendig ist. Dabei müssen sich sowohl feste, als auch bewegliche Gegenstände außerhalb dieses lichten Raumes befinden. Es darf weder zu Berührungen zwischen Fahrzeugen, noch zu Behinderungen oder Gefährdungen mit anderen Teilen, Wänden oder Gegenständen kommen. Zwischen der Umgrenzung des tatsächlichen lichten Raumes und des vorgeschriebenen Lichtraumbedarfes muss immer eine Sicherheitstoleranz bestehen. Außerhalb des lichten Raumes in Tunneln und anderen Gegebenheiten müssen Sicherheitsräume für Personen vorhanden sein.

Diese Sicherheitsräume müssen mindestens 70 cm breit und ca. 2 m hoch sein. Auch bei besonderen und unabhängigen Bahnkörpern gilt der angrenzende Teil des Verkehrsraumes als Sicherheitsraum. Sicherheitsräume müssen auch zugänglich sein, wenn das Gleis durch eine Bahn besetzt ist.

10.7 Haltestellen

Um einen an festen Punkten sicheren Fahrgastwechsel zu gewährleisten, gibt es Haltestellen, deren Gestaltung und Ausbau festen Normen unterliegt. Haltestellen sind mit dem Verkehrszeichen Bild 224 der StVO gekennzeichnet.

Bei Haltestellen, die in Tunneln oder auf Brücken liegen, müssen die Zugänge ausgeschildert sein. Die Gestaltung von Haltestellen muss auch die Barrierefreiheit für mobilitätseingeschränkte Bürger gewährleisten. Allerdings ist sie auch abhängig von verkehrlichen, betrieblichen, fahrdynamischen und fahrzeugtechnischen Gesichtspunkten.

Die Gestaltung der Haltestellen ist so vorzunehmen, dass die Fahrzeuge den Haltestellenbereich zügig anfahren und verlassen können, Fahrzeuge mit allen Türen parallel und mit geringer Spaltbreite zur Bordsteinkante halten, wartende Fahrgäste nicht durch ausschwenkende Fahrzeugüberhänge gefährdet werden können und der Fahrer Sicht auf alle Türen hat. Vorhanden sein sollten:

- Unterstellmöglichkeiten als Wetterschutz
- Sitzmöglichkeiten
- bequemer, möglichst behindertengerechter Zu- und Abgang
- Blindenleitstreifen mit Blindenaufstellfeld
- Informationssystem für Fahrgäste

Bei Haltestellen mit Bahnsteig sollen die Bahnsteighöhen so bemessen sein, dass ein möglichst geringer Höhenunterschied zwischen Bahnsteig und Fahrzeugboden besteht. Angestrebt wird bei

Bahnen des ÖPNV niveaufreies Einsteigen. Zwischen Haltestelle und Fahrzeug muss der Spalt so klein wie möglich gehalten werden, um ein Dazwischentreten von Fahrgästen oder Einklemmen der Räder eines Rollstuhles zu vermeiden. Der Spalt darf keinesfalls mehr als 25 cm breit sein.

Haltestellen müssen folgende Einrichtungen aufweisen:

- Verkehrszeichen Bild 224 StVO
- Namen der Haltestelle
- Fahr und Netzplan
- bei Doppelhaltestellen erkennbare Kennzeichnung
- Tarifinformationen
- Name des Verkehrsunternehmens bzw. des Verbundes

In besonderen Fällen, wie z. B. an manchen Haltestellen im Tunnel, sind noch weitere Sicherheitseinrichtungen erforderlich:

- Einrichtungen zum Abfertigen der Fahrgäste
- Anlagen zur Überwachung des Fahrgastwechsels
- Notrufeinrichtungen
- Feuerlöscheinrichtung
- Mittel zur Ersten Hilfe (Sanitätskasten)

Im automatisierten Fahrbetrieb ohne Fahrzeugführer (U-Bahn Nürnberg), gelten besondere Sicherheitsvorschriften (siehe ▶ Kapitel 7).

Bahnsteige sollen mindestens 2 m breit sein. Bei Haltestelleninseln im öffentlichen Verkehrsraum, ist eine Breite von 1,50 m ausreichend. Haltestellen in straßenbündigem Bahnkörper, an denen der Individualverkehr rechts neben der Bahn fährt, sind besonders kritisch. Hier hat der Fahrzeugführer den Fahrgastwechsel besonders intensiv zu überwachen. Um vor allem Rollstuhlfahrern einen direkten Zugang zu Haltestellen oder zu Hochbahnsteigen zu ermöglichen sind, wenn möglich, Rampen vorzusehen.

Das Verhalten an Haltestellen regelt der § 47 DFStrab. Hier ist folgendes zu beachten:

Merksatz

Fahren Sie erst ab, wenn die Türen nach dem Fahrgastwechsel geschlossen sind. Die Türfreigabe erfolgt nur an Haltestellen. An Doppelhaltestellen ist der Fahrgastwechsel für zwei Züge erlaubt. Die Türfreigabe außerhalb der Haltestelle ist nur bei Störungen unter äußerster Vorsicht erlaubt. Wenn möglich, nehmen Sie herannahende Fahrgäste noch mit.

Haltestelle mit Hochbord

10.7.1 Fahrtreppen und Fahrsteige

An Haltestellenzu- und -abgängen auf Brücken oder in Tunneln sollte zusätzlich zu den Treppen eine Fahrtreppe vorhanden sein, um die Haltestelle auch für mobilitätseingeschränkte Bürger zugänglich zu machen.

Es sollte mindestens eine Treppe, die auf Betätigung der Fahrgäste auf- oder abwärtsführt, vorhanden sein. Allerdings ist hier die jeweilige Laufrichtung deutlich und unverwechselbar anzuzeigen.

Bei stark frequentierten Haltestellen sollten getrennte Fahrtreppen für Auf- und Abwärtsfahrten vorhanden sein. Die Stufen der Fahrtreppe müssen trittsicher und so beschaffen sein, dass ein Einklemmen oder Quetschen nicht möglich ist und einer Sturzgefahr vorgebeugt wird.

Alle Fahrtreppen müssen Steuerungseinrichtungen besitzen, die im Störfall die Fahrtreppe selbständig anhält. Mindestens muss jedoch an den Zu- und Abgängen ein Notschalter vorhanden sein, zum sofortigen Ausschalten in Notfällen. An den Zu- und Abgängen muss auch genügend Platz für freie Stauräume eingeplant werden. Für Rollstuhlfahrer wäre am günstigsten, einen Aufzug mit genügend breiter Tür zum Erreichen der Haltestelle anzubauen. Dies ist jedoch aus verschiedenen Gründen nicht immer möglich.

10.8 Betrieb der Fahrzeuge

10.8.1 Teilnahme am Straßenverkehr

Schienenfahrzeuge, die auch auf straßenbündigem Bahnkörper fahren, dürfen nicht länger als 75 m sein. Die Fahrzeugführer dieser Züge müssen alle relevanten Gesetzlichkeiten (StVO, StVZO usw.) kennen. Es gelten die für den übrigen Verkehr vorgeschriebenen Höchstgeschwindigkeiten. Sieht jedoch ein Signal für Bahnen (Anlage 4 BOStrab Signale) für das Befahren des Gleises eine niedrigere Geschwindigkeit vor, so gilt diese. Ist nach StVO eine andere Geschwindigkeit für einen Streckenabschnitt vorgesehen, als nach DFStrab, gilt immer die Niedrigere.

Züge, die auf einem besonderen oder unabhängigen Bahnkörper verkehren und deren Übergänge nach § 20 BOStrab Bahnübergänge gesichert sind, nehmen nicht am öffentlichen Straßenverkehr teil. Dies bedeutet, dass in diesem Fall nur alle bahnbetrieblichen Verordnungen, Anweisungen und Vorschriften gelten. Ist der besondere Bahnkörper an Kreuzungen nicht als Bahnübergang, sondern mittels LSA oder nur Verkehrszeichen geregelt, gelten auch die für den übrigen Individualverkehr geltenden Gesetze.

Fahrbedienstete

Fahrzeuge dürfen nur von Fahrbediensteten gefahren werden, die die Fahrberechtigung für diesen Fahrzeugtyp und Streckenkenntnis besitzen. Betriebsanlagen dürfen ebenfalls nur von unterwiesenem Personal bedient werden. Der Betriebsleiter hat in beiden Fällen seine Zustimmung zu erteilen. Für Fahrbedienstete gilt für Dienstanfang und -ende der Dienstplan, in dem Zeit und Ort festgelegt sind. Der Betrieb ist verpflichtet, Aufzeichnungen über die einzelnen Dienste der Mitarbeiter zu führen und die Einhaltung von Lenk- und Ruhezeiten bei der Dienstverteilung einzuhalten. Jeder ausgebildete und eingewiesene Triebwagenführer muss gute Kenntnisse über den Inhalt der DFStrab und der StVO besitzen. Des Weiteren müssen ihm Gesetze und Verordnungen bekannt sein wie:

- Personenbeförderungsbedingungen
- Tarifbestimmungen
- BOStrab, StVG, PBefG, OWiG, UVV

soweit sie seine Tätigkeit betreffen.

Der Fahrbedienstete hat vom Betriebsleiter angewiesene Dienstunterrichte regelmäßig zum Zwecke seiner eigenen Weiterbildung zu besuchen. Zum Führen von Fahrzeugen muss der Fahrbedienstete auch mit den geltenden Streckenhöchstgeschwindigkeiten vertraut sein. Die für das jeweilige Netz geltende Höchstgeschwindigkeit legt die TAB (Technische Aufsichtsbehörde) des jeweiligen Bundeslandes fest.

Aufgaben der TAB

§ 5 Technische Aufsicht 1) Die Technische Aufsichtsbehörde nach § 54 Abs. 1 Satz 3 des Personenbeförderungsgesetzes überwacht die Einhaltung der Vorschriften dieser Verordnung. Sie führt in Erfüllung dieser Aufgabe auch die erforderlichen Prüfungen, Zustimmungen und

Abnahmen durch und trifft die notwendigen Anordnungen.

Die Technische Aufsichtsbehörde ist das oberste Organ für die Einhaltung der Sicherheit an Fahrzeugen, auf Strecken und bei Fahrbediensteten. Der Betriebsleiter ist verpflichtet, eng mit der TAB zusammen zu arbeiten und hat die Informationspflicht über die Sicherheit in seinem Betrieb und seine Weisungen. Auch über Unfälle mit Bahnen, die öffentliches Interesse erregen, hat er unverzüglich die TAB zu informieren. Der Betriebsleiter legt Beschränkungen von Streckenhöchstgeschwindigkeiten für besondere Fahrzeuge oder für bestimmte Strecken fest. Soll die Streckenhöchstgeschwindigkeit generell heruntergesetzt werden, hat der Betriebsleiter die TAB zu unterrichten. Auch der Betriebsleiter kann seinerseits Helfer zur Erfüllung seiner Aufgaben berufen. Häufig beruft der Betriebsleiter einen Fahrlehrer für Schienenfahrzeuge zum Prüfer, der in seinem Auftrag Fahrschülern die Prüfung zum Fahrbediensteten abnimmt.

Weiterhin legt die BOStrab 40 km/h Höchstgeschwindigkeit, beim Vorbeifahren an Bahnsteigen ohne Halt fest.

Diese Höchstgeschwindigkeit kann durch den Betriebsleiter entsprechend den jeweiligen Baulichkeiten und Erfordernissen im Netz verringert und in der DFStrab des Betriebes vorgeschrieben werden. Diese Geschwindigkeitsverringerung kann auch nur für gewisse Haltestellen vorgeschrieben sein.

Wirtschaftliche Fahrweise

Es ist stets vorausschauend und wirtschaftlich zu fahren, d.h. die jeweiligen Verkehrssituationen sind rechtzeitig zu erkennen und es ist entsprechend zu handeln. Im günstigsten Fall, was auf straßenbündigem Bahnkörper nur schwer möglich ist, soll man das Fahrzeug zwischen zwei Haltestellen auf gerader Strecke schnell beschleunigen, viel rollen lassen und mit einmaligem Bremseinsatz sanft anhalten.

Das Anfahren und Bremsen muss immer der Fahrgastfreundlichkeit Rechnung tragen.

Durch die moderne Fahrzeugtechnik ist es möglich, die Bremsenergie zurück ins Netz zu speisen oder in Kondensatoren zu speichern.

Dies trägt stark zur Erhöhung der Wirtschaftlichkeit bei.

Pflichten der Fahrbediensteten

Bei planmäßigen Diensten mit Dienstbeginn im Betriebshof (Ausrücken) haben sich Fahrer bei Antritt des Dienstes bei dem dafür zuständigen Mitarbeiter zu melden und die Kursunterlagen entgegen zu nehmen. Diese gelten als Weisung und regeln die Abfahrtszeit an den Endstellen, Anschlüsse, sowie die Durchfahrtszeiten an den Haltestellen (Fahrplan).

Der Fahrbedienstete ist verpflichtet, sich täglich vor Dienstantritt über neue betriebliche Bestimmungen und Anweisungen (meist als Aushang) kundig zu machen. Ein Tausch von Diensten ist ohne Zustimmung der zuständigen Stelle (je nach Struktur Dienstzuteilung, Teamleiter, Disponent usw.) nicht gestattet. Der Dienst ist in der vorgeschriebenen Dienstkleidung und mit entsprechender vorgeschriebener Ausrüstung, wie Fahrscheinvorräte, Wechselgeld, entsprechende Schlüssel, Ausweise, Betriebsfahrerlaubnis usw. anzutreten.

Der Dienst darf bei Krankheit oder anderweitiger Fahruntauglichkeit nicht aufgenommen werden. So früh wie möglich, jedoch spätestens eine Stunde vor Dienstbeginn, ist die zuständige Stelle zu benachrichtigen.

Für automatisierte Züge unabhängiger Bahnen, wie die U3 in Nürnberg oder People Mover gelten abweichende Bestimmungen nach BOStrab § 53 (2).

10.8.2 Fahrbetrieb

Die Ausführung der Wagenvorbereitung, Übergabe und Nachbereitung durch Fahrbedienstete ist im § 11 DFStrab im Detail geregelt.

Vor Verlassen des Betriebshofes muss das Fahrzeug auf Mängel- und Schäden überprüft werden. Auf der Strecke ist der Fahrbediensteten bei Mängeln oder Funktionsstörungen am Fahrzeug zur Meldung an die Leitstelle verpflichtet, um Störungszeiten kurz zu halten oder ganz zu vermeiden. Dies gilt auch für nur zeitweise auftretende Mängel.

Auf dem Fahrzeugschein (Fahrzeugbegleitschein für die Werkstatt) sind möglichst präzise Angaben über die Störung im Sinne der schnellen Fehlerfindung einzutragen.

Nach Ablösungen auf der Strecke muss das Fahrzeug auf Funktion der Bremsen, des Tachometers und anderer Anzeigen, bis zur nächsten Haltestelle überprüft werden. Besondere Vorkommnisse auf der Strecke und kleinere Mängel am Fahrzeug, die nicht zum sofortigen Fahrzeugwechsel führen, sind dem ablösenden Fahrer mitzuteilen, unabhängig davon, ob die Leitstelle bereits informiert wurde oder nicht. An der nächsten Endstelle ist das Fahrzeug auf Folgendes zu überprüfen:

- Sandvorrat
- Alle Zugsignale
- Andere Beleuchtungseinrichtungen
- Schäden am Fahrzeug
- Funktion der Entwerter und ggf. des Fahrkartenautomaten
- Fundgegenstände

Türen dürfen bei Personenzügen erst im Stillstand freigegeben und erst geschlossen werden, wenn der Fahrgastwechsel eindeutig beendet ist. Kurvenfahrten und Bremsungen haben generell so zu erfolgen, dass Fahrgäste nicht gefährdet werden. Ausnahmen sind Gefahrenbremsungen, um einen Verkehrsunfall zu verhindern.

Störungen

Betriebs- und Verkehrsstörungen verursachen immer Abweichungen vom Fahrplan.

Züge mit Sicherheitsmängeln dürfen nicht weiter Fahrgäste befördern. Wenn es die Umstände erlauben, sollten diese jedoch den Wagenzug an der nächsten Haltestelle verlassen können. Je nach Art des Schadens sind durch den Fahrbediensteten bei der Fahrt zur nächsten Ausweichstelle oder zum Betriebshof entsprechende Sicherheitsvorkehrungen zu treffen. Züge mit schadhaften Bremsen dürfen nur so langsam fahren, dass die noch vorhandene Bremskraft zum Anhalten ausreicht.

Muss ein Schadfahrzeug von der Strecke geschoben werden, ist die Zugspitze mit einem Fahrbediensteten zu besetzen, der über Sprechfunk oder in anderer Weise Aufträge an den Betriebsbediensteten des schiebenden Fahrzeuges gibt. Letzterer sollte ein Mitarbeiter mit Dienstaufsichtsbefugnis sein. Als «anderes geeignetes Mittel» können zum Beispiel Aufträge mittels Außenbeleuchtung gegeben werden, wobei immer der größten Sicherheit Rechnung getragen werden muss. So heißt in diesem Beispiel:

- Licht an = Fahren
- Licht aus = Bremsen

So ist gewährleistet, dass der Schiebende bei Ausfall der Batteriespannung in jedem Fall bremsen wird.

Fahrgäste sind von einer Störung, egal in welchem Umfang, immer betroffen. Deshalb sind sie im Interesse eines guten Service und Kundendienstes so weit wie möglich über Umfang und voraussichtliche Dauer von Störungen zu informieren und auf Umleitungen und ggf. Schienenersatzverkehr (SEV) hinzuweisen. Im Falle einer Störung im Fahrbetrieb dürfen Türen auch außerhalb der Haltestelle frei gegeben werden, wenn es das um die Gleisanlage befindliche Gelände erlaubt. Auf straßenbündigem Bahnkörper sind die Fahrgäste jedoch ggf. über In-

© Thomas Backmann

Besonderer Bahnkörper mit Kettenwerkfahrleitung und NGT 12 Flexity Classic von Bombardier Transportation.

nenlautsprecher zu bitten, den Nachfolgeverkehr zu beachten.

Der Fahrer hat dabei die Türen nur freizugeben und nicht selbst zu öffnen.

Fahrgäste von automatisierten Zügen müssen unverzüglich geborgen werden.

Bei Störungen im Gleisbereich durch Unfall oder Fahrleitungsschäden, durch welche die Bahn nicht weiterfahren kann, hat der Fahrer die Betriebsleitstelle/Verkehrsleitstelle zu verständigen und über das Geschehen zu informieren.

Merksatz

Es gilt immer der Grundsatz: **Sichern – Retten – Melden!**

Erst Störungs- oder Unfallstelle absichern, anschließend Erste Hilfe leisten oder jemanden damit beauftragen und dann Meldung erstatten.

Bei einer längeren Störung wird die Leitstelle bei Bedarf Polizei, Feuerwehr, Notarzt und bei schweren Bahnunfällen den Betriebsleiter verständigen und Schienenersatzverkehr einleiten. Der betriebliche Verkehrsfunkwagen mit weisungsberechtigtem Dispatcher wird ebenfalls zum Unfallort geschickt um den Fahrer zu entlasten, den Unfall aufzunehmen und weitere Anweisungen in Absprache mit der Leitstelle zu treffen.

Bei schweren Unfällen nimmt der Betriebsleiter oder dessen Vertreter das Weisungsrecht vor Ort wahr und teilt den Anwesenden ihre Aufgaben zu.

Schienenersatzverkehr (SEV)

Besteht in einem Streckenabschnitt im Straßenbahnnetz eine längere Betriebsstörung, müssen betroffene Linien umgeleitet werden, um den gestörten Abschnitt zu umfahren. Hinter der Störung stehende Fahrzeuge müssen nach Ende der Störung ggf. ihren Fahrweg auf Weisung einkürzen, um wieder in die planmäßige Fahrzeit zu gelangen.

Für den direkten gestörten Abschnitt ist, soweit möglich mit Bedienung aller Straßenbahnhaltestellen oder für Störungen vorgesehenen Ersatzhaltestellen, ein Schienenersatzverkehr (SEV) mit Bussen einzurichten.

Der SEV ist nach Abstimmung mit der Leitstelle oder dem Leiter vor Ort einzusetzen. Dieser SEV soll so eingesetzt werden, dass die Fahrgäste der gestörten Strecke weiterbefördert werden.

Gute Fahrgastinformation ist dazu unerlässlich. Oberstes Ziel ist es, die Bedienung der Haltestellen des gestörten Abschnittes so gut wie möglich aufrecht zu erhalten und so schnell wie möglich zum Regelbetrieb zurückzukehren.

Beleuchtungsanlagen
In allen Bereichen von Betriebsanlagen, in denen sich Personen aufhalten sowie an den Zu- und Abgängen müssen sich ausreichend Beleuchtungsanlagen befinden. In Tunneln oder auf Strecken mit Zugsicherungsanlagen muss die Beleuchtung so angebracht sein, dass es weder zu Verwechslungen mit Signalen noch zur Verdeckung von Signalen kommt.

In Tunneln muss das Einschalten der Beleuchtung fern bedienbar sein. Bei muss sich die Beleuchtung selbständig einschalten. Ein Ausschalten der Beleuchtung darf nur durch Befugte erfolgen. Außerdem ist an

- Bahnsteigen,
- auf Rettungswegen,
- in Sicherheitsräumen von Tunneln,
- an Notausstiegen und
- in Räumen, in denen Fahrgäste bedient werden,

eine ausreichende Sicherheitsbeleuchtung vorgeschrieben, die bei Ausfall der Netzabhängigem Beleuchtung nach 0,5 Sekunden, in Tunneln nach bis zu 10 Sekunden eingeschaltet sein muss.

10.9 Aufgaben

10.9.1 Infrastruktur

Aufgabe 1

? Wann benötigt man eine Zugsicherungsanlage gemäß §22 BOStrab?

Aufgabe 2

? Was ist eine Fahrsperre und wozu wird sie benötigt?

Aufgabe 3

? Was verstehen Sie unter dem Begriff «Fahren auf Sicht»?

Aufgabe 4

? Was sind Betriebsanlagen?

Aufgabe 5

? Was sind Vignolschienen und wo werden sie verwendet?

Aufgabe 6

? Wie arbeitet ein Gleichrichterunterwerk?

Kostenbewusst handeln

Zusammenfassung

In diesem Lernfeld lernen Sie das ökonomische Prinzip und die Finanzierung des ÖPNV kennen. Sie lernen, die Zusammenhänge in einem Unternehmen betriebswirtschaftlich zu erfassen, Kalkulationen zu erstellen und Geschäftsvorfälle einzuordnen und zu bearbeiten.

11.1 Kaufmännische Grundlagen in Verkehrsunternehmen

11.1.1 Wirtschaftlichkeit und Gemeinwirtschaftlichkeit

Verkehrsunternehmen bestehen nur bei wirtschaftlicher Leistungserbringung auf dem Markt. Denn nur wenn das Verkehrsunternehmen seine Leistungen nicht zu teuer erbringt, kann es bei Endkunden z. B. im Gelegenheitsverkehr günstige Preise anbieten oder im Rahmen von Ausschreibungen von Aufgabenträgern Verkehrsleistungsaufträge erhalten. Auch bei einer Direktvergabe gelten Wirtschaftlichkeitsanforderungen, damit es berücksichtigt werden kann.

Was bedeutet wirtschaftliches Handeln in Unternehmen? Unternehmen erzeugen durch den Einsatz von Produktionsfaktoren – wie z. B. Maschinen, Rohstoffe und Arbeitskraft – Wirtschaftsgüter, die wiederum dem Markt zur Verfügung gestellt werden. Wirtschaftsgüter sind «knappe Güter» im Gegensatz zu freien Gütern, die unbegrenzt vorhanden sind. Da die Wirtschaftsgüter, die als Produktionsfaktoren im Unternehmen eingesetzt und zu Sachen (Produktionsgüter, Konsumgüter), Rechten oder Dienstleistungen verarbeitet werden, knapp sind, haben sie ihren Preis. Deshalb muss mit ihnen «gewirtschaftet» werden. Wirtschaftliches Handeln, d. h. Handeln nach dem **ökonomischen Prinzip**, folgt den Grundsätzen:

- **Minimalprinzip**
Eine vorbestimmte Leistung mit möglichst geringen Mitteln erzielen.

- **Maximalprinzip**
Mit gegebenen Mitteln die größtmögliche Leistung erzielen. Dieses erwerbswirtschaftliche Prinzip der **Gewinnmaximierung** ist kennzeichnend für privatwirtschaftliche Betriebe in einem marktwirtschaftlichen Wirtschaftssystem.

Merksatz

Ein kaufmännisches Unternehmen betreibt eigenverantwortlich eine wirtschaftliche Tätigkeit auf Dauer mit der Absicht zur Gewinnerzielung.

Genossenschaftliche Betriebe haben den Zweck, ihre Mitglieder mit Gütern und Dienstleistungen zu günstigen Konditionen zu versorgen. Gemeinwirtschaftliche und öffentliche Betriebe versorgen die Bevölkerung mit Gütern und Dienstleistungen und dienen dem Gemeinwohl. Die öffentliche Daseinsvorsorge, d.h. Bereitstellung einer Grundversorgung für die Allgemeinheit im Verkehrs- und Beförderungswesen, in der Gas-, Wasser-, und Elektrizitätsversorgung, bei der Müllabfuhr, Abwasserbeseitigung, von Bildungs- und Kultureinrichtungen, Krankenhäusern, Friedhöfen, Bädern usw. wird größtenteils von öffentlichen Betrieben wahrgenommen. Aber auch in diesen Bereichen breiten sich privatwirtschaftliche, eigenwirtschaftliche Unternehmen aus.

Für den Bereich der gemeinwirtschaftlichen Verkehre gilt die EU-Verordnung 1370 aus 2007, die am 3. Dezember 2009 unmittelbar geltendes deutsches Recht wurde. Das Personenbeförderungsgesetz wurde zum 1.1.2013 daran angepasst. Eine wichtige, bei der Neufassung geänderte, Unterscheidung sind die Begriffe zur Eigenwirtschaftlichkeit und Gemeinwirtschaftlichkeit.

- **Eigenwirtschaftlichkeit**
Es sind solche Verkehre, bei denen der Aufwand nur durch Beförderungserlöse (Fahrausweisverkauf), allgemeine Finanzierungsregelungen, die für alle gelten («allgemeine Vorschriften» z. B. für Schwerbehinderten-Freifahrt) und sonstige Erträge (z. B. aus Werbung an den Fahrzeugen) gedeckt wird.

- **Gemeinwirtschaftlich**

Es sind Verkehre, bei denen das einzelne Unternehmen einen individuellen Zuschuss des Aufgabenträgers erhält (z. B. durch Verkehrsvertrag, «Betrauung», «Direktvergabe», also durch öffentlichen Dienstleistungsauftrag nach VO (EG) Nr. 1370/2007 bzw. ein ausschließliches Recht gewährt wird.

Vor 2013 war der Begriff der Eigenwirtschaftlichkeit weiter gefasst, so dass damals fast alle Verkehre eigenwirtschaftlich genehmigt wurden. Aktuell werden an manchen Stellen zu vom Aufgabenträger geplanten gemeinwirtschaftlichen Vergaben eigenwirtschaftliche Konkurrenzanträge gestellt. Eine weitere Änderung des PBefG wurde insbesondere von neuen Mobilitätsanbietern wie UBER (Rideselling-Plattformen mit Privatfahrern) befürwortet. Daraus könnte dem ÖPNV eine starke Konkurrenz um den Kunden erwachsen. Die ÖPNV-Unternehmen können nun selbst in den ÖPNV integrierte Ridepooling-Angebote als Linienbedarfsverkehr anbieten.

11.1.2 Zuschüsse durch die öffentliche Hand

Die Gebietskörperschaften, die sich in Deutschland aus Bund, Ländern, Gemeinden und Gemeindeverbänden zusammensetzen, bilden im Wesentlichen den öffentlichen Sektor oder die «öffentliche Hand». Diese Körperschaften haben Aufgaben und erheben zur Finanzierung derselben Steuern und Abgaben. Da die Verschuldung der öffentlichen Hand in den vergangenen Jahren auf ein zu hohes Maß gestiegen ist und nun zurückgeführt werden sollte, werden die Gebietskörperschaften «sparen» müssen.

Dies ist für die Verkehrsunternehmen von großer Bedeutung, da ein Großteil der Infrastruktur von der öffentlichen Hand bereitgestellt (z. B. Straßen) oder bezuschusst (z. B. Schienenwege) wird. Auch der Unterhalt und die regelmäßig notwendigen Reinvestitionen der Straßeninfrastruktur werden durch die öffentliche Hand getragen.

Die Zuständigkeit für den öffentlichen Personennahverkehr ging mit dem Regionalisierungsgesetz vom 27. Dezember 1993 im Zuge der Bahnreform vom Bund auf die Länder über. Das Gesetz definiert die Sicherstellung einer ausreichenden Bedienung der Bevölkerung mit Verkehrsleistungen im ÖPNV als eine Aufgabe der Daseinsvorsorge. Die aufgrund dieses Gesetzes verteilten Geldmittel werden als Regionalisierungsmittel bezeichnet.

Ein weiterer wichtiger Investitionstopf für den ÖPNV waren die Mittel des Gemeindeverkehrsfinanzierungsgesetzes (GVFG), aus dem der Bund den Ländern Finanzhilfen für Verkehrsinvestitionen gewährte. Auch an diesem Gesetz gab es im Zuge der Förderalismusreform Änderungen. Die Länder erhalten für den Zeitraum 2007 – 2019 die Mittel in Höhe von 1.335,5 Mio. € jährlich gemäß dem Entflechtungsgesetz. Danach erhalten die Länder einen zusätzlichen Festbetrag aus der Umsatzsteuer, der aber nicht mehr zweckgebunden ist. Darüber hinaus gibt es noch das «GFVG-Bundesprogramm» für Großmaßnahmen in Höhe von 333,4 Mio. € p.a., die von 1997 bis 2019 konstant waren. Erst da ist es gelungen - gestützt durch den Kampf gegen den Klimawandel - die Mittel perspektivisch auf bis zu 2 Mrd. € jährlich wieder anwachsen zu lassen. Damit sind nun auch dringend notwendige Grunderneuerungen (Sanierungsstau) und Aus- und Neubauten für die Verkehrswende möglich.

Neben den Investitionshilfen können Verkehrsunternehmen und -verbünde auch noch weitere Zuschüsse (z. B. Verbundförderung) und Mittel der öffentlichen Hand erhalten. Einiges stellt keine echte Subvention dar, da eine Gegenleistung der Verkehrsunternehmen erbracht wird, wie z. B. bei den so genannten Fahrgeldsurrogaten. Hier zahlt die öffentliche Hand den Ausgleich für rabattierte Tarife im Ausbildungsverkehr (Bundesregelung nach § 45a PBefG und

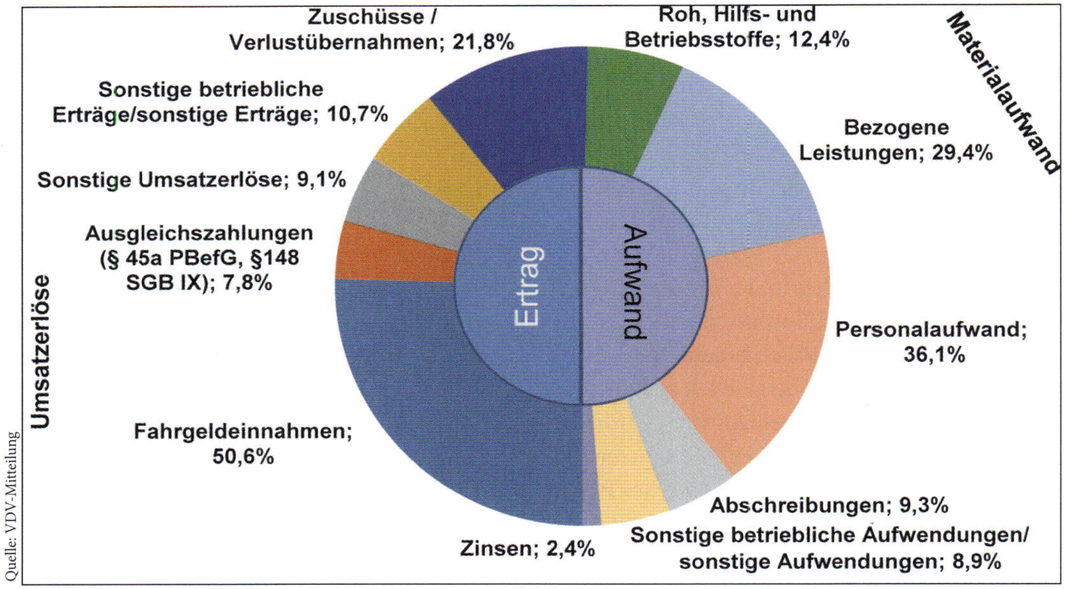

Abb. 11.1 Prozentuale Aufteilung der Aufwands- und Ertragspositionen im Durchschnitt der VDV-Mitgliedsunternehmen im Jahr 2013

6a AEG, teilweise Länderregelungen) sowie für die Freifahrt von Menschen mit Behinderungen nach § 145 SGB IX (Sozialgesetzbuch Neuntes Buch).

Im Jahr 2019 galt für den Linienverkehr, Freistellungsverkehre und Sonderformen des Linienverkehrs mit einer Beförderung, die nicht mehr als 50 km beträgt, nach § 12 des Umsatzsteuergesetzes (UStG) der ermäßigte Steuersatz von 7 %. Die Ticketpreise im Nahverkehr enthalten also nur 7 % Mehrwertsteuer. Diese Regelung wurde Ende 2019 auch auf den Schienenpersonenfernverkehr ausgeweitet. Im Gelegenheitsverkehr, aber auch, wenn die Nahverkehrsfahrt im Paket verkauft und nicht extra ausgewiesen wird, gilt der volle Steuersatz von 19 % (im Jahr 2019). Eine weitere Steuervergünstigung ist die Befreiung der Kraftomnibusse, die überwiegend im Linienverkehr eingesetzt werden, von der Kraftfahrzeugsteuer (§ 3 Abs. 6 KFZ-Steuergesetz). Darüber hinaus gibt es wegen der relativen Umweltfreundlichkeit des ÖPNV eine Ermäßigung auf die «Ökosteuer» und die Stromsteuer.

Die größte Einnahmequelle der Verkehrsunternehmen wird am Markt erwirtschaftet (siehe Abb. 11.1). Die Fahrgeldeinnahmen machen etwa 50 % der Erträge der Verkehrsunternehmen (VDV-Mitgliedsunternehmen) im Durchschnitt aus. Jeweils weitere – je etwa 10 % – werden durch Fahrgeldsurrogate, sonstige Umsatzerlöse (z. B. Werbeeinnahmen, Fremdaufträge) und sonstige betriebliche Erträge erwirtschaftet. Der Kostendeckungsgrad der VDV-Mitgliedsunternehmen liegt bei etwa 75 %. Das heißt, dass die Aufwendungen ohne die Investitionszuschüsse ca. zu 3/4 durch Umsätze und Eigenleistungen gedeckt werden. Das fehlende Viertel erhalten die Verkehrsunternehmen als Defizitabdeckung oder Verlustausgleich.

Diese Defizitabgeltungen sind in den Verträgen zwischen den Verkehrsunternehmen und ihren (kommunalen) Eigentümern geregelt. Wenn die Defizite des öffentlichen Verkehrs mit Überschüssen aus dem Energiesektor eines Stadtwerkes ausgeglichen werden, spricht man vom Querverbund. Dies spart der Kommune

Steuern auf die Gewinne. Oftmals sind die von der Kommune vorgegebenen Summen über Jahre konstant oder sogar sinkend, sodass das Verkehrsunternehmen zum einen den Anteil der Fahrgeldeinnahmen steigern muss und zum andern die Ausgabenseite sehr genau kontrollieren muss.

Auf der Aufwandsseite zeigt sich, dass die Verkehrsunternehmen als Dienstleistungsunternehmen sehr personalintensiv sind. Da bei der Betrachtung der durchschnittlichen Verhältnisse der VDV-Mitgliedsunternehmen alle großen kommunalen Unternehmen enthalten sind, sind in den «bezogenen Leistungen» auch Anmietverkehre von Subunternehmen enthalten. Den wesentlichen Teil der Materialaufwendungen in Verkehrsunternehmen stellt der Aufwand für «Roh-, Hilfs- und Betriebsstoffe» dar, bei dem die Kraft- und Schmierstoffe, aber auch die elektrische Energie in Ansatz gebracht wird.

Abschreibungen stellen den Werteverzehr von Anlagegütern dar. Wenn z. B. ein Bus eine wirtschaftliche Nutzungszeit von 12 Jahren besitzt, dann wird – bei linearer Abschreibung – jedes Jahr ein Zwölftel seines Anschaffungswertes als Ausgleich für seinen Wertverlust abgeschrieben und als Aufwand verbucht. Der hier ausgewiesene Durchschnittswert der Abschreibungen der VDV-Mitgliedsunternehmen ist aufgrund der Investitionszuschüsse geringer als der tatsächliche Werteverzehr.

11.1.3 Betriebliches Rechnungswesen

Die Gegenüberstellung von Aufwand und Ertrag einer Abrechnungsperiode – im Weiteren wird praktischerweise von einem Jahr ausgegangen – ist eine der wesentlichen Aufgaben des betrieblichen Rechnungswesens. Das **betriebliche Rechnungswesen** besteht aus mehreren Teilbereichen mit unterschiedlichen Aufgaben:

- Finanzbuchhaltung
- Kosten- und Leistungsrechnung
- Statistik
- Planungsrechnung

Tab. 11.1 Gewinn- und Verlustrechnung eines Verkehrsunternehmens mit Abweichungen zum Wirtschaftsplan (Beispielwerte)

Gewinn- und Verlustrechnung	Jahreswerte	Planwerte	Abweichung
	Euro	Euro	%
Umsatzerlöse	**7.654.321,00**	**7.600.000,00**	0,7
Fahrgeldeinnahmen	6.543.210,00	6.500.000,00	0,7
Fahrgeldsurrogate	543.210,00	550.000,00	- 1,2
Sonstige Umsatzerlöse	567.901,00	550.000,00	3,3
Zinsen	**157.967,40**	**150.000,00**	5,3
Sonstige betriebliche Einnahmen	**105.311,60**	**100.000,00**	5,3
Einnahmen gesamt	**7.917.600,00**	**7.850.000,00**	0,9
Materialaufwand	**3.888.666,00**	**3.900.000,00**	- 0,3
Roh-, Hilfs- und Betriebsstoffe	1.049.666,00	1.050.000,00	0,0
Darunter			

Gewinn- und Verlustrechnung	Jahreswerte	Planwerte	Abweichung
Fahrstrom	182.222,00	185.000,00	- 1,5
Dieseltreibstoff	404.444,00	440.000,00	- 8,1
Bezogene Leistungen	2.839.000,00	2.840.000,00	0,0
Darunter			
Busanmietung	1.067.000,00	1.067.000,00	0,0
Personalaufwand gesamt	**3.838.000,00**	**3.800.000,00**	1,0
Löhne und Gehälter	2.913.500,00	2.880.000,00	1,2
Soziale Abgaben	630.000,00	615.000,00	2,4
Altersversorgung	280.000,00	280.000,00	0,1
Sonstige Aufwendungen	14.300,00	25.000,00	- 42,8
Zinsen und ähnliche Aufwendungen	**223.112,00**	**220.000,00**	1,4
Abschreibungen	**889.333,00**	**890.000,00**	- 0,1
Sonstige betriebliche Aufwendungen	**939.667,00**	**930.000,00**	1,0
Andere Aufwendungen	**117.000,00**	**115.000,00**	1,7
Steuern	**2.000,00**	**2.000,00**	0,0
Aufwendungen gesamt	**9.897.778,00**	**9.857.000,00**	0,4
Jahresfehlbetrag	**1.980.178,00**	**2.007.000,00**	- 1,4

In der **Finanzbuchhaltung** eines Unternehmens werden die finanziellen Beziehungen des Unternehmens mit der Außenwelt erfasst (externes Rechnungswesen). Dort werden die unternehmensbezogenen Aufwendungen und Erträge einer Abrechnungsperiode erfasst. Daraus wird die periodenbezogene Gewinn- und Verlustrechnung ermittelt (siehe ◘ Tab. 11.1) sowie die Bilanz ermittelt. Damit werden das Vermögen und die Schulden eines Unternehmens sowie deren Veränderungen ermittelt. Dies dient z. B. Banken, Lieferanten oder Gesellschaftern als Entscheidungsgrundlage.

Aus der Bilanz (siehe ◘ Abb. 11.2) lassen sich z. B. Informationen über die Kapitalherkunft des Unternehmens auf der so genannten Passiv-Seite der Bilanz ablesen. Dort sind das Eigenkapital (Einlagen der Eigentümer) sowie das langfristige und kurzfristige Fremdkapital (z. B. Kredite) aufgeführt. Auf der Aktiv-Seite der Bilanz wird die Kapitalverwendung aufgeschlüsselt. Dort werden die Rechte, Immobilien und Güter und Finanzmittel im Eigentum der Firma mit ihren Bilanzwerten aufgeführt.

In die Bilanz gehen Bestandszahlen bzw. -werte ein. Die Güter werden für einen Stichtag, z. B. das Jahresende bewertet. In einem Jahr beschaffte Güter werden grundsätzlich mit ihren Anschaffungs- und Herstellungskosten aktiviert und zeitanteilig abgeschrieben. Geringwertige Verbrauchsgüter werden im Jahr der Anschaffung dem Aufwand zugerechnet. Wenn Immobilien oder Anlagegüter bezuschusst wurden, weisen die Verkehrsunternehmen in der

Bilanz	
Aktiva (Kapitalverwendung)	**Passiva (Kapitalherkunft)**
Anlagevermögen (z.B. Verwaltungsgebäude, Werkstätten, Fahrzeuge)	***Eigenkapital*** (Einlagen der Eigentümer, z.B. Stammkapital einer AG)
Umlaufvermögen (z.B. Kraftstoffe, Bankguthaben, Forderungen)	***Fremdkapital*** (z.B. Darlehen, Verbindlichkeiten)

Abb.11.2 Aufbau einer Bilanz

Regel nur die um die Zuschüsse verminderten Anschaffungskosten aus und beziehen die Abschreibungen auch nur darauf. In der Bilanz werden Abschreibungen nach steuerlichen Gesichtspunkten vorgenommen.

Die Bestandsveränderungen sind im zeitlichen Vergleich der Werte zu erkennen. Wie oft z. B. etwas aus Rohstoffen produziert, verkauft und wieder Rohstoffe eingekauft wurden, lässt sich nicht aus einer Bilanz herauslesen.

Der Jahresüberschuss (Gewinn) oder der Jahresfehlbetrag (Verlust), der aus der Gewinn- und Verlustrechnung (G&V) ermittelt wird, wird ebenfalls in der Bilanz ausgewiesen. In der G&V werden die Erträge eines Jahres aufsaldiert, diese setzen sich wie oben gesehen im Wesentlichen aus den Umsatzerlösen und den sonstigen betrieblichen Erträgen zusammen. Von diesem Ertrag werden dann die einzelnen Aufwandspositionen abgezogen.

Merksatz

Der Jahresabschluss besteht aus der Bilanz, der G & V, dem Anhang mit dem Lagebericht der Geschäftsführung sowie i. d. R. dem Bestätigungsvermerk des Wirtschaftsprüfers.

Neben der absoluten und relativen Höhe der einzelnen Positionen stecken in den Abweichungen von den Planzahlen des Wirtschaftsplanes für das aktuelle Jahr wichtige Informationen.

Merksatz

Der Wirtschaftsplan ist die Darstellung der erwarteten Gewinn- und Verlustrechnung für eine zukünftige Periode.

Die Finanzbuchhaltung unterliegt gesetzlichen Vorschriften, z. B. aus dem Handelsgesetzbuch (HGB), dem Einkommensteuergesetz (ESTG) oder dem Umsatzsteuergesetz (UStG). Die Buchungen werden in so genannten Konten der Handelsbücher geführt und zu jeder Buchung gehört ein Buchungsbeleg.

Das interne Rechnungswesen hingegen ist eine Entscheidungsunterstützung für das Management. Dort werden Instrumente der Kosten- und Leistungsrechnung und der Investitionsrechnung (Planungsrechnung) verwendet.

Zusammen mit einem Berichtswesen (Statistik und Kontrolle) kann dies zum Steuerungsinstrument ausgebaut werden. Dieses umfassende Informations- und Steuerungsinstrument wird als Controlling bezeichnet.

11.2 Kosten- und Leistungsrechnung in Verkehrsunternehmen

11.2.1 Begriffe der Kosten- und Leistungsrechnung

Unternehmen, die am Markt Gewinne erzielen wollen, müssen einen genauen Überblick über ihre Kosten und ihre erstellten Leistungen besitzen, um z. B. zu erkennen, welche Preise erzielt werden müssen.

Die Kosten- und Leistungsrechnung (KLR) ist eine **interne Rechnung**, die der Planung, Steuerung und Kontrolle dient. Sie bezieht nur die Aufwendungen und Erträge mit ein, die zum Zwecke der betrieblichen Leistungserstellung in einer Abrechnungsperiode angefallen bzw. aus betrieblichen Leistungen in einer Periode erlöst wurden.

Merksatz

Kosten sind der geldwerte Verbrauch von Gütern und Leistungen zum Zwecke der betrieblichen Leistung.

Leistungen sind die geldwerten, erfolgswirksamen Wertezuflüsse, die aus der betrieblichen Leistung herrühren.

Die Kostenrechnung wird in drei verschiedenen Arten für verschiedene Fragestellungen angewendet:

- Kosten**arten**rechnung:
  Welche Kosten (z. B. Personalkosten, Kraftstoffkosten, Abschreibungen, sonstige Kosten) sind entstanden und in welcher Höhe?
- Kosten**stellen**rechnung:
  Wo, an welchem Ort sind Kosten entstanden (z. B. in den Kostenstellen Einkauf, Betrieb, Marketing, Personalwesen, Rechnungswesen)?
- Kosten**träger**rechnung:
  Für welche Produkte oder Leistungen wurden die Kosten aufgewendet (z. B. Bauabschnitt einer Strecke, Linienverkehr, Gelegenheitsverkehr)?

In der Kostenartenrechnung steht die Kostenerfassung und Kostenzuordnung im Vordergrund. Die Zuordnung erfolgt zu Einzelkosten, die einer Kostenstelle oder einem Kostenträger direkt zugeordnet werden können oder zu Gemeinkosten, die verursachergerecht auf die Kostenstellen und Kostenträger aufgeteilt werden.

Die Gliederung der Kosten erfolgt nach primären Kostenarten, wie sie aus den Konten der Finanzbuchhaltung und der Nebenbuchhaltung, wie z. B. Materialbuchhaltung, Personalbuchhaltung oder Anlagenspiegel, entnommen werden können. Wichtig dabei sind die Grundsätze der Eindeutigkeit, Überschneidungsfreiheit und Vollständigkeit.

	Gemeinkostenarten	Zahlen der KLR	Verteilungsgrundlage	Kostenstellen			
				I Material	II Fertigung	III Verwaltung	IV Vertrieb
Teilfixe Kosten	Gemeinkosten - Material	10.000,-	Entnahmescheine	/	8.000,-	/	2.000,-
	Brennstoffe / Energie	500,-	MES/Abschlag	/	5.000,-	/	/
	Hilfslöhne	3.000,-	Lohnlisten	3.000,-	25.000,-	/	2.000,-
	Sozialkosten	15.000,-	Lohn-/Geh.-Liste	1.000,-	7.000,-	6.000,-	1.000,-
	Verschiedene Kosten	45.000,-	Belege/Umlage	3.000,-	26.000,-	9.000,-	7.000,-
Fixe Kosten	Gehälter	50.000,-	Gehaltslisten	3.000,-	12.000,-	30.000,-	5.000,-
	Betriebssteuern	5.000,-	Verteiler-Schlüssel	/	3.000,-	2.000,-	/
	Kalk. Abschreibung	20.000,-	Anlagenkartei	/	14.000,-	5.000,-	1.000,-
	Summe der Gemeinkosten	180.000,-	aufgeschlüsselt:	10.000,- MGK	100.000,- FGK	52.000,- VwGK	18.000,- VtGK
			Zahlungsgrundlagen:	**Fertig.-Material** 200.000,-	**Fertig.-Löhne** 100.000,-	**Herstellkosten des Umsatzes** 400.000,-	
			Zuschlagssätze:	5%	100%	13%	4,5%

Quelle: Dresdner Verkehrsbetriebe AG

Abb.11.3 Beispielhafter Betriebsabrechnungsbogen

Gemeinkosten sind alle im Betrieb anfallenden Kosten, die keinem Kostenträger direkt zuzuordnen sind. Dazu gehören beispielsweise Kosten für Verwaltungs-Gebäude und für zentrale Dienste. Dies gilt auch für Teile der Löhne wie z. B. die Personalkosten, die in der Verwaltung oder im Lager anfallen. Ebenso können zu den Gemeinkosten die Kosten der Energieversorgung gehören, wenn diese nicht einem Produkt direkt zugeordnet werden können (z. B. für Raumheizung und Beleuchtung), und Versicherungen, Beiträge zu Verbänden oder gewinnunabhängige Steuern und Abgaben (z. B. Grundsteuer, Kosten der Müllabfuhr).

In der Kostenrechnung sind alle Kosten enthalten, die für die betriebliche Leistung erforderlich waren. Dies beinhaltet andere Bewertungen (Anderskosten) und zusätzliche Kosten (Zusatzkosten). Gleichzeitig sind aber Aufwendungen, die in der externen Unternehmensrechnung enthalten sein müssen, aber nicht periodengerecht oder nicht betriebsbezogen sind, nicht in den Kosten enthalten. Solche Aufwendungen nennt man **neutrale Aufwendungen**. Zusammen mit den **neutralen Erträgen** ergeben sie das **neutrale Ergebnis**. Bei Verkehrsunternehmen gehören z. B. Mieterträge oder Instandhaltungsaufwendungen von Werkswohnungen zu den betriebsfremden Erträgen bzw. Aufwendungen. Das Betriebsergebnis ergibt sich aus den Leistungen vermindert um die Kosten. Das Unternehmensergebnis ergibt sich aus dem Betriebsergebnis und dem Neutralen Ergebnis.

Die Kostenstellenrechnung dient der Ermittlung der Kosten (für die gewünschte Abrechnungsperiode) für die verschiedenen Orte eines Unternehmens, an denen Kosten entstehen. Eine Kostenstelle kann von einem Arbeitsplatz bis hin zu einem Betriebsbereich jede sinnvolle betriebliche Einheit umfassen. Kostenstellen werden z. B. nach Orten, Funktionsbereichen und insbesondere nach Verantwortungsbereichen abgegrenzt.

Diese selbstverantwortlichen Stellen werden als Hauptkostenstellen bezeichnet (Beispiele: Betriebshof X, Werkstätte Y, Zentrales Marketing). Ihnen werden Hilfskostenstellen (z. B. Fahrzeugreinigung, Ersatzteillager, Kundenzeitschrift) zugeordnet. Allgemeine Kostenstellen (z. B. Telefonzentrale, Personalabteilung) erbringen Leistungen für alle übrigen Kostenstellen. Die Zuordnung dieser Kosten ist wiederum als Einzelkosten möglich (z. B. Zeitungsinserat bei der Suche eines neuen Werkstattleiters) oder als Gemeinkosten. Gemeinkosten werden nach sinnvollen Schlüsseln aufgeteilt (z. B. die Personalgemeinkosten nach der Lohn- und Gehaltssumme der einzelnen Hauptkostenstellen, die Telefon-

Berechnung der Herstellkosten des Umsatzes:		
	Rohstoffaufwand (=Fertigungsmaterial)	200.000,- €
+	MGK	10.000,- €
+	Fertigungslöhne	100.000,- €
+	FGK	100.000,- €
	Herstellkosten der produzierten Erzeugnisse	410.000,- €
+	Minderbestand an unfertigen Erzeugnissen	3.000,- €
-	Mehrbestand an fertigen Erzeugnissen	13.000,- €
	Herstellkosten der umgesetzten Erzeugnisse	**400.000,- €**

Abb.11.4 Beispiel

zentralle nach den Kommunikationskosten der einzelnen Kostenstellen).

Zur Bildung von Kostenstellen gelten die Grundsätze:

- Eindeutige Beziehung/Zuordnung von anfallenden Kosten und erzeugten Leistungen
- Identität von Kostenstellen und Verantwortungsbereich (Struktur)
- Kostenstellen müssen klar voneinander abgegrenzt sein

11

Der Grad der Kostenstellen-Differenzierung erfolgt aus Wirtschaftlichkeitserwägungen. Dabei gibt es **Hauptkostenstellen** (auch Endkostenstellen) und Hilfskostenstellen, die nur zur Verrechnung benötigt werden.

Ein Hilfsmittel der Verrechnung bzw. Zuscheidung der Gemeinkosten zu den Kostenstellen ist der **Betriebsabrechnungsbogen** (BAB). Dieser wird in Tabellenform, meist in einem Tabellenkalkulationsprogramm, angelegt (siehe Abb. 11.3 und Abb. 11.4). In den Zeilen (senkrecht) werden die Gemeinkostenarten aufgeführt, waagrecht werden die Zahlenwerte der Gemeinkostenbereiche und die Verrechnungsschlüssel aufgeführt sowie in den Spalten nach Kostenstellen gegliedert.

Die Aufgaben des Betriebsabrechnungsbogens sind:

- Übernahme der Gemeinkostenarten
- Verteilung dieser Gemeinkosten auf die Kostenstellen, in denen sie entstanden sind
- Errechnung der Zuschlagssätze für die Kostenträgerrechnung
- Überwachung der Gemeinkosten an den Stellen der Entstehung zur Kontrolle der Wirtschaftlichkeit

In einem vereinfachten Beispiel mit vier Hauptkostenstellen und acht Gemeinkostenarten kann die grundsätzliche Vorgehensweise der Zurechnung der Gemeinkosten gezeigt werden. Basierend auf der Haupteinsatzgröße der Kostenstelle (Material: Materialeinsatz; Fertigung: Fertigungslöhne; Verwaltung und Vertrieb: verkaufte Produkte) werden dann die Zuschlagssätze ermittelt. Die Verteilung erfolgt auf Grundlage von Verteilungsschlüsseln und Belegen wie z. B. Materialentnahmescheine (MES).

Durch die Umlage der Kosten auf eine Verteilungsgrundlage ergibt sich ein **Kostensatz**. Solche Kostensätze können z. B. Raumkosten in €/m2 oder EDV-Kosten in €/Gerät sein. Ein Kostensatz dient der Bewertung von innerbetrieblichen Leistungen. Sie werden verwendet, um die innerbetrieblichen Leistungen oder um Gemeinkosten dem jeweiligen Kostenträger zuzurechnen.

Die Summe der Gemeinkosten, die auf den Bereich Material oder Fertigung aufgeschlagen werden, nennt man entsprechend Materialgemeinkosten (MGK) bzw. Fertigungsgemeinkosten (FGK). Um die periodengerechte Menge der verkauften Produkte zu berücksichtigen, werden neben den hergestellten Produkten auch die Bestandsveränderungen berücksichtigt.

Durch das Rechnungswesen wird das Zusammenspiel der Funktionsbereiche im Unternehmen aus betriebswirtschaftlicher Sicht erfasst. Damit wird auch deutlich, dass jede Abteilung und jede Mitarbeiterin bzw. jeder Mitarbeiter am Zustandekommen des Betriebsergebnisses beteiligt ist und deshalb auch bei der Überwachung der Wirtschaftlichkeit der betrieblichen Leistungserstellung mitwirken sollte.

Auch Unternehmen im öffentlichen Eigentum werden nach kaufmännischen Gesichtspunkten geleitet. Diese Funktion kann auch auf ein Privatunternehmen ausgelagert werden. Wenn ein privater Betriebsführer auf vertraglicher Basis gegen Entgelt Anlagen des öffentlichen Aufgabenträgers in dessen Namen betreibt (d. h. den Betrieb durchführt, die Anlagen instand hält, wartet und verwaltet), spricht man von **kaufmännischer Betriebsführung.**

11.2.2 Kalkulation

Die Produkte und Dienstleistungen, die ein Unternehmen am Markt absetzt, stellen die Leistungen und damit Werte dar, für die die Kosten aufgewendet wurden. In der Kostenrechnung sind sie die Kostenträger.

In der Kostenträgerrechnung werden die Daten der Kostenartenrechnung und der Kostenstellenrechnung nach der Wertschöpfung auf die einzelnen Produkte bzw. Dienstleistungen aufgegliedert. Wenn dies mit zeitlichem Bezug erfolgt, spricht man von der Kostenträgerzeitrechnung. In der Kostenträgerzeitrechnung werden die Produktionskosten einer Ware einer Periode ermittelt.

Werden diesen produktspezifischen, periodengerechten Kosten auch noch die entsprechenden Umsatzerlöse gegenübergestellt, kann man erkennen, welchen Anteil welche Produkte am Betriebsergebnis ausmachen.

In Verkehrsunternehmen wird dies z. B. in der Linienerfolgsrechnung angewandt, wenn die Kosten und Erträge einzelnen Linien zugeschieden werden.

Wenn die Kosten auf einen Mengenbezug umgerechnet werden, z. B. auf einen Zugkilometer oder eine Bus-Einsatzstunde, dann spricht man von der Kostenträgerstückrechnung. Mit der **Kostenträgerstückrechnung** werden die Stückkosten der Produktion einer Ware ermittelt.

Die Kostenträgerstückrechnung wird auch als **Kalkulation** bezeichnet. Dabei kann unterschieden werden zwischen der Vorkalkulation in der Planungs- oder Angebotsphase und der Nachkalkulation zur Kostenkontrolle.

Die Angebotskalkulation kommt bei Verkehrsunternehmen in unterschiedlichem Maße zum Einsatz. Zum einen gilt es z. B. umfangreiche Angebote in der Beantwortung von Ausschreibungen von Aufgabenträgern abzugeben. In solchen Ausschreibungen, die längerfristige Verträge umfassen, werden über die bereits genannten Aspekte hinaus Investitionsrechnungen und Finanzierungsüberlegungen getätigt werden müssen, z. B. um ggf. die benötigten Betriebsmittel wie Fahrzeuge beschaffen zu können. Dementsprechend ist der Vorlauf für solche Aufträge auch länger.

In kleinerem Rahmen gilt dies auch für die Kalkulation von Sonderverkehren z. B. bei Veranstaltungen. In der betrieblichen Praxis müssen aber manchmal auch kurzfristig, z. B. schon während eines Telefonates, Angebote abgegeben werden können, wenn ein Kunde den Preis für eine Busfahrt im Gelegenheitsverkehr erfragen will.

Wie ein Preis zustande kommt, hängt vom Markt ab.

Auf einem Markt mit vielen Mitanbietern (Konkurrenten) wird der höchste erzielbare

Preis durch die Konkurrenz gesetzt, wenn sich die Nachfrager (Käufer) frei entscheiden können (Wettbewerb, vergleichbare Qualität, ausreichendes Angebot). Innerhalb des ÖPNV herrscht in der Regel keine direkte Konkurrenz. Die Konkurrenz besteht zu der Nutzung anderer Verkehrsmittel bzw. dem zu Fuß-Gehen. Der Preis bzw. der Tarif wird oft auch unter politischen Gesichtspunkten (Verkehrs-, Umwelt-, und Sozialpolitik) in politischen Gremien mit beeinflusst oder entschieden.

Neben diesen Marktfaktoren sind die Kosten der betrieblichen Leistung die Ausgangsbasis für die Preispolitik; d. h. bei der kostenorientierten Preisbildung steht die Kalkulation als Instrument der Angebotspreisbildung am Anfang einer preispolitischen Entscheidung.

Dies ist der Fall für die klassische vorwärtsschreitende Kalkulation. Bei dieser **progressiven Kalkulation** wird – ausgehend von den Kosten der Leistung – der Angebotspreis fortschreitend ermittelt, sodass alle Kosten und der Gewinn abgedeckt sind. Diese Art der Kalkulation, die von den Einzelkosten über die Gemeinkosten und den Gewinnzuschlag arbeitet, wird auch «Kosten-Plus-Rechnung» genannt.

11

Wenn der am Markt erzielbare Preis für den Anbieter nicht veränderbar ist oder eine Marktforschung einen bestimmten – in der Regel niedrigeren – wettbewerbsfähigen Marktpreis als Zielpreis ermittelt hat, kommt die **retrograde Kalkulation** zum Einsatz. Dann wird ausgehend von diesem Preis rückwärtsschreitend ermittelt, ob der Preis die Kosten der Leistung deckt und dem Unternehmer noch einen angemessenen Gewinn lässt. In dieser Phase wird der Unternehmer auch die Kosten untersuchen mit dem Ziel, die Leistungserstellung preiswerter zu gestalten.

Wenn kurzfristig am Markt sowohl der Preis als auch die überwiegenden Kosten der Leistung für den Anbieter feststehen, dann kommt die **Differenzkalkulation** zum Einsatz. Diese Kalkulation beschränkt sich darauf festzustellen, ob die Differenz zwischen dem erzielbaren Preis und den unveränderlichen Kosten zur Deckung der restlichen Kosten und des Gewinns ausreichen. Diese Kalkulation ist typischerweise beim Einsatz von Subunternehmern zu beobachten.

Die Wahl des Kalkulationsverfahrens hängt also vom Markt und der Unternehmenssituation ab. Für die Verkehrsunternehmen im Gelegenheitsverkehr gilt es, mit marktgerechten Angeboten eine Verbesserung der Einnahme- und Ertragssituation zu erzielen.

Um eine möglichst kurze Zeit zur Anfragenbeantwortung zu benötigen, ist es hilfreich, die wesentlichen Kostensätze für die Preiskalkulation bereits vorab standardisiert berechnet zu haben. Dann werden nur die angebotsspezifischen Einzelkosten, die Grundparameter (z. B. Kilometer, Stunden) und die Zuschlagssätze zur Kostenkalkulation benötigt. Diese Erstellungskosten stellen die Gewinnschwelle dar. Der Preis ergibt sich dann aus den Kosten, dem Gewinnzuschlag und alles zuzüglich der gesetzlichen Umsatzsteuer.

Bei der Verwendung von Zuschlagssätzen muss bedacht werden, dass diese aus der Vergangenheit ermittelt wurden. Daraus folgt, dass Veränderungen in wichtigen Einflussgrößen, z. B. steigende Kraftstoffpreise oder eine geringere Fahrleistung der Busse, zu Veränderungen der Kostensätze führen.

11.2.3 Kalkulationsverfahren anwenden

Berechnung von Kostensätzen

Im Folgenden wird anhand eines vereinfachten Beispiels der Aufbau einer Kalkulation für Kostensätze im Gelegenheitsverkehr in einem Verkehrsunternehmen mit Linienverkehr und einem Reisebus dargestellt. Der Bereich des Linienverkehrs der Reise- und Verkehrs-GmbH mit 6 Fahrzeugen mit durchschnittlich 120.000 km/Jahr wird dabei nicht gesondert betrachtet, sondern nur über gemeinsame Kosten berücksichtigt.

Bei dem Reisebus handelt es sich um einen Reisebus mit 59 Sitzen mit Sitzabstand 68 cm (Komfort-Class ***), der vor drei Jahren angeschafft wurde.

Bei der Berechnung der Kostensätze werden zunächst die fixen Kosten, dann die variablen Kosten sowie die kalkulatorischen Kosten ermittelt.

Bei den fixen Kosten des Fahrzeuges sind die Anschaffungskosten des Fahrzeuges bzw. der jährliche, zeitabhängige Wertverlust zu berücksichtigen.

Je nach Art der Finanzierung des Kaufpreises müssen Fremdkapitalzinsen (Kosten) oder die kalkulatorische Verzinsung (kalkulatorische Kosten) des eingesetzten Betriebskapitals berücksichtigt werden. Bei einer linearen Abschreibung wird vereinfacht mit den halben Anschaffungskosten als Bezugsbasis für die Zinsrechnung gerechnet.

Kaufpreis (netto)	240.000 €
Halber Kaufpreis	120.000 €
Nutzungsdauer	8 Jahre
Zinssatz für betriebsnotwendiges Kapital	7,5 %
Jahresfahrleistung	96.000 km
Einsatztage pro Jahr	300 Tage
Treibstoffverbrauch pro 100 km	23,50 l Diesel
Treibstoffpreis im Vorjahr (netto)	1,05 € l Diesel
Erwartete Preissteigerung Treibstoffe	8 %
Reifenlaufleistung	78.000 km
Reifenpreis je Satz	1.950 €
Wartung/ Reparatur Gesamt-Unternehmen	44.064 €
Öle/ Schmierstoffe Gesamt-Unternehmen	17.136 €
Kfz-Steuer (Reisebus)	2.000 €
Versicherungen (Reisebus)	9.200 €
Unterstellkosten (alle Busse)	16.100 €
Allg. Verwaltungskosten (Aufteilung je Fahrzeug)	420.000 €
Reise-Abteilung	
• Gehalt und soziale Kosten	19.000 €
• Raumkosten	3.000 €
• Kommunikationskosten	1.600 €
• Werbung	2.800 €
Fahrerlöhne	
• Bruttolohn je Stunde (40 h/Woche) incl. Soziale Kosten	22,65 € / h
• Sonn- und Feiertagszuschläge	30%

Fixe Kosten

Kaufpreis (netto)		240.000 €	
Nutzungsdauer		8 Jahre	
		240.000 € / 8 Jahre	
Abschreibung für Anlagen (Afa)		**30.000,- €/Jahr**	

Kfz-Steuer (Reisebus)	2.000 €	Einzelkosten	2.000 €/Jahr
Versicherungen (Reisebus)	9.200 €	Einzelkosten	9.200 €/Jahr
Unterstellkosten (alle Busse)	16.100 €	7 Busse	2.300 €/Jahr
Allg. Verwaltungskosten (Aufteilung je Fahrzeug)	420.000 €	7 Busse	60.000 €/Jahr
Reise-Abteilung			26.400 €/Jahr
• Gehalt und soziale Kosten	19.000 €	Einzelkosten	
• Raumkosten	3.000 €	des Vertriebs für	
• Kommunikationskosten	1.600 €	den Reisebus	
• Werbung	2.800 €		

Summe 129.900 €/Jahr / 300 Einsatztage = 433 € / Einsatztag

Die fixen Kosten sind im Beispiel alle zeitabhängig. Sie werden deshalb auf die Einsatztage umgelegt.

Variable Kosten

Jahresfahrleistung	96.000 km
Treibstoffverbrauch pro 100 km	23,50 l Diesel
Treibstoffpreis im Vorjahr (netto)	1,05 € l Diesel
Erwartete Preissteigerung Treibstoffe	8 %
Treibstoffkosten je km	23,50 l / 100 km x 1,05 € x 1,08 = **0,265 €/km**
Reifenlaufleistung	78.000 km
Reifenpreis je Satz	1.950 €
Reifenkosten je km	1.950 € / 78.000 km = **0,025 €/km**
Wartung/ Reparatur Gesamt-Unternehmen	44.064 €
Fahrleistung Gesamt-Unternehmen	6 x 120.000 km + 96.000 km = 816.000 km
Kosten Wartung/ Reparatur je km	**0,054 €/km**
Öle/ Schmierstoffe Gesamt-Unternehmen	17.136 €
Kosten Öle/ Schmierstoffe je km	**0,021 €/km**

Summe der kilometerabhängigen variablen Kosten: 0,365 €/km

Personalkosten

Fahrerlöhne	
• Bruttolohn je Stunde (40 h/ Woche) incl. Soziale Kosten	22,65 €/h
• Sonn- und Feiertagszuschläge	30%

Kalkulatorische Kosten

Halber Kaufpreis	120.000 €
Zinssatz für betriebsnotwendiges Kapital	7,5 % / p.a.
Kalkulatorische Zinsen	9.000 €/Jahr

Umlage auf die Einsatztage: 30 €/Einsatztag

Als kalkulatorische Kosten kann noch ein «Unternehmerlohn» oder ein Aufschlag für Wagnis und Gewinn kalkuliert werden. Im Beispiel unterbleibt dies, da es sich um eine GmbH handelt, bei der die Geschäftsführer angestellt sind und das Kapital bereits verzinst wird.

Angebotspreise und -erstellung

Angebotserstellung

Die Anfrage: Der Sportverein möchte seinen Jahresausflug von Köln nach Zürich mit dem Bus durchführen.

Reisezeit: Freitagmittag bis Sonntagabend

Benötigte Informationen:

Entfernung 573 km, davon 73 km in der Schweiz

Fahrzeit: 7 h + 1 h Pause mit Fahrgästen + Pause für den Fahrer

Kostenkalkulation

Zeitabhängige Kosten

Einsatztage: 3

Kosten: 3 x 433 € + 3 x 30 € = 1.389 €

Personaleinsatztage: 2, davon 1 Sonntag

Personalkosten 181,20 € + 235,56 € = 416,76 €

Der Bus und der Fahrer können keine andere Leistung übernehmen.

Variable Kosten

Kosten für die Strecke: 573 km x 0,365 km = 209,15 €

Sonstige Kosten

Nebenkosten Fahrer (2 x Übernachtung/ Mehraufwand) = 160 €

Straßenbenutzungsgebühr Schweiz = 40 €

Parkgebühren Zürich = 40 €

Die Selbstkosten betragen für diese Reise 2.254,91 €.

Da die Reise ins Ausland führt, wird nur für den inländischen Streckenanteil die gesetzliche Umsatzsteuer (im Beispiel 19 %) fällig. Der Kostenanteil für die inländische Leistung beträgt 1967,64 € und für die ausländische Leistung 287,27 €.

Der kalkulierte Preis liegt demnach bei 1967,64 € x 1,19 + 287,27 € = 2.628,76 €

Wenn der Veranstalter ohne Rahmenprogramm mit einer Auslastung von 45 Teilnehmern plant, ergeben sich 66,97 € je Teilnehmer. Die Reiseabteilung kann nun aber, da Bus und Fahrer am Zielort sehr kostengünstig sind, eine Rundfahrt am Samstag im Bus anbieten.

Grenzkosten Rundfahrt:

4 h Fahrer = 90,60 €

100 km = 36,50 €

Neue Gesamtkosten:

2.254,91 € + 127,10 € = 2.382,01 €

Inländischer Anteil 1.769,70 x 1,19 = 2.105,94 €

Ausländischer Anteil: 612,31 €

Neuer Angebotspreis = 2.718,25 €

Durch die Rahmenbedingungen ist es möglich, eine zusätzliche Rundfahrt von 100 km für weniger als 2 € je Teilnehmer anzubieten. Wenn diese Rundfahrt weitere 10 Teilnehmer für die Fahrt gewinnt, kann der Kassenwart des Sportvereins die Fahrt für unter 50 € anbieten.

11.3 Wirtschaftliches Handeln im Verkehrsunternehmen

11.3.1 Wirtschaftliche Auswirkungen von organisatorischen Änderungen im Fahrbetrieb

In den vergangenen Jahren mussten viele, insbesondere kommunale Verkehrsbetriebe sich restrukturieren und wettbewerbsfähig aufstellen. Dazu waren und sind größere Kosteneinsparungen notwendig.

Der Fahrbetrieb einschließlich des Personals stellt den größten Kostenblock des Unternehmens dar. Dementsprechend wirksam sind Einsparungen und Prozessoptimierungen in diesem Bereich. Auf der anderen Seite sind der

Fahrbetrieb und der Kundenkontakt die wesentlichen Komponenten der Dienstleistung eines Verkehrsunternehmens. Die Verbesserung der Wirtschaftlichkeit muss neben der Sichtweise des Unternehmens auch die Kundenperspektive beinhalten.

Anhand von vier kleinen Fallbeispielen soll dies verdeutlicht werden:

1. Busbeschleunigung durch Busspur

Wenn in einem größeren Straßenabschnitt, in dem es insbesondere zur Hauptverkehrszeit zu Stauungen kommt, die den Busverkehr beeinflussen, eine Busspur und Bevorrechtigungen an der Ampelanlage eingerichtet werden, dann hat dies sowohl für Kunden wie Unternehmen positive Auswirkungen. Durch die weniger verspätungsanfällige und schnellere Fahrt können die Umlaufzeiten verkürzt werden. Dies kann u. U. einen Kurs einsparen. Für die Kunden wird die Fahrt attraktiver und die Anschlüsse verlässlicher. Zusätzlich sind Mehrkunden zu erwarten, da der Bus nun im Stau an den Autofahrern vorbeifährt und diese zum Umsteigen anregt.

2. Linienkürzung in Spätverkehrszeit

Auf einer Linie wird vom Fahrpersonal festgestellt, dass im Spätverkehr nur selten Fahrgäste den letzten Streckenabschnitt benutzen. In einem Verbesserungsvorschlag wird die Linienkürzung ab 20 Uhr und Bedienung mit einem Anruftaxi vorgeschlagen. Das Verkehrsunternehmen spart einigen Aufwand und die wenigen betroffenen Kunden werden nun bis vor die Haustüre gefahren.

3. Einführung des (((eTickets bei kontrolliertem Vorneeinstieg

Im Verkehrsverbund sind die Zeitkartenabonnements und Schülertickets als (((eTickets auf Chipkarten ausgegeben worden. Gleichzeitig wird im Verkehrsunternehmen nun der kontrollierte Vorneeinstieg im Busbereich auf den ganzen Tag ausgeweitet. Bisher hat das Fahrpersonal die mehr oder weniger deutlich hingehaltenen Tickets oder ähnlichen Dinge kaum kontrollieren können, was natürlich unbefriedigend war. Auch die zahlende Kundschaft hörte es ungern, wenn hinten im Bus geprahlt wurde, dass ein Schüler wieder mit dem Bibliotheksausweis eingestiegen war. Durch die schnelle, kontaktlose Kontrolle der (((eTickets wird sowohl die tarifarische Gültigkeit als auch die Ticketgültigkeit überhaupt überprüft. Dank des hohen Sicherheitsstandards sind keine Fälschungen möglich. Die Einstiegssituation wurde dadurch sowohl für die Kunden als auch für das Fahrpersonal entspannter. Falls eine Chipkarte nicht zu einem «grünen Licht» für gültiges Ticket führt, wird nun ein Einzelticket verkauft. Die Einnahmen für das Verkehrsunternehmen steigen und die ehrliche Kundschaft fühlt sich nicht mehr ausgenutzt.

4. Wegezeiten nicht mehr Arbeitszeit

In einem Unternehmen greift eine neue Betriebsvereinbarung, wonach die Wegezeiten von der Zentrale zum Einsatzbetriebshof nicht mehr auf die Arbeitszeit angerechnet werden. Für das Fahrpersonal bedeutet dies, dass nun die Arbeitszeit beim Einsatzbetriebshof beginnt und der Weg dorthin privat ist. Der Lohn für die Arbeitszeit bleibt konstant, der Dienstplanwirkungsgrad steigt und das Verkehrsunternehmen kann Kosten einsparen. Für die Fahrgäste bleibt diese organisatorische Änderung zunächst ohne Auswirkungen, allerdings steigt die Chance, dass sie auch in Zukunft von ihrem aktuellen Verkehrsunternehmen den gewohnten Service erhalten können.

11.3.2 Tickets verkaufen und kontrollieren

In den Fallbeispielen wurde es schon am Rande erwähnt. Je nach Organisation des Vertriebs ist es eine der wesentlichen wirtschaftlichen Tätigkeiten des Fahrpersonals, Tickets zu verkaufen und zu kontrollieren.

Quelle: Dresdner Verkehrsbetriebe AG

Das Fahrpersonal ist oft der einzige persönliche Kontakt der Kunden mit dem Unternehmen. Die Freundlichkeit und der Service an dieser Stelle sind deshalb für das Unternehmensbild sehr entscheidend. Beim Fahrerverkauf ist das Personal auch oftmals die einzige Informationsquelle für die Fahrgäste, deshalb ist die stets aktuelle Informiertheit ebenso wichtig. Dies umfasst unter anderem eine Linien- und Netzkenntnis sowie eine Tarifkenntnis.

Eine gute Tarifkenntnis ist auch deshalb notwendig, um den Verkaufsvorgang zügig abwickeln zu können und die Fahrplaneinhaltung sicherstellen zu können.

Der Kaufvorgang stellt einen Kaufvertrag dar. Die gesetzliche Regelung findet sich im Bürgerlichen Gesetzbuch (BGB). Der Fahrgast nennt seinen Ticket- oder Fahrtwunsch. Der Verkäufer (Fahrerin/Fahrer) bietet ihm daraufhin ein Ticket zum Kauf an. Der Kunde nimmt das Angebot an. Durch diese beiden gleichlautenden Willenserklärungen kommt ein Kaufvertrag zustande. Dadurch verpflichtet sich der Verkäufer zur Übergabe des Tickets und zur Erbringung der Leistung und der Kunde zur Annahme der Kaufsache und zur Bezahlung des Fahrpreises.

Ein Angebot im rechtlichen Sinne bezeichnet eine Willenserklärung, Güter oder Dienstleistungen zu bestimmten Bedingungen verkaufen zu wollen. Im Falle eines Tickets werden dabei die allgemeinen und die besonderen Tarifbedingungen in den Kaufvertrag mit einbezogen und zum Vertragsbestandteil. Im öffentlichen Personenverkehr kommt ein Beförderungsvertrag mit Einbeziehung der Beförderungsbedingungen mit dem Einsteigen ins Fahrzeug – auch ohne Ticketkauf – zustande. Dies hat haftungsrechtliche Gründe.

In den Allgemeinen Beförderungsbedingungen werden die

- Rechte und Pflichten des Fahrgastes,
- Rechte und Pflichten des Verkehrsunternehmens,
- Vertrieb und Gültigkeit der Fahrkarten,
- Fahrpreiserstattung,
- Mitnahme von Sachen und Tieren,
- Fundsachen,
- Haftung usw.

geregelt. Die «Verordnung über die Allgemeinen Beförderungsbedingungen für den Straßenbahn- und Obusverkehr sowie den Linienverkehr mit Kraftfahrzeugen (VO-ABB) » wird vom Bundesminister für Verkehr mit Zustimmung der Bundesländer erlassen. In § 6 ist u.a. die Pflicht des Fahrgastes geregelt, das Beförderungsentgelt zu entrichten, ggf. einen Fahrausweis zu lösen oder zu entwerten. In § 7 sind die Bezahlung mit Bargeld und deren Einschränkungen geregelt. § 8 behandelt das Thema ungültige Fahrausweise und § 10 das erhöhte Beförderungsentgelt.

Die Allgemeinen Beförderungsbedingungen sind als Rechtsnorm formuliert, um das Verhältnis Fahrgast – Verkehrsunternehmen zu klären und das Massengeschäft ÖPNV überhaupt zu ermöglichen. Sofern es die Rahmenbedingungen zulassen, sollte das Fahrpersonal sich aber nicht im Service auf diese Bedingungen berufen und z. B. einem Fahrgast helfen, eine 20-€-Banknote zu wechseln.

Ein Ticket (Fahrkarte, Fahrausweis, Fahrschein) bezeichnet eine Berechtigung, gegen Entrichtung eines bestimmten Geldbetrages ein öffentliches Verkehrsmittel benutzen zu dürfen. Dieses Ticket muss bei der Kontrolle vorgezeigt bzw. auf Verlangen dem Kontrollpersonal ausgehändigt werden. Die willentliche Umgehung der Entrichtung des Beförderungsentgeltes ist gemäß § 265a des Strafgesetzbuches ein Straftatbestand, die so genannte Beförderungserschleichung.

11.3.3 Wirtschaftliche und materialschonende Fahrweise

Das Fahrpersonal hat einen hohen Einfluss auf die Wirtschaftlichkeit. Unter den Rahmenbedingungen der Sicherheit, des Kundenservice und des Fahrplans gilt es, auch beim Führen der Fahrzeuge kostensparend zu handeln.

Im Stadtlinienverkehr sind der Kraftstoffverbrauch und der Reifenverschleiß sehr hoch. Wirtschaftliches, kostenbewusstes Verhalten hat dementsprechend hohe Auswirkungen.

Reifenverschleiß

Das richtige Anfahren der Haltestellen und die Gestaltung der Bordsteine ist eine wichtige Größe für die Lebensdauer der Reifen. Auch das Einhalten des vorgeschriebenen Reifendrucks ist sehr wichtig. Würde der Reifendruck um 1 bar unter dem richtigen Wert liegen, steigt der Kraftstoffverbrauch um ca. 2 % und die Lebensdauer des Reifen sinkt um ca. 20 %.

Rechenbeispiel: variable Kosten im Linienbusverkehr

Jahresfahrleistung	120.000 km
Treibstoffverbrauch pro 100 km	30 l Diesel
Treibstoffpreis (netto)	1,13 € l Diesel
Treibstoffkosten je km	30 l / 100 km x 1,13 € = 0,339 €/km
Reifenlaufleistung	60.000 km
Reifenpreis je Satz	1.950 €
Reifenkosten je km	1.950 € / 60.000 km = 0,0325 € / km
Kosten Wartung/ Reparatur je km	**0,054 € / km**
Kosten Öle/ Schmierstoffe je km	**0,021 € / km**

Summe der kilometerabhängigen variablen Kosten: 0,4465 €/km

Beispiel «Geringer Reifendruck»

Jahresfahrleistung	120.000 km
Treibstoffverbrauch pro 100 km	30 l Diesel x 1,02
Treibstoffpreis (netto)	1,13 € l Diesel
Treibstoffkosten je km	30,6 l / 100 km x 1,13 € = 0,346 €/km
Reifenlaufleistung	60.000 km x 0,8
Reifenpreis je Satz	1.950 €
Reifenkosten je km	1.950 € / 48.000 km = 0,041 €/km
Kosten Wartung/ Reparatur je km	**0,054 € / km**
Kosten Öle/ Schmierstoffe je km	**0,021 € / km**

Summe der kilometerabhängigen variablen Kosten: 0,462 €/km

Dies bedeutet eine ca. 3,5%ige Steigerung der variablen kilometerabhängigen Fahrzeugkosten.

Der größte Kostenblock in diesem Bereich sind die Kraftstoffkosten. Daher sind dort Einsparungen auch umso bedeutender. Eine verbrauchsarme Fahrweise ist vorausschauend und basiert auf einem klugen Umsetzen der fahr- und antriebsphysikalischen Grundlagen.

Durch konsequentes Einhalten der Tipps zum kraftstoffsparenden Fahren wie z. B.

- fahren mit geringer Drehzahl,
- frühes Schalten,
- «gleiten» im höchstmöglichen Gang und
- ausrollen in die Haltestelle

können 5 bis 10 % des Kraftstoffverbrauchs eingespart werden.

Rechenbeispiel «Sprit-Spar-Training»

Durch einen Kurs im verbrauchsarmen Fahren könnte die Belegschaft des Verkehrsunternehmens im Durchschnitt 8 % des Kraftstoffes im Linienverkehr einsparen. Der Kurs dauert 8 Arbeitsstunden und kostet für alle 16 Fahrer 4.000 €. Lohnt sich diese Maßnahme bereits im ersten Jahr?

Fahrerlöhne	
Bruttolohn je Stunde (40 h/Woche) incl. soziale Kosten	22,65 €/h
Personalkosten	16 x 8 x 22,65 € = 2.899,20 €
Jahresfahrleistung	6 x 120.000 km
Treibstoffeinsparung pro 100 km	30 l Diesel x 0,08 = 2,4 l
Treibstoffpreis (netto)	1,13 € l Diesel
Einsparung Kraftstoff je Jahr	6 x 120.000 x 2,4 l / 100 km = 17.280 l
Einsparung Kraftstoffkosten je Jahr	17.280 l x 1,13 €/l = 19.526,40 €
Kurskosten	4.000 €
Gesamtkosten	6.899,20 €
Ergebnis im ersten Jahr	**12.627,20 €**

Diese Maßnahme führt bereits im ersten Jahr zu einer Ergebnisverbesserung von 12.627,20 €.

11.3.4 Geschäftsvorgänge bearbeiten

Als Mitarbeiterin oder Mitarbeiter eines Unternehmens sind Sie Teil einer Organisation. Die betriebliche Organisation teilt sich in die Aufbauorganisation und in die Ablauforganisation. Die Aufbauorganisation zerlegt die Gesamtaufgaben in Teilaufgaben, nach denen Stellen und Verantwortungen aufgeteilt werden. In Organigrammen, Geschäftsverteilungsplänen und Stellenbeschreibungen werden die Tätigkeiten, Hierarchien, Verantwortungsbereiche und Informationswege festgelegt.

In der Ablauforganisation wird der Verlauf von Geschäftsprozessen festgelegt, um einen rationalen Einsatz der Ressourcen zu gewährleisten und alle verantwortlichen Stellen zur richtigen Zeit in den Prozess einzubeziehen. Manche Geschäftsvorfälle sind intern (z. B. Vorschlag im Rahmen des betrieblichen Verbesserungsprozesses) und manche extern (z. B. Anträge an Behörden).

Beispiel für einen Geschäftsvorfall: Unfallmeldung

Bei der täglichen Arbeit im Straßenverkehr sind Unfälle auch bei großer eigener Sorgfalt nicht vollständig auszuschließen.

Wenn es zu einem Unfall kommt, meldet der beteiligte Fahrer dies sofort der Leitstelle. Diese meldet den Vorfall entsprechend dem Meldeplan an den diensthabenden Betriebsleiter, ggf. die Polizei, Feuerwehr, Notarzt sowie an benötigte unternehmensinterne Abteilungen. Sie schickt einen Verkehrsmeister zur Unfallstelle. Dieser führt die Unfallaufnahme durch, dokumentiert und führt erste Gespräche mit den Beteiligten. Die Aufzeichnungen des Fahrzeugs werden gesichert (z. B. Tachoscheibe entnehmen, Datenspeicher auslesen, Videospeicher tauschen). Die Leitstelle organisiert auch die Kundeninformation und die Weiterführung des Betriebs.

Der Fahrer füllt eine Unfallmeldung aus. In diesem Formular werden

- die Art des Vorfalls geschildert,
- Orts- und Zeitangaben gemacht,
- die Umstände des Unfalls aufgenommen,
- beteiligte Fahrzeuge und Personen aufgeführt,
- ggf. Verletzungen oder Sachschäden angegeben und
- das Verhalten des Fahrers dokumentiert (z. B. Gefahrenbremsung eingeleitet).

Der Betriebsleiter bzw. das Betriebsleiterbüro sammelt alle Daten zu diesem Vorgang. Die Unfallmeldung hat Durchschläge für alle beteiligten Stellen:

- Rechtsabteilung
- Betriebshofverwaltung

- Personalabteilung für Personalakte
- Fahrzeugwerkstatt
- Betriebshof des Fahrers

Je nach Unfallhergang und Folgen werden dann Untersuchungen durchgeführt, ggf. Gutachten eingeholt, Schäden ausgebessert und dokumentiert. Wenn grobe Fahrlässigkeit des Fahrers festgestellt wurde, entscheidet der Betriebsleiter über den weiteren Einsatz des Betroffenen. Bei Verdacht auf grob fahrlässige Verursachung durch den Fahrer des Verkehrsunternehmens führt der Disziplinarvorgesetzte auf Basis der Daten ein Gespräch mit dem Betroffenen und erstellt dazu einen Vermerk. Wenn der Verdacht bestehen bleibt, wird die Rechtsabteilung eingeschaltet und der Betroffene darüber informiert.

11.3.5 Beschaffung und Materialbewirtschaftung

Ein Verkehrsunternehmen hat einen Bedarf an Dienstleistungen und Produkten, die zur Erstellung der Leistung notwendig sind, wie z. B. Reinigungsleistungen, Büromaterial, Fahrkartenpapier, Kraftstoffe.

Verkehrsunternehmen in mehrheitlich öffentlichem Besitz sind bei der Beschaffung an die Einhaltung der Vergabeordnung abhängig. Darin werden in Abhängigkeit von Wertgrenzen (Schwellenwerte) detaillierte Ablaufvorschriften für die Beschaffung von Gütern und Dienstleistungen gemacht.

Aber auch bei Beschaffungen unterhalb dieser Schwellenwerte werden diese Verfahren, die im Wesentlichen zu einem objektiven Preis-Leistungsvergleich führen sollen – teilweise angewendet, um wirtschaftliche Ergebnisse zu erzielen und Transparenz zu schaffen.

Im Unternehmen gibt es Stellen, die einen bestimmten Bedarf anmelden (Bedarfsstellen). Dieser Bedarf muss natürlich entsprechend den Unternehmensregeln bewilligt sein, wie z. B. regelmäßigen, bereits budgetierten Bedarf (z. B. Kraftstoff) oder eine bewilligte Investition. Je nach Wertigkeit und Auftragsvolumen haben sich warengruppenspezifische Bestellverfahren und betriebsspezifische Formen der Bestellung etabliert. Geringwertige Güter werden z. B. auch über so genannte elektronische Marktplätze beschafft. Dies hilft aufgrund von Rahmenverträgen und Prozessvereinfachungen Kosten zu sparen.

Bei der Planung von Beschaffungen und Bestellvorgängen steht die Bedarfsanalyse an erster Stelle. Für Teile, die stets verfügbar sein müssen, gilt es, den Lagerbestand und die Vorratshaltung (Kapitalbindung, Flächen- und Personalbedarf) und die Beschaffung (Aufwand und Dauer des Beschaffungsprozess, Bestellmenge, Bestellzeitpunkt, Bestellrhythmus, Lieferzeiten sowie der Laufzeit von Dienstleistungsverträgen) zu optimieren. Fehlplanungen führen zu teuren Extrabestellungen.

In der Grafik (siehe Abb. 11.5) ist die Beschaffungsseite eines Unternehmens dargestellt.

Wenn die Ware angeliefert wird, gilt es
- die Ware zu prüfen auf Richtigkeit, Vollständigkeit und Unversehrtheit;
- bei Mängeln Maßnahmen einzuleiten (z. B. Vermerk von fehlenden Teillieferungen, Rücksendung, Schadensdokumentation, Korrektur und Meldung im Warenwirtschaftssystem, bei Lieferanten oder in der entsprechenden Abteilung des Verkehrsunternehmens);
- die Lieferung zu bestätigen, den Lieferschein weiterzugeben, ggf. den Wareneingang mit Hilfe technischer Verfahren zu erfassen;
- die Produkte unter Beachtung der produktspezifischen Lagerbedingungen einzulagern (z. B. verschlossene Lagerung von Fahrscheinpapier);
- bei externen Dienstleistungen, wie z. B. Reinigungsleistungen wird zur Qualitätssicherung ebenfalls eine Soll-Ist-Prüfung vorgenommen.

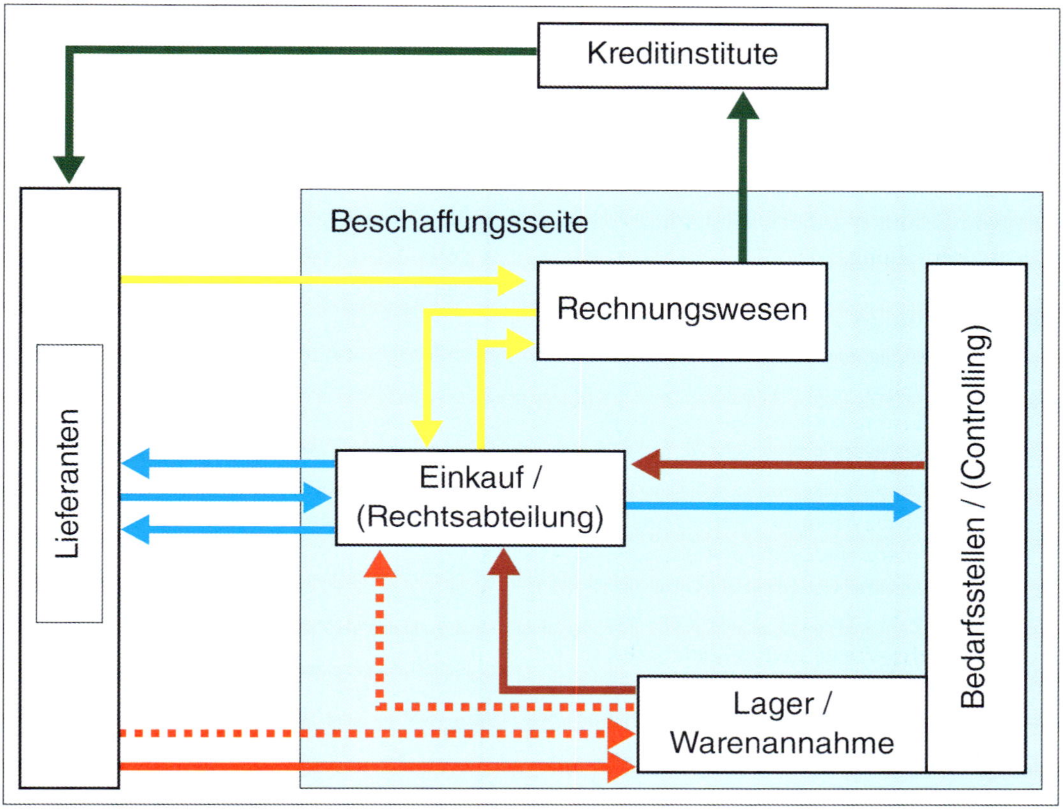

Beschaffungsauftrag durch die Bedarfsstelle, ggf. mit Wirtschaftlichkeitsrechnung unter Einbeziehung des Controllings und Freigabe durch Vorgesetzte, Technische Anforderungen (Lastenheft); durch Lager: Bedarfsmeldung bei Verbrauchsmaterial

Vergabeprozess: Die Einkaufsabteilung vergibt unter Beachtung der gesetzlichen Vorschriften (z.B. Vergabeordnungen) den Auftrag. Am einfachsten stellt sie eine Angebotsanfrage, d.h. sie bittet geeignete Firmen um Angebote, wählt das güns-tigste aus und bestellt die Leistung. Eine Kopie der Bestellung geht an die Bedarfsstelle.

Warenlieferung und Lieferschein. Die Ware wird bei Eingang geprüft, die Lieferung ggf. dem Spediteur bestätigt, der Lieferschein weitergegeben.

Rechnungsprozess: Die Rechnung und ggf. Mahnung geht vom Rechnungswesen zur Prüfung an den Einkauf, dieser überprüft Bestellung und Rechnung sowie Lieferschein.

Das Rechnungswesen erteilt bei positiv geprüfter Rechnung den Überweisungsauftrag und erhält den Auszug mit der Kontobelastung.

Abb. 11.5 Beschaffungsseite eines Unternehmens

11.4 Aufgaben

11.4.1 Betriebliches Rechnungswesen

Aufgabe 1

Ihr Verkehrsunternehmen plant mit der Umstellung vom Sommer- auf den Winterfahrplan eine Fahrpreiserhöhung.

Arbeitsauftrag:

Begründen Sie eine Tariferhöhung Ihres Unternehmens/Verbundes unter der Annahme von Personalkostensteigerungen von 2 % und von Kraftstoffpreissteigerungen von 5 %.

Erstellen Sie aus dem Jahresabschluss Ihres Unternehmens eine Grafik in Anlehnung an die beispielhafte Gewinn- und Verlustrechnung im ► Abschnitt 11.1.3 oder verwenden Sie die Beispielswerte eines Betriebsabrechnungsbogens im ► Abschnitt 11.2.1. Ermitteln Sie die prozentuale Gesamtkostensteigerung (unter der Annahme der Konstanz der sonstigen Kosten) und ermitteln Sie die notwendige prozentuale Steigerung der Fahrgeldeinnahmen (unter Annahme einer Konstanz der sonstigen Erträge).

11.4.2 Wirtschaftliches Handeln

Aufgabe 2

Wie im Beispiel 2 (► Abschnitt 11.3.1) wird eine Buslinie in der Spätverkehrszeit ab 20 Uhr eingekürzt und auf Taxibedienung umgestellt. Der Takt ist werktags bis 24.00 Uhr halbstündlich und samstags und sonntags stündlich. Die Linienkürzung beträgt 12 km und 15 Minuten Fahrzeit je Richtung. Die Personalkosten betragen 15 €/h, die sonstigen Kosten sind dem Rechenbeispiel «variable Kosten im Linienbusverkehr» (► Abschnitt 11.3.3) zu entnehmen. Die Taxikosten betragen 2,50 € je Kilometer.

Arbeitsauftrag:

Ermitteln Sie die Einsparungen des Busunternehmens unter der Annahme, dass jede 4. Fahrt durch ein Taxi ersetzt wird.

Fahrzeuge sicher und kundenfreundlich führen

Zusammenfassung

In diesem Lernfeld vertiefen Sie Ihre erworbenen Kenntnisse der Fahrpraxis mit dem Bus und ggf. auch mit der Straßenbahn. Ihnen werden die wesentlichen und grundlegenden Aspekte einer sicheren, kundenfreundlichen und wirtschaftlichen Personenbeförderung nahegebracht unter Berücksichtigung der Belange mobilitätseingeschränkter Personen. Sie erhalten verschiedene Hintergrundinformationen rund um das Thema Verkehr.

12.1 Verkehrsumwelt

Sobald wir das Haus verlassen, sind wir Teilnehmerinnen und Teilnehmer des Verkehrs. Ob zu Fuß, mit Bus und Bahn oder dem Auto, wir bewegen uns und bewegen Dinge in unserer Verkehrsumwelt.

Unter Verkehrsumwelt versteht man die Gesamtheit aller Größen, die die Mobilität, d. h. die Beweglichkeit und Bewegung von Verkehrsteilnehmern oder von Gütern bedingen und beeinflussen. Dazu gehören

- die Verkehrsarten, Verkehrsformen und Verkehrsmittel,
- die Verkehrsträger,
- die Verkehrsinfrastruktur und die
- anderen Verkehrsteilnehmer.

Mobilität bedeutet die Möglichkeit, räumliche Entfernungen zu überwinden. Mobilität ist ein wesentlicher Faktor im Leben jedes Menschen. Sie hat überragende Bedeutung für den Erhalt und die Weiterentwicklung der nationalen und globalen Ökonomien. Menschen und Güter werden durch Verkehrsleistungen dorthin befördert, wo sie benötigt bzw. nachgefragt werden. Je besser die Verkehrsumwelt die Mobilität unterstützt, umso schneller können sich Angebot und Nachfrage treffen. Eine gut funktionierende Verkehrsumwelt ist einer der wesentlichen Faktoren für Wirtschaftswachstum. Seit Menschen Handel treiben, Dienstleistungen anbieten und nachfragen, ist der Verkehr die Grundlage jeder Volkswirtschaft.

12.1.1 Verkehrsarten, Verkehrsformen, Verkehrsmittel

Die **Verkehrsart** ist die Unterteilung des Begriffes Verkehr in «Individualverkehr» und «öffentlichen Verkehr (Personen-/Güterverkehr)». Die **Verkehrsform** beschreibt innerhalb der Verkehrsart die jeweiligen Sonderformen, z. B. Individualverkehr mit privaten Fahrzeugen wie Pkw, Motorrad und Fahrrad oder öffentlichem Verkehr mit Bus und Bahn. Als **Verkehrsmittel** werden wiederum die von den Verkehrsteilnehmern genutzten Fahrzeuge bzw. Fortbewegungsmittel bezeichnet.[1]

12.1.2 Verkehrsträger

Unter dem Begriff Verkehrsträger werden Einrichtungen zusammengefasst, die die Beförderung von Personen, Gütern und auch Nachrichten (z. B. Telekommunikation) möglich machen bzw. durchführen. Für die Fortbewegung von Personen und Gütern gilt im Allgemeinen folgende Gliederung der Verkehrsträger:

- Schienenverkehr
- Straßenverkehr
- Schifffahrt
- Luftverkehr
- Kombinierter Verkehr (Nutzung verschiedener Verkehrsträger für einen Transport)

Definiert man die Verkehrsträger im Bereich Personenverkehr, erfolgt die Gliederung in die Sektoren:

- Öffentlicher Personenverkehr (ÖPV), z. B. Omnibus, Straßenbahn, Eisenbahn, Taxi
- Motorisierter Individualverkehr (MIV), z. B. Auto, Motorrad
- Luftverkehr
- Fahrradverkehr
- Fußwegverkehr

Der Öffentliche Personenverkehr (ÖPV) mit Bussen, Straßenbahnen, Stadt- und U-Bahnen, Eisenbahnen und Taxen bedient etwas mehr als 14 % der Nachfrage nach Personenverkehr. Die Abbildung zeigt die Anteile der Verkehrsträger am Personenverkehrsaufwand (ohne Fahrrad- und Fußwegverkehr) in Deutschland in den Jah-

1 Quelle: Das Fachwort im Verkehr. Grundbegriffe des ÖPNV, Düsseldorf 2006

12

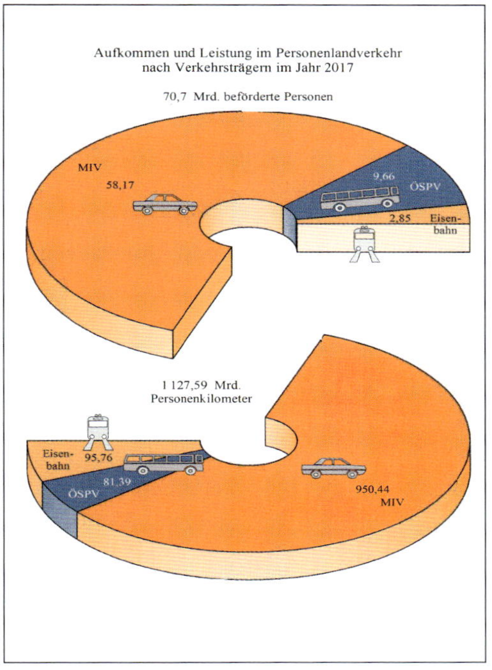

Quelle: Bundesministerium für Verkehr und digitale Infrastruktur (Hrsg.): Verkehr in Zahlen 2018/2019

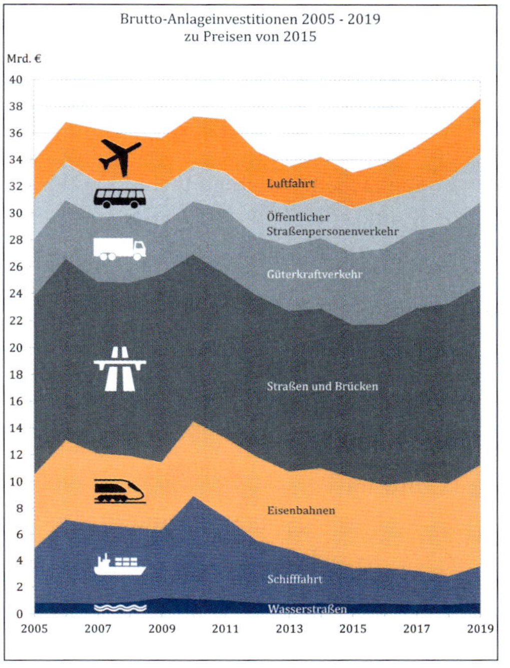

Quelle: Bundesministerium für Verkehr und digitale Infrastruktur (Hrsg.): Verkehr in Zahlen 2020/2021

ren 1991 bis 2007[2] (weitere Daten siehe ▶ Kapitel 5).

Obwohl deutlich wird, dass der Anteil des motorisierten Individualverkehrs am gesamten Personenverkehrsaufwand seit 1991 zwischen 80 und 82 % stagniert, ist innerhalb der letzten zehn Jahre ein rasanter absoluter Anstieg zu verzeichnen.

Parallel dazu steigt auch das absolute Fahrgastaufkommen im Öffentlichen Personenverkehr stetig. Dies drückt sich in 10,4 Mrd. Fahrgästen aus, die der ÖPNV und der Eisenbahnpersonenverkehr im Jahr 2008 befördert haben; zehn Jahre zuvor waren es 8,8 Mrd. Fahrgäste.

2 Quelle: VDV-Statistik 2008, Köln 2010

12.1.3 Verkehrsteilnehmer

Jeder, der sich aus dem Haus bewegt, um zur Arbeit zu kommen, einzukaufen, seine Freizeit außerhalb der eigenen vier Wände zu verbringen, ist ein Verkehrsteilnehmer. Nach Berechnungen des Statistischen Bundesamtes sind die Menschen in Deutschland jeden Tag durchschnittlich etwa eine Stunde und 20 Minuten unterwegs[3].

12.1.4 Verkehrsinfrastruktur

Die Verkehrsinfrastruktur gibt dem Verkehr den Funktionsrahmen. **Verkehrswege** (Schienen, Straßen, Wasserwege), **Verkehrsmittel** (Pkw, Busse, Eisenbahnen, Fahrräder etc.) und **Verkehrseinrichtungen** (Bahnhöfe, Flughäfen, Ter-

3 Quelle: Statistisches Bundesamt, Verkehr in Deutschland 2006

minals etc.) ermöglichen individuelle Mobilität und Gütertransport.

Deutschland verfügt im EU-Vergleich über das längste Autobahnnetz, das längste Wasserstraßennetz und das längste Eisenbahnnetz. 5 % der Bodenfläche Deutschlands sind Verkehrsfläche, d. h. auf rund 17.500 km^2 befinden sich Straßen, Wege, Plätze, Bahnhöfe, Häfen, Flugplätze etc. Unserer Verkehrswege entsprechen mit insgesamt rund 283.180 km^2 etwa dem siebenfachen Erdumfang.

Die gesamte Infrastruktur Deutschlands stellt in ihren Dimensionen einen ungeheuren volkswirtschaftlichen Wert dar, der sich auf 772 Mrd. Euro im Jahr 2004 beziffern lässt. Erhalt und Ausbau kosten den Bund rund 20 Mrd. Euro im Jahr.

12.2 Partnerkunde

Jeder, der am Verkehr teilnimmt, kann grundsätzlich darauf vertrauen, dass sich die anderen Verkehrsteilnehmer richtig verhalten. Dieser allgemein gültige «Vertrauensgrundsatz» ist der wichtigste Bestandteil der Straßenverkehrsordnung (StVO § 1).

Der Vertrauensgrundsatz gilt jedoch nur bedingt bei Personen, aus deren Verhalten ersichtlich wird, dass sie die Gefahren des Verkehrs nicht erkennen oder sich nicht entsprechend verhalten können. Zu diesen Personen zählen

- Kinder und Jugendliche,
- ältere Personen,
- Personen mit eingeschränkter Mobilität und
- Personen, die unter der Einwirkung von Rauschmitteln (z. B. Alkohol, Drogen) stehen.

Die drei erstgenannten Personengruppen machen einen Großteil der Fahrgäste des ÖPNV aus. Sie können sich nicht immer verkehrsgerecht verhalten.

Als Fahrer/-in im öffentlichen Personenverkehr lernen Sie, akute Gefahren zu meistern; Sie lernen auch, erste Anzeichen einer Gefahr bereits im Vorfeld zu erkennen und Ihr Verhalten dementsprechend anzupassen. Diesen «Verkehrssinn» können Sie trainieren. Eine Möglichkeit dafür ist die **3A-Technik**. Die Schlüsselbegriffe dieser Technik lauten **A**lter, **A**ufmerksamkeit, **A**bsicht und beziehen sich auf die Ihnen begegnenden Verkehrspartner und Ihre eigenen Fahrgäste in Bus und Bahn.

▪ Alter

Bestimmte Altersgruppen (Kinder, Senioren) schätzen Verkehrssituationen oft anders ein als die übrigen Verkehrsteilnehmer und reagieren entsprechend ihrer körperlichen und mentalen Fähigkeiten unvorhergesehen. Kinder haben beispielsweise ein eingeschränktes Blickfeld und bemerken Fahrzeuge später als Erwachsene. Sie können Geräusche schlechter unterscheiden und deren Quellen nicht sofort orten. Ältere Menschen haben häufig verlängerte Reaktionszeiten, mangelnde Trittfestigkeit oder ein reduziertes Haltevermögen. Es ist daher wichtig, das Alter Ihrer Verkehrspartner vorausschauend zu berücksichtigen.

© MMchen/photocase.com

▪ Aufmerksamkeit

Sie sollten ständig aufmerksam am Verkehr teilnehmen. Ist der andere Verkehrsteilnehmer abgelenkt oder beachtet er die momentane Verkehrssituation? Wichtig ist dabei die visuelle Kontaktaufnahme: Nehmen Sie Blickkontakt auf. Dadurch können Sie erkennen, ob Ihr Verkehrspartner Sie bzw. die Situation wahrgenommen hat, während dieser wiederum merkt, dass Sie ihn nicht übersehen. Rechnen Sie stets damit, dass andere Verkehrsteilnehmer Fehler machen können, z. B. beim Beachten der Vorfahrtregelung.

- **Absicht**

Es ist wichtig, dass alle Verkehrsteilnehmer ihre Absichten frühzeitig und deutlich angeben (z. B. vor dem Abbiegen den Blinker am Fahrzeug setzen). Nicht immer jedoch verhalten sich die Akteure entsprechend vorbildlich. Mit zunehmender Erfahrung werden Sie im Straßenverkehr typische Bewegungsabläufe kennenlernen, die Ihnen helfen, die Absichten anderer Verkehrsteilnehmer frühzeitig zu erkennen, z. B. eine Änderung der Bewegungsrichtung, Straßenüberquerungen oder Überholvorgänge. Versuchen Sie stets, soweit es Ihnen möglich ist, den Ablauf einer Fahrzeugbewegung vorherzusehen. Das Verhalten entsprechend der 3A-Technik haben Sie in der Fahrschule gelernt. Es ist sowohl für die Fahrt mit dem Bus als auch für die Straßenbahn gültig.

12.3 Topografie und Straßenkunde

Die **Topografie** einer zu befahrenden Strecke beeinflusst das Fahrverhalten von Fahrzeugen, stellt spezielle Anforderungen an die Fahrzeugtechnik und hat Auswirkungen auf Ihre Fahrweise. Es macht schon einen gravierenden Unterschied aus, ob sich Ihr Fahrzeug permanent auf flachen Straßen bewegt oder ob es Steigungen bewältigen muss. Eine Kenntnis topografischer Eigenschaften und ihrer Darstellung in Straßenkarten sind für Fachkräfte im Fahrbetrieb unverzichtbar.

Die Topografie ist das Teilgebiet der Kartografie, das sich mit der Vermessung, Darstellung und Beschreibung der Erdoberfläche und der mit dieser fest verbundenen natürlichen (z. B. Berge) und künstlichen Objekte (z. B. Brücken) befasst. Vermessungen werden durch Topografen und/oder Vermessungsingenieure vorgenommen; ihre Ergebnisse werden in topografischen Karten, kartografischen Reliefs bzw. digitalen Landschaftsmodellen dargestellt[4].

Topografische Karten geben demnach ein Abbild der sichtbaren Raumelemente. Solche Karten stellen besonders Erhöhungen mittels Höhenlinien genau dar. Wo im Kartenbild Höhenlinien zusammenrücken, wird es in natura steil. Dies wird durch die Methode der «Schummerung» noch verdeutlicht, mit der die steilen Geländeausschnitte zusätzlich mit einem Grauton unterlegt werden.

Es gibt eine große Vielfalt von Kartenarten, von denen einige für Sie als Fahrer/-in sinnvoll sind:

- Die **Physische Karte** zeigt hauptsächlich die Oberflächengestalt des dargestellten Gebietes. Diese ist insbesondere im Gelegenheitsverkehr als Überblickskarte und zur Erkundung eventuell vorhandener Gebirge brauchbar.
- **Straßenkarten** sind die Karten, die das Fahrpersonal im Gelegenheitsverkehr hauptsächlich nutzt. Hauptinformation sind die Verkehrswege. Aktualität ist wichtig! Es werden auch spezielle Straßenkarten, z. B. ein Straßenatlas mit Gefahrgutverbots- und Gefällstrecken, angeboten.

4 Quelle: www.wikipedia.de

- **Stadtpläne** bilden das Straßensystem von Städten ab und ermöglichen eine Orientierung auf kleinstem Raum.
- Daneben zeigen **politische Karten** die Länderzugehörigkeit, Grenzverläufe etc. und geben für grenzüberschreitenden Verkehr zusätzliche Informationen.
- **Spezialkarten** verfolgen ein spezielles Thema, z. B. Wetterkarten. Ein Blick auf die aktuelle Wetterkarte ermöglicht es, Wettergefahren auszuweichen oder das Fahrverhalten vorausschauend anzupassen.
- **Atlanten** bieten eine Zusammenstellung verschiedener Karten. Ein aktueller Autoatlas sollte immer am Arbeitsplatz vorhanden sein.

Auch wenn in das Fahrzeug ein Navigationssystem eingebaut ist, sollte zusätzlich stets geeignetes Kartenmaterial zur Verfügung stehen. Im Linienverkehr wird in der Regel kein Kartenmaterial benötigt

Kartenmaßstäbe geben das Verhältnis von natürlicher Entfernung und Landkartenentfernung an. Sie geben das Maß der Verkleinerung an und werden als Bruch ausgedrückt.

Beispiel:
Maßstab 1 : 100 000 bedeutet:
1 cm auf der Karte entspricht
100 000 cm = 1 km in der Natur

Bei der Planung von Streckennetzen und Linien im öffentlichen Personenverkehr ist die Beschaffenheit des Raumes, in dem die Strecke bzw. Linie verläuft, wichtig. Befinden sich Steigungen in deren Verlauf, die nur mit bestimmten Fahrzeugen bewältigt werden können? Bezogen auf den Reiseverkehr mit Bussen sind für die Streckenplanung z. B. folgende Informationen wichtig: Gibt es Gewässer, die umfahren werden müssen?

Befinden sich Tunnel auf der Strecke, die den Straßenverlauf verengen?

Die physische Beschaffenheit des Gebietes hat natürlich auch für Sie als Fahrer und Fahrerin eine Bedeutung. Steigungen, Berge, Pässe, scharfe Kurven, Tunnel können Sie mit einer topografischen Karte schon vorab erkunden und dementsprechend Ihre Fahrweise anpassen.

Neben der physischen Beschaffenheit des Gebietes, in dem die Strecke/Linie des öffentlichen Personenverkehrs verläuft, ist auch die Art der Straße und deren Beschaffenheit von hoher Relevanz.

In Deutschland werden Straßen wie folgt untergliedert: Bundesautobahnen (A), Bundesstraßen (B), Landesstraßen (L), Kreisstraßen (K), Gemeindestraßen (G). Für jede Straßenart gelten bestimmte Nutzungsregeln, die z. B. in der StVO zu finden sind. Ein Beispiel:

StVO § 18 Autobahnen und Kraftfahrstraße

(1) Autobahnen (Zeichen 330.1) und Kraftfahrstraßen (Zeichen 331.1) dürfen nur mit Kraftfahrzeugen benutzt werden, deren durch die Bauart bestimmte Höchstgeschwindigkeit mehr als 60 km/h beträgt; werden Anhänger mitgeführt, gilt das gleiche auch für diese. Fahrzeug und Ladung dürfen zusammen nicht höher als 4 m und nicht breiter als 2,55 m sein. Kühlfahrzeuge dürfen nicht breiter als 2,6 m sein.

Die Art der Straße bestimmt Ihre Fahrweise; insbesondere müssen Sie aber auch auf die jeweilige Beschaffenheit der Straße achten. Die Beschaffenheit der Straße ist gekennzeichnet durch ihren Verlauf, die Qualität, den momentanen

Straßenzustand und eventuelle Besonderheiten. Sie müssen Ihr Fahrverhalten der Art und Beschaffenheit der Strecke anpassen.

12.4 Wetter, Jahres- und Tageszeit

Das Wetter, die Jahres- und Tageszeit haben gravierenden Einfluss auf die Verkehrsteilnehmer und die Bedingungen des Verkehrs. Die Unfallgefahr steigt mit zunehmender Verschlechterung der Witterungs- und Lichtverhältnisse.

Herbst und Winter stellen besondere Herausforderungen an die Verkehrsteilnehmer dar. Die Straßen sind durch Schnee, Glatteisbildung, Nebelbildung und längere dunkle Tageszeiten oft schwieriger zu befahren als in den Sommermonaten.

Die Statistik verdeutlicht, dass fast die Hälfte der Unfälle mit Personenschaden in den vergangenen Jahren durch Regenglätte, durch Schnee- und Eisglätte und durch Nebel mit verursacht worden sind. «Witterungsverhältnisse, Tages- und Jahreszeiten sind nicht direkte Ursache von Unfällen, aber sie beeinflussen indirekt über die Verkehrsteilnehmer, d.h. deren Verhalten, die Art und die Häufigkeit der Verkehrsteilnahme, das Unfallgeschehen.[5]

Als Fachkraft im Fahrbetrieb sind Sie in dieser Jahreszeit besonders gefordert. Das gilt sowohl für den Schienen-, als auch für den Busbereich. Das Fahrzeug muss wintertauglich (v. a. Bereifung) ausgerüstet sein. Für Omnibusse sind mindestens 3 mm Profiltiefe ratsam (siehe Kapitel 13.7.6). In Bergregionen sollten Schneeketten mitgeführt werden. Ist das Verkehrszeichen «Schneeketten» vorhanden, müssen Sie Schneeketten aufziehen.

5 Quelle: Statistisches Bundesamt, Verkehrsunfälle 2017, www.destatis.de

Ursachen von Unfällen mit Personenschaden

Ursachen	2013	2014	2015	2016
Straßenverhältnisse	38 369	32 014	33 442	31 597
darunter				
Glätte durch Regen	6 281	7 056	6 362	6 437
Glätte durch Schnee, Eis	9 537	3 499	4 974	5 073
Witterungseinflüsse	4 050	3 879	4 806	4 547
darunter				
Sichtbehinderung durch Nebel	320	430	456	407
Sichtbehinderung durch blendende Sonne	2 722	2 539	3 116	3 225
Hindernisse	4 112	4 378	4 529	4 108
darunter				
nicht oder unzureichend gesicherte Arbeitsstellen	132	119	125	120
Wild auf der Fahrbahn	2 249	2429	2 580	2 396
anderes Tier auf der Fahrbahn	1 026	1 122	1 076	940

Fahren Sie zum ersten Mal in dieser Jahreszeit, müssen Sie in den ersten Tagen besonders vorsichtig sein, bis Sie sich an die besonderen Bedingungen gewöhnt haben. Durch *Schneefall* und *Glatteis* erhöht sich die Rutschgefahr und der Bremsweg verlängert sich. Passen Sie Ihre Geschwindigkeit an und halten Sie genügend Abstand. Bei Schienenfahrzeugen liegen die Tücken an anderen Punkten. Während der Busfahrer bei Schnee- und Eisglätte «zu kämpfen» hat, hat der Bahnfahrer da noch gute Bedingungen. Das Fahrzeug wird durch die Schienen geführt, frisch gefallener Schnee wirkt bremsend und eine dünne Eisschicht wird durch die Masse zerdrückt. Natürlich dürfen die Schienenrillen nicht voller Eis sein, dies würde das Fahrzeug zum Entgleisen bringen. Für den Schienenbahnfahrer wird es erst kritisch, wenn das Tauwetter einsetzt und die Schienen nur leicht feucht und stark verunreinigt sind. Man sieht schon an den dunklen, schmierigen Schienenköpfen, dass ein erheblicher Haftreibungsmangel besteht und weiß, dass nun Vorsicht angesagt ist. Wenn die Haftreibung nachlässt, verlängert sich trotz Schleuder- und Gleitschutzeinrichtung der Bremsweg.

Auch im Frühjahr kann es noch zu Schneefall, Glatteis- und Raureifbildung kommen. Hinzu kommt der im Winter gestreute Rollsplitt auf den Fahrbahnen, der ebenfalls zu Rutschgefahren führt.

Weitere Gefahren durch verschiedene Wetterlagen bestehen u. a. bei Nebel, Regen, starkem Wind und Laubfall. Laubfall ist der «Todfeind» des Straßenbahnfahrers. Blätter auf dem Gleis, kombiniert mit Nieselregen, bringen den Wagenzug zum Gleiten. Der Schleuder- und Gleitschutz (siehe ▸ Kapitel 12.7) kann nur wirksam werden, wenn sich entweder die Drehzahl einer Achse im Drehgestell von der Drehzahl der anderen Achse unterscheidet oder bei Einzelradantrieb, wenn wenigstens ein Rad im Fahrwerk eine andere Drehzahl aufweist. Blockieren beim Bremsen alle Achsen oder Räder im Triebfahrwerk genau zur gleichen Zeit, gleitet das Fahrzeug wie ein Schlitten im Eiskanal. Da in diesem Fall alle Räder bzw. Achsen die gleiche Drehzahl, nämlich 0, haben, «denkt» der Gleitschutz, das Fahrzeug steht. Dieser Vergleich mag absurd klingen, doch jeder Fahrbedienstete, der schon einmal eine solche Situation erlebt hat, weiß, welche Gefahren von einer ins Gleiten gekommenen Bahn ausgehen. Dank der heutigen sensiblen Elektronik bestehen solche Gefahren kaum noch. Die Sensoren arbeiten so genau, dass schon geringste Drehzahlabweichungen erkannt werden und automatisch Sand zur Erhöhung der Haftreibung gegeben wird. Reicht dies nicht aus, erfolgt die Auslösung von Schienenbremsen.

Nebel führt zu extremer Sichtbehinderung; die Abstände zu anderen Verkehrsteilnehmern werden dementsprechend gar nicht, zu spät oder falsch eingeschätzt. Fahren Sie langsam, immer mit Licht (ggf. Nebelleuchten, -scheinwerfer) und versuchen Sie möglichst großen Abstand zu halten. Bei Nebel gilt für Schienenfahrzeuge, die nicht im Raumabstand mit Zugsicherungsanlage fahren, das Fahren auf halbe Sichtweite. Dies bedeutet:

Merksatz

Die Fahrgeschwindigkeit darf nur so groß sein, dass der Fahrer in der Hälfte der Sichtweite sein Fahrzeug mit einer Betriebsbremsung anhalten kann!

Beträgt zum Beispiel die Sichtweite 50 m, darf der Anhalteweg nur 25 m betragen!

Regen erhöht die Rutschgefahr, die Sicht verschlechtert sich. Insbesondere nach langer Trockenheit besteht für Omnibusse ab einer Geschwindigkeit von ca. 80 km/h die Gefahr des «Aquaplanings». Dabei schwimmen die Reifen auf einem Wasserfilm auf. Das Fahrzeug reagiert nicht mehr auf Steuerung und Bremsen. Passen Sie die Geschwindigkeit an, fahren Sie mit Licht und halten Sie ausreichenden Abstand.

Bei starkem Regen hat der Straßenbahnfahrer keine Probleme, denn vom Regen sauber gewaschene Gleise haben eine ebenso gute Haftreibung wie trockene, saubere Gleise. Nieselregen wiederum, der den Busfahrer wenig stört, vermindert die Haftreibung von Stahl auf Stahl erheblich.

Auch *Laubfall* lässt die Verkehrswege rutschig werden. Hier gelten die gleichen Maßnahmen wie bei Regen.

Starker *Wind* kann Ihr Fahrzeug aus der Spur drängen oder, bei extremen Windverhältnissen in ländlich geprägten Gegenden, sogar umstürzen lassen. Zudem besteht erhöhte Gefahr durch Gegenstände (umgestürzte Bäume, losgerissene Bauteile u.a.) auf der Fahrbahn. Passen Sie die Geschwindigkeit an und achten Sie auf die Informationen der Leitstelle bzw. des Verkehrsfunks.

Durch starken Wind oder Sturm können auch die Fahrleitungsanlagen durch abknickende Äste zerstört oder Gleisanlagen versperrt werden. Auch hier gilt, äußerst aufmerksam und vorausschauend fahren.

Quelle: üstra Hannoversche Verkehrsbetriebe AG

Auch extreme *Hitze* und Blendung durch Sonnenlicht beeinflusst das Fahrverhalten der Verkehrsteilnehmer. Hohe Temperaturen führen zu einer Abnahme der Leistungsfähigkeit. Reaktionszeiten können länger werden, die Aufmerksamkeit kann abnehmen. Die modernen Fahrzeuge des ÖPNV, ganz gleich ob «Schiene- oder Gummi-Bereich» besitzen heute eine Klimaanlage für den Fahrer. Manche Fahrzeuge sogar für die Fahrgäste[6].

Neben dem Wetter bestimmen auch **Tageszeiten** und **Wochentage** das Verkehrs- bzw. Unfallgeschehen. Die meisten Unfälle ereignen sich am Nachmittag, wenn die Menschen nach der Arbeit nach Hause fahren. Der Freitag wiederum ist der Wochentag, an dem sich die meisten Unfälle mit Personenschaden ereignen. Im Jahr 2008 fielen auf diesen Tag gut 16% aller Unfälle mit Personenschaden. Vergleichsweise unfallärmere Tage waren dagegen der Samstag mit einem Anteil von 13% und der Sonntag mit einem Anteil von 9,7 %[7]

12.5 Defensives und energiesparendes Fahren

Energiesparendes Fahren ist in hohem Maße vom Fahrstil abhängig. Wirtschaftliches Fahren mit einem Kraftomnibus umfasst drei Komponenten:

1. Die kraftstoffsparende Fahrweise,
2. die verschleißarme Fahrweise und
3. die umweltschonende Fahrweise.

Fachleute sprechen in diesem Zusammenhang auch von der **Trias des wirtschaftlichen Fahrens**. Die Möglichkeit des wirtschaftlichen Fahrens hängt von mehreren Faktoren ab:

- Dem technischen Entwicklungstand des Omnibusses (z. B. Antriebstechnik),
- von der Strecke (Topografie; Straßenzustand),
- dem Fahrzeugeinsatz (Linienverkehr/Reiseverkehr),
- der Verkehrsdichte (Stadtverkehr) und der Fahrzeugauslastung (Gewicht),
- von der regelmäßigen Wartung des Fahrzeugs (z. B. richtiger Reifendruck) und

6 Quelle: www.reality-drive.ch

7 Quelle: Statistisches Bundesamt, Unfallentwicklung auf deutschen Straßen 2008

- in einem erheblichen Maße von der Fahrweise des Fahrers.

Ein kraftstoffsparender Fahrstil macht sich schnell in Euro bemerkbar. Ein Beispiel soll Ihnen das illustrieren: in einem Nahverkehrsunternehmen mit 250 zwei-, drei- und vierachsigen Bussen werden jährlich ca. 7,5 Mio. Liter Diesel verbraucht. Durch eine kraftstoffsparende Fahrweise des Personals können, mit entsprechenden Trainings, bis zu 5 % des jährlichen Kraftstoffverbrauchs eingespart werden; dies würde zu einer Ersparnis von 375.000,– € führen und den Haushalt des Unternehmens entsprechend entlasten. Das ist eine Menge Geld. Die Erfahrungen der Verkehrsunternehmen zeigen, dass nur systematisches und regelmäßiges Verhaltenstraining des Fahrpersonals dazu führt, kraftstoffsparendes Fahren nachhaltig sicher zu stellen.

Ein kraftstoffsparender und verschleißarmer Fahrstil setzt die Kenntnis der wichtigen physikalischen Gesetze und Grenzen voraus, denen Busse unterliegen. Es sind insbesondere die Widerstände und Kräfte, die beim Fahren zur Geltung kommen. Fachkräfte im Fahrbetrieb als wirtschaftlich handelnde Fahrerinnen und Fahrer kennen die **vier Fahrwiderstände** und wissen, wie sie verringert werden können.

12

1. Rollwiderstand

Beim Radfahren können Sie feststellen, dass eine asphaltierte Straße leichter zu befahren ist als ein sandiger Weg. Das liegt daran, dass das Rad in den Sand einsinkt und beim Rollen den Sand vor sich herschiebt. Dieser Widerstand muss mit einem erhöhten Kraftaufwand überwunden werden. Der Rollwiderstand auf asphaltierten Straßen ist umso größer, je niedriger der Luftdruck des Reifens ist. Bei einem Luftdruck, der nur um ein Bar niedriger ist als der vorgeschriebene Wert, steigt der Kraftstoffverbrauch um ca. 5 %.

Der Rollwiderstand ist der einzige Widerstand, den das Fahrpersonal bereits beim stehenden Fahrzeug durch Kontrolle des Reifenluftdrucks beeinflussen kann. Der Rollwiderstand ist jedoch nicht nur vom Luftdruck im Reifen, sondern auch von der Größe, der Breite, dem Gewicht und der Profilbeschaffenheit des Reifens abhängig.

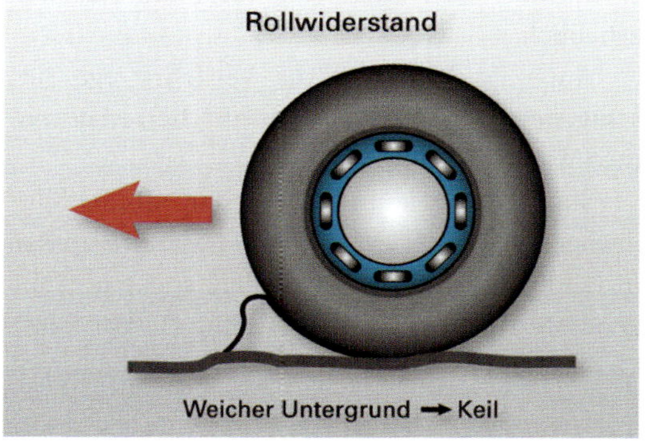

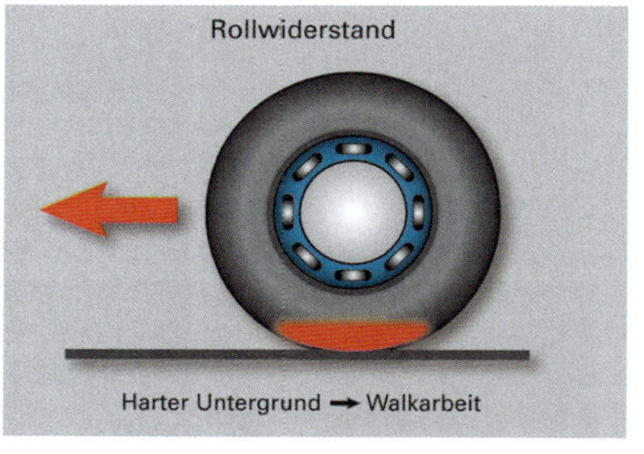

Merksatz

Achten Sie stets auf den richtigen Luftdruck. Das garantiert einen geringeren Kraftstoffverbrauch und eine längere Lebensdauer des Reifens. Vermeiden Sie zu niedrigen und zu hohen Luftdruck.

Der Rollwiderstand wird durch die Reibung ausgelöst, die entsteht, wenn zwei Körper miteinander in Berührung kommen. Reibung wird verursacht durch Bindungen der Oberflächenatome und das mechanische Verhaken der rauen Oberflächen. Reibung ist der Bewegungsrichtung entgegengesetzt und besitzt die Eigenschaft, permanent zu bremsen. Wie sehr Reibungen die Bewegungen von Körpern, in unserem Fall von Fahrzeugen stören, hängt von der Oberfläche der Straße, von den Witterungsverhältnissen und von der Beschaffenheit des Fahrzeugs (Größe, Gewicht) und natürlich seiner Reifen ab.

Die bei Schienenfahrzeugen des ÖPNV bestehenden Ähnlichkeiten und Unterschiede der Strecken- und Fahrzeugwiderstände sind ▶ Kapitel 12.7 zu entnehmen.

2. Luftwiderstand

Je größer und voluminöser ein Fahrzeug, umso größer der Energiebedarf, der notwendig ist, um es zu bewegen. Der Omnibus zerteilt und verdrängt, wie jedes andere Fahrzeug auch, während der Fahrt die Luft. Der Luftwiderstand wächst mit der vom Wind angeströmten Fläche und mit der Strömungsungünstigkeit des Fahrzeugs. Ein Omnibus stellt mit seiner üblichen hohen Form, der Stirnfläche, einen erheblichen Luftwiderstand dar. Dass der Luftwiderstand mit zunehmender Geschwindigkeit ansteigt, können Sie auch am eigenen Körper erfahren, indem Sie als Beifahrer eine Hand aus dem fahrenden Fahrzeug strecken.

Quelle: Stuttgarter Straßenbahnen AG

Im Stadtverkehr fällt der Luftwiderstand nicht so sehr ins Gewicht; im Überland- und Reiseverkehr dagegen schon. Sie sollten wissen, dass der Luftwiderstand quadratisch mit der Fahrgeschwindigkeit wächst. «*Bei einer vierfachen Erhöhung der Geschwindigkeit (z. B. von 25 km/h auf 100 km/h wird der Luftwiderstand sechzehnmal so groß*».[8]

3. Steigungswiderstand

Sie kennen die Tücken des Steigungswiderstands sicherlich aus eigener Erfahrung. Treppensteigen oder Bergwandern können ganz schön anstrengend sein. Je größer der Steigungsgrad, umso größer der erforderliche Kraftaufwand, um «nach oben» zu kommen. Neben dem Steigungsgrad ist die zu bewegende Masse ein zweiter Faktor, der den Steigungswiderstand beeinflusst. Ein Standardlinienbus mit einem Gewicht von rund 12 – 18 Tonnen wird viel Energie, sprich Kraftstoff, aufbringen müssen, um den Widerstand überwinden zu können. Ein Straßenbahnwagen, der leer rund 50 Tonnen wiegt, benötigt ein Vielfaches an Energie, um den Steigungswiderstand zu überwinden.

Merksatz

Vermeiden Sie beim Bergfahren unnötige Schaltvorgänge. Fahren Sie gleichmäßig.

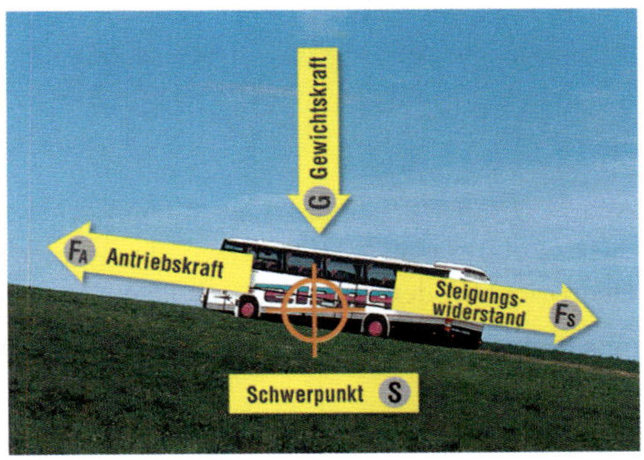

Umgekehrt gilt natürlich: Fährt das Fahrzeug bergab, tritt die gleiche Kraft in Richtung des Gefälles auf und führt zur Beschleunigung. Dieser Prozess wird «Hangabtriebskraft» genannt.

---

8 Quelle: Günter Meyer, Eco-Training. EU-Berufskraftfahrer, Weiterbildung Bus.

4. Beschleunigungswiderstand

Wenn Sie schon einmal mit einem Flugzeug gereist sind, werden Sie während des Starts festgestellt haben, dass Sie beim Beschleunigen in Ihren Sitz gedrückt worden sind. Der Beschleunigungswiderstand ist hier zum Tragen gekommen. Er entsteht, weil die zu beschleunigende Masse, in diesem Fall das Flugzeug, versucht, entsprechend dem physikalischen Trägheitsgesetz, seinen Bewegungszustand beizubehalten. Der Beschleunigungswiderstand ist abhängig von der Stärke der Beschleunigung und der Stärke des Fahrzeugs. Ein mit Fahrgästen besetzter Omnibus wird demnach mehr Kraftstoff beim Beschleunigen verbrauchen als ein leerer Bus.

Im Stadtverkehr kann nicht von einer konstanten Geschwindigkeit ausgegangen werden. Die Fahrt wird immer wieder von Haltestellen, Ampeln und Kreuzungen unterbrochen. Diese Situationen führen dazu, dass der Beschleunigungswiderstand der größte Kraftstofffresser im städtischen Personenverkehr ist.

Merksatz

Nutzen Sie die Bewegungsenergie, den Schwung des Antriebs. Gehen Sie rechtzeitig vom Gas, fahren Sie vorausschauend und gleichmäßig.

Alle vier Fahrwiderstände müssen beim Fahren mit einem Bus vom Motor überwunden werden. Die Formel für den Fahrwiderstand lautet:

F-Gesamt = (F-Roll + F-Steig + F-Träg + F-Luft)

Die Kenntnis dieser potenziellen Fahrwiderstände und ihre Berücksichtigung in der täglichen Fahrpraxis in Bus und Bahn sind Voraussetzung, um eine kraftstoffsparende und verschleißarme Fahrweise sicher stellen zu können. Jeder eingesparte Liter Kraftstoff verbessert die Bilanz Ihres Unternehmens. Jeder eingesparte Liter Kraftstoff verbessert gleichzeitig die Klimabilanz in Deutschland.

Der ÖPNV leistet aufgrund seiner Systemvorteile im Vergleich mit dem Individualverkehr und im Hinblick auf die spezifischen CO^2-Emissionen wichtige Beiträge zum Klima- und Umweltschutz. So spart die Nutzung von Bussen und Bahnen anstelle von Pkw und Lkw bundesweit ca. 15 Mio. Tonnen CO^2 pro Jahr. Das entspricht ungefähr dem, was eine Metropole wie Hamburg mit all ihren Haushalten, dem Verkehr und ihrer Industrie in einem Jahr emittiert. Um diese Bilanz weiter verbessern zu können, sind umfassende Kenntnisse des wirtschaftlichen Fahrens wichtig.

Im städtischen Nahverkehr werden insbesondere *Busse mit Automatikgetriebe* eingesetzt. Hier sollten Sie folgende *Grundsätze für das wirtschaftliche Fahren* beherzigen[9]:

- Zügig anfahren, um den Wandlerbereich schnell zu verlassen.
- Nur so viel Gas geben, dass der Motor zieht und die Geschwindigkeit nicht abfällt.
- Die «Grüne Welle» ausnutzen.
- Den Schub des Fahrzeugs nutzen.
- Vorausschauend fahren, um unnötige Stopps zu vermeiden.
- Vor Haltestellen rechtzeitig Gas wegnehmen.
- Auf die Kick-Down-Funktion verzichten.
- Versuchen, stets in der höchstmöglichen Schaltstufe zu fahren.

Wenn Sie mit einem *Bus mit Schaltgetriebe* fahren, sollten Sie folgende Grundsätze beherzigen[10]:

- Fahrzeuge mit 6-Gang-Getriebe im ersten Gang anfahren.

9 Quelle: Günter Meyer, Eco-Training. EU-Berufskraftfahrer, Weiterbildung Bus

10 Quelle: Günter Meyer, Eco-Training. EU-Berufskraftfahrer, Weiterbildung Bus

- Den Motor im normalen Fahrbetrieb im Drehzahlbereich 1.000 – 1.100 U/min und 80–90% der Volllast fahren.
- Frühes Schalten bei ca. 1.400 U/min ist sinnvoll.
- Niedrige Drehzahl, wenn möglich; hohe Drehzahl, wenn nötig.
- Unnötige Schaltvorgänge vermeiden.
- Auf Zwischengas verzichten.
- Bei Bergfahrten wird die volle Leistung benötigt. Der Zeitgewinn ist hier wirtschaftlicher als der punktuell hohe Kraftstoffverbrauch.
- Bei einem 8-Gang-Getriebe können mitunter Gänge übersprungen werden.

Spezielle Aspekte wirtschaftlichen Fahrens mit Schienenfahrzeugen

Im Vergleich zu Kraftfahrzeugen haben Schienenfahrzeuge in der Regel den Vorteil des «freien Auslaufs». Nehmen Sie bei einem Bus oder Pkw bei eingelegtem Gang das Gas weg, bremst das Fahrzeug selbständig ab. Wird ein Schienenfahrzeug auf die gleiche Geschwindigkeit beschleunigt und dann der Strom weggenommen, rollt es durch seine eigene Schwungmasse «frei» weiter. Auf ebener Strecke ist der Geschwindigkeitsverlust so gering, dass problemlos die nächste Haltestelle erreicht werden kann.

Die wirtschaftliche Fahrweise mit einem Schienenfahrzeug besteht also darin, schnell hoch zu beschleunigen, lange rollen zu lassen und in einem Vorgang abzubremsen. Da die Bremsenergie in das Fahrleitungsnetz zurückgespeist wird, entsteht ein doppelter Vorteil. Eine solch energiesparende Fahrweise ist in der Regel nur auf bahneigenem bzw. besonderem Bahnkörper möglich. Auf straßenbündigem Bahnkörper ist, genau wie bei Omnibussen, oftmals eine «Stop and Go»-Fahrweise nicht zu vermeiden.

12.6 Fahrphysikalische Eigenschaften bei Bussen

Die vier Fahrwiderstände, die im Zusammenhang mit dem wirtschaftlichen Fahren erläutert worden sind, stellen elementare Bestandteile der fahrphysikalischen Eigenschaften von Fahrzeugen dar. Als Fachkräfte im Fahrbetrieb benötigen Sie Kenntnisse weiterer Kräfte, die beim Führen eines Omnibusses wirksam werden. Dazu gehören **Schwerpunkte und Gewichte, Flieh- und Seitenführungskräfte, Bremskräfte.** Sie wirken jede für sich, insbesondere aber in ihrem Zusammenspiel.

12.6.1 Fahrzeug-Schwerpunkte

Durch das Ausbalancieren eines Lineals auf Ihrer Hand können Sie spielerisch den Schwerpunkt ermitteln. Ausgehend von einem Punkt, egal in welcher Position der Körper sich befindet, sind alle Drehmomente im Gleichgewicht. Das ist der Schwerpunkt eines Körpers.

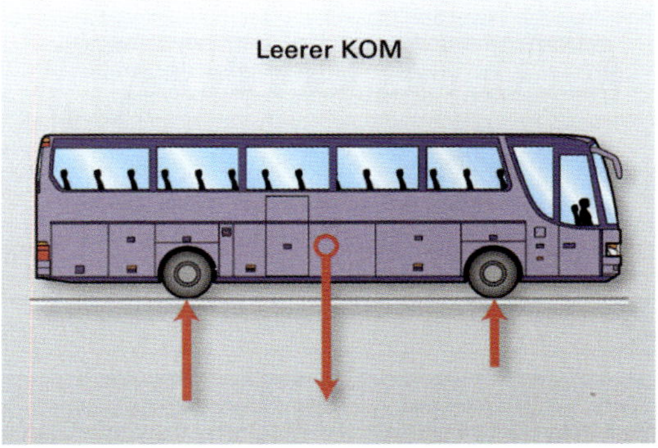

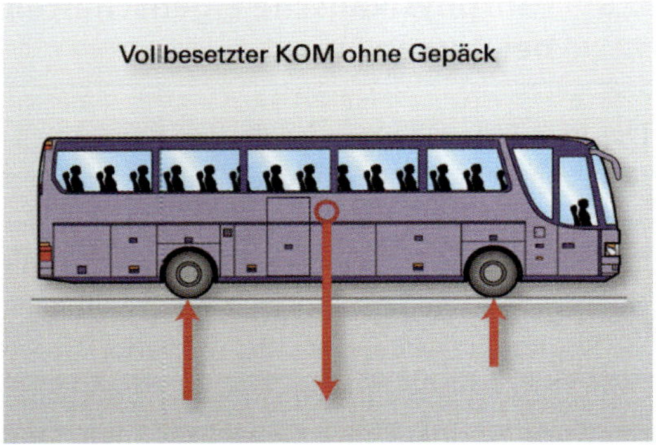

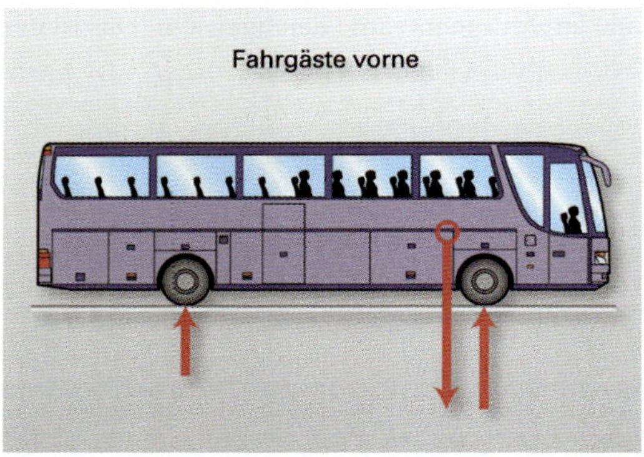

Bei einem Omnibus ist dies um Einiges komplexer. Denn durch das Gewicht des Antriebsstranges ist ca. zwei Drittel auf der Hinterachse und ein Drittel auf der Vorderachse verteilt. Der Schwerpunkt Ihres Fahrzeugs ändert sich ständig durch ein- und aussteigende Fahrgäste. Extrem ändert sich der Schwerpunkt auch, wenn Sie z. B. mit einem Doppeldecker-Bus unterwegs sind und die obere Fahrgastbühne besetzt ist. Die spezifische, sich ständig ändernde Gewichtsverteilung des Busses hat Konsequenzen für viele Fahrmanöver wie das Kurvenfahren, das Fahren auf unterschiedlichen Fahrbahnbelägen und bei verschiedenen Straßenzuständen oder das Bremsen.

12.6.2 Fliehkräfte

Die Fliehkraft nimmt mit dem Quadrat der Geschwindigkeit zu und will beim Kurvenfahren das Fahrzeug von der Fahrbahn ziehen. Die Seitenführungskraft ist abhängig vom Fahrbahnbelag und dem Zustand der Reifen. Ein Reifen muss beim Bremsen und Beschleunigen Kräfte in Längsrichtung und beim Kurvenfahren Querkräfte auf die Straße übertragen. Die maximal möglichen Kräfte sind, bei gleicher Radlast und gleichem Fahrbahnzustand, in jeder Richtung gleich groß. Zeichnet man die Kräfte nach allen Seiten auf und verbindet die Spitzen der Kraftpfeile miteinander, so erhält man den Kamm'schen[11] Kreis.

11 Prof. Kamm, Entdecker dieses Sachverhaltes

Ein vollbesetzter Standardlinienbus wird sich beim Kurvenfahren mehr zur Kurvenaußenseite neigen. Besonders kritisch macht sich diese Gewichtsverteilung natürlich auf glatter Fahrbahn bemerkbar. Ein Gelenkbus verhält sich beim Befahren einer Kurve physikalisch gesehen in abgewinkeltem Zustand wie ein «liegendes Dreieck».

Beim Kurvenfahren nehmen die Fliehkräfte immer mehr zu. Fahrgäste im hinteren Teil des Gelenkbusses müssen deshalb wesentlich höhere Fliehkräfte aushalten.

Wirkende Kräfte

Kamm'scher Kreis

Ändert sich die Radlast oder der Straßenzustand, so ändert sich auch die Größe des Kamm'schen Kreises. Bei kleineren Radlasten oder bei schlechterem Straßenzustand wird der Kreis kleiner, der Reifen kann nur noch geringere Kräfte auf die Straße übertragen. Ein Reifen kann nicht gleichzeitig die größtmögliche Kraft in Längs- und in Querrichtung übertragen. Das Fahrzeug kann demnach bei Kurvenfahrten nicht so stark abgebremst oder beschleunigt werden wie ein geradeaus fahrendes Fahrzeug bei gleicher Geschwindigkeit. Bei einer Kurvenfahrt, die 70 % der Seitenführung ausnutzt, stehen nur noch 70 % der maximalen Bremskraft zur Verfügung. Bei einer Ausnutzung der Seitenführung von 50 % können dagegen fast 90 % der maximalen Verzögerung erreicht werden.

Merksatz

Je langsamer eine Kurve befahren wird, desto mehr Bremsreserven bleiben übrig.

12.6.3 Kippkante

Sehr starker Seitenwind und ein zu schnelles und enges Kurvenfahren können bei ungünstigen Schwerpunktlagen zu einem Umkippen des Fahrzeugs führen. Die Kippkante oder auch Kipplinie befindet sich bei einem rechteckigen Körper an seinen Außenkanten. Stellt man einen solchen Körper z. B. auf eine schiefe Ebene und neigt diese Fläche immer steiler, verlagert sich der Schwerpunkt des Körpers außerhalb der Außenkanten/Kippkante mit der Folge, dass er umfällt. Verlagert sich der Schwerpunkt des Fahrzeugs aufgrund seiner Höhe oder Beladung nach oben, wird der Winkel bis zum Erreichen der Kippkante immer kleiner und die Gefahr des Umkippens immer größer.

Die Gefahr eines Kippens ist also abhängig von der Schwerpunkthöhe, der Fliehkraft und der Größe der Seitenführungskraft.

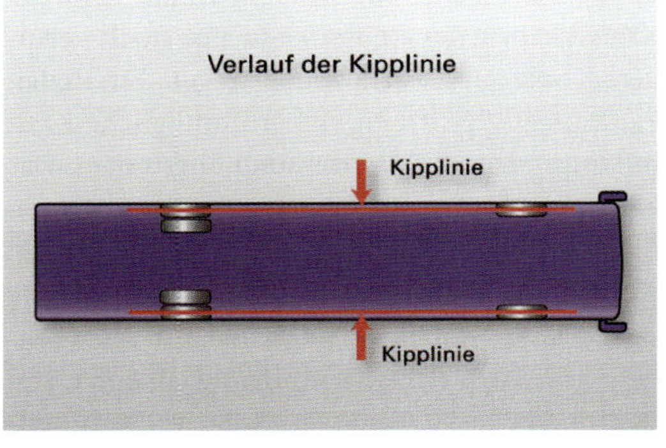

Bleiben Sie mit Ihrem Bus immer auf der Fahrbahn oder einer asphaltierten Fläche. Vermeiden Sie das Befahren von unbefestigten Wegen oder Wiesen. Fahren Sie nicht über den Fahrbahnrand hinaus. Das Fahrzeuggewicht und der Fahrzeugschwerpunkt können zum Einsinken oder Umkippen (z. B. an einer Böschung) führen.

12.6.4 Bremsen

Beim Bremsen und beim Befahren von Steigungen und Gefällen verschieben sich die Achslasten dynamisch. Entsprechende Gewichtsverlagerungen treten ein. Mit Bremsbeginn setzt eine dynamische Achslastverschiebung von hinten nach vorne ein. Die Vorderradlast erhöht sich mit steigender Bremsverzögerung. Dadurch werden die Vorderräder stärker belastet und es werden mehr Reibungskräfte übertragen. Je mehr die Hinterachse entlastet wird, umso leichter kann sie natürlich ausbrechen.

Beim Bergauffahren verlagert sich das Gewicht des Omnibusses noch weiter nach hinten, d. h. die Reifen der Hinterachse sind stärker belastet und können größere Reibungskräfte übertragen als die Reifen der Vorderachse. Beim Bergabfahren verlagert sich das Gewicht des Fahrzeugs dagegen deutlich nach vorne, d. h. die Reifen der Vorderachse werden stärker belastet und können größere Reibungskräfte übertragen als die Reifen der Hinterachse.

Die verschiedenen «fahrdynamischen Zustände» wie Beschleunigen, Bremsen und Kurvenfahren führen zu einer Verlagerung des Fahrzeuggewichtes und damit auch zu einer Veränderung des Druckes, mit dem die einzelnen Reifen auf der Fahrbahn aufliegen. Die individuellen Haftungsbedingungen der einzelnen Reifen verändern sich ständig.

Riskant kann es z. B. bei einer Talfahrt werden: Die Vorderachse wird stärker belastet und die Hinterachse entsprechend entlastet. Wenn dann vor einer Kurve gebremst werden muss, verstärken sich diese Wirkungen mit der Folge, dass die Vorderachse z. B. gegen 80 % Belastung tendiert, während die Hinterachse nur noch 20 % des Fahrzeuggewichtes trägt. Die Hinterachse könnte in einem solchen Fall kaum noch Seitenführungskräfte übertragen, da die Haftungsgrenze sehr schnell erreicht und überschritten werden würde.

Bremsen in Kurven

Das Bremsen in Kurven ist nicht immer zu vermeiden. Durch die Fliehkraft werden die kurveninneren Räder entlastet und die kurvenäußeren Räder belastet.

Zusätzlich wandert, bedingt durch die dynamische Radlastverschiebung, der Schwerpunkt des Fahrzeugs zur Kurvenaußenseite hin. Dadurch baut das äußere Vorderrad noch mehr Seitenführungskraft auf und es kann zum Überbremsen der entlasteten Räder und zum Schleudern des Fahrzeugs in der Kurve kommen. Die mit dem Bremsmanöver einhergehende Entlastung der Hinterräder führt zum Ausbrechen des Fahrzeughecks in Richtung Kurvenaußenseite. Durch abruptes Gaswegnehmen würde sich dieser Effekt noch verstärken.

Merksatz

Grundsätzlich sollen Kurven so angefahren werden, dass während der Kurvenfahrt nicht gebremst werden muss. Je langsamer in eine Kurve gefahren wird, desto mehr Reserven bleiben zum Bremsen übrig. Die richtige Einschätzung und Anpassung der Geschwindigkeit vor der Kurve ist unabdingbar für eine sichere und fahrgastfreundliche Fahrweise.

Bremskraftregler

In allen modernen Fahrzeugen sind heute Bremskraftregler eingebaut. Sie sorgen dafür, dass die Bremskraft an der Achse entsprechend reduziert wird, damit die Seitenführungskräfte erhalten bleiben und das Fahrzeug in der Spur bleibt.

Physikalisch betrachtet haben blockierende Räder vollen Kraftschluss; die Bremswirkung ist indes schlechter als bei Rädern, die vor der Blockiergrenze gebremst werden. Alle modernen Omnibusse haben automatische Blockierverhinderer (ABV). Deshalb gehören blockierende Räder bei funktionierender Technik der Vergangenheit an.

Ohne automatische Blockierverhinderer würde Folgendes passieren: Wird bei Vorderrädern der gesamte Kraftschluss in Fahrtrichtung des Fahrzeuges ausgeschöpft, können sie keine Seitenführungskräfte mehr übertragen. Trotz Lenkeinschlag wird das Fahrzeug die vorher eingeschlagene Richtung beibehalten. Es ist nicht mehr lenkfähig und kann somit dem Straßenverlauf nicht mehr folgen. Das Blockieren der Hinterräder alleine ist noch nicht kritisch. Wenn jedoch gleichzeitig eine seitlich wirkende Kraft auftritt, kann es zum seitlichen Ausbrechen des Fahrzeugs kommen. Dies kann z. B. auf seitlich hängender Fahrbahn, bei Rollsplit auf einer Seite oder bei Seitenwind geschehen.

Steht der Bus still oder bewegt sich mit rollenden, nicht blockierenden Rädern, wird von Haftreibung gesprochen. Von Gleitreibung wird gesprochen, wenn der Bus mit stillstehenden, blockierten Rädern über die Fahrbahn rutscht.

12.7 Fahrdynamische Eigenschaften von Schienenfahrzeugen

12.7.1 Sinuslauf von Schienenfahrzeugen

Die Räder von Straßenbahnen, Stadtbahnen und U-Bahnen besitzen auf den Innenseiten des Radsatzes den Spurkranz, der sie in erster Linie auf den Schienen führen soll. Der Spurkranz allein kann jedoch eine Spurhaltung der Räder bei höheren Geschwindigkeiten nicht gewährleisten. Deshalb weisen die Räder schräge Laufflächen auf. In gewisser Weise ähneln die Räder sehr kurzen Kegelstümpfen.

Die Radscheiben des Radsatzes haben also ein konisches Profil, das sich zu den Außenseiten hin verjüngt. Steht ein Radsatz mit konischem Radprofil auf zwei parallelen Schienen, sind an den Berührpunkten zwischen Radlauffläche und Schiene die Radien durch das vorhandene Spurspiel nicht genau gleichgroß. Sie weichen im Millimeterbereich voneinander ab. Da bei einem Radsatz die Räder starr mit der Achse verbunden sind, drehen sie sich gleich schnell. Das Rad mit dem geringfügig größeren Radius zum Berührpunkt legt einen längeren Weg als das Rad mit dem etwas kleineren Radius zurück. Liegen nun in den Fahrwerken mehrere Radsätze hintereinander, lenkt ein zu weit linksstehender Radsatz nach rechts und umgekehrt. Die dadurch entstehende leichte Schlingerbewegung nennt man Sinuslauf.

12

In Kurven wird der Wagenzug in eine neue Richtung gedrückt. Damit es nicht zu einem starken Rucken kommt, müssen Kurven einen ebenmäßigen Verlauf haben. Der Radius darf sich innerhalb der Kurve nicht abrupt ändern und Kurveneingang und Kurvenausgang müssen linear verlaufen. In der Kurve verschiebt sich die Mitte des Sinuslaufes zur Bogenaußenseite hin. Dort darf es nicht zu Querschlägen kommen. Ideal wirkt sich eine leichte Schräglage des Gleises mit Überhöhung der Bogenaußenseite auf den Kurvenlauf des Fahrzeuges aus.

Bei extrem engen Radien drängelt der Spurkranz gegen die Schiene (Vignolschiene). Bei Rillenschienen reibt der Spurkranz sogar beidseitig in der Rille, was zu dem für Straßenbahnen typischen Quietschen führt. Diesem Quietschen wirkt man heute mit Spurkranzschmierung und Kurvenschmieranlagen entgegen (siehe Kapitel 2 und 10). Der Sinuslauf wird auch von vielen anderen Dingen beeinflusst.

Ein normaler Radsatz hat oft durch äußere Einflüsse keine exakt konischen Radprofile mehr und auch die Schienenprofilform verläuft bei täglicher Nutzung nicht an allen Stellen des Gleises akkurat. Es wirken darüber hinaus unterschiedliche Kräfte, die vom Drehgestell oder dem Wagenkasten übertragen werden auf das Rad-Schiene-System. Die heutigen technischen Mittel lassen jedoch, bei regelmäßiger Wartung, eine genaue Einstellung der Radsätze und eine perfekte Abstimmung zum Gleis zu, so dass das Fahrzeug sich nur noch ganz leicht sinusförmig bewegt und nicht mehr schlingert. Die präzise Abstimmung von Rad- und Schienenprofil bestimmt auch maßgeblich die für die Strecke zulässige Höchstgeschwindigkeit von Schienenfahrzeugen.

Auch der Verschleiß von Radsatz und Schiene wird durch ein gut abgestimmtes Laufverhalten geringer gehalten. Allerdings macht sich ein konisches Radprofil mit Sinuslauf bei sehr langsamer Fahrt kaum bemerkbar. Deshalb werden in Kleinstädten, in denen nur ein oder zwei kurvenreiche Straßenbahnlinien verlaufen, manchmal noch die Fahrzeuge mit den preiswerteren und einfacher herzustellenden zylindrischen Radprofilen ausgerüstet.

Merksatz

Als **Fahrdynamik** bezeichnet man die Gesetzmäßigkeiten, denen Schienenfahrzeuge in ihren Bewegungen unterliegen. Sie ist ein Spezialgebiet der Dynamik.

Merksatz

Vorteil: Je geringer die Rollreibung durch ein exaktes Rad-Schiene-System ist, desto höher ist die Stromeinsparung.

Nachteil: Je geringer die Rollreibung durch ein exaktes Rad-Schiene-System ist, desto geringer ist die Haftreibung. Nur ein gut eingestelltes Schleuder- und Gleitschutzsystem kann diesen Nachteil kompensieren.

Wirkung von Achsentlastung und Belastung bei Straßenbahnen

Für eine Fachkraft im Fahrbetrieb sollte es eine Selbstverständlichkeit sein, das Schienenfahrzeug auch entsprechend seiner fahrdynamischen Eigenschaften zu führen. Für die Anfahrzugkraft ist das auf den Antriebsrädern lastende Gewicht ausschlaggebend. Die Anfahrzugkraft ist die höchstmögliche Zugkraft bei Fahrbeginn aus dem Stillstand heraus. Hierbei ist es wichtig, dass zwischen Rad und Schiene eine ausreichende Haftreibung vorhanden ist. Da beim Anfahren die größere Kraft auf die jeweils hinteren Antriebsräder wirkt, werden die vorderen Räder entlastet und neigen daher schneller zum «Schleudern». Durch die geringe Auflagefläche zwischen Rad und Schiene ist auch der Kraftschluss viel geringer als bei Straßenfahrzeugen. Sand, der vor die Antriebsachsen bzw. angetriebenen Räder auf die Schiene gebracht wird, erhöht die Haftreibung und verhindert das «Schleudern» oder «Gleiten» der Räder. Denn beim Bremsvorgang kehrt sich dann die Kraftrichtung um. Die Schubkraft bewirkt, dass die vorderen Räder mehr belastet werden. Die daraus resultierende Entlastung der hinteren Räder bewirkt, dass diese schneller ins «Gleiten» kommen. Um Flachstellen zu vermeiden, ist es auch hier sehr wichtig Sand einzusetzen. Moderne Fahrzeuge verfügen über eine elektronische Schleuder- und Gleitschutzeinrichtung (siehe ▸ Abschnitt 12.7.2).

Hüllkurve

Bei der Beschaffung neuer Schienenfahrzeuge spielt die Hüllkurve des Fahrzeugs eine nicht zu unterschätzende Rolle. Das neue Fahrzeug soll in der Regel im gesamten vorhandenen Netz eingesetzt werden und muss dabei an allen festen und beweglichen Objekten vorbeifahren können, ohne dass es Konfliktpunkte gibt. Auch beim Begegnen von Bahnen in Kurven muss der Mittenabstand ausreichend sein. Die Hüllkurve wird bestimmt von der Fahrzeugbreite und vom Ausschlag des Wagenkastens in Kurven. Jedes Fahrzeug hat einen anderen Wagenkastenausschlag. Dieser ist abhängig vom Überhang vorn und hinten, von der Anordnung der Achsen oder von Radpaaren, vom Abstand der Achsen oder von Radpaaren, von der Bauart des Gelenkteils (Jakobsdrehgestell oder Sänften) und der gesamten Form der Bahn. Die Beachtung der Hüllkurve ist besonders wichtig in Straßenbahnbetrieben mit viel straßenbündigem Bahnkörper. Im Stadtbahnbereich sind die Gleisanlagen meistens schon großzügig gebaut.

Merksatz

Als Hüllkurve einer Schienenbahn bezeichnet man den Platzbedarf, den das Fahrzeug auf gerader Strecke und in jeder Position einer Kurve benötigt.

Zugkraft und Fahrwiderstände

Die Zugkraft ist notwendig, um die gegen das Fahrzeug wirkenden Widerstände und die Trägheit zu überwinden. Die Trägheit ist eine Eigenschaft von Körpern, in ihrem Ruhezustand zu verharren. Erst wenn eine äußere Kraft auf die Körper einwirkt, wird die Trägheit überwunden. Diese äußere Kraft ist bei Bahnen die Zugkraft.

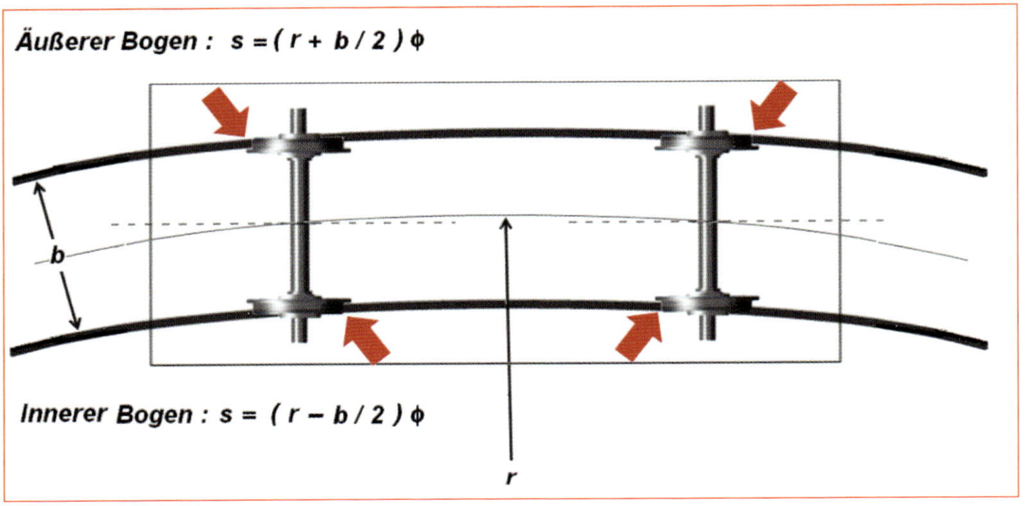

Sinuslauf in Gleisbögen

Sie ist abhängig von einem ausreichenden Kraftschluss zwischen Rad und Schiene. Diesen Kraftschluss nennt man auch Haftzugkraft.

Die Haftzugkraft beeinflusst das Beschleunigungsvermögen und die Bremswege von Schienenfahrzeugen. Demzufolge steht sie auch in sehr engem Zusammenhang mit der gefahrenen Geschwindigkeit.

Merksatz

Ist die Haftzugkraft geringer als die Gesamtzugkraft des Fahrzeuges, drehen beim Anfahren die Räder durch und blockieren beim Bremsen!

Die Kräfte zwischen Rad und Schiene hängen von einem Haftreibungsfaktor ab, den man μ nennt. Dieser wird beeinflusst von Materialien, die aufeinander wirken, wie zum Beispiel Gummi auf Asphalt (Bus) und Stahl auf Stahl (Bahn) (siehe ▶ Kapitel 10).

Außerdem wird der Haftreibungsfaktor auch durch die Oberflächenbedingungen der Haftungsfläche (Gleise) durch Laub, Sand, Schnee, Blütenstaub, Oxidschichten oder Wasser positiv oder negativ beeinflusst. Laub, Nieselregen oder Blütenstaub auf Schienen verringern die Haftreibung von Schienenfahrzeugen erheblich, während Sand, starker Regen und frisch gefallener Schnee sie verbessern.

Kommen die Räder ins Gleiten, entstehen so genannte Flachstellen am Rad (Deformierungen).

Auf vom Regen sauber gewaschenen Schienen ist die Haftreibung genauso gut, wie auf trockenen sauberen Gleisen.

Auch bei Schienenfahrzeugen sind die gleichen Fahrwiderstände wie beim Bus vorhanden, denn die physikalischen Gesetze lassen sich nicht außer Kraft setzen. In ihrer Auswirkung weichen sie jedoch in manchen Fällen voneinander ab. Deshalb werden sie auch separat behandelt.

Merksatz

Der Fahrwiderstand ist die Summe aller Widerstände, die das Schienenfahrzeug mit Hilfe seiner Antriebskraft (positiver Widerstand) oder Bremskraft (negativer Widerstand) überwinden muss.

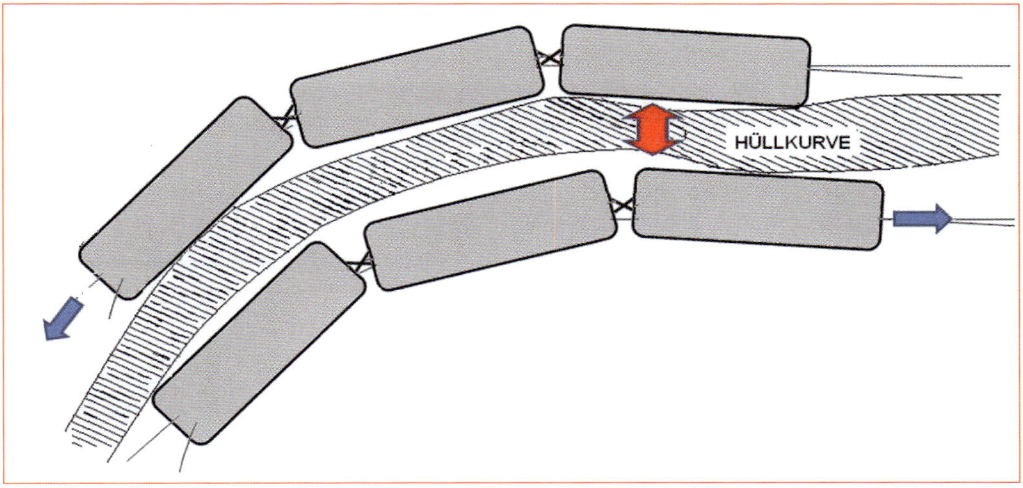

Die Auflage der Lauffläche des Rades auf der Fläche des Schienenkopfes nennt man Haftgewicht. Beim Fahren und Bremsen wirken Widerstände, die zum einen von der Strecke ausgehen und zum anderen vom Fahrzeug. Deshalb unterscheidet man Streckenwiderstände und Fahrzeugwiderstände.

Zu den Streckenwiderständen gehören:

- Steigungswiderstand (Befahren von Steigungen → Im Gefälle ist der Steigungswiderstand negativ)
- Bogenwiderstand (siehe Sinuslauf)
- Weichenwiderstand (sehr gering)

Zu den Fahrzeugwiderständen oder Zugwiderständen gehören:

- Beschleunigungswiderstand (Veränderung der Geschwindigkeit → Verzögerung ist eine negative Beschleunigung)
- Rollwiderstand (Rollwiderstandskoeffizienten sind erheblich kleiner als vergleichbare Werte für Gleitreibung)
- Luftwiderstand (ist abhängig von der Beschaffenheit des Fahrzeuges → Aerodynamik → analog Omnibus)
- Lagerwiderstand (Gleitlager haben größere Reibung als Wälzlager)
- Getriebewiderstand

Fahrzeugbewegungen

Selbst bei einer vorbildlichen Fahrweise entstehen Fahrzeugbewegungen. Schwingungsbewegungen während der Zugfahrt entstehen vor allem durch

- den Sinuslauf der Radsätze,
- Unregelmäßigkeiten in der Gleislage,
- Beschleunigungs- und Bremsvorgänge,
- Fliehkräfte im Bogenlauf.

Schwingungsdämpfungen führen zwar zu Energieverlusten, sind aber notwendig, um fahrgastfreundlich zu fahren.

Weiterhin unterscheiden wir Bewegungen, die nach der Richtung zur Fahrzeugachse unterschieden werden:

- Gieren: die Bewegungen um die Hochachse
- Nicken: die Bewegungen um die Quierachse
- Wanken oder Rollen: die Bewegungen um die Längsachse des Fahrzeuges

Man kann die Bewegungen im Fahrzeug auch unterteilen in die:

- Längsdynamik (Bewegung beim Fahren und Bremsen)
- Querdynamik (Kurvenfahrten)

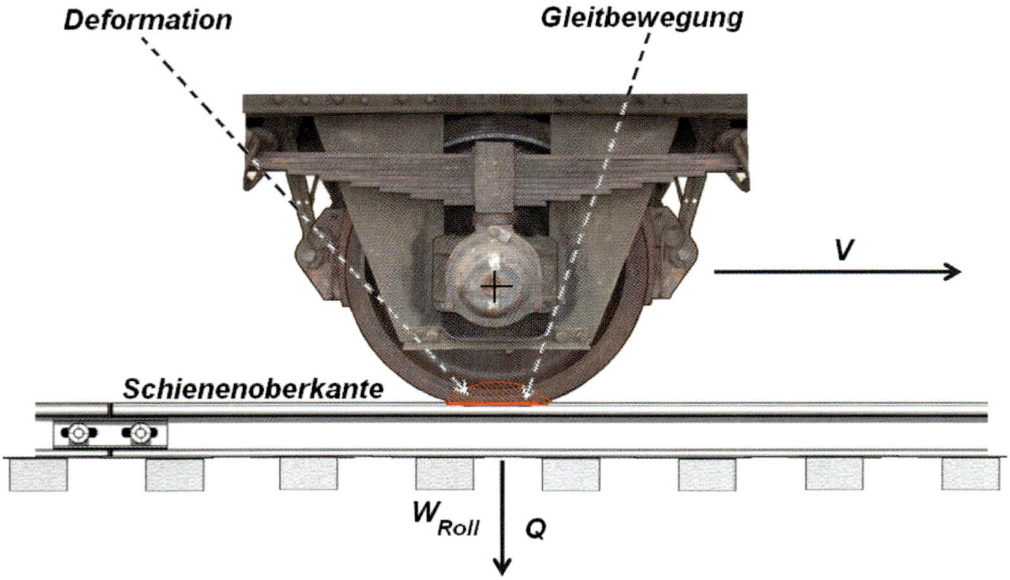

Ist der Rad–Schiene Kraftschluss nicht gegeben, führt dies zum Gleiten

- Vertikaldynamik (Gleiszustand, Gleisbeanspruchung)

Bedenken Sie beim Bremsen mit der Straßenbahn Folgendes: Je höher die Bremsstufe gewählt wird, desto größer ist die Bremsverzögerung und desto kürzer ist der Bremsweg, sofern ausreichende Haftzugkraft vorhanden ist und die Räder nicht ins Gleiten geraten. Wird bei der Bremsung aus der Rollreibung eine Gleitreibung, verlängert sich der Bremsweg erheblich.

Achtung!
Mit jeder Geschwindigkeitserhöhung steigt der Bremsweg quadratisch zur Geschwindigkeit!

Der Bremsweg einer Straßenbahn aus einer Geschwindigkeit von 25 km/h beträgt mit einer Bremsverzögerung von $1 m/s^2$ rund 20 m. Bremst die Straßenbahn an gleicher Stelle aus 50 km/h mit ebenfalls einer Bremsverzögerung von $1 m/s^2$ beträgt der Bremsweg rund 80 m, also 4-mal so viel!

12.7.2 Schleuder und Gleitschutz von Schienenfahrzeugen

Moderne Schienenfahrzeuge besitzen eine elektronische Schleuder- und Gleitschutzeinrichtung. Diese funktioniert, vereinfacht erklärt, in der Regel über Messungen der einzelnen Radumdrehungen in den angetriebenen Achsen. Dieser Wert wird verglichen mit den Umdrehungen einer nicht angetriebenen und nicht gebremsten Achse.

Dreht nun ein Radsatz im Fahrwerk schneller als der andere oder weichen die Werte eines angetriebenen Radsatzes von dem Wert des nicht angetriebenen Radsatzes voneinander ab, wird, unabhängig von dem vom Fahrer eingestellten Sollwert, der Sollwert soweit zurückgenommen und Sand gegeben, dass die Haftzugkraft zwischen Rad und Schiene wiederhergestellt wird. Damit ist diese wieder größer als die Gesamtzugkraft des Wagens.

Bei einem Einzelradantrieb werden die einzelnen Antriebe miteinander verglichen und geregelt. Beim Anfahren wird so das Schleudern verhindert und die Radreifen geschont. Die Elektronik reagiert entschieden schneller als der Fahrer.

Beim Überbremsen würden die Räder oder Radsätze blockieren und das Fahrzeug gleiten. Auch hier werden, wie beim Anfahren, die Radumdrehungen gemessen und verglichen. Weist nun eine Achse oder ein Radsatz unterschiedliche Drehzahlen zum anderen Rad oder Radsatz auf, wird ebenfalls durch die Elektronik, unabhängig von dem vom Fahrer eingestellten Sollwert, der Bremsstrom soweit zurückgesetzt und Sand gegeben, dass die Haftzugkraft (in diesem Fall Haftbremskraft) zwischen Rad und Schiene wieder größer ist als die Gesamtbremskraft des Wagens. Weil sich durch diesen Vorgang der Bremsweg jedoch verlängern würde, kommen einzelne Schienenbremspaare (je nach Hersteller) abgestuft zum Einsatz.

Faktoren, die den Bremsweg beeinflussen

Die wichtigsten Formeln der Fahrdynamik (bei gleichförmiger Bewegung) sind:

$v = s : t$ $s = v \times t$ $t = s : v$

Die Umrechnung von m/s in km/h erfolgt folgendermaßen:

v in m/s zu km / h erfolgt so:
$3{,}6 \times v$ m/s = X km/h

Die Bremsverzögerung errechnet man:

$a = v^2 : 2\,s$

Zum Anhalteweg gilt die gleiche Aussage, wie für alle Fahrzeuge und Fahrer:

Merksatz

Reaktionsweg + Bremsweg = Anhalteweg

Der **Reaktionsweg** hängt immer von den persönlichen Eigenschaften und dem Gesundheitszustand des Fahrers ab.

Doch der **Bremsweg** wird von feststehenden Faktoren beeinflusst. So wird der Bremsweg einer Schienenbahn von sechs **Hauptfaktoren** beeinflusst:

1. Geschwindigkeit (Bremsweg steigt quadratisch)
2. Schienenverhältnisse (Laub, Nieselregen, saubere Schienen)
3. Streckenverhältnisse (Steigung, Gefälle, Kurven)
4. Behängung (Beiwagenbetrieb, Doppeltraktion oder Gelenkwagen)
5. Besetzung (Anzahl der Fahrgäste im Fahrzeug)
6. Art der eingesetzten Bremsen (nur E-Bremse, Schienenbremsen usw.)

Um fahrgastfreundlich zu fahren, ist natürlich auch immer die «Schubrichtung» des Fahrzeuges zu beachten. Im Normalfall soll der Fahrer seine Fahrgeschwindigkeit so einrichten, dass Fahrgäste möglichst ruhig sitzen oder stehen können und in Kurven keine zu großen Fliehkräfte herrschen.

Das heißt, beim Anfahren werden die vorderen Radsätze entlastet und die hinteren Radsätze belastet. Die Fahrgäste werden nach hinten gedrückt. Beim Bremsen ist es umgekehrt. Die vorderen Radsätze werden belastet und die hinteren entlastet, dazu bewegen sich die Fahrgäste beim Bremsen nach vorn. Je stärker die Beschleunigung oder die Bremsung ist, desto größer ist der entsprechende Effekt.

Entlastete Radsätze neigen eher zum Durchdrehen (Schleudern) oder Gleiten.

Eine fahrgastfreundliche Fahrweise zeichnet sich dadurch aus, dass die Fahrgäste auch auf Stehplätzen sicher und ohne große Belastungen von A nach B gebracht werden. Das Anfahren und Bremsen hat sanft zu erfolgen, Kurvenfahrten sind so durchzuführen, dass die Fahrgäste, trotz Fliehkraft, nicht gefährdet werden.

In der BOStrab sind verschiedene Bremssysteme (siehe ► Kapitel 7) für Schienenfahrzeuge vorgeschrieben. Die BOStrab schreibt Folgendes vor:

§ 36 Bremsen

(1) Fahrzeuge müssen mindestens zwei Bremsen haben. Diese müssen so voneinander unabhängig sein, dass bei Störungen innerhalb der einen Bremse die Wirksamkeit der anderen Bremse erhalten bleibt; ihre Wirksamkeit muss auch bei Ausfall der Fahrleitungsspannung gesichert sein.

(2) Die Bremsen müssen so gebaut und einschließlich ihrer Steuereinrichtungen so aufeinander abgestimmt sein, dass

1. Fahrzeuge und Züge ohne Gefährdung der Fahrgäste mit möglichst geringem Ruck bis zum Stillstand verzögert werden können (Betriebsbremsung),

2. der Kraftschluss zwischen Rad und Schiene im betriebsnotwendigen Umfang ausgenutzt werden kann,

3. sie im Zusammenwirken Dauerleistungen aufweisen, die den Neigungsverhältnissen im Streckennetz und den betrieblichen Verhältnissen angepasst sind.

(3) Bei Ausfall einer Bremse müssen mit den übrigen Bremsen mindestens die mittleren Bremsverzögerungen nach Anlage 2 Tabelle 1 erreicht werden.

(4) Eine der Bremsen muss ein Abrollen des mit größter Nutzlast stillstehenden Fahrzeugs auf der größten im Streckennetz vorhandenen Neigung verhindern können. Diese Bremse muss nach dem Federspeicherprinzip wirken; ihre Bremskraft muss ausschließlich durch mechanische Mittel erzeugt und übertragen werden.

(5) Bei Fahrzeugen straßenabhängiger Bahnen, ausgenommen bei Betriebsfahrzeugen nach Absatz 6, müssen

– 1. eine Bremse vom Kraftschluss zwischen Rad und Schiene unabhängig sein,

– 2. die anderen Bremsen durch Sandstreueinrichtungen ergänzt sein,

– 3. mit den Bremsen mindestens die mittleren Bremsverzögerungen nach Anlage 2 Tabelle 2 erreicht werden (Gefahrbremsung).

(6) Abweichend von Absatz 1 brauchen Betriebsfahrzeuge, deren Geschwindigkeit auf unabhängigen Bahnkörpern 40 km/h, auf sonstigen Bahnkörpern 30 km/h nicht übersteigt, nur eine Bremse zu haben. Mit ihr müssen mindestens die mittleren Bremsverzögerungen nach Anlage 2 Tabelle 1 erreicht werden.

(7) Die Bremsen der Fahrzeuge, die im Zugverband betrieben werden, müssen so gesteuert sein, dass der Zug das für Fahrzeuge vorgeschriebene Bremsvermögen nach den Absätzen 2 bis 6 erreicht.

(8) Bei unbeabsichtigter Zugtrennung müssen sich mindestens die nicht mit Fahrbediensteten besetzten Zugteile selbsttätig abbremsen; die Zugtrennung muss dem Fahrzeugführer oder einer besetzten Betriebsstelle erkennbar sein.

(9) In Personenfahrzeugen müssen Einrichtungen vorhanden sein, mit denen Fahrgäste im Notfall eine Bremsung einleiten können (Notbremsung). Auf Strecken ohne Sicherheitsraum und in Tunneln darf die Betätigung dieser Einrichtungen außerhalb von Haltestellen erst am nächsten Bahnsteig zum Halt führen.

12.8 Verhalten in besonderen Verkehrssituationen

Nicht alle Verkehrssituationen sind mit Gesetzen, Verordnungen oder Vorschriften geregelt. Das ist auch gar nicht möglich. Sie werden feststellen, dass Sie als Fahrerin und Fahrer von Bus und Bahn immer mal wieder in Verkehrssituationen kommen, in denen vor allem Ihr Augenmaß und Ihre Intuition gefragt sind. Im Folgenden sollen Sie als angehende Fachkräfte im Fahrbetrieb für einige besondere Verkehrssituationen die Grundregeln für sicheres Fahren und entsprechendes Verhalten kennenlernen.

12.8.1 Befahren von engen Kurven

Die vorderen und hinteren Karosserie-Überhänge von Bussen erfordern eine besondere Fahrtechnik. Insbesondere in engen Kurven besteht die Gefahr, mit der überhängenden Karosserie andere Verkehrsteilnehmer zu behindern, Lichtsignalanlagen oder Verkehrszeichen zu beschädigen. Bedenken Sie in solchen Situationen die Fahrzeugmaße des Busses, fahren Sie vorsichtig und trainieren Sie in der Fahrschule speziell solche Fahrten.

Quelle: Stuttgarter Straßenbahnen AG

12.8.2 Einfahren in die Haltestelle

Beim Einfahren in Haltestellen mit Busbucht kommt es immer wieder vor, dass Sie den vorderen Überhang des Busses über den Bordstein laufen lassen müssen. Der Vorteil dabei ist, dass die Hinterachse des Fahrzeugs schneller und vor allem näher an den Bordstein der Haltestelle gefahren wird, so dass Fahrgäste an den hinteren Türen bequem aus- und einsteigen können. Fahren Sie besonders vorsichtig an die Haltestelle heran. Achten Sie vorrangig beim vollbesetzten Niederflurbus auf den Überhang, denn hier ist die Gefahr groß, dass mit der vorderen rechten Ecke über den Bordstein geschrammt wird. Vermeiden Sie Beschädigungen am Unterbau Ihres Busses.

Achten Sie beim Einfahren in die Haltestelle auch auf den rechten Außenspiegel Ihres Fahrzeugs. Insbesondere bei Niederflurbussen ist er relativ niedrig angebracht, so dass wartende Fahrgäste verletzt werden könnten. Fahren Sie umsichtig in die Haltestelle ein.

Nicht selten passiert es, dass Pkw oder Lkw Haltestellen verkehrswidrig als Parkplatz oder zum Be- und Entladen nutzen. Dann ist ein korrektes Anfahren der Haltestelle nicht möglich. Hier können Sie, sofern es die Verkehrssituation erlaubt, den Fahrgastwechsel «in zweiter Reihe» vornehmen. Sie müssen allerdings vorher über Lautsprecher die Fahrgäste auf die besondere Aussteigesituation aufmerksam machen. Außerdem sollten Sie natürlich die Leitstelle über die Falschparker informieren, damit sie entsprechende Maßnahmen einleiten kann (Verkehrsmeister, Polizei).

Die gleiche Situation kennt das Fahrpersonal von Straßenbahnen, wenn es mit ihrer Bahn im Individualverkehr verkehrt. Anders als der Bus steht die Bahn fest, bis das Fahrzeug wegfährt oder der Abschleppdienst kommt.

Quelle: Stuttgarter Straßenbahnen AG

Zugeparkte Haltestelle

12.8.3 Ausfahren aus der Haltestelle

Ärgerlich sind falsch parkende Pkw oder Lkw, die insbesondere das Fahren aus der Haltestelle erschweren. Beim Ausfahren müssen Sie den Bus sehr stark einlenken, ansonsten würden Sie die Haltestelle nicht verlassen können. Hierbei besteht die Gefahr, dass der hintere Überhang über den Haltestellenbereich schwenkt. Achten Sie darauf, schauen Sie in den Außenspiegel, vergewissern Sie sich, dass sich keine Personen im Schwenkbereich aufhalten und fahren Sie umsichtig aus der Haltestelle.

12.8.4 Befahren von Engstellen

Die beiden Verkehrszeichen 208 und 308 signalisieren Straßen-Engstellen. Diese können als permanente Verengung in die Straßenführung eingebaut sein; sie können jedoch auch baustellenbedingt sein. Die Verkehrszeichen schreiben vor, wer vorrangig die Engstelle passieren darf. Fahrerinnen und Fahrer von Bussen sollten hier besondere Vorsicht walten lassen. Nicht selten gehen Pkw-Fahrer davon aus, dass Busse – obwohl sie Vorrang haben – an Engstellen grundsätzlich anhalten. Haben Sie dies im Sinn, wenn Sie Engstellen anfahren. Befahren Sie eine Engstelle, können Sie sich auch mal «breitmachen», indem Ihr Bus die Engstelle ausfüllt. Das ist keine Provokation. Im Gegenteil: Damit signalisieren Sie dem entgegenkommenden Verkehr, dass er vor der Engstelle stehen bleiben soll.

Engstellen können auch entstehen, wenn zwei Nutzfahrzeuge, z. B. ein Omnibus und ein Lkw, einander begegnen. Auch hier müssen Sie Vorsicht walten lassen und durch eine vorausschauende Fahrweise die Situation erkennen. Sie haben hier grundsätzlich zwei Möglichkeiten: Suchen Sie sich eine Ausweichmöglichkeit, bleiben Sie stehen und lassen den Gegenverkehr durchfahren. Oder signalisieren Sie dem Gegenverkehr, dass Sie vorfahren möchten und der Gegenverkehr entsprechend auszuweichen hat.

Da eine Straßenbahn durch ihre Gleise geführt wird, ist der Fahrer zwar verpflichtet, die rückwärtige Verkehrslage und den Gegenverkehr zu beachten und hat bei entsprechender Beschilderung den Vorrang. Hält jedoch ein anderer Verkehrsteilnehmer in der Engstelle an, kann die Bahn nicht ausweichen. Aufgrund ihrer Fahrzeuglänge behindert sie dann oft noch, unvermeidbar, andere Verkehrsteilnehmer.

12.8.5 Abbiegen in enge Einmündungen

Achten Sie beim Einbiegen in enge Einmündungen (auch enge Kurven) auf den Gegenverkehr. Mit einem Omnibus wird es hier und da passieren, dass Sie zum Abbiegen den Fahrstreifen des Gegenverkehrs mitbenutzen müssen. Der spezifische Wendekreis des Busses lässt oftmals keine andere Möglichkeit zu. Warten Sie an solchen Stellen, bis kein Fahrzeug (auch kein Fahrradfahrer) auf der Gegenfahrbahn ist und der erforderliche Platz für das Abbiegemanöver vorhanden ist.

Eine gefährliche Situation für Straßenbahn- oder Stadtbahnfahrer im öffentlichen Verkehrsraum besteht immer dann, wenn sich Autofahrer neben dem Gleis zum Linksabbiegen einordnen, aber nicht in den Rückspiegel schauen und/oder ganz langsam in Richtung Gleis rollen. Hier muss der Fahrer oft auf sein Gefühl vertrauen, bremsbereit und besonders aufmerksam sein.

Quelle: Stuttgarter Straßenbahnen AG

12.8.6 Kreuzen von Bahnübergängen ohne Schranken

Beim Kreuzen von Bahnübergängen ist höchste Vorsicht geboten. Beobachten Sie als Busfahrer sorgfältig, ob sich ein Schienenfahrzeug nähert und seien Sie bremsbereit. Bleiben Sie mit dem Fahrzeug nie auf den Schienen stehen. Achten Sie insbesondere bei Rückstaus darauf. Bedenken Sie: auch wenn Lokführer oder Stadtbahnfahrer registrieren, dass der Bahnübergang durch ein Fahrzeug blockiert ist, wird ein rechtzeitiges Anhalten wegen des Gewichts des Schienenfahrzeugs und seines langen Bremswegs nur selten möglich sein. Halten Sie stets so viel Abstand, dass Sie mit Ihrem Bus zügig den Gleisbereich überfahren können. Nach § 19 der StVO haben Schienenfahrzeuge an Bahnübergängen stets Vorrang.

12.8.7 Überholen

Überholen darf nur, wer übersehen kann, dass während des gesamten Überholvorgangs jede Behinderung des Gegenverkehrs ausgeschlossen ist. So steht es in § 5 (2) der StVO. Hier finden Sie auch sehr detailliert, was Sie alles beim Überholen anderer Fahrzeuge beachten müssen und welche Gefahren beim Überholen entstehen können.

Ein Omnibus benötigt einerseits mehr Platz zum Überholen; andererseits auch mehr Zeit. Er kann nicht so schnell beschleunigen wie ein Pkw. Zusätzlich ist die Länge des Busses (mindestens 12 Meter) zu berücksichtigen. Sie erfordert beim Wiedereinscheren viel Umsicht. Sie müssen sich vergewissert haben, dass das überholte Fahrzeug auch tatsächlich in der gesamten Länge passiert worden ist; ein zusätzlicher Sicherheitsabstand ist ebenfalls einzuhalten. Überholen bedeutet immer ein Risiko. Wägen Sie sehr genau ab, ob Sie dieses Risiko eingehen wollen.

Mit einer Straßenbahn ein Kraftfahrzeug auf straßenbündigem Bahnkörper zu überholen ist kaum möglich. Bedenken Sie, dass bald schon die nächste Haltestelle kommt und das Überholen nicht lohnt. Achten Sie darauf, ob sich die Straße einengt und es zu einer Gefahrensituation kommen könnte. Kommt es zum Unfall, wird der Straßenbahn- oder Busfahrer vor Gericht stets als der höher qualifiziertere Fahrer angesehen.

Im Stadtverkehr macht das Überholen allein schon wegen der kurzen Haltestellenabstände und der vielen Kreuzungen in der Regel keinen Sinn.

12.8.8 Fahren im Gefälle

Das Fahren im Gefälle beginnt bereits oben am Berg. Bevor Sie ins Gefälle einfahren, müssen Sie Ihre Geschwindigkeit verringern. Hat Ihr Bus ein Schaltgetriebe, müssen Sie runter schalten und frühzeitig den Retarder einsetzen. Bei einem Automatikgetriebe müssen Sie eine niedrigere Getriebeschaltstufe wählen. Dadurch nutzen Sie die Bremswirkung des Motors aus und müssen weniger bremsen. Aufgrund seines hohen Gewichts benötigen Sie mit dem Omnibus im Gefälle einen wesentlich längeren Bremsweg als auf einer ebenen Fahrbahn. Deshalb gilt es, stets den Abstand zum vor Ihnen fahrenden Fahrzeug zu vergrößern. Denken Sie daran: Der Bus ist ein schweres Nutzfahrzeug; wird es ununterbrochen mit der Betriebsbremse gebremst, besteht die Gefahr ihrer Überhitzung und sie fällt aus. Dies nennt man Bremsfading. Das Wort Fading kommt vom englischen Verb «fade», was so viel wie dahinschwinden bedeutet. Die Bremskraft schwindet also dahin.

Bremsfading tritt bei Trommelbremsen häufiger auf als bei Scheibenbremsen. Wenn sich bei Dauerbremsungen die Trommelbremse auf 500 °C und mehr erhitzt, verringert sich zwischen Bremsbacken und Bremstrommel die Bremskraft immer mehr, bis die Bremse total versagt.

Bei Scheibenbremsen kommt es zum Fading, weil hier bei Überhitzung Dampfblasen zwischen Bremsscheibe und Bremsbacken gebildet werden.

Straßenbahnen haben im Gefälle ebenfalls den Sicherheitsabstand zu vergrößern, sogar manchmal zu verdoppeln, denn ein Schienenfahrzeug hat einen wesentlich längeren Bremsweg als ein Omnibus. Die Schubkraft im Gefälle, bedingt durch die große Masse des Schienenfahrzeugs sowie die geringe Haftreibungsfläche zwischen Rad und Schiene, wirken zusätzlich bremswegverlängernd.

Merksatz

Wann immer möglich den Retarder einsetzen!

12.8.9 Liegenbleiben des Busses / technische Defekte

Bei technischen Defekten am Bus oder Beteiligung an «leichten» Unfällen ohne Personenschaden müssen Sie rechts ranfahren; einerseits um die Fahrbahn für den nachfolgenden Verkehr einigermaßen freizumachen, andererseits um mit dem Unfallverursacher Kontakt aufzunehmen. Schalten Sie bereits beim Ausrollen des Busses die Warnblinkanlage an. Informieren Sie die Leitstelle und folgen Sie deren Anweisungen.

Informieren Sie Ihre Fahrgäste über die Situation und teilen Sie ihnen mit, wie es weitergeht. Nichts ist für den Fahrgast nerviger als eine unklare Situation nach Unfällen oder technischen Defekten. Das gilt allerdings auch für Staus oder sonstige Behinderungen im Verkehrsfluss.

Entscheidend wird in diesen und anderen Situationen sein, das geeignete Fahrverhalten in der Praxis mit Ihren Fahrlehrern zu üben und über die Jahre in Ihrer Fahrpraxis Routine zu erlangen. Denn eins ist völlig klar: die geschilderten Situationen gehören zum Alltag von Fahrern im städtischen Nahverkehr.

Auf die Darstellung spezifischer Situationen, wie sie für den Reiseverkehr typisch sind, ist an dieser Stelle verzichtet worden.

12.9 Sicherungssysteme

Die verschiedenen Sicherungssysteme in Fahrzeugen dienen dazu, die Sicherheit von Fahrern und Fahrgästen zu gewährleisten. Im Folgenden werden die wichtigen Sicherungssysteme der gummibereiften Fahrzeuge, der Kraftomnibusse, vorgestellt und ihre Funktionen kurz erläutert. Die Beschreibung der Sicherheitsausstattung und Sicherheitssysteme von Straßenbahnen, Stadtbahnen und U-Bahnen finden Sie in ▶ Kapitel 7 und ▶ Kapitel 10.

Mehrere der vorgestellten Sicherheitssysteme finden Sie nicht in Linienbussen, z. B. Sicherheitsgurte für Fahrgäste oder Fahrer; auch einen Airbag werden Sie dort nicht finden. In Reisebussen sind solche Systeme indes Pflicht. Wir stellen sie an dieser Stelle trotzdem vor, da Fachkräfte im Fahrbetrieb ab dem Alter von 21 Jahren auch in der Personenbeförderung auf Linienlängen über 50 km eingesetzt werden dürfen, wie sie z. B. im Reiseverkehr üblich sind.

Es wird zwischen passiven und aktiven Sicherheitssystemen unterschieden. Zu den passiven Systemen gehören Sicherheitsgurte und Airbags, weitere Fahrzeug-Inneneinrichtungen für die innere Sicherheit sowie fahrzeugbezogene Maßnahmen wie Kantenschutz, Radmutternschutz, Karosserie-Form und Knautsch-Zonen-Verbesserung. Unter den aktiven Sicherheitssystemen werden insbesondere die elektronischen Fahrdynamiksysteme wie ABV und ESP eingeordnet.

12.9.1 Passive Sicherheitssysteme

Sicherheitsgurt und Gurtstraffer

Sicherheitsgurte für Fahrer (3-Punkt-Gurte) und Fahrgäste (2-Punkt-Gurte) werden in Reisebussen, aber nicht in Linienbussen eingebaut. In den seit dem 1.10.1999 gebauten Reisebussen sind Sicherheitsgurte auf allen Plätzen vorgeschrieben. Nach § 21a StVO müssen die Sicherheitsgurte während der Fahrt angelegt werden. Das gilt auch für Sicherheitsgurte in Omnibussen.

Es ist durch Crashtests und Unfallursachenforschungen erwiesen, dass Sicherheitsgurte die Verletzungsfolgen erheblich mindern können. In Bussen schützen sie die Fahrgäste und den Fahrer bei Frontalunfällen, aber auch bei Umsturz- und Überschlagunfällen.

In moderne Gurtsysteme sind zusätzliche Gurtstraffer und Gurtkraftbegrenzer eingebaut und kombiniert. Gurtstraffer haben die Funktion, die Sicherheitsgurte während eines Aufpralls zu straffen, damit die Fahrzeuginsassen nicht in einen zu lockeren Gurt hineinfallen bzw. unter den Beckengurt hindurch tauchen. Innerhalb weniger Millisekunden wird der Gurt bis zu 15 cm angezogen. Ein Gurtkraftbegrenzer verhindert, dass die Kräfte des Gurtstraffers zu stark werden. Sensoren des Airbagsteuergeräts lösen den Gurtstraffer aus. Bei niedrigen Geschwindigkeiten kann der Wert unter dem der Airbag-Auslösung liegen. Dann löst der Gurtstraffer aus, aber nicht der Airbag. Ausgelöst wird der Gurtstraffer in der Regel mit einer gespannten Feder. Aktuell bringen Gurtstraffer ca. 2 kN Kraft auf die Schulter, wenn der Gurt bereits straff anliegt. Dies führt in den seltensten Fällen zu Verletzungen.

Airbag

Der Begriff «Airbag» kommt aus dem Englischen und bedeutet «Luftsack». Der Airbag ist ein Teil des Insassenrückhaltesystems von Kraftfahrzeugen. Innerhalb von 10 bis 40 Millisekunden nach einem Aufprall wird der Airbag von einem Gasgenerator aufgeblasen. Er verhindert oder dämpft den Aufprall der Insassen auf das Lenkrad oder andere Inneneinrichtungen im Fahrzeug. In erster Linie verringert er dabei die Gefahr von Kopf- und Brustkorbverletzungen. Unterschiedliche Airbagsysteme sind abgestimmt auf die zu schützende Körperregion und den Unfalltyp. Sie werden eingebaut und von einem zentralen, fahrzeugeigenen Airbagsteuergerät ausgelöst.

Frontairbags für Fahrer und Beifahrer und meist auch Seitenairbags in den Vordersitzlehnen oder der Tür gehören inzwischen zur Standardausstattung neuer Pkw. Neuerdings werden für alle Körperregionen die verschiedensten Airbags eingebaut wie zum Beispiel der

- Lenksäulenairbag
- Kopfairbag
- Knieairbag
- Windowairbag

Wenn die Insassen nicht angeschnallt sind, werden sie während des Aufpralls nach vorn geschleudert, sind damit in der Entfaltungszone des Airbags und werden dann mit bis zu 300 km/h wieder zurückgeschleudert. Die Insassen sind dadurch zusätzlich gefährdet und nicht durch den Airbag geschützt.

12

Elektronische Rückhaltesysteme

In Ergänzung zu Gurtstraffer und Airbag wurde die aktive Kopfstütze entwickelt. Sie schnellt bei einem Heckaufprall automatisch nach vorne. Ein in die Sitzlehne integriertes Hebelsystem ist verantwortlich für diesen Klappmechanismus. Sie verringert den Abstand zwischen dem Hinterkopf und der Kopfstütze. So wird eine S-förmige Überstreckung der Wirbelsäule («Peitschenschlag-Effekt») verhindert.

Haltestangen, Handläufe, Sondernutzungsflächen

Diese Elemente passiver Sicherheitssysteme finden sich in Linienbussen des städtischen Nahverkehrs. Stehende Fahrgäste nutzen Haltegriffe und Haltestangen oder die eingebauten Anlehnflächen, um sich während der Fahrt festzuhalten. Sie dienen jedoch auch dazu, mobilitätseingeschränkten Fahrgästen nach dem Einsteigen und vor dem Aussteigen eine sichere Fortbewegung zum und vom (speziell gekennzeichneten) Sitzplatz zu gewährleisten. Dies ist entsprechend der EU-Richtlinie 2001/85/EG zwingend vorgeschrieben.

Damit Haltegriffe, Haltestangen und Handläufe entsprechend erkannt werden können, schreibt die EU-Richtlinie außerdem vor, dass diese in Kontrastfarbe abgesetzt sein müssen.

Quelle: Offenbacher Verkehrsbetriebe GmbH

Quelle: Dresdner Verkehrsbetriebe AG

In nahezu allen Linienbussen des städtischen Nahverkehrs gibt es zwischenzeitlich Bereiche mit Sondernutzungsflächen. Sie dienen dazu, Rollstühle und Kinderwagen zu sichern.

12.9.2 Aktive Sicherheitssysteme

Die aktiven Sicherheitssysteme werden auch Fahrerassistenzsysteme oder Fahrdynamiksysteme genannt. Sie zeichnen sich dadurch aus, dass sie den Fahrer in kritischen Fahrsituationen unterstützen und das Fahrverhalten des Fahrzeugs stabilisieren. Natürlich können solche Systeme die fahrphysikalischen Gesetze nicht überlisten; aber innerhalb der Grenzen können sie ein Optimum an Fahrstabilität realisieren.

Automatischer Blockierverhinderer (ABV)

Das ABV-System (umgangssprachlich auch ABS genannt) verhindert das Blockieren der Räder. Das Fahrzeug bleibt lenkbar und Hindernisse können umfahren werden.

Die Funktion: Sensoren messen die Drehzahl der Räder und die Daten werden an ein Steuergerät übertragen. Das Steuergerät vergleicht die verschiedenen Drehzahlen der Räder. Bevor ein Rad blockiert, gibt das Steuergerät das Signal an, die Bremse des jeweiligen Rads wird kurzzeitig gelöst. Dieser Vorgang geschieht mehrmals in der Sekunde. Das Fahrzeug kann mit der Bremsanlage gebremst werden und weiterhin betrieben werden.

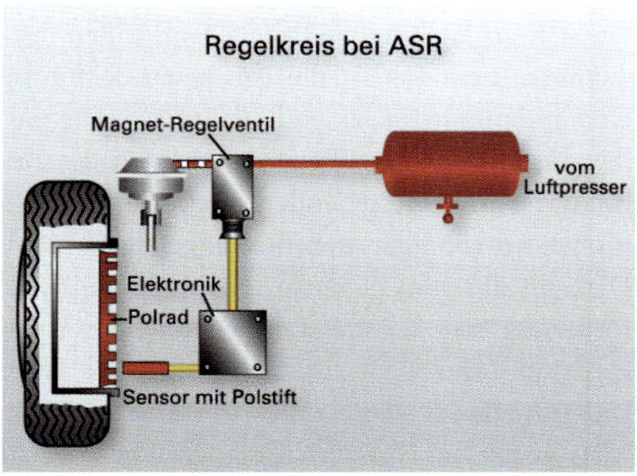

Die Vorteile des ABV-Systems sind:

- Die Lenkbarkeit während des Bremsvorgangs bleibt erhalten
- Eine bessere Lenkbarkeit auf unterschiedlich griffigen Fahrbahnen wird gewährleistet
- Das Bremsverhalten wird verbessert
- Die Reifen werden geschont
- Die Funktion der herkömmlichen Bremsanlage bleibt erhalten

Antriebs-Schlupf-Regelung (ASR)

Das ASR ist eine konsequente Weiterentwicklung des ABS und kann jedes Antriebsrad einzeln abbremsen.

Die Vorteile der ASR sind:

- Sie verhindert unabhängig von der Gaspedalstellung das Durchdrehen der Räder beim Anfahren oder Beschleunigen.
- Sie bietet mehr Sicherheit und Komfort, insbesondere auf unterschiedlichen griffigen oder rutschigen Fahrbahnbelägen.
- Sie verhindert beim Anfahren durchdrehende Räder und somit das seitliche Versetzen des Fahrzeuges.
- Es wird nicht nur das durchdrehende Rad abgebremst, sondern auch die Motorleistung zurückgenommen.

Elektronisches Stabilitätsprogramm (ESP)

Das elektronische Stabilitätsprogramm (ESP) hilft dem Fahrer kritische Situationen im Straßenverkehr zu entschärfen und die Kontrolle über das Fahrzeug zu behalten. Dies kann durch gezielte Eingriffe des Systems ins Brems- oder Motorsystem geschehen.

Die Funktionsweise ist dem ASR sehr ähnlich. Beim ESP wird der Giermoment, also der Drang des Fahrzeugs, sich um die Hochachse drehen zu wollen, des Fahrzeugs mitberücksichtigt. Die Elektronik des ESP erfasst jede Bewegung des Busses. Es vergleicht permanent den Lenkeinschlag mit der aktuellen Geschwindigkeit.

Das System greift ein, wenn es erkennt, dass diese zwei Parameter nicht übereinstimmen. Das Fahrzeug wird abgebremst, bevor eine kritische Fahrsituation entstehen kann. Der Eingriff kann an den Bremsen, am Motor oder an beiden gleichzeitig erfolgen. Einzelne Räder werden gezielt abgebremst.

Das ESP reagiert beim *Untersteuern* durch einen Bremseingriff am kurveninneren Hinterrad und verhindert, dass das Fahrzeug aus der Kurve driftet. Je nach Geschwindigkeit und Lenkeinschlag kann zusätzlich Bremskraft auf das kurveninnere Vorderrad geleitet werden. Zusätzlich wird zur Unterstützung das Motormoment reduziert.

Das ESP reagiert beim *Übersteuern* durch automatisches Einleiten eines Bremsvorgangs am kurvenäußeren Vorderrad und verhindert so, dass das Fahrzeug in die Kurve hineindreht. Je nach Geschwindigkeit und Lenkeinschlag kann zusätzlich Bremskraft auf das kurvenäußere Hinterrad geleitet werden. Zusätzlich wird zur Unterstützung das Motormoment reduziert.

12.10 Sicherheit und Komfort der Fahrgäste

Die passiven und aktiven Sicherheitssysteme in Bussen bieten die fahrzeugtechnische Basis und eine Ausstattung, die es erlaubt, Fahrgäste sicher an ihr Ziel zu befördern.

Sicherheit und Komfort hängen indes nicht nur an solchen beschriebenen Systemen. Auch der Fahrstil der Fahrerin und des Fahrers trägt entscheidend zur Beförderungs- und Servicequalität im ÖPNV bei. Im Folgenden erläutern wir Ihnen die wichtigsten Regeln und Grundsätze für das

- Anfahren,
- Beschleunigen,
- Bremsen sowie
- das Ein- und Ausfahren an Haltestellen

mit dem Bus.

12.10.1 Das Anfahren

Im städtischen Linienverkehr werden in Abständen von wenigen Hundert Metern Haltestellen angefahren, viele Lichtsignalanlagen regeln den Verkehr, zahlreiche Kreuzungen sind entlang der Linienverläufe zu passieren. Diese vielen «Muss-Stopps», die im Buslinienverkehr und Straßenbahnverkehr einzulegen sind, erzwingen geradezu eine besondere Vorsicht beim jeweiligen Anfahren. Und da im Linienverkehr nicht nur Sitzplätze, sondern auch Stehplätze bei der Personenbeförderung erlaubt und vorgesehen sind, ist ein sanftes und vorsichtiges Anfahren geboten und vordringlich.

Stehende Fahrgäste sind natürlich verpflichtet, sich an Haltestangen und Handgriffen festzuhalten; dennoch ist die Fahrsituation für sie eine andere als für sitzende Fahrgäste. Die Gefahr des Hinfallens, des Stolperns und des Behinderns anderer stehender Fahrgäste ist umso größer, je ruppiger der Bus angefahren wird. Dies gilt übrigens genauso für die Personenbeförderung mit Schienenfahrzeugen. Verletzungen sind dann nicht auszuschließen: Die Folge sind oftmals Schadensersatzansprüche der Fahrgäste gegen das Verkehrsunternehmen und ein ramponiertes Dienstleister-Image.

Deswegen ist es sehr wichtig für Sie als Omnibus-Fahrer, folgende Hinweise zu beherzigen:

Hinweis

- Vergewissern Sie sich vor dem Losfahren an Haltestellen, dass alle Fahrgäste ihre Sitz- bzw. Stehplätze erreicht haben.
- Bedenken Sie beim Verlassen der Haltestelle, dass auch Seitwärtsbewegungen des Busses zur Instabilität von stehenden Fahrgästen beitragen können.
- Lassen Sie den Bus leicht anrollen und beschleunigen Sie sanft.

12.10.2 Beschleunigen

Praktizieren Sie eine vorausschauende Fahrweise. Diese spart nicht bloß Kraftstoff, sondern eignet sich auch exzellent zum Vermeiden unnötiger Bremsmanöver. Damit kann das einem vernünftigen Fahrfluss entgegenstehende Stopp & Go abgemildert und der Komfort der Fahrgäste im Bus spürbar erhöht werden.

Den «Bleifuß»-Fahrer kann der ÖPNV nicht gebrauchen. Er trägt nicht zu einer Qualitätsverbesserung städtischer Mobilität bei, sondern schadet dieser. Gefragt sind ein vorausschauender Fahrstil und ein Beherrschen des eigenen Fahrzeugs. Im Linienverkehr bedeutet das: Ein den Anforderungen entsprechendes Beschleunigen des Busses, als auch ein sanftes Abbremsen, z. B. vor einer Lichtsignalanlage.

12.10.3 Bremsen

Ohne Bremsen geht nichts. Aber Bremsen ist auf unterschiedliche Art und Weise möglich. Bremsen, Gas geben, Bremsen, Gas geben, Bremsen – und das ständig im kurzen Wechsel – zeugt nicht gerade von einer souveränen Fahrweise.

Insbesondere für die stehenden Fahrgäste wird eine solche Fahrt mit dem Bus schnell zur Tortur.

Sie werden es selbst schon als stehender Fahrgast in Bus oder Bahn bei sich festgestellt haben: Wenn das Fahrzeug z. B. an einer Haltestelle, Ampel oder Kreuzung losfährt, reagieren Sie intuitiv und verlagern Ihren Körperschwerpunkt nach vorne in die Fahrt- und Beschleunigungsrichtung. Wenn kurz danach das Fahrzeug direkt wieder abbremst, besteht Sturzgefahr, weil Ihr Körper abrupt in die andere Richtung beschleunigt wird. Solche «wechselnden Beschleunigungs- und Bremskräfte» bringen sowohl Sie als Fahrer als auch Ihre Fahrgäste sehr schnell in kritische Situationen. Das Sicherheits- und Komfortgebot im Personenverkehr vermeidet eine solche Fahrweise.

Sie sollten sich darüber im Klaren sein, dass ein mit Fahrgästen voll besetzter Bus anders beschleunigt und abbremst als ein leerer Bus. Lernen Sie diese unterschiedlichen Verhaltensweisen des Fahrzeugs in der Fahrschule und den ersten Monaten Ihrer beruflichen Praxis kennen. Auch sollten Sie wissen, dass selbst Fahrzeuge gleicher Bauart und gleichen Antriebs, abhängig von spezifischen Gegebenheiten (Betriebszustand, Alter, Straßenbelag) in Nuancen unterschiedlich reagieren können. Wenn Sie also als Fahrer im Linienverkehr den Bus mehrmals am Tag wechseln, müssen Sie sich sehr schnell auf die unterschiedlichen Fahrzeuge einstellen und ein Gefühl für die Bedienung des Gas- und Bremspedals bekommen.

Bedenken Sie beim Bremsen noch folgende Aspekte:

- Wenn eine Vollbremsung unumgänglich ist, dann bremsen Sie auch entsprechend.
- Die Witterung (Nässe, Schnee, Eis, hohe Temperaturen) hat gravierenden Einfluss auf das Bremsverhalten des Fahrzeugs.
- Die Fahrbahn beeinflusst die Quer- und Längsdynamik des Fahrzeugs und wirkt auf sein Bremsverhalten.

- Kurvenfahrten und Fahrten in Kreisverkehren beeinflussen ebenfalls das Beschleunigungs- und Bremsverhalten des Omnibusses.
- Selbstverständlich haben auch die Abmessungen des Omnibusses große Auswirkungen auf die Fahrdynamik. Es macht schon einen Unterschied, ob Sie mit einem 12-Meter-Standardbus, mit einem 18-Meter Gelenk- oder einem 21-Meter-Doppelgelenkbus unterwegs sind.

12.10.4 Ein- und Ausfahren an Haltestellen

Im Buslinienverkehr herrschen drei Arten von Haltestellen vor:
- Busbucht
- Buskap
- Haltestellen ohne bauliche Veränderungen im Straßenraum

Bei der *Busbucht* schert das Fahrzeug aus dem fließenden Verkehr nach rechts aus; der Ein- und Ausstieg erfolgt auf einer besonderen Verkehrsfläche. Für die Fahrgäste ist dies eine sehr sichere Form, die Haltestelle zu erreichen, da sie vom fließenden Verkehr komplett abgetrennt ist. Für den Fahrer ist die An- und Abfahrt zur Haltestelle mit stärkeren Lenkbewegungen verbunden; auch das Anhalten am Haltestellenbordstein und das Wiedereinfädeln in den Verkehr erfordert besondere Vorsicht.

Diese «Nachteile» für den Fahrer sind bei einem *Buskap* nicht gegeben. Hier schert das Fahrzeug nicht aus, sondern stoppt direkt auf der Fahrbahn. Buskaps zeichnen sich dadurch aus, dass sie in den Straßenraum hineinragen und damit zu einer positiven Verlangsamung des städtischen Verkehrs beitragen. Der Fahrer kann die Haltestelle viel einfacher anfahren, indem er auf der Fahrspur anhält. Natürlich muss der Individualverkehr hinter dem Bus halten; hierbei kann es zu kleineren Staus kommen, die sich jedoch in der Regel schnell wieder auflösen.

Die *Haltestellen ohne bauliche Veränderungen im Straßenraum* zeichnen sich natürlich auch durch die klassischen Haltestellenschilder, einen Fahrplan, die Nummer der Omnibuslinie und den Namen des Verkehrsunternehmens aus. Zusätzlich weisen sie oftmals eine auf der Fahrbahn angebrachte Grenzmarkierung auf. Sie signalisiert dem Individualverkehr, dass an dieser Stelle Parken verboten ist. Das Parkverbot besteht 15 Meter vor und hinter dem Verkehrszeichen, also insgesamt 30 m. Eine Straßenbahn ist jedoch oft länger, meistens 40 m oder 45 m. Sie steht dann also immer mit einem Wagenteil außerhalb des Haltestellenbereiches.

Für den EU-Berufskraftfahrer sind vor einigen Jahren die wichtigsten Praxis-Tipps für das An- und Abfahren von Haltestellen zusammengefasst worden. Sie seien deshalb an dieser Stelle zitiert. Fahrerinnen und Fahrer sollen

- *«Nur mit deutlich reduzierter Geschwindigkeit fahren und bremsbereit sein (in manchen Situationen ist Schrittgeschwindigkeit notwendig).*
- *Jederzeit mit laufenden Fahrgästen rechnen, die einen Bus oder ein anderes Verkehrsmittel erreichen wollen.*
- *Jederzeit mit Fahrgästen rechnen, die hinter anderen Fahrzeugen hervortreten oder vom Bussteig auf die Fahrbahn treten.*
- *Besonders auf Gruppen von Personen (vor allem Kinder und Jugendliche), auf ältere Personen oder Personen mit Kopfhörern achten, die in der Wahrnehmung ihres Umfelds eingeschränkt sind und Ihr Fahrzeug nicht bemerken.*
- *Sich vor allem vor dem Anfahren überzeugen, dass keine Person vor Ihrem Fahrzeug die Straße überqueren möchte oder sich noch direkt vor dem Fahrzeug aufhält.»*

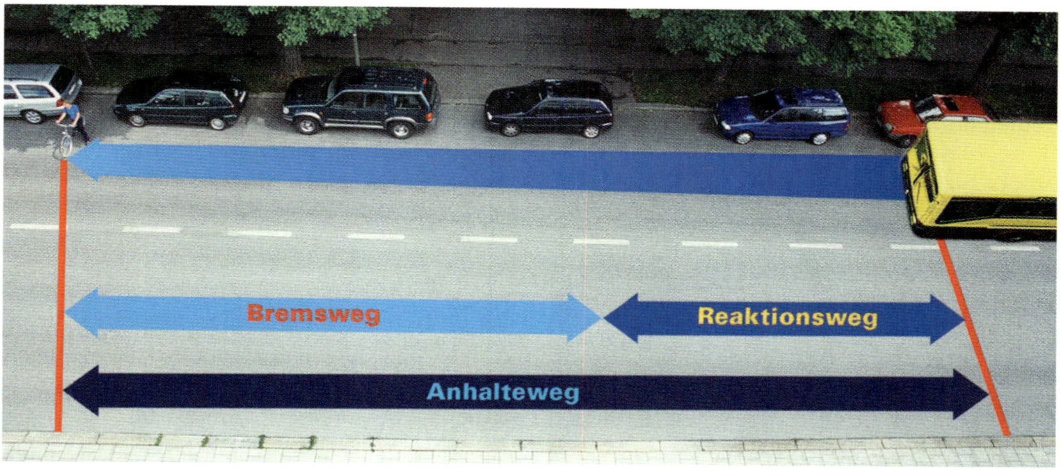

An anderer Stelle dieser Publikation[12] gibt es weitere Tipps:

- *«Kündigen Sie den Anhaltevorgang rechtzeitig mittels Betätigung des Blinkers an; Sie helfen dadurch dem nachfolgenden Verkehr, dem Gegenverkehr sowie den wartenden Fahrgästen.*
- *Fahren Sie aufmerksam an eine Haltestelle und reduzieren Sie Ihre Geschwindigkeit rechtzeitig.*
- *Beobachten Sie sorgfältig den Verkehrsraum direkt und über die Rückspiegel.*
- *Warnen Sie Personen, die direkt vor Ihrem Fahrzeug die Straße überqueren möchten, obwohl Sie gerade von anderen Fahrzeugen überholt werden.*
- *Setzen Sie den Blinker rechtzeitig vor dem Anfahren.*
- *Fahren Sie erst dann, wenn wirklich frei ist, die Lücke im fließenden Verkehr Ihnen dies ermöglicht oder Ihnen Vorrang gewährt wird; erzwingen Sie Ihren Vorrang nicht.»*

12 Quellen: Spezialwissen Bus, S. 53 Markus Modlmeir, Fahrgastsicherheit und Gesundheit. EU-Berufskraftfahrer. Weiterbildung Bus

12.10.5 Besonderheiten bei der Beförderung verschiedener Fahrgastgruppen

Unter den zig-Millionen Fahrgästen, die täglich mit Bussen und Bahnen unterwegs sind, befinden sich viele Millionen, für die der allgemein gültige Vertrauensgrundsatz im Straßenverkehr nur bedingt Geltung hat. Dies trifft insbesondere auf Kinder, ältere Menschen und Fahrgäste mit eingeschränkter Mobilität zu. Ein verkehrsgerechtes Verhalten entsprechend der Straßenverkehrsordnung kann bei diesen Personengruppen nicht grundsätzlich vorausgesetzt werden. Bei ihrer Beförderung müssen Fahrerinnen und Fahrer in Bezug auf die Sicherheit und den Komfort besondere Vorsicht walten lassen. Insbesondere die Anpassung der Fahrgeschwindigkeit und eine stete Bremsbereitschaft stehen dabei im Fokus.

Kinder

Fahrerinnen und Fahrer dürfen nicht darauf vertrauen, dass Kinder Geschwindigkeiten von Bussen und Bahnen richtig einschätzen können oder dass Kinder (zu Fuß oder mit dem Fahrrad) rechtzeitig anhalten werden. Sie müssen wissen, dass Kinder beim Überqueren der Straße nicht zwingend nach links und rechts schauen, dass sie plötzlich hinter parkenden Autos hervor laufen können, dass für Kinder Sehen und Gesehen werden oftmals das Gleiche ist.

Einfache Verkehrsregeln sind auch Grundschulkindern schon bekannt. In schwierigen und komplexen Verkehrssituationen sind sie jedoch schnell überfordert und können nicht wie erwachsene Verkehrsteilnehmer angemessen reagieren.

Auch mit Kindern im Bus, insbesondere im Schülerverkehr, müssen Sie sich Ihrer besonderen Verantwortung als Fahrerin und Fahrer bewusst sein. Denken Sie beim Anfahren, bei Ihrer Geschwindigkeit, beim Kurvenfahren und beim Bremsen stets daran, dass sich Ihre Fahrgäste nicht zwingend festhalten werden. Auch wenn Sie diese Vorgabe vor Ihrer Fahrt über den Lautsprecher gemacht haben, haben Sie keine Garantie, dass dies auch tatsächlich von allen befolgt wird. Bewegen Sie Ihren Bus so, dass jegliche Gefährdung von Kindern innerhalb und außerhalb des Fahrzeugs ausgeschlossen werden kann.

Merksatz

Grundsätzlich gilt: Kinder dürfen nicht von der Beförderung ausgeschlossen werden.

Der ÖPNV hat eine Beförderungspflicht. Sie ist in den Allgemeinen Beförderungsbedingungen für den Linienverkehr mit Kraftfahrzeugen und Straßenbahnen (§ 2) begründet. Die Beförderungsbedingungen enthalten auch die Gründe und ein Fahrgastverhalten, die es erlauben, Personen von der Beförderung auszuschließen (§ 3 und 4). Weiteres siehe ▶ Kapitel 5 und 6.

Ältere Menschen

Mit zunehmendem Alter geht vieles nicht mehr so einfach «von der Hand». Häufig weisen ältere Menschen im Straßenverkehr längere Reaktionszeiten auf, sie haben Sehprobleme, insbesondere bei Dunkelheit. Wenn Ältere in den Bus oder die Straßenbahn einsteigen, benötigen sie etwas länger, um einen Sitzplatz zu finden oder sich an Handgriffen und Haltestangen festzuhalten. Hinzu kommt, dass das Haltevermögen reduziert sein kann, die Gefahr eines Sturzes beim Anfahren oder Abbremsen des Busses ungleich größer ist und auch das Fahrscheinlösen und Fahrscheinentwerten etwas länger als üblich dauern kann.

Quelle: Dresdner Verkehrsbetriebe AG

Die Probleme, mit denen ältere Menschen im ÖPNV zu kämpfen haben, sind vielfältig. Die wachsende Komplexität im Verkehrsgeschehen, die Hektik und die Eile, die unsere Mobilität mehr und mehr bestimmt, verstärken diese Probleme noch.

Hinweis

Übrigens: Wenn Sie die Mobilitätsschwierigkeiten älterer Menschen nicht nachvollziehen können oder anzweifeln, dann sollten Sie mal einen sog. «Alterssimulations-Anzug» anziehen. Die verkehrswissenschaftliche Forschung hat in den vergangenen Jahren dieses technische Hilfsmittel entwickelt, mit denen die Probleme von älteren Menschen im Straßenverkehr, aber auch in anderen Lebenswelten, simuliert werden können. Mit diesen Anzügen können Sie selbst einmal erleben, wie sehr die altersbedingten physiologischen Veränderungen Ihre Reaktions- und Sehfähigkeiten einschränken.

Mobilitätseingeschränkte Fahrgäste

In den vergangenen 20 Jahren hat sich im öffentlichen Personenverkehr der Begriff der «Barrierefreiheit» eingebürgert. Er beschreibt vielfältige bauliche und technische Maßnahmen in und an Fahrzeugen, an Bus- und Straßenbahn-Haltestellen, U-Bahn-Stationen und in Bahnhöfen, die es gehbehinderten, sehbehinderten und hörbehinderten Fahrgästen, auch Vätern und Müttern mit Kinderwagen, werdenden Müttern und Menschen mit kleinen Kindern, ermöglichen, Fahrzeuge und Einrichtungen des ÖPNV zu nutzen. Zu diesen Maßnahmen und Einrichtungen gehören Niederflurfahrzeuge, in die Rollstuhlfahrer oder Menschen mit Kinderwagen ohne fremde Hilfe ein- und aussteigen können; die Kneeling-Technik bei Bussen, Aufzüge in den U-Bahn-Stationen, Rampen in Bussen und Straßen- oder Stadtbahnen, kontrastfarbige Fahrzeuginneneinrichtungen, optische Informationen, Blindenleitlinien auf Bahnsteigen und in Bahnhöfen, Informationen in Brailleschrift, separate Plätze für mobilitätseingeschränkte Personen in Bahnen und Bussen sowie für Rollstühle und Kinderwagen in den Bussen.

Quelle: Dresdner Verkehrsbetriebe AG

Der ÖPNV bietet Menschen mit den unterschiedlichen Mobilitätseinschränkungen gute Möglichkeiten, von A nach B zu gelangen; manchmal stellt er sogar ihre einzige Chance dar, am öffentlichen Leben teilzunehmen.

Die besten technischen Einrichtungen im ÖPNV nützen jedoch wenig, wenn das Personal des Verkehrsunternehmens, egal, ob Fahrer, Servicemitarbeiter, Fahrausweisprüfer oder

Fachkraft im Fahrbetrieb, das geeignete Verhalten vermissen lässt, um diese Fahrgast-Gruppen sicher in der ÖPNV-Infrastruktur zu leiten und in den Fahrzeugen zu befördern. Im Folgenden erhalten Sie einige wichtige Praxis-Tipps für ein adäquates Verhalten.

Als Fahrerin und Fahrer können Sie *sehbehinderten Menschen* mit mehreren Maßnahmen helfen:

- Halten Sie mit der Vordertür des Busses auf Höhe der vorgesehenen Markierung bzw. des wartenden Fahrgastes an und teilen Sie ihm mit, welche Linie Sie fahren.
- Bieten Sie Hilfe beim Einstieg in den Bus an. Sollte dies nicht benötigt werden, erhält der Fahrgast durch Ihre Stimme eine akustische Orientierung.
- Erläutern Sie den Weg zu einem geeigneten Sitzplatz.
- Warten Sie mit der Abfahrt, bis der Fahrgast Platz genommen hat.
- Achten Sie darauf, wann der Fahrgast aussteigen möchte und unterstützen Sie ihn beim Ausstieg.
- Durchsagen und mündliche Hinweise sind gerade für seheingeschränkte Fahrgäste von großer Bedeutung. Achten Sie daher besonders bei automatisierten Ansagen stets darauf, dass die richtige Haltestelle angesagt wird. Wiederholen Sie Ihre Durchsagen. Je besser Sie verstanden werden, umso weniger müssen Sie einzelnen Fahrgästen extra erklären.

Immer wieder kommt es vor, dass Fahrgäste trotz korrekter Beschilderung am Fahrzeug nach Fahrziel oder Fahrstrecke fragen. Dies kann unterschiedliche Ursachen haben. Manchmal wollen sich Fahrgäste einfach nur vergewissern, dass kein Beschilderungsfehler vorliegt. Manchmal aber können Fahrgäste nicht lesen oder die Buchstaben nicht hinreichend erkennen. Bedenken Sie dies – bevor Sie unüberlegt die Frage des Fahrgastes ins Lächerliche ziehen («Da oben steht, wo ich hinfahre!» / «Können Sie nicht lesen?»). Von solchen und ähnlichen Bemerkungen ist grundsätzlich Abstand zu nehmen. Seien Sie stets höflich und zuvorkommend. Denken Sie immer daran: Fahrerinnen und Fahrer sind die Visitenkarte des Unternehmens.

Für Fahrer und Fahrerin eines hochflurigen Straßenbahn- oder Stadtbahnwagens ist es manchmal etwas schwieriger, sehbehinderten Menschen behilflich zu sein. Oft helfen an den Haltestellen befindliche Blindenleitsysteme mit Blindenfeld und Blindenleitstreifen. Hier können sich Sehbehinderte mit dem Taststock orientieren. Mit der ersten Tür ist am Blindenaufstellfeld zu halten. Über die Mikrofonanlage muss die Liniennummer und das Fahrtziel angesagt werden. Bei Straßenbahnen mit nicht geschlossener Fahrerkabine kann dem Fahrgast persönlich die Liniennummer gesagt und Hilfe angeboten werden.

Sehbehinderte Menschen finden sich in ihrer gewohnten Umgebung oft besser zurecht als Sehende es sich vorstellen können. Bei Störungen darf das Fahrpersonal sehbehinderte Fahrgäste keinesfalls zwischen zwei Haltestellen aussteigen lassen. Entweder, man gibt sie in entsprechende Obhut oder man erklärt ihnen den Sachverhalt und nimmt sie bis zur nächsten Haltestelle (ggf. auch mit dem Schadfahrzeug) mit.

Gehbehinderte Menschen, die mit dem Omnibus mitfahren möchten, können Sie unterstützen, indem Sie:

- Mit dem Bus so nah wie möglich an den Bordstein heranfahren.
- Beim Fahrgast auf Höhe der geeigneten Einstiegstür anhalten.
- Ihre Hilfe beim Einstieg anbieten. Falls Sie den Fahrerplatz verlassen müssen, bestätigen Sie die Feststellbremse und sichern Sie Ihre Wertgegenstände.
- Bei Bedarf die vorhandenen Einstieghilfen betätigen (Rampe, Hublift).

- Mit der Abfahrt warten, bis der Fahrgast seinen Platz erreicht hat und ggf. seine Mobilitätshilfe gesichert hat.
- Beim Aussteigen des Fahrgastes berücksichtigen, dass Sie Ihr Fahrzeug so zum Stehen bringen, dass die Ein- und Ausstieghilfe benutzt werden kann.

Bedenken Sie bitte in diesem Zusammenhang folgenden Aspekt: Beschäftigte von Verkehrsunternehmen sind qualifizierte Mobilitätsdienstleister. Dies äußert sich zum Beispiel auch daran, dass sie Menschen mit Kinderwagen, die ohne fremde Hilfe nicht in ein hochfluriges Straßenbahn-Fahrzeug einsteigen können, beim Ein- und Ausstieg behilflich sind. Auch können Sie beispielsweise für schwangere Frauen einen Sitzplatz in Ihrem Bus oder der Bahn besorgen, indem Sie jüngere Fahrgäste bitten, ihren Sitzplatz freizugeben.

Seien Sie bei der Beförderung mobilitätseingeschränkter Personen stets hilfsbereit. Drängen Sie aber niemals Ihre Hilfe auf! Gerade bei mobilitätsbeeinträchtigten Personen gibt es oft Menschen, die großen Wert darauflegen, ihr Leben ohne fremde Hilfe zu gestalten. Akzeptieren Sie diese Wünsche und entwickeln Sie in Ihrer Berufspraxis ein Gespür für das geeignete Verhalten.

Wichtig sind auch folgende Punkte:

- Für Rollstuhlfahrer stehen in Bussen und Bahnen meistens besondere Flächen zur Verfügung. Hier besteht durch eine besondere gepolsterte Vorrichtung für diese Personen die Möglichkeit, sich entgegen der Fahrtrichtung anzulehnen bzw. anzuschnallen.
- Kinderwagen sind mit den eigenen Bremsen zu sichern und dürfen nicht unbeaufsichtigt im Gang stehen gelassen werden.
- Rollatoren, wie sie gehbehinderte Menschen benutzen, sind als Gehhilfe gedacht; sie dürfen in Bus und Bahn nicht als Sitzplatz zweckentfremdet werden. Weisen Sie den Fahrgast bei einer derartigen Zweckentfremdung der Gehhilfe auf die Gefahren eines Umkippens hin und fordern Sie ihn auf, sich auf einen Sitzplatz zu setzen.

Hörbehinderte Fahrgäste unterstützen Sie, indem Sie

- bei Bedarf zum Fahrgast gewandt und so deutlich sprechen, dass er die Möglichkeit hat, von ihren Lippen abzulesen,
- darauf achten, dass die optischen Haltestellenankündigungen funktionieren.

12.11 Störfälle und Unfälle

Das Fahren mit Bus und Bahn wird Ihnen nach einigen Jahren zur Routine geworden sein. Sie werden Ihren wirtschaftlichen, sicheren und fahrgastorientierten Fahrstil weiter perfektionieren. Dennoch werden Sie immer wieder vor herausfordernde Situationen gestellt, die es zu meistern gilt. Das können extreme Wettersituationen sein, das können im Gelegenheitsverkehr unbekannte Strecken sein. Auch das Fahren mit neu beschafften Bussen und Bahnen oder das Einstellen auf neue Antriebstechniken gehört dazu. Es können aber auch Fahrzeugpannen, Betriebsbehinderungen, Zwischenfälle mit Fahrgästen oder Unfälle sein, in die Sie verwickelt sind. Zum Verhalten bei Störfällen am Fahrzeug oder im Betriebsablauf sowie bei Unfällen gibt es einige grundsätzliche Regeln, die Sie kennen müssen.

12.11.1 Störfälle

Grundsätzlich lassen sich alle Abweichungen vom normalen Betriebsgeschehen als Störfälle bezeichnen. Sie haben häufig Fahrplanunregelmäßigkeiten zur Folge. Für die Fahrgäste bedeuten Störfälle in der Regel, dass sie ihre Ziele nicht zum vorgesehenen Zeitpunkt erreichen können. Sie erleben Störungen als Unannehmlichkeiten; ihre Ansprüche an Pünktlichkeit und Beförderungskomfort können in solchen Fällen nicht bzw. nur in eingeschränktem Maße realisiert werden. Leider ist, trotz DIN- und ISO-genormter Qualitätsmanagementsysteme, ein hundertprozentig störungsfreier Betrieb nicht zu verwirklichen. Weder moderne Fahrzeuge und Betriebstechnik noch kompetente Beschäftigte können das gewährleisten. Deshalb ist es wichtig, sich auf Störfälle, so umfassend es möglich ist, vorzubereiten.

Aus den Ergebnissen vieler Erhebungen zur Fahrgastzufriedenheit wird immer wieder deutlich, dass ÖPNV-Kunden um die Unvermeidbarkeit von Betriebsstörungen oder auch Unfällen wissen. Sie wissen sehr genau, dass hochkomplexe technische Systeme, wie sie in der Personenbeförderung zur Anwendung kommen, auch mal Fehler hervorrufen können. Sie wissen, dass viele Störungen nicht ursächlich dem Verkehrsunternehmen anzulasten sind. Aber sie erwarten in solchen Situationen vom Verkehrsunternehmen, folglich von den Beschäftigten des Fahrdienstes, der Leitstellen, der Betriebsaufsicht und des Service, ein kompetentes Informationsmanagement. Mit einem Satz: Unsere Kunden wollen wissen, was passiert ist und wie es für sie weitergeht.

Merksatz

Durchsagen zu wiederholen ist wichtig!

Quelle: Stadtwerke Bonn GmbH

Quelle: Münchner Verkehrsgesellschaft mbH

Eine schnelle Störungsbeseitigung und die Wiederherstellung eines fahrplanmäßigen Regelbetriebs sind essentiell. Im Fokus muss von vorneherein aber auch die Fahrgastinformation stehen. Dies erfolgt z. B. über Durchsagen in den Fahrzeugen und an den Haltestellen, über persönliche Informationen durch Servicepersonal und die Betriebsaufsicht, über die Fahrgastinformationssysteme auf den Bahnsteigen. Funktionierende Störungsmanagementsysteme beinhalten also stets alle erforderlichen Maßnahmen für eine umfassende Fahrgastinformation.

Dafür muss klar sein, wer in Störungssituationen für welche Informationsaufgabe zuständig ist; es bedeutet auch, dass die zuständigen Personale adäquat geschult sein müssen und mit den notwendigen Kompetenzen ausgestattet sind.

«Lobenswerte Eigenschaften nennen wir Tugenden», hat vor vielen Tausend Jahren Aristoteles, einer der großen und berühmten griechischen Denker, seinen Schülern ins Stammbuch geschrieben. Fahrgastinformationen sind die lobenswerten Eigenschaften moderner und kompetenter Verkehrsunternehmen.

12.11.2 Unfälle

Bei einem Unfall, in den Sie mit Ihrem Bus oder Ihrer Bahn verwickelt sind, müssen Sie Folgendes beachten:

- Halten Sie das Fahrzeug an.
- Sichern Sie das Fahrzeug (Bremsen, Federspeicherbremse betätigen) und die Unfallstelle. Schalten Sie die Warnblinkanlage ein. Wenn Sie mit dem Bus z. B. auf der Autobahn oder der Landstraße in einen Unfall geraten, ziehen Sie eine Warnweste an, bauen Sie Warndreieck und Warnleuchte auf, so dass keine anderen Fahrzeuge in die Unfallstelle fahren. Insbesondere auf Autobahnen kann es wichtig sein, den Bus zu evakuieren und die Fahrgäste zu einem sicheren Ort zu bringen, z. B. hinter die Leitplanken.
- Verschaffen Sie sich einen Überblick und stellen Sie fest, was passiert ist.
- Vergewissern Sie sich, ob Ihre Fahrgäste verletzt sind.
- Stellen Sie fest, ob andere Personen verletzt worden sind.
- Informieren Sie die Leitstelle bzw. die Rettungskräfte und den Unternehmer und geben Sie entsprechend der «5 W-Methode» klare und deutliche Auskünfte:
  Wo ist der Unfall geschehen?
  Was ist geschehen?
  Wie viele Personen sind verletzt?
  Welche Verletzungen gibt es?
  Warten auf eventuelle Rückfragen!
- Sofern Personen verletzt worden sind, können Sie sich im Anschluss um die Verletzten kümmern.

Um sich nicht selbst in Gefahr zu bringen, gehen Sie grundsätzlich bei allen Fahrzeugen (Bus oder Bahn) wie folgt vor: Erst sichern, dann retten und dann melden!

Die Straßenverkehrsordnung (StVO) präzisiert in § 34 diese Verhaltensregeln und schreibt weitere vor:

(1) Nach einem Verkehrsunfall hat jeder Beteiligte

1. unverzüglich zu halten,

2. den Verkehr zu sichern und bei geringfügigem Schaden unverzüglich beiseite zu fahren,

3. sich über die Unfallfolgen zu vergewissern,

4. Verletzten zu helfen (§ 323c des Strafgesetzbuchs),

5. anderen am Unfallort anwesenden Beteiligten und Geschädigten

a) anzugeben, dass er am Unfall beteiligt war und

b) auf Verlangen seinen Namen und seine Anschrift anzugeben sowie ihnen Führerschein und Fahrzeugschein vorzuweisen und nach bestem Wissen Angaben über seine Haftpflichtversicherung zu machen,

6. a) solange am Unfallort zu bleiben, bis er zugunsten der anderen Beteiligten und der Geschädigten die Feststellung seiner Person, seines Fahrzeugs und der Art seiner Beteiligung durch seine Anwesenheit ermöglicht hat oder

b) eine nach den Umständen angemessene Zeit zu warten und am Unfallort Namen und Anschrift zu hinterlassen, wenn niemand bereit war, die Feststellung zu treffen,

7. unverzüglich die Feststellungen nachträglich zu ermöglichen, wenn er sich berechtigt, entschuldigt oder nach Ablauf der Wartefrist (Nummer 6 Buchstabe b) vom Unfallort entfernt hat. Dazu

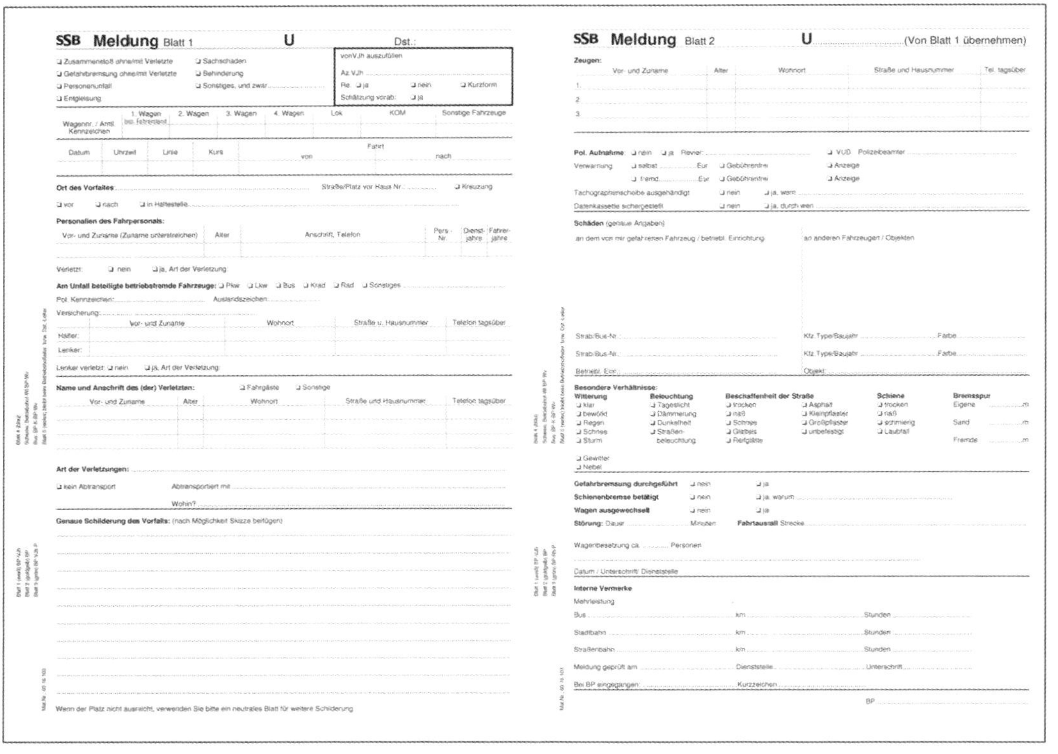

SSB Meldung Blatt 1 U Dst.:

❑ Zusammenstoß ohne/mit Verletzte ❑ Sachschaden
❑ Gefahrbremsung ohne/mit Verletzte ❑ Behinderung
❑ Personenunfall ❑ Sonstiges, und zwar
❑ Entgleisung

vonV.Jh auszufüllen
Az V.Jh
Re. ❑ ja ❑ nein ❑ Kurzform
Schätzung vorab: ❑ ja

Wagennr. / Amtl. Kennzeichen	1. Wagen bzw. Fahrerstand	2. Wagen	3. Wagen	4. Wagen	Lok	KOM	Sonstige Fahrzeuge

Datum	Uhrzeit	Linie	Kurs	Fahrt von	nach

Ort des Vorfalles Straße/Platz vor Haus Nr.: ❑ Kreuzung
❑ vor ❑ nach ❑ in Haltestelle

Personalien des Fahrpersonals:

Vor- und Zuname (Zuname unterstreichen)	Alter	Anschrift, Telefon	Pers.-Nr.	Dienst-jahre	Fahrer-jahre

Verletzt: ❑ nein ❑ ja, Art der Verletzung:

Am Unfall beteiligte betriebsfremde Fahrzeuge: ❑ Pkw ❑ Lkw ❑ Bus ❑ Krad ❑ Rad ❑ Sonstiges
Pol. Kennzeichen: Auslandszeichen
Versicherung:

	Vor- und Zuname	Wohnort	Straße u. Hausnummer	Telefon tagsüber
Halter:				
Lenker:				

Lenker verletzt: ❑ nein ❑ ja, Art der Verletzung:

Name und Anschrift des (der) Verletzten: ❑ Fahrgäste ❑ Sonstige

Vor- und Zuname	Alter	Wohnort	Straße und Hausnummer	Telefon tagsüber

Art der Verletzungen:
❑ kein Abtransport Abtransportiert mit
Wohin?

Genaue Schilderung des Vorfalls: (nach Möglichkeit Skizze beifügen)

Wenn der Platz nicht ausreicht, verwenden Sie bitte ein neutrales Blatt für weitere Schilderung

SSB Meldung Blatt 2 U (Von Blatt 1 übernehmen)

Zeugen:

	Vor- und Zuname	Alter	Wohnort	Straße und Hausnummer	Tel. tagsüber
1.					
2.					
3.					

Pol. Aufnahme: ❑ nein ❑ ja Revier: ❑ VUD Polizeibeamter
Verwarnung ❑ selbst Eur ❑ Gebührenfrei ❑ Anzeige
❑ fremd Eur ❑ Gebührenfrei ❑ Anzeige
Tachographenscheibe ausgehändigt ❑ nein ❑ ja, wem
Datenkassette sichergestellt ❑ nein ❑ ja, durch wen

Schäden (genaue Angaben)
an dem von mir gefahrenen Fahrzeug / betriebl. Einrichtung — an anderen Fahrzeugen / Objekten
Strab/Bus-Nr.: Kfz.Type/Baujahr Farbe
Strab/Bus-Nr.: Kfz.Type/Baujahr Farbe
Betriebl. Einr.: Objekt:

Besondere Verhältnisse:

Witterung	Beleuchtung	Beschaffenheit der Straße		Schiene	Bremsspur
❑ klar	❑ Tageslicht	❑ trocken	❑ Asphalt	❑ trocken	Eigene m
❑ bewölkt	❑ Dämmerung	❑ naß	❑ Kleinpflaster	❑ naß	
❑ Regen	❑ Dunkelheit	❑ Schnee	❑ Großpflaster	❑ schmierig	Sand m
❑ Schnee	❑ Straßen-beleuchtung	❑ Glatteis	❑ unbefestigt	❑ Laubfall	
❑ Sturm		❑ Reifglätte			Fremde m
❑ Gewitter					
❑ Nebel					

Gefahrbremsung durchgeführt ❑ nein ❑ ja
Schienenbremse betätigt ❑ nein ❑ ja, warum
Wagen ausgewechselt ❑ nein ❑ ja
Störung: Dauer Minuten **Fahrtausfall** Strecke
Wagenbesetzung ca. Personen
Datum / Unterschrift/ Dienststelle

Interne Vermerke
Mehrleistung
Bus km Stunden
Stadtbahn km Stunden
Straßenbahn km Stunden
Meldung geprüft am Dienststelle Unterschrift
Bei BP eingegangen: Kurzzeichen
BP

Beispiel einer Unfallmeldung der Stuttgarter Straßenbahnen AG

hat er mindestens den Berechtigten (Nummer 6 Buchstabe a) oder einer nahegelegenen Polizeidienststelle mitzuteilen, dass er am Unfall beteiligt gewesen ist, und seine Anschrift, seinen Aufenthalt sowie das Kennzeichen und den Standort seines Fahrzeugs anzugeben und dieses zu unverzüglichen Feststellungen für eine ihm zumutbare Zeit zur Verfügung zu halten.

(2) Beteiligt an einem Verkehrsunfall ist jeder, dessen Verhalten nach den Umständen zum Unfall beigetragen haben kann.

(3) Unfallspuren dürfen nicht beseitigt werden, bevor die notwendigen Feststellungen getroffen worden sind.

Im Linienverkehr wird dem in einen Unfall verwickelten Fahrpersonal nach der Benachrichtigung der Leitstelle ein Ansprechpartner der Betriebsaufsicht zwecks Unterstützung zu Hilfe kommen. Er wird sich den Unfallhergang schildern lassen und die notwendigen Maßnahmen einleiten.

In Kapitel 9 sind die adäquaten Verhaltensweisen für das Fahrpersonal bei schweren Unfällen mit Verletzten erläutert.

12.12 Haftung

Im Straßenverkehr lassen sich Unfälle leider nicht grundsätzlich vermeiden. Auch die Fahrzeuge des ÖPNV sind, wenn auch in sehr geringem Maße, in Unfälle verwickelt. Dennoch ist es sinnvoll und notwendig, einige rechtliche Aspekte zu den Themen Haftung und Versicherung zu kennen.

12.12.1 Verschuldenshaftung

In der Regel haftet man nach dem Gesetz für einen Schaden nur, wenn einem ein Verschulden vorzuwerfen ist. Dies ergibt sich aus § 276 BGB. Ein Verschulden liegt vor, wenn der Schädiger das schadensbegründende Ereignis vorsätzlich oder fahrlässig herbeigeführt hat, das Verhalten rechtswidrig war und die persönliche Vorwerfbarkeit gegeben ist. Beispiel: Sie fahren auf Grund einer Unachtsamkeit auf einen vor Ihnen stehenden Pkw.

Die wichtigste gesetzliche Bestimmung der Verschuldenshaftung enthält § 823 BGB. Hier geht es um die Schadensersatzpflicht. Sie lautet:

«1. Wer vorsätzlich oder fahrlässig das Leben, den Körper, die Gesundheit, die Freiheit, das Eigentum oder ein sonstiges Recht eines anderen widerrechtlich verletzt, ist er dem anderen zum Ersatz des daraus entstehenden Schadens verpflichtet.

2. Die gleiche Verpflichtung trifft denjenigen, welcher gegen ein den Schutz eines anderen bezweckendes Gesetz verstößt. Ist nach dem Inhalt des Gesetzes ein Verstoß gegen dieses auch ohne Verschulden möglich, so tritt die Ersatzpflicht nur im Falle des Verschuldens ein.»

12.12.2 Gefährdungshaftung

Die Gefährdungshaftung wird auch als «verschuldensunabhängige» Haftung für einen Schaden bezeichnet. Diese Haftung besteht, wenn jemand eine besondere Gefahrenquelle eröffnet, ein Schaden entsteht, sich in dem entstandenen Schaden das typische Risiko der Gefahrenquelle realisiert hat und der Gesetzgeber für dieses Risiko eine Haftung bestimmt hat. Einer Gefährdungshaftung unterliegen z. B. Pkw, Lkw, Busse, Straßenbahnen, Flugzeuge und Pipelines.

Allerdings unterliegt die Gefährdungshaftung in der Regel einer betragsmäßigen Limitierung und einer Haftungsbeschränkung, die z. B. höhere Gewalt ausschließt.

Dazu ein Beispiel:
Ein Omnibusfahrer muss plötzlich bremsen, weil ein Pkw den Bus «schneidet». Ein Fahrgast kommt im Bus durch das plötzliche Bremsmanöver zu Fall und verletzt sich. Der Verursacher kann nicht mehr festgestellt werden. In diesem Fall wird wahrscheinlich die Versicherung des Verkehrsunternehmens bzw. Omnibusunternehmers auf Basis der Gefährdungshaftung die Krankenhauskosten, Schmerzensgeld, Gerichtskosten, etc. bezahlen, obwohl sich der Busfahrer völlig korrekt verhalten hat.

12.13 Aufgaben

12.13.1 Die Verkehrsträger

Aufgabe 1

? Erarbeiten Sie in Stichworten Vor- und Nachteile der verschiedenen Verkehrsträger aus Ihrer Sicht und begründen Sie diese kurz. Nutzen Sie für Ihre Recherchen auch Fachliteratur oder das Internet.

12.13.2 Mobilitätseingeschränkte Fahrgäste

Aufgabe 2

? Üben Sie in Gruppen den kundenorientierten Umgang des Fahrpersonals mit mobilitätseingeschränkten Fahrgästen.

Einsatz elektronischer Geräte

Zusammenfassung
In diesem Lernfeld erfahren Sie, wie Sie mit Hilfe der Bedienung von elektronischen Geräten, Fahraufträge optimiert ausführen. Dazu erhalten Sie einen Überblick über die wichtigsten elektronischen Geräte eines Nahverkehrsfahrzeuges, ihren Aufbau und ihre Funktion. Sie lernen die Geräte einzuordnen, allgemeine Informationen zu deren Einsatz zu geben. Sie erkennen die übergreifenden Funktionszusammenhänge bei verschiedenen betrieblichen Abläufen.

13.1 Allgemeines

Elektronische Geräte sind aus Nahverkehrsfahrzeugen nicht mehr weg zu denken. Vom Ansagegerät über das integrierte Bordinformationssystem bis zur Zugfahrerselbstabfertigung übernehmen die elektronischen «Helferlein» vielfältigste Aufgaben.

Elektronische Geräte sind stark in die Fahrzeugfunktion und in den Gesamtprozess der Personenbeförderung integriert. Fehlbedienungen oder Störungen der Geräte können daher gravierende Auswirkungen auf den Betriebsablauf haben. Es obliegt in weiten Teilen dem Fahrer, Fehlbedienungen und Störungen zu vermeiden, indem die elektronischen Geräte so bedient werden, wie es die Bauart zulässt und deren Funktion erfordert. Informationen hierzu erhält der Fahrer u.a. im Rahmen seiner Aus- und Fortbildung, durch Dienstanweisungen und Bedienungsanleitungen.

Merksatz

Für den Fahrer steht das sichere Führen des Fahrzeuges in jeder Situation an erster Stelle. **Die Bedienung von elektronischen Geräten durch den Fahrer darf nur erfolgen, wenn dies gefahrlos möglich ist. Die elektronischen Geräte dürfen nur zu betrieblichen Zwecken benutzt werden.**

So liegt es im Ermessen des Fahrers, ob er z. B. während der Fahrt in einer unübersichtlichen Verkehrssituation eine Funkanfrage der Leitstelle beantwortet. Die Antwort auf die Funkanfrage bedingt eine Bedienung des Funkgerätes und lenkt den Fahrer möglicherweise für wenige Sekunden vom Verkehrsgeschehen ab. In dieser Zeit kann sich, vom Fahrer unbemerkt, eine unfallträchtige Situation entwickeln. Der Fahrer muss sich ständig der Verantwortung der Personenbeförderung bewusst sein und die erforderliche Souveränität besitzen, die im o. g. Beispiel genannte Funkanfrage der Leitstelle erst dann zu beantworten, wenn sich das Verkehrsgeschehen normalisiert hat oder das Fahrzeug zum Stillstand gekommen ist.

Der Bedarf an «elektronischen» Funktionen ist in den Fahrzeugen der einzelnen Verkehrsbetriebe unterschiedlich. Für die Realisierung von Funktionen gibt es oftmals mehrere Lösungswege.

Um die Allgemeingültigkeit der Beschreibungen zu gewährleisten und das Verständnis für die Grundfunktionen zu verbessern, wurde in diesem Kapitel auf Detailinformationen verzichtet, Verallgemeinerungen vorgenommen und weitestgehend von der Darstellung alternativer Lösungsansätze abgesehen. Auflistungen erheben keinen Anspruch auf Vollständigkeit.

Mit der Weiterentwicklung der Technik werden ständig neue Funktionen und Lösungswege aufgezeigt. Es liegt im Ermessen der Verantwortlichen des Nahverkehrsunternehmens, diese Möglichkeiten zu bewerten und in die Weiterentwicklung des Gesamtsystems einfließen zu lassen.

In letzter Zeit gibt es verstärkte Überlegungen, den Betrieb von Schienenfahrzeugen, welche auf unabhängigen Bahnkörper verkehren, über das „Fahren auf Zugsicherungstechnik“ (GoA1) hinaus zu automatisieren. Zum Beispiel ist der Grade of Automation Level 2 (GoA2) so definiert, dass der Fahrer nur noch für die Abfertigung zuständig ist und das Fahrzeug dann automatisiert, d. h. ohne Zutun des Fahrers, bis zum nächsten Haltepunkt fährt[1]. Die hierfür erforderliche Technik nennt sich „Communication based train control“ (CBTC) und kann bis zum höchsten Automatisierungsgrad (GoA4) aufgerüstet werden, welcher dann einen komplett fahrerlosen Regelbetrieb ermöglicht[2]. Hier werden zukünftig neue Qualifikationsprofile für die Betriebsbediensteten entstehen, die neben der

1 Wiener Linien
2 VAG Nürnberg

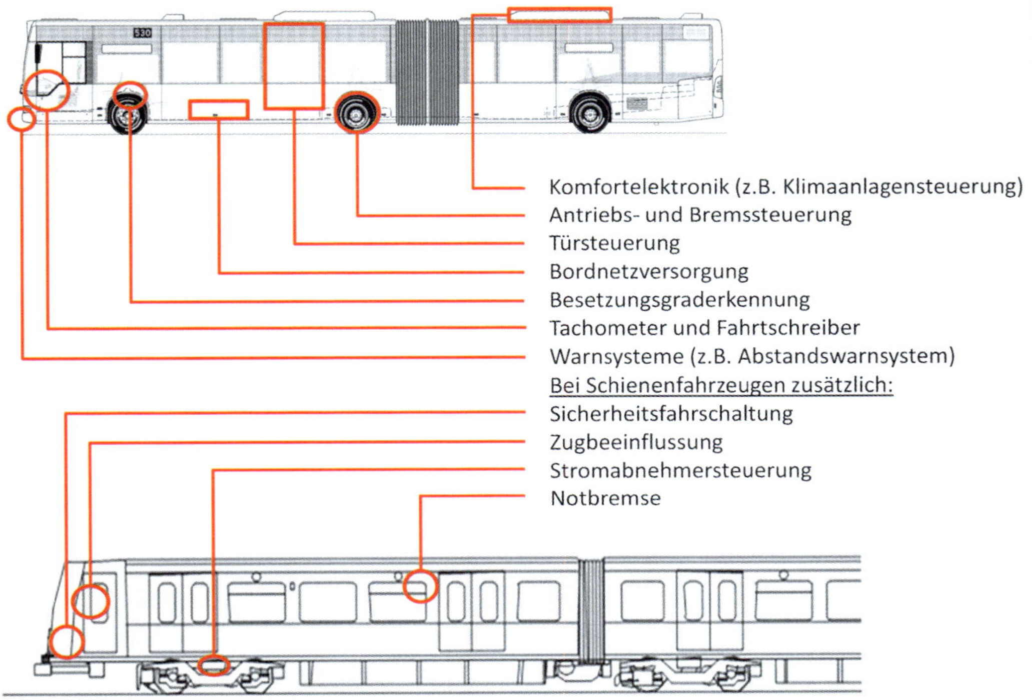

Die zentrale Steuereinheit der Fahrzeugelektronik ist die Fahrzeugsteuerung mit dem Fahrzeug-Bedienterminal und den Fahrzeug-Bedienelementen.

Komponenten der Fahrzeugelektronik

betrieblichen Ausbildung auch verstärkt technische Kenntnisse erfordern.

Die nachfolgenden Beschreibungen beziehen sich generell auf Nahverkehrsfahrzeuge.

Unabhängig von den möglichen Automatisierungsgraden im Schienenbereich beziehen sich die nachfolgenden Ausführungen auf die Betriebsarten „Fahren auf Sicht“ (Goa0), bzw. „Fahren auf Zugsicherungstechnik“ (GoA1).

Auch im Busbereich gibt es Bestrebungen zum automatischen Fahren. Es existieren deutschlandweit einige Versuchsprojekte mit autonomen Kleinbussen. Betriebserfahrungen liegen z. Zt. noch nicht vor, so dass sich die nachfolgenden Ausführungen ausschließlich auf die klassische Betriebsart „Fahren auf Sicht“ beziehen. Sofern Aussagen nur oder vorwiegend für Busse oder Schienenfahrzeuge gelten, geht dies aus dem Text hervor.

Elektronische Geräte in Nahverkehrsfahrzeugen lassen sich der **Fahrzeug**- oder der **Betriebselektronik** zuordnen. Diese beiden Funktionsbereiche sind in jedem Nahverkehrsfahrzeug vorhanden und arbeiten weitgehend unabhängig voneinander.

Je nach Funktionsumfang werden in Fahrzeugen zentrale Steuereinheiten eingesetzt.

Die zentrale Steuereinheit der Fahrzeugelektronik ist die **Fahrzeugsteuerung**.

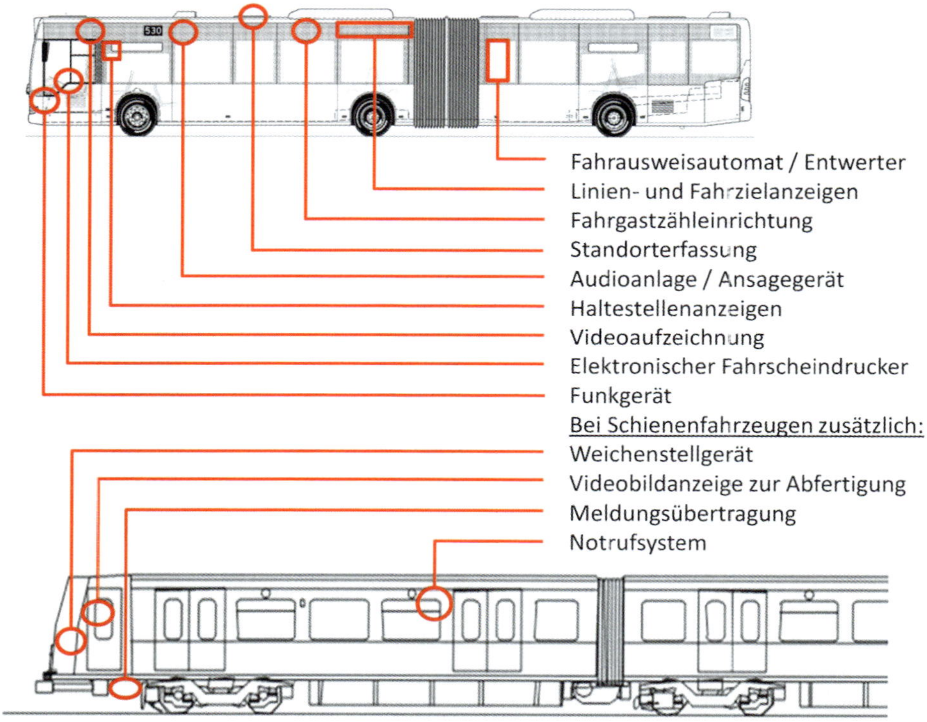

Die zentrale Steuereinheit der Betriebselektronik ist das IBIS-Zentralgerät mit dem IBIS-Bedienterminal und den IBIS-Bedienelementen.

Komponenten der Betriebselektronik

Die zentrale Steuereinheit der Betriebselektronik ist das **IBIS-Zentralgerät**.

13.1.1 Fahrzeugelektronik

Die Geräte der Fahrzeugelektronik ergänzen die klassische Fahrzeugelektrik so, dass in der Regel eine Entlastung des Fahrers oder eine qualitativ bessere Steuerung und Regelung der Fahrzeugfunktionen resultiert:

Zentrale Steuereinheit

- Fahrzeugsteuerung mit Fahrzeug-Bedienterminal und Fahrzeug-Bedienelementen.

Untersysteme der Fahrzeugsteuerung

- Tachometer
- Bremssteuerung
- Türsteuerung
- Bordnetzversorgung
- Besetzungsgraderkennung
- Antriebssteuerung (Schienenfahrzeug)
- Stromabnehmersteuerung (Schienenfahrzeug)

Sicherheitssysteme

- Airbag, Rückhaltesystem (Bus)
- Fahrdynamiksysteme (u.a. ABS, ASR, ESP, Schleuder- und Gleitschutz)
- Notbremse

- Sicherheitsfahrschaltung (Totmanneinrichtung beim Schienenfahrzeug)
- Zugbeeinflussungsgerät (Schienenfahrzeug) incl. Meldungsübertragung zur Zugbeeinflussung

Warnsysteme (Bus)
- Abstandswarnsysteme
- Spurassistent
- Rückfahr-Überwachungssysteme
- Rückfahr-Videosysteme
- Reifendrucküberwachung

Komfortelektronik
- Steuerung der Klimaanlage
- Steuerung der Standheizung
- Automatische Scheinwerfer-Reinigungsanlagen

Ein großer Teil dieser Geräte arbeitet vollautomatisch. Sofern eine Bedienung erforderlich ist, gestaltet sich diese relativ einfach bzw. selbsterklärend. Ausnahmen bilden jedoch insbesondere die Fahrzeugsteuerung, die Türsteuerung und das Zugbeeinflussungsgerät (ZUB-Gerät).

Selbstverständlich sind Störungen aller oben genannten Systeme durch den Fahrer zu beachten. Je nach Schwere der Störung sind weiterführende Maßnahmen durch den Fahrer zu veranlassen.

13.1.2 Betriebselektronik

Die Geräte der Betriebselektronik sind für die optimierte Steuerung und Ausführung von Fahraufträgen incl. der Kundenbetreuung erforderlich:

Funksysteme
- Betriebsfunk
- Providerfunk

Zentrale Steuereinheit
- IBIS-Zentralgerät mit IBIS-Bedienterminal und IBIS-Bedienelementen

Untersysteme des IBIS-Zentralgerätes
- GPS-Modul zur Standorterfassung
- Fahrgastzähleinrichtung
- Linien- und Fahrzielanzeigen
- Haltestellenanzeigen
- Meldungsübertragung
- WLAN (GSM)-Modul zur Datenversorgung des IBIS-Zentralgerätes

Sicherheitssysteme
- Audioanlage
- Fahrzeuginternes Notrufsystem
- Videoaufzeichnung
- Live-Videobildübertragung zur Leitstelle

Infomations- und Kommunikationsgeräte
- Weichenstellgerät (Schienenfahrzeug)
- Ansagegerät
- Blindeninformationssystem
- Videobildanzeige zur Zugfahrerselbstabfertigung (Schienenfahrzeug)

Verkaufsgeräte
- Elektronischer Fahrscheindrucker
- Fahrausweisautomat
- Entwerter

Diese Geräte werden häufig bedient und sind in den Gesamtprozess der Personenbeförderung stark eingebunden. Es gibt viele geräteübergreifende Funktionen.

13.1.3 Anordnung von elektronischen Geräten im Fahrzeug

Im Nahverkehrsfahrzeug gibt es zentral und dezentral angeordnete elektronische Geräte.

Beispiele für die dezentrale Anordnung:
- Jede Fahrzeugtür für den Fahrgastwechsel ist mit einer eigenen elektronischen Türsteuerung ausgestattet.
- Die Radsensoren eines Antiblockiersystems befinden sich direkt am überwachten Rad.

- Die Notrufsprechstellen befinden sich verteilt im Fahrgastraum.
- **Beispiele für die zentrale Anordnung:**
- Die zentrale Fahrzeugsteuerung, die u. a. die Signale der einzelnen Türsteuerungen verarbeitet und dem Fahrer eine bedarfsgerechte Anzeige und manuelle Bedienung ermöglicht.
- Das zentrale Steuergerät des Antiblockiersystems, das u. a. die Informationen der Radsensoren aufnimmt und regelnd auf das Bremssystem einwirkt.
- Die Audiozentrale, die u.a. den Sprechwunsch des Fahrgastes an einer der Notrufsprechstellen erkennt, dem Fahrer signalisiert und den Aufbau einer Sprechverbindung ermöglicht.

13.1.4 Fahrzeuginterne Kommunikation

Elektronische Geräte können mit Hilfe von Übertragungstechnik miteinander kommunizieren. Dafür müssen sie über die gleichen Übertragungstechnik-Schnittstellen verfügen. Wenn elektronische Geräte miteinander kommunizieren können, spricht man von vernetzten Geräten.

Für die verschiedenen Anwendungsfälle wurden seitens der Industrie spezialisierte Übertragungstechniken entwickelt und standardisiert. Daher gibt es für die fahrzeuginterne Kommunikation nicht eine universelle Technik (z. B. LAN) sondern verschiedene Techniken mit individuellen Eigenschaften. Außerdem unterstützt der Hersteller von Betriebselektronik-Systemen eher die IBIS-Schnittstelle als z. B. eine Fahrzeugbus-Schnittstelle. Insofern ist (leider) davon auszugehen, dass die Vielfalt der Übertragungstechniken noch lange Zeit vorhanden sein wird (siehe ▪ Tab. 13.1).

Die meisten der Übertragungstechniken haben bezüglich der Fehlererkennung die günstige Eigenschaft, dass ein ständiger Datenaustausch stattfindet. Sofern ein Gerät ausfällt, wird der fehlende Datenaustausch mit dem Gerät erkannt und dem Fahrer angezeigt.

Üblicherweise findet ein Informationsaustausch der Fahrzeugelektronik mit der Betriebselektronik mit Hilfe der Kopplung zwischen der Fahrzeugsteuerung und dem IBIS-Zentralgerät statt.

Die Tabellen «Zweck: ....» (▪ Tab. 13.2, ▪ Tab. 13.3, ▪ Tab. 13.4, ▪ Tab. 13.5, ▪ Tab. 13.6, ▪ Tab. 13.7, ▪ Tab. 13.8, ▪ Tab. 13.9, ▪ Tab. 13.10, ▪ Tab. 13.11) stellen neben den Kommunikationsfunktionen mit der Leitstelle / dem Leitsystem auch Kommunikationsfunktionen dar, die zu anderen Zwecken genutzt werden. Mit Hilfe der Tabellen ist ebenfalls zu erkennen, zwischen welchen Geräten/Systemen die Daten fließen (Datenquelle → Datenziel) und welche Übertragungstechnik üblicherweise genutzt wird.

▪ Tab. 13.1 Beispiele für Übertragungstechniken im Nahverkehrsfahrzeug

IBIS Bus	Übertragungssystem zur Vernetzung der betriebstechnischer Geräte.
Ethernet	Übertragungssystem zur Vernetzung ausgewählter betriebstechnischer Geräte.
Fahrzeugbus / Zugbus	Übertragungssystem zur Vernetzung der fahrzeugtechnischen Systeme im Schienenfahrzeug.
CAN Bus	Übertragungssystem zur Vernetzung der fahrzeug- und betriebstechnischen Systeme vorwiegend im Bus.
Videosignalübertragungstechnik	Übertragungstechnik für analoge Videosignale
NF-Übertragung	Übertragungstechnik für analoge Audiosignale
Diskrete Verdrahtung	Übertragungstechnik für Einzelsignale

Tab. 13.2 Zweck: Allgemeine Fahrzeugbedienung

Kommunikationsfunktion	Übertragungstechnik	Datenquelle	Datenziel
Meldung des IBIS-Zentralgerätes	IBIS Bus, Ethernet	IBIS-Zentralgerät	IBIS-Bedienterminal
Meldung des IBIS-Zentralgerätes	Diskrete Verdrahtung	IBIS-Zentralgerät	IBIS-Bedienelemente
Steuerung des IBIS-Zentralgerätes	IBIS Bus	IBIS-Bedienterminal	IBIS-Zentralgerät
Steuerung des IBIS-Zentralgerätes	Diskrete Verdrahtung	IBIS-Bedienelemente	IBIS-Zentralgerät
Meldung der Fahrzeugsteuerung	CAN Bus	Fahrzeugsteuerung	Fahrzeug-Bedienterminal
Meldung der Bremssteuerung	Fahrzeugbus / Zugbus	Bremssteuerung	Fahrzeugsteuerung
Meldung der Türsteuerung	Fahrzeugbus / Zugbus	Türsteuerung	Fahrzeugsteuerung
Meldung der Fahrzeugsteuerung	Diskrete Verdrahtung	Fahrzeugsteuerung	Fahrzeug-Bedienelemente
Steuerung der Fahrzeugsteuerung	CAN Bus	Fahrzeug-Bedienterminal	Fahrzeugsteuerung
Steuerung der Fahrzeugsteuerung	Diskrete Verdrahtung	Fahrzeug-Bedienelemente	Fahrzeugsteuerung

Tab. 13.3 Zweck: Fahrgastsicherheit

Kommunikationsfunktion	Übertragungstechnik	Datenquelle	Datenziel
Fahrgastnotruf	NF-Übertragung	Notrufsprechstelle	Audio-Bedieneinrichtung

Tab. 13.4 Zweck: Fahrgastinformation

Kommunikationsfunktion	Übertragungstechnik	Datenquelle	Datenziel
Fahrerdurchsage	NF-Übertragung	Audio-Bedieneinrichtung	Audioanlage
Durchsage von Ansagegerät	NF-Übertragung	Ansagegerät	Audioanlage
Haltestellenanzeige	IBIS Bus	IBIS-Zentralgerät	Haltestellenanzeige
Haltestellenansage	IBIS Bus NF-Übertragung	IBIS-Zentralgerät Ansagegerät	Lautsprecheransage

Tab. 13.5 Zweck: Automatisierte Fahrzeugfunktionen

Kommunikationsfunktion	Übertragungstechnik	Datenquelle	Datenziel
Fahrzeugort	IBIS Bus	IBIS-Zentralgerät	Haltestellenanzeige, Elektronischer Fahrscheindrucker, Fahrkartenautomat, Entwerter
Besetzungsgrad	IBIS Bus	Fahrzeugsteuerung	IBIS-Zentralgerät
Bahnsteighöhe	IBIS Bus	IBIS-Zentralgerät	Fahrzeugsteuerung
Ausstiegsseite	IBIS Bus	IBIS-Zentralgerät	Haltestellenanzeige
Anschlusssicherungsinformation	IBIS Bus Ethernet	IBIS-Zentralgerät	IBIS-Bedienterminal

Tab. 13.6 Zweck: Unfallverhütung (Schienenfahrzeug)

Kommunikationsfunktion	Übertragungsort	Übertragungstechnik	Datenquelle	Datenziel
Zwangsbremsung	Streckenpunkt	Zugbeeinflussung	Strecke: Zugsicherungsanlage	Fahrzeug: Fahrzeugsteuerung, Bremssteuerung

Tab. 13.7 Zweck: Fahrgastsicherheit

Kommunikationsfunktion	Übertragungsort	Übertragungstechnik	Datenquelle	Datenziel
Videobildanforderung	Netz	Leitstellendatenfunk	Leitstelle: Funkarbeitsplatz, Leitsystem	Fahrzeug: Videosystem
Übertragung von Videobildern des Fahrgastraumes	Netz	Videobildübertragung	Fahrzeug: Videosystem	Leitstelle: Leitsystem, Videosystem

Tab. 13.8 Zweck: Fahrwegwahl (Schienenfahrzeug)

Kommunikationsfunktion	Übertragungsort	Übertragungstechnik	Datenquelle	Datenziel
Weichenstellanforderung	Streckenpunkt	Meldungsübertragungssystem	Fahrzeug: Weichentasten, IBIS-Zentralgerät	Strecke: Weichensteuerung

Tab. 13.9 Zweck: Optimierte, örtliche Betriebsabwicklung

Kommunikationsfunktion	Übertragungsort	Übertragungstechnik	Datenquelle	Datenziel
Fahrzeugort, Bahnsteighöhe, Ausstiegsseite, Streckenhöchstgeschwindigkeit	Streckenpunkt	Meldungsübertragungssystem	Strecke: Ortsbakenmodul	Fahrzeug: Meldungsübertragung, IBIS-Zentralgerät
Sprachkommunikation (Normalruf)	Funkzelle	PzP-Sprechfunk	Fahrzeugfunkgerät	Fahrzeug: Funkgerät
LSA-Beeinflussung	Streckenpunkt	Meldungsübertragungssystem	Fahrzeug: IBIS-Zentralgerät	Strecke: Lichtsignalanlage
Soll-Geschwindigkeit	Strecke	Leitstellendatenfunk	Leitstelle: Leitsystem	Fahrzeug: Tachometer
Übertragung von Videobildern der Bahnsteigkante	Haltestelle	Videobildübertragung	Haltestelle: Videosystem	Fahrzeug: Videomonitor

Tab. 13.10 Zweck: Zentralisierte Betriebsführung (Stufe 1)

Kommunikationsfunktion	Übertragungsort	Übertragungs-technik	Datenquelle	Datenziel
Sprachkommunikation Leitstelle Fahrer	Netz	Leitstellensprechfunk	Leitstelle: Funkarbeitsplatz	Fahrzeug: Funkgerät
Leitstellendurchsage	Netz	Leitstellensprechfunk	Leitstelle: Funkarbeitsplatz	Fahrzeug: Funkgerät, Audioanlage

Tab. 13.11 Zweck: Zentralisierte Betriebsführung (Stufe 2)

Kommunikationsfunktion	Übertragungsort	Übertragungs-technik	Datenquelle	Datenziel
Textanweisung	Netz	Leitstellendatenfunk	Leitstelle: Funkarbeitsplatz	Fahrzeug: Funkgerät
Codierte Meldung	Netz	Leitstellendatenfunk	Fahrzeug: Funkgerät	Leitstelle: Funkarbeitsplatz
IBIS-Datenversorgung	Betriebshof	WLAN (GSM)	Leitstelle: Fahrplansystem	Fahrzeug: IBIS-Zentralgerät
Fahrzeugort	Netz	Leitstellendatenfunk	Fahrzeug: IBIS-Zentralgerät, Funkgerät	Leitstelle: Leitsystem
Fahrzeugort	Oberfläche	GPS-Signalübertragung	Strecke: GPS-System	Fahrzeug: IBIS-Zentralgerät
Dynamische Anschlusssicherungsinformation	Netz	Leitstellendatenfunk	Leitsystem	IBIS-Bedienterminal
Besetzungsgrad	Netz	Leitstellendatenfunk	Fahrzeug: Funkgerät	Leitstelle: Leitsystem
Meldungen der Fahrzeugsteuerung	Netz	Leitstellendatenfunk	Fahrzeug: IBIS-Zentralgerät	Leitstelle: Funkarbeitsplatz, Leitsystem, Diagnosesystem

Technisch besteht z. Zt. nicht die Möglichkeit, alle oben genannten Funktionen mittels einer Übertragungstechnik (z. B. WLAN) zu übertragen. Zu unterschiedlich sind die speziellen Anforderungen an die zu übertragende Datenmenge, die erforderliche/zulässige Reichweite, die Stör- und Manipulationsfestigkeit und den Schutz gegen Ausspähen.

Im Laufe der Zeit hat sich der Einsatz spezialisierter Übertragungssysteme etabliert, deren individuelle Eigenschaften im Folgenden aufgelistet werden.

13.1.5 Externe Kommunikationswege des Fahrzeuges

Die sichere, flexible und komfortable Bedienung eines Nahverkehrsfahrzeuges kann durch drahtlose Verbindungen zu stationären Systemen verbessert werden. Hierzu findet entlang des Fahrweges und auf dem Betriebshof eine funktionsoptimierte Datenkommunikation mit stationären Geräten statt. Da die Funktionen unterschiedliche Anforderungen an die Datenübertragung stellen, werden verschiedene spezialisierte Techniken hierfür verwendet (siehe ▣ Tab. 13.12).

Kommunikation mit der Leitstelle/dem Leitsystem

Das integrierte Bordinformationssystem in Verbindung mit einem Funksystem und GPS-Ortung ist die aktuelle Evolutionsstufe der Fahrzeugausrüstung zur Anbindung des Fahrzeuges an die Leitstelle / das Leitsystem. Es werden umfangreiche Funktionen zur Verfügung gestellt, die eine bestmögliche Betriebsabwicklung u. a. in Bezug auf Fahrgastinformation, Pünktlichkeit, Wirtschaftlichkeit, Fahrzeugdisposition und Störfallabarbeitung ermöglichen. Insbesondere in Ballungsräumen mit hoher Verkehrsdichte und vielfältigen externen Störquellen ist diese Ausrüstung ein Standard.

Bei Verkehren mit geringeren Anforderungen (z. B. Überlandverkehren) ist diese «Vollausrüstung» jedoch nicht zwingend erforderlich. Daher wird im Folgenden eine kurze Übersicht über die verschiedenen Ausrüstungsstände und deren Grundfunktionen gegeben.

- Stufe 0: Fahrzeug ohne Betriebsfunk – Kommunikation mit der Leitstelle über Telefon oder örtliche Signalisierung.
- Stufe 1: Fahrzeug mit Betriebsfunk – Sprachkommunikation mit der Leitstelle möglich.
- Stufe 2: Fahrzeug mit Betriebsfunk und IBIS – Sprach- und Datenkommunikation mit der Leitstelle möglich.

Die Wahl, welche Ausrüstungsvariante zum Einsatz kommen soll, wird von den Verkehrsunternehmen nach betrieblichen und wirtschaftlichen Gesichtspunkten festgelegt.

Selbstverständlich besteht das langfristige Ziel, die Vielfalt der eingesetzten Systeme, durch die industrielle Neu- und Weiterentwicklung bestmöglich zu verringern.

Quelle: Hamburger Hochbahn AG

Leitstelle

Tab. 13.12 Eigenschaften der drahtlosen Übertragungssysteme

Übertragungssystem	Übertragbare Datenmenge	Reichweite der Datenübertragung	Störfestigkeit der Datenübertragung	Manipulationsfestigkeit der Daten	Schutz gegen Ausspähen der Daten
Sprachübertragung					
Leitstellensprechfunk (Betriebsfunk)	++	++++	+++	+++++	+++
PzP-Sprechfunk (Betriebsfunk)	++	+++	+++	+++++	+++
Leitstellensprechfunk (Providerfunk)	++	+++++	++	++++	++
PzP-Sprechfunk (Providerfunk)	++	+++++	++	++++	++
Datenübertragung					
Leitstellendatenfunk (Betriebsfunk)	+	++++	+++	++++	+++
PzP-Datenfunk (Betriebsfunk)	+	+++	+++	++++	+++
Leitstellendatenfunk (Providerfunk)	++	+++++	++	++++	++
PzP-Datenfunk (Providerfunk)	++	+++++	++	++++	++
Datenübertragung					
Wireless LAN (Filetransfer)	++++	+++	+	++	++
Öffentlicher Datenfunk (Filetransfer)	+++	++++	+++	++++	++++
Videobildübertragung					
Öffentlicher Datenfunk (Streaming)	+++	++++	+++	++++	++++
Infrarotübertragung	++++	++	+	++++	++++
Nahfeldfunk	++++	+	+++	++++	++++
WLAN (Streaming)	++++	+++	+	++	++
Meldungsübertragung					
Induktive Meldungsübertragung	+	+	++++	+++++	+++++
Nahbereichsfunk	+	+++	+++	++++	+++
Infrarotübertragung	++++	++	+	++++	++++
Zugbeeinflussung					
Magnet. Zugbeeinflussung	+	+	+++++	+++++	+++++
Induktive Zugbeeinflussung	+	+	+++++	+++++	+++++
GPS-Signalübertragung					
Global Positioning System (GPS)	+	+++++	+++	+++++	+++++

+++++ = Hoch, + = Gering

13.1.6 Funktionskontrolle von elektronischen Geräten

Elektronische Geräte lassen sich in **voll-** und **teilautomatische** Geräte unterteilen.

Vollautomatische Geräte gehen z. B. mit dem Aufrüsten des Fahrzeuges in Betrieb. Sie verarbeiten alle erforderlichen Eingangssignale automatisch und beeinflussen den Prozess bedarfsgerecht. Da diese Geräte nicht aktiv durch den Fahrer bedient werden, wird deren Fehlfunktion auf diesem Weg nicht erkannt. Sie beinhalten daher eine automatische Selbstdiagnose, die Statusmeldungen und Fehlermeldungen erzeugt. Die Meldungen werden dem Fahrer angezeigt, der entsprechend reagieren muss.

Teilautomatische Geräte bedürfen einer Bedienung durch den Fahrer. Der Fahrer erwartet nach der Betätigung die richtige Gerätereaktion. Wenn die erwartete Gerätereaktion ausbleibt, kann auf eine Funktionsbeeinträchtigung (oder Fehlbedienung) geschlossen werden (z. B. die fehlende Türschließkontrollanzeige nach dem Betätigen der Türschließtasters). Jedoch gibt es auch bei diesen Geräten Funktionen, deren Fehlfunktion allein hierdurch nicht erkannt werden können. Zumindest für diesen Funktionsteil werden auch diese Geräte oftmals mit einer automatischen Selbstdiagnose ausgestattet, deren Meldungen ebenfalls durch den Fahrer zu beachten sind.

Je nachdem, welche Sicherheitsrisiken bei der jeweiligen Fehlfunktion zu erwarten sind, ist eine angemessene Fehlererkennung vorgesehen. Sofern für eine wichtige Funktion keine automatische Fehlererkennung oder Fehlererkennung bei Bedienung sichergestellt ist, werden organisatorische Maßnahmen getroffen, um eine Fehlfunktion zu erkennen. Dies kann z. B. eine **Funktionskontrolle** durch den Fahrer bei Fahrtbeginn sein. Art und Umfang derartiger Funktionskontrollen resultieren aus der technischen Konstruktion der Geräte und werden durch dem Betriebsverantwortlichen, z. B. dem Betriebsleiter, in Abstimmung mit dem Verantwortlichen der Fahrzeugtechnik, angewiesen.

13.1.7 Zuverlässigkeit elektronischer Geräte

Elektronische Geräte bestehen aus den verschiedensten elektronischen Bauteilen, wie Transistoren, integrierten Schaltkreisen, Displays und Prozessorbausteinen.

Jedes Gerät besitzt z. B. bezüglich der Umgebungstemperatur, der Luftfeuchte und der Versorgungsspannung einen spezifizierten Betriebsbereich. Selbst wenn ein Gerät im spezifizierten Bereich betrieben wird, muss mit Fehlfunktionen/Ausfällen gerechnet werden. Hierfür gilt die vom Hersteller angegebene «Meantime between Failure» (MTBF). Bei einem MTBF-Wert von z. B. 50.000 Stunden ist statistisch ca. alle sechs Jahre mit einer Fehlfunktion/einem Ausfall des Gerätes zu rechnen. Wenn in einer Fahrzeugflotte 100 gleichartige Geräte im Einsatz sind, ist alle 500 Stunden (ca. 20 Tage) mit einer Fehlfunktion/einem Ausfall zu rechnen. Daraus folgt, dass es Instandhaltungsstrategien geben muss, um ein gestörtes Gerät angemessen kurzfristig austauschen zu lassen. Andererseits müssen Rückfallstrategien vorhanden sein, so dass der Fahrer z. B. bei einer spontan auftretenden Störung eine Ersatzbedienung durchführen kann. Hierdurch ist es in vielen Fällen möglich, das Fahrzeug bis zu einem geeigneten Aussetzpunkt im Umlauf zu belassen und zur Fahrgastbeförderung zu nutzen. Den meisten Ersatzbedienungen ist gemeinsam, dass die Bedienung länger dauert und unkomfortabler ist. Das Risiko von Personen- oder Sachschäden steigt nicht.

Ersatzbedienungen werden durch den Betriebsverantwortlichen in Abstimmung mit dem Verantwortlichen der Fahrzeugtechnik definiert. Der Fahrer hat diese im Bedarfsfall auszuführen.

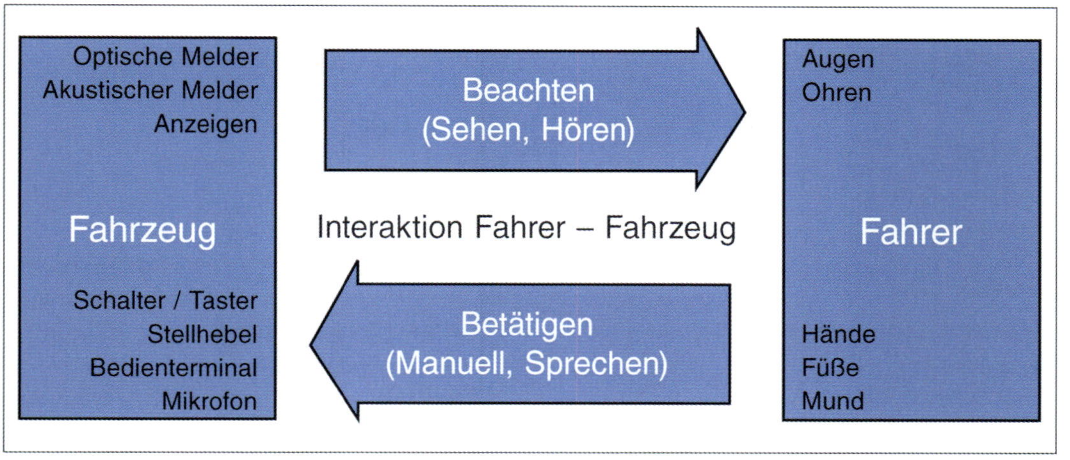

13.1.8 Bedienung von elektronischen Geräten

Die Bedienung von elektronischen Geräten beinhaltet das **Beachten** und das **Betätigen** des jeweiligen Gerätes durch den Fahrer (Interaktionen).

Merksatz

Das Beachten erfolgt durch Sehen und Hören.

Das Betätigen erfolgt manuell (per Hand, Fuß) und durch Sprechen.

Die **Beachtung** bedingt das Beobachten von
- optischen Meldern (z. B. Anzeigeleuchten)
- akustischen Meldern (Summer o.ä.)
- analogen Anzeigegeräten (z. B. Tacho)
- digitalen Anzeigegeräten
- Displayanzeigen

Arten des **Beachtens** sind
- das Kontrollieren bei bestimmten Betriebssituationen (Sehen)
- das Erkennen von Anzeigen bei erwarteten Ereignissen (Sehen)
- die Kenntnisnahme bei unerwarteten Ereignissen (Sehen und Hören)

Die **Betätigung** erfolgt manuell mittels
- Schalter
- Taster
- Stellhebel
- Bedienterminal (menügeführt)
  - mit Funktionstasten und Display
  - mit Softkey-Tasten und Display
  - mit Touchscreen
- Sprechen in das Mikrofon

Arten von **Betätigungen** sind z. B.
- Auswahl einer Funktion
- Auslösen einer Funktion
- Quittierung einer Meldung
- Sprechen einer Durchsage

13.1.9 Definitionen und Abkürzungen

Abfertigung

Beobachtung des Fahrgastwechsels (Ein- und Aussteigen der Fahrgäste), Schließen der Türen und Verlassen der Haltestelle.

ABS

Antiblockiersystem

ASR

Antischlupfregelung

Anschlusssicherung

Maßnahmen zur Optimierung von Umsteigebeziehungen.

Anzeigen

Leuchtanzeigen, Tachometer, elektronischer Rückspiegel, elektronische Rückfahrhilfe.

Anweisungen

Auftrag eines führenden Systems an ein ausführendes System.

Ausstiegsseite

Fahrzeugseite, an der das Fahrzeug an der nächsten Haltestelle verlassen werden kann.

Beachten

Wahrnehmen von Meldern, Anzeigen

Bedienung

Beachten und Betätigen

Betätigen

Betätigen von Tasten, Schaltern und Schaltflächen (Display).

Betriebselektronik

Geräte, die eine optimierte Ausführung von Fahraufträgen ermöglichen.

Bussystem

System zur elektronischen Datenübertragung zwischen elektronischen Geräten

CBTC

Communication Based Train Control

Datenquelle

Startpunkt einer Datenübertragung

Datenziel

Endpunkt einer Datenübertragung

EFD

Elektronischer Fahrscheindrucker

ESP

Elektronisches Stabilitätsprogramm

Fahrplanlage

Vergleich der tatsächlichen Fahrzeugposition mit der gemäß Fahrplan erwarteten Fahrzeugposition (Angabe in Minuten, Sekunden).

Fahrauftrag

Auftrag zur Durchführung einer Fahrt von A nach B.

Fahrt

Befahren einer Route, Routenvariante

Fahrweg

Strecke, die von Verkehrsmitteln befahren werden kann.

Fahrzeug- / Wagennummer

Feste Nummerierung des Fahrzeuges / des Wagens

Fahrzeugelektronik

Geräte, die die klassische Fahrzeugelektrik so ergänzen, dass in der Regel eine Entlastung des Fahrers oder eine qualitativ bessere Steuerung und Regelung der Fahrzeugfunktionen resultiert.

Gleitschutz

Elektronische Einrichtung zum Vermeiden des Blockierens der Räder eines Schienenfahrzeuges beim Bremsen.

GPS

Global Positioning System.

GoA

Grade of Automation (vergl. DIN EN 62290)

GSM

Global System for Mobile Communications

IBIS

Integriertes Bordinformationssystem (u.a. IBIS-Zentralgerät und IBIS-Bedienterminal)

IMU

Induktive Meldungsübertragung

Kurs 1 – n

Linienbezogene Umlaufkennung. Nummerierung der Anzahl 1 – n von Umläufen, die erforderlich sind, um die Fahrgastbedienung auf einer Linie fahrplangerecht durchzuführen.

Leitsystem

Steuerungs- und Dispositionssystem für die zentralisierte Betriebsabwicklung.

Meldungen

Meldung eines ausführenden Systems an ein führendes System.

MTBF

MeanTime Between Failure; Funktionszeit zwischen zwei Ausfällen.

NF

Niederfrequenz (Audiotechnik)

ÖPNV

Öffentlicher Personennahverkehr

Provider

Dienstleister z. B. für Kommunikationsdienstleistungen

Route

Konkrete Strecke (von A nach B), die vom Fahrzeug auf dem Fahrweg befahren wird.

Routenvariante

Alternative Strecke (von A nach B)

Schleuderschutz

Elektronische Einrichtung zur Vermeidung des Durchdrehens der Räder eines Schienenfahrzeuges beim Beschleunigen.

WLAN

Wireless Local Area Network

ZUB

Zugbeeinflussung

ZUB-Gerät

Fahrzeuggerät der Zugsicherungstechnik.

13.2 Aufbau und Funktion ausgewählter elektronischer Geräte

Um die Gesamtzusammenhänge besser zu verstehen, werden in diesem Kapitel ausgewählte elektronische Geräte im Aufbau und deren Funktion näher beschrieben. Der Schwerpunkt liegt auf den Geräten, die vom Fahrer in den üblichen Betriebssituationen beachtet und bedient werden müssen. Zur besseren Orientierung helfen Ihnen hierbei die Darstellungen der Ausrüstungsvarianten im Kapitel 13.2.1.

13.2.1 Ausrüstungsvarianten

Die verschiedenen Arten der Nahverkehrsfahrzeuge bedingen eine unterschiedliche Ausrüstung mit elektronischen Geräten. Ein Bus benötigt z. B. keine Fahrsperre und eine U-Bahn keinen Spurassistenten.

In den (▣ Abb. 13.1, ▣ Abb. 13.2 und ▣ Abb. 13.3) sind drei Ausrüstungsvarianten

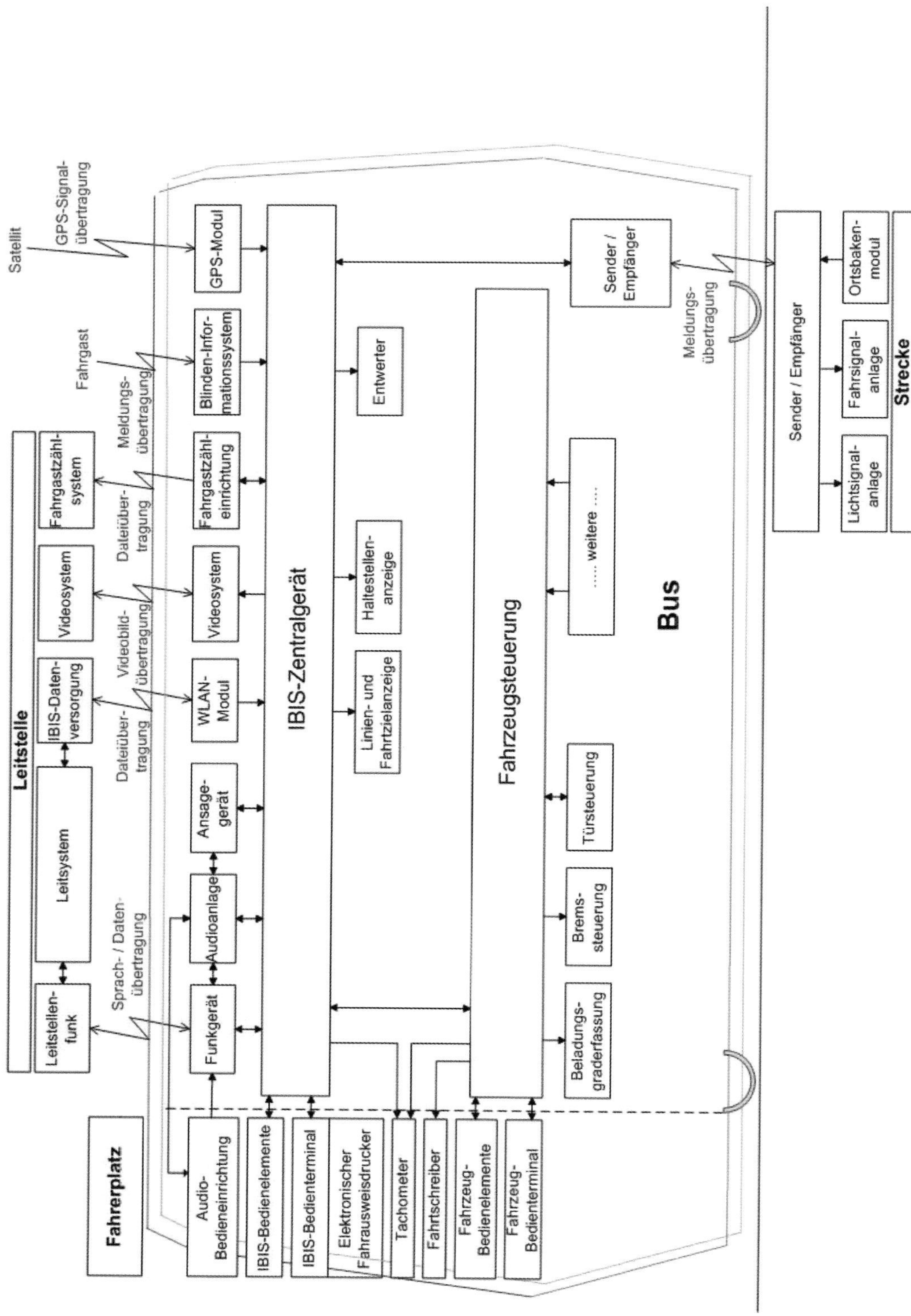

Abb. 13.1 Elektronische Geräte Bus

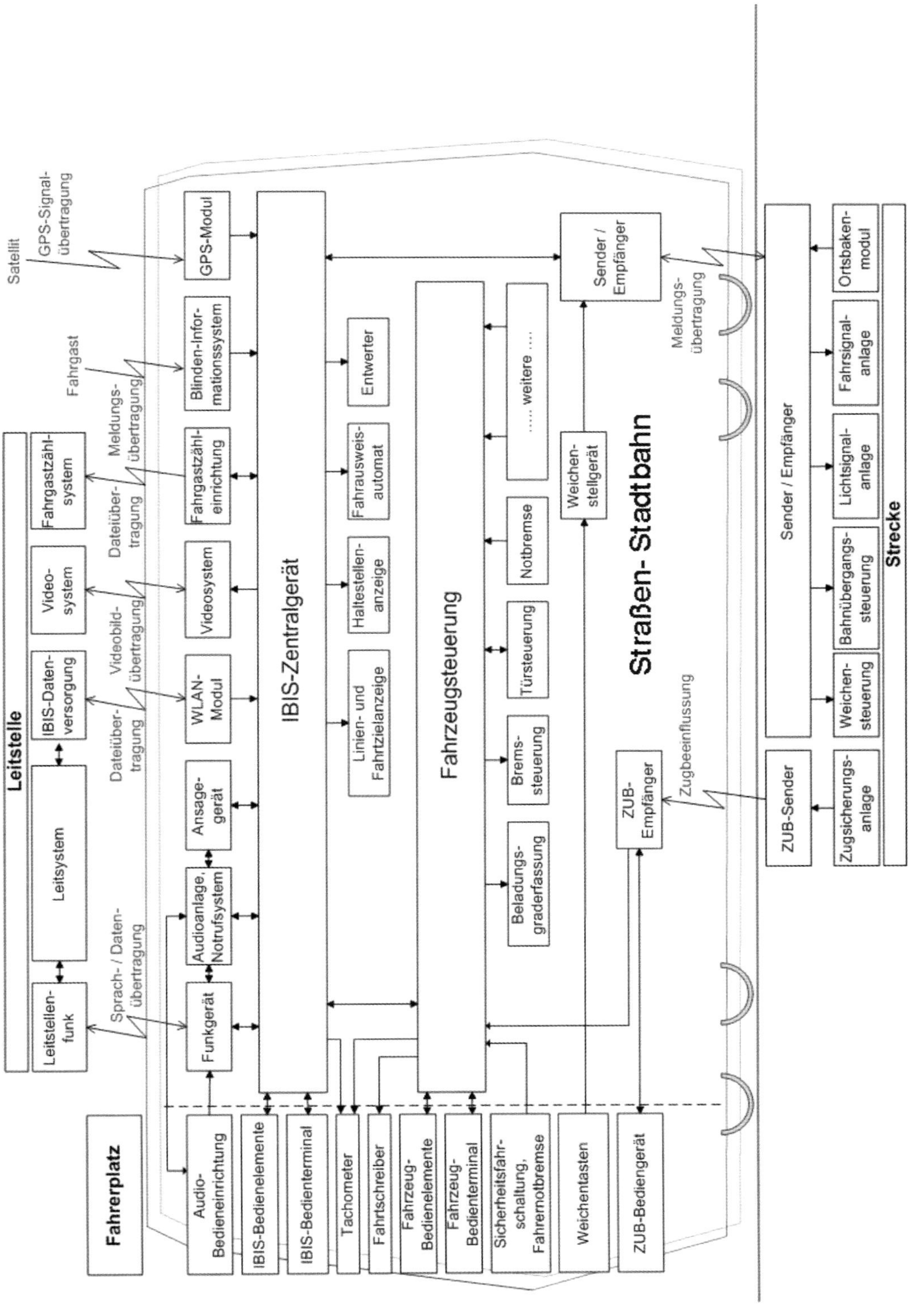

Abb. 13.2 lektronische Geräte Straßen-/Stadtbahn

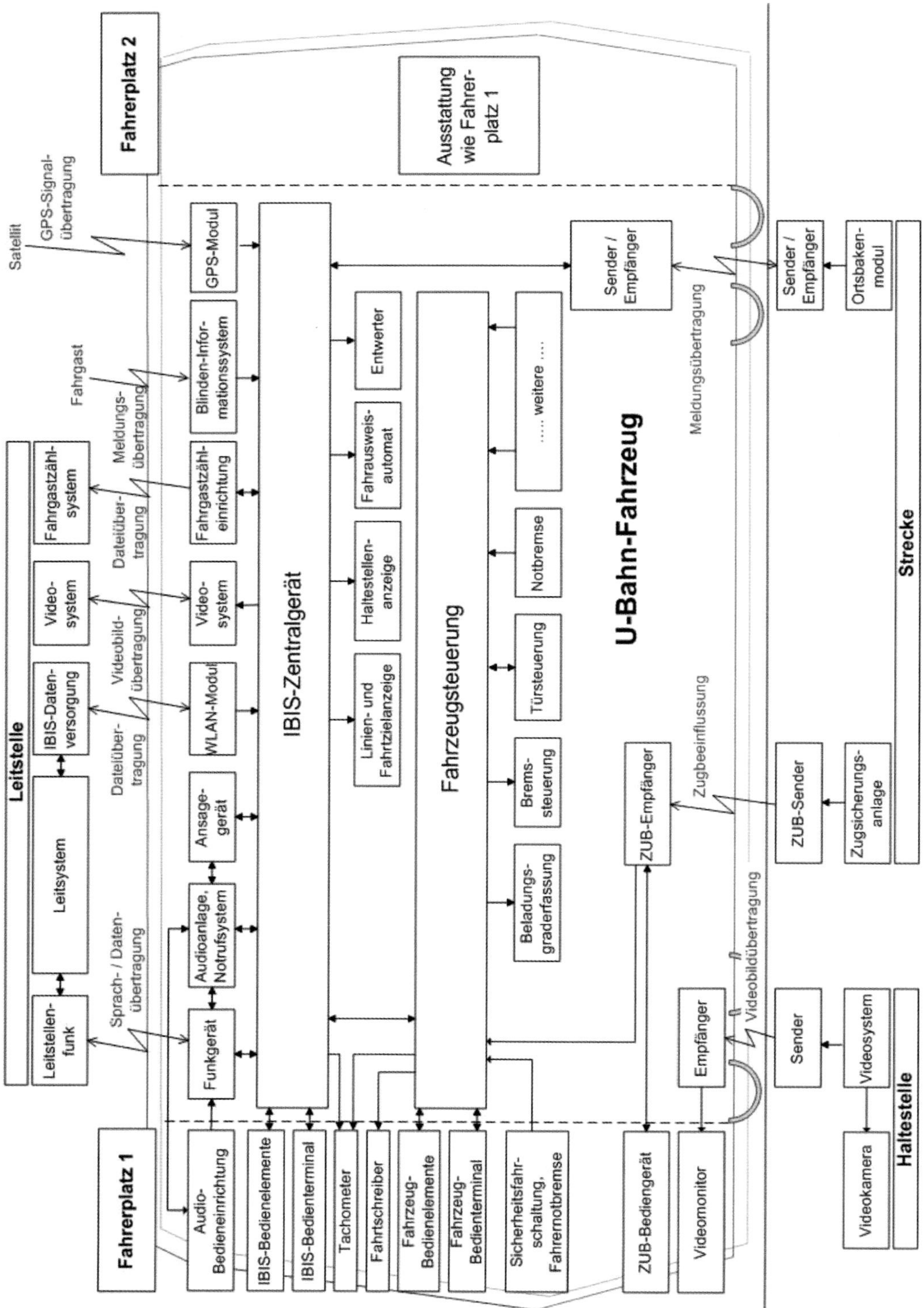

Abb. 13.3 Elektronische Geräte U-Bahn

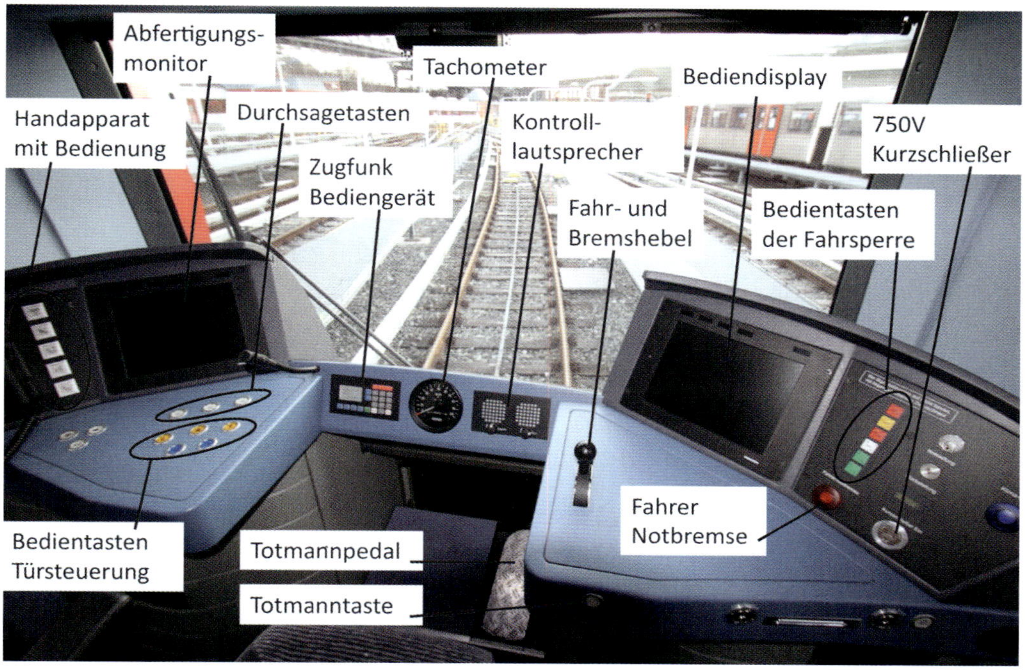

Quelle: Hamburger Hochbahn AG

U-Bahn Fahrerraum

dargestellt, die die Maximalausrüstung des jeweiligen Fahrzeuges repräsentieren:

- Elektronische Geräte des Busses
- Elektronische Geräte der Straßenbahn
- Elektronische Geräte der U-Bahn

Zu erkennen sind hieran u.a. die Funktionszusammenhänge zwischen den einzelnen Geräten/Systemen, die «zentrale Rolle» der Fahrzeugsteuerung und des IBIS-Zentralgerätes und die externen Kommunikationswege des Fahrzeuges zur Leitstelle und zu Streckeneinrichtungen.

Komponenten, die durch den Fahrer bedient werden, sind im Bereich des schematisch dargestellten Fahrerarbeitsplatzes/Fahrerraumes angeordnet.

13.2.2 Fahrzeugsteuerung

Die Fahrzeugsteuerung ist Bestandteil der Fahrzeugelektronik und besteht aus einer Rechnereinheit und Schnittstellen zum Anschluss anderer Geräte. Die Fahrzeugsteuerung wird durch Bedienelemente an jedem Fahrerarbeitsplatz ergänzt. Als Bedienelemente kommen u. a. Schalter, Leuchtaster und Anzeigeinstrumente zum Einsatz. Insbesondere bei Schienenfahrzeugen kann zusätzlich ein Terminal, das Fahrzeug-Bedienterminal, zum Einsatz kommen, mit dem viele Fahrzeugfunktionen menügeführt über das Display bedient werden können.

Funktionen der Fahrzeugsteuerung sind u.a.:

- Bedienung der Fahrgasttüren
- Klimaanlagensteuerung
- Bordnetzüberwachung
- Geschwindigkeitsüberwachung
- Anzeige von Fahrzeugmeldungen
- Anzeige der aktuellen Fahrgeschwindigkeit
- Wegstreckenzähler
- Sicherheitsschleife
- Steuerung von Antrieb und Bremse (Schienenfahrzeug)

- Stromabnehmer an- / ablegen (Schienenfahrzeug)
- Entkuppeln (Schienenfahrzeug)

Die Fahrzeugsteuerung bildet bei Bedarf die Schnittstelle zum IBIS-Zentralgerät.

Insbesondere Schienenfahrzeuge sind auf eine funktionstüchtige Fahrzeugsteuerung angewiesen. Daher ist diese meistens redundant (gedoppelt) ausgeführt, damit bei dem Ausfall einer Steuerung keine unsicheren Zustände entstehen können.

An die Fahrzeugsteuerung sind die meisten Geräte der Fahrzeugelektronik mit Hilfe von Bussystemen oder einer diskreten Verdrahtung angeschlossen.

Sicherheitsrelevante Geräte des Schienenfahrzeuges werden mit Hilfe von Sicherheitsschleifen überwacht.

Um eine höchstmögliche Zuverlässigkeit zu garantieren, ist diese in jedem Fall diskret verdrahtet und elektrisch einfach aufgebaut. Es kommen möglichst wenige elektrische / elektronische Bauteile zur Verwendung.

Sicherheitsrelevante Geräte des Schienenfahrzeuges sind:

- Türen/Türnotöffner
- Fahrgastnotbremse
- Fahrernotbremse
- Sicherheitsfahrschaltung
- ZUB-Gerät

Der Ausfall eines überwachten Gerätes hat die Unterbrechung der Sicherheitsschleife zur Folge. Dies führt zu einer Zwangsbremsung des Schienenfahrzeuges.

Fahrzeuge, die auf unabhängigem Bahnkörper verkehren, können mit einer Notbremsüberbrückung ausgestattet sein. Die Notbremsüberbrückung soll die durch die Fahrgastnotbremse ausgelöste Zwangsbremsung auf freier Strecke verhindern, da ein Halt auf freier Strecke in den wenigsten Fällen geeignet ist, Hilfeleistungen zu erbringen. Der Zug hält dann erst in der nächsten Haltestelle. Selbstverständlich ist der Fahrer bei wirkender Notbremsüberbrückung jederzeit in der Lage, trotzdem eine Notbremsung auszulösen.

13.2.3 Fahrtschreiber

Im ÖPNV wird der Fahrtschreiber in erster Linie zu Überprüfung der Einhaltung der Arbeitszeiten des Fahrpersonals und zur Aufklärung von Unfällen benutzt. Hierzu wird neben der gefahrenen Geschwindigkeit auch das Datum und die Uhrzeit dokumentiert. Mit der Einführung digitaler Fahrtenschreiber ist auch das Speichern von weiteren Daten möglich. Dies sind z. B. Zustandsdaten der Tür- oder der Bremssteuerung.

Die Aufzeichnungsdauer beträgt z. B. 36 Betriebsstunden.

Arten von Fahrtschreibern

Z. Zt. sind in den Fahrzeugen, je nach Baujahr, vier verschiedene Kontrollgeräte-/Fahrtschreiber-Versionen eingebaut.

EC-Tachograph

Seit 1984 wird der EC-Tachograph 1318 der Firma VDO in Automatikausführung eingebaut.

Aufgaben des Fahrers: Beschriften und Einlegen der Tachoscheibe (Schaubild), Kontrolle des Messbereiches, Kontrolle der Uhrzeit, Entnahme der Tachoscheibe.

Dokumentation: Uhrzeit, Geschwindigkeit, Wegstrecke, Motordrehzahl und Kraftstoffverbrauch auf der Tachoscheibe.

Auswertung: Sichtauswertung oder Auswertung am Computer (System «Kiscan» von VDO).

Flachfahrtschreiber

Die nächste Generation ist der Flachfahrtschreiber – TCO 1319. An der Unterseite der Geschwindigkeits- und Kilometeranzeige befindet sich ein Einzugsschacht für den 1. Fahrer und ein Einzugsschacht für den 2. Fahrer. Die Tachoscheibe wird hier mit der Aufzeichnungsseite nach oben eingeschoben und der Fahrtschreiber zieht diese automatisch ein und richtet es entsprechend der eingestellten Uhrzeit aus. Um die Tachoscheibe wieder aus dem Fahrtschreiber zu entnehmen, muss jeweils der Zeitgruppenschalter des 1. oder 2. Fahrers gedrückt werden.

Modularer EU-Tachograph

Der Modulare Tachograph – MTCO – ist nicht mehr im Blickfeld des Fahrers mit der Geschwindigkeitsanzeige im Armaturenbrett eingebaut, sondern kann an einem beliebigen Ort im Fahrerhaus eingebaut sein. In der Regel werden diese Geräte auf der Fahrerseite oberhalb der Windschutzscheibe in der Verblendung für die Staufächer oder im oberen Teil des Armaturenbretts an der Windschutzschreibe eingebaut. Dieser Fahrtschreiber hat das Aussehen eines CD-Players mit Digitalanzeige. Auf Knopfdruck fährt ein Schubfach aus, welches nach unten geklappt werden kann, um die Tachoscheibe für den 1. und 2. Fahrer einzulegen.

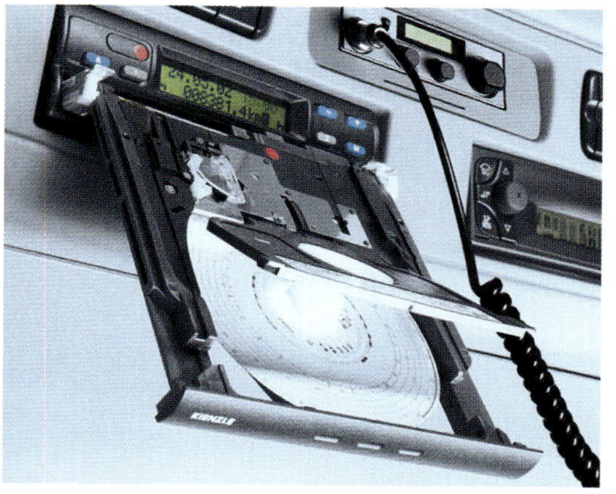

EG-Kontrollgerät

Seit 1. Mai 2006 muss der digitale Tachograf in allen EU-Ländern in neue Busse mit mehr als acht Fahrgastsitzen eingebaut sein. Eine generelle Nachrüstpflicht für ältere Busse ist nicht vorgesehen. VDO bietet mit dem DTCO ein Gerät, das die Speicherung aller Fahrzeugdaten über 365 Tage, das Registrieren und Speichern von Fahrerdaten über 28 Arbeitstage auf einer Chipkarte (Fahrerkarte) sowie den Ausdruck der gespeicherten Daten ermöglicht. Der ÖPNV in Deutschland ist von der Nutzung des digitalen Kontrollgerätes ausgenommen (siehe ▸ Kapitel 6).

13.2.4 Türsteuerung

Fahrgastraumtüren von Nahverkehrsfahrzeugen müssen so gesteuert werden, dass

- ein Öffnungswunsch durch den Fahrgast zu gegebener Zeit umgesetzt wird,
- ein zügiger Fahrgastwechsel möglich ist,
- nur die Türen auf der Ausstiegsseite geöffnet werden können,
- sie erst zulaufen, wenn der Türbereich frei ist,
- Fahrgäste gegen Einklemmen geschützt sind,
- ein Öffnen während der Fahrt sinnvoll verhindert wird,
- eine Notöffnung möglich ist.

Jede Tür ist hierzu mit einer Türsteuerung, die durch Sensoren und Bedienelemente ergänzt ist, ausgestattet.

Der Fahrer kann

- mit Hilfe von Anzeigen den Status der Türen kontrollieren,
- die Türen per Taste oder Schalter bei Stillstand des Fahrzeuges entriegeln,
- die Türen per Taste oder Schalter öffnen und schließen/verriegeln,
- per Taste oder Schalter ein Zwangsschließen der Türen veranlassen; d.h. Schließen und Verriegeln der Türen unter Ausschaltung der Türraumüberwachung,
- mit Hilfe von Anzeigen kontrollieren, ob alle Türen geschlossen und verriegelt sind.

Die komfortable Bedienung aller Türen durch den Fahrer wird ermöglicht, indem die einzelnen Türsteuerungen an die Fahrzeugsteuerung angeschlossen werden. Die Fahrzeugsteuerung

- nimmt die Steuerbefehle des Fahrers entgegen,
- stellt die logischen Verknüpfungen her,
- gibt die Steuerbefehle an die einzelnen Türsteuerungen weiter,
- verarbeitet die Rückmeldungen der Türsteuerungen und
- signalisiert dem Fahrer den Status der Türen.

Die oben genannten Punkte gelten sinngemäß auch für kraftbetätigte Tritte im Türbereich.

13.2.5 ZUB-Gerät

Wenn ein Schienenfahrzeug auf Zugsicherung fährt, müssen Einrichtungen auf dem Fahrzeug vorhanden sein, die bei gefährlichen Fahrmanövern eine automatische Zugbeeinflussung ermöglichen. Gefährliche Fahrmanöver sind z. B. die Vorbeifahrt an einem «Halt» zeigenden Signal oder eine unzulässig hohe Fahrgeschwindigkeit. Diese Fahrmanöver werden durch die Zugsicherungstechnik erkannt. Mittels magnetischer oder induktiver Sender im Gleisbereich wird der Steuerbefehl auf das ZUB-Geräte übertragen. Das ZUB-Gerät unterbricht daraufhin die Sicherheitsschleife. In der Folge wird eine Zwangsbremsung bewirkt. Wenn dieser Fall eingetreten ist, hat der Fahrer eine Meldung an die Leitstelle abzusetzen und den Grund der Zwangsbremsung zu ermitteln. Eine ausgelöste Zwangsbremsung lässt sich bei Fahrzeugstillstand am ZUB-Bediengerät zurücksetzen, um wieder anfahren zu können. Die Auslösung wird jedoch gespeichert, um diesen Eingriff in die Sicherheit des Zugverkehrs zu dokumentieren. Gegebenenfalls ist zur anschließenden Sichtfahrt eine besondere Fahrerlaubnis der Leitstelle erforderlich.

Das ZUB-Gerät lässt sich für Ausnahmefälle zeitweise vom Fahrer deaktivieren, um z. B. auf Anweisung der Leitstelle ein «Halt» zeigendes Signal oder eine defekte Geschwindigkeitsüberwachungsanlage ohne Zwangsbremsung passieren zu können. In diesem Fall findet die weitere Fahrt «auf Sicht» statt.

Zwangsbremsung bei Vorbeifahrt an einem „HALT" zeigenden Signal V1.1

1. Fahrzeug nähert sich einem HALT zeigenden Signal. Der Gleismagnet ist aktiviert.

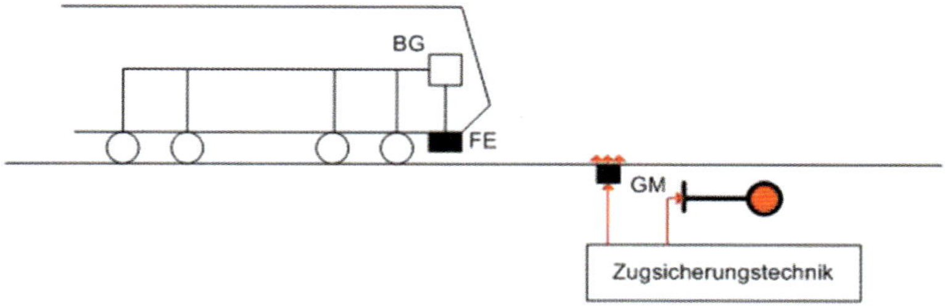

2. An dieser Stelle müsste das Fahrzeug spätestens zum Stillstand gekommen sein.

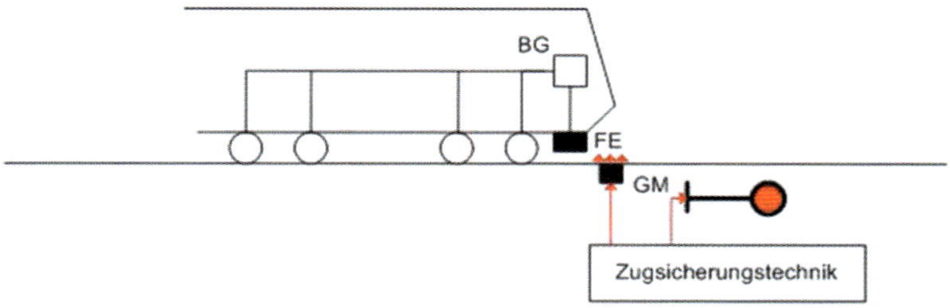

3. Da das Fahrzeug unzulässig weiterfährt, löst der aktivierte Gleismagnet die Zwangsbremsung des Fahrzeuges aus.

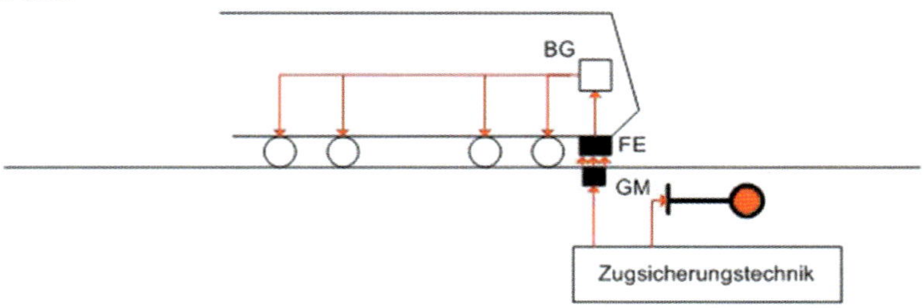

4. Das Fahrzeug kommt vor dem Gefahrenpunkt zum Stillstand.

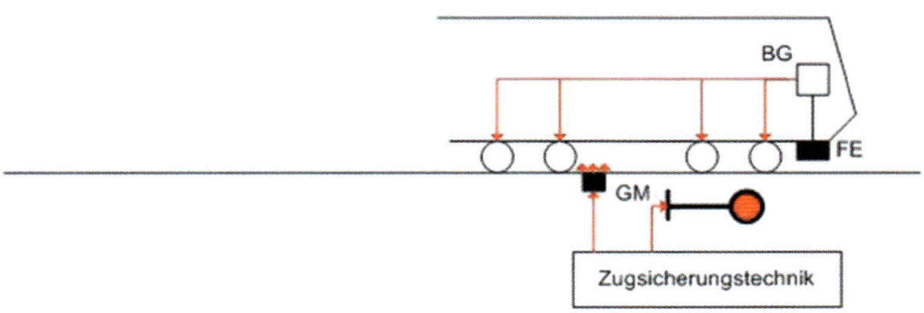

GM – ZUB-Gleismagnet
FE – ZUB-Fahrzeugempfänger
BG – ZUB-Bediengerät

Abb. 13.4 **Punktförmige Zugbeeinflussung (Beispiel 1)**

Zwangsbremsung bei unzulässig hoher Fahrgeschwindigkeit

1. Fahrzeug befährt den Detektor mit unzulässig hoher Geschwindigkeit.

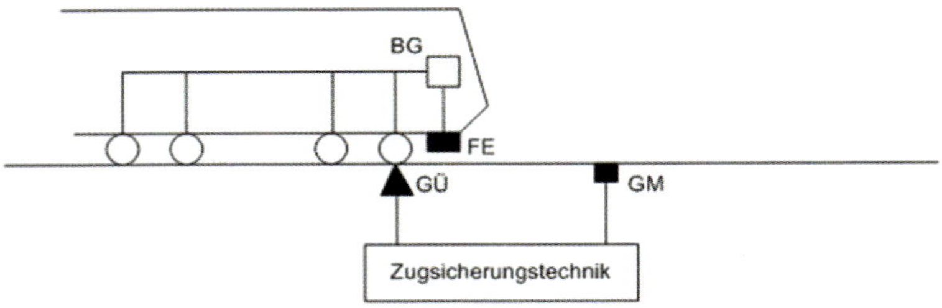

2. GÜ-Detektor meldet die Geschwindigkeitsüberschreitung und die Zugsicherungstechnik aktiviert den Gleismagneten.

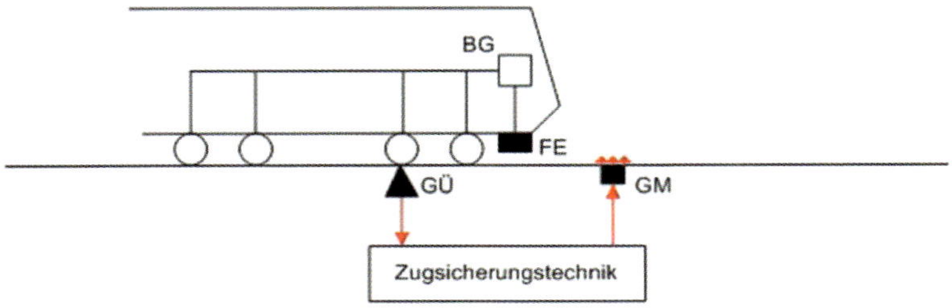

3. Der aktivierte Gleismagnet löst die Zwangsbremsung des Fahrzeuges aus.

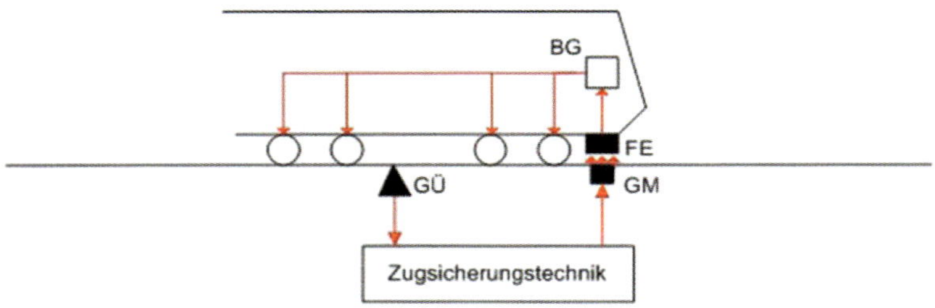

4. Das Fahrzeug kommt vor dem Gefahrenpunkt zum Stillstand.

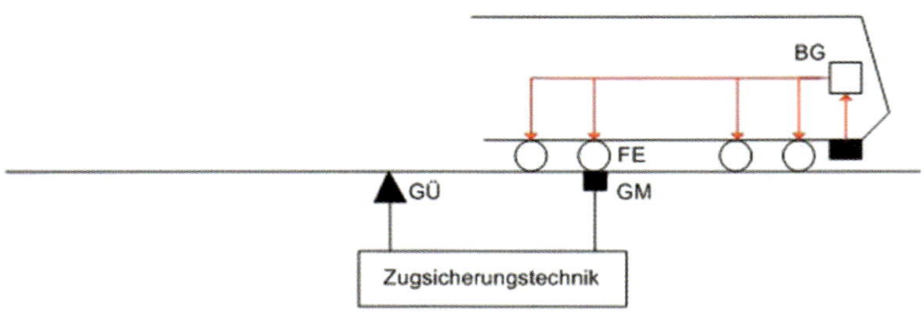

GÜ – Detektor der Geschwindigkeitsüberwachung
GM – ZUB-Gleismagnet
FE – ZUB-Fahrzeugempfänger
BG – ZUB-Bediengerät

Abb. 13.5 Punktförmige Zugbeeinflussung (Beispiel 2)

Stellen von Weichen V1.1

1. Das Fahrzeug nähert sich einer Weiche. Die gewünschte Fahrrichtung ist „geradeaus".

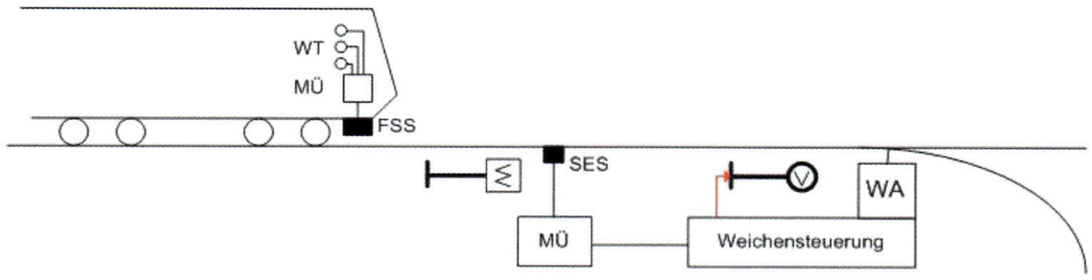

2. Ab dem Schaltsignal betätigt der Fahrer die Weichentaste „geradeaus".

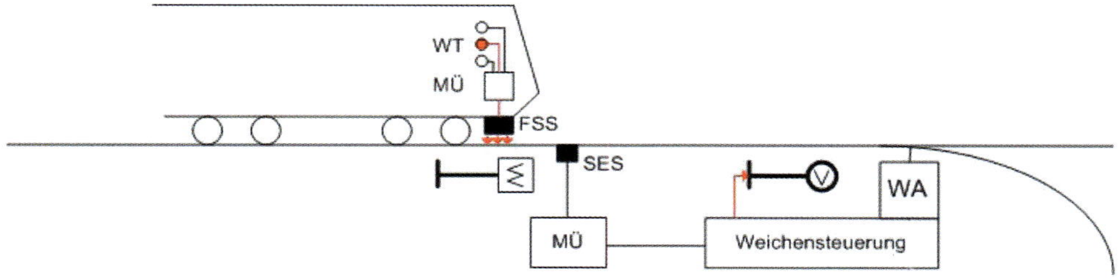

3. Mit der Vorbeifahrt des Fahrzeuges an der SES wird die Weichenstellanforderung streckenseitig empfangen und an die Weichensteuerung weitergegeben.

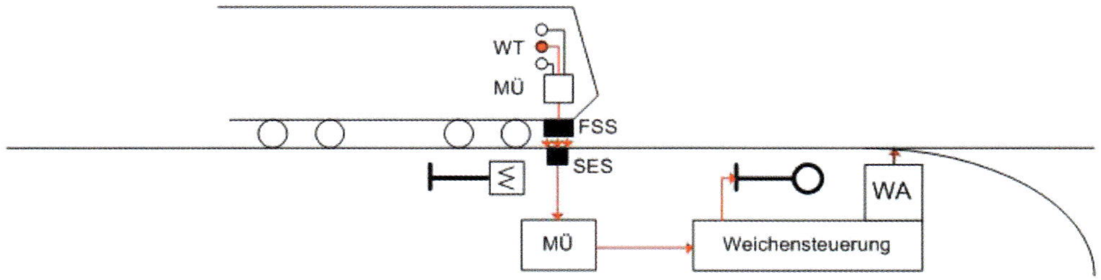

4. Die Weiche ist gestellt, das Weichensignal ist gesetzt. Das Fahrzeug kann die Weiche passieren.

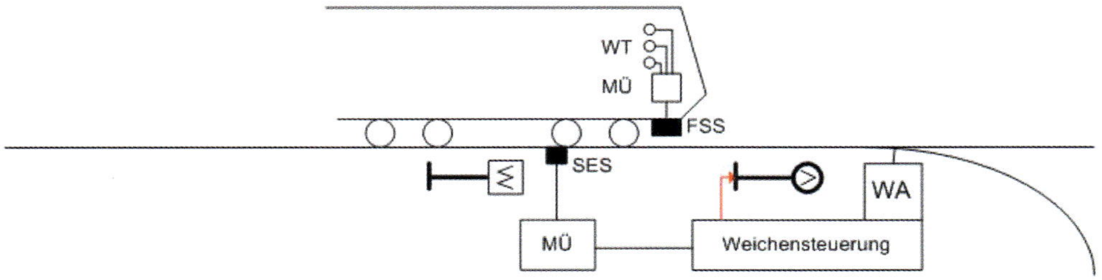

WT – Weichentasten
MÜ - Meldungsübertragung
FSS – Fahrzeugsendespule
SES – Streckenempfangsspule
WA - Weichenantrieb

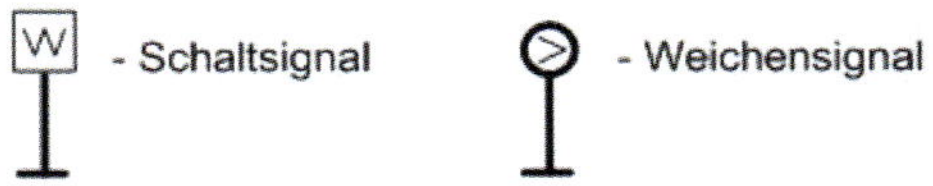

Abb. 13.6 Weichenstellen im Sichtfahrbereich

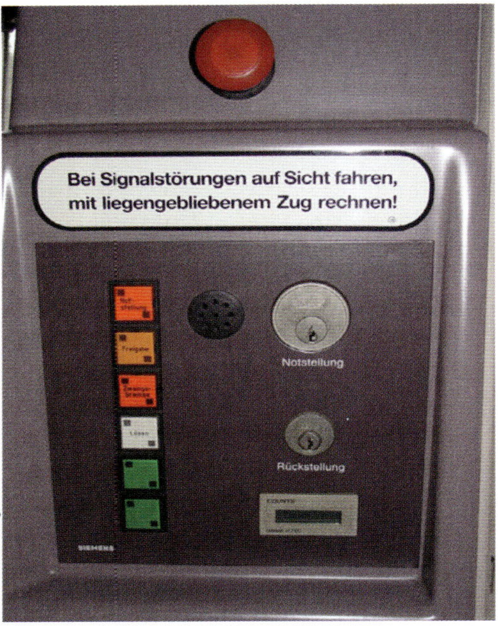

Quelle: Hamburger Hochbahn AG

ZUB-Bediengerät

Zwei punktförmige Zugbeeinflussungen werden in (▣ Abb. 13.4 und ▣ Abb. 13.5) dargestellt.

13.2.6 Weichenstelleinrichtung

Zur komfortablen Bedienung von Weichen besteht bei Schienenfahrzeugen im Sichtfahrbereich in der Regel die Möglichkeit, Weichen automatisch (IBIS) oder manuell vom Fahrerplatz aus zu stellen (siehe ▣ Abb. 13.6). Die fahrzeugseitige Ausrüstung zum manuellen Stellen besteht aus z. B. drei Weichentastern (links, geradeaus, rechts) und der Meldungsübertragung. Die Weichenstellanforderung wird durch das Betätigen eines Weichentasters ausgelöst und an die Meldungsübertragung weitergegeben.

Streckenseitig nimmt der Empfänger der Meldungsübertragung die Weichenanforderung entgegen und leitet sie an die Weichensteuerung weiter.

Je nach Streckengeschwindigkeit muss die Weichenstellanforderung rechtzeitig vor dem Erreichen der Weiche abgesetzt werden, um möglichst ohne zusätzlichen Halt die richtig gestellte Weiche befahren zu können. Dies bedeutet, dass die Weichenstellanforderung während der Fahrt abgesetzt und streckenseitig zum Beispiel 40 Meter vor der Weiche durch die dort installierten Empfänger empfangen werden muss.

Für die Bedienung bedeutet dies, dass der Fahrer während der Vorbeifahrt am Schaltsignal (streckenseitig montierte Signaltafel) die jeweilige Weichentaste für eine bestimmte Zeit oder Strecke betätigen muss. Während der gesamten Zeit der Betätigung sendet das Fahrzeug die Weichenstellanforderung aus. Das Schaltsignal ist im o. g. Beispiel 60 Meter vor der Weiche aufgestellt. Hierdurch wird erreicht, dass der Fahrer bis zum Erreichen des streckenseitigen Empfängers die Weichentaster betätigt haben kann.

Die Weichenstellanforderung kann mit Hilfe des IBIS-Zentralgerätes automatisiert werden.

13.2.7 Betriebsfunk (Sprach-/Datenfunk)

Der Betriebsfunk steht nur einer geschlossenen Benutzergruppe, den Betriebsfunkteilnehmern, zur Verfügung. Technisch arbeitet der Betriebsfunk auf einer exklusiv für das jeweilige Verkehrsunternehmen vergebenen Frequenz. Alle technischen Komponenten, wie Funkstationen, Funkarbeitsplätze der Leitstellen, Fahrzeugfunkgeräte und Handfunkgeräte sind in den meisten Fällen Eigentum des Verkehrsunternehmens. Hierdurch kann das Unternehmen die Funkressourcen nach eigenem Ermessen vergeben und ist zum Beispiel bei Störungen des Funksystems selbst in der Lage, die notwendigen Maßnahmen einzuleiten. Das Nahverkehrsunternehmen ist selbst verantwortlich, den technischen Betrieb sicherzustellen.

Die Anzahl und die Sendeleistung der stationären Funkstationen sind für die Funkausleuchtung eines bestimmten Bereiches ausschlaggebend. Wünschenswert für ein Betriebsfunksystem wäre eine Ortswahrscheinlichkeit von 100 %. Dies bedeutet, dass an allen potentiellen Aufenthaltsorten von Funkteilnehmern eine Funkverbindung möglich ist. Da dies jedoch überproportional teuer wäre, wird hier ein Kompromiss zwischen Kosten und Erreichbarkeit eingegangen. Ortswahrscheinlichkeiten im Bereich von 95 bis 99,5 % sind gängige Werte.

Die Anzahl der benötigten Funkkanäle, und damit auch der Funkfrequenzen, ist von der Funkverkehrslast abhängig. Diese Verkehrslast ist gekennzeichnet durch die durchschnittliche Anzahl und Dauer von Funkverbindungen eines Betriebstages. Da jeder Funkkanal laufende Kosten für die Frequenznutzung, Betrieb und Instandhaltung als auch Einmalkosten für die Beschaffung verursacht, wird in der Regel auch hier ein Kompromiss zwischen Kosten und Erreichbarkeit eingegangen. Dies bedeutet in der Praxis, dass es bei besonderen Betriebslagen durch viele zeitgleich erforderliche Sprechverbindungen zur Überlastung des Funksystems kommen kann. In diesem Fall werden die Sprechverbindungen seitens der Leitstelle der Betriebssituation angemessen nacheinander abgearbeitet. Für den Fahrer bedeutet dies, dass er ggf. länger auf das Zustandekommen der Sprechverbindung warten muss.

Der Fahrer kann aktiv an der Entlastung des Betriebsfunksystems mitwirken, indem er anstelle des **Sprechfunks** möglichst den **Datenfunk** nutzt. Hierzu sind «codierte Meldungen» für die Beschreibung von Ereignissen hinterlegt, die der Fahrer mittels Tastatur wählen und an die Leitstelle versenden kann. Die Übertragung einer solchen Meldung belastet das Betriebsfunksystem nur mit einem Bruchteil einer vergleichbaren Sprechverbindung. Codierte Meldungen sind zum Beispiel «keine Fahrspannung», «75 % Besetzungsgrad» oder «Fundsache».

Der Fahrer hat die Möglichkeit, Funkrufe mit unterschiedlicher Dringlichkeit auszulösen. Die Betätigungseinrichtungen sind:

1. Überfallruf – Taster im Fußraum des Fahrerplatzes
2. Notruf – Rote Taste am IBIS-Bediengerät
3. Normalruf – Taste am IBIS-Bediengerät

Normalrufe werden zu Gunsten von Notrufen und Überfallrufen abgebaut/unterbunden.

Notrufe werden zu Gunsten von Überfallrufen abgebaut/unterbunden.

Funkverbindungen werden grundsätzlich von der Leitstelle aufgebaut. Die Leitstelle kann den Fahrer jederzeit ansprechen. Wenn der Fahrer einen Sprechwunsch hat, muss er diesen anmelden. Anschließend baut die Leitstelle die Verbindung zum Fahrer auf.

Beim Einsatz eines Leitsystems dient der Datenfunk dem Datenaustausch des Fahrzeuges mit dem Leitsystem.

Folgende Funkverbindungen werden verwendet:

Sprechfunkverbindungen

- Leitstelle-Fahrer: Einzelruf für Anweisungen, Meldungen und Notrufe
- Leitstelle-Fahrer: Gruppenruf für Sammelanweisungen
- Leitstelle-Fahrgäste: Einzel- /Sammelruf für Informationsdurchsagen in den Fahrgastraum
- Fahrer-Fahrer: Einzelruf zur Durchführung von Schiebezügen
- Fahrer-Fahrer: Einzelruf zur Sicherstellung der Anschlusssicherung

Datenfunkverbindungen

- Leitstelle-Fahrer: Betriebliche Anweisungen und Meldungen
- Fahrzeug-Leitstelle: Fahrzeugtechnische Meldungen
- Fahrzeug-Lichtsignalanlage: Lichtsignalanlagenbeeinflussung
- Fahrzeug-Leitsystem: Fahrzeugort, Besetzung

Die Funkbedienung über das IBIS-Zentralgerät hat sich im Fahrzeug etabliert. Wenn kein IBIS-

Zentralgerät vorhanden ist, erfolgt die Funkbedienung direkt am Fahrzeugfunkgerät.

Um die Funkkanäle des Betriebsfunksystems zu entlasten und auch Funkverbindungen mit Fahrzeugen anderer Verkehrsbetriebe zu ermöglichen, wird der Nahbereichsfunk für Fahrer-Fahrer Sprechfunkverbindungen und auch zur LSA-Beeinflussung eingesetzt. Der Nahbereichsfunk arbeitet auf anderen Funkfrequenzen als das Betriebsfunksystem. Da die Sendeleistung stark begrenzt ist, sind Verbindungen nur über wenige hundert Meter möglich.

13.2.8 Providerfunk (Sprach-/ Datenfunk)

Die providergestützte Funkkommunikation kann alternativ oder zusätzlich zum Betriebsfunksystem verwendet werden. Jedoch bergen öffentliche Netze (z. B. GSM) die Gefahr, dass insbesondere bei katastrophenähnlichen Situationen keine Kommunikation möglich ist, weil eine dauerhafte Überlastung eintritt.

Unternehmen, die einen öffentlichen Auftrag haben, können bei den Providern eine Bevorrechtigung im Katastrophenfall erwirken.

Weiterhin wird von den Providern nur eine bestimmte Verfügbarkeit des Funknetzes z. B. von «mindestens 95 %» garantiert. Dies bedeutet, dass maximal 5 % der Zeit, z. B. maximal 438 Stunden pro Jahr, keine Kommunikation möglich ist.

Der Vorteil der providergestützten Funkkommunikation ist zweifelsfrei, dass das Verkehrsunternehmen nur die Endgeräte beschaffen, konfigurieren und die Mobilfunkverträge abschließen muss. Für den technischen Betrieb des Funknetzes ist der Provider verantwortlich.

Die Funkkommunikation mit Hilfe eines Providers ist wirtschaftlich vor allem im Regionalverkehr interessant, aber mit den oben genannten Einschränkungen verbunden.

13.2.9 Integriertes Bordinformations-system (IBIS)

Das integrierte Bordinformationssystem dient
- der Funkbedienung durch den Fahrer und der Fahreranmeldung
- der Information der Fahrgäste
- Der Datenversorgung der Geräte zum Fahrausweiserwerb / -entwertung über Linie, Route, Fahrtziel (Soll-Daten) und Fahrzeugort (Ist-Daten)
- der Information des Fahrers über Fahrplanlage (Vergleich der Soll- und Ist-Daten), technische Meldungen und ggf. den Fahrtverlauf (Karte)
- der Leitstelle mit Informationen über das Fahrtziel (Soll-Daten), Fahrzeugort und den Besetzungsgrad (Ist-Daten) und ermöglicht die Anzeige von betrieblichen Anweisungen der Leitstelle an den Fahrer
- der Information des Fahrers durch die Leitstelle über ergänzende Informationen zu Fahraufträgen (z. B. Kartendarstellung einer Umleitung auf dem Grafikdisplay des IBIS-Bedienterminals)

Die oben genannten Leitstellenfunktionen stellen die fahrzeugbezogenen Funktionen eines Leitsystems dar. Grundvoraussetzung für diese Funktionen ist der Datenfunk.

Um die IBIS-Funktionen erfüllen zu können, werden die Soll-Daten im IBIS-Zentralgerät abgelegt und die erforderlichen Ist-Daten durch das IBIS-Zentralgerät ermittelt. Die Ermittlung der Ist-Daten und weitergehender Anweisungen erfolgt mittels zusätzlicher Geräte und Verfahren.

Die Soll-Daten werden im Rahmen der IBIS-Datenversorgung per Speicherkarte oder drahtlosem Netzwerk (WLAN) vom Leitsystem zum

IBIS-Zentralgerät übertragen. IBIS-Daten sind u. a.: Fahrweg-, Fahrzeit-, Fahrplandaten, Linien- und Umlaufdaten, Anschlüsse und Routen.

Das IBIS besteht aus dem Zentralgerät und je nach Anzahl der Fahrerstände ein bis zwei Bedienterminals. In Bussen ist es üblich, den elektronischen Fahrscheindrucker mit dem IBIS-Zentralgerät zu kombinieren.

An das IBIS-Zentralgerät sind je nach Fahrzeugausrüstung folgende Geräte angeschlossen:

- IBIS-Bedienterminal(s)
- Funkgerät
- IBIS-Bedienelemente (z. B. Taster für die automatische Audioansage)
- Elektronischer Fahrscheindrucker
- Audioanlage
- Ansagegerät
- WLAN-Modul zur Betriebsdatenversorgung
- Videosystem
- Fahrgastzähleinrichtung
- Blindeninformationssystem
- GPS-Modul zur Standortermittlung
- Tachometer
- Linien- und Fahrzielanzeigen
- Haltestellenanzeigen
- Fahrausweisautomat
- Entwerter
- Meldungsübertragungseinrichtung

Das IBIS-Zentralgerät bildet bei Bedarf die Schnittstelle zur Fahrzeugsteuerung.

Das IBIS-Bedienterminal ist mit einem grafikfähigen Display ausgestattet.

Die Anzeigeeinheit ist so groß, dass alle wichtigen Informationen gleichzeitig darstellbar sind. Hierzu gehören mindestens:

- Bereitschaft und Status des Systems
- Datum und Uhrzeit (evtl. Betriebstag)
- Linien- und Kursnummer
- Route, Umlauf oder Fahrweg
- Ziel
- Aktuelle Haltestelle
- Zone, Kurzstrecke
- Fahrplanlage

Zusätzliche Informationen (z. B. Anweisungen der Leitstelle) werden im Klartext dargestellt.

Die Betätigung des Bedienterminals erfolgt über Funktionstasten, Zifferntasten, Touch-Screen und Softkey Tasten. Eine Mehrfachbelegung der Tasten ist möglich.

Folgende Funktionen bzw. Eingaben sind im Fahrzeug möglich:

- Sprechtaste
- Unfallruf
- Sprechwunsch
- Linie-/Kursnummer
- Route oder Umlauf
- Zone
- Ziel
- Standort
- Überfallruf (Unauffällige Bedienung z. B. mittels Fußtaster)
- Beiwagennummer (für Fahrzeuge ohne automatische Nummernübertragung)
- Besetzung
- codierte Meldungen
- Weichenstellanforderung
- Lichtsignalanlagen – Anforderung
- Bahnübergang An-/Abmeldung
- Steuerung der Fahrgastinformationseinrichtungen (z. B. Ansagegeräte und Anzeigen)
- Quittierungstaste

Das IBIS ist so aufgebaut, dass es zeitweise oder dauerhaft ohne Datenfunk / Leitsystem arbeiten kann. In diesem Fall entfallen natürlich bestimmte Funktionen.

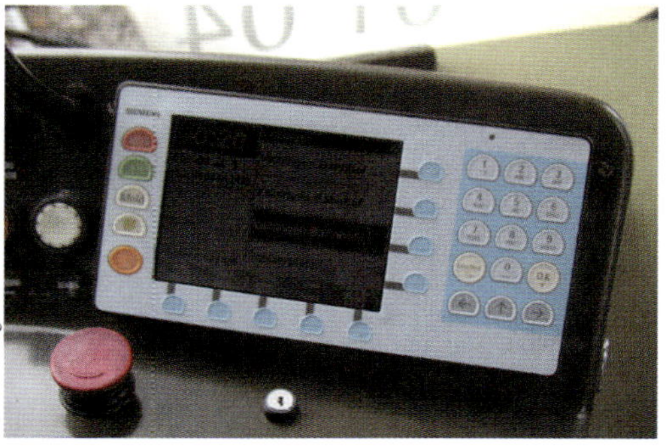

Quelle: Stuttgarter Straßenbahnen AG

IBIS-Bedienterminal

Verfahren zur Standortermittlung

Als Grundlage für die automatisierte Funktion von Fahrzeuggeräten (u. a. EFD, Haltestellenanzeige) und zur Weitergabe an das Leitsystem ermittelt das Fahrzeug automatisch seinen Standort.

Logische Ortung: Standortermittlung durch Fahrtanmeldung und den fahrzeuginternen Wegstreckenzähler. Der Wegstreckenzähler unterliegt besonders bei Bussen einer ungewünschten Ungenauigkeit. Da mit einer ausreichenden Wahrscheinlichkeit davon ausgegangen werden kann, dass das Öffnen der Türen nur an Haltestellen eintritt, verarbeitet das IBIS-Zentralgerät zusätzlich zum Wegstreckenzähler die Türfreigabe durch den Fahrer. Durch die Kombination aller gewonnen Informationen wird die Ortungsungenauigkeit auf wenige Meter reduziert.

Physikalische Ortung: Standortermittlung durch die GPS-Ortung oder mit streckenseitig montierten Ortsbaken, die dem Fahrzeug per Meldungsübertragung den Standort mitteilen.

Die beiden Ortungsarten können kombiniert werden, um eine höhere Genauigkeit oder die Aufrechterhaltung der Standortermittlung bei Ausfall eines Systems zu erreichen.

Verfahren zur dynamischen Anschlusssicherung

Eine dynamische Anschlusssicherung für Verkehre in Ballungsräumen ist nur mit Hilfe eines Leitsystems möglich. Das Leitsystem kennt die Position aller Fahrzeuge und prognostiziert die Ankunftszeit an der Umsteigehaltestelle.

Sofern Anschlüsse zu sichern sind, schickt das Leitsystem diese Information per Funk an das IBIS-Zentralgerät des betroffenen Fahrzeuges. Der wartepflichtige Fahrer erhält die Warteinformation am IBIS-Bedienterminal.

Das Leitsystem berücksichtigt, abhängig vom Fahrplan, der Tageszeit und dem Ort der Anschlusssicherung unterschiedliche Wartemodelle.

Zwei Beispiele von Wartesituationen:

1. Bei einem Zehn-Minuten-Takt auf beiden Linien ist es nicht sinnvoll, mehr als drei Minuten auf den Anschluss zu warten.
2. Der letzte an einer U-Bahn-Endhaltestelle abfahrende Bus sollte in Abhängigkeit vom Dienstplan bis zu zehn Minuten auf die verspätete U-Bahn warten.

13.2.10 Elektronischer Fahrscheindrucker (EFD)

Der elektronische Fahrscheindrucker wird für den Fahrscheinverkauf durch den Fahrer am Fahrerplatz eingesetzt. Es wird immer mehr dazu übergegangen, diesen mit dem IBIS-Bedienterminal zu kombinieren, so dass die Anzahl der Bediengeräte hierdurch reduziert werden kann. Dies bietet einen Platz-, aber auch einen Kostenvorteil.

Der EFD wird vom IBIS-Zentralgerät zyklisch z. B. mit aktuellen Fahrzeugstandortdaten, Datum und Uhrzeit versorgt, um einen komfortablen Fahrscheinverkauf zu ermöglichen.

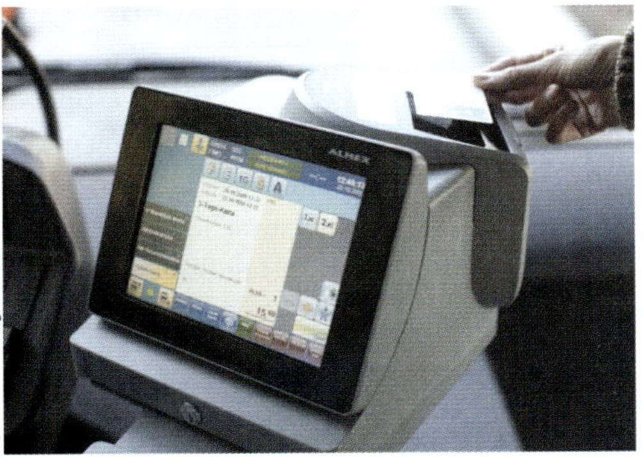
Quelle: Hamburger Hochbahn AG

IBIS-Bedienterminal mit elektronischem Fahrscheindrucker

Auszug einer Matrix der NF-Verbindungen eines U-Bahn-Fahrzeuges:

	Außenlautsprecher links	Außenlautsprecher rechts	Innenlautsprecher	Innenlautsprecher im Türbereich
Fahrermikrofon	X	X	X	X
Ansagegerät	X	X	X	X
Funkgerät			X	X

X = Sprechverbindung möglich

13.2.11 Audioanlage, Ansagegerät, Notrufsystem

Audioanlagen bieten die Möglichkeit, eine große Gruppe von Fahrgästen zeitgleich mit Informationen zu versorgen.

Durchsagen können über verschiedene Wege (NF-Quellen) eingespeist werden:
- Fahrermikrofon zur Fahrerdurchsage
- Ansagegerät des Fahrzeuges zur automatisierten Durchsage
- Funkgerät für Leitstellendurchsagen

Der gespeicherte Text des Ansagegerätes kann manuell vom Fahrer oder, sofern vorhanden, automatisch durch das IBIS-Zentralgerät ausgelöst werden.

Die NF-Quellen werden mittels der Audioanlagensteuerung und der nachgeschalteten NF-Matrix (Kreuzschiene) auf vordefinierte Lautsprecherkreise geschaltet. So ist es mit derselben Audioanlage möglich, z. B. gespeicherte Haltestellenansagen im Fahrgastraum durchzuführen und in der nächsten Situation manuelle Abfertigungsansagen des Fahrers über die Außenlautsprecher durchzuführen.

Die Anforderung der NF-Verbindung kann über eine Tastenbedienung des Fahrers oder als automatische Steuerung z. B. über das IBIS-Zentralgerät erfolgen. Hierdurch kann es zu konkurrierenden Anforderungen kommen. Über eine in der Audioanlagensteuerung hinterlegte Priorisierung wird automatisch entschieden, welcher Durchsage der Vorrang gewährt wird. Dadurch kann es im ungünstigen Fall jedoch zu einem Abbruch einer bestehenden Durchsage zu Gunsten einer höher priorisierten Durchsage kommen.

Um eine optimale Sprachverständlichkeit zu erreichen, muss die Durchsage deutlich gesprochen werden und die Lautstärke der Durchsage die Umgebungsgeräusche übertönen. Da die Umgebungsgeräusche im Personennahverkehr stark schwanken, kann mit einer automatischen Lautstärkeregelung gearbeitet werden. Diese sorgt dafür, dass die Audioanlage immer eine situationsgerechte Lautstärke der Durchsage liefert.

Zu leise oder zu laute Mikrofondurchsagen durch den Fahrer oder die Leitstelle können meistens nicht von der Audioanlage ausgeglichen werden. Daher muss die Durchsage vom Sprecher in einer definierten Lautstärke und im korrekten Abstand vom Mikrofon gesprochen werden.

Insbesondere automatische Durchsagen bedingen, dass die Ansagetexte im Fahrzeug abgespeichert zum Abruf zur Verfügung stehen. Hierfür wird das Ansagegerät verwendet. Das IBIS-Zentralgerät fordert zum richtigen Zeitpunkt die erforderliche Sprechverbindung bei der Audioanlage an (z. B. den Eingang des Ansagegerätes auf die Innenlautsprecher) und stößt dann das «Abspielen» des in Ansagegerät gespeicherten Textes an. Es können verschiedene Texte über Textnummern vom IBIS-Zentralgerät aber auch manuell aufgerufen werden.

Bei Schienenfahrzeugen hat sich die Ausstattung mit Notrufsystemen als Erweiterung der Audioanlage durchgesetzt. Diese ermöglicht eine Sprechverbindung zwischen dem Fahrgast und dem Fahrer. Hierzu sind im Fahrgastraum in den Türbereichen Sprechstellen mit Lautsprecher, Mikrofon und Ruftaste montiert. Der Sprechwunsch wird dem Fahrer signalisiert, der mit der Annahmetaste der Audio-Bedieneinrichtung die Sprechverbindung aufbaut und nach Beendigung des Gespräches die Verbindung wieder gelöscht.

Quelle: Verkehrsaktiengesellschaft Nürnberg

Notbremse und Notrufsprechstelle

13.2.12 Audiobedieneinrichtung

Für den Sprechfunk, die Audioanlage und das Notrufsystem kommt zur Vereinfachung oftmals eine gemeinsame Audioeinrichtung pro Fahrerraum mit Mikrofon, Lautsprecher, Sprechtasten, Lautstärkeeinsteller und Handhörer zum Einsatz.

13.2.13 Videosystem (Videoaufzeichnung, Live-Videobildübertragung)

Zur Reduzierung und Rekonstruktion von kriminellen Handlungen kommt die Videoaufzeichnung zum Einsatz. Die Kamerabilder im Fahrgastraum und ggf. am Fahrerarbeitsplatz werden z. B. in einem 24-Stunden-Ringspeicher aufgezeichnet. Ergänzende Umfelddaten können ebenfalls aufgezeichnet werden und erleichtern die spätere Suche nach einer bestimmen Aufzeichnungssequenz. Umfelddaten sind z. B. der Haltestellenname, der Betätigungszeitpunkt einer Notruftaste oder der Notbremse.

Der Videorecorder ist mindestens während des gesamten Fahrzeugeinsatzes in Betrieb. Sofern auch während der Abstellzeiten das Risiko von kriminellen Handlungen am/im Fahrzeug befürchtet wird, kann der Videorecorder auch zu diesen Zeiten in Betrieb bleiben.

Da in der Regel vom Fahrer nicht kontrolliert werden kann, ob die Videokameras brauchbare Bilder an den Videorecorder liefern, besitzen hochwertige Recorder eine Bildanalysesoftware, die unscharfe, gestörte oder fehlerhafte Videobilder erkennen und dem Fahrer signalisieren.

Wenn Videosequenzen von der Leitstelle oder der Polizei benötigt werden, ist der bespielte Datenträger (z. B. Festplatte) zu entnehmen und durch einen Austauschdatenträger zu ersetzen.

Quelle: Hamburger Hochbahn AG

Videokamera-Hochbahn

Quelle: Hamburger Hochbahn AG

Videobild einer Fahrgastraumkamera

Teilweise wird dem Fahrer zu betrieblichen Zwecken ermöglicht, die Videobilder auf einem Monitor am Fahrerplatz aufzuschalten.

Die Live-Videobildübertragung kann eine Erweiterung des Videoaufzeichnungssystems sein. Bei Bedarf werden die Videobilder von der Leitstelle per Datenanweisung angefordert und über ein breitbandiges Übertragungsverfahren (z. B. LTE, UMTS) übertragen.

Bei Fahrzeugen, in denen der Fahrerarbeitsplatz nicht vom Fahrgastraum abgetrennt ist, wird zum Schutz des Fahrers auch in diesem Bereich eine Kamera installiert. Da derartige Systeme jedoch nicht zur Verhaltenskontrolle der Mitarbeiter genutzt werden dürfen, sind verschiedene Varianten im Einsatz:

- Die Aufschaltung des Videobildes des Fahrerplatzes ist nur bei Betätigung des Überfalltasters möglich.
- Der Fahrer wird im Bild unkenntlich dargestellt.
- Es ist nur der Verkaufsbereich und nicht der Fahrerplatz zu sehen.
- Dem Fahrer wird signalisiert, wenn das Bild des Fahrerplatzes aufgeschaltet ist.

13.2.14 Besetzungsgraderfassung (Fahrgastzähleinrichtung)

Der Besetzungsgrad eines Fahrzeuges ist aus zwei Gründen relevant:

- Bei Verkehrsverbünden ist die Fahrgastzählung zur Einnahmeaufteilung nötig. Der Verbund fordert von jedem Verbundunternehmen, eine bestimmte Anzahl der Fahrzeuge mit Fahrgastzählsystemen auszustatten.
- Für die Leitstelle ist der Besetzungsgrad wichtig, um z. B. bei spontan auftretendem, erhöhtem Fahrgastaufkommen, kurzfristig Verstärkerfahrzeuge einzusetzen oder andere betriebliche Maßnahmen zu veranlassen.

Der Besetzungsgrad kann durch Fahrgastzählung mittels Infrarotlichtschranken oder Videoanalysesystemen im Türbereich erfolgen. Eine zweite Möglichkeit ist die Verwendung der vorhandenen Information des Systems zur Beladungszustandserfassung. Mit Hilfe von statistischen Werten lässt sich aus der Beladung die ungefähre Fahrgastzahl ermitteln.

Zur Einnahmeaufteilung geforderte Systeme laufen im Hintergrund. Der Fahrer oder die Leitstelle bemerkt hiervon nichts.

Die Erkennung des momentanen Besetzungsgrades mit dem Hintergrund der betrieblichen Eingriffsmöglichkeit kann manuell oder automatisch erfolgen. In Bussen und kurzen Schienenfahrzeugen erkennt der Fahrer den Besetzungsgrad und teilt ihn der Leitstelle mittels codierter Meldung mit. Insbesondere wenn das Fahrzeug zu 100 % besetzt ist und Fahrgäste nicht mehr zusteigen können, muss der Fahrer eine Meldung absetzen.

Bei längeren, unübersichtlichen Fahrzeugen kann diese Aufgabe automatisiert durchgeführt werden.

13.2.15 Blindeninformationssystem

Das Blindeninformationssystem ermöglicht es sehbehinderten Fahrgästen mit Hilfe eines mitgeführten Senders folgende Funktionen am bzw. im Fahrzeug auszulösen:

- Automatische Ansage der Liniennummer und des Fahrtziels über die Außenlautsprecher des Fahrzeuges für den an der Haltestelle wartende Fahrgast.
- Mitteilung eines Mitfahrwunsches eines wartenden Fahrgastes an den Fahrer.
- Wiederholung der Haltestellenansage über die Innenlautsprecher des Fahrzeuges während der Mitfahrt.

Das Blindeninformationssystem besteht aus dem mobilen Sender und einem Fahrzeuggerät, dass an das IBIS-Zentralgerät angeschlossen ist. Das Fahrzeuggerät empfängt die Anforderungen und löst die Ansagen mit Hilfe des Ansagegerätes und der Audioanlage aus.

Die Anzeige des Mitfahrwunsches erfolgt im Display des IBIS-Bedienterminals.

13.2.16 Tachometer

Der Tachometer dient der Anzeige der aktuell gefahrenen Geschwindigkeit. Diese Ist-Geschwindigkeit wird von der Fahrzeugsteuerung mit Hilfe von Radsensoren ermittelt und am Tachometer angezeigt.

Bei Schienenfahrzeugen gibt es Tachometer und/oder weitere Anzeigen, mit deren Hilfe zur Unterstützung des Fahrers die

- Streckenhöchstgeschwindigkeit,

oder zur Verbesserung der wirtschaftlichen Fahrweise die

- Soll-Geschwindigkeit

angezeigt wird.

Die Streckenhöchstgeschwindigkeit wird durch das IBIS-Zentralgerät ermittelt. Es gewinnt diese Information aus der intern abgelegten Routeninformation oder der Auswertung von streckenseitig gesendeten Meldungen an definierten Meldepunkten.

Die Soll-Geschwindigkeit wird vom Leitsystem, u. a. basierend auf der Fahrplanlage und der Streckengeometrie, ermittelt.

Stuttgarter Straßenbahnen AG

Tachometer mit Höchstgeschwindigkeitsvorgabe

13.2.17 Linien- und Fahrzielanzeigen

Linien- und Fahrzielanzeigen dienen dem an der Haltestelle wartenden Fahrgast. Sie informieren über Linie und Fahrtziel des Fahrzeuges.

Dynamische Linien- und Fahrzielanzeigen können z. B. als elektromechanische DOT-Anzeigen, LED- oder LCD-Anzeigen ausgeführt sein.

Die Bedienung erfolgt manuell durch den Fahrer, über die Fahrzeugsteuerung oder vorzugsweise automatisch über das IBIS-Zentralgerät.

13.2.18 Haltestellenanzeigen

Haltestellenanzeigen sind im Fahrgastraum montiert. Sie können als Linienbandanzeige,

LED- oder LCD Anzeigen ausgeführt sein. Ein Einbetten der Haltestellenanzeige in ein Fahrgastfernsehsystem in möglich. Hier können die erweiterten Anzeigemöglichkeiten der Monitortechnik genutzt werden, um der Anzeige der nächsten Haltestelle zusätzliche Informationen, z. B. Umsteigmöglichkeiten oder den Zustand der Aufzüge der folgenden Haltestellen anzuzeigen. Die Bedienung erfolgt manuell durch den Fahrer oder über das IBIS-Zentralgerät. Wenn Zusatzinformation dynamisch angezeigt werden sollen, bedingt dies die Nutzung des IBIS-Zentralgerätes und ggf. des Betriebsleitsystems.

Quelle: Hamburger Hochbahn AG

Haltestelleninformation im Fahrgastfernsehsystem

13.2.19 Fahrausweisautomat, Entwerter

Der **Fahrausweisautomat** im Fahrgastraum des Fahrzeuges wird vom IBIS-Zentralgerät zyklisch z. B. mit aktuellen Fahrzeugstandortdaten, Datum und Uhrzeit versorgt, um einen komfortablen Fahrscheinverkauf zu ermöglichen.

Der **Entwerter** wird vom IBIS-Zentralgerät zyklisch z. B. mit aktuellen Fahrzeugstandortdaten, Datum und Uhrzeit versorgt, um eine nachvollziehbare Entwertung des Fahrausweises zu ermöglichen.

Zukünftig werden bei der Einführung des E-Ticketing-Verfahrens Validierer zum Einsatz kommen, die im Fahrgastraum montiert sind und dem Fahrgast das selbstständige Ein- und Ausbuchen für die jeweilige Fahrt ermöglichen. Als moderne Art der Fahrausweiskontrolle kann dem Fahrer dieser Vorgang gleichzeitig am IBIS-Bedienterminal zur Kenntnis gebracht werden.

13.2.20 Meldungsübertragung

Die Meldungsübertagung ist in der Lage, Meldungen von angeschlossenen Geräten zu übertragen. Hierzu stehen zwischen den Sende- und Empfangsgeräten des Fahrzeuges und der Strecke bedarfsweise jeweils ein Sende- und ein Empfangskanal zur Verfügung, die unabhängig voneinander arbeiten. Es gibt verschiedene technische Möglichkeiten der Meldungsübertragung.

Induktive Meldungsübertragung

Fahrzeugseitig wird eine Fahrzeugkoppelspule als Antenne verwendet. Streckenseitig sind Streckenkoppelspulen oder Streckenkoppelschleifen im Einsatz. Koppelspulen haben eine Länge von ca. 50 cm, Streckenkoppelschleifen können mehrere Meter entlang des Gleises montiert sein. Die Reichweite der induktiven Meldungsübertragung beträgt ca. 40 cm.

Das Fahrzeug sendet ohne Zutun des Fahrers permanent seine Fahrzeugkennung aus, um bei der Vorbeifahrt an streckenseitigen Spulen/Schleifen erkannt zu werden. Die angeschlossenen Geräte leiten von der empfangenen Fahrzeugkennung bestimmte Funktionen ab.

Wenn nicht die Fahrzeugkennung, sondern z. B. eine Weichenstellanforderung oder eine Anmeldung gesendet werden soll, schaltet die Meldungsübertragung auf Anforderung vom Senden der Fahrzeugkennung auf das Senden der Weichenstellanforderung oder Anmeldung um.

Streckenseitige Ortsbakenmodule senden permanent die hinterlegten Standortinformationen aus. Bei Vorbeifahrt des Fahrzeuges werden diese empfangen und z. B. an das IBIS-Zentralgerät weitergeleitet.

Das induktive Meldungsübertragungssystem kann mit dem induktiven Zugbeeinflussungssystem kombiniert werden.

Die induktive Meldungsübertragung ist nur für Schienenfahrzeuge geeignet und funktioniert sehr zuverlässig. Der streckenseitige Installationsaufwand ist jedoch erheblich.

Nahbereichsfunk-Meldungsübertragung

Die Nahbereichsfunk-Meldungsübertragung erfordert Funkgeräte an den streckenseitigen Geräten. Die Reichweite der Funkverbindung beträgt mehrere hundert Meter.

An definierten Streckenpunkten stößt das IBIS-Zentralgerät das Aussenden einer Meldung durch das Fahrzeugfunkgerät an. Diese Meldung ist entweder allgemein oder selektiv. Eine allgemeine Meldung wird von allen streckenseitigen Empfängern empfangen und verarbeitet, die sich im Empfangsbereich befinden. Selektive Meldungen werden nur von bestimmten Empfängern des Empfangsbereiches weiterverarbeitet.

Aufgrund der hohen Reichweite der Funkverbindung ist die Nahbereichsfunk-Meldungsübertragung für die Standorterkennung nur bedingt verwendbar. Alle anderen Funktionen sind erfüllbar. Es entsteht kein Installationsaufwand im Gleisbereich, jedoch ist die Zuverlässigkeit aufgrund der Ortswahrscheinlichkeit nicht so hoch, wie bei den anderen Verfahren (siehe auch ▶ Abschnitt 13.2.6).

Infrarot-Meldungsübertragung

Die Infrarotübertragung ist grundsätzlich ähnlich einsetzbar wie die induktive Meldungsübertragung. Jedoch basiert die Übertragung auf Infrarotlicht. Es ist somit immer eine Sichtverbindung zwischen Sender und Empfänger erforderlich. Dies bedingt eine korrekte Ausrichtung und eine geringe Verschmutzung der optischen Übertragungselemente. Infrarotbaken arbeiten oft im Batteriebetrieb. Zur Schonung der Batterie wird der Sender daher erst bei Vorbeifahrt des Nahverkehrsfahrzeuges aktiviert.

Meldungsübertragung vom Fahrzeug zu Streckeneinrichtungen

… an Weichen

Weichenstellanforderungen können automatisch vom IBIS-Zentralgerät oder manuell vom Fahrerplatz an bestimmten Streckenpunkten ausgelöst werden. Die Rückmeldung, ob die Anforderung bestimmungsgemäß verarbeitet wurde, erkennt der Fahrer am Weichensignal.

… an Bahnübergängen, Licht- und Fahrsignalanlagen, Haltestellen

Die An- und Abmeldung an Bahnübergängen, die An- und Abmeldung an Licht- und Fahrsignalanlagen und das Abmelden an Haltestellen erfolgt automatisch an bestimmten Streckenpunkten. Die automatische Meldungsübertragung an Bahnübergängen und Licht- und Fahrsignalanlagen dient dazu, dass das Nahverkehrsfahrzeug möglichst ohne Wartezeit passieren kann und der Querverkehr nach dem Passieren schnellstmöglich wieder freigegeben werden kann. Die Rückmeldung, ob die Anmeldung bestimmungsgemäß verarbeitet wurde, erkennt der Fahrer an streckenseitigen Signalen.

Das Abmelden an Haltestellen dient der schnellen Aktualisierung der Fahrzielanzeigen der Haltestelle und erfolgt vom Fahrer unbemerkt.

Meldungsübertragung von Streckeneinrichtungen zum Fahrzeug

… an Streckenpunkten

An bestimmten Streckenpunkten werden nach Bedarf

- der Standort,
- die Ausstiegsseite,
- die Bahnsteighöhe
- und die Geschwindigkeitsvorgabe.

übermittelt.

Der aktuelle Fahrzeugstandort ist für viele Fahrzeuggeräte und die Leitstelle von besonderer Bedeutung.

Bei Fahrzeugen mit Fahrgasttüren auf beiden Seiten ist die Anzeige der Ausstiegsseite für den Fahrgast sinnvoll. Dem Fahrer hilft es, da der Fahrgastwechsel beschleunigt wird und somit die Haltestellenaufenthaltszeit verkürzt werden kann. Die automatische Anzeige der Ausstiegsseite wird häufig in die Haltestellenanzeige, z. B. als Pfeilsymbol, integriert. Eine akustische Ansage mit Hilfe des Ansagegerätes und der Audioanlage wird ebenfalls verwendet. Das automatische Auslösen der Anzeige erfolgt durch das IBIS-Zentralgerät, das die Information der Ausstiegsseite aus der intern abgelegten Routeninformation oder der Auswertung von streckenseitig gesendeten Meldungen an bestimmten Streckenpunkten gewinnt.

Fahrzeuge, die Haltestellen mit unterschiedlichen Bahnsteighöhen bedienen, sind im Bedarfsfall mit kraftbetätigten Tritten ausgestattet. Die Betätigung der Tritte wird durch den Fahrer per Tastendruck oder automatisch durch das IBIS-Zentralgerät veranlasst. Das IBIS-Zentralgerät leitet die Information aus der intern abgelegten Routeninformation oder der Auswertung von streckenseitig gesendeten Meldungen an bestimmten Streckenpunkten ab.

Um den Fahrer zu entlasten, ist das Übermitteln einer Geschwindigkeitsvorgabe möglich. Dies kann sowohl die zulässige Höchstgeschwindigkeit oder die vom Fahrplan abgeleitete empfohlene Fahrgeschwindigkeit für den Streckenabschnitt sein.

13.2.21 Videosystem zur Zugfahrerselbstabfertigung

U-Bahn-Fahrzeuge haben üblicherweise deutlich mehr Türen für den Fahrgastwechsel als ein Bus oder ein Straßen-/Stadtbahnfahrzeug. Die Fahrgastzahlen der U-Bahn sind sehr hoch. Bei der U-Bahn würde eine automatische Türsteuerung aufgrund immer wieder nachströmender Fahrgäste zu unkalkulierbar langen Aufenthaltszeiten in den Haltestellen führen. Daher wird für U-Bahnen oft ein Videosystem eingesetzt, mit dessen Hilfe der Fahrer das «Freisein der Türbereiche» überprüfen kann, um anschließend den zentralen Schließvorgang einzuleiten. Der Einklemmschutz und die Einklemmerkennung sind dennoch aktiv.

Quelle: Hamburger Hochbahn AG

Abfertigungsbild mit Sollgeschwindigkeitsvorgabe

Das Videosystem besteht aus Videokameras, die nahe der Bahnsteigkante an der Haltestellendecke installiert sind. Die Videobilder werden entweder auf stationären Bahnsteigmonitoren dargestellt, oder mittels Videobildübertragung auf einem Monitor am Fahrerplatz angezeigt.

13.3 Beteiligung elektronischer Geräte an betrieblichen Abläufen

Die Beteiligung elektronischer Geräte an ausgewählten betrieblichen Abläufen wird im Folgenden an ausgewählten Beispielen dargestellt. Der Schwerpunkt dieser Darstellung bezieht sich auf die Interaktion zwischen dem Fahrer und dem elektronischen Gerät, sowie der verketteten Funktionen der elektronischen Geräte.

Die betrieblichen Abläufe wurden in Standardsituationen (= ungestörter Betriebsablauf) und Sondersituationen (= gestörter Betriebsablauf) aufgeteilt.

Hinweis: Die organisatorischen Abläufe oder Bedienungen anderer Fahrzeugeinrichtungen werden nicht beschrieben.

Die Zusammenstellung der Interaktionen in ▶ Abschnitt 13.3.1 und 13.3.2 ist beispielhaft. Letztendlich orientieren sich alle Handlungen an den örtlichen Gegebenheiten und an der Sicherheitsphilosophie des Verkehrsunternehmens. Der Betriebsleiter des jeweiligen Verkehrsunternehmens erlässt Dienstanweisungen, die genaue Handlungsbeschreibungen für alle zu berücksichtigenden Abläufe beinhalten.

13.3.1 Standardsituationen

Anmeldung

Interaktion	Gerät	Tätigkeit	Daten, Zustand
1	IBIS-Bedienterminal	Bedienung	Linie, Kurs oder Route, Abfahrtszeit, Fahreridentifizierung
2	IBIS-Bedienterminal	Beachtung	Eingaben, IBIS Systemstatus, Datum und Uhrzeit, Fahrzeugnummer, Fahrzeugnummern des Zugverbandes, Störmeldungen
3	Fahrzeug-Bedienterminal	Beachtung	Störmeldungen
4	Linien- und Fahrzielanzeigen	Beachtung	Korrekte Anzeige
5	Elektronischer Fahrscheindrucker	Beachtung	Betriebsbereitschaft
6	ZUB-Bediengerät	Beachtung	Betriebsbereitschaft, Gespeicherte Zwangsbremsung
7	IBIS-Bedienelement	Betätigen	Anmeldung an LSA, Fahrsignalanlage Zugsicherungstechnik

Fahrscheinverkauf

Interaktion	Gerät	Tätigkeit	Daten, Zustand
1	Elektronischer Fahrscheindrucker	Beachtung	Haltestelle, Zone, Datum
2	Elektronischer Fahrscheindrucker	Bedienung	Fahrscheinverkauf

Fahrgastwechsel

Interaktion	Gerät	Tätigkeit	Daten, Zustand
1	Fahrzeug-Bedienelemente (Türsteuerungstaster)	Bedienung	Freigabe der Türen
2	IBIS-Bedienterminal	Beachtung	Anschlusssicherung, Abfahrtszeitpunkt, Soll-Geschwindigkeit
3	Videomonitor	Beachtung	Türbereiche frei

4	Audio-Bedieneinrichtung (z. B. Sprechtaste, Mikrofon)	Bedienung	Abfertigungsdurchsage
5	Fahrzeug-Bedienelemente (Türsteuerungstaster)	Bedienung	Türen schließen
6	IBIS-Bedienterminal	Bedienung	Codierte Meldung, sofern nicht alle Fahrgäste aufgenommen werden konnten

Fahrt mit Fahrgästen

Interaktion	Gerät	Tätigkeit	Daten, Zustand
1	IBIS-Bedienterminal	Beachtung	Fahrplanlage
2	IBIS-Bedienterminal	Beachtung	Soll-Geschwindigkeit, Streckenhöchstgeschwindigkeit, Textanweisungen der Leitstelle
3	IBIS-Bedienterminal	Beachtung	Funkanweisungen der Leitstelle
4	IBIS-Bedienterminal	Beachtung	Automatische Lichtsignalbeeinflussung, Weichenstellanforderung
5	Weichentasten	Bedienung	Manuelle Weichenstellanforderung
6	IBIS-Bedienterminal	Beachtung	Bahnsteighöhe
7	IBIS-Bedienterminal	Beachtung	Mitfahrwunsch eines Fahrgastes mit Behinderung

Fahrgastinformation

Interaktion	Gerät	Tätigkeit	Daten, Zustand
1	IBIS-Bedienterminal	Beachtung	Nächste Haltestelle, automatische Haltestellenansage
2	Audio-Bedieneinrichtung (z. B. Sprechtaste, Mikrofon)	Bedienung	Manuelle Haltestellenansage
3	IBIS-Bedienterminal	Beachtung	Automatische Anzeige / Ansage der Ausstiegsseite
4	Audio-Bedieneinrichtung (z. B. Sprechtaste, Mikrofon)	Bedienung	Manuelle Durchsage der Ausstiegsseite

Abmeldung

Interaktion	Gerät	Tätigkeit	Daten, Zustand
1	IBIS-Bedienterminal	Bedienung	Abmeldung

13.3.2 Sondersituationen

Fahrzeugstörungen

Interaktion	Gerät	Tätigkeit	Daten, Zustand, Beschreibung
1	IBIS-Bedienterminal	Beachtung	Störmeldung
2	Fahrzeug-Bedienterminal/Bedienelemente	Beachtung	Störmeldung

3	IBIS-Bedienterminal	Bedienung	Störmeldung an Leitstelle
4	Audioanlage	Bedienung	Information der Fahrgäste
5	IBIS-Bedienterminal	Bedienung	Sonderanzeigen der Linien- und Fahrzielanzeige

Verkehrsbehinderung (Verzögerung, Umleitung)

Interaktion	Gerät	Tätigkeit	Daten, Zustand, Beschreibung
1	IBIS-Bedienterminal	Bedienung	Codierte Meldung an Leitstelle
2	IBIS-Bedienterminal	Bedienung	Sprechfunk mit Leitstelle
3	Audio-Bedieneinrichtung (z. B. Sprechtaste, Mikrofon)	Bedienung	Information der Fahrgäste
4	IBIS-Bedienterminal	Bedienung	Sonderanzeigen der Haltestellenanzeige
5	IBIS-Bedienterminal	Beachten	Kartendarstellung der Umleitung

Verkehrsbehinderung (Linientrennung)

Interaktion	Gerät	Tätigkeit	Daten, Zustand, Beschreibung
1	IBIS-Bedienterminal	Bedienung	Codierte Meldung an Leitstelle
2	IBIS-Bedienterminal	Bedienung	Sprechfunk mit Leitstelle
3	Audio-Bedieneinrichtung	Bedienung	Information der Fahrgäste
4	IBIS-Bedienterminal	Bedienung	Ab- Anmeldung am Kehrpunkt

Fahrstromunterbrechung

Interaktion	Gerät	Tätigkeit	Daten, Zustand, Beschreibung
1	IBIS-Bedienterminal	Bedienung	Codierte Meldung an Leitstelle
2	IBIS-Bedienterminal	Bedienung	Sprechfunk mit Leitstelle
3	Audio-Bedieneinrichtung	Bedienung	Information der Fahrgäste
4	Fahrzeug-Bedienterminal/Bedienelemente	Bedienung	Abschalten von Klimaanlage, Heizung, Stromabnehmer ablegen
5	IBIS-Bedienterminal	Bedienung	Sonderanzeigen der Linien- und Fahrzielanzeige

Fahrzeug schieben oder schleppen

Interaktion	Gerät	Tätigkeit	Daten, Zustand, Beschreibung
1	IBIS-Bedienterminal	Bedienung	Sprechfunk mit Leitstelle
2	Fahrzeug-Bedienterminal	Bedienung	Fahrzeuge evtl. nur mechanisch kuppeln
3	IBIS-Bedienterminal	Bedienung	Sprechverbindung zwischen den Fahrerräumen der beiden Fahrzeuge herstellen
4	Fahrzeug-Bedienelemente	Bedienung	Notbremse betätigen, wenn die Sprechverbindung abbricht

Unfall

Interaktion	Gerät	Tätigkeit	Daten, Zustand, Beschreibung
1	Fahrzeug-Bedien-elemente	Bedienung	Gefahren- Notbremse durch Fahrer
2	Fahrzeuginternes Notrufsystem	Bedienung	Fahrgastnotruf
3	IBIS-Bedienterminal	Bedienung	Notruf an Leitstelle
4	Audio-Bedienein-richtung	Bedienung	Information der Fahrgäste
5	IBIS-Bedienterminal	Bedienung	Sonderanzeigen der Linien- und Fahrzielanzeige

Beobachtung durch die Leitstelle über Live-Videobildaufschaltung. Rekonstruktion des Unfalls mit Hilfe von Fahrtschreiber und Videoaufzeichnung.

Erkrankung Fahrgast

Interaktion	Gerät	Tätigkeit	Daten, Zustand, Beschreibung
1	Fahrzeug-Bedien-elemente	Bedienung	Notbremse durch Fahrgast
2	Fahrzeug-Bedien-elemente	Bedienung	Notbremsüberbrückung
3	Fahrzeuginternes Notrufsystem	Bedienung	Fahrgastnotruf
4	IBIS-Bedienterminal	Bedienung	Notruf an Leitstelle
5	Audio-Bedienein-richtung	Bedienung	Information der Fahrgäste
6	Fahrzeug-Bedien-elemente	Bedienung	Freigabe der Türen

Beobachtung durch die Leitstelle über Live-Videobildaufschaltung.

Erkrankung Fahrer

Interaktion	Gerät	Tätigkeit	Daten, Zustand, Beschreibung
1	Fahrzeug-Bedien-elemente	Bedienung	Sicherheitsfahrschaltung, Notbremse
2	IBIS-Bedienterminal	Bedienung	Notruf an Leitstelle
3	Audio-Bedienein-richtung	Bedienung	Information der Fahrgäste
4	Fahrzeug-Bedien-elemente	Bedienung	Freigabe der Türen

Beobachtung durch die Leitstelle über Live-Videobildaufschaltung.

Gefährliche Abweichung der Fahrweise (Zugsicherungstechnik)

Interaktion	Gerät	Tätigkeit	Daten, Zustand, Beschreibung
1	ZUB-Gerät	Beachtung	Zwangsbremsung
2	Audio-Bedieneinrichtung	Bedienung	Information der Fahrgäste
3	IBIS-Bedienterminal	Bedienung	Sprechfunk mit Leitstelle
4	ZUB-Gerät	Bedienung	Zwangsbremsung lösen

Kriminelle Handlung im Fahrgastraum

Interaktion	Gerät	Tätigkeit	Daten, Zustand, Beschreibung
1	Fahrzeug-Bedienelemente	Bedienung	Notbremse durch Fahrgast
2	Fahrzeug-Bedienelemente	Bedienung	Notbremsüberbrückung
3	Fahrzeuginternes Notrufsystem	Bedienung	Fahrgastnotruf
4	IBIS-Bedienterminal	Bedienung	Notruf, Überfallruf an Leitstelle
5	Audio-Bedieneinrichtung	Bedienung	Information der Fahrgäste
6	Fahrzeug-Bedienelemente	Bedienung	Freigabe der Türen

Beobachtung durch die Leitstelle über Live-Videobildaufschaltung. Rekonstruktion des Vorfalls mit Hilfe der Videoaufzeichnung.

Fahrzeugbrand

Interaktion	Gerät	Tätigkeit	Daten, Zustand, Beschreibung
1	Fahrzeug-Bedienelemente	Bedienung	Notbremse durch Fahrgast
2	Fahrzeug-Bedienelemente	Bedienung	Notbremsüberbrückung
3	Fahrzeuginternes Notrufsystem	Bedienung	Fahrgastnotruf
4	IBIS-Bedienterminal	Bedienung	Notruf an Leitstelle
5	Audio-Bedieneinrichtung	Bedienung	Information der Fahrgäste
6	Fahrzeug-Bedienterminal/Bedienelemente	Bedienung	Freigabe der Türen, gekuppelte Fahrzeuge entkuppeln, Stromabnehmer ablegen, Fahrzeuge stromlos schalten

Beobachtung durch die Leitstelle über Live-Videobildaufschaltung. Rekonstruktion des Vorfalls mit Hilfe von Fahrtschreiber und Videoaufzeichnung.

13.4 Aufgaben

13.4.1 Sicherheitsrelevante Funktionen

Elektronische Geräte helfen, den Betrieb eines Nahverkehrsfahrzeuges möglichst sicher zu gestalten. Sicherheit bedeutet, Personen- oder Sachschäden nach Möglichkeit zu verhindern.

Sicherheitsrelevante Funktionen lassen sich in vier Kategorien einordnen:

- **Vorbeugend** – Funktionen zur Vermeidung von schadensträchtigen Situationen
- **Beeinflussend** – Funktionen zur Vermeidung von Schäden
- **Schadensbegrenzend** – Funktionen zur Reduzierung des Schadens
- **Ermittelnd** – Funktionen zur Ermittlung der Schadensursache

Aufgabe1

? Ordnen Sie die folgenden Fahrzeugfunktionen den genannten Kategorien zu. Mehrfachzuordnungen sind möglich. Bitte begründen Sie Ihre Entscheidung!

- Geschwindigkeitsanzeige
- Fahrernotruf
- Türsteuerung
- Videoaufzeichnung
- Notbremse
- Fahrgastnotruf
- Sicherheitsfahrschaltung
- Fahrtschreiber
- Gleitschutz
- Lautsprecherdurchsage
- Zugbeeinflussung
- Videobildübertragung in die Leitstelle

Aufgabe 2

? Überprüfen Sie, ob es weitere sicherheitsrelevante Funktionen gibt. Bitte nennen Sie diese Funktionen und ordnen Sie diese den oben genannten Kategorien zu. Bitte begründen Sie Ihre Entscheidung!

Aufgabe 3

? Welche elektronischen Geräte sind an den Funktionen gemäß Punkt 1. und 2. beteiligt? Bitte nennen Sie je Funktion alle beteiligten Geräte.

Aufgabe 4

? An welchen Funktionen ist der Fahrer aktiv beteiligt und welche Aufgabe hat er hierbei zu erfüllen?

Aufgabe 5

? Warum ist es sinnvoll, die Schadensursache zu ermitteln?

13.4.2 Bedienung von elektronischen Geräten

Elektronische Geräte des Nahverkehrsfahrzeuges werden in erster Linie vom Fahrer bedient. Fehlbedienungen/Fehlhandlungen sind nicht gänzlich auszuschließen.

Mögliche Fehlbedienung sind:

- Anfahren des Fahrzeuges mit nicht verriegelten Türen.
- Fahrerdurchsage zu leise oder unverständlich gesprochen.

- Einsetzen des Fahrzeuges, obwohl die induktive Meldungsübertragung gestört ist.
- Vorbeifahrt an einem «Halt» zeigenden Signal.
- Unzulässig hohe Fahrgeschwindigkeit.
- Zwangsschließen der Türen, obwohl der Türbereich nicht frei ist.
- Einsetzen des Fahrzeuges, obwohl eine Störung des Antiblockiersystems/Gleitschutzes vorliegt.

Aufgaben

Aufgabe 1

? Beschreiben Sie die möglichen Folgen der Fehlbedienung/Fehlhandlung für die Fahrgäste.

Aufgabe 2

? Beschreiben Sie die Fahrzeugreaktion auf die Fehlbedienung.

Aufgabe 3

? Welche Geräte sind an der Fahrzeugreaktion beteiligt?

Aufgabe 4

? Welche Gründe können zu der Fehlbedienung geführt haben?

Serviceteil

Weiterführende Literatur

Backmann, R.: Straßenbahnen, Stadtbahnen & U-Bahnen. Grundlagen der Fahrzeugtechnik und Infrastruktur des ÖPNV in Deutschland, München 2018.

Badura, B., Ritter, W., Scherf, M.: Betriebliches Gesundheitsmanagement. Ein Leitfaden für die Praxis. Hans-Böckler-Stiftung 1999.

Berufskraftfahrer Lkw/Omnibus – Folienprogramm für die Ausbildung, München 2016.

Berufskraftfahrer Lkw/Omnibus – Prüfungsleitfaden und Nachschlagewerk, München 2016.

Bidinger, R.: Personenbeförderungsrecht – Loseblattwerk Kommentar, Berlin 2017.

Braun, H., Kolb, G.: KOM- Ein Lehrbuch und Nachschlagewerk, Bonn 2007.

Bundesamt für Güterverkehr (Hsg.): Marktbeobachtung Güterverkehr – Marktanalyse des Fernbuslinienverkehrs 2014, Köln 2015.

Bundesverband Deutscher Omnibusunternehmer (BDO): Arbeitszeitvorschriften für Fahrer von Kraftomnibussen beim Einsatz im Gelegenheits- und Linienverkehr Berlin 2008.

Das Fachwort im Verkehr – Grundbegriffe des ÖPNV, Düsseldorf 2006.

Das ÖPNV-Kundenbarometer 2008: Verkehrsverbünde und Verkehrsunternehmen im Vergleich – Die Spitzenreiter, tns infratest 2009.

Die Geschichte der Leipziger Verkehrsbetriebe und ihrer Vorgänger, Leipzig 1996.

Europäisches Komitee für Normung CEN, Europäische Norm EN 13816, Transport – Logistik und Dienstleistungen. Öffentlicher Personenverkehr – Definition, Festlegung von Leistungszielen und Messung der Servicequalität, Brüssel, 2002.

Fahren Lernen D – Lehrbuch: Zusatzwissen für die Klassen D und D1, München 2017.

Gatermann, G.: Fahreranweisung Abfahrtkontrolle Omnibus, München 2016.

Gipp, Ch.: Der Fernbusmarkt Deutschland, IGES Institut GmbH, Berlin 2013.

Gordon, Th.: Managerkonferenz – Effektives Führungstraining, München 2005.

Glasl, F.: Konfliktbewältigung, Bern 1997.

Henkel, S., Tomczak, T., Henkel, St., Hauner, Ch.: Mobilität aus Kundensicht, Wiesbaden 2015.

Hilpert, Th.: Fahrgastrechte und -pflichten der ÖPNV-Linienverkehre nach dem PBefG, Köln 2012.

Hole, G.: BOKraft Kommentar, München 2016.

Höhnscheid, H.: Die Regionalisierung des Öffentlichen Personennahverkehrs, Düsseldorf 2000.

Huber, Ch., Liebchen, Ch.: Optimierungsmodell für integrierte Fahr-, Umlauf- und Dienstplanung in: Der Nahverkehr, 12/2008.

INFAS/DLR MID 2009.

INFAS/DLR MID 2008.

Koch, A.: Grundlagen der Instandhaltung in Linienbusbetrieben des ÖPNV, in: VDV-Jahresbericht 2008, Köln 2009.

Kraftfahrzeugtechnik – Tabellen, Braunschweig 2006.

Leitfaden für Berufskraftfahrer Band 1 (1. Auflage), Erkelenz 2002.

Ministerium für Wirtschaft und Mittelstand, Energie und Verkehr des Landes Nordrhein-Westfalen. Der neue Nahverkehr in NRW: Masterplan Qualität, Düsseldorf, 2001.

Lühder, M.: Fahrzeug-Umläufe besser planen. Entwicklung einer EDV-gestützten Optimierungsmethodik für den öffentlichen Personennahverkehr durch GPS in: Der Nahverkehr 3/2006.

Schulz von Thun, F.: Miteinander reden 1: Störungen und Klärungen. Allgemeine Psychologie der Kommunikation, Reinbek 1981.
Statistisches Bundesamt: Verkehr in Deutschland 2006, Wiesbaden 2006.
Statistisches Bundesamt: Unfallentwicklung auf deutschen Straßen 2009, Wiesbaden 2009.
Schweizerische Beratungsstelle für Unfallverhütung: Unterrichtsblätter zur Sicherheitsförderung an Schulen, Bern Technologie Metall – Grundstufe, Düsseldorf 1991.
UPI-Bericht 34: Öko-Bilanz des ÖPNV in Heidelberg, März 1995.
Verband Deutscher Verkehrsunternehmen (VDV): Der Straßenbahner. Handbuch für U-Bahnen, Stadt- und Straßenbahner, Köln 2001.
Verband Deutscher Verkehrsunternehmen (VDV): VDV-Schrift 718, Betriebliche Anforderungen an Rechnergesteuerte Betriebsleitsysteme, Köln 2003.
Verband Deutscher Verkehrsunternehmen (VDV): VDV Statistik 2008, Köln 2010.
Verband Deutscher Verkehrsunternehmen (VDV): Jahresberichte 2006, 2007, 2008, Köln.
Verband Deutscher Verkehrsunternehmen (VDV): Telematik im ÖPNV in Deutschland, Köln 2001.
Verband Deutscher Verkehrsunternehmen (VDV): VDV-Sicherheitsleitfaden für ÖPNV-Unternehmen – Safety und Security, VDV-Mitteilungen Nr. 7018, Mai 2008.
Verband Deutscher Verkehrsunternehmen (VDV): Busse und Bahnen für eine nachhaltige Mobilität, Köln 2010.
Verband Deutscher Verkehrsunternehmen (VDV): Der Straßenbahner, Köln 2001.
Verband Deutscher Verkehrsunternehmen (VDV): Stadtbahnen in Deutschland, Köln 2000.
Verband Deutscher Verkehrsunternehmen (VDV) : Infratest 2009.
Verband Deutscher Verkehrsunternehmen (VDV) : TNS-Infratest 2009.
VDV-Akademie (Hg.): Beschleunigte Grundqualifikation. EU-Berufskraftfahrer. Spezialwissen Bus. Trainer-Handbuch, München 2008.
VDV-Akademie (Hg.): Eco-Training. EU-Berufskraftfahrer, Weiterbildung Bus, München 2007.
VDV-Akademie (Hg): Fahrgastsicherheit und Gesundheit. EU Berufskraftfahrer. Weiterbildung Bus, München 2008.
VDV-Akademie (Hg.): Markt und Image. EU-Berufskraftfahrer, Weiterbildung Bus, München 2008.
VDV-Akademie (Hg): Sicherheitstechnik und Fahrsicherheit. EU-Berufskraftfahrer. Weiterbildung Bus, München 2008.
VDV-Akademie (Hg): Sozialvorschriften, Risiken und Notfälle im Straßenverkehr. EU-Berufskraftfahrer. Weiterbildung Bus, München 2008.
Wagner, K.-H.: Elektrofachkunde der Kraftfahrzeugtechnik, Darmstadt 1981.

Internetadressen:

http://www.bfu.ch
http://www.bkg.bund.de
http://www.bmvi.de
http://www.bos.at
http://www.destatis.de
http://www.mobil.nrw
http://www.reality-drive.ch
http://www.training.omniplus.de
http://www.vvs.de

Stichwortverzeichnis

D

E

F

G